I0354793

www.ingramcontent.com/pod-product-compliance
Lightning Source LLC
Chambersburg PA
CBHW081437070526
44586CB00019B/2151
* 9 7 8 1 5 9 5 8 4 8 6 5 9 *

بنیاد نیشابور
۸۲

شاهنامهٔ فردوسی

(۴)

شرکت کتاب
ketab.com

ویرایش: فریدون جنیدی

Ferdowsi's Shahnameh 4
Subject: Ferdowsi's Shahnameh
Poet: Abolqasem Ferdowsi
Editor: Fereydoon Joneydi
Copyright © 2025 by: **Fereydoon Joneydi**
All right reserved.
First Edition: 2025

شاهنامه فردوسی جلد ٤
موضوع: شاهنامه فردوسی
شاعر: حکیم ابوالقاسم فردوسی
ویراستار: فریدون جنیدی
١٤٠٤ خورشیدی – ٢٠٢٥ میلادی

No part of this book may be reproduced in any manner without the express written consent of the author, except in the case of brief excerpts in critical reviews or articles.
For information about permission to reproduce selections from this book, write to Permissions @ ketab Corporation

The Library of Congress Cataloging-in-publishing Data is available upon request.

ISBN: 978-1-59584-865-9
Ketab Corporation:
12701 Van Nuys Blvd., Suite H,
Pacoima, CA, 91331, USA
www.ketab.com

1 2 3 4 5 6 7 8 25

فهرست

9	پادشاهی اسکندر
75	پادشاهی اشکانیان
77	آغاز داستان
85	دل بستن گلنار بر اردشیر
86	پرسیدن اردوان از کار جهان
98	نبرد اردشیر با کردنشاه مادی و پیروز شدن کردان
101	داستان کرم هفتواد
105	لشگر کشیدن اردشیر به رزم هفتواد
107	بازگشتن اردشیر از رزم هفتواد
111	رزم اردشیر با مهرک نوشزاد
112	رفتن اردشیر به دژ هفتواد و کشتن کرم
116	پادشاهی اردشیر
123	پیش‌بینی کید هندی
125	پیوند شاپور با دختر مهرک نوشزاد
129	داستان داد و فرهنگ اردشیر
136	اندرز اردشیر بابکان
141	گفتار فردوسی
142	پیمان اردشیر بابکان با شاپور
150	پادشاهی شاپور اردشیران
151	رزم شاپور با رومیان و آشتی خواستن قیصر
155	پادشاهی اورمزد
160	پادشاهی بهرام اورمزد
162	پادشاهی بهرام بهرام نوزده سال بود
165	پادشاهی بهرام بهرامیان
166	پادشاهی نرسی بهرام
168	پادشاهی اورمزد نرسی
171	پادشاهی شاپور دویّم
178	رفتن شاپور به روم
185	گریختن شاپور با کنیزک از روم
205	پدیدار شدن مانی
209	پادشاهی اردشیر نکوکار
210	پادشاهی بهرام شاپور
212	پادشاهی شاپور سیّوم
214	پادشاهی یزدگرد بزه گر
228	آوردن نعمان، بهرام گور را بنزد پدر
231	خشم گرفتن یزدگرد بر بهرام و زندانی کردن او
232	بازگشتن بهرام بنزد منذر
233	مرگ یزدگرد

انجمن مهیستان ایران و برگزیدن خسرو را پادشاهی	۲۳۷
آگاهی یافتن بهرام گور از مرگِ پدر	۲۳۸
آمدن منذر و بهرام گور	۲۴۳
انجمن مهیستان ایران بار دویُم	۲۴۳
پادشاهی بهرام گور	۲۵۴
داستان بهرام با لُنبکِ آبکش، و براهام	۲۶۱
رفتن بهرام به خانهٔ براهام	۲۶۴
کشتن بهرام، شیران را و بازداشتن مردمان از خوردن می	۲۶۸
داستان کودکِ کفشگر	۲۷۲
باز روا ساختن بهرام، خوردن می را	۲۷۲
ویران کردن و آباد کردنِ روزبه ده را	۲۷۳
داستان بهرام با دختران آسیابان	۲۷۸
پیدا شدن گنج و بخشیدن بهرام، آنرا به ارزانیان	۲۸۱
داستان بهرام با آرزو دُختِ ماهیار گوهرفروش	۲۹۳
رفتن بهرام بخانهٔ بازرگان فرشیدورد و ناخوش بازگشتن او	۳۰۵
رفتن بهرام از نخجیرگاه، بخانهٔ بازرگان و دژم و بازگشتن او	۳۲۰
رفتن بهرام بخانهٔ زن و مردِ روستایی	۳۲۳
لشگر کشیدن خاقان چین به جنگِ بهرام	۳۳۰
تاختن بهرام بر لشگر خاقان و پیروز گشتن	۳۳۴
نامهٔ بهرام به کارگزاران کشور و بخشیدن باژ	۳۴۱
خواستن فرستادهٔ روم بدرگاه و پرسش و پاسخ	۳۴۴
گماشتن بهرام مرزبانان را بر استانها (بازگشتن بشیوهٔ پادشاهی کیانی و اشکانی)	۳۴۹
کشتن بهرام گور کرگ را در هندوستان	۳۶۳
کشتن بهرام اژدها را	۳۶۶
دادن شنگل دختر خویش را به بهرام	۳۶۸
گماردن بهرام لوریان را به رامشگری مردمان	۳۹۱
سپری شدنِ روزگار بهرام	۳۹۲
پادشاهی یزدگرد بهرام هجده سال بود	۳۹۳
پادشاهی هرمز یک سال بود	۳۹۵
پادشاهی پیروز بیست و هفت سال بود	۳۹۶
پادشاهی بلاشِ پیروز چهار سال بود	۴۰۳
پادشاهی قباد چهل و سه سال بود	۴۱۴
برانگیختن بدخواهان دربار قباد را بر سوفزای	۴۱۶
بند برنهادن و کشتن پهلوان ایران!!	۴۱۸
خیزش ایرانیان	۴۲۰
بند برنهادن قباد را و نشاندن برادرش جاماسب بر تخت	۴۲۰
بازگشتن قباد از هیتال و باز بر تخت نشستن	۴۲۲
داستان مزدک با قباد	۴۲۵

رای زدن موبدان با کسری دربارهٔ مزدک ۴۳۰
کشته شدن مزدک و مزدکیان با رای خسرو و موبدان ۴۳۱
سپری شدن روزگار قباد ۴۳۳
پادشاهی خسروقبادان چهل و هشت سال بود ۴۳۶
کشیدن انوشیروان سپاه را به گرگان ۴۵۱
رفتن کسری بسوی الانان براه دریا ۴۵۴
برون آمدن نوشزاد بر پدر خویش ۴۷۸
داستان بزرگمهر بوختکان با نوشیروان ۴۹۰
بزم نخستین بزرگمهر با شهریار و دانایان ۴۹۶
دودیگر بزم بزرگمهر با شهریار ۴۹۹
دیگر بزم بزرگمهر با شهریار ۵۰۴
داستان مهبود با زروان و کشتن انوشیروان مهبود و پسرانش را ۵۲۲

داستان افزوده

این درست است، که با ناکاردانی داریوش سیوم، اسکندر بر ایران دست یافت، کام راند، مردمان را کشت، آتش بر دفتر و دیوان ما زد، اما این بخش، همه افزودهٔ افزایندگان زمان غزنویان است، و از شاهنامه نیست. دربارهٔ اسکندر در پیشگفتار سخن گفته‌ام، و از دوباره‌گویی آن سخنان چشم می‌پوشم.

پادشاهی اسکندر

سکندر چو بر تخت بنشست گفت / که: «با جان شاهان خرد باد جفت
که پیروزگر در جهان ایزد است / جهاندار کز وی نترسد بد است
بد و نیک هم بگذرد بی‌گمان / رهایی نباشد ز چنگ زمان
هر آن کس که آید بدین بارگاه / که باشد ز ما سوی ما دادخواه
اگر گاه بار آید بدین بارگاه / که باشد ز ما سوی ما دادخواه
اگر گاه بار آید ار نیم‌شب / به پاسخ رسد چون گشاید دو لب
چو پیروزگر فرهی دادمان / درِ بختِ پیروز بگشادمان
همه زیردستان بیابند بهر / به کوه و بیابان و دریا و شهر
نخواهیم باژ از جهان پنج سال / جز آن کس که گوید که هستم همال
به درویش بخشیم بسیار چیز / ز دارنده چیزی نخواهیم نیز»
چو اسکندر این نیکوی‌ها بگفت / دل پادشا گشت با داد جفت
ز ایوان برآمد یکی آفرین / بران دادگر شهریار زمین
ازان پس پراکنده شد انجمن / جهاندار بنشست با رایزن
بفرمود تا پیش او شد دبیر / قلم خواست چینیّ و رومی حریر
نویسنده از کلک چون خامه کرد / سوی مادر روشنک نامه کرد
که: «یزدان ترا مزد نیکان دهاد / بداندیش را درد پیکان دهاد
نوشتم یکی نامه‌ای پیش ازین / نوشته در او دردها بیش ازین
چو جفت ترا روز برگشته شد / به دست یکی بنده‌بر کشته شد
بر آیین شاهان کفن ساختم / ورا زین جهان تیز پرداختم

بسی آشتی خواستم پیش جنگ   نکرد آشتی چون نبودش درنگ
ز خونش بپیچید هم دشمنش   به مینو رساناد یزدان تنش
نیابد کسی چاره از چنگ مرگ   چو باد خزان است و ما همچو برگ
جهان یکسر اکنون به پیش شماست   بر اندرز دارا فراوان گواست
که او روشنک را به من داد و گفت   که چون او بباید ترا درنهفت
کنون با پرستنده و دایگان   از ایران بزرگان پُرمایگان
فرستید زودش به نزدیک من   زداید مگر جان تاریک من
بدارید چون پیش بود اصفهان   ز هر سو پراکنده کارآگهان
همه کارداران با شرم و داد   که دارای داراب شان کار داد
ور آنجا نخواهید فرمان رواست   همه شهر ایران به پیش شماست
دل خویش را بر مدارا کنید   مرا در جهان نام دارا کنید»
سوی روشنک همچنین نامه‌ای   ز شاه جهاندار خودکامه‌ای
نخست آفرین کرد بر کردگار   جهاندار و دانا و پروردگار
دگر گفت که: «ز گوهر پادشا   نزاید مگر مردم پارسا
دلارای با نام و با رای و شرم   سخن گفتن خوب و آوای نرم
پدر مر ترا پیش ما را سپرد   اُزان پس شد و نام نیکی ببرد
چو آیی شبستان و مشکوی من   ببینی تو باشی جهانجوی من
سرِ بانوانیّ و زیبای تاج   فروزندهٔ یاره و تخت آج
نوشتیم نامه برِ مادرت   که ایدر فرستد ترا درخورت
به آیین فرزند شاهنشهان   به پیش اندرون موبد اصفهان
پرستنده و تاج شاهان و مهد   هم آن را که خوردی ازو شیر و شهد
به مشکوی ما باش روشن‌روان   تویی در شبستان سرِ بانوان
همیشه دل شرم جفت تو باد   شبستان شاهان نهفت تو باد»
بیامد یکی فیلسوفی چو گرد   سخن‌های شاه جهان یاد کرد
دلارای چون آن سخن‌ها شنید   یکی باد سرد از جگر برکشید
ز دارا ز دیده ببارید خون   که بُد ریخته زیر خاک اندرون
نویسندهٔ نامه را پیش خواند   همی خون ز مژگان به رخ برفشاند
مر آن نامه را خوب پاسخ نوشت   سخن‌های با مغز و فرّخ نوشت
نخست آفرین کرد بر کردگار   جهاندار دادار پروردگار
دگر گفت که: «ز کار گردان سپهر   کز اویست پرخاش و آرام و مهر

همی فرّ دارا همی خواستیم　　زبان را به نام وی آراستیم
کنون چون زمان وی اندر گذشت　　سرِ گاه او چوب تابوت گشت
ترا خواهم اندر جهان نیکوی　　بزرگیّ و پیروزی و خسروی
به کام تو خواهم که باشد جهان　　بر این آشکارا ندارم نهان
شنیدم همه هرچه گفتی ز مهر　　که از جان تو شاد بادا سپهر
ازان دخمه و دار و ز ماهیار　　مکافات بدخواه جانوشیار
چو خون خداوند ریزد کسی　　به گیتی درنگش نباشد بسی
دگر آنکه جستی همی آشتی　　بسی روز با پند بگذاشتی
نیاید ز شاهان پرستندگی　　نجوید کس از تاجور بندگی
به جای شهنشاه ما را تویی　　چو خورشید شد ماه ما را تویی
مبادا به گیتی بجز کام تو　　همیشه بر ایوان‌ها نام تو
دگر آنکه از روشنک یاد کرد　　دل ما بدان آرزو شاد کرد
پرستندهٔ تست ما بنده‌ایم　　به فرمان و رایت سرافکنده‌ایم
درودت فرستاد و پاسخ نوشت　　یکی خوب پاسخ بسان بهشت
چو شاه زمانه ترا برگزید　　سر از رای او کس نیارد کشید
نوشتیم نامه سوی مهتران　　به پهلونژادان جنگاوران
که فرمان داراست فرمان تو　　نپیچد کسی سر ز پیمان تو»
فرستاده را جامه و بدره داد　　ز گنجش ز هر گونه‌ای بهره داد
چو رومی به نزد سکندر رسید　　همه یاد کرد آنچه دید و شنید
اُزان تخت و آیین و آن بارگاه　　تو گفتی که زنده‌ست بر گاه شاه
سکندر ز گفتار او گشت شاد　　به آرام تاج کیی برنهاد

*

ز عمّوریه مادرش را بخواند　　چو آمد سخن‌های دارا براند
بدو گفت: «نزد دلارای شو　　به خوبی بپیوند گفتار نو
به پرده درون روشنک را ببین　　چو دیدی ز ما کن بر او آفرین
ببر توغ با یاره و گوشوار　　یکی تاج پر گوهر شاهوار
سد اشتر ز گستردنی‌ها ببر　　سد اشتر ز هر گونه دیبا به‌زر
هم از گنج دینار چون سی‌هزار　　به بدره درون کن ز بهر نثار
ز رومی کنیزک چو سیسد ببر　　دگر هرچه باید همه سربسر
یکی جام زر هر یکی را به دست　　بر آیین خوبان خسروپرست

ابا خویشتن خادمان بر به راه　　ز راه و ز آیین شاهان مکاه»
بشد مادر شاه با ترجمان　　ده از فیلسوفان شیرین زبان
چو آمد به نزدیک اصفهان　　پذیره شدندش فراوان مهان
بیامد ز ایوان دلارای پیش　　خود و نامداران به آیین خویش
به دهلیز کردند چندان نثار　　که بر چشم گنج درم گشت خوار
به ایوان نشستند با رایزن　　همه نامداران شدند انجمن
دلارای برداشت چندان جهیز　　که شد در جهان روی بازار تیز
شتر در شتر رفت فرسنگ‌ها　　ز زرّین و سیمین و ز رنگ‌ها
ز پوشیدنیّ و ز گستردنی　　ز افکندنیّ و پراگندنی
ز اسپان تازی به زرّین ستام　　ز شمشیر هندی به زرّین نیام
ز خفتان و از خود و برگستوان　　ز گوپال و ز خنجر هندوان
چه مایه بریده چه از نابرید　　کسی در جهان بیش‌تر زان ندید
ابا عود و عنبر ابا مشک ناب　　بیامد ازان بر بداندیش تاب
ز ایوان پرستندگان خواستند　　چهل مهد زرّین بیاراستند
یکی مهد با چتر و با خادمان　　نشست اندرو روشنک شادمان
ز کاخ دلارای تا نیم راه　　درم بود و دینار و اسپ و سپاه
ببستند آذین به شهر اندرون　　پر از خنده لب‌ها و، دل پر ز خون
بران چتر دیبا درم ریختند　　زبر مشک سارا همی بیختند
چو ماه اندر آمد به مشکوی شاه　　سکندر بدو کرد چندی نگاه
بران برز و بالا و آن خوب‌چهر　　تو گفتی خرد پروریدش به‌مهر
چو مادرش بر تخت زرّین نشاند　　سکندر بر او بر همی جان فشاند
نشستند یک هفته با او بهم　　همی رای زد شاه بر بیش و کم
نبُد جز بزرگیّ و آهستگی　　خردمندی و شرم و شایستگی
ببردند ز ایران فراوان نثار　　ز دینار و ز گوهر شاهوار
همه شهر ایران و توران و چین　　به شاهی بر او خواندند آفرین
همه روی گیتی پر از داد شد　　به هر جای ویرانی آباد شد

*

چنین گفت گوینده پهلوی　　شگفت آیدت کاین سخن بشنوی
یکی شاه بُد هند را نام کید　　نکردی جز از دانش و رای صید
دل بخردان داشت و مغز ردان　　نشستِ کیان افسر موبدان

دَمادَم به ده شب پس یک دگر همی خواب دید این شگفتی نگر
به هندوستان هر که دانا بدند به گفتار و دانش توانا بدند
بفرمود تا ساختند انجمن هر آن کس که دانا بُد و رایزن
همه خواب‌ها پیش ایشان بگفت نهفته پدید آورید از نهفت
کس آن را گزارش ندانست کرد پر اندیشه شدشان دل و، روی زرد
یکی گفت با کید ک:«ای شهریار خردمند و ز مهتران یادگار
یکی نامدار است مهران به نام ز گیتی به دانش رسیده به کام
به شهر اندرش خواب و آرام نیست نشستش بجز با دد و دام نیست
ز تخم گیاهان کوهی خورد چو ما را به‌مردم همی نشمرد
نشستنش با غرم و آهو بود ز آزار مردم به یکسو بود
ز چیزی به گیتی نیابد گزند پرستنده مردیّ و بختی بلند
مر این خواب‌ها را بجز پیش اوی مگو و ز نادان گزارش مجوی»
چنین گفت با دانشی کید شاه ک:«زین پرهنر بگذری نیست راه»
هم آنگه به اسب اندر آورد پای به آواز مهران بیامد ز جای
حکیمان برفتند با او بهم بدان تا سپهبد نباشد دژم
جهاندار چون نزد مهران رسید بپرسید داننده را چون سزید
بدو گفت ک:«ای مرد یزدان‌پرست که در کوه با غرم داری نشست
به ژرفی بدین خواب من گوش دار گزارش کن و یک به یک هوش دار
چنان دان که یک شب خردمند و پاک بخفتم به آرام بی‌ترس و باک
یکی خانه دیدم چو کاخی بزرگ بدو اندرون زنده‌پیلی سترگ
در خانه پیدا نه از کاخ بود به پیش اندرون تنگ سوراخ بود
گذشتی ز سوراخ پیل ژیان تنش را ز تنگی نکردی زیان
ز روزن گذشتی تن و بوم اوی بماندی بدان خانه خرطوم اوی
دگر شب بدان گونه دیدم که تخت تهی ماندی از من ای نیکبخت
کیی برنشستی بران تخت آج به سر برنهادی دل‌افروز تاج

*

سدیگر شب از خوابم آمد شتاب یکی نغز کرباس دیدم به خواب
بدو اندر آویخته چار مرد رخان از کشیدن شده لاژورد
نه کرباس جایی درید آن گروه نه مردم شدی از کشیدن ستوه
چهارم چنان دیدم ای نامدار که مردم شدی تشنه بر جویبار

هـمـی آب مـاهـی بـر او ریـخـتی	سـر تشـنـه از آب بـگـریـخـتی
جهان مرد و آب ازپس او دوان	چـه گـویـد بـدیـن خـواب نـیـکی‌گمان
بـه پنجم چنان دیـد جانم بـه خواب	کـه شـهری بـُدی هـم بـه نـزدیک آب	۲۹۵۱۵
همه مردمش کور بـودی بـه چشم	یـکـی را ز کـوری نـدیـدم بـه خشم
ز داد و دهش وز خـریـد و فـروخت	تـو گـفـتی هـمی شـارسـتان بـرفروخت
ششـم دیـدم ای مـهتر ارجـمند	کـه شـهری بـدنـدی هـمـه دردمـند
شـدندی بـه پـرسـیـدن تـندرسـت	هـمی دردمـند آب ایـشـان بـجـست	۲۹۵۲۰
هـمی گـفـت چـونی بـه درد انـدرون	تـنـی دردمـنـد و، دلی پـر ز خـون
رسـیـده بـه لب جـان نـاتندرسـت	هـمی چـارهٔ تـندرسـتان بـجست
چو نیمی ز هـفـتم شب انـدر گـذشت	جـهـنده یـکی بـاره دیـدم بـه دشـت
دو پـا و دو دست و دو سـر داشـتی	بـه دنـدان گـیـا تـیـز بـگـذاشـتی
چـران داشـتی از دو رویـه دهـن	نـبُـد بـر تـنش جـای بـیـرون شدن	۲۹۵۲۵
بـه هشتم سه خم دیـدم ای پـاک دین	بـرابـر نـهـاده بـه روی زمـیـن
دو پـر آب و خـمّی تـهی در مـیـان	گـذشـته بـه خشکـی بـر او سـالیـان
ز دو خـمّ پـر آب دو نـیـک مـرد	هـمـی ریـخـتـند انـدرو آب سـرد
نـه از ریـخـتن زیـن کـران کـم شدی	نـه آن خـشک را دل پـر از نـم شـدی
نـهم شب یـکی گـاو دیـدم بـه خواب	بـر آب و گـیـا خـفـته بـر آفـتـاب	۲۹۵۳۰
یـکـی خـوب گـوسـاله در پـیـش اوی	تـنش لاغـر و خشـک و بـی‌آب روی
هـمی شـیـر خـوردی ازو مـاده گـاو	کـلان گـاو، گـوسـاله بـی‌زور و تـاو
اگـر گـوش داری بـه خـواب دهـم	نـرنـجی هـمی تـا بـدیـن سـر دهم
یـکـی چـشـمه دیـدم بـه دشـتی فـراخ	از او بـر زَبَـر بـرده ایـوان و کـاخ
همه دشت یکسـر پـر از آب و نـم	ز خشـکی لب چـشـمه گشته دژم
سـزد گـر تـو پـاسـخ بـگـویی نـهـان	کـزین پـس چـه خواهـد بـدن در جهان»	۲۹۵۳۵
چو بـشـنیـد مـهران ز کـید ایـن سـخن	بـدو گـفـت: «ازیـن خواب دل بـد مکن
نـه کـمـتـر شـود بـر تـو نـام بـلـند	نـه آیـد بـدیـن پـادشـاهی گـزنـد
سـکـندر بـیـارد سـپـاهی گـران	ز روم و ز ایـران گـزیـده سـران
چـو خـواهـی کـه بـاشـد تـرا آب روی	خـرد یـار کـن رزم او را مـجـوی
تـرا چـار چـیـز است کـانـدر جهان	کـسی آن نـدیـد از کـهـان و مـهـان	۲۹۵۴۰
یـکی چـون بـهشـتِ بـرین دخـترت	کـزو تـابـد انـدر زمـیـن افـسـرت
دگـر فـیلسـوفی کـه داری نـهـان	بـگـویـد هـمـه بـا تـو راز جـهان

سدیگر پزشکی که هست ارجمند / به دانندگی نام کرده بلند
چهارم قدح کاندر او ریزی آب / نه ز آتش شود کم نه از آفتاب
ز خوردن نگیرد کمی آب اوی / بدین چیزها راست کن آب روی
چو آید بدین باش و مسگال جنگ / چو خواهی که ایدر نسازد درنگ
بسنده نباشی تو با لشکرش / نه با چاره و گنج و با افسرش
چو بر کار تو رای فرخ کنیم / همان خواب را نیز پاسخ کنیم
یکی خانه دیدیّ و سوراخ تنگ / کزو پیل بیرون شدی بی‌درنگ
تو آن خانه را همچو گیتی شناس / همان پیل شاهی بود ناسپاس
که بیدادگر باشد و کژّگوی / جز از نام شاهی نباشد بدوی
ازین پس بیاید یکی پادشا / چنان سست و بی‌سود و ناپارسا
به دل سفله باشد به تن ناتوان / به آز اندرون نیز تیره‌روان
کجا زیردستانش باشند شاد / پر از غم دل شاه و، لب پر ز باد
دگر آنکه دیدی ز کرپاس نغز / گرفته ورا چار پاکیزه مغز
نه کرپاس نغز از کشیدن درید / نه آمد ستوه آنکه او را کشید
ازین پس بیاید یکی نامدار / ز دشت سواران نیزه‌گزار
یکی مرد پاکیزه و نیکخوی / بدو دین یزدان شود چارسوی
یکی پیر دهقان آتش‌پرست / که بر واژ بَرسَم بگیرد به دست
دگر دین موسی که خوانی جهود / که گوید جز آن را نشاید ستود
دگر دین یونانی آن پارسا / که داد آورد در دل پادشا
چهارم بیاید همین پاک رای / سر هوشمندان برآرد ز جای
چنان چار سو از پی پاس را / کشیدند زان گونه کرپاس را
تو کرپاس را دین یزدان شناس / کشنده چهار آمد از بهر پاس
همی درکشد این ازان آن ازین / شوند آن زمان دشمن از بهر دین
دگر تشنه‌ای کاو شد از آب خوش / گریزان و ماهی ورا آبکش
زمانی بیاید که پاکیزه مرد / شود خوار چون آب دانش بخورد
بکردار ماهی به دریا شود / گر از بدکنش بر ثریا شود
همی تشنگان را بخواند بر آب / کس او را ز دانش نسازد جواب
گریزند زان مرد دانش پژوه / گشایند لب‌ها به بد همگروه
به پنجم که دیدی یکی شارستان / بدو اندرون ساخته کارستان
پر از خورد و داد و خرید و فروخت / تو گفتی زمان چشم ایشان بدوخت

ز کوری یکی دیگری را ندید | همی این بدان آن بدین ننگرید
زمانی بیاید کزان سان شود | که دانا پرستار نادان شود
بدیشان بود دانشومند خوار | درخت خردشان نیاید به بار
ستایندهٔ مرد نادان شوند | نیایش‌کنان پیش یزدان شوند
همی داند آن کس که گوید دروغ | همی زان پرستش نگیرد فروغ
ششم آنکه دیدی بر اسپی دو سر | خورش را نبودی بر او بر گذر
زمانی بیاید که مردم به چیز | شود شاد و سیری نیابند نیز
نه درویش یابد ازو بهره‌ای | نه دانش‌پژوهی و نه شهره‌ای
جز از خویشتن را نخواهند بس | کسی را نباشند فریادرس
به هفتم که پر آب دیدی سه خم | یکی زو تهی مانده بُد تا به دم
دو از آب دایم سراسر بدی | میانه یکی خشک و بی‌بر بُدی
ازین پس بیاید یکی روزگار | که درویش گردد چنان سست و خوار
که گر ابر گردد بهاران پر آب | ز درویش پنهان کند آفتاب
نبارد بدو نیز باران خویش | دل مرد درویش زو گشته ریش
توانگر ببخشد همی این بران | یکی با دگر چرب و شیرین زبان
شود مرد درویش را خشک لب | همی روز را بگذرانند به شب
دگر آنکه گاوی چنان تندرست | ز گوسالهٔ لاغر او شیر جست
چو کیوان به برج ترازو شود | جهان زیر نیروی بازو شود
شود کار بیمار و درویش سست | اُز او چیز خواهد همی تندرست
نه هرگز گشاید سر گنج خویش | نه زو باز دارد به تن رنج خویش
دگر چشمه‌ای دیدی از آب خشک | به گرد اندرش آب‌های چو مشک
نه زو بردمیدی یکی روشن آب | نه آن آب‌ها را گرفتی شتاب
ازین پس یکی روزگاری بود | که اندر جهان شهریاری بود
که دانش نباشد به نزدیک اوی | پر از غم بود جان تاریک اوی
همی هر زمان نو کند لشکری | که سازند زو نامدار افسری
سرانجام لشکر نماند نه شاه | بیاید نوآیین یکی پیشگاه
کنون این زمان روز اسکندر است | که بر تارک مهتران افسر است
چو آید بدو ده تو این چار چیز | بر آنم که چیزی نخواهد بنیز
چو خشنود داری ورا بگذرد | که دانش‌پژوه است و دارد خرد»
ز مهران چو بشنید کید این سخن | بر او تازه شد روزگار کهن

بیامد سر و چشم او بوس داد		دلارام و پیروز برگشت شاد
ز نزدیک دانا چو برگشت شاه		حکیمان برفتند با او به راه
سکندر چو کرد اندر ایران نگاه		بدانست کاو را شد آن تاج و گاه
همی راه و بی‌راه لشکر کشید		سوی کید هندی سپه برکشید
به جایی که آمد سکندر فراز		در شارسان‌ها گشادند باز
ازان مرز کس را به‌مردم نداشت		ز ناهید مغفر همی برگذاشت
چو آمد بران شارستان بزرگ		که میلاد خواندیش کید سترگ
بران مرز لشکر فرود آورید		همه بوم ایشان سپه گسترید
نویسندهٔ نامه را خواندند		به پیش سکندرش بنشاندند
یکی نامه بنوشت نزدیک کید		چو شیری که ارغنده گردد به صید
ز اسکندر راد و پیروزگر		خداوند شمشیر و تاج و کمر
سر نامه بود، آفرین، از نخست		بدان کس که دل را به دانش بشست
ز کار آن گزیند که بی‌رنج‌تر		چو خواهد که بردارد از گنج بر
گراینده باشد به یزدان پاک		بدو دارد امید و زو ترس و باک
بداند که ما تخت را مایه‌ایم		جهاندار پیروز را سایه‌ایم
نوشتم یکی نامه نزدیک تو		که روشن کند جان تاریک تو
هم آنگه که بر تو بخواند دبیر		منه پیش و این را سگالش مگیر
اگر شب رسد روشنی را مپای		هم اندر زمان سوی فرمان گرای
اُگر بگذری زین سخن نگذرم		سر تاج و تخت به پی بسپَرم
چو نامه برِ کید هندی رسید		فرستادهٔ پادشا را بدید
فراوانش بستود و بنواختش		به نیکی برِ خویش بنشاختش
بدو گفت: «شادم ز فرمان اوی		زمانی نگردم ز پیمان اوی
ولیکن برین گونه ناساخته		بیایم دمان گردن افراخته
نباشد پسند جهان‌آفرین		نه نزدیک آن پادشاه زمین»
هم آنگه بفرمود تا شد دبیر		قلم خواست هندیّ و چینی حریر
مرآن نامه را زود پاسخ نوشت		بیاراست بر سان باغ بهشت
نخست آفرین کرد بر کردگار		خداوند پیروز و به‌روزگار
خداوند بخشنده و دادگر		خداوند مردیّ و هوش و هنر
دگر گفت ک:«ز نامور پادشا		نپیچد سر مردم پارسا
نشاید که داریم چیزی دریغ		ز دارندهٔ لشکر و تاج و تیغ

مرا چار چیز است کاندر جهان / کسی را نبود آشکار و نهان
نباشد کسی را پس از من بنیز / بدین گونه اندر جهان چارچیز
فرستم چو فرمان دهد پیش اوی / ازان تازه گردد دل و کیش اوی
ازان پس چو فرمایدم شهریار / بیایم پرستش کنم بنده‌وار»
فرستاده آمد بکردار باد / بگفت آنچه بشنید و نامه بداد
سکندر فرستاده را گفت: «رو / به نزدیک آن نامور باز شو
بگویش که آن چیست کاندر جهان / کسی را نبود آشکار و نهان
ندیدند نابودنی هر چه بود / سپهر آفرینش نخواهد فزود»
بیامد فرستاده از نزد شاه / بکردار آتش بپیمود راه
چنین گفت با کید ک:«این چار چیز / که کس را به گیتی نبوده‌ست نیز
همی شاه خواهد که داند که چیست / که نادیدنی پاک نابودنیست»
چو بشنید کید آن، ز بیگانه جای / بپردخت و بنشست با رهنمای
فرستاده را پیش بنشاختند / ز هر در فراوانش بنواختند
ازان پس فرستاده را شاه گفت / که: «من دختری دارم اندر نهفت
که گر بیندش آفتاب بلند / شود تیره از روی آن ارجمند
کمند است گیسوش همرنگ قیر / همی آید از دو لبش بوی شیر
خم آرد ز بالای او سروبن / گل‌افشان شود چون سراید سخن
ز دیدار و چهرش سخن بگذرد / همی داستان را خرد پرورد
چو خامش بود جان شرم است و بس / چنو در زمانه ندیده‌ست کس
سپهبدنژاد است و یزدان‌پرست / دل شرم و پرهیز دارد به‌دست
دگر جام دارم که پر می کنی / اُگر آب سرد اندرو افکنی
به ده سال اگر با ندیمان بهم / نشیند نگردد می از جام کم
همت می دهد جام هم آب سرد / شگفت آنکه کمّی نگیرد ز خورد
سیوم آنکه دارم یکی نوپزشک / که علّت بگوید چو بیند سرشک
اگر باشد او سالیان پیش گاه / ز دردی نپیچد جهاندار شاه
چهارم نهان دارم از انجمن / یکی فیلسوف است نزدیک من
همه بودنی‌ها بگوید به شاه / ز گردنده خورشید و رخشنده ماه»
فرستادهٔ نامور بازگشت / پی باره با باد انباز گشت
بیامد چو پیش سکندر بگفت / دل شاه گیتی چو گل برشکفت
بدو گفت: «اگر باشد این گفته راست / بدین چار چیز او جهان را بهاست

داستان افزوده   ۱۹

چو این‌ها فرستد به نزدیک من   درخشان شود جان تاریک من
بر و بوم او را نکوبیم به پای   برین نیکوی بازگردم به جای»
۲۹۶۶۵ گزین کرد زان رومیان مرد چند   خردمند و بادانش و بی‌گزند
یکی نامه بنوشت پس شهریار   پر از پوزش و رنگ و بوی و نگار
که: «نه نامور ز استواران خویش   ازین پرهنر نامداران خویش
خردمند و بادانش و شرم و رای   جهانجوی و پردانش و رهنمای
فرستادم اینک به نزدیک تو   نپیچند بسا رای باریک تو
۲۹۶۷۰ تو این چیزها را بدیشان نمای   همانا بباشد هم آنجا بجای
چو من نامه یابم ز پیران خویش   جهاندیده و رازداران خویش
که بگذشت بر چشم ما چارچیز   که‌کس را به گیتی نبوده‌ست نیز
نویسم یکی نامهٔ دلپسند   که کید است تا باشد او شاه هند»
خردمند نه مرد رومی برفت   زپیش سکندر سوی کید تفت
۲۹۶۷۵ چو سالار هند آن سران را بدید   فراوان بپرسید و پاسخ شنید
چنان چون ببایست بنواخت‌شان   یکی جای شایسته بنشاختشان
دگر روز چون آسمان گشت زرد   برآهیخت خورشید تیغ نبرد
بیاراست آن دختر شاه را   نباید خود آراستن ماه را
به خانه درون تخت زرّین نهاد   به گرد اندر آرایش چین نهاد
۲۹۶۸۰ نشست از بر تخت خورشیدچهر   ز ناهید تابنده‌تر بر سپهر
برفتند بیدار نه مرد پیر   زبان چرب و گوینده و یادگیر
فرستادشان شاه سوی اروس   بر آواز اسکندر فیلقوس
بدیدند پیران رخ دخت شاه   درفشان ازو یاره و تخت و گاه
فروماندند اندرو خیره خیر   ز دیدار او سست شد پای پیر
۲۹۶۸۵ خردمند نه پیر مانده بجای   زبان‌ها پر از آفرین خدای
نه جای گذر دید از ایشان یکی   نه زو چشم برداشتند اندکی
چو فرزانگان دیرتر ماندند   کس آمد بر شاه‌شان خواندند
چنین گفت با رومیان شهریار   که: «چندین چرا بودتان روزگار
همو آدمی بود کان چهره داشت   بخوبی ز هر اختری بهره داشت»
۲۹۶۹۰ بدو گفت رومی که: «ای شهریار   در ایوان چنوکس نبیند نگار
کنون هر یکی از یک اندام ماه   فرستیم یک نامه نزدیک شاه»
نشست پس فیلسوفان بهم   گرفتند قرطاس و قیر و قلم

نوشتند هر موبدی ز آنکه دید / که قرطاس ز انقاس شد ناپدید
ز نزدیک ایشان سواری برفت / به نزد سکندر به میلاد تفت
چو شاه جهان نامه‌هاشان بخواند / ز گفتارشان در شگفتی بماند
به نامه هر اندام را زو یکی / صفت کرده بودند لیک اندکی
بدیشان جهاندار پاسخ نوشت / که: «بخ بخ که دیدیم خرّم بهشت
کنون بازگردید با چار چیز / بر این بر فزونی مجویید نیز
چو منشور و عهد من او را دهید / شما با فغستان بنه برنهید
نیازارد او را کسی زین سپس / ازو در جهان یافتم داد و بس»

*

فرستاده برگشت زان مرز و بوم / بیامد به نزدیک پیران روم
چو آن موبدان پاسخ شهریار / بدیدند با رنج دیده سوار
از ایوان به نزدیک شاه آمدند / بران نامور بارگاه آمدند
سپهدار هندوستان شاد شد / که از رنج اسکندر آزاد شد
بر او بر بخواندند پس نامه را / چو پیغام آن شاه خودکامه را
گزین کرد پیران سد از هندوان / خردمند و گویا و روشن روان
در گنج بی‌رنج بگشاد شاه / گزین کرد ازان یاره و تاج و گاه
همان گوهر و جامهٔ نابرید / ز چیزی که شایسته‌تر برگزید
ببردند سیسد شتروار بار / همان جامه و گوهر شاهوار
سد اشتر همه بار دینار بود / سد اشتر ز گنج درم بار بود
یکی مهد پرمایه از اود تر / بر او بافته زرّ و چندی گهر
به ده پیل بر تخت زرّین نهاد / به پیلی گرانمایه‌تر زین نهاد
فغستان ببارید خونین سرشک / همی رفت با فیلسوف و پزشک
قدح همچنان نامداری به دست / همه سرکشان از می جام مست
فغستان چو آمد به مشکوی شاه / یکی تاج بر سر ز مشک سیاه
بسان گل زرد بر ارغوان / ز دیدار او شاد شد ناتوان
چو سرو سهی بر سرش گرد ماه / نشایست کردن به مه بر نگاه
دو ابرو کمان و دو نرگس دژم / سر زلف را تاب داده بخم
دو چشمش چو دو نرگس اندر بهشت / تو گفتی که از ناز دارد سرشت
سکندر نگه کرد بالای اوی / همان موی و روی و سر و پای اوی
همی گفت کاینت چراغ جهان / همی آفرین خواند اندر نهان

داستان افزوده

بدان دادگر کاو سپهر آفرید	بران گونه بالا و چهر آفرید
بفرمود تا هر که بخرد بُدند	بران لشکر روم موبد بُدند
نشستند و او را به آیین بخواست	به رسم مسیحا و پیوند راست
بر او ریخت دینار چندان ز گنج	که شد ماه را راه رفتن به رنج

         *

چو شد کار آن سروین ساخته	به آیین او جای پرداخته
بپردخت ازان پس به داننده مرد	که چون خیزد از دانش اندر نبرد
پر از روغن گاو جامی بزرگ	فرستاد زی فیلسوف سترگ
که: «این را به اندامها در بمال	سرون و میان و بر و پشت و یال
بیاسای تا ماندگی بفگنی	به دانش مرا جان و مغز آگنی»
چو دانا به روغن نگه کرد گفت	که: «این بند بر من نشاید نهفت»
به جام اندر افکند سوزن هزار	فرستاد بازش سوی شهریار
به سوزن نگه کرد شاه جهان	بیاورد آهنگران را نهان
بفرمود تا گرد بگداختند	از آهن یکی مهره‌ای ساختند
سوی مرد دانا فرستاد زود	چو دانا نگه کرد و آهن پسود
به ساعت ازان آهن تیره‌رنگ	یکی آینه ساخت روشن چو زنگ
ببردند نزد سکندر به شب	وزان راز نگشاد بر باد لب
سکندر نهاد آینه زیر نم	همی داشت تا شد سیاه و دژم
بر فیلسوفش فرستاد باز	بران کار شد رمز آهن دراز
خردمند بزدود آهن چو آب	فرستاد بسازش هم اندر شتاب
زدودش ز دارو کزان پس ز نم	نگردد بزودی سیاه و دژم
سکندر نگه کرد و او را بخواند	بپرسید و بر زیر گاهش نشاند
سخن گفتش از جام روغن نخست	همی دانش نامور بازجست
چنین گفت با شاه مرد خرد	که: «روغن بر اندامها بگذرد
تو گفتی که از فیلسوفان شهر	ز دانش مرا خود فزون است بهر
به پاسخ چنین گفتم ای پادشا	که دانا دل مردم پارسا
چو سوزن پی و استخوان بشمرد	اگر سنگ پیش آیدش بشکرد»
به پاسخ به دانا چنین گفت شاه	که: «هر دل که آن گشته باشد سیاه
به بزم و به رزم و به خون ریختن	به هر جای با دشمن آویختن
سخنهای باریک مرد خرد	چو دل تیره باشد کجا بگذرد

۲۹۷۲۵

۲۹۷۳۰

۲۹۷۳۵

۲۹۷۴۰

۲۹۷۴۵

۲۹۷۵۰

ترا گفتم این خوب گفتار خویش	روان و دل و رای هشیار خویش
سخن داند از موی باریک‌تر	ترا دل ز آهن نه تاریک‌تر
تو گفتی برین سالیان برگذشت	ز خون‌ها دلم پر ز زنگار گشت
چگونه به راه آید این تیرگی	چه پیچم سخن را بدین خیرگی
ترا گفتم از دانش آسمان	زدایم دلت تا شوی بی‌گمان
ازان پس که چون آب گردد به رنگ	کجا گرد باید بدو کار تنگ»
پسند آمدش تازه گفتار اوی	دلش تیز برگشت بر کار اوی
بفرمود تا جامه و سیم و زر	بیاورد گنجور جامی گهر
به دانا سپردند و داننده گفت	که: «من گوهری دارم اندر نهفت
که یابم بدو چیز و بی‌دشمن است	نه چون خواسته جفت آهرمن است
به شب پاسبانان نخواهند مزد	به راهی که باشم نترسم ز دزد
خرد باید و دانش و راستی	که کژّی بکوبد درِ کاستی
مرا خورد و پوشیدنی زین جهان	بس از شهریار آشکار و نهان
که دانش به شب پاسبان من است	خرد تاج بیدار جان من است
به بیشی چرا شادمانی کنم	برین خواسته پاسبانی کنم
بفرمای تا این برد بازِ جای	خرد باد جان مرا رهنمای»
سکندر بدو ماند اندر شگفت	ز هر گونه اندیشه‌ها برگرفت
بدو گفت: «زین پس مرا بر گناه	نگیرد خداوند خورشید و ماه
خریدارم این رای و پند ترا	سخن گفتن سودمند ترا»
بفرمود تا رفت پیشش پزشک	که علّت بگفتی چو دیدی سرشک
«سر دردمندی» بدو گفت: «چیست؟	که بر درد زان پس بباید گریست»
بدو گفت: «هر کس که افزون خورد	چو بر خوان نشیند خورش ننگرد
نباشد فراوان[۱]خورش تندرست	بزرگ آنکه او تن‌درستی بجست
بیامیزم اکنون ترا داروی	گیاها فراز آرم از هر سوی
که همواره باشی تو زان تندرست	نباید به دارو ترا دست شست
همان آرزوها بیفزایدت	چو افزون خوری چیز نگزایدت
همان یاد داری سخن‌های نغز	بیفزاید اندر تنت خون و مغز
شوی بر تن خویشتن کامکار	دلت شاد گردد چو خرم بهار
همان رنگ چهرت بجای آورد	به هر کار پاکیزه رای آورد
نگردد پراکنده مویت سپید	ز گیتی سپیدی کند ناامید»

سکندر بدو گفت: «نشنیده‌ام   نه کس را ز شاهان چنین دیده‌ام
گر آری تو این نغزدارو بجای   تو باشی به گیتی مرا رهنمای
خریدار گردم ترا من به جان   شوی بی‌گزند از بد بدگمان»
ورا خلعت و نیکوی‌ها بساخت   ز داناپزشکان سرش برفراخت
پزشک سراینده آمد به کوه   بیاورد با خویشتن زان گروه
ز دانایی او را فزون بود بهر   همی زهر بشناخت از پای‌زهر
گیاهان کوهی فراوان درود   بیفکند زو هرچه بیکار بود
ازو پاک تریاک‌ها برگزید   بیامیخت دارو چنان چون سزید
تنش را به داروی کوهی بشست   همی داشتش سالیان تندرست
چنان شد که او شب نخفتی بسی   بیامیختی شاد با هر کسی
به کار زنان تیز بودی سرش   همی نرم جایی بجستی برش
ازان سویِ کاهش گرایید شاه   نکرد اندر آن هیچ تن را نگاه
چنان بُد که روزی بیامد پزشک   ز کاهش نشان یافت اندر سرشک
بدو گفت ک:«ز خفت و خیز زنان   جوان پیر گردد به تن بی‌گمان
برآنم که بی‌خواب بودی سه شب   به من بازگوی این و بگشای لب»
سکندر بدو گفت: «من روشنم   از آزار سستی ندارد تنم»
پسندیده دانای هندوستان   نبود اندر آن کار همداستان
چو شب تیره شد آن نبشته بجست   بیاورد داروی کاهش درست
همان نیز تنها سکندر بخفت   نیامیخت با ماه‌دیدار جفت
به شبگیر هور اندر آمد پزشک   نگه کرد و بی‌بار دیدش سرشک
بینداخت دارو به رامش نشست   یکی جام بگرفت شادان به دست
بفرمود تا خوان بیاراستند   نوازندهٔ رود و می خواستند
بدو گفت شاه: «آن چرا ریختی   چو با رنج دارو برآمیختی»
ورا گفت: «شاه جهان دوش جفت   نجست و شب تیره تنها بخفت
چو تنها بخسپی تو ای شهریار   نباید ترا هیچ دارو به کار»
سکندر بخندید و زو شاد شد   ز تیمار و ز درد آزاد شد
اُزان پس ز داننده دل کرد شاد   ورا گفت: «بی‌هند گیتی مباد
بزرگان و اخترشناسان همه   تو گویی به هندوستان شد رمه»
اُزآنجا بیامد سوی خان خویش   همه شب همی ساخت درمان خویش
چو برزد سر از کوه روشن چراغ   چو دریا فروزنده شد دشت و راغ

سکندر بیامد بران بارگاه — دو لب پر ز خنده، دل از غم تباه
فرستاده را دید سالار بار — بپرسید و بردش برِ شهریار
یکی بدره دینار و اسپی سیاه — به همرای زرّین بفرمود شاه
پزشک خردمند را داد و گفت — که: «با پاک رایت خرد باد جفت»

*

ازان پس بفرمود کان جام زرد — بیارند پر کرده از آب سرد
همی خورد زان جام زر هر کس آب — ز شبگیر تا بود هنگام خواب
بخوردند آب از پی خرمی — ز خوردن نیامد بدو در کمی
بدان فیلسوف آن زمان شاه گفت — که: «این دانش از من نباید نهفت
که افزایش آب این جام چیست — نجومی‌ست گر آلت هندسی‌ست؟»
چنین داد پاسخ که: «ای شهریار — تو این جام را خوارمایه مدار
که این در بسی سالیان کرده‌اند — بدین در بسی رنج‌ها برده‌اند
ز اخترشناسان هر کشوری — به جایی که بُد نامور مهتری
برِ کید بودند کین جام کرد — به روز سپید و شب لاژورد
تو از مغنیاطیس گیر این نشان — که او را کسی کرد ز آهن‌کشان
به طبع این چنین هم شده‌ست آب کش — ز گردون پذیرد همی آب خوش
همی آب یابد چو گیرد کمی — نبیند به روشن دو چشم آدمی»
چو گفتار دانا پسند آمدش — سخن‌های او سودمند آمدش
چنین گفت پیران میلاد را — که: «من عهد کید از پی داد را
همی نشکنم تا بماند بجای — همی پیش او بود باید بپای
که من یافتم زو چنین چار چیز — بر او بر فزونی نجوییم نیز
دو سد بارکش خواسته برنهاد — سد افسر ز گوهر بران سر نهاد
به کوه اندر آکند چیزی که بود — ز دینار و ز گوهر ناپسود
چو در کوه شد گنج‌ها ناپدید — کسی چهرهٔ آکننده ندید
همه گنج با آنکه کردش نهان — ندیدند زان پس کس اندر جهان
ز گنج نهان کرده بر کوهسار — بیاورد با خویشتن یادگار

*

ز میلاد چون باد لشکر براند — به قنّوج شد گنجش آنجا بماند
چو آورد لشکر به نزدیک فور — یکی نامه فرمود پر جنگ و شور
ز شاهنشه اسکندر فیلقوس — فروزندهٔ آتش و نعم و بوس

داستان افزوده ۲۵

سوی فور هندی سپهدار هند … بلند اختر و لشکرآرای سند
سر نامه کرد آفرین خدای … کجا بود و باشد همیشه بجای
کسی را که او کرد پیروز بخت … بماند بدو کشور و تاج و تخت
گرش خوار گیرد بماند نژند … نتابد بر او آفتاب بلند
شنیدی هماناکه یزدان پاک … چه داده‌ست ما را بدین تیره خاک
ز پیروزی و بخت و ز فرهی … ز دیهیم و ز تخت شاهنشهی
نماند همی روز ما بگذرد … کسی دیگر آید کزو برخورد
همی نام کوشم که ماند نه ننگ … بدین مرکز ماه و پرگار تنگ
چو این نامه آرند نزدیک تو … بی آزار کن رای تاریک تو
ز تخت بلندی به اسپ اندر آی … مزن رای با موبد و رهنمای
ز ما ایمنی خواه و چاره مساز … که بر چاره گر کار گردد دراز
ز فرمان اگر یک زمان بگذری … بلندی گزینی و گنداوری
بیارم چو آتش سپاهی گران … گزیده دلیران گنداوران
چو من با سواران بیایم به جنگ … پشیمانی آید ترا زین درنگ
چو زین باره گفتارها سخته شد … نویسنده از نامه پرداخته شد
نهادند مُهر سکندر بر اوی … بجستند پیدا یکی نامجوی
فرستاد شاهش به نزدیک فور … گهی رزم گفتی گهی بزم و سور

*

فرستاده آمد به درگه فراز … بگفتند با فور گردنفراز
جهاندیده را پیش او خواندند … برِ تخت نزدیک بنشاندند
چو آن نامه برخواند فور سترگ … برآشفت زان نامدار بزرگ
هم آنگه یکی تند پاسخ نوشت … به پالیز کینه درختی بکشت
سر نامه گفت: «از خداوند پاک … بباید که باشیم با ترس و باک
نگوییم چندین سخن بر گزاف … که بیچاره باشد خداوند لاف
مرا پیش خوانی ترا شرم نیست … خرد را برِ مغزت آزرم نیست
اگر فیلقوس این نوشتی به فور … تو نیز آن هم آغاز و بردار شور
ز دارا بدین سان شده‌ستی دلیر … کزو گشته بُد چرخ گردنده سیر
چو بر تخمه‌ای بگذرد روزگار … نسازند با پند آموزگار
همان نیز بزم آمدت رزم کید … بر آنی که شاهانت گشتند صید
برین گونه عنوان برین سان سخن … نیامد به ما زان کیان کهن

منم فور و ز فور دارم نژاد / که از قیصران کس نکردیم یاد
بدان گه که دارا مرا یار خواست / دل و بخت با او ندیدیم راست
همی ژنده‌پیلان فرستادمش / همیدون به بازی زمان دادمش
که بردست آن بنده‌بر کشته شد / سر بخت ایرانیان گشته شد
گر او را ز دستور بد بد رسید / چرا شد خرد در سرت ناپدید
تو در جنگ چندین دلیری مکن / که با مات کوتاه باشد سخن
ببینی کنون ژنده‌پیل و سپاه / که پیشت ببندند بر باد راه
همی رای تو برترین گشتن است / نهان تو چون رنگ آهرمن است
به گیتی همه تخم زفتی مکار / بترس از گزند و بد روزگار
بدین نامه ما نیکوی خواستیم / منقّش دلت را بیاراستیم»
چو پاسخ به نزد سکندر رسید / هم آنگه ز لشکر سران برگزید
که باشند شایسته و پیشرو / به دانش کهن گشته و سال نو
سوی فور هندی سپاهی براند / که روی زمین جز به دریا نماند
به هر سو همی رفت زان سان سپاه / تو گفتی جز آن بر زمین نیست راه
همه کوه و دریا و راه درشت / به دل آتش جنگجویان بکشت
ز رفتن سپه سربسر گشت کند / ازان راه دشوار و پیکار تند
هم آنگه چو آمد به منزل سپاه / گروهی برفتند نزدیک شاه
که: «ای قیصر روم و سالار چین / سپاه ترا برنتابد زمین
نجوید همی جنگ تو فور هند / نه فغفور چینی نه سالار سند
سپه را چرا کرد باید تباه / بدین مرز بی ارز و زین‌گونه راه
ز لشکر نبینیم اسپی درست / که شاید به تندی بر او رزم جست
ازین جنگ گر بازگردد سپاه / سوار و پیاده نیابند راه
چو پیروز بودیم تا این زمان / به هر جای بر لشکر بدگمان
کنون سربسر کوه و دریا به پیش / به سیری نیامد کس از جان خویش
مگردان همه نام ما را به ننگ / نکرده‌ست کس جنگ با آب و سنگ»
غمی شد سکندر ز گفتارشان / برآشفت و بشکست بازارشان
چنین گفت ک: «ز جنگ ایرانیان / ز رومی کسی را نیامد زیان
به دارا بر از بندگان بد رسید / کسی از شما باد جسته ندید
برین راه من بی شما بگذرم / دل اژدها را به پی بسپرم
ببینید ازان پس که رنجور فور / نپردازد از بن به رزم و به سور

مرا یار یزدان و ایران سپاه نخواهم که رومی بود نیکخواه»
چو آشفته شد شاه زان گفت و گوی سپه سوی پوزش نهادند روی
که: «ما سربسر بندهٔ قیصریم زمین جز به فرمان او نسپریم
بکوشیم و چون اسپ گردد تباه پیاده به جنگ اندر آید سپاه
گر از خون ما خاک دریا کنند نشیبی ز افکنده بالا کنند
نبیند کسی پشت ما روز جنگ اگر چرخ بار آورد کوه سنگ
همه بندگانیم و فرمان تراست چو آزارگیری ز ما جان تراست»
چو بشنید زیشان سکندر سخن یکی رزم را دیگر افکند بن
گزین کرد ز ایرانیان سی هزار که بودند با آلت کارزار
برفتند کارآزموده سران زره‌دار مردان جنگاوران
پس پشت ایشان ز رومی سوار یکی قلب دیگر همان چل‌هزار
پس پشت ایشان سواران مصر دلیران و خنجرگزاران مصر
برفتند شمشیرزن چل هزار هر آن کس که بود ازدرِ کارزار
ز خویشان دارا و ایرانیان هر آن کس که بود از نژاد کیان
ز رومیّ و از مصری و بربری سواران شایسته و لشکری
گزین کرد قیصر ده و دو هزار همه رزمجوی و همه نامدار
بدان تا پس پشت او زین گروه در و دشت گردد بکردار کوه
از اخترشناسان و از موبدان جهاندیده و نامور بخردان
همی برد با خویشتن شست مرد پژوهندهٔ روزگار نبرد
چو آگاه شد فور کامد سپاه گزین کرد جای ازدر رزمگاه
به دشت اندرون لشکر انبوه گشت زمین از پی پیل چون کوه گشت
سپاهی کشیدند بر چار میل پس پشت گردان و در پیل پیل
ز هندوستان نیز کارآگهان برفتند نزدیک شاه جهان
بگفتند با او بسی رزم پیل که او اسپ را بفکند از دو میل
سواری نیارد برِ او شدن نه چون شد بود راه بازآمدن
که خرطوم او از هوا برتر است ز گردون مر او را زحل یاور است
به قرطاس بر پیل بنگاشتند به چشم جهانجوی بگذاشتند
بفرمود تا فیلسوفان روم یکی پیل کردند پیشش ز موم
چنین گفت که: «اکنون به پاکیزه رای که آرد یکی چارهٔ این بجای؟»
نشستند دانش‌پژوهان بهم یکی چاره جستند بر بیش و کم

یکی انجمن کرد ز آهنگران / هر آن کس که استاد بود اندران
ز رومی و از مصری و پارسی / فزون بود مرد از چهل بار سی
یکی بارگی ساختند آهنین / سوارش ز آهن ز آهنش زین
به میخ و به مس درزها دوختند / سوار و تن باره بفروختند
به گردون براندند بر پیش شاه / درونش پُر از نفط کرده سیاه
سکندر بدید آن پسند آمدش / خردمند را سودمند آمدش
بفرمود تا زان فزون از هزار / ز آهن بکردند اسپ و سوار
ازان ابرش و خنگ و بور و سیاه / که دیده‌ست شاهی ز آهن سپاه
از آهن سپاهی به گردون براند / که جز با سواران جنگی نماند

*

چو اسکندر آمد به نزدیک فور / بدید آن سپه این سپه را ز دور
خروش آمد و گرد رزم از دو روی / برفتند گردان پرخاشجوی
به اسپ و به نفط آتش اندر زدند / همه لشکر فور بر هم زدند
از آتش برافروخت نفط سیاه / بجنبید ازان کآهنین بُد سپاه
چو پیلان بدیدند ز آتش گریز / برفتند با لشکر از جای تیز
ز لشکر برآمد سراسر خروش / به زخم آوریدند پیلان به جوش
چو خرطوم‌هاشان بر آتش گرفت / بماندند زان پیلبانان شگفت
همه لشکر هند گشتند باز / همان ژنده‌پیلان گردنفراز
سکندرپس لشکر بدگمان / همی تاخت برسان باد دمان
چنین تا هوا نیلگون شد به رنگ / سپه را نماند آن زمان جای جنگ
جهانجوی با رومیان همگروه / فرود آمد اندر میان دو کوه
طلایه فرستاد هر سو به راه / همی داشت لشکر ز دشمن نگاه
چو پیدا شد آن شوشهٔ تاج شید / جهان شد بسان بلور سپید
برآمد خروش از بر گاودم / دم نای سرغین و رویینه‌خم
سپه با سپه جنگ برساختند / سنان‌ها به ابر اندرافراختند
سکندر بیامد میان دو صف / یکی تیغ رومی گرفته به کف
سواری فرستاد نزدیک فور / که او را بخواند بگوید ز دور
که: «آمد سکندر به پیش سپاه / به دیدار جوید همی با تو راه
سخن گوید و گفتِ تو بشنود / اگر داد گویی بدان بگرودن
چو بشنید زو فور هندی برفت / به پیش سپاه آمد از قلب تفت

سکندر بدو گفت که «ای نامدار   دو لشکر شکسته شد از کارزار
همی دام و دد مغز مردم خورد   همی نعل اسپ استخوان بسپرد
دو مردیم هر دو دلیر و جوان   سخنگوی و با مغز دو پهلوان
دلیران لشکر همه کشته‌اند   اگر زنده از رزم برگشته‌اند
چرا بهر لشکر همه کشتن است   اگر زنده از رزم برگشتن است
میان را ببندیم و جنگ آوریم   چو باید که کشور به چنگ آوریم
ز ما هر که او گشت پیروزبخت   بدو ماند این لشکر و تاج و تخت»
ز رومی سخن‌ها چو بشنید فور   خریدار شد رزم او را به سور
تن خویش را دید با زور شیر   یکی باره چون اژدهای دلیر
سکندر سواری بسان قلم   سلیحی سبک بادپایی دژم
بدو گفت که «اینست آیین و راه   بگردیم یک با دگر بی‌سپاه»
دو خنجر گرفتند هر دو به کف   بگشتند چندان میان دو صف
سکندر چو دید آن تن پیل مست   یکی کوه زیر اژدهایی به دست
به آورد ازو ماند اندر شگفت   غمی شد دل از جان خود برگرفت
همی گشت با او به آوردگاه   خروشی برآمد ز پشت سپاه
دل فور پر درد شد زان خروش   بران‌سو کشیدش دل و چشم و گوش
سکندر چو باد اندر آمد ز گرد   بزد تیغ تیزی بران شیرمرد
ببرّید پی بر بر و گردنش   ز بالا به خاک اندر آمد تنش
سر لشکر روم شد بآسمان   برفتند گردان لشکر دمان
یکی کوس بودش ز چرم هژبر   که آواز او برگذشتی ز ابر
برآمد دم بوق و آوای کوس   زمین آهنین شد هوا آبنوس
بران هم نشان هندوان رزمجوی   به‌تنگی به روی اندر آورده روی
خروش آمد از روم که «ای دوستان   سر مایهٔ مرز هندوستان
سر فور هندی به خاک اندرست   تن پیلوارش به چاک اندرست
شما را کنون از پی کیست جنگ   چنین زخم شمشیر و چندین درنگ
سکندر شما را چنان شد که فور   ازو جست باید همی رزم و سور»
برفتند گردان هندوستان   به آواز گشتند همداستان
تن فور دیدند پر خون و خاک   بر و تنش کرده به شمشیر چاک
خروشی برآمد ز لشکر به‌زار   فروریختند آلت کارزار
پر از درد نزدیک قیصر شدند   پر از ناله و خاک بر سر شدند

سکندر سلیح گوان باز داد به خوبی ز هر گونه آواز داد
چنین گفت ک:«ز هند مردی بمرد شما را به غم دل نباید سپرد
نوازش کنون من بافزون کنم بکوشم که غم نیز بیرون کنم
ببخشم شما را همه گنج اوی حرام است بر لشکرم رنج اوی
همه هندوان را توانگر کنم بکوشم که با تخت و افسر کنم»
وز آن جایگه شد برِ تخت فور بران جشن ماتم برین جشن سور
چنین است رسم سرای سپنج بخواهد که مانی بدو در به رنج
بخور هر چه داری منه باز پس تو رنجی چرا ماند باید به کس»
همی بود بر تخت قیصر دو ماه ببخشید گنجش همه بر سپاه
یکی با گهر بود نامش طورگ ز هندوستان پهلوانی سترگ
سر تخت شاهی بدو داد و گفت که: «دینار هرگز مکن در نهفت
ببخش و بخور هرچه آید فراز بدین تاج و تخت سپنجی مناز
که گاهی سکندر بود گاه فور گهی درد و خشم است و گه کام و سور»
درم داد و دینار لشکرش را بیاراست گردان کشورش را

*

چو لشکر شد از خواسته بی‌نیاز بر او ناگذشته زمانی دراز
به شبگیر برخاست آوای کوس هوا شد بکردار چشم خروس
ز بس نیزه و پرنیانی درفش ستاره شده سرخ و زرد و بنفش
سکندر بیامد به سوی حرم گروهی ازو شاد و بهری دژم
ابا نالهٔ بوق و با کوس تفت به خان براهیم آزر برفت
که خان حرم را برآورده بود بدو اندرون رنج‌ها برده بود
خداوند خواندش بیت‌الحرام بدو شد همه راه یزدان تمام
ز پاکی ورا خانهٔ خویش خواند نیایش بران کاو ترا پیش خواند
خدای جهان را نباشد نیاز نه جای خور و کام و آرام و ناز
پرستشگهی بود تا بود جای بدو اندرون یاد کردِ خدای
پس آمد سکندر سوی قادسی جهانگیر تا جهرم پارسی
چو آگاهی آمد به نصر قتیب کزو بود مر کلّه را فرّ و زیب
پذیره شدش با نبرده سران دلاور سواران نیزه‌وران
سواری بیامد هم اندر زمان ز مکه به نزد سکندر دمان
که این نامداری که آمد ز راه نجوید همی تاج و گنج و سپاه

نبیره‌ی سماعیل نیک اختر است   که پور براهیم پیغمبر است
چو پیش آمدش نصر بنواختش   یکی مایه‌ور جایگه ساختش
بدو شاد شد نصر و گوهر بگفت   همه رازها برگشاد از نهفت
سکندر چنین داد پاسخ بدوی   که: «ای پاک دل مهتر راستگوی
بدین دوده اکنون کدام است مه   جز از تو پسندیده و روزبه؟»
بدو گفت نصر: «ای جهاندار شاه   خزاعه‌ست مهتر بدین جایگاه
سماعیل چون زین جهان درگذشت   جهانگیر قحطان بیامد ز دشت
ابا لشکر گشن شمشیرزن   به بیداد بگرفت شهر یمن
بسی مردم بی‌گنه کشته شد   بدین دودمان روز برگشته شد
نیامد جهان آفرین را پسند   بر او تیره شد رای چرخ بلند
خزاعه بیامد چو او گشت خاک   بر رنج و بیداد بدرود پاک
حرم تا یمن پاک بر دست اوست   به دریای مصر اندرون شست اوست
سر از راه پیچیده و داد نه   ز یزدان یکی را به دل یاد نه
جهانی گرفته به مشت اندرون   نژاد سماعیل ازو پر ز خون»
سکندر ز نصر این سخن‌ها شنید   ز تخم خزاعه هر آن‌کس که دید
به تن کودکان را نماندش روان   نماندند زان تخمه‌کس در جهان
ز بیداد بستد حجاز و یمن   به رای و به مردان شمشیرزن
نژاد سماعیل را برکشید   هر آن‌کس که او مهتری را سزید
پیاده درآمد به بیت‌الحرام   سماعیلیان زو شده شادکام
به هر پی که برداشت قیصر ز راه   همی ریخت دینار گنجور شاه
چو برگشت و آمد به درگاه قصر   ببخشید دینار چندی به نصر
اُزان جایگه شاد لشکر براند   به جدّه درآمد فراوان نماند
سپه را بفرمود تا هر کسی   بسازند کشتیّ و زورق بسی
جهانگیر با لشکری راهجوی   ز جدّه سوی مصر بنهاد روی
ملک بود قیطون به مصر اندرون   سپاهش ز راه گمانی فزون
چو بشنید کآمد ز راه حرم   جهانگیر پیروز با باد و دم
پذیره شدش با فراوان سپاه   ابا بدره و برده و تاج و گاه
سکندر به دیدار او گشت شاد   همان گفتِ بدخواه او گشت باد

*

به مصر اندرون بود یک سال شاه   بدان تا برآسود شاه و سپاه

۳۲ پادشاهی اسکندر

زنی بود در اندلس شهریار خردمند و با لشکری بی‌شمار
جهانجوی بخشنده قیدافه بود ز روی بِه یافته کام و سود
ز لشکر سواری مصوّر بجست که مانند صورت نگارد درست
بدو گفت: «سوی سکندر خرام اُزین مرز و از ما مبر هیچ نام
به‌ژرفی نگه کن چنان چون که هست به کردار تا چون برآیدت دست
ز رنگ و ز چهر و ز بالای اوی یکی صورت آرا سراپای اوی»
نگارنده بشنید زو برنشست به فرمان مهتر میان را ببست
به مصر آمد از اندلس چون نوند برِ قیصر اسکندر ارجمند
چه بر گاه دیدش چه بر پشت زین بیاورد قرطاس و دیبای چین
نگار سکندر چنان هم که بود نگارید و ز جای برگشت زود
چو قیدافه چهر سکندر بدید غمی گشت و بنهفت و دم درکشید
سکندر ز قیطون بپرسید و گفت که: «قیدافه را بر زمین کیست جفت؟»
بدو گفت قیطون که: «ای شهریار چنو نیست اندر جهان کامگار
شمار سپاهش نداند کسی مگر باز جوید ز دفتر بسی
ز گنج و بزرگیّ و شایستگی ز آهستگی هم ز بایستگی
به رای و به گفتار نیکی گمان نبینی به مانند او در جهان
یکی شارستان کرده دارد ز سنگ که نپساید آن هم ز چنگ پلنگ
زمین چارفرسنگ بالای اوی بر این هم نشان است پهنای اوی
گر از گنج پرسی خود اندازه نیست سخن‌های او در جهان تازه نیست»

*

سکندر چو بشنید از یادگیر بفرمود تا پیش او شد دبیر
نوشتند پس نامه‌ای بر حریر ز شیراوژن اسکندر شهرگیر
به نزدیک قیدافهٔ هوشمند شده نام او در بزرگی بلند
نخست آفرین خداوند مهر فروزندهٔ ماه و گردان سپهر
خداوند بخشنده و داد و راست فزونی کسی را دهد کِش سزاست
به‌تندی نجستیم رزم ترا گراینده گشتیم بزم ترا
چو این نامه آرند نزدیک تو درخشان شود رای تاریک تو
فرستی به فرمان ما باژ و ساو بدانی که با ما ترا نیست تاو
خردمندی و پیش‌بینی کنی توانایی و پاک دینی کنی
اُگر هیچ تاب اندر آری به کار نبینی جز از گردش روزگار

داستان افزوده ۳۳

چو اندازه گیری ز دارا و فور / خود آموزگارت نباید ز دور
چو از باد عنوان او گشت خشک / نهادند مُهری بر او بر ز مشک
بیامد هیون تکاور به راه / به فرمان آن نامبردار شاه
چو قیدافه آن نامهٔ او بخواند / ز گفتار او در شگفتی بماند
به پاسخ نخست آفرین گسترید / بدان دادگر کاو زمین گسترید
ترا کرد پیروز بر فور هند / به دارا و بر نامداران سند
به پیروزی اندر سرت گشت کش / ازان نامداران شمشیرکش
مرا با چو ایشان برابر نهی / به سر بر ز پیروزه افسر نهی
مرا زان فزون است فرّ و مهی / همان لشکر و گنج شاهنشهی،
که من قیصران را به فرمان شوم / بترسم ز تهدید و پیچان شوم
هزاران هزارم فزون لشکر است / که بر هر سری شهریاری سر است
اُگر خوانم از هر سوی زیردست / نماند بر این بوم جای نشست
یکی گنج در پیش هر مهتری / چو آید ازین مرز با لشکری
تو چندین چه رانی زبان بر گزاف / ز دارا شده‌ستی خداوند لاف
بران نامه‌بر مُهر زرّین نهاد / هیونی برافکند برسان باد

*

چو اسکندر آن نامهٔ او بخواند / بزد نای رویین و لشکر براند
همی رفت یک ماه پویان به راه / چو آمد سوی مرز او با سپاه
یکی پادشا بود قیران به نام / ابا لشکر و گنج و گسترده کام
یکی شارستان داشت با ساز جنگ / سر ابردهٔ او ندیدی پلنگ
بیاورد لشکر گرفت آن حصار / بران بارهٔ دز گذشتی سوار
سکندر بفرمود تا جاثلیق / بیاورد عرّاده و منجنیق
به یک هفته بستد حصار بلند / به شهر اندر آمد سپاه ارجمند
سکندر چو آمد به شهر اندرون / بفرمود کز کس نریزند خون
یکی پور قیدافه داماد بود / بدین شهر قیران بدو شاد بود
بدو داده بُد دختر ارجمند / کلاهش به قیدافه گشته بلند
که داماد را نام بُد قیدروش / بدو داده قیران دل و چشم و گوش
یکی مرد بُد نام او شهرگیر / به دستش زن و شوی گشته اسیر
سکندر بدانست کان مرد کیست / بجستش که درمان آن کار چیست
بفرمود تا پیش او شد وزیر / بدو داد فرمان و تاج و سریر

خردمند را بیطقون بود نام / یکی رایزن مرد گسترده کام
بدو گفت کـ :«آید به پیشت اروس / ترا خوانم اسکندر فیلقوس
تو بنشین به آیین و رسم کیان / چو من پیشت آیم کمر بر میان
بفرمای تا گردن قیدروش / ببرّد دژآگاه جنگی ز دوش
من آیم به پیشت به خواهشگری / نمایم فراوان ترا کهتری
نشستنگهی ساز بی‌انجمن / چو خواهش فزایم ببخشی به من»
شد آن مرد دستور با درد جفت / ندانست کان را چه باشد نهفت
ازان‌پس بدو گفت شاه جهان / که: «این کار باید که ماند نهان
مرا چون فرستادگان پیش خوان / سخن‌های قیدافه چندی بران
مرا شاد بفرست با ده سوار / که رو نامه بر زود و پاسخ بیار»
بدو بیطقون گفت کـ :«ایدون کنم / به فرمان بر این چاره افسون کنم»
به شبگیر چون شید خنجر کشید / شب تیره از بیم شد ناپدید
نشست از بر تخت‌بر بیطقون / پر از شرم رخ، دل پر از آب خون
سکندر به پیش اندرون با کمر / گشاده در چاره و بسته در
چو آن پور قیدافه را شهرگیر / بیاورد گریان گرفته اسیر
زنش هم‌چنان نیز با بوی و رنگ / گرفته جوان چنگ او را به چنگ
سبک بیطقون گفت کـ :«این مرد کیست؟ / که‌ش از درد چندین بباید گریست»
چنین داد پاسخ که: «باز آر هوش / که من پور قیدافه‌ام قیدروش
جز این دخت قیران مرا نیست جفت / که دارد پس پردهٔ من نهفت
بر آنم که او را سوی خان خویش / برم تا بدارمش چون جان خویش
اسیرم کنون در کف شهرگیر / روان خسته از اختر و تن به تیر»
چو بشنید زو این سخن بیطقون / سرش گشت پر درد و، دل پر ز خون
برآشفت ازان‌پس به دژخیم گفت / که: «این هر دو را خاک باید نهفت
چنین هم به بند اندرون با زنش / به شمشیر هندی بزن گردنش
سکندر بیامد زمین بوس داد / بدو گفت کـ :«ای شاه قیصرنژاد
اگر خون ایشان ببخشی به من / سرافراز گردم به هر انجمن
سر بی‌گناهان چه بری به کین / که نپسندد از ما جهان‌آفرین»
بدو گفت بیداردل بیطقون / که: «آزاد کردی دو تن را ز خون»
سبک بیطقون گفت با قیدروش / که: «بردی سری دور مانده ز دوش
فرستم کنون با تو او را بهم / بخوانَد به مادرت، بر بیش و کم

اگر ساو و باژم فرستد نکوست کسی را ندرّد بدین جنگ پوست
نگه کن بدین پاک دستور من که گوید بدو رزم گر سور من
تو آن کن ز خوبی که او با تو کرد به پاداش پیچد دل رادمرد
چو این پاسخ نامه یابی ز شاه به خوبی ورا باز گردان ز راه»
چنین گفت با بیطقون قیدروش که: «زو برندارم دل و چشم و گوش
چگونه مر او را ندارم چو جان کزو یافتم جفت و شیرین روان»

*

جهانجوی ده نامور برگزید ز مردان رومی چنان چون سزید
که بودند یکسر هم آواز اوی نگه داشتندی همه راز اوی
چنین گفت کـ :«اکنون به راه اندرون مخوانید ما را جز از بیطقون»
همی رفت پیش اندرون قیدروش سکندر سپرده بدو چشم و گوش
چو آتش همی راند مهتر ستور به کوهی رسیدند سنگش بلور
بدو در ز هر گونه‌ای میوه‌دار فراوان گیا بود بر کوهسار
برفتند زان گونه پویان به راه بران بوم و بر کاندرو بود شاه
چو قیدافه آگه شد از قیدروش ز بهر پسر پهن بگشاد گوش
پذیره شدش با سپاهی گران همه نامدارانِ نیک اختران
پسر نیز چون مادرش را بدید پیاده شد و آفرین گسترید
بفرمود قیدافه تا برنشست همی راند و دستش گرفته به دست
بدو قیدروش آنچه دید و شنید همی گفت و رنگ رخش ناپدید
که: «بر شهر قیران چه آمد ز رنج نماند افسر و تخت و لشکر نه گنج
مرا این که آمد همی با اروس رها کرد ز اسکندر فیلقوس
اُ گرنه بفرمود تا گردنم زنند و به آتش بسوزد تنم
کنون هرچه باید به خوبی بکن بر او هیچ مشکن به خواهش سخن»
چو بشنید قیدافه این از پسر دلش گشت زان درد زیر و زبر
از ایوان فرستاده را پیش خواند به تخت گرانمایگان برنشاند
فراوان بپرسید و بنواختش یکی مایه‌ور جایگه ساختش
فرستاد هر گونه‌ای خوردنی ز پوشیدنی هم ز گستردنی
بشد آن شب و بامداد پگاه به پرسش بیامد به درگاه شاه
پرستندگان پرده برداشتند بر اسپش ز درگاه بگذاشتند
چو قیدافه را دید بر تخت آج ز یاقوت و پیروزه بر سرش تاج

ز زربفت پوشیده‌چینی‌قبای   فراوان پرستنده گردش بپای
رخ شاه تابان بکردار هور   نشستنگهش را ستون‌ها بلور
زبر پوششی جزع بسته به‌زر   بر او بافته دانه‌های گهر
پرستنده با توغ و با گوشوار   بپای اندر آن گلشن زرنگار
سکندر بدان در شگفتی بماند   فراوان نهان نام یزدان بخواند
نشستنگهی دید مهتر که نیز   نیامد ورا روم و ایران به چیز
برِ مهتر آمد زمین داد بوس   چنان چون بود مردم چاپلوس
ورا دید قیدافه بنواختش   بپرسید بسیار و بنشاختش
چو خورشید تابان ز گنبد بگشت   گه بار بیگانه اندر گذشت
بفرمود تا خوان بیاراستند   پرستندهٔ رود و می خواستند
نهادند یک خانه خوان‌های ساج   همه پیکرش زرّ و کوکبش آج
خورش‌های بسیار آورده شد   می آورد و چون خوردنی خورده شد
طبق‌های زرّین و سیمین نهاد   نخستین ز قیدافه کردند یاد
به می خوردن اندر گرانمایه شاه   فزون کرد سوی سکندر نگاه
به گنجور گفت: «آن درخشان حریر   نوشته بر او صورت دلپذیر
به پیش من آور چنان هم که هست   به‌تندی بر او هیچ مپسای دست»
بیاورد گنجور و بنهاد پیش   چو دیدش نگه کرد ز اندازه بیش
به چهر سکندر نکو بنگرید   ازان صورت او را جدایی ندید
بدانست قیدافه کاو قیصر است   بران لشکر نامور مهتر است
فرستاده‌ای کرده از خویشتن   دلیر آمده‌ست اندرین انجمن
بدو گفت ک:«ای مرد گسترده کام   بگو تا سکندر چه دادت پیام»
چنین داد پاسخ که: «شاه جهان   سخن گفت با من میان مهان»
که: «قیدافهٔ پاک‌دل را بگوی   که جز راستی در زمانه مجوی
نگر سر نپیچی ز فرمان من   نگه‌دار بیدار پیمان من
اُگر هیچ تاب اندر آری به دل   بیارم یکی لشکری دلگسل
نشان هنرهای تو یافتم   به جنگ آمدن تیز نشتافتم
خردمندی و شرم نزدیک تست   جهان ایمن از رای باریک تست
کنون گر نتابی سر از باژ و ساو   بدانی که با ما نداری تو تاو
نبینی بجز خوبی و راستی   چو پیچی سر از کژّی و کاستی»
برآشفت قیدافه چون این شنید   بجز خامشی چارهٔ آن ندید

بدو گفت ک: «اکنون ره خانه گیر / بیاسای با مردم دلپذیر
چو فردا بیایی تو پاسخ دهم / به برگشتنت رای فرخ نهم»
سکندر بیامد سوی خان خویش / همه شب همی ساخت درمان خویش
چو بر زد سر از کوه روشن چراغ / چو دیبا فروزنده شد دشت و راغ
سکندر بیامد بران بارگاه / دو لب پر ز خنده، دل از غم تباه
فرستاده را دید سالار بار / بپرسید و بردش برِ شهریار
همه کاخ او پر ز بیگانه بود / نشستش بلورین یکی خانه بود
عقیق و زبرجد بر او بر نگار / میان اندرون گوهر شاهوار
زمینش همه صندل و چوب اود / ز جزع و ز پیروزه او را عمود
سکندر فروماند زان جایگاه / ازان فرّ و اورنگ و آن دستگاه
همی گفت ک: «اینت سرای نشست / نبیند چنین جای یزدان‌پرست»
خرامان بیامد به نزدیک شاه / نهادند زرّین یکی زیرگاه
بدو گفت قیدافه: «ای بیطقون / چرا خیره ماندی به جزع اندرون
هماناکه چونین نباشد به روم / که آسیمه گشتی بدین مایه بوم؟»
سکندر بدو گفت ک: «ای شهریار / تو این خانه را خوارمایه مدار
ز ایوان شاهان سرش برتر است / که ایوان تو معدن گوهر است»
بخندید قیدافه از کار اوی / دلش گشت خرّم به بازار اوی
ازان پس بدر کرد کس‌های خویش / فرستاده را تنگ بنشاند پیش
بدو گفت ک: «ای زادهٔ فیلقوس / همت بزم و رزم است و هم نعم و بوس»
سکندر ز گفتار او گشت زرد / روان پر ز درد و، رخان لاژورد
بدو گفت ک: «ای مهتر پرخرد / چنین گفتن از تو نه اندر خورد
منم بیطقون کدخدای جهان / چنین تخمهٔ فیلقوسم مخوان
سپاسم ز یزدان پروردگار / که با من نبُد مهتری نامدار
که بردی به شاه جهان آگهی / تنم را ز جان زود کردی تهی»
بدو گفت قیدافه ک: «ز داوری / لبت را بپرداز کاسکندری
اگر چهرهٔ خویش بینی به چشم / ز چاره بیاسای و منمای خشم»
بیاورد و بنهاد پیشش حریر / نوشته بر او صورت دلپذیر
که گر هیچ جنبش بُدی در نگار / نبودی جز اسکندر شهریار
سکندر چو دید آن بخایید لب / بر او تیره شد روز چون تیره شب
چنین گفت: «بی‌خنجری در نهان / مباداکه باشد کس اندر جهان»

بدو گفت قیدافه «گر خنجرت   حمایل بُدی پیش من بر برت
نه نیروت بودی نه شمشیر تیز   نه جای نبرد و نه راه گریز»
سکندر بدو گفت: «هر کز مهان   به مردی بود خواستار جهان
نباید که پیچد ز راه گزند   که بددل به گیتی نگردد بلند
اگر با من استی سلیحم کنون   همه خانه گشتی چو دریای خون
ترا کشتمی گر جگرگاه خویش   بدرّیدمی پیش بدخواه خویش»
بخندید قیدافه از کار اوی   ازان مردی و تند گفتار اوی
بدو گفت ک :«ای خسرو شیرفش   به مردی مگردان سر خویش کش
نه از فرّ تو کشته شد فور هند   نه دارای داراب و گردان سند
که برگشت روز بزرگان دهر   ز اختر ترا بیش‌تر بود بهر
به مردی تو گستاخ گشتی چنین   که مهتر شدی بر زمان و زمین
همه نیکوی‌ها ز یزدان شناس   وز او دار تا زنده باشی سپاس
تو گویی به دانش که گیتی مراست   نبینم همی گفت و گوی تو راست
کجا آورد دانش تو بها   چو آیی چنین در دم اژدها
بدوزی به روز جوانی کفن   فرستاده‌ای سازی از خویشتن
مرا نیست آیین خون ریختن   نه بر خیره با مهتر آویختن
چو شاهی به کاری توانا بود   ببخشاید از داد و دانا بود
چنان دان که ریزندهٔ خون شاه   جز آتش نبیند به فرجام گاه
تو ایمن بباش و به‌شادی برو   چو رفتی یکی کار برساز نو
کزین‌پس نیایی به پیغمبری   ترا خاک داند که اسکندری
ندانم کسی را ز گردنکشان   که از چهر او من ندارم نشان
نگاریده هم زین نشان بر حریر   نهاده به نزد یکی یادگیر
بر او راند هم حکم اخترشناس   کزو ایمنی باشد اندر هراس
چو بخشنده شد خسرو رایزن   زمانه بگوید به مرد و به زن
تو تا ایدری بیطقون خوانمت   بر این هم نشان دور بنشانمت
بدان تا نداند کسی راز تو   همان نشنود نام و آواز تو
فرستمت بر نیکوی باز جای   تو باید که باشی خداوند رای
به پیمان که هرگز به فرزند من   به شهر من و خویش و پیوند من
نباشی بداندیش گر بدسگال   به کشور نخوانی مرا جز همال»
سکندر شنید این سخن شاد شد   ز تیمار و ز کشتن آزاد شد

داستان افزوده ۳۹

به دادار دارنده سوگند خورد / به دین مسیحا و گرد نبرد
که: «با بوم و با رُست و فرزند تو / بزرگان که باشند پیوند تو
نسازم جز از خوبی و راستی / نه اندیشم از کژی و کاستی»
۳۰۲۵۵ چو سوگند شد خورده قیدافه گفت / که: «این پند بر تو نشاید نهفت
چنان دان که طینوش فرزند من / کم اندیشد از دانش و پند من
یکی بادسار است داماد فور / نباید که داند ز نزدیک و دور
که تو با سکندر ز یک پوستی / گر ایدونکه با او به دل دوستی
که او از پی فور کین آورد / به جنگ آسمان بر زمین آورد
۳۰۲۶۰ کنون شاد و ایمن به ایوان خرام / ز تیمار گیتی مبر هیچ نام»
سکندر بیامد دلی همچو کوه / رها گشته از شاه دانش‌پژوه
نبودش ز قیدافه چین در بروی / نبرداشت هرگز دل از آرزوی
ببود آن شب و بامداد پگاه / ز ایوان بیامد به نزدیک شاه
سپهدار در خان پیل استه بود / همه گرد بر گرد او رسته بود
۳۰۲۶۵ سر خانه را پیکر از جزع و زر / به زر اندرون چندگونه گهر
به پیش اندرون دستهٔ مشکبوی / دو فرزند بایسته در پیش اوی
چو طینوش اسپافگن و قیدروش / نهاده به گفتار قیدافه گوش
به مادر چنین گفت کهتر پسر / که: «ای شاه نیک‌اختر و دادگر
چنان کن که از پیش تو بیطقون / شود شاد و خشنود با رهنمون
۳۰۲۷۰ به ره بر کسی تا نیازاردش / ور از دشمنان نیز نشماردش
که زنده کن پاک جان من اوست / بر آنم که روشن‌روان من اوست»
بدو گفت مادر که: «ایدون کنم / که او را بزرگی برافزون کنم»
به اسکندر نامور شاه گفت / که: «پیدا کن اکنون نهان از نهفت
چه خواهی و رای سکندر به چیست / چه رانی تو از شاه و دستور کیست»
۳۰۲۷۵ سکندر بدو گفت که: «ای سرفراز / به نزد تو شد بودن من دراز
مرا گفت رو باژ مرزش بخواه / اگر دیر مانی بیارم سپاه
نمانم بدو کشور و تاج و تخت / نه زور و نه شاهی نه گنج و نه بخت»
چو طینوش گفتِ سکندر شنید / بکردار باد دمان بردمید
بدو گفت که: «ای ناکس بی‌خرد / ترا مردم از مردمان نشمرد
۳۰۲۸۰ ندانی که پیش که داری نشست / بر شاه منشین و منمای دست
سرت پر ز تیزیّ و گنداوریست / نگویی مرا خود که شاه تو کیست

اگر نیستی فرّ این نامدار   سرت کندمی چون ترنجی ز بار
هم اکنون سرت را من از درد فور   به لشکر نمایم ز تن کرده دور»
یکی بانگ برزد بر او مادرش   که آسیمه برگشت جنگی سرش
به طینوش گفت: «این نه گفتار اوست   بران درگه او را فرستاد دوست»
بفرمود کاو را به بیرون برند   ز پیش نشستش به هامون برند
چنین گفت پس با سکندر به‌راز   که: «طینوش بی‌دانش دیوساز
نباید که اندر نهان چاره‌ای   بسازد گزندیّ و پتیاره‌ای
تو دانش‌پژوهی و داری خرد   نگه کن بدین تا چه اندرخورد»
سکندر بدو گفت کـ:«این نیست راست   چو طینوش را بازخوانی رواست»
جهاندار فرزند را بازخواند   بران نامور زیر گاهش نشاند
سکندر بدو گفت کـ:«ای کامکار   اگر کام دل خواهی آرام دار
من از تو بدین کین نگیرم همی   سخن هرچه گویی پذیرم همی
مرا این نژندی ز اسکندر است   کجا شاد با تاج و با افسر است
بدین سان فرستد مرا نزد شاه   که از نامور مهتری باژ خواه
بدان تا هر آن بد که خواهد رسید   بر او بر من آید ز دشمن پدید
ورا من بدین زود پاسخ دهم   یکی شاه را رای فرخ نهم
اگر دست او من بگیرم به دست   به نزد تو آرم به جای نشست
بدان سان که با او نبینی سپاه   نه شمشیر بینی نه تخت و کلاه
چه بخشی تو زین پادشاهی مرا   چو بپسندی این نیکخواهی مرا؟»
چو بشنید طینوش گفت: «این سخن   شنیدم نباید که گردد کهن
گر این را که گفتی بجای آوری   بکوشیّ و پاکیزه رای آوری
من از گنج و ز بدره و هرچه هست   ز اسپان و مردان خسروپرست
ترا بخشم و نیز دارم سپاس   تو باشی جهانگیر و نیکی‌شناس
یکی پاک دستور باشی مرا   بدین مرز گنجور باشی مرا»
سکندر بیامد ز جای نشست   برین عهد بگرفت دستش به دست
بپرسید طینوش کـ:«این چون کنی   بدین جادوی بر چه افسون کنی؟»
بدو گفت: «چون بازگردم ز شاه   تو باید که با من بیایی به راه
ز لشکر بیاری سواری هزار   همه نامدار ازدرِ کارزار
به جایی یکی بیشه دیدم: به راه   نشانم ترا در کمین با سپاه
شوم من ز پیش تو در پیش اوی   ببینم روان بداندیش اوی

بگویم که چندین فرستاد چیز   کزان پس نیندیشی از چیز نیز
فرستاده گوید که من نزد شاه   نیارم شدن در میان سپاه
اگر شاه بیند که با موبدان   شود نزد طینوش با بخردان
چو بیندش بپذیرد این خواسته   ز هر گونه‌ای گنج آراسته
بیاید چو بیند ترا بی‌سپاه   اگر بازگردد گشاده‌ست راه
چو او بشنود خوب گفتار من   نیندیشد از رنگ و بازار من
بیاید بران سایه زیر درخت   ز گنجور می خواهد و تاج و تخت
تو جنگی سپاهی به گردش درآر   برآسودی از گردش روزگار
مکافات من باشد و کام تو   نجوید ازان پس کس آرام تو
که آید به دستت بسی خواسته   پرستنده و اسپ آراسته»
چو طینوش بشنید زان شاد شد   بسان یکی سرو آزاد شد
چنین داد پاسخ که: «دارم امید   که گردد بدو تیره‌روزم سپید
به دام من آویزد او ناگهان   به خونی که او ریخت اندر جهان
چو دارای دارا و گردان سند   چو فور دلیر آن سرافراز هند»
چو قیدافه گفتِ سکندر شنید   به چشم و دلش چارهٔ او بدید
بخندید زان چاره در زیر لب   دو بسّد نهان کرد زیر قصب
سکندر بیامد ز نزدیک اوی   پر اندیشه بُد جان تاریک اوی

*

همی چاره جست آن شب دیرباز   چو خورشید بنمود چینی طراز
برافراخت از کوه زرّین درفش   نگونسار شد پرنیانی بنفش
سکندر بیامد به نزدیک شاه   پرستنده برخاست از بارگاه
به رسمی که بودش فرود آورید   جهانجوی پیش سپهبد چمید
ز بیگانه ایوان بپرداختند   فرستاده را پیش او تاختند
چو قیدافه را دید بر تخت گفت   که: «با رای تو مشتری باد جفت
به دین مسیحا به فرمان راست   به دارنده کاو بر زبانم گواست
به ابرای و دین و صلیب بزرگ   به جان و سر شهریار سترگ
به زنّار و شمّاس و روح‌القدس   کزین پس مرا خاک در اندلس
نه‌بیند نه لشکر فرستم به جنگ   نه آمیزم از هر دری نیز رنگ
نه با پاک‌فرزند تو بد کنم   نه فرمان دهم نیز و نه خود کنم
به جان یاد دارم وفای ترا   نجویم به چیزی جفای ترا

برادر بود نیکخواهت مرا / به جای صلیب است گاهت مرا»
نگه کرد قیدافه سوگند اوی / یگانه دل و راست پیوند اوی
همه کاخ کرسیِ زرّین نهاد / به پیش اندر آرایش چین نهاد
بزرگان و نیک اختران را بخواند / یکایک بران کرسی زر نشاند
ازان پس گرامی دو فرزند را / بیاورد خویشان و پیوند را
چنین گفت ک:«اندر سرای سپنج / سزد گر نباشیم چندین به رنج
نباید کزین گردش روزگار / مرا بهره کین آید و کارزار
سکندر نخواهد شد از گنج سیر / اُگر آسمان اندر آرد به زیر
همی رنج ما جوید از بهر گنج / همه گنج گیتی نیرزد به رنج
برآنم که با او نسازیم جنگ / نه بر پادشاهی کنم کار تنگ
یکی پاسخ پندمندش دهیم / سرش برفرازیم و پندش دهیم
اگر جنگ جوید پس از پند من / ببیند پس از پند من بند من
ازان سان شوم پیش او با سپاه / که بخشایش آرد بر او چرخ و ماه
ازین آزمایش ندارد زیان / بماند مگر دوستی در میان
چه گویید و این را چه پاسخ دهید / مرا اندرین رای فرخ نهید»
همه مهتران سر برافراختند / همی پاسخ پادشا ساختند
بگفتند ک:«ای سرور داد و راد / ندارد کسی چون تو مهتر به یاد
نگویی مگر آنکه بهتر بود / خنک شهر کهش چون تو مهتر بود
اگر دوست گردد ترا پادشا / چه خواهد جز این مردم پارسا
نه آسیب آید بدین گنج تو / نیرزد همه گنج‌ها رنج تو
چو اسکندری کاو بیاید ز روم / به شمشیر دریا کند روی بوم
همی از درت بازگردد به چیز / همه چیز دنیی نیرزد پشیز
جز از آشتی ما نبینیم روی / نه والا بود مردم کینه‌جوی»
چو بشنید گفتار آن بخردان / پسندیده و پاک دل موبدان
در گنج بگشاد و تاج پدر / بیاورد با یاره و توغ زر
یکی تاج بُد کاندر آن شهر و مرز / کسی گوهرش را ندانست ارز
فرستاده را گفت ک:«این بی‌بهاست / هر آن کس که دارد جز او نارواست
به تاج مهان چون سزا دیدمش / ز فرزند پرمایه بگزیدمش»
یکی تخت بودش به هفتاد لخت / ببستی گشایندهٔ نیکبخت
به پیکر یک اندر دگر بافته / به چاره سر شوشه‌ها تافته

سر پایه‌ها چون سر اژدها / ندانست کس گوهرش را بها
ازو چار سد گوهر شاهوار / همان سرخ یاقوت بُد زین شمار
دو بودی به مثقال هر یک به سنگ / چو یک دانهٔ نار بودی به رنگ
زمرّد بر او چارسد پاره بود / به سبزی چو قوس قزح ناپسود
گشاده شتربار بودی چهل / زنی بود چون موج دریا به دل
دگر چارسد تای دندان پیل / چه دندان درازیش بُد میل میل
پلنگی که خوانی همی بربری / ازان چارسد پوست بُد بر سری
ز چرم گوزن ملمّع هزار / همه رنگ و بیرنگ او پرنگار
دگر سد سگ و یوز نخچیرگیر / که آهو ورا پیش دیدی ز تیر
بیاورد زان پس دو سد گاومیش / پرستندهٔ او همی راند پیش
ز دیبای خز چارسد تخته نیز / همان تخت‌ها کرده از چوب شیز
دگر چارسد تخته از اود تر / که شُهر اندرو گیرد و رنگ زرد
سد اسپ گرانمایه آراسته / ز میدان ببردند با خواسته
همان تیغ هندیّ و رومی هزار / بفرمود با جوشن کارزار
همان خود و مغفر هزار و دویست / به گنجور فرمود که: «اکنون مایست
همه پاک بر بیطقون برشمار / بگویش که شبگیر برساز کار»
سپیده چو برزد ز بالا درفش / چو کافور شد روی چرخ بنفش
زمین تازه شد کوه چون سندروس / ز درگاه برخاست آوای کوس
سکندر به اسپ اندر آورد پای / به دستوریِ بازگشتن به‌جای
چو طینوش جنگی سپه برنشاند / از ایوان به درگاه قیدافه راند
به قیدافه گفتند «پدرود باش / به جان تارهٔ چرخ را پود باش»
برین گونه منزل به منزل سپاه / همی راند تا پیش آن رزمگاه
که لشکرگه نامور شاه بود / سکندر که با بخت همراه بود
سکندر بران بیشه بنهاد رخت / که آب روان بود و جای درخت
به طینوش گفت: «ایدر آرام گیر / چو آسوده گردی می و جام گیر
شوم هرچه گفتم بجای آورم / ز هرگونه پاکیزه رای آورم»
سکندر بیامد به پرده سرای / سپاهش برفتند یکسر ز جای
ز شادی خروشیدن آراستند / کلاه کیانی بپیراستند
که نومید بُد لشکر نامجوی / که دانست کش باز بینند روی
سپه با زبان‌ها پر از آفرین / یکایک نهادند سر بر زمین

ز لشکر گزین کرد پس شهریار   ازان نامدار رومی هزار
زره‌دار با گرزهٔ گاو روی   برفتند گردان پرخاشجوی
همه گرد بر گرد آن بیشه مرد   کشیدند صف با سلیح نبرد
سکندر خروشید کـ:«ای مرد تیز   همی جنگ رای آیدت گر گریز؟»
بلرزید طینوش بر جای خویش   پشیمان شد از دانش و رای خویش
بدو گفت کـ:«ای شاه برترمنش   ستایش گزینی به از سرزنش
چنان هم که با خویش من قیدروش   بزرگی کن و راستی را بکوش
نه این بود پیمانت با مادرم   نگفتی که از راستی نگذرم؟»
سکندر بدو گفت کـ:«ای شهریار   چرا سست گشتی بدین مایه کار
ز من ایمنی بیم در دل مدار   نیازارد از من کسی زان تبار
نگردم ز پیمان قیدافه من   نه نیکو بود شاه پیمان شکن»
پیاده شد از باره طینوش زود   زمین را ببوسید و زاری نمود
جهاندار بگرفت دستش به دست   بدان گونه کاو گفت پیمان ببست
بدو گفت: «مندیش و رامش گزین   من از تو ندارم به دل هیچ کین
چو مادرت بر تخت زرّین نشست   من اندر نهادم به دست تو دست
بگفتم که من دست شاه زمین   به دست تو اندر نهم همچنین
همان روز پیمان من شد تمام   نه خوب آید از شاه گفتار خام
سکندر منم وان زمان من بُدم   به خوبی بسی داستان‌ها زدم
همان روز قیدافه آگاه بود   که اندر گفتِ پنجهٔ شاه بود»
پرستنده را گفت قیصر که: «تخت   بیارای زیر گل افشان درخت»
بفرمود تا خوان بیاراستند   نوازندهٔ رود و می خواستند
بفرمود تا خلعت خسروی   ز رومیّ و چینیّ و از پهلوی
ببخشید یارانش را سیم و زر   که را درخور آمد کلاه و کمر
به طینوش فرمود کـ:«ایدر مایست   که این بیشه دور است راه تو نیست
به قیدافه گوی ای هشیوار زن   جهاندار و بینادل و رایزن
بدارم وفای تو تا زنده‌ام   روان را به مهر تو آکنده‌ام»

*

اُزان جایگه لشکر اندر کشید   دمان تا به شهر برهمن رسید
بدان تا ز کردارهای کهن   بپرسد ز پرهیزگاران سخن
برهمن چو آگه شد از کار شاه   که آورد زان روی لشکر به راه

داستان افزوده ۴۵

پرستنده مرد اندر آمد ز کوه   شدند اندران آگهی همگروه
نوشتند پس نامه‌ای بخردان   به نزد سکندر سر موبدان
سر نامه بود آفرین نهان   ز داننده بر شهریار جهان
«که پیروزگر باد همواره شاه   به افزایش و دانش و دستگاه
دگر گفت کای شهریار سترگ   ترا داد یزدان جهان بزرگ
چه داری بدین مرز بی‌ارز رای   نشستِ پرستندگان خدای
گر این آمدنت از پی خواسته‌ست   خرد بی‌گمان نزد تو کاسته‌ست
برِ ما شکیبایی و دانش است   ز دانش روان‌ها پر از رامش است
شکیبایی از ما نشاید ستد   نه کس را ز دانش رسد نیز بد
نبینی جز از برهنه یک رمه   پراکنده از روزگار دمه
اگر بودن ایدر دراز آیدت   به تخم گیاها نیاز آیدت»
فرستاده آمد برِ شهریار   ز بیخ گیا بر میانش ازار
سکندر فرستاده و نامه دید   بی‌آزاری و رامشی برگزید
سپه را سراسر هم آنجا بماند   خود و فیلسوفان رومی براند
پرستنده آگه شد از کار شاه   پذیره شدندش یکایک به راه
ببردند بی‌مایه چیزی که بود   که نه گنج بُدشان نه کشت و درود
یکایک بر او خواندند آفرین   بران برمنش شهریار زمین
سکندر چو روی برهمن بدید   بران گونه آواز ایشان شنید
دوان و برهنه تن و پای و سر   تنان بی‌بر و جان ز دانش به بر
ز برگ گیا پوشش، از تخم خورد   برآسوده از رزم و روز نبرد
خور و خواب و آرام بر دشت و کوه   برهنه به هر جای گشته گروه
همه خوردنی‌شان برِ میوه‌دار   ز تخم گیا رسته بر کوهسار
ازار یکی چرخ نخچیر بود   گیا پوشش و خوردن آژیر بود
سکندر بپرسیدش از خواب و خورد   از آرایش روز ننگ و نبرد
خردمند گفت: «ای جهانگیر مرد   کس از ما نگوید به ننگ و نبرد
ز پوشیدنیّ و ز گستردنی   همه بی‌نیازیم از خوردنی
برهنه چو زاید ز مادر کسی   نباید که نازد به پوشش بسی
وز ایدر برهنه شود باز خاک   همه جای ترس است و تیمار و باک
زمین بستر و پوشش از آسمان   به ره دیده‌بان تا کی آید زمان
جهانجوی چندین بکوشد به چیز   که آن چیز کوشش نیرزد بنیز

۴۶
پادشاهی اسکندر

چنو بگذرد زین سرای سپنج
ازو باز ماند زر و تاج و گنج

چنان دان که نیکی‌ست همراه اوی
به خاک اندر آید سرِ گاه اوی»

سکندر بپرسید ک:«اندر جهان
فزون آشکارا بود گر نهان؟

همان زنده بیش است گر مرده نیز
کزان پس نیازش نیاید به چیز»

چنین داد پاسخ که: «ای شهریار
تو گر مرده را بشمری سدهزار

ازان سدهزاران یکی زنده نیست
خنک آنکه در دوزخ افکنده نیست

بباید همین زنده را نیز مرد
یکی رفت و نوبت به دیگر سپرد»

بپرسید: «خشکی فزون‌تر گر آب؟
بتابد بر او بر همی آفتاب»

برهمن چنین داد پاسخ به شاه
که: «هم آب را خاک دارد نگاه»

بپرسید ک:«از خواب بیدار کیست؟
به روی زمین بر گنهکار کیست؟

که جنبندگان‌اند و چندی زیند
ندانند کاندر جهان بر چی‌اند»

برهمن چنین داد پاسخ بدوی
که: «ای پاک دل مهتر راستگوی

گنهکارتر چیز مردم بود
که از کین و آزش خرد گم بود

چو خواهی که این را بدانی درست
تن خویشتن را نگه کن نخست

که روی زمین سربسر پیش تست
تو گویی سپهر روان خویش تست

همی رای داری که افزون کنی
ز خاک سیه مغز بیرون کنی

روان ترا دوزخ است آرزوی
مگر زین سخن بازگردی به خوی»

دگر گفت: «بر جان ما شاه کیست؟
به کژّی به هر جای همراه کیست؟»

چنین داد پاسخ که: «آز و نیاز
دو دیوند بیچاره و دیوساز

یکی را ز کمّی شده خشک لب
یکی از فزونی‌ست بی‌خواب شب

همان هر دو را روز می بشکرد
خنک آنکه جانش بپذیرد خرد»

سکندر چو گفتار ایشان شنید
به رخساره شد چون گل شنبلید

دو رخ زرد و، دیده پر از آب کرد
همان چهر خندان پر از تاب کرد

بپرسید پس شاه فرمانروا
که: «حاجت چه باشد شما را به ما

ندارم دریغ از شما گنج خویش
نه هرگز براندیشم از رنج خویش»

بگفتند ک:«ای شهریار بلند
درِ مرگ و پیری تو بر ما ببند»

چنین داد پاسخ ورا شهریار
که: «با مرگ خواهش نیاید به کار

چه پرهیزی از تیزچنگ اژدها
که گر ز آهنی زو نیابی رها

جوانی که آید به ما بر دراز
هم از روز پیری نیابد جواز»

برهمن بدو گفت ک:«ای پادشا
جهاندار و دانا و فرمانروا

چو دانی که از مرگ خود چاره نیست ‌‌ ز پیری بتر نیز پتیاره نیست
جهان را به کوشش چه جویی همی ‌‌ گل زهر خیره چه بویی همی
ز تو بازماند همین رنج تو ‌‌ به دشمن رسد کوشش و گنج تو
ز بهر کسان رنج بر تن نهی ‌‌ ز کم دانشی باشد و ابلهی
پیام است از مرگ موی سپید ‌‌ به بودن چه داری تو چندین امید»
چنین گفت بیداردل شهریار ‌‌ که: «گر بنده از بخشش کردگار
گذر یافتی بودمی من همان ‌‌ به تدبیر برگشتن آسمان
که فرزانه و مرد پرخاشخر ‌‌ ز بخشش به کوشش نیابد گذر
دگر هر که در جنگ من کشته شد ‌‌ که را ز اخترش روز برگشته شد
به درد و به خون ریختن بُد سزا ‌‌ که بیدادگر کس نیابد رها
بدیدند پادافرهٔ ایزدی ‌‌ چو گشتند باز از ره بخردی
کس از خواست یزدان کرانه نیافت ‌‌ ز کار زمانه بهانه نیافت»
بسی چیز بخشید و نستد کسی ‌‌ نبُد آز نزدیک ایشان بسی
بی‌آزار ازان جایگه برگرفت ‌‌ بران هم نشان راه خاور گرفت

*

همی رفت منزل به منزل به راه ‌‌ ز ره رنجه و مانده یکسر سپاه
ز شهر برهمن به جایی رسید ‌‌ یکی بی‌کران ژرف دریا بدید
بسان زنان مرد پوشیده‌روی ‌‌ همی رفت با جامه و رنگ و بوی
زبان‌ها نه تازیّ و نه خسروی ‌‌ نه ترکی نه چینیّ و نه پهلوی
ز ماهی بُدی‌شان همی خوردنی ‌‌ به جایی نبُد راه آوردنی
شگفت اندر ایشان سکندر بماند ‌‌ ز دریا همی نام یزدان بخواند
هم آنگاه کوهی بر آمد ز آب ‌‌ بدو پاره شد زرد چون آفتاب
سکندر یکی تیز کشتی بجست ‌‌ که آن را ببیند به دیده درست
یکی گفت زان فیلسوفان به شاه ‌‌ که: «بر ژرف دریا ترا نیست راه
بمان تا ببیند مر او را کسی ‌‌ که بهره ندارد ز دانش بسی»
ز رومیّ و از مردم پارسی ‌‌ بدان کشتی اندر نشستند سی
یکی زرد ماهی بُد آن لخت کوه ‌‌ هم آنگه چو تنگ اندر آمد گروه
فرو برد کشتی هم اندر شتاب ‌‌ هم آن کوه شد ناپدید اندر آب
سپاه سکندر همی خیره ماند ‌‌ همی هر کسی نام یزدان بخواند
بدو گفت رومی که: «دانش به است ‌‌ که داننده بر هر کسی بر مه است

پادشاهی اسکندر

اگر شاه رفتی و گشتی تباه / پر از خون شدی جان چندین سپاه»
اُز آنجایگه لشکر اندر کشید / یکی آبگیری نو آمد پدید
به گرد اندرش نی بسان درخت / تو گفتی که چوب چنار است سخت
ز پنجه فزون بود بالای اوی / چهل رش بپیمود پهنای اوی
همه خانه‌ها کرده از چوب و نی / زمینش هم از نی فروبرده پی
نشایست بد در نیستان بسی / ز شوری نخورد آب او هر کسی
چو بگذشت زان آب جایی رسید / که آمد یکی ژرف دریا پدید
جهان خرّم و آب چون انگبین / همی مشک بوید روی زمین
بخوردند و کردند آهنگ خواب / بسی مار پیچان برآمد ز آب
اُزان بیشه کژدم چو آتش به رنگ / جهان شد بران خفتگان تار و تنگ
به هر گوشه‌ای در فراوان بمرد / بزرگان دانا و مردان گرد
ز یکسو فراوان بیامد گراز / چو الماس دندان‌های دراز
ز دست دگر شیر مهتر ز گاو / که با جنگ ایشان نبُد زور و تاو
سپاهش ز دریا به یکسو شدند / بران نیستان آتش اندر زدند
بکشتند چندان ز شیران که راه / به یکبارگی تنگ شد بر سپاه
وزان جایگه رفت خورشیدفش / بیامد دمان تا زمین حبش
ز مردم زمین بود چون پرّ زاغ / سیه گشته و چشم‌ها چون چراغ
تناور یکی لشکری زورمند / برهنه‌تن و پوست و بالا بلند
چو از دور دیدند گرد سپاه / خروشی برآمد ز ابر سیاه
سپاه انجمن شد هزاران هزار / اُزان تیره شد دیدهٔ شهریار
به سوی سکندر نهادند سر / بکشتند بسیار پرخاشخر
به جای سنان استخوان داشتند / همی بر تن مرد بگذاشتند
به لشکر بفرمود پس شهریار / که برداشتند آلت کارزار
برهنه به جنگ اندر آمد حبش / غمی گشت زان لشکر شیرفش
بکشتند زیشان فزون از شمار / بپیچید دیگر سر از کارزار
ز خون ریختن گشت روی زمین / سراسر بکردار دریای چین
چو از خون در و دشت آلوده شد / ز کشته به هر جای بر توده شد
چو بر توده خاشاک‌ها بر زدند / بفرمود تا آتش اندر زدند
چو شب گشت بشنید آواز کرگ / سکندر بپوشید خفتان و ترگ
یکی پیشرو بود مهتر ز پیل / به سر بر شرو داشت همرنگ نیل

ازین نامداران فراوان بکشت / بسی حمله بردند و ننمود پشت
بکشتند فرجام کارش به تیر / یکی آهنین کوه بُد پیل گیر
وزان جایگه تیز لشکر براند / بسی نام دادار گیهان بخواند

*

چو نزدیکی نرم‌پایان رسید / نگه کرد و مردم بی‌اندازه دید
نه اسپ و نه جوشن نه تیغ و نه گرز / ازان هر یکی چون یک سرو برز
چو رعد خروشان برآمد غریو / برهنه سپاهی بکردار دیو
یکی سنگ‌باران بکردند سخت / چو باد خزان بر زند بر درخت
به تیر و به تیغ اندر آمد سپاه / تو گفتی که شد روز روشن سیاه
چو از نرم‌پایان فراوان نماند / سکندر برآسود و لشکر براند
بشد تازنان تا به شهری رسید / که آن را کران و میانه ندید
به آیین همه پیشباز آمدند / گشاده‌دل و بی‌نیاز آمدند
ببردند هر گونه گستردنی / ز پوشیدنی‌ها و از خوردنی
سکندر بپرسید و بنواخت‌شان / براندازه بر پایگه ساخت‌شان
کشیدند بر دشت پرده‌سرای / سپاهش نجست اندر آن شهر جای
سر اندر ستاره یکی کوه دید / تو گفتی که گردون بخواهد کشید
بران کوه مردم بُدی اندکی / شب تیره زیشان نماندی یکی
بپرسید ازیشان سکندر که: «راه / کدام است و چون راند باید سپاه؟»
همه یکسره خواندند آفرین / که: «ای نامور شهریار زمین
به رفتن بر این کوه بودی گذر / اگر برگذشتی بر او راه‌بر
یکی اژدهایست زان روی کوه / که مرغ آید از رنج زهرش ستوه
نیارد گذشتن بر او بر سپاه / همی دود زهرش برآید به ماه
همی آتش افروزد از کام اوی / دو گیسو بود پیل را دام اوی
همه شهر با او نداریم تاو / خورش بایدش هر شبی پنج گاو
بجوییم و بر کوه خارا بریم / بر اندیشه و بر مدارا بریم
بدان تا نیاید بدین روی کوه / نپیچاند از ما گروها گروه»
چو گاه خورش درگذشت اژدها / بیامد چو آتش بران تندجا
سکندر بفرمود تا لشکرش / یکی تیرباران کنند از برش
بزد یک دم آن اژدهای پلید / تنی چند ازیشان به دم درکشید
بفرمود اسکندر فیلقوس / تبیره به زخم آوریدند و کوس

همان بی‌کران آتش افروختند / به هر جای مشعل همی سوختند
چو کوه از تبیره پرآواز گشت / بترسید ازان اژدها بازگشت
چو خورشید بر زد سر از برج گاو / ز گلزار برخاست بانگ چکاو
چو آن اژدها را خورش بود گاه / بسان یکی ابر دیدش سیاه
درم داد سالار چندی ز گنج / بیاورد با خویشتن گاو پنج
بکشت و ز سرشان برآهخت پوست / بدان جادوی داده دل مرد دوست
بیاگند چرمش به زهر و به نفت / سوی اژدها روی بنهاد و تفت
مرآن چرم‌ها را پر از باد کرد / ز دادار نیکی‌دهش یاد کرد
بفرمود تا پوست برداشتند / همی دست بر دست بگذاشتند
چو نزدیکی اژدها رفت شاه / بسان یکی ابر دیدش سیاه
زبانش کبود و دو چشمش چو خون / همی آتش آمد ز کامش برون
چو گاو از سر کوه بنداختند / بران اژدها دل بپرداختند
فرو برد چون باد گاو اژدها / چو آمد ز چنگ دلیران رها
چو از گاو پیوند آگنده شد / بر اندام زهرش پراگنده شد
همه رودگانیش سوراخ کرد / به مغز و به پی راه گستاخ کرد
همی زد سرش را بران کوه سنگ / چنین تا برآمد زمانی درنگ
سپاهی بر او بر ببارید تیر / به پای آمد آن کوه نخچیرگیر
اُزان جایگه تیز لشکر براند / تن اژدها را هم آنجا بماند
بیاورد لشکر به کوهی دگر / کزان خیره شد مرد پرخاشخر
بلندیش بینا همی دیر دید / سر کوه چون تیغ و شمشیر دید
یکی تخت زرّین بران تیغ کوه / ز انبوه یکسو و دور از گروه
یکی مرده مرد اندران تخت بر / همانا که بودش پس از مرگ فر
ز دیبا کشیده بر او چادری / ز هر گوهری بر سرش افسری
همه گرد بر گرد او سیم و زر / کسی را نبودی بر او بر گذر
هر آن کس که رفتی بران کوهسار / که از مرده چیزی کند خواستار
بران کوه از بیم لرزان شدی / بمُردیّ و بر جان ریزان شدی
سکندر برآمد بران کوه‌سر / نظاره بران مرد با سیم و زر
یکی بانگ بشنید ک: «ای شهریار / بسی بردی اندر جهان روزگار
بسی تخت شاهان بپرداختی / سرت را به گردون برافراختی
بسی دشمن و دوست کردی تباه / ز گیتی کنون بازگشته‌ست گاه»

داستان افزوده

رخ شاه ز آواز شد چون چراغ	ازان کوه برگشت دل پر ز داغ

✻

	همی رفت با نامداران روم	بدان شارستان شد که خوانی هروم
۳۰٬۶۱۰	که آن شهر یکسر زنان داشتند	کسی را در آن شهر نگذاشتند
	سوی راست پستان چو آنِ زنان	بسان یکی نار بر پرنیان
	سوی چپ بکردار جوینده مرد	که جوشن بپوشد به روز نبرد
	چو آمد به نزدیک شهر هروم	سر افراز با نامداران روم
	یکی نامه بنوشت با رسم و داد	چنان چون بود مرد فرخ نژاد
۳۰٬۶۱۵	به عنوان بر از شاه ایران و روم	سوی آنکه دارند مرز هروم
	سر نامه از کردگار سپهر	کز اوست بخشایش و داد و مهر
	هر آن کس که دارد روانش خرد	جهان را به غمری همی نسپرد
	شنید آنکه ما در جهان کرده‌ایم	سر مهتری بر کجا برده‌ایم
	کسی کاو ز فرمان ما سر بتافت	نهالی بجز خاک تیره نیافت
۳۰٬۶۲۰	نخواهم که جایی بود در جهان	که دیدار آن باشد از من نهان
	گر آیم مرا با شما نیست رزم	به دل آشتی دارم و رای بزم
	اگر هیچ دارید داننده‌ای	خردمند و بیدار خواننده‌ای
	چو برخواند این نامهٔ پندمند	بر آن کس که هست از شما ارجمند
	ببندید پیش آمدن را میان	کز این آمدن کس ندارد زیان
۳۰٬۶۲۵	بفرمود تا فیلسوفی ز روم	برد نامه نزدیک شهر هروم
	بسی نیز شیرین سخن‌ها بگفت	فرستاده خود با خرد بود جفت
	چو دانا به نزدیک ایشان رسید	همه شهر زن دید و مردی ندید
	همه لشکر از شهر بیرون شدند	به دیدار رومی به هامون شدند
	بر آن نامه بر شد جهان انجمن	ازیشان هر آن کس که بُد رایزن
۳۰٬۶۳۰	چو این نامه برخواند دانای شهر	ز رای دل شاه برداشت بهر
	نشستند و پاسخ نوشتند باز	که دایم بزی شاه گردنفراز
	فرستاده را پیش بنشاندیم	یکایک همه نامه برخواندیم
	نخستین که گفتی ز شاهان سخن	ز پیروزی و رزم‌های کهن
	اگر لشکر آری به شهر هروم	نبینی ز نعل و پی اسپ بوم
۳۰٬۶۳۵	بی‌اندازه در شهر ما برزن است	به هر برزنی بر هزاران زن است
	همه شب به خفتان جنگ اندریم	ز بهر فزونی به تنگ اندریم

ز چندین یکی را نبوده‌ست شوی   که دوشیزگانیم و پوشیده‌روی
ز هر سو که آیی برین بوم و بر   بجز ژرف دریا نبینی گذر
ز ما هر زنی کاو گراید به شوی   ازان پس کس او را نبینیم روی
بباید گذشتن به دریای ژرف   اگر خوش و گر نیز باریده برف
اگر دختر آیدش چون کرد شوی   زن‌آسا و جویندهٔ رنگ و بوی
هم آن خانه جاوید جای وی است   بلند آسمانش هوای وی است
اُگر مردوش باشد و سرفراز   به سوی هرومش فرستند باز
اُگر زو پسر زاید آنجاکه هست   بباشد نباشد برِ ماش دست
ز ما هر که او روزگار نبرد   از اسپ اندر آرد یکی شیرمرد
یکی تاج زرّینش بر سر نهیم   همان تخت او بر دوپیکر نهیم
همانا ز ما زن بود سی هزار   که با تاج زرّنُد و با گوشوار
که مردی ز گردنکشان روز جنگ   به چنگال او خاک شد بی‌درنگ
تو مردی بزرگیّ و نامت بلند   درِ نام بر خویشتن در مبند
که گویند با زن برآویختی   ز آویختن نیز بگریختی
یکی ننگ باشد ترا زین سخن   که تا هست گیتی نگردد کهن
چو خواهی که با نامداران روم   بیایی بگردی به مرز هروم
چو با راستی باشی و مردمی   نبینی جز از خوبی و خرّمی
به پیش تو آریم چندان سپاه   که تیره شود بر تو خورشید و ماه
چو آن پاسخ نامه شد اسپری   زنی بود گویا به پیغمبری
ابا تاج و با جامهٔ شاهوار   همی رفت با خوب‌رخ ده سوار
چو آمد خرامان به نزدیک شاه   پذیره فرستاد چندی به راه
زن نامبردار نامه بداد   پیام دلیران همه کرد یاد
سکندر چو آن پاسخ نامه دید   خردمند و بینادلی برگزید
بدیشان پیامی فرستاد و گفت   که: «با مغز مردم خرد باد جفت
به گرد جهان شهریاری نماند   همان بر زمین نامداری نماند
که نه سربسر پیش من کهترند   اُگرچه بلندند و نیک اخترند
مرا گرد کافور و خاک سیاه   همان است و هم بزم و هم رزمگاه
نه من جنگ را آمدم تازنان   به پیلان و کوس و تبیره‌زنان
سپاهی برین سان که هامون و کوه   همی گردد از سم اسپان ستوه
مرا رای دیدار شهر شماست   گر آید نزدیک ما هم رواست

چو دیدار باشم برانم سپاه نباشم فراوان بدین جایگاه
ببینیم تا چیست‌تان رای و فر سواری و زیبایی و پای و پر
ز کار و ز هُش‌تان بپرسم نهان که بی‌مرد زن چون بود در جهان؟
اگر مرگ باشد فزونی ز کیست؟ ببینم که فرجام این کار چیست
فرستاده آمد سخن‌ها بگفت همه راز بیرون کشید از نهفت
بزرگان یکی انجمن ساختند ز گفتار دل را بپرداختند
که ما برگزیدیم زن دو هزار سخنگوی و داننده و هوشیار
ابا هر سدی بسته ده تاج زر بدو در نشانده فراوان گهر
چو گرد آید آن تاج باشد دویست که هر یک جز اندرخور شاه نیست
یکایک بسختیم و کردیم تل ابا گوهران هر یکی سی رطَل
چو دانیم کامد به نزدیک شاه یکایک پذیره شویمش به راه
چو آمد به نزدیک ما آگهی ز دانایی شاه و ز فرّهی
فرستاده برگشت و پاسخ بگفت سخن‌ها همه با خرد بود جفت
سکندر ز منزل سپه برگرفت ز کار زنان مانده اندر شگفت
دو منزل بیامد یکی باد خاست اَز او برف با کوه و در گشت راست
تبه شد بسی مردم پایکار ز سرما و برف اندر آن روزگار
برآمد یکی ابر و دودی سیاه بر آتش همی رفت گفتی سپاه
زره کتف آزادگان را بسوخت ز نعل سواران زمین برفروخت
بدین هم نشان تا به شهری رسید که مردم بسان شب تیره دید
فروهشته لفچ و برآورده کفچ بکردار قیر و شبه کفچ و لفچ
همه دیده‌هاشان بکردار خون همی از دهان آتش آمد برون
بسی پیل بردند پیشش به راه همان هدیهٔ مردمان سیاه
بگفتند ک: «این برف و باد دمان ز ما بود کامد شما را زیان
که هرگز بدین شهر نگذشت کس ترا و سپاه تو دیدیم و بس»
ببود اندر آن شهر یک ماه شاه چو آسوده گشتند شاه و سپاه
از انجا بیامد دمان و دنان دل آراسته سوی شهر زنان
ز دریا گذر کرد زن دو هزار همه پاک با افسر و گوشوار
یکی بیشه بُد پر ز آب و درخت همه جای روشن دل و نیکبخت
خورش گرد کردند بر مرغزار ز گستردنی‌ها به رنگ و نگار
چو آمد سکندر به شهر هروم زنان پیش رفتند ز آباد بوم

ببردند پس تاج‌ها پیش اوی / همان جامه و گوهر و رنگ و بوی
سکندر بپذرفت و بنواختشان / بران خرمی جایگه ساختشان
چو شب روز شد اندر آمد به شهر / به دیدار برداشت زان شهر بهر
کم و بیش ایشان همی بازجست / همی بود تا رازها شد درست

*

بپرسید هر چیز و دریا بدید / اُزان روی لشکر به مغرب کشید
یکی شارستان پیشش آمد بزرگ / بدو اندرون مردمانی سترگ
همه روی سرخ و همه موی زرد / همه درخور جنگ روز نبرد
به فرمان به پیش سکندر شدند / دوتا گشته و دست بر سر شدند
سکندر بپرسید از سرکشان / که: «ایدر چه دارد شگفتی نشان؟»
چنین گفت با او یکی مرد پیر / که: «ای شاه نیک‌اختر و شهرگیر
یکی آبگیر است زان روی شهر / کزان آب کس را ندیدیم بهر
چو خورشید تابان بدانجا رسید / بران ژرف دریا شود ناپدید
پس چشمه در تیره گردد جهان / شود آشکارای گیتی نهان
اُزان جای تاریک چندان سخن / شنیدم که هرگز نیاید به بن
خرد یافته مرد یزدان‌پرست / بدو در یکی چشمه گوید که هست
گشاده‌سخن مرد با رای و کام / همی آب حیوانش خواند به نام
چنین گفت روشن‌دل پرخرد / که هرکه آبِ حیوان خوردکی مُرد
ز فردوس دارد بران چشمه راه / بشوید بران تن بریزد گناه»
بپرسید پس شه که: «تاریک جای / بدو اندرون چون رود چارپای؟»
چنین پاسخ آورد یزدان پرست / که: «زان راه بر کرّه باید نشست»
به چوپان بفرمود کاسپ یله / سراسر به لشکرگه آرد گله
گزین کرد زو بارگی ده هزار / همه چارسال ازدرِ کارزار
اُزآن جایگه شاد لشکر براند / بزرگان بیداردل را بخواند
همی رفت تا سوی شهری رسید / که آن را میان و کرانه ندید
همه هرچه باید بدو در فراخ / پر از باغ و میدان و ایوان و کاخ
فرود آمد و بامداد پگاه / به نزدیک آن چشمه شد بی‌سپاه
که دهقان ورا نام حیوان نهاد / چو از بخشش پهلوان کرد یاد
همی بود تا گشت خورشید زرد / فرو شد بران چشمهٔ لاژورد
ز یزدان پاک آن شگفتی بدید / که خورشید گشت از جهان ناپدید

بیامد به لشکرگه خویش باز
دلی پر ز اندیشه‌های دراز

شب تیره کرد از جهاندار یاد
پس اندیشه بر آب حیوان نهاد

شکیبا ز لشکر هر آن کس که دید
نخست از میان سپه برگزید

چهل روزه افزون خورش برگرفت
بیامد دمان تا چه بیند شگفت

سپه را بران شارستان جای کرد
یکی پیشرو چست بر پای کرد

ورا اندران خضر بُد رایزن
سر نامداران آن انجمن

سکندر بیامد به فرمان اوی
دل و جان سپرده به پیمان اوی

بدو گفت ک :«ای مرد بیداردل
یکی تیز گردان بدین کار دل

اگر آب حیوان به چنگ آوریم
بسی بر پرستش درنگ آوریم

نمیرد کسی کاو روان پرورد
به یزدان پناهد ز راه خرد

دو مهره‌ست با من که چون آفتاب
بتابد شب تیره چون بیند آب

یکی زان تو برگیر و در پیش باش
نگهبان جان و تن خویش باش

دگر مهره باشد مرا شمع راه
به تاریکی اندر شوم با سپاه

ببینیم تا کردگار جهان
بدین آشکار چه دارد نهان

تویی پیشرو گر پناه من اوست
نمایندهٔ رای و راه من اوست»

چو لشکر سوی آب حیوان گذشت
خروش آمد الله‌اکبر ز دشت

چو از منزلی خضر برداشتی
خورش‌ها ز هر گونه بگذاشتی

همی رفت ازین‌سان دوروز و دوشب
کسی را به خوردن نجنبید لب

سدیگر به تاریکیْ اندر دو راه
پدید آمد و گم شد از خضر شاه

پیمبر سوی آب حیوان کشید
سر زندگانی به کیوان کشید

بران آب روشن سر و تن بشست
نگهدار جز پاک یزدان نجست

بخورد و بر آسود و برگشت زود
ستایش همی بافرین برفزود

*

سکندر سوی روشنایی رسید
یکی برشده کوه رخشنده دید

زده بر سر کوه خارا عمود
سرش تا به ابر اندر از چوب اود

برِ هر عمودی کُنامی بزرگ
نشسته بر او سبز مرغی سترگ

به آواز رومی سخن راندند
جهاندار پیروز را خواندند

چو آواز بشنید قیصر برفت
به نزدیک مرغان خرامید و تفت

بدو مرغ گفت: «ای دلارای رنج
چه جویی همی زین سرای سپنج

اگر سربرآری به چرخ بلند
همان بازگردی ازو مستمند

کنون کامدی هیچ دیدی زنا / اُگر کرده از خشت پخته بنا؟»
چنین داد پاسخ که: «زین هر دو هست / زنا و برین گونه جای نشست»
چو بشنید پاسخ فروتر نشست / در او خیره شد مرد یزدان پرست
بپرسید که: «اندر جهان بانگ رود / شنیدیّ و آوای مست و سرود؟»
چنین داد پاسخ که: «هر کاو ز دهر / ز شادی همی برنگیرند بهر
ورا شاد مردم نخوانند همی / اُگر جان و دل برفشاند همی»
به خاک آمد از برشده چوب اود / تهی ماند زان مرغ رنگین عمود
بپرسید: «دانایی و راستی / فزون است اگر کمیّ و کاستی؟»
چنین داد پاسخ که: «دانش پژوه / همی سرفرازد ز هر دو گروه»
به سوی عمود آمد از تیره خاک / به منقار چنگال‌ها کرد پاک
ز قیصر بپرسید: «یزدان پرست / به شهر تو بر کوه دارد نشست؟»
بدو گفت: «چون مرد شد پاک‌رای / بیابد پرستنده بر کوه جای»
ازان چوب جوینده شد بر کنام / جهانجوی روشن‌دل و شادکام
به چنگال می‌کرد منقار تیز / چو ایمن شد از گردش رستخیز
به قیصر بفرمود تا بی‌گروه / پیاده شود بر سر تیغ کوه
ببیند که تا بر سر کوه چیست / کز او شادمان را بباید گریست
سکندر چو بشنید شد سوی کوه / به دیدار بر تیغ شد بی‌گروه
سرافیل را دید صوری به دست / برافراخته سر ز جای نشست
پر از باد لب، دیدگان پر ز نم / که فرمان یزدان کی آید که: «دم!»
چو بر کوه روی سکندر بدید / چو رعد خروشان فغان برکشید
که: «ای بندهٔ آز چندین مکوش / که روزی به گوش آیدت یک خروش
که چندین مرنج از پی تاج و تخت / به رفتن بیارای و بربند رخت»
چنین داد پاسخ بدو شهریار / که: «بهر من این آمد از روزگار
که جز جنبش و گردش اندر جهان / نبینم همی آشکار و نهان»
ازان کوه با ناله آمد فرود / همی داد نیکی‌دهش را درود
بران راه تاریک بنهاد روی / به پیش اندرون مردم راه جوی
چو آمد به تاریکی اندر سپاه / خروشی برآمد ز کوه سیاه
که: «هر کس که بر دارد از کوه سنگ / پشیمان شود زآنکه دارد به چنگ
اُگر برندارد پشیمان شود / بهر درد دل سوی درمان شود»
سپه سوی آواز بنهاد گوش / پر اندیشه شد هر کسی زان خروش

داستان افزوده ۵۷

که بردارد آن سنگ اگر بگذرد پی رنج ناآمده نشمرد
یکی گفت کین رنج هست از گناه پشیمانی و سنگ بردن به راه
دگر گفت لختی بباید کشید مگر درد و رنجش نباید چشید
یکی برد زان سنگ و دیگر نبرد یکی دیگر از کاهلی داشت خرد
چو از آب حیوان به هامون شدند ز تاریکی راه بیرون شدند
بجستند هرکس بر و آستی پدیدار شد کژّی و کاستی
کنار یکی پر ز یاقوت بود یکی را پر از گوهر ناپسود
پشیمان‌تر آن کس که خود برنداشت ازان گوهر بی‌بها سربگاشت
دو هفته بر آن جایگه بربماند چو آسوده برگشت لشکر براند

*

سوی باختر شد چو خاور بدید ز گیتی همی رای رفتن گزید
به ره بر یکی شارستان دید پاک که نگذشت گویی بر او باد و خاک
چو آواز کوس آمد از پشت پیل پذیره شدندش بزرگان دو میل
جهانجوی چون دید بنواختشان به خورشید گردن برافراختشان
بپرسید کـ :«ایدر چه باشد شگفت کزان بتر اندازه نتوان گرفت؟»
زبان برگشادند بر شهریار به نالیدن از گردش روزگار
کـه: «ما را یکی کار پیش است سخت بگوییم با شاه پیروزبخت
بدین کوه‌سر تا به ابر اندرون دل ما پر از رنج و درد است و خون
ز چیزی که ما را بدو تاب نیست ز یأجوج و مأجوج‌مان خواب نیست
چو آیند بهری سوی شهر ما غم و رنج باشد همه بهر ما
همه روی‌هاشان چو روی هیون زبان‌ها سیه دیده‌ها پر ز خون
سیه روی و دندان‌ها چون گراز که یارد شدن نزد ایشان فراز
همه تن پر از موی و موی همچو نیل بر و سینه و گوش‌هاشان چو پیل
بخسپند یکی گوش بستر کنند دگر بر تن خویش چادر کنند
ز هر ماده‌ای بچّه زاید هزار کم و بیش ایشان که داند شمار
به گرد آمدن چون ستوران شوند تگ آرند و برسان گوران شوند
بهاران کز ابر اندر آید خروش همان سبز دریا برآید به جوش
چو تنّین ازان موج بردارد ابر هوا برخروشد بسان هژبر
فرود افکند ابر تنّین چو کوه بیایند زیشان گروها گروه
خورش آن بود سال تا سال‌شان که آکنده گردد بر و یال‌شان

پادشاهی اسکندر

گیاشان بود زان سپس خوردنی	بیارند هر سو ز آوردنی
چو سرما بود سخت لاغر شوند	به آواز بر سان کبتر شوند
بهاران ببینی بکردار گرگ	بغرّند بر سان پیل سترگ
اگر پادشا چاره‌ای سازدی	کز این غم دل ما بپردازدی
بسی آفرین یابد از هر کسی	ازان پس به گیتی بماند بسی
بزرگی کن و رنج ما را بساز	هم از پاک یزدان نه‌ای بی‌نیاز»
سکندر بماند اندر ایشان شگفت	غمی گشت و اندیشه‌ها برگرفت
چنین داد پاسخ که: «از ماست گنج	ز شهر شما یارمندیّ و رنج
برآرم من این راه ایشان به رای	به نیروی نیکی‌دهش یک‌خدای»
یکایک بگفتند ک: «ای شهریار	ز تو دور بادا بدِ روزگار
ز ما هرچه باید همه بنده‌ایم	پرستنده باشیم تا زنده‌ایم
بیاریم چندان که خواهی تو چیز	کز این بیش کاری نداریم نیز»
سکندر بیامد نگه کرد کوه	بیاورد زان فیلسوفان گروه
بفرمود ک: «آهنگران آورید	مس و روی و پستگ گران آورید
گچ و سنگ و هیزم فزون از شمار	بیارید چندان که آید به کار»
بی‌اندازه بردند چیزی که خواست	چو شد ساخته کار و اندیشه راست
ز دیوارگر هم ز آهنگران	هر آن کس که استاد بود اندران
ز گیتی به پیش سکندر شدند	بدان کار بایسته یاور شدند
ز هر کشوری دانشی شد گروه	دو دیوار کرد از دو پهلوی کوه
ز بن تا سر تیغ بالای اوی	چو سد شاهرش کرده پهنای اوی
ازو یک رش انگشت و آهن یکی	پراکنده مس در میان اندکی
همی ریخت گوگردش اندر میان	چنین باشد افسون دانا کیان
همی ریخت هر گوهری یک رده	چو از خاک تا تیغ شد آزده
بسی نفت و روغن برآمیختند	همی بر سر گوهران ریختند
بخروار انگشت بر سر زدند	بفرمود تا آتش اندر زدند
دم آورد و آهنگران سدهزار	به فرمان پیروزگر شهریار
خروش دمنده برآمد ز کوه	ستاره شد از تفّ آتش ستوه
چنین روزگاری برآمد بران	دم آتش و رنج آهنگران
گهرها یک اندر دگر ساختند	وزان آتش تیز بگداختند
ز یأجوج و مأجوج گیتی برست	زمین گشت جای خرام و نشست

٣٠٨١٥

٣٠٨٢٠

٣٠٨٢٥

٣٠٨٣٠

٣٠٨٣٥

٣٠٨٤٠

برش پانصد بود بالای اوی   چو سیصد بُدی نیز پهنای اوی
ازان نامور سدّ اسکندری   جهانی برست از بد داوری
بر او مهتران خواندند آفرین   که: «بی تو مبادا زمان و زمین»
ز چیزی که بود اندران جایگاه   فراوان ببردند نزدیک شاه
نپذرفت از ایشان و خود برگرفت   جهان مانده زان کار اندر شگفت

*

همی رفت یک ماه پویان به راه   به رنج اندر از راه شاه و سپاه
چنین تا به نزدیک کوهی رسید   که جایی دد و دام و ماهی ندید
یکی کوه دید از برش لاژورد   یکی خانه بر سر ز یاقوت زرد
همه خانه قندیل‌های بلور   میان اندرون چشمهٔ آب شور
نهاده بر چشمه زرّین دو تخت   بر او خوابنیده یکی شوربخت
به تن مردم و سر چو آنِ گراز   به بیچارگی مرده بر تخت ناز
ز کافور زیر اندرش بستری   کشیده ز دیبا بر او چادری
یکی سرخ گوهر به جای چراغ   فروزان شده زو همه بوم و راغ
فتاده فروغ ستاره در آب   ز گوهر همه خانه چون آفتاب
هر آن کس که رفتی که چیزی برد   اُگر خاک آن خانه را بسپرد
همه تنش بر جای لرزان شدی   اُزان لرزه آن زنده ریزان شدی
خروش آمد از چشمهٔ آب شور   که: «ای آرزومند چندین مشور
بسی چیز دیدی که آن کس ندید   عنان را کنون باز باید کشید
کنون زندگانیت کوتاه گشت   سرِ تخت شاهیت بی‌شاه گشت»
سکندر بترسید و برگشت زود   به لشکرگه آمد بکردار دود
اُزان جایگه تیز لشکر براند   خروشان بسی نام یزدان بخواند
ازان کوه راه بیابان گرفت   غمی گشت و اندیشهٔ جان گرفت
همی راند پر درد و گریان ز جای   سپاه از پس و پیش او رهنمای
ز راه بیابان به شهری رسید   ببُد شاد کآواز مردم شنید
همه بوم و بر باغ آباد بود   دل مردم از خرمی شاد بود
پذیره شدندش بزرگان شهر   کسی را که از مردمی بود بهر
بر او همگنان آفرین خواندند   همه زرّ و گوهر برافشاندند
همی گفت هرکس که: «ای شهریار   انوشه که کردی به ما بر گذار
بدین شهر هرگز نیامد سپاه   نه هرگز شنیده‌ست کس نام شاه

کنون کامدی جان ما پیش تست   که روشن روان بادی و تندرست»
سکندر دل از مردمان شاد کرد   ز راه بیابان تن آزاد کرد
بپرسید ازیشان که: «ایدر شگفت   چه چیز است کاندازه باید گرفت؟»
چنین داد پاسخ بدو رهنمای   که: «ای شاه پیروز پاکیزه رای
شگفتی‌ست ایدر که اندر جهان   کسی آن ندید آشکار و نهان
درختی‌ست ایدر دو بن گشته جفت   که چونان شگفتی نشاید نهفت
یکی ماده و دیگری نرّ اوی   سخنگو بود شاخ با رنگ و بوی
به شب ماده گویا و بویا شود   چو روشن شود نرّ گویا شود»
سکندر بشد با سواران روم   همان نامداران آن مرز و بوم
بپرسید زیشان که: «اکنون درخت   سخن کی سراید به آواز سخت؟»
چنین داد پاسخ بدو ترجمان   که: «از روز چون بگذرد یک زمان
سخنگوی گردد یکی زین درخت   که آواز او بشنود نیکبخت
شب تیره گون ماده گویا شود   بر و برگ چون مشک بویا شود»
بپرسید: «چون بگذریم از درخت   شگفتی چه پیش آید ای نیکبخت؟»
چنین داد پاسخ ک:«زو بگذری   ز رفتنت کوته شود داوری
چو زو برگذشتی نماندت جای   کران جهان خواندش رهنمای
بیابان و تاریکی آید به پیش   به سیری نیامد کس از جان خویش
نه کس دید از ما نه هرگز شنید   که دام و دد و مرغ بر ره پرید»
همی راند با رومیان نیکبخت   چو آمد به نزدیک گویا درخت
زمینش ز گرمی همی بردمید   ز پوست ددان خاک پیدا ندید
ز گوینده پرسید ک:«این پوست چیست؟   ددان را برین گونه درّنده کیست؟»
چنین داد پاسخ بدو نیکبخت   که: «چندین پرستنده دارد درخت
چو باید پرستندگان را خورش   ز گوشت ددان باشدش پرورش»
چو خورشید بر تیغ گنبد رسید   سکندر ز بالا خروشی شنید
که آمد ز برگ درخت بلند   خروشی پر از سهم و ناسودمند
بترسید و پرسید زان ترجمان   که: «ای مرد بیدار نیکی گمان
چنین برگ گویا چه گوید همی   که دل را به خوناب شوید همی»
چنین داد پاسخ که: «ای نیکبخت   همی گوید این برگ شاخ درخت
که چندین سکندر چه پوید به دهر   که برداشت از نیکوی‌هاش بهر
ز شاهیش چون سال شد بر دو هفت   ز تخت بزرگی ببایدش رفت»

سکندر ز دیده ببارید خون دلش گشت پر درد از رهنمون
ازان پس به کس نیز نگشاد لب پر از غم همی بود تا نیم شب
سخنگوی شد برگِ دیگر درخت دگرباره پرسید زان نیکبخت
«چه گوید همی این دگر شاخ» گفت سخنگوی بگشاد راز از نهفت
چنین داد پاسخ که: «این ماده شاخ همی گوید اندر جهان فراخ
از آز فراوان نگنجی همی روان را چرا برشکنجی همی
ترا آز گرد جهان گشتن است کس آزردن و پادشا کشتن است
نماندت ایدر فراوان درنگ مکن روز بر خویشتن تار و تنگ»
بپرسید از ترجمان پادشا که: «ای مرد روشن‌دل و پارسا
یکی باز پرسش که باشم به روم چو پیش آید آن گردش روز شوم
مگر زنده بیند مرا مادرم یکی تا به رخ برکشد چادرم»
چنین گفت با شاه گویا درخت که: «کوتاه کن روز و بربند رخت
نه مادرت بیند نه خویشان به روم نه پوشیده‌رویان آن مرز و بوم
به شهر کسان مرگت آید نه دیر شود اختر و تاج و تخت از تو سیر»
چو بشنید برگشت زان دو درخت دلش خسته گشته به شمشیر سخت
چو آمد به لشکرگه خویش باز برفتند گردان گردنفراز
به شهر اندرون هدیه‌ها ساختند بزرگان برِ پادشا تاختند
یکی جوشنی بود تابان چو نیل به بالای و پهنای یک چرم پیل
دو دندان پیل و برش پنج بود که آن را به برداشتن رنج بود
زره بود و دیبای پرمایه بود ز زر کرده آکنده سد خایه بود
به سنگ درم هر یکی شست من ز زرّ و ز گوهر یکی کرگدن
بپذرفت زان شهر و لشکر براند ز دیده همی خون دل برفشاند

*

اُزان روی لشکر سوی چین کشید سر نامداران به بیرون کشید
همی راند منزل به منزل به دشت چهل روز تا پیش دریا گذشت
ز دیبا سراپرده‌ای برکشید سپه را به منزل فرود آورید
یکی نامه فرمود پس تا دبیر نویسد ز اسکندر شهرگیر
نوشتند هر گونه‌ای خوب و زشت نویسنده چون نامه اندر نوشت
سکندر بشد چون فرستاده‌ای گزین کرد بینادل آزاده‌ای
که با او بُدی یک دل و یک سخن بگوید به مهتر که کن یا مکن

پادشاهی اسکندر

سپه را به سالار لشکر سپرد	ازان رومیان پنج دانا ببرد
چو آگاهی آمد به فغفور ازین	که آمد فرستاده‌ای سوی چین
پذیره فرستاد چندی سپاه	سکندر گرازان بیامد به راه
چو آمد بران بارگاه بزرگ 30935	بدید آن گزیده سپاه بزرگ
بیامد ز دهلیز تا پیش اوی	پر اندیشه جان بداندیش اوی
دوان پیش او رفت و بردش نماز	نشست اندر ایوان زمانی دراز
بپرسید فغفور و بنواختش	یکی نامور جایگه ساختش
چو برزد سر از کوه روشن چراغ	ببردند بالای زرّین جناغ
فرستادهٔ شاه را پیش خواند 30940	سکندر فراوان سخن‌ها براند
بگفت آنچه بایست و نامه بداد	سخن‌های قیصر همه کرد یاد
بران نامه عنوان بُد از شاه روم	جهاندار و سالار هر مرز و بوم
که خوانند شاهان بر او آفرین	ز ما بندگان جهان‌آفرین
جهاندار و داننده و رهنمای	خداوند پاکی و نیکی‌فزای
دگر گفت فرمان ما سوی چین 30945	چنان است کآباد ماند زمین
نباید بسیچید ما را به جنگ	که از جنگ شد روز بر فور تنگ
چو دارا که بُد شهریار جهان	چو قیران تازیّ و دیگر مهان
ز خاور برو تا در باختر	ز فرمان ماکس نجوید گذر
شمار سپاهم نداند سپهر	اُ گر بشمرد نیز ناهید و مهر
اگر هیچ فرمان ما بشکنی 30950	تن و بوم و کشور به رنج افکنی
چو نامه بخوانی بیارای ساو	مرنجان تن خویش و با بد مکاو
گر آیی ببینی مرا با سپاه	ببینم ترا یکدل و نیکخواه
بداریم بر تو همین تاج و تخت	به چیزی گزندت نیاید ز بخت
اُ گر کند باشی به پیش آمدن	ز کشور سوی شاه خویش آمدن
ز چیزی که یابی فرستی به گنج 30955	چو خواهی که از ما نیایدت رنج
سپاه مرا بازگردان ز راه	بباش ایمن از گنج و تخت و کلاه
چو سالار چین زان نشان نامه دید	برآشفت و پس خامشی برگزید
بخندید وپس با فرستاده گفت	که: «شاه ترا آسمان باد جفت
بگوی آنچه دانی ز گفتار اوی	ز بالا و مردیّ و دیدار اوی»
فرستاده گفت: «ای سپهدار چین 30960	کسی چون سکندر مدان بر زمین
به مردیّ و رادیّ و بخش و خرد	ز اندیشهٔ هر کسی بگذرد

به بالای سرو است و با زور پیل / به بخشش بکردار دریای نیل
زبانش بکردار برّنده تیغ / به‌چربی عقاب اندر آرد ز میغ»
چو بشنید فغفور چین این سخن / یکی دیگر اندیشه افکند بن
بفرمود تا خوان و می خواستند / به باغ اندر ایوان بیاراستند
همی خورد می تا جهان تیره شد / سر میگساران ز می خیره شد
سپهدار چین با فرستاده گفت / که: «با شاه تو مشتری باد جفت
چو روشن شود نامه پاسخ کنیم / به دیدار تو روز فرخ کنیم»
سکندر بیامد ترنجی به دست / ز ایوان سالار چین نیم‌مست
چو خورشید برزد سر از برج شیر / سپهر اندر آورد شب را به زیر
سکندر به نزدیک فغفور شد / از اندیشهٔ بد دلش دور شد
بپرسید زو گفت: «شب چون بُدی؟ / که بیرون شدی دوش میگون بدی»
ازان پس بفرمود تا شد دبیر / بیاورد قرطاس و مشک و ابیر
مرآن نامه را زود پاسخ نوشت / بیاراست قرطاس را چون بهشت
نخست آفرین کرد بر دادگر / خداوند مردیّ و داد و هنر
خداوند فرهنگ و پرهیز و دین / ازو باد بر شاه روم آفرین
رسید این فرستادهٔ چرب‌گوی / هم آن نامهٔ شاه فرهنگ‌جوی
سخن‌های شاهان همه خواندم / اُزان با بزرگان سخن راندم
ز دارای داراب و قیران و فور / سخن هرچه پیدا بُد از رزم و سور
که پیروز گشتی بر ایشان همه / شبان بودی و شهریاران رمه
تو دادِ خداوند خورشید و ماه / به مردی مدان و فزون سپاه
چو بر مهتری بگذرد روزگار / چه در سور میرد چه در کارزار
چو فرجام‌شان روز رزم تو بود / زمانه نه کاهد نه خواهد فزود
تو زیشان مکن کشّی و برتری / که گر ز آهنی بی‌گمان بگذری
کجا شد فریدون و ضحّاک و جم / فراز آمد از باد و شد سوی دم
من از تو نه‌ترسم نه جنگ آورم / نه برسان تو باد گیرد سرم
که خون ریختن نیست آیین ما / نه بد کردن اندرخور دین ما
بخوانی مرا بر تو باشد شکست / که یزدان‌پرستم نه خسروپرست
فزون زان فرستم که داری منش / ز بخشش نباشد مرا سرزنش
سکندر به رخ رنگ تشویر خورد / ز گفتار او بر جگر تیر خورد
به‌دل گفت ازین‌پس کس اندر جهان / نبیند مرا رفته جایی نهان

ز ایوان بیامد به جای نشست　　میان از پی بازگشتن ببست
سرافراز فغفور بگشاد گنج　　ز بخشش نیامد به دلش ایچ رنج
نخستین بفرمود پنجاه تاج　　به گوهر بیاگنده ده تخت آج
ز سیمین و زرّینه اشتر هزار　　بفرمود تا برنهادند بار
ز دیبای چینیّ و خزّ و حریر　　ز کافور و ز مشک و بوی و ابیر
هزار اشتر بارکش بار کرد　　تن‌آسان شد آن کاو درم خوار کرد
ز سنجاب و قاقم ز موی سمور　　ز گستردنی‌ها و جام بلور
بیاورد زین هر یکی ده هزار　　خردمند گنجور بربست بار
گرانمایه سد زین به سیمین‌ستام　　ز زرّینه پنجاه بردند نام
ببردند سیسد شتر سرخ موی　　طرایف بُد و دار چینی بدوی
یکی مرد با سنگ و شیرین‌سخن　　گزین کرد زان چینیان کهن
بفرمود تا با درود و خرام　　بیاید برِ شاه و آرد پیام
که یک چند باشد به نزدیک چین　　بر او نامداران کنند آفرین
فرستاده شد با سکندر به راه　　گمانی که بردی که اوست شاه؟
چو ملاّح روی سکندر بدید　　سبک زورقی بادبان برکشید
چو دستور با لشکر آمدش پیش　　بگفت آنچه آمد ز بازار خویش
سپاهش بر او خواندند آفرین　　همه برنهادند سر بر زمین
بدانست چینی که او هست شاه　　پیاده بیامد غریوان به راه
سکندر بدو گفت: «پوزش مکن　　مران پیش فغفور زین در سخن»
ببود آن شب و بامداد پگاه　　به آرام بنشست بر تخت شاه
فرستاده را چیز بخشید و گفت　　که: «با تو روان مسیح است جفت
برو پیش فغفور چینی بگوی　　که: «نزدیک ما یافتی آب روی
گر ایدر بباشی همی چین تراست　　اُگر جای دیگر خرامی رواست
بیاسایم ایدر که چندین سپاه　　به‌تندی نشاید کشیدن به راه»

*

بدان جایگه شاه ماهی بماند　　پس آنگه بجنبید و لشکر براند
ازان سبزدریا چو گشتند باز　　بیابان گرفتند و راه دراز
چو منزل به منزل به حلوان رسید　　یکی مایه‌ور باره و شهر دید
به پیش آمدندش بزرگان شهر　　کسی کش ز نام و خرد بود بهر
برفتند با هدیه و با نثار　　ز حلوان سران تا در شهریار

سکندر سبک پرسش اندر گرفت   که: «ایدر چه بینید چیزی شگفت؟»
بدو گفت گوینده ک:«ای شهریار   ندانیم چیزی که آید به کار
بر این مرز درویشی و رنج هست   کز این بگذری باد ماند به دست»
چو گفتار گوینده بشنید شاه   ز حلوان سوی سند شد با سپاه
پذیره شدندش سواران سند   همان جنگ را یاور آمد ز هند
هر آن‌کس که از فور دل خسته بود   به خون ریختن دست‌ها شسته بود
ببردند پیلان و هندی‌درای   خروش آمد و نالهٔ کرنای
سر سندیان بود بندام نام   سواری سرافراز با رای و کام
یکی رزمشان کرده شد همگروه   زمین شد ز افکنده بر سان کوه
شب آمد بران دشت سندی نماند   سکندر سپاه ازپس اندر براند
به دست آمدش پیل هشتاد و پنج   همان تاج زرّین و شمشیر و گنج
زن و کودک و پیرمردان به راه   برفتند گریان به نزدیک شاه
که: «ای شاه بیدار با رای و هوش   مشور این بر و بوم و بر بد مکوش
که فرجام هم روز تو بگذرد   خنک آنکه گیتی به بد نسپرد»
سکندر بر ایشان نیاورد مهر   بران خستگان هیچ ننمود چهر
گرفتند زیشان فراوان اسیر   زن و کودک و خرد و برنا و پیر
سوی نیمروز آمد از راه بُست   همه روی گیتی ز دشمن بشست
اُزان جایگه شد به سوی یمن   جهاندار و با نامدار انجمن
چو بشنید شاه یمن با مهان   بیامد برِ شهریار جهان
بسی هدیه‌ها کز یمن برگزید   بهاگیر و زیبا چنان چون سزید
ده اشتر ز بُرد یمن بار کرد   دگر پنج را بار دینار کرد
دگر ده شتر بار کرد از درم   چو باشد درم دل نباشد به غم
دگر سلهٔ زعفران بُد هزار   ز دیبا و هر جامهٔ بی‌شمار
زبرجد یکی جام بودش به گنج   همان درّ ناسفته هفتاد و پنج
یکی جام دیگر بُدش لاژورد   نهاد اندر او شست یاقوت زرد
ز یاقوت سرخ از برش ده نگین   به فرمانبران داد و کرد آفرین
به پیش سراپردهٔ شهریار   رسیدند با هدیه و با نثار
سکندر بپرسید و بنواخت‌شان   برِ تخت نزدیک بنشاخت‌شان
بر او آفرین کرد شاه یمن   که: «پیروزگر باش بر انجمن
به تو شادم ار باشی ایدر دو ماه   برآساید از راه شاه و سپاه»

سکندر بر او آفرین کرد و گفت — که: «با تو همیشه خرد باد جفت»
به شبگیر شاه یمن بازگشت — ز لشکر جهانی پرآواز گشت

*

سکندر سپه را به بابل کشید — ز گرد سپه شد هوا ناپدید
همی راند یک ماه خود با سپاه — ندیدند زیشان کس آرامگاه
بدین گونه تا سوی کوهی رسید — ز دیدار دیده سرش ناپدید
به سر بر یکی ابر تاریک بود — به کیوان تو گفتی که نزدیک بود
به جایی بر او بر ندیدند راه — فرو ماند از راه شاه و سپاه
گذشتند بر کوه خارا به رنج — اُز او خیره شد مرد باریک‌سنج
ز رفتن چو گشتند یکسر ستوه — یکی ژرف دریا بُد آن روی کوه
پدید آمد و شاد شد زان سپاه — که دریا و هامون بدیدند راه
سوی ژرف دریا همی راندند — جهان‌آفرین را همی خواندند
دد و دام بُد هر سوی بی‌شمار — سپه را نبُد خوردنی جز شکار
پدید آمد از دور مردی سترگ — پر از موی با گوش‌های بزرگ
تنش زیر موی اندرون همچو نیل — دو گوشش بکردار دو گوش پیل
چو دیدند گردنکشان زان نشان — ببردند پیش سکندر کشان
سکندر نگه کرد زو خیره ماند — بر او بر همی نام یزدان بخواند
«چه مردی» بدو گفت: «نام تو چیست؟ — ز دریا چه یابی و کام تو چیست؟»
بدو گفت: «شاها مرا باب و مام — همان گوش‌بستر نهادند نام»
ازان پس چنین گفت ک:«ای شهریار — همیشه بَدی در جهان نامدار
یکی شارستان است این چون بهشت — که گویی نه از خاک دارد سرشت
نبینی بدو اندر ایوان و خان — مگر پوشش از ماهی و استخوان
بر ایوان‌ها چهر افراسیاب — نگاریده روشن‌تر از آفتاب
همان چهر کیخسرو جنگجوی — بزرگیّ و مردیّ و فرهنگ اوی
بران استخوان برنگاریده پاک — نبینی به شهر اندرون گرد و خاک
ز ماهی بود مردمان را خورش — ندارند چیزی جز این پرورش
چو فرمان دهد نامبردار شاه — روم من بران شارستان بی‌سپاه»
سکندر بدان گوش‌ور گفت: «رو — بیاور کسی تا چه بینیم نو»
بشد گوش‌بستر هم اندز زمان — ازان شارستان برد مردم دمان
گذشتند بر آب هفتاد مرد — خرد یافته مردم سالخورد

داستان افزوده ۶۷

همه جامه‌هاشان ز خزّ و حریر　　ازو چند برنا بُد و چند پیر
ازو هر که پیری بُد و نام داشت　　پر از درّ زرّین یکی جام داشت
کسی کاو جوان بود تاجی به دست　　بر قیصر آمد سر افکنده پست
برفتند و بردند پیشش نماز　　بگفتند با او زمانی دراز
ببود آن شب و گاه بانگ خروس　　ز درگاه برخاست آوای کوس
اُزان جایگه سوی بابل کشید　　زمین گشت از لشکرش ناپدید
بدانست کَه‌ش مرگ نزدیک شد　　بر او بر همی روز تاریک شد
بران بودش اندیشه کاندر جهان　　نماند کسی از نژاد مهان
که لشکر کشد جنگ را سوی روم　　نهد پی بران خاک آباد بوم
چو مغز اندرین کار خودکامه کرد　　هم آنگه سطالیس را نامه کرد
هر آن کس کجا بُد ز تخم کیان　　بفرمودشان تا ببندد میان
همه روی را سوی درگه کنند　　ز بدها گمانیش کوته کنند
چو این نامه بردند نزد حکیم　　دل ارسطالیس شد به دو نیم
هم اندر زمان پاسخ نامه کرد　　ز مژگان تو گفتی سر خامه کرد
که: «آن نامهٔ شاه گیهان رسید　　ز بدکام دستش بباید کشید
ازان بد که کردی میندیش نیز　　از اندیشه درویش را بخش چیز
بپرهیز و جان را به یزدان سپار　　به گیتی جز از تخم نیکی مکار
همه مرگ را ایم تا زنده‌ایم　　به بیچارگی در سر افکنده‌ایم
نه هرکس که شد پادشاهی ببرد　　برفت و بزرگی کسی را سپرد
بپرهیز و خون بزرگان مریز　　که نفرین بود بر تو تا رستخیز
اُ دیگر که چون اندر ایران سپاه　　نباشد همان شاه در پیشگاه
ز ترک و ز هند و ز سقلاب و چین　　سپاه آید از هر سوی هم‌چنین
به روم آید آن کس که ایران گرفت　　اگر کین بسیچد نباشد شگفت
هر آن کس که هست از نژاد کیان　　نباید که از باد یابد زیان
بزرگان و آزادگان را بخوان　　به‌بخش و به‌سور و به‌رای و به‌خوان
سزاوار هر مهتری کشوری　　بیارای و آغاز کن دفتری
به نام بزرگان و آزادگان　　کز ایشان جهان یافتی رایگان
یکی را مده بر دگر دستگاه　　کسی را مخوان بر جهان نیز شاه
سپر کن کیان را همه پیش بوم　　چو خواهی که لشکر نیاید به روم»
سکندر چو پاسخ بران گونه یافت　　به اندیشه و رای دیگر شتافت

۶۸ پادشاهی اسکندر

بزرگان و آزادگان را ز دهر ‏ کسی را که‌ش از مردمی بود بهر
بفرمود تا پیش او خواندند ‏ به جای سزاوار بنشاندند
یکی عهد بنوشت تا هر یکی ‏ فزونی نجوید ز دهر اندکی
بران نامداران جوینده کام ‏ ملوک طوایف نهادند نام
همان شب سکندر به بابل رسید ‏ مهان را به‌دیدار خود شاد دید
یکی کودک آمد زنی را به شب ‏ بدو ماند هرکس که دیدش عجب
سرش چون سر شیر و بر پای سُم ‏ چو مردم بر و کتف و چون گاو دُم
بمرد از شگفتی هم آنگه که زاد ‏ سزد گر نباشد ازان زن نژاد
ببردند هم در زمان نزد شاه ‏ بدو کرد شاه از شگفتی نگاه
به فالش بد آمد هم آنگاه گفت ‏ که: «این بچّه در خاک باید نهفت»
ز اخترشناسان بسی پیش خواند ‏ ازان کودک مرده چندی براند
ستاره‌شمر زان غمی گشت سخت ‏ بپوشید بر خسرو نیکبخت
ز اخترشناسان بپرسید و گفت ‏ که: «گر هیچ ماند سخن در نهفت
هم اکنون ببرّم سرانتان ز تن ‏ نیابید جز کام شیران کفن»
ستاره‌شمر چون برآشفت شاه ‏ بدو گفت ک:«ای نامور پیشگاه
تو بر اختر شیر زادی نخست ‏ برِ موبدان و ردان شد درست
سر کودک مرده بینی چو شیر ‏ بگردد سر پادشاهیت زیر
پرآشوب گردد زمین چندگاه ‏ چنین تا نشنید یکی پیشگاه»
ستاره‌شمر بیش ازین هر چه بود ‏ همی گفت و آن را نشانه نمود
سکندر چو بشنید زان شد غمی ‏ به رای و به مغزش در آمد کمی
چنین گفت ک:«ز مرگ خود چاره نیست ‏ مرا دل پراندیشه زین باره نیست
مرا بیش ازین زندگانی نبود ‏ زمانه نه کاهد نه خواهد فزود»
به بابل همان روز شد دردمند ‏ بدانست کآمد به‌تنگی گزند
دبیر جهاندیده را پیش خواند ‏ هر آنچه‌ش به دل بود با او براند
به مادر یکی نامه فرمود و گفت ‏ که: «آگاهی مرگ نتوان نهفت
ز گیتی مرا بهره این بُد که بود ‏ زمان چون بکاهد نشاید فزود
تو از مرگ من هیچ غمگین مشو ‏ که اندر جهان این سخن نیست نو
هر آن کس که زاید ببایدش مرد ‏ اگر شهریار است گر مرد خُرد
بگویم کنون با بزرگان روم ‏ که چون بازگردند زین مرز و بوم
نجویند جز رای و فرمان تو ‏ کسی برنگردد ز پیمان تو

هر آن کس که بودند ز ایرانیان　　کز ایشان بُدی رومیان را زیان
سپردم به هر مهتری کشوری　　که گردد بران پادشاهی سری
همانا نیازش نیاید به روم　　برآساید آن کشور و مرز و بوم
مرا مرده در خاک مصر آگنید　　ز گفتار من هیچ مپراگنید
به سالی ز دینار من سد هزار　　ببخشید بر مردم خویش کار
گر آید یکی روشنک را پسر　　بود بی‌گمان زنده نام پدر
نباید که باشد جز او شاه روم　　که او تازه گرداند آن مرز و بوم
اُگر دختر آید به هنگام بوس　　بپیوند با تخمهٔ فیلقوس
تو فرزند خوانش نه داماد من　　بدو تازه کن در جهان یاد من
دگر دختر کید را بی‌گزند　　فرستید نزد پدر ارجمند
ابا یاره و برده و نیکخواه　　عماری بسیچید با او به راه
همان افسر و گوهر و سیم و زر　　که آورده بود او ز پیش پدر
به رفتن چنو گشت همداستان　　فرستید او به هندوستان
من ایدر همه کار کردم به برگ　　به بیچارگی دل نهادم به مرگ
نخست آنکه تابوت زرّین کنند　　کفن بر تنم عنبرآگین کنند
ز زربفت چینی سزاوار من　　کسی کاو بپیچید ز تیمار من
در و بند تابوت ما را به قیر　　بگیرند و کافور و مشک و ابیر
نخست آگنند اندرو انگبین　　زَبَر انگبین زیر دیبای چین
ازان پس تن من نهند اندران　　سرآمد سخن چون برآمد روان
تو پند من ای مادر پرخرد　　نگه‌دار تا روز من بگذرد
ز چیزی که آوردم از هند و چین　　ز توران و ایران و مکران‌زمین
بدار و ببخش آنچه افزون بود　　وز اندازهٔ خویش بیرون بود
به تو حاجت آنستم ای مهربان　　که بیدار باشیّ و روشنروان
نداری تن خویش را رنجه بس　　که اندر جهان نیست جاوید کس
روانم روان ترا بی‌گمان　　ببیند چو تنگ اندر آید زمان
شکیبایی از مهر نامی‌تر است　　سبکسر بود هر که او کهتر است
ترا مهر بُد بر تنم سال و ماه　　کنون جان پاکم ز یزدان بخواه
بدین خواستن باش فریادرس　　که فریادرس باشدم دسترس
نگر تا که بینی به گرد جهان　　که او نیست از مرگ خسته روان
چو نامه به مُهر اندرآورد و بند　　بفرمود تا بر ستور نوند

ز بابل به روم آورند آگهی   که تیره شد آن فرّ شاهنشهی

*

چو آگاه شد لشکر از درد شاه   جهان گشت بر نامداران سیاه

به تخت بزرگی نهادند روی   جهان شد سراسر پر از گفت‌وگوی

سکندر چو از لشکر آگاه شد   بدانست کش روز کوتاه شد

بفرمود تا تخت بیرون برند   از ایوان شاهی به هامون برند

ز بیماری او غمی شد سپاه   که بی‌رنگ دیدند رخسار شاه

همه دشت یکسر خروشان شدند   چو بر آتش تیز جوشان شدند

همی گفت هرکس که: «بد روزگار   که از رومیان کم شود شهریار

فراز آمد آن گردش بخت شوم   که ویران شود زین سپس مرز روم

همه دشمنان کام دل یافتند   رسیدند جایی که بشتافتند

به ما بر کنون تلخ گردد جهان   خروشان شویم آشکار و نهان»

چنین گفت قیصر به آوای نرم   که: «ترسنده باشید با رای و شرم

ز اندرز من سربسر مگذرید   چو خواهید کز جان و تن برخورید

پس از من شما را همین است کار   نه با من همی بد کند روزگار»

بگفت این و جانش برآمد ز تن   شد آن نامور شاه لشکرشکن

ز لشکر سراسر برآمد خروش   ز فریاد لشکر بدرّید گوش

همه خاک بر سر همی بیختند   ز مژگان همی خون دل ریختند

زدند آتش اندر سرای نشست   هزار اسپ را دُم بریدند پست

نهاده بر اسپان نگونسار زین   تو گفتی همی برخروشد زمین

ببردند صندوق زرّین به دشت   همی ناله از آسمان برگذشت

سکوبا بشستش به روشن گلاب   پراکند بر تنش کافور ناب

ز دیبای زربفت کردش کفن   خروشان بران شهریار انجمن

تن نامور زیر دیبای چین   نهادند تا پای در انگبین

سر تنگ تابوت کردند سخت   شد آن سایه گستر دلاور درخت

نمانی همی در سرای سپنج   چه نازی به تخت و چه یازی به گنج

چو تابوت زان دشت برداشتند   همه دست بر دست بگذاشتند

دو آواز شد رومی و پارسی   سخن‌شان ز تابوت بُد یک بسی

هر آن کس که او پارسی بود گفت   که: «او را جز ایدر نباید نهفت

چو ایدر بود خاک شاهنشهان   چه تازند تابوت گرد جهان»

چنین گفت رومی یکی رهنمای که: «ایدر نهفتن ورا نیست رای
اگر بشنوید آنچه گویم درست سکندر در آن خاک ریزد که رُست»
یکی پارسی نیز گفت این سخن که: «گر چند گویی نیاید به بن
نمایم شما را یکی مرغزار ز شاهان و پیشینگان یادگار
ورا جرم خوانند جهاندیده پیر بدو اندرون بیشه و آبگیر
چو پرسی ترا پاسخ آید ز کوه که آواز او بشنود هر گروه
بیارید مر پیر فرتوت را هم ایدر بدارید تابوت را
بپرسید اگر کوه پاسخ دهد شما را بدین رای فرخ نهد»
برفتند پویان بکردار غرم بدان بیشه کهش بازخوانند جرم
بگفتند پاسخ چنین داد باز که: «تابوت شاهان چه دارید راز
که خاک سکندر به اسکندری‌ست کجا کرده بد روزگاری که زیست»
چو آواز بشنید لشکر برفت ببردند زان بیشه صندوق تفت
چو آمد سکندر به اسکندری جهان را دگرگونه شد داوری
به هامون نهادند صندوق اوی زمین شد سراسر پر از گفت‌وگوی
به اسکندری کودک و مرد و زن به تابوت او برشدند انجمن
اگر برگرفتی ز مردم شمار مهندس فزون آمدی سدهزار
حکیم ارسطالیس پیش اندرون جهانی بر او دیدگان پر ز خون
بران تنگ صندوق بنهاد دست چنین گفت ک:«ای شاه یزدان‌پرست
کجا آن هش و دانش و رای تو که این تنگ تابوت شد جای تو
به روز جوانی بر این مایه سال چرا خاک را برگزیدی نهال»
حکیمان رومی شدند انجمن یکی گفت ک:«ای پیل رویینه‌تن
ز پایت که افکند و جانت که خست؟ کجا آن همه حزم و رای و نشست؟»
دگر گفت: «چندین نهفتی تو زر کنون زرّ دارد تنت را به بر»
دگر گفت ک:«ز دست تو کس نرست چرا سودی ای شاه با مرگ دست»
دگر گفت ک:«آسودی از درد و رنج هم از جستن پادشاهیّ و گنج»
دگر گفت: «چون پیش داور شوی همان بر که کشتی همان بدروی»
دگر گفت: «بی‌دستگاه آن بود که ریزندهٔ خون شاهان بود»
دگر گفت: «ما چون تو باشیم زود که بودی تو چون گوهر ناپسود»
دگر گفت: «چون بیندت اوستاد بیاموزد آن چیز کهت نیست یاد»
دگر گفت ک:«ز مرگ چون تو نرست به بیشی سزد گر نیازیم دست»

دگر گفت کـ:«ای برتر از ماه و مهر / چه پوشی هم از انجمن خوب‌چهر»
دگر گفت: «مرد فراوان هنر / بکوشد که چهره نپوشد به زر
کنون ای هنرمند مرد دلیر / ترا زرّ زرد آوریده‌ست زیر»
دگر گفت: «دیبا بپوشیده‌ای / نپوشیده را نیز رخ دیده‌ای
کنون سر ز دیبا برآور که تاج / همی جویدت یاره و تخت آج»
دگر گفت کـ:«از ماهرخ بندگان / ز چینیّ و رومی پرستندگان
بریدیّ و زر داری اندر کنار / به رسم کیان زرّ و دیبا مدار»
دگر گفت: «پرسنده پرسد کنون / چه یاد آیدت پاسخ رهنمون
که خون بزرگان چرا ریختی؟ / به سختی به گنج اندر آویختی
خنک آن کسی کز بزرگان بمرد / ز گیتی جز از نیکنامی نبرد»
دگر گفت: «روز تو اندر گذشت / زبانت ز گفتار بیکار گشت
هر آن‌کس که او تاج و تخت تو دید / عنان از بزرگی بباید کشید
که برکس نماند چو بر تو نماند / درخت بزرگی چه باید نشاند»
دگر گفت: «کردار تو باد گشت / سر سرکشان از تو آزاد گشت
ببینی کنون بارگاه بزرگ / جهان جدا کرده از میش گرگ»
دگر گفت کـ:«اندر سرای سپنج / چرا داشتی خویشتن را به رنج
که بهر تو این آمد از رنج تو / یکی تنگ تابوت شد گنج تو
نجویی همی نالهٔ بوق را / بسند آمدت بند صندوق را»
دگر گفت: «چون لشکرت بازگشت / تو تنها بمانی بر این پهن دشت
همان از پس هر کسی بنگری / فراوان غم زندگانی خوری»
ازان پس بیامد دوان مادرش / فراوان بمالید رخ بر برش
همی گفت کـ:«ای نامور پادشا / جهاندار و نیک اختر و پارسا
به نزدیک اندر تو دوری ز من / هم از دوده و لشکر و انجمن
روانم روان ترا بنده باد / دل هر که زین شاد شد کنده باد»
ازان پس بشد روشنک پر ز درد / چنین گفت کـ:«ای شاه آزادمرد
جهاندار دارای دارا کجاست / کز او داشت گیتی همی پشت راست
همان خسرو و اشک و قیران و فور / همان نامور خسرو شهرزور
دگر شهریاران که روز نبرد / سران‌شان ز باد اندر آمد به گرد
چو ابری بدی تند و بارش تگرگ / ترا گفتم ایمن شده‌ستی ز مرگ
ز بس رزم و پیکار و خون ریختن / چه تنها چه با لشکر آویختن

زمانه ترا داد گفتم جواز / همی داری از مردم خویش راز
چو کردی جهان از بزرگان تهی / بینداختی تاج شاهنشهی
درختی که کشتی چو آمد به بار / دل خاک بینم ترا غمگسار
چو تاج سپهر اندر آمد به زیر / بزرگان ز گفتار گشتند سیر
نهفتند صندوق او را به خاک / ندارد جهان از چنین ترس و باک
ز باد اندر آرد برد سوی دم / نه داد است پیدا نه پیدا ستم
نیابی به چون و چرا نیز راه / نه کهتر بر این دست یابد نه شاه
همه نیکوی باید و مردمی / جوانمردی و خوردن و خرمی
جز اینت نبینم همی بهره‌ای / اگر کهتر آییّ و گر شهره‌ای
اگر ماند ایدر ز تو نام زشت / بدان جا نیابی تو خرّم بهشت
چنین است رسم سرای کهن / سکندر شد و ماند ایدر سخن
چو او سی و شش پادشا را بکشت / نگر تا چه دارد ز گیتی به مشت
برآورد پرمایه ده شارستان / شد آن شارستان‌ها کنون خارستان
بجست آنچه هرگز نجسته‌ست کس / سخن ماند ازو اندر آفاق و بس
سخن به که ویران نگردد سخن / چو از برف و باران سرای کهن
گذشتم ازین سدّ اسکندری / همه بهتری باد و نیک اختری
اگر چند هم بگذرد روزگار / نوشته بماند ز ما یادگار
اگر سد بمانی و گر سدهزار / به خاک اندر آید سرانجام کار
دل شهریار جهان شاد باد / ز هر بد تن پاکش آزاد باد

*

الا ای برآورده چرخ بلند / چه داری به پیری مرا مستمند
چو بودم جوان برترم داشتی / به پیری چرا خوار بگذاشتی
همی زرد گردد گل کامکار / همی پرنیان گردد از رنج، خار
دو تا گشت آن سرو نازان به باغ / همان تیره گشت آن گرامی چراغ
پر از برف شد کوهسار سیاه / همی لشکر از شاه بیند گناه
بکردار مادر بدی تاکنون / همی ریخت باید ز رنج تو خون
وفا و خرد نیست نزدیک تو / پر از رنجم از رای تاریک تو
مرا کاج هرگز نپروردی‌ای / چو پرورده بودی نیازردی‌ای
هر آن گه که زین تیرگی بگذرم / بگویم جفای تو با داورم
بنالم ز تو پیش یزدان پاک / خروشان به سر بر پراکنده خاک

چنین داد پاسخ سپهر بلند / که: «ای مرد گویندهٔ بی‌گزند
چرا بینی از من همی نیک و بد / چنین ناله از دانشی کی سزد
تو از من به هر باره‌ای برتری / روان را بدانش همی پروری
بدین هرچه گفتی مرا راه نیست / خور و ماه زین دانش آگاه نیست
خور و خواب و رای و نشست ترا / به نیک و به بد راه و دست ترا
ازان خواه راهت که راه آفرید / شب و روز و خورشید و ماه آفرید
یکی آنکه هستیش را راز نیست / به کاریش فرجام و آغاز نیست
چو گوید بباش آنچه خواهد بُده‌ست / کسی کاو جز این داند آن بیهده‌ست
من از داد چون تو یکی بنده‌ام / پرستندهٔ آفریننده‌ام
نگردم همی جز به فرمان اوی / نیارم گذشتن ز پیمان اوی
به یزدان گرای و به یزدان پناه / براندازه زو هرچه باید بخواه
جز او را مخوان کردگار سپهر / فروزندهٔ ماه و ناهید و مهر
وز او بر روان محمد درود / به یارانش بر هر یکی برفزود

از اینجا ۴۵ رج افزودهٔ افزایندگان دریوزه‌گر در ستایش محمود آمده است که او را از شاهنشاهی ایران، بپادشاهی جهان رساندند... جهانی که از قنّوج تا مرز کابلستان است! و ایران و زابلستان(!) را در بر می‌گیرد. پادشاهی که تاج کیان بر سر دارد و پدر بر پدر، همه درم خریدگان، تاجدار بوده‌اند، و منش وی از چرخ بلند بر تر است... و کلک (= خامه: قلم) او بر تر از تیر است، و از درختان می‌گذرد!! در یک رج گفته آمده است که: «بماناد تا جاودان این گهر» (نژاد محمود) و در رج پسین «نباشد جهان بر کسی پایدار» در یک رج از شاهنامه با نام نامهٔ شاه دشمن‌گداز یاد شده است، و در رج دویم روی بمحمود می‌کند که: «که بادا همه ساله بر تخت ناز»!!... کنار پادشاهی ساسانیان و سامانیان، از هنگامی بنام بهرامیان یاد شده است... .

پادشاهی اشکانیان

کنون پادشاه جهان را ستای ••• به رزم و به بزم و به دانش گرای
سرافراز محمود فرخنده‌رای ••• کز اوست نام بزرگی بجای
جهاندار ابوالقاسم پرخرد ••• که رایش همی از خرد برخورد
همی باد تا جاودان شاددل ••• ز رنج و ز غم گشته آزاد دل
شهنشاه ایران و زاولستان ••• ز قنّوج تا مرز کاولستان
بر او آفرین باد و بر لشکرش ••• چه بر خویش و بر دوده و کشورش
جهاندار سالار او میرنصر ••• کز او شادمان است گردنده عصر
دریغش نیاید ز بخشیدن ایچ ••• نه آرام گیرد به روز بسیچ
چو جنگ آیدش پیش جنگ آورد ••• سر شهریاران به چنگ آورد
بر آن کس که بخشش کند گنج خویش ••• ببخشد نه اندیشد از رنج خویش
جهان تا جهاندار محمود باد ••• وز او بخشش و داد موجود باد
سپهدار چون بوالمظفّر بود ••• سر لشکر از ماه برتر بود
که پیروز نام است و پیروز بخت ••• همی بگذرد تیر او بر درخت
همیشه تن شاه بی‌رنج باد ••• دلش روشن و گنجش آباد باد

۷۶ پادشاهی اشکانیان

همیدون سپهدار او شاد باد / نشستش همه بر سر گنج باد
چنین تا بپای است گردان سپهر / ازین تخمه هرگز مبراد مهر
پدر بر پدر بر پسر بر پسر / همه تاجدارند و پیروزگر
گذشته ز شوّال ده با چهار / یکی آفرین باد بر شهریار
کز این مژده دادیم رسم خراج / که فرمان بُد از شاه با فرّ و تاج
که سالی خراجی نخواهند بیش / ز دیندار بیدار و ز مرد کیش
بدین عهد نوشین‌روان تازه شد / همه کار بر دیگر اندازه شد
چو آمد بران روزگاری دراز / همی بفکند چادر آز باز
ببینی بدین داد و نیکی گمان / که او خلعتی یابد از آسمان
که هرگز نگردد کهن بر برش / بماند کلاه کیان بر سرش
سرش سبز باد و تنش بی‌گزند / منش بر گذشته ز چرخ بلند
ندارد کسی خوار فال مرا / کجا بشمرد ماه و سال مرا
نگه کن که این نامه تا جاودان / درفشی بود بر سر بخردان
بماند بسی روزگاران چنین / که خوانند هرکس بر او آفرین
چنین گفت نوشین‌روان قباد / که: «چون شاه را دل بپیچد ز داد
کند چرخ منشور او را سیاه / ستاره نخواند ورا نیز شاه»
ستم نامهٔ عزل شاهان بود / چو دود دل بی‌گناهان بود
بماناد تا جاودان این گهر / هنرمند و با دانش و دادگر
نباشد جهان بر کسی پایدار / همه نام نیکو بود یادگار
کجا شد فریدون و ضحّاک و جم / مهان عرب خسروان عجم
کجا آن بزرگان ساسانیان / ز بهرامیان تا به سامانیان
نکوهیده‌تر شاه ضحّاک بود / که بیدادگر بود ناپاک بود
فریدون فرّخ ستایش ببرد / بمرد او و جاوید نامش نمرد
سخن ماند اندر جهان یادگار / سخن بهتر از گوهر شاهوار
ستایش نبرد آنکه بیداد بود / به گنج و به تخت مهی شاد بود
گسسته شود در جهان کام اوی / نخواند به گیتی کسی نام اوی
ازین نامهٔ شاه دشمن گداز / که بادا همه ساله بر تخت ناز
همه مردم از خانه‌ها شد به دشت / نیایش همی ز آسمان برگذشت
که جاوید بادا سر تاجدار / خجسته بر او گردش روزگار
ز گیتی مبیناد جز کام خویش / نوشته بر ایوان‌ها نام خویش

داستان اردشیر   ۷۷

همان دوده و لشکر و کشورش	همان خسروی قامت و منظرش

۳۱۳۴۵

آغاز داستان

کنون ای سراینده فرتوت مرد	سوی گاه اشکانیان بازگرد¹
چه گفت اندر آن نامهٔ راستان	که گوینده یاد آرد از باستان²
پس از روزگار سکندر جهان	چه گوید که را بود تخت مهان³
چنین گفت داننده دهقان چاچ	کزان پس کسی را نبُد تخت عاج
بزرگان که از تخم آرش بدند	دلیر و سبکسار و سرکش بدند
بگیتی به هر گوشه‌ای بر، یکی	گرفته ز هر کشوری اندکی
چو بر تختشان شاد بنشاندند	ملوک طوایف همی خواندند
بر این گونه بگذشت سالی دویست	تو گفتی که اندر زمین شاه نیست⁴
نکردند یاد؛ این ازآن، آن ازاین	برآسود یک چند روی زمین
سکندر سگالید زین‌گونه رای	که تا روم آباد ماند بجای⁵
نخست اشک بود از نژاد قباد	دگر گرد شاپور خسرونژاد⁶
ز یک دست گودرز اشکانیان	چو بیژن که بود از نژاد کیان⁷
چو نرسی و چون اورمزد بزرگ	چو آرش که بُد نامدار سترگ⁸
چو زو بگذری نامدار اردوان	خردمند و با رای و روشن روان⁹

۳۱۳۵۰

۳۱۳۵۵

---

۱ - **یک:** فردوسی بهنگام سرودن این بخش که شاهنامه به نیمه رسیده است نمی‌بایستی بیش از پنجاه و پنج سال داشته باشد، و مردی دهقان‌زادهٔ بلندپایگاه در چنین سال خویش را فرتوت نمی‌خواند. **دو:** بازگشتن بگاه اشکانیان نادرست است، زیرا که تازه؛ داستان آنان آغاز می‌شود.

۲ - **یک:** چه کس؟! «چه گفت!» **دو:** اگر از «نامهٔ راستان» سخن می‌رود «یاد آوردن از باستان» نادرخور است.

۳ - این دو رج برداشتی از سخنان افزودهٔ آغاز داستان کیومرث است:

سخندان دهقان چه گوید نخست	که نام بزرگی بگیتی که جست
که بود آنکه دیهیم بر سر نهاد	ندارد کس آن روزگاران بیاد
مگر کز پدر یاد دارد پسر	بگوید ترا یک بیک، در بدر
که نام بزرگی که آورد پیش	که را بود از آن برتران، مایه، بیش

باز آنکه هم در این داستان از «دهقان چاچ» در رج پسین یاد می‌شود، و هم در داستان کیومرس بیدرنگ از «پژوهندهٔ نامهٔ باستان» یاد شده است.

۴ - **یک:** اگر آنانرا شادمان بر تخت می‌نشاندند، چگونه در جهان شاه نبوده است؟ **دو:** تو گفتی.

۵ - **یک:** اسکندر، پس از دویست سال چنین سگالید؟! **دو:** رای، سگالیدنی نیست، زدنی است.

۶ - **یک:** لت نخست را کمبود است. اشک لت چه بود؟ چگونه بود؟ **دو:** نام شاپور در میان نامهای ایرانی، نخست با شاهپور اردشیر آغاز می‌شود.

۷ - چون در لت نخست از «یکدست» یاد می‌شود، لت دویم را بایستی از دیگر سو یا دست دیگر نام بردن.

۸ - آغاز سخن با «چو»... در سه رج همه نادرخور است؛   ۹ - سخن، روی بخواننده کرد! با نام اردوان؛

چو بنشست بهرام ز اشکانیان ... ببخشید گنجی به ارزانیان[1]
ورا خواندند اردوان بزرگ ... که از میش بگسست چنگال گرگ[2]
ورا بود شیراز تا اصفهان ... که داننده خواندش مرز مهان[3]
به اصطخر بُد بابک از دست اوی ... که تنّین خروشان بُد از شست اوی[4]
چو کوتاه بُد شاخ و هم بیخشان ... نگوید جهاندیده تاریخشان
از ایشان جز از نام نشنیده‌ام ... نه در نامهٔ خسروان دیده‌ام
سکندر چو نومید گشت از جهان ... بیفکند رایی میان مهان[5]
بدان تا نگیرد کس از روم یاد ... بماند مر آن کشور آباد و شاد[6]
چو دانا بود بر زمین شهریار ... چنین آورد دانش شاه بار[7]

❋

چو دارا به رزم اندرون کشته شد ... همه دوده را؛ روز، برگشته شد[8]
پسر بُد مر او را یکی شادکام ... خردمند و جنگیّ و ساسان، به نام
پدر را بران گونه چون کشته دید ... سرِ بخت ایرانیان گشته دید[9]
ازآن لشگر روم بگریخت اوی ... بدام بلا در نیاویخت اوی
بهندوستان در، به‌زاری بمرد ... ز ساسان یکی کودکی ماند خرد
بدین همنشان تا چهارم پسر ... همی نام ساسانش کردی پدر
شبانان بُدندی و گر ساربان ... همه ساله با رنج و کارِ گران
چو کهتر پسر سوی بابک رسید ... به دشت اندرون سرشبان را بدید
بدو گفت: «مزدورت آید بکار؟ ... که ایدر گذارد به بد، روزگار!»

---

۱ – پسان از بهرام سخن می‌رود؛ ۲ – و بیدرنگ به اردوان باز می‌گردد!

۳ – از شیراز تا سپاهان، بیابان است و افزاینده را بایستی چنین گفتن که او بر مرز شیراز و سپاهان فرمانروا بود!

۴ – نیز «از دست اوی» در این رج ناشایست است، بابک بفرمان اردوان در استخر فرمان میراند... در کارنامهٔ اردشیر بابکان چنین آمده است که: پاپک به ستخر (می)نشست، و از گمارد(گان) اردوان بود. گفتار فردوسی در رج پسین، نشان می‌دهد که همه این سخنان افزوده است، زیرا میان «بر آسوده یکچند روی زمین» و «چو کوتاه بد شاخ و هم بیخشان» جدایی افکنده است.

۵ – **یک:** افزاینده، باز به اسکندر باز می‌گردد. **دو:** رای «افکندنی» نیست، «زدنی» است.

٦ – «مر» در لت دویم نادرخور است: تا آن کشور آباد بماند!

۷ – **یک:** از «دانا» و «دانش» در یک گفتار یاد کردن سخن راسست می‌کند. **دو:** لت دویُم نیز نشان نمی‌دهد که بارِ آن دانش، چه بوده است؟

۸ – از اینجا افزوده‌های داستان ساسان و بابک آغاز می‌شود، اما این افزوده‌ها همانند افزوده‌های دیگر نیست که آنرا بایستی از افزوده‌های زمان شاهان دانستن، که بهمین گونه بدست ترجمانان شاهنامه از پهلوی بفارسی رسیده است، و فردوسی نیز آنرا پیوند داده است. اما میان داستان، گاهگاه سخن افزایندگان تازه آمده است که در جای خود نموده می‌شود! داستان ساسان و بابک در شاهنامه را اندک دگرگونی با نوشتهٔ پهلوی **«کارنامکی ارتخشیری پاپکان»** که اکنون در دست داریم دیده می‌شود، که خود نشان از آن دارد که کارنامه‌ای که بدست ترجمانان رسیده بوده است با نامهٔ پهلوی امروزین اندک دگرگونی داشته است. این رج را با آنکه پساوای درست ندارد نمیتوان از شاهنامه کاستن، زیرا که پیوند داستان از هم می‌گسلد. ۹ – پیوند میان رج‌های پیشین و پسین را می‌گسلد.

بپذرفت بدبخت را سرشبان / همی داشت با رنج روز و شبان
چو شد کارگر مرد و آمد پسند / شبان سرشبان گشت بر گوسفند[1]
دران روزگاری همی بود مرد / پر از غم دل و تن پر از رنج و درد[2]

*

شبی خفته بُد بابک زودیاب / چنان دید روشن‌روانش بخواب
که ساسان به پیلی ژیان برنشست / یکی تیغ هندی گرفته بدست
هر آن کس که آمد برِ او فراز / بر او آفرین کرد و بردش نماز
زمین را به خوبی بیاراستی / دل تیره از غم بپیراستی[3]
به دیگر شب اندر، چو بابک بخفت / همی بود با مغزش اندیشه جفت
چنان دید در خواب کآتش پرست / سه آتش ببردی فروزان به دست
چو آذرگشسپ و چو خرّاد و مهر / فروزان بکردار گردان سپهر
همه پیش ساسان فروزان بُدند / به هر آتشی اود سوزان بُدند
سرِ بابک از خواب بیدار شد / روان و دلش پر ز تیمار شد
هر آن کس که در خواب دانا بُدند / به هر دانشی بر توانا بُدند[4]

*

به ایوان بابک شدند انجمن / بزرگان فرزانه و رایزن
[چو بابک سخن برگشاد از نهفت؛ / همه خواب یکسر بدیشان بگفت؛*]
[نهاده دو گوشش بپاسخ سرای / پر اندیشه شد زان سخن رهنمای]
سرانجام گفت: «ای سرافراز شاه / به تأویل این کرد باید نگاه
«کسی را که بینند زینسان بخواب / بشاهی برآرد سر از آفتاب
ور ایدونکه این خواب زو بگذرد / پسر باشدش، کز جهان؛ برخورد»

---

۱ - **یک:** کارگر در زبان فردوسی «معمار» است:

بیاورد کاریگران سه هزار / ز هر کشوری هر که بد نامدار

دو: لت دویم نیز پریشان است، و نشان نمی‌دهد که اگر ساسان سر شبان شد، سر شبان راستین چه شد؟ و اگر وی بمُرد یا برفت، چگونه کار ساسانش پسند آمد!

۲ - سخن در لت نخست سخت پریشان است.

۳ - از افراز پیل، چگونه باشمشیر هندی زمین را آراست؟

۴ - سخن درست در لت دویم از رج پسین آمده است.

* - در این رج گفتار لت دویُم دوباره گویی لت نخست است زیرا که در لت نخست، اندیشهٔ پنهان را آشکار کردن همان سخن گفتن است. در رج پسین نیز سخن آشفته و سست می‌نماید. نگارنده چنین می‌اندیشد که این دو رج، در شاهنامه یک رج بوده است، و افزایندگان آنرا شکافته و سخنی دیگر نیز با واژهٔ «تأویل» که دیگر هیچگاه در گفتار فردوسی نیامده است در رج سیُوم بدان افزوده‌اند! بر این بنیاد، گفتار شاهنامه نزدیک بدین سخن بوده است:

چو بابک سخن برگشاد از نهفت / بپاسخ یکی مرد، زیشان بگفت:

چو بابک شنید این سخن گشت شاد   بر اندازه‌شان یک به یک هدیه داد[1]

[بفرمود تا سرشبان از رمه   بر بابک آید بروزِ دمه●]

[بیامد شبان پیش او با گلیم   پر از برف پشمینه، دل بر دو نیم]

بپردخت بابک ز بیگانه جای   بدر شد پرستنده و رهنمای[2]

ز ساسان بپرسید و بنواختش   برِ خویش، نزدیک، بنشاختش

بپرسیدش از گوهر و از نژاد   شبان زو بترسید و پاسخ نداد

ازآنپس بدو گفت ک:«ای شهریار   شبان را، بجان، گر دهی زینهار

بگوید ز گوهر، همه هرچه؛ هست   چو دستم بگیری به پیمان، بدست

که با من نسازی بدی در جهان   نه در آشکار و نه اندر نهان»[3]

چو بشنید بابک زبان برگشاد*   ز یزدان نیکی‌دهش کرد یاد

که: «بر تو نسازم بچیزی گزند   بدارمْتْ شادان دل و ارجمند»

به بابک چنین گفت زان پس جوان   که: «من پور ساسانم ای پهلوان

نبیره‌ی جهاندار شاه اردشیر   که بهمنش خواندی همی یادگیر[4]

سرافراز پور یل اسفندیار   ز گشتاسپ اندر جهان یادگار»

چو بشنید بابک فروریخت آب   ازآن چشم روشن که او دید خواب[5]

بیاورد پس جامهٔ پهلوی   یکی باره با آلت خسروی[6]

بدو گفت بابک: «بگرمابه شو   همی باش تا خلعت آرند نو»

یکی کاخ پرمایه او را بساخت   ازآن سرشبانان سرش برفراخت[7]

چو او را بدان کاخ در، جای کرد   غلام و پرستنده بر پای کرد[8]

---

۱ – پاسخ را (در گفتار افزوده نیز) یک کس می‌دهد، و چرا بایستی همگان را (هدیه) دادن!

● – دو رج: این دو رج نیز یک رج بیش نمی‌نماید، زیرا که در رج نخستین از سرشبان سخن می‌رود، و در رج دویم از شبان! کدامیک درست است؟ در رج دویم گلیم (جامه‌ای از گلیم) که بر تن شبان است، همان پشمینه در لت دویم است، و پشمینهٔ پر از برف نیز درست نمی‌نماید زیرا که پرده‌داران و دربانان می‌توانستند برف را از روی پشمینهٔ او بپیرایند، تا با برف باندرون کاخ نرود. و بر این بنیاد سخن فردوسی نزدیک بدین گفتار می‌نماید:

بفرمود: «ساسان ز پیش رمه   برِ بابک آید بروزِ دَمه»

۲ – در لت دویم، پرستنده و رهنمای را «شدند» می‌باید.   ۳ – این سخن در زینهارخواهی پیشین نهفته است.

* – همهٔ نمونه‌ها چنین آورده‌اند، تنها در لن، زنان آمده است، و «زبان برگشادن» دشنام دادن یا کسی را ببدی یادکردن است، پیدا است که بجای زبان بایستی سخن آید: **«چو بشنید بابک، سخن برگشاد»**.

۴ – **یک:** پیش از این در داستانِ ساختگی ساسان، نامِ پور دارا بود، و در این سخن اردشیر، جای دارا را می‌گیرد. **دو:** لت دویم نیز آشفته و سست است.   ۵ – لت دویم سخت نادرخور و کودکانه است.

۶ – **یک:** دربارهٔ جامه در رج پسین سخن آمده است. **دو:** در میان تالار کاخ باره (=اسب) نتوان آوردن.

۷ – **یک:** کاخ را در یک روز نمی‌توان ساختن. **دو:** سرشبانان نادرست است: «سرشبان». **سه:** او را بر همگان برتری داد، نه تنها بر سرشبانان.   ۸ – «جای کرد» نادرست است: «جای داد».

به هر آلتی سرفرازیش داد   هم از خواسته بی‌نیازیش داد[1]
بدو داد پس دختر خویش را   پسندیده و افسر خویش را

*

چو نُه ماه بگذشت بر ماهچهر   یکی کودک آمد چو تابنده مهر
بمانندهٔ نامدار اردشیر   فزاینده و فرخ و دلپذیر[2]
همان اردشیرش؛ پدر، کرد نام   نیا شد بدیدار او شادکام
همی پروریدش به بر بر، بناز   برآمد بر این روزگاری دراز
مر او را کنون مردم تیزویر   همی خواندش بابکان اردشیر[3]
بیاموختندش هنر هرچه بود   هنر نیز بر گوهرش برفزود
چنان شد بدیدار و فرهنگ و چهر   که گفتی همی زو فروزد سپهر

*

چو آگاهی آمد سوی اردوان   ز فرهنگ و از دانش آن جوان[4]
که شیر ژیان است هنگام رزم   به ناهید ماند همی روز بزم[5]
یکی نامه بنوشت پس اردوان   سوی نامور بابکِ پهلوان
که: «ای مرد با دانش و رهنمای   سخنگوی و با نام و پاکیزه رای
شنیدم که فرزند تو اردشیر   سواری‌ست گوینده و یادگیر
چو نامه بخوانی هم اندر زمان   فرستش بنزدیک ما شادمان
ز بایسته‌ها بی‌نیازش کنم   میان یلان سرفرازش کنم
چو باشد به نزدیک فرزند ما   نگوییم کاو نیست پیوند ما»[6]

*

چو آن نامهٔ شاه، بابک بخواند   همی خون مژگان به رخ برفشاند
بفرمود تا پیش او شد دبیر   همان نورسیده جوان اردشیر
بدو گفت ک:«این نامهٔ اردوان   بخوان و نگه کن به روشنروان

---

۱ - با آلت، کسی سرفراز نمی‌شود که با پایگاه چنین توان کردن.

۲ - اگر نام افزوده اردشیر (که یادگیر، او را بهمن می‌خواند!) درست بوده باشد، اینان از کجا اردشیر را دیده بودند که بدانند مانندهٔ او است.

۳ - سخن چنانست که امروز مردمان تیز ویر (= با حافظه) اردشیر می‌خوانند، پس در آنهنگام اردشیر خوانده نمی‌شده است! لت دویم نیز بدآهنگ است.

۴ - در رج چهارم پسین با «شنیدم» آگاهی به اردوان رسیدن بازمی‌گردد.

۵ - «که» در آغاز این رج، گفتار را بسخن رج پیشین پیوند می‌دهد، و در گفتار پیشین از فرهنگ و دانش اردشیر سخن رفته بود، نه از زورآوریِ وی.

۶ - لت دویم نیز بچندگونه آمده است: پ: ق، ب: بگویم که اویست؛ ک، لن ۲: بگوییم کو هست؛ ل ۲: بگویم که او نیز فرزند ما (خالقی مطلق ۱۴۳-۶) که همگان سست می‌نماید، و سخن درست در این باره در رج ۳۱۴۵۷ می‌آید.

من اینک یکی نامه نزدیک شاه — نویسم فرستم یکی نیکخواه
بگویم که: «اینک! دل و دیده را — دلاور جوان پسندیده را؛
فرستادم و دادمش نیز پند — چو آید بدان بارگاه بلند
تو آن کن که از پادشاهان سزد — نباید که بادی بر او بر وزد»
در گنج بگشاد بابک، چو باد — جوان را ز هر گونه‌ای کرد شاد
ز زرّین ستام و ز گوپال و تیغ — ز فرزند چیزش نیامد دریغ[1]
ز دینار و دیبا و اسپ و رهی — ز چینیّ و زر بفت شاهنشهی[2]
بیاورد و بنهاد پیش جوان — جوان شد پرستندهٔ اردوان[3]
بسی هدیه‌ها نیز با اردشیر — ز دیبا و دینار و مشک و ابیر[4]
ز پیش نیا کودک نیک‌پی — بدرگاه شاه اردوان شد به ری

*

چو آمد بنزدیکی بارگاه — بگفتند با شاه، زان، بارخواه
جوان را بمِهر؛ اردوان، پیش خواند — ز بابک سخن‌ها فراوان براند
بنزدیکی تخت بنشاختش — ببرزن یکی جایگه ساختش
فرستاد هر گونه‌ای خوردنی — ز پوشیدنی هم ز گستردنی
ابا نامداران بیامد جوان — به جایی که فرموده بود اردوان[5]
چو کرسی نهاد از برِ چرخ شید — جهان گشت چون روی رومی سپید[6]
پرستنده‌ای پیش خواند اردشیر — همان هدیه‌هایی که بُد ناگزیر[7]
فرستاد نزدیک شاه اردوان — فرستادهٔ بابک پهلوان[8]
بدید اردوان و پسند آمدش — جوانمرد را سودمند آمدش[9]
پسروار خسرو همی داشتش — زمانی به تیمار نگذاشتش[10]
به می خوردن و خوان و نخچیرگاه — به پیش خودش داشتی سال و ماه[11]

---

۱ – «ز» در لت نخست با «ز» در لت دویم همخوان نیست.

۲ – همان سخن و در لت دویم پیدا نیست که «چینی» چیست!

۳ – **یک:** چنین چیزها را همچون پیشکش، کاروان همراه اردشیر خواهد بردن بر دست همان مرد نیکخواه، و بایسته نیست که چندان کالا و اسپ و رهی را پیش اردشیر نهند! **دو:** لت دویم را نیز با لت نخست هماهنگی نیست و هنوز اردشیر بنزد اردوان نرسیده است که رهی او شده باشد!

۴ – سخن بی‌پایان است و گفتار دربارهٔ پیشکشی در رج چهارم پیشین گذشت.

۵ – با کدام نامداران؟ او با چند رهی، بهمراه مردی نیکخواه آمده بود، و نامداران بهمراهش نبودند.

۶ – هنوز شب نشده، روز آمد؟

۷ – «هدیه‌ها» نادرست است، و «ناگزیر بد» نادرست‌تر.

۸ – «فرستاد» در لت نخست، با «فرستاده» در لت دویم همخوانْ نیست.

۹ – در لت دویم، جوانمرد را سودمند (آمد) درست است.

۱۰ – سخن درست در رج دویم پس از این می‌آید.

۱۱ – اردشیر بر بنیاد داستان کارنامهٔ اردشیر، بس زود از اردوان گریخت و بودنش در دربار اردوان به سال و ماه نکشید.

همی داشتش همچو فرزند خویش   جدایی ندادش ز پیوند خویش

*

چنان بُد که روزی به نخچیرگاه   پراکنده شد لشگر و پور و شاه
همی راند با اردوان اردشیر   جوانمرد را شاه بُد دلپذیر[1]
پسر بود شاه اردوان را چهار   ازان هر یکی چون یکی شهریار[2]
بهامون پدید آمد از دور، گور   ازآن لشگر گشن، برخاست شور
همه بادپایان برانگیختند   همی گرد با خوَی برآمیختند
همی تاخت پیش سپاه اردشیر   چو نزدیک شد، در کمان راند تیر
بزد بر سُرینِ یکی گور نر   گذر کرد برگور، پیکان و پر
بیامد هم اندر زمان اردوان   بدید آن گشادِ برِ آن جوان
بدید آن یکی گور افکنده گفت   که: «با دست آن کش هنر باد جفت»[3]
چنین داد پاسخ به شاه اردشیر   که: «این گور را من فکندم به تیر»[4]
پسر گفت ک:«این را من افکنده‌ام   همان جفت را نیز جوینده‌ام»
چنین داد پاسخ بدو اردشیر   که: «دشتی فراخ است و هم گور و تیر
یکی دیگر افکن بر این همنشان   دروغ از گناه است بر سرکشان»
پر از خشم شد زان جوان اردوان   یکی بانگ برزد به مرد جوان[5]
بدو گفت شاه: «این گناه من است   که پروردن آیین و راه من است
ترا خود ببزم و به نخچیرگاه   چرا؟ برد باید همی! با سپاه!
بدان، تا؛ ز فرزند من بگذری!   بلندی گزینی و گنداوری!!
برو تازی اسپان ما را ببین   بدان جایگه بر، سرایی گزین

*

بدان آخُر اسپ سالار باش   به هر کار با هر کسی یار باش»[6]
بیامد پر از آبِ چشم، اردشیر   برِ آخُر اسپ شد ناگزیر
یکی نامه بنوشت پیش نیا   پر از غم دل و، سر پر از کیمیا
که: «ما را چه پیش آمد از اردوان   که درد تنش باد و رنج روان»

---

۱ - **یک**: در رج چهارم پس از این اردشیر تنها است، نه با اردوان! **دو**: لت دویم نیز افزوده‌ای نادرخور است، زیرا که پیش از این درباره بزرگداشت اردشیر سخن رفته بود.

۲ - لت دویم نادرخور و بی‌گزارش است.

۳ - در لت نخست «آن یکی گور» نادرست است، و لت دویم را نیز پایان نیست.

۴ - پرسشی نشده بود که پاسخ بمیان آید.

۵ - دوبار نام «جوان» در یک سخن آنرا سست می‌نماید.

۶ - «سردار آخور اسپان» پایگاهی بلند داشته است، و اردشیر را برای خوارداشت، نمی‌شایست بدان پایگاه رسانند!

همه یاد کرد، آن، کجا رفته بود کجا اردوان از چه آشفته بود[1]

*

چو نامه به نزدیک بابک رسید نکرد آن سخن نیز بر کس پدید
دلش گشت زان کار پر درد و رنج بیاورد دینار چندی ز گنج
فرستاد نزدیک او ده هزار هیونی برافکند گرد و سوار[2]
بفرمود تا پیش او شد دبیر یکی نامه فرمود زی اردشیر
که: «ای کم‌خرد نورسیده جوان چو رفتی به نخچیر با اردوان؛
چرا؟ تاختی پیش فرزند اوی پرستنده‌ای تو، نه پیوند اوی!
نکرد او بتو دشمنی، ار؛ بدی* که خود کرده‌ای تو، بنابخردی!
کنون کام و خشنودی او بجوی مگردان ز فرمان او هیچ، روی
ز دینار لختی فرستادمت بنامه درون پندها دادمت
هر آنگه که این مایه بردی بکار دگر خواه، تا بگذرد روزگار»

*

تگاور هیون جهاندیده پیر بیامد دوان تا برِ اردشیر[3]
چو آن نامه برخواند خرسند گشت دلش سوی نیرنگ و اورند گشت[4]
بگسترد هرگونه گستردنی ز پوشیدنی‌ها و از خوردنی[5]
به نزدیک اسپان سرایی گزید نه اندرخور کار جایی گزید[6]
شب و روز خوردن بُدی کار اوی می و جام و رامشگران یار اوی[7]

---

۱ – «کجا» در لت نخست با «کجا» در لت دویُم همخوان نیست.

۲ – **یک:** ده هزار دینار را نمی‌توان با یک اسپ فرستادن! **دو:** در رج پیشین سخن درست آمده بود: «دینار، چندی ز گنج» در گفتار نامه نیز از لختی دینار نام خواهد آمد. * – ار: اگر: یا.

۳ – **یک:** پیر جهاندیده را نشاید تگاور خواندن، باری اگر هیون را تگاور خوانیم سخن به پیر جهاندیده نیز بازمی‌گردد. **دو:** هیون، دوان نمی‌رود، و تازان ره می‌نوردد!

۴ – **یک:** خرسند بزبان فارسی (قانع) تازی است، و افزاینده، آنرا بجای خشنود بکار برده است. **دو:** نیرنگ نیز خطی باشد که کاریگران (معماران) بر روی زمین می‌کشند، تا خانه را بر روی آن بسازند، یا خطی است که نگارگران بر روی پارچه می‌کشند، تا نگاره را بر آن بیارایند (=طرح) و آنرا با اورند (= پادشاهی نیک) هیچ پیوند نیست.

۵ – پوشیدنی و خوردنی را نمی‌گسترانند!!

٦ – تا نامه از (ری) یا تیسفون به استخر رود و پاسخ آن بیاید چند ماه زمان بایسته است، و در چنان زمان، اردشیر کجا و چگونه زیست؟ فرمان اردوان را نیز چنان رفت که: «بدان جایگه بر، سرایی گزین».

۷ –کسیرا که برای تیمار ستوران می‌فرستند، نشاید که شب و روز بخورد، و رامشگر به بزم خویش فراخواند!

دل بستن گلنار بر اردشیر

یکی کاخ بود اردوان را؛ بلند — بکاخ اندرون بنده‌ای ارجمند
که گلنار بُد نام آن ماهروی — نگاری پر از گوهر و رنگ و بوی
برِ اردوان همچو دستور بود — بر آن خواسته نیز گنجور بود[1]
بر او بر، گرامی‌تر از جان بُدی — بدیدار او شاد و خندان بُدی
چنان بُد که روزی برآمد ببام — دلش گشت زان خرّمی شادکام*
نگه کرد خندان لب اردشیر — جوان، در دل ماه شد جایگیر
همی بود تا روز تاریک شد — همانا به شب روز نزدیک شد[2]
کمندی بران کنگره بر ببست — گره زد بر او چند و بپسود دست[3]
بگستاخی از باره آمد فرود — همی داد نیکی‌دهش را درود[4]
بیامد خرامان برِ اردشیر — پر از گوهر و بوی مشک و اَبیر
ز بالین دیبا سرش برگرفت — چو بیدار شد تنگ در برگرفت
نگه کرد برنا بران خوبروی — بدان‌موی و آن‌روی و آن رنگ‌وبوی[5]
بدان ماه گفت: «از کجا؟ خاستی — که پر غم دلم را بیاراستی!»
چنین داد پاسخ که: «من بنده‌ام — دل و جان بمهر تو آکنده‌ام
دلارام و گنجورِ شاه اردوان — که از من بود شاد و روشنروان
کنون گر پذیری، ترا بنده‌ام — دل و جان بمهر تو آکنده‌ام[6]
بیایم چو خواهی به نزدیک تو — درفشان کنم روز تاریک تو»[7]

---

۱ – **یک:** هیچ نشاید که دخترکی پرستار؛ دستور شاهنشاه ایران بوده باشد. **دو:** بر کدام خواسته؟

* – سخن چنین می‌نماید: **«دلش گشته از خرمی شادکام»**.

۲ – چون روز تاریک شود؟ همانا «شب» آمده است، و نشاید که در دنباله سخن شب را بروز نزدیک خواندن.

۳ – **یک:** بر کدام کنگره؟ افزاینده را بایستی گفتن کمندی بر کنگرهٔ کاخ بست. **دو:** گره زد بر او چند نیز نادرست است: «چند گره بر آن زد».

۴ – **یک:** همی داد... در آغاز لت دویم نادرخور است، زیرا که برای انجام چنان کار یکبار سپاس یزدان می‌گویند... **دو:** درود نیز بسوی یزدان سخت نادرخور است زیرا که درود در پهلوی دُرُت در زبان اوستایی دْرَوَت؛ تندرستی است، و تندرستی را برای مردمان می‌خواهند نه برای یزدان.

۵ – اردشیر، برنا نبود.

۶ – سخن از بنده بودن در رج دویم پیشین گذشت.

۷ – دنبالهٔ همان گفتار.

پرسیدن اردوان از کار جهان

چو لختی برآمد بر این روزگار   شکست اندر آمد به آموزگار[1]
جهاندیده بیدار، بابک بمرد   سرای کهن دیگری را سپرد
چو آگاهی آمد سوی اردوان   پر از غم شد و تیره گشتش روان
گرفتند هر مهتری یاد پارس   سپهبد به مهتر پسر داد پارس
بفرمود تا کوس بیرون برند   ز درگاه لشگر به هامون برند
جهان تیره شد بر دل اردشیر   ازان پیر روشن‌دل و دستگیر
دل از لشگر اردوان برگرفت   اُزان آگهی رای دیگر گرفت
که از درد او بُد دلش پرستیز   به هر سو همی جست راه گریز
ازآنپس چنان بُد که شاه اردوان   ز اخترشناسان و روشنروان؛*
بیاورد چندی بدرگاه خویش   همی بازجست اختر و راه خویش
همان نیز تا گردش روزگار   ازآنپس که را باشد آموزگار[2]
فرستادشان نزد گلنار شاه   بدان تا کنند اختران را نگاه[3]
سه روز اندر آن کار شد روزگار   نگه کرده شد طالع شهریار[4]
چو گنجور بشنید آوازشان   سخن گفتن از طالع و رازشان[5]
سیوم روز تا شب گذشته سه پاس   کنیزک بپردخت ز اخترشناس[6]
پر از آرزو دل، لبان پر ز باد   همی داشت گفتار ایشان به یاد[7]
چهارم بشد مرد روشن روان   که بگشاد آن راز با اردوان[8]

---

۱ –شکست بکدام آموزگار اندر آمد؟ بابک نیای (پدر بزرگ) اردشیر بود، نه آموزگارِ وی. هشت رج سخنان افزوده که بجز از سستی و بی‌پیوندی، در کارنامهٔ اردشیر بابکان نیز نیست.

* – روشنروان برابر است با «زنده»، و بیگمان بجای آن واژه‌های دیگر بوده است: **ز اخترشناسان و فرزانگان.**

۲ – «همان» و «نیز» را با یکدیگر آوردن، دوباره‌گویی یک سخن است.

۳ – چنین کار نشاید که شاهی بخواهد از اختر و آیندهٔ خویش آگاه شود، و آنانرا بنزد بنده، و پرستار خویش فرستد! لت دویم نیز سست است.

۴ –لت دویم سست می‌نماید.

۵ – شنیده آواز همانست و سخن گفتن آنان همان، و دوباره گفتن با سخنانی سست، درست نمی‌نماید.

٦ – **یک:** سه پاس از چند پاس؟... در رج پیشین اخترشناسان سخن گفته بودند، و سخن تنها از سه روز رفته بود، نه از شب پسین! **دو:** اخترشناسان نیز چندکس بودند، نه یک کس.

۷ – سخن سست‌تر از گفتار این رج سروده نشده است. چگونه آنکه دلی پر آرزو (از گفتار اخترشناسان) دارد، آه بر لبان می‌آوَرَد... همی داشت نیز نادرخور است، و گفتار اخترشناسان پس از این می‌آید! افزایندگان تیره‌روز، با شاهنامه ما چه کرده‌اند؟

۸ – **یک:** مرد روشنروان کیست؟ **دو:** در لت دویم که بگشاد نادرست است که بگشاید! آنانکه پیشتر راز را بر کنیزک گشوده بودند!

گریز اردشیر ۸۷

برفتند با زیجها بر کنار ... ز کاخ کنیزک بر شهریار[1]
بگفتند راز سپهر بلند ... همان ز اخترِ وی، که چون است و چند
که: «زین پس کنون تا نه بس روزگار ... ز چیزی بپیچد دل نامدار؛[2]
که بگریزد از مهتری، کهتری ... سپهبد نژادی و گندآوری
ازان پس شود شهریاری بلند ... جهانرا بگیرد، بخمِّ کمند»
دل نامور مهتر نیکبخت ... ز گفتار ایشان غمین گشت سخت

*

چو شد روی کشور* بکردار قیر ... کنیزک بیامد برِ اردشیر
چو دریا بر آشفت مرد جوان ... که: «یک روز نشکیبی از اردوان؟»[3]
کنیزک بگفت آنچه روشنروان ... بگفتند با نامدار اردوان●
سخن چون ز گلنار زان سان شنید ... شکیبایی و خامشی برگزید[4]
دل مرد برنا شد از ماه تیز ... ازان پس همی جست راه گریز[5]
بدو گفت: «گر من به ایران○ شوم ... ز ری سوی شهر دلیران شوم
تو با من سگالی؟ که آیی براه! ... گر■ ایدر بباشی بنزدیک شاه!
اگر با من آیی توانگر شوی ... همان بر سر کشور افسر شوی»
چنین داد پاسخ که: «من بنده‌ام ... نباشم جدا از تو، تا زنده‌ام»
همی گفت با لب پر از باد سرد ... فرو ریخت از دیدگان آب زرد[6]
چنین گفت با ماهروی اردشیر ... که: «فردا بباید شدن ناگزیر»

*

کنیزک بیامد به ایوان خویش ... بکف برنهاده تن و جان خویش[7]

---

۱ - گفتار دوباره! ۲ - «که» در آغاز این رج با «که» در رج پیشین همخوان نیست.

* - آسمان را شاید گفتن که برنگ قیر (درآمد)، روی زمین را نیز شاید، اما نشاید گفتن که «روی کشور» بکردار قیر شد، در اندیشهٔ من سخن فردوسی **«روی گیتی»** بوده است. ۳ - اگر گفتارهای افزوده را بپذیریم، کنیزک سه روز بدیدار اردشیر نرفته بود.

● - این رج سخت درهمریخته است. **یک:** روشنروان همان زنده است، و همگان در آنزمان روشنروان بوده‌اند، و بجای این واژه، همان «فرزانگان» پیشنهاد می‌شود. **دو:** کنیزک در آغاز این رج باکنیزک در آغاز رج دویُم پیش از این همخوان نیست. **سه:** لت دویم به سه گونه، «همی گفت» و که گفتند، و بگفتند آمده است (خالقی مطلق ۱۵۱-۶) و سخن بدینگونه نادرست است. در اندیشهٔ من گفتار فردوسی نزدیک بدین سخن بوده است:

بگفت آنچه گفتند فرزانگان ... ز راز سپهری، آبا اردوان

زیرا که در رج هفتم پیشین نیز از «راز سپهر بلند» سخن رفته بود.

۴ - شکیبا و خاموش نشد، که برانگیخته شد تا بگریزد. ۵ - برنا کودک پنج تا ده ساله است.

○ - **«ز ایوان شوم»** درست می‌نماید. ■ - گر؛ اگر: یا

٦ - جای گریستن نبود... اردشیر مژدهٔ سروری بدختر داده بود.

۷ - کنیزک از خود ایوان نداشت، و با اردوان می‌زیست.

۸۸ پادشاهی اشکانیان

چو شد روی گیتی ز خورشید زرد — به خم اندر آمد شب لاژورد[1]
کنیزک درِ گنجها باز کرد — ز هر گوهری جستن آغاز کرد[2]
ز یاقوت و از گوهر شاهوار — ز دینار چندان که بودش بکار[3]
بیامد به جایی که بودش نشست — بدان خانه بنهاد گوهر ز دست[4]
همی بود تا شب برآمد ز کوه — بخفت اردوان، جای شد بی‌گروه
از ایوان بیامد بکردار تیر — بیاورد گوهر برِ اردشیر
جهانجوی را دید جامی به دست — نگهبان اسپان همه خفته مست[5]
کجا مست‌شان کرده بود اردشیر — که وی خواست رفتن همی ناگزیر[6]
دو اسپ گرانمایه کرده گزین — بر آخر چنان بود در زیر زین[7]
جهانجوی چون روی گلنار دید — همان گوهر و سرخ دینار دید
هم اندر زمان پیش بنهاد جام — بزد بر سر تازی اسپان لگام[8]
بپوشید خفتان و خود برنشست — یکی تیغ زهر آبداده بدست
همان ماهرخ بر دگر بارگی — نشستند و رفتند یکبارگی
از ایوان سوی پارس بنهاد روی — همی رفت شادان‌دل و راهجوی

*

چنان بُد که، بی ماهروی؛ اردوان — نبودی شب و روز، روشنروان
ز بالین نبرداشتی دوش و یال — مگر چهر گلنار، دیدی بفال
چو آمدْش هنگام برخاستن — به دیبا سرِ گاهش آراستن
کنیزک نیامد به بالین اوی — برآشفت و پیچان شد از کین اوی
به در بر سپاه ایستاده بپای — بیاراسته تخت و تاج و سرای[9]
ز درگاه برخاست سالار بار — بیامد برِ نامور شهریار[10]
بدو گفت: «گردنکشان بر درَند — هر آن کس کجا مهتر کشورند»[11]

---

۱ - از این بر نمی‌آید که روز شد؟ یا شب گشت؟
۲ -گوهر را جُستن نادرست است، زیرا که گوهرها در گنج، آشکار بود؛ و برداشتن می‌بایست.
۳ - اگر از «هر گوهر» برداشته بود، یاد کردن از یاقوت و گوهر شاهوار نابجا است.
۴ - از ایوان خویش، بجایی که نشستش بود آمد!
۵ - «نگهبانان» باید.
۶ - دوباره گویی رج پیشین با سخنانی سست‌تر از آن.
۷ - لت دویم سخت سست است.
۸ - جام در دست نادرست بود، و جام نهادن به پیش نادرست‌تر از آن.
۹ - چه کس تخت و تاج و سرای را آراسته بود؟ سپاهیان؟
۱۰ - سالاربار را در خوابگاه شاه راه نیست.
۱۱ -لت دویم نادرخور است. در «لی» این لت چنین آمده است: «فرود آورمشان اگر بگذرند» با چنین سخن، گفتار آراسته می‌شود، اما رفتن سالاربار بخوابگاه، پیوسته بدین داستان است.

پـرستندگان را چـنین گـفت شـاه   کـه: «گـلنار چـون راه و آیـین نگـاه[1]
نـدارد نـیاید بـه بـالین مـن   کـه دانـد بـدین داستان دیـن مـن»[2]
بـیامد هـم آنگـاه مـهتر دبـیر   کـه: «رفته‌ست بیگاه، دوش، اردشیر
اُ ز آخُـر بـبرده‌ست خِـنگ و سـیاه   کـه بُـد بـارهٔ نـامبردار شـاه»
هـم آنگـاه شـد شـاه را دلپـذیر   کـه گـنجور او رفت بـا اردشـیر[3]
دل مـرد جـنگی بـرآمـد ز جـای   بـبالای، زود انـدر آورد پـای*
سـواران جـنگی فـراوان بـبرد   تـو گـفتی هـمی بـاره، آتش سـپرد[4]
بـه ره بـر، یکـی نـامور دیـد جـای   بـدو در، بسـی مـردم و چـارپای
[بـپرسید زیشـان کـه شـبگیر هـور؛   شـنیدی شـما؟ بـانگ نـئل ستور![○]]
[یکـی گـفت زیشـان کـه ایـدر گـذشت   دو تـن بـر دو اسب انـدر آمـد ز دشت]
[دو تـن بـرگذشتند، پـویان بـراه   یکـی بـارهٔ جـنگ و دیگـر سـیاه]
بـدنبال ایشـان یکـی غُـرمِ پـاک   چـو اسپی هـمی بـرپراکـند خـاک»

*

بـدستور گـفت آن زمـان اردوان   که: «این غرم باری، چرا شد دوان؟»[□]
چـنین داد پـاسخ کـه: «آن فـرّ او است   بشـاهیّ و نـیک اختری پـرّ او است
گـر ایـن غُـرم دریـابد او را مـتاز   کـه ایـن کـار گـردد بـه مـا بـر دراز»[5]
فـرود آمـد آن جـایگه اردوان   بـخورد و بـرآسـود و آمـد دوان[6]
هـمی تـاختند از پس اردشـیر   بـه پـیش انـدرون اردوان و وزیـر[7]
چـو هـر دو رسـیدند نـزدیک آب   بـه زردی دو رخسـاره چـون آفـتاب[8]

---

۱ – سالاربار با شاه سخن گفته بود، و پاسخ وی با پرستندگان است.   ۲ – لت دویم سست و نادرخور است.

۳ – با چنان رویدادها چگونه دلپذیر شد؟   * – زود، سوار بر اسب شد.   ۴ – تو گفتی.

○ – در همه پچین‌های در دست این سه رج کمابیش اینچنین آمده است:
در رج نخست بجای که شبگیر هور؛ لی: کایدر به شبگیر و هور. بجای شنیدی شما؛ س: شنیدید کس؛ و: شنیدید آوای در رج دویم بجای زیشان که؛ س: از اینسان که. ق، ب: چنین گفت مردی کز. بجای که ایدر: س ۲، لن، لی، آ: کایدر بره بر؛ و: چو پاسی ز شب. در رج سیُوم بجای دو تن ل: همی، بجای پویان؛ ل ۲، ب: بر ما (بنگرید به خالقی مطلق (۴و ۱۵۳–۶)
و چنانکه دیده می‌شود چنین گفتار، سخت بهمریخته و نابسامان است، و نگارنده از این سه رج، دو رج برآورده است بدینسان:

بپرسید زیشان کـه: «ایـدر بـدشت؛   سـواری بشـبگیر، انـدر گـذشت؟»
یکی گفت: «ز ایدر به خِنگ و سیاه   دو تـن بـرگذشتند، تـازان بـراه»

□ – بر پایهٔ گفتار کارنامهٔ اردشیر بابکان، لت دویم بایستی چنین باشد: **«که این غُرم، باری، چه باشد؟ دوان»**: این قوچ دوان پسِ ایشان، چه تواند بود؟   ۵ – بجز از سستی گفتار، این سخن در آینده بگونهٔ درست خواهد آمدن.

٦ – آمد دوان سخنی نادرخور است، زیرا که آنان سوار بر اسپان بوده‌اند... .   ۷ – پیش اندرون نادرست است.

۸ – **یک:** نزدیک کدام آب؟ **دو:** رخسارهٔ چون آفتاب درخشان و تابنده است، نه زردا!

دو مرد جوان دید بر آبگیر — همی خواست کآید فرود اردشیر[1]
جوانان به آواز گفتند: «زود — عنان و رکیبت بباید پسود[2]
که رَستی ز کام و دَم اژدها — کنون آب خوردن نیارد بها[3]
نباید که آیی بخوردن فرود — تن خویش را داد باید درود»[4]
چو از پند گوی آن شنید اردشیر — به گلنار گفت: «این سخن یادگیر»[5]
رکیبش گران شد سبک شد عنان — به گردن برآورد رخشان سنان[6]

*

پس اندر*، چو باد دمان؛ اردوان — همی تاخت، با رنج و تیره روان
بدانگه که بگذشت نیمی ز روز — فلک را بپیمود گیتی فروز[7]
یکی شارستان دید با رنگ و بوی — بسی مردم آمد بنزدیک اوی
چنین گفت با موبدان نامدار● — که: «کی برگذشتند؟ آن دو سوار!»
چنین داد پاسخ بدو رهنمای — که: «ای شاه نیک اختر و پاکرای
بدانگه که خورشید برگشت زرد — بگسترد شب، چادر لاژورد
بدین شهر بگذشت،○ پویان، دو تن□ — پر از گَرد و بی آب گشته دهن
یکی غُرم بود از پس یک سوار — کزآنسان ندیدم به ایوان نگار»

*

چنین گفت با اردوان کدخدای — که:«ز ایدر مگر بازگردی بجای
سپه سازی و رایِ جنگ آوری — که اکنون دگرگونه شد داوری
چو بخت از پسِ پشتِ او برنشست▣ — ازین تاختن باد مانَد بدست

---

۱ - بر آبگیر نیز نادرست است زیرا که خواننده آنرا نمی‌شناسد، سخن درست چنین می‌نماید که بآبگیر(ی) رسید.

۲ - **یک:** و نیز روشن نمی‌نماید که آن جوانان کیستند! و از کجا میدانستند؟ که اردوان بدنبال اردشیر می تازد! **دو:** پیش از این از اردوان و وزیر سخن رفته بود، و اکنون باردشیر بازگشت.

۳ - اژدها و دشمنی در کار نبود که اردوان از چنگ او رها شده باشد.

۴ - سخن در لت نخست نمی‌نماید که برای خوردن آب، یا خوراک! و لت دویم را نیز پیوند درست با لت نخست نیست.

۵ - **یک:** سخن در لت نخست بی‌پیوند است، زیرا پندگوی، با «جوانان» سه رج پیش همخوان نیست. **دو:** آن شنید نیز با کمبود همراهست، آن سخن (را) باید. **سه:** چه روی دارد، که گلنار آن سخن را بیاد بسپارد؟

٦ - پیشتر از شمشیر هندی در دست اردشیر سخن رفته بود، نه از سنان!

* - «**پسانگه**» درست می‌نماید.

۷ - چون خورشید، گردون را بپیماید، شب می‌شود، نه نیمروز.

● - موبدان همراه اردوان نبوده‌اند و مردمان یک شهر نیز همه موبد نبوده‌اند، و نمونه‌ها همه چنین‌اند... در اندیشهٔ من سخن فردوسی چنین بوده است: «**بپرسید از مردمان، نامدار**».

○ - بکار بردن «بگذشت» برای دوتن نادرست است، شاید بودن که گفتار فردوسی چنین بوده باشد: «**از اینجا گذشتند، پویان، دوتن**».

□ - دو تن را با بگذشت همخوانی نیست، و باز سخن از پویان می‌رود، باز آنکه آنان تازان بوده‌اند، و بر این بنیاد سخن چنین آراسته می‌شود: «**از اینجا گذشتند، تازان، دو تن**».

▣ - نمونه‌ها؛ چوبخش، چو بخت از... و از آنجا که در گفتار پیشین، آن قوچ فرّ اردشیر در شمار آورده شد، اینجا نیز بایستی سخن چنین

←

یکی نامه بنویس نزد پسر — به نامه بگوی این سخن در به در[۱]
نشانی مگر یابد از اردشیر — نباید که او دوشد از غرم شیر»[۲]
چو بشنید، زاو اردوان؛ این سخن — بدانست کان کار او شد کهن[▣]
بدان شارستان اندر، آمد فرود — همی داد نیکی‌دهش را درود[۳]
چو شب روز شد، بامدادِ پگاه — بفرمود تا بازگردد سپاه
بیامد دو رخساره همرنگ نی — چو شب تیره گشت اندر آمد به ری[۴]
یکی نامه بنوشت نزد پسر — که: «کژّی بباغ اندر، آورد، بر[۵]
چنان شد، ز بالین ما اردشیر — کزان سان نجَست از کمان، ایچ تیر[۶]
سوی پارس آمد بجویش نهان — مگوی این سخن با کسی در جهان»[۷]

✽

اُز این سو بدریا رسید اردشیر — به یزدان چنین گفت ک :«ای دستگیر[۸]
تو کردی مرا ایمن از بدکنش — که هرگز مبیناد نیکی تنش»[۹]
برآسود و ملاّح را پیش خواند — ز کار گذشته فراوان براند[۱۰]
نگه کرد فرزانه ملاّح پیر — ببالا و چهر و برِ اردشیر؛[۱۱]
بدانست کاو نیست جز کی نژاد — ز فرّ و ز اورند او گشت شاد[۱۲]
بیامد به دریا هم اندر شتاب — به هر سو برافکند زورق بر آب[۱۳]

→ باشد: **«چو فرّ از پس پشت او...»**.

۱ – در میان راه، تازان چگونه نامه تواند نوشتن؟

۲ – سخن سست... که کس را از قوچ نر توان دوشیدن شیر نیست.

▣ – نمونه‌های دیگر:

چو بشنید زو این سخن اردوان — بدانست کاو را سر آمد زمان

لت دویم لن ۲: کاواز او شد کهن، «آواز او شد کهن» نادرخور است. «او راسر آمد زمان» نیز نادرست است، زیرا که هنوز زنده است. س ۲، لی، آ: «کان کار او شد کهن» در این نمونه نیز (آن) کار (او) نادرست است، زیرا که «آن» و «او» را کنار یکدیگر نمی‌توان آوردن. در اندیشهٔ من سخن فردوسی چنین بوده است: **«بدانست کان کار، گردد کهن»** آن کار بدرازا خواهد کشیدن.

۳ – درود بخداوند نمی‌توان دادن، و پیشتر سخن در این باره آمد.

۴ –لت نخست سخت نادرخور است، زیرا که «نی» سبز رنگ است و کس را رخساره سبز نمی‌شود. اما افزاینده را از آنجا که برای «ری» پساوا بایسته بود، نی را چند روز در آفتاب نهاد، تا زرد رنگ شود و برای گونهٔ زرد، کارآی گردد!

۵ – **یک:** مگر پسر اردوان کجا بود که نامه برای او نویسد! **دو:** کژّی بار برنمی‌آورد، درخت کژ را توان گفتن.

٦ – شدن (= رفتن) در لت نخست، با جستن (= گریختن) همخوان نیست! تیر نیز از کمان نمی‌جهد که پرتاب می‌شود.

۷ – سخنی را که چنان فاش گشته است، چگونه پنهان توان داشتن؟

۸ – وابسته بسخنان پسین.

۹ –کُنش را با تَنَش پساوا نیست.

۱۰ –اردشیر بدریا رسید، و در داستان پهلوی اردشیر بابکان چنین آمده است که در روستای نخستین دو زن نشسته بودند، و چون اردشیر را دیدند، گفتند مپای و همچنین برو، تا بدریا رسی، و چون دریا را بچشم بینی از دشمن رسته‌ای! پیدا است که این سخنان در شاهنامه‌ای که در دست داریم نیامده است، اما رسیدن اردشیر بدریا، کار را از دیدِ داستانسرای بپایان رسانده است، و اردشیر را به کشتیران و دریا، کار نبوده است، چون دشمن وی در خشکی پشت سر وی بود.

۱۱ – دنبالهٔ گفتار افزودهٔ ملّاح؟

۱۲ – اورند (= شیوه پادشاهی نیک) او را از کجا دریافت؟

۱۳ –کشتیران که کنار دریا بود، از کجا بیامد.

ز آگــاهی نــامدار اردشــیر ‌ ‌ ‌ سـپاه انـجمن شد بـدان آبگـیر
هـر آن‌کس کـه بُـد بـابکی در صـطخر ‌ ‌ ‌ بـه آگـاهی شـاه کـردند فـخر[1]
دگـر هـر کـه از تـخم دارا بُـدند ‌ ‌ ‌ بـه هـر کـشوری بـا مـدارا بُـدند[2]
چـو آگـاهی آمـد ز شـاه اردشیر ‌ ‌ ‌ ز شـادی جـوان شـد دل مـرد پـیر[3]
هـمی رفت مـردم ز دریـا و کـوه ‌ ‌ ‌ بـه نـزدیک بـرنا گـروهاگـروه[4]
ز هـر شـهر فـرزانه‌ای رایـزن ‌ ‌ ‌ بـنزد جـهانجوی گشت انـجمن
زبـان* بـرگشاد اردشـیر جـوان ‌ ‌ ‌ کـه: «ای نـامداران روشـنروان
کسـی نـیست زیـن نـامدار انـجمن؛ ‌ ‌ ‌ ز فـرزانـه و مـردم رایـزن؛
کـه نشـنید؛ کاسکـندر بـدگمان ‌ ‌ ‌ چـه کـرد از فـرومایگی در جـهان!
نـیاکـان مـا را یکـایک بکشت ‌ ‌ ‌ بـه بـیداد، آورد؛ گـیتی بـه مشت
چـو مـن بـاشم از تـخم اسـفندیار ‌ ‌ ‌ بـمرز انـدرون، اردوان شـهریار؛
سـزد گـر مـرا ایـن را نـخوانیم داد ‌ ‌ ‌ اُ ز ایـن داسـتان، کس نگـیریم یـاد
چـو بـاشید بـا مـن، بـدین، یـارمند ‌ ‌ ‌ نـمانم بکس نـام و تـخت بـلند
چه‌گـویید و ایـن را چـه پـاسخ دهـید ‌ ‌ ‌ کـه پـاسخ بـه آواز فـرّخ نـهید»

*

[هـر آنکس کـه بـود انـدر آن انـجمن ‌ ‌ ‌ ز شـمشیرزن مـرد و از رایـزن○]
[چـو آواز بشـنید بـر پـای خـاست ‌ ‌ ‌ هـمه راز دل بـرگشادند راست]
کـه: «هـرکس کـه هسـتیم بـابک نـژاد ‌ ‌ ‌ بـدیدار و چـهر تـو گشـتیم شـاد[5]
اُ دیگـر کـه هسـتیم سـاسانیان ‌ ‌ ‌ بـبندیم کـین را کـمر بـر مـیان[6]
تـن و جـان مـا سربسر پـیش تست□ ‌ ‌ ‌ غـم و شـادمانی بـه کـم بـیش تست

۱ – **یک:** «بابکی» را نتوان گزارش کردن، و شهر استخر کنار دریا نبوده است. **دو:** باز پساوای فخر تازی برای صطخر تازی شده.

۲ – **یک:** از تخم داریوش نیز هیچکس بر جای نمانده بود مگر بگفتهٔ نویسندهٔ کارنامه اردشیر بابکان، ساسان! **دو:** بهر کشوری چگونه باشد. **سه:** مدارا چگونه می‌کردند؟

۳ – دوباره سخن آگاهی اردشیر می‌رود.

۴ – **یک:** از کوه می‌رفتند، شاید! از دریا چگونه می‌رفتند؟ **دو:** برنا کودک پنج تا ده ساله است.

* – در نمونه‌ها زبان و زنان آمده است و زبان برگشادن دشنام دادن است! بیگمان گفتار فردوسی چنین بوده است: **«سخن برگشاد...»**.

○ –کنش «بود» در این رج وکنش «خاست» در رج پسین، باکنش «گشادند» همخوان نیست و در اندیشهٔ من این دو رج، در گفتار فردوسی یک رج بیش نبوده است؛ اینچنین:

هر آنکس که بشنید، بر پای خاست ‌ ‌ ‌ هـمه راز دل بـرگشادند راست؛

زیرا با این گفتار هر که بر پای خاست خود برخاسته است وکنش یگانهٔ بشنید شاید، اما سخن را همگان با هم گفته‌اند، وکنش گروه «گشادند» باید.

۵ – باز از بابک نژاد سخن می‌رود. باز آنکه بر بنیاد داستان اردشیر بابکان، بابک را یک دختر بود که به ساسان داده بود.

٦ – دوباره از ساسانیان یاد می‌شود. باز آنکه ساسان را نیز تنها یک پسر در شمار بود.

□ – این رج را باگفتار پیشین پیوند «که» باید: **«که جان و تن ما همه»**.

بـه دو گـوهر از هـر کـسی بـرتری		سـزد بـر تـو شـاهـیّ و گـنداوری
بـه فـرمان تـو کـوه هـامون کـنیم		بـه تـیغ، آب دریـا هـمه خـون کـنیم»

*

چـو پـاسخ بـرآنسان شنید اردشیر		سـرش بـرتر آمـد ز نـاهید و تـیر
بـرآن مـهتران آفـرین گسـترید		بـدل در، ز انـدیشه کـین گسـترید
بـه نـزدیک دریـا یکی شـارستان		پـی افکـند و شـد شـارستان کـارستان[1]
یکـی مـوبدی گـفت بـا اردشـیر		کـه: «ای شـاه نـیک اختر و دلپـذیر

*

سـرِ شـهریاری هـمی نـو کـنی		بـرِ پـارس بـاید کـه، بـی‌خَو کـنی*
ازآن پـس کـنی رزم بـا اردوان		کـه اختر جوان است و خسرو جوان
کـه او از شـهان طـوایـف، بگـنج		فـزون است و، زو دیـدی آزار و رنـج
چـو بـرداشـتی گـاه او را ز جـای		نـدارد کسی زان سـپس بـا تـو پـای»
چـو بشـنید گـردنفراز اردشـیر		سـخن‌های بـایسته و دلپـذیر[2]
چـو بـرزد سـر از تیغ کـوه آفـتاب		بـه سـوی صـطخر آمـد از پیش آب[3]

*

خـبر شـد بـرِ بـهمن اردوان		دلش گشت پـر درد و تـیره؛ روان[4]
نکـرد ایـچ بـر تـخت شـاهی درنگ		سـپاهی بـیاورد بـا سـاز جـنگ[5]
یکـی نـامور بـود نـامش بُـناک●		ابـا آلت و لشگـر و رای پـاک
کـه در شـهر جـهرم بُـد او پـادشا		جـهاندیده و راد و فـرمانروا[6]
مـر او را خـجسته پسـر بـود هـفت		چـو آگـه شـد، از پیش بـهمن بـرفت[7]
بـیامد ز جـهرم سـوی اردشـیر		ابـا لشگـر و کـوس و بـا دار و گـیر[8]

---

۱ - این رج میان گفتار جدایی می‌افکند و شهر را بدان زودی نمی‌توانستند ساختن.

* - بر: سرزمین (برویوم) سرزمین پارس را می‌باید از گیاه خودرو (دشمنان) بزدایی.

۲ - چو، در آغاز این رج،

۳ - **یک:** ...با چو در آغاز این رج همخوان نیست. **دو:** بر بنیاد گفتار افزاینده، آن شهرستان را که کارستان شده بود در یکروز بساخت، زیرا که فردای آنروز از دریابار، به استخر رفت!

۴ - بهمن اردوان پیش از این با نامه‌ای که افزاینده از سوی اردوان دریافت کرده بود، آگاهی از داستان داشت.

۵ - بهمن، پادشاه نبود و تخت نداشت.

● - این نام بگونه‌های تباک، سباک، تباک، نیاک آمده است اما در متن کارنامهٔ اردشیر بابکان بوناک [illegible] آمده است که در فارسی بُناک خوانده می‌شود = ریشه‌دار.

۶ - در کارنامهٔ اردشیر بابکان، بناک، از جهرم نبود که از مردمان پارس بود.

۷ - برفت در پایان این رج... با بیامد در رج پسین همخوان نیست.

۸ - **یک:** جهرم... **دو:** دار و گیر در میدان نبرد روی می‌دهد، نه بهنگام رفتن!

چو چشمش به روی سپهبد رسید ز باره درآمد چنان چون سزید[1]
بیامد دمان پای او بوس داد ز ساسانیان بیش‌تر کرد یاد[2]
فراوان جهانجوی بنواختش به زود آمدن ارج بشناختش[3]
پر اندیشه شد نامجوی از بُناک دلش گشت زان پیر، پر بیم و باک
براه اندرون، نیز، آژیر○ بود که با او سپاهی جهانگیر بود

*

جهاندیده؛ بیداردل؛ بود، پیر بدانست اندیشهٔ اردشیر
بیامد بیاورد اَوِستا و زند□ چنین گفت کـ:«ز کردگار بلند
نژند است پرمایه جان بناک اگر دل ندارد سوی شاه، پاک
چو آگاهی آمد ز شاه اردشیر که آورد لشگر بدین آبگیر
چنان سیر برگشتم از اردوان که از پیرزن، گشت، مردِ جوان
مرا نیک‌پی مهربان بنده دان شکیبادل و رازداننده دان»
چو بشنید ازو اردشیر، این سخن یکی دیگر اندیشه افکند بن
مر او را به جای پدر داشتی بر آن نامدارانش، سر داشتی
دل شاه ز اندیشه آزاد شد ز دیدار آن شیردل، شاد شد[4]
نیایش بسی کرد پیش خدای که باشدْش بر نیکویی رهنمای[5]
به هر کار پیروزگر داردش درخت بزرگی به بر داردش[6]
اُزان جایگه شد به پرده‌سرای عرض پیش او رفت با کدخدای[7]
سپه را درم داد و آباد کرد ز دادار نیکی‌دهش یاد کرد[8]
چو شد لشگرش چون دلاور پلنگ سوی بهمن اردوان شد به جنگ[9]
چو گشتند نزدیک با یکدگر برفتند گردان پرخاشخر[10]
سپاه از دو رویه کشیدند صف همه نیزه و تیغ هندی به کف[11]

---

۱ – درآمد (= اندر = اندرون) آمد نادرست است: «از باره فرود آمد».
۲ – ساسانیان هنوز پدیدار نشده بودند.
۳ – لت دویم را پیوند درست با لت نخست نیست.
○ – آژیر: هشیار (مواظب).
□ – در زمان اردوان، هم اوستا، و هم زند، در دست ایرانیان بوده‌است.
۴ – دو رج پیش اندیشه‌ای دیگر بن افکنده بود.
۵ – نیایش در لت نخست، با آرزوخواهی در لت دویم همخوان نیست.
٦ – دنبالهٔ گفتار...
۷ – اردشیر را در راه، پرده‌سرای و کدخدای نبود!
۸ – و هنوز درم و دینار بدست اردشیر نرسیده بود که آنرا بسپاهیان دهد!
۹ – لشگر تنها با گرفتن درم. بسان پلنگ دلاور نمی‌شود.
۱۰ – **یک:** نزدیک با یکدگر نادرست است: «بیکدیگر نزدیک شدند». **دو:** مگر نزدیک شدن دو سپه، با «رفتن» روی نمی‌دهد؟ که پس از نزدیک شدن برفتند!
۱۱ – و پس از رفتن، رده (= صف) کشیدند!

چو شیران جنگی برآویختند ... چو جوی روان خون همی ریختند[1]
بدین گونه تا گشت خورشید زرد ... هوا پر ز گرد و زمین پر ز مرد[2]
چو شد چادر چرخ، پیروزه رنگ ... سپاه بناک اندر آمد به جنگ[3]
برآمد یکی باد و گردی چو قیر ... بیامد ز قلب سپاه اردشیر[4]
بیفکند زیشان فراوان به گرز ... که با زور و دل بود و با فرّ و برز[5]
گریزان بشد بهمن اردوان ... تنش خستهٔ تیر و تیره روان[6]
پس اندر همی تاخت شاه اردشیر ... ابا نالهٔ بوق و باران تیر[7]
بر این هم نشان تا به شهر ستخر ... که بهمن بدو داشت نیرو و فخر[8]
ز گیتی چو برخاست آواز شاه ... ز هر سو بپیوست بی‌مر سپاه[9]
مر او را فراوان نمودند گنج ... کجا بهمن آکنده بود آن به رنج[10]
درمهای آکنده را برفشاند ... بنیرو شد از پارس لشگر براند[11]

*

چو آگاهی آمد سوی اردوان ... دلش؛ گشت پر بیم و، تیره؛ روان
چنین گفت ک:«این رازِ چرخ بلند ... همی گفت با من خداوندِ پند
هر آن بد، کز اندیشه بیرون بود ... ز بخشش، بکوشش، گذر چون؟ بود*
گمانی نبردم که از اردشیر ... یکی نامجوی آید و شهرگیر»

*

در گنج بگشاد و روزی بداد ... سپه برگرفت○ و بنه برنهاد
ز گیل و ز دیلم بیامد سپاه ... همی گَردِ لشگر برآمد بماه
اُ زان روی لشگر بیاورد شاه ... سپاهی که بر باد، بربست راه
ز بس نالهٔ بوق با کرّنای ... ترنگیدن زنگ و هندی‌درای[12]

---

۱ – به که درآویختند؟: «چو شیران جنگی بهم درآویختند».
۲ – **یک:** خورشید همواره زرین است. **دو:** لت دویم نیز سست می‌نماید.
۳ – پس نبردی که تاکنون میان دو سپاه روی داده بود، با کدام سپاه بود؟
۴ – در شب باد و گرد و قیر از یکدیگر باز شناخته نمی‌شود.
۵ – چه‌کس از ایشان با گرز فراوان بیفکند؟ بناک؟ یا اردشیر؟
۶ – دنبالهٔ گفتار... گریزان (بشد) در این رج،
۷ – ...با (همی تاخت) در این رج همخوان نیست.
۸ – **یک:** استخر بگونهٔ فارسی درآمد، اما پساوای آن در افزوده‌ها همواره «فخر» است، **دو:** استخر پیش از این جایگاه اردشیر بشمار آمده بود.
۹ – لت دویم سخت نادرخور است: «چون آواز(ۀ) شاه (در) گیتی (پراکنده شد)».
۱۰ – نمودند گنج نادرست است: درم و دینار آوردند.
۱۱ – دنبالهٔ سخن.
* – به‌کوشش چگونه توان از بخشش (بخت، تقدیر) گریختن
○ – «**سپه برنشاند**» درست می‌نماید.
۱۲ – از نالهٔ بوق و کرّنای... لشگریان بیکدیگر نزدیک شدند؟

میان دو لشگر دو پرتاب ماند — به خاک اندرون مار بی‌تاب ماند[1]

خروشان سپاه و درفشان درفش — سرافشان؛ دل از تیغ‌های بنفش●

چهل روز زینسان همی جنگ بود — برآن زیردستان جهان تنگ بود

ز هر گونه‌ای تنگ شد خوردنی — همان تنگ شد راه آوردنی[2]

زبس کشته شد روی هامون چو کوه — بشد خسته از زندگانی ستوه[3]

سرانجام ابری برآمد سیاه — بشد کوشش و رزم را دستگاه

یکی باد برخاست با بومهَن* — دل جنگیان گشت، زان، پرشکن

بتوفید کوه و بلرزید دشت — خروش سپاه از هوا برگذشت

بترسید زان، لشگر اردوان — شدند اندرین یک سخن، همزبان

که: «این کار بر اردوان ایزدیست — بدین لشگر اکنون بباید گریست»

به روزی کجا سخت شد کارزار — همه خواستند آنگهی زینهار[4]

بیامد ز قلب سپاه اردشیر — چکاچاک برخاست و باران تیر[5]

گرفتار شد در میان اردوان — بداد از پی تاج، شیرین روان

❋

به دست یکی مرد خرّاد نام — چو بگرفت بردش گرفته لگام[6]

به پیش جهانجوی بردش اسیر — ز دور اردوان را بدید اردشیر[7]

فرود آمد از باره شاه اردوان — تنش خستهٔ تیر و تیره‌روان[8]

به دژخیم فرمود شاه اردشیر — که: «رو دشمن پادشا را بگیر[9]

به خنجر میانش به دو نیم کن — دل بدسگالان پر از بیم کن»[10]

بیامد دژ آگاه و فرمان گزید — شد آن نامدار از جهان ناپدید[11]

---

۱ - لت دویم سخت نادرخور است، زیراکه در چنان رویداد، ماران بخانه‌های خویش؛ زیر زمین می‌روند!

● - شمشیر نمی‌تواند «دل» را «سرافشان» کند، و در اندیشهٔ من، گفتار فردوسی چنین بوده است: **«سرافشان دمِ تیغ‌های بنفش»**! دم بجای لبهٔ شمشیر کاربرد دارد، چنانکه گویند: «ایشان را از دمِ شمشیر گذارند...».

۲ - «خوردنی» را شاید آوردن، اما راه آوردنی را نشاید!... راهِ آوردن، راهِ آذوغه.

۳ - بدنبال سخن از خوردنی و راه... نشاید دوباره روی بکشتگان آوردن، خسته نیز در لت دویم نادرخور است: خستگان.

* - بومهن: بوم هَن: زمین زن، زمینلرزه. این واژه بگونهٔ بولَرز = بوم لرز کردی بوم چند (چندش؛ لرزیدن) بلوچی نیز آمده است.

۴ - «به روزی» در لت نخست با «آنگهی» در لت دویم همخوان نیست، و خود، «آنگهی» نادرست است.

۵ - **یک:** مگر اردشیر کجا بود که بیامد!... و مگر پیشتر چکاچاک شمشیر نبود که اکنون برخاست؟ **دو:** بهنگام درگیری شمشیر کاربرد دارد، نه تیر!

٦ - که را بگرفت؟ لگامِ اسپ را گوید! بردش در این رج،

۷ - با بردش در این رج همخوان نیست.

۸ - کسی را که تنِ خسته از تیر داشته باشد توان آن نیست که بر اسپ نشیند!

۹ - اردوان را پیشتر گرفته بودند.

۱۰ - و پیشتر (در رج ۳۱۷۰۸) روان شیرین را بداده بود.

۱۱ - همان گفتار.

چنین است کردار این چرخ پیر　　چه با اردوان و چه با اردشیر○
اگر تا ستاره برآرد بلند　　سپارد هم آخر بخاک نژند[1]
دو فرزند او هم گرفتار شد　　از او تخمهٔ آرشی خوار شد[2]
مر آن هر دو را پای کرده به بند　　به زندان فرستاد شاه بلند[3]
دو بدمهر از رزم بگریختند　　به دام بلادر نیاویختند[4]
برفتند گریان به هندوستان　　سزد گر کنی زین سخن داستان[5]
همه رزمگه پر ستام و کمر　　پر از آلتِ لشگر و سیم و زر
بفرمود، تا گِرد کردند؛ شاه　　ببخشید زانپس همه، بر سپاه

*

برفت از میان بزرگان بناک　　تن اردوان را ز خون کرد پاک
خروشان ببردش ز جای نبرد　　بر آیین شاهان یکی دخمه کرد
بدیبا بپوشید خسته برش　　ز کافور کرد افسری بر سرش
بپیمود آن خاک کاخش به پی　　ز لشگر هر آن کس که شد سوی ری[6]
اُزان پس بیامد برِ اردشیر　　چنین گفت ک:«ای شاه دانش‌پذیر
تو فرمان بَرو، دختر او بخواه　　که با فرّ و برز است و با تاج و گاه

*

به دست آیدت افسر و تاج و گنج　　کجا اردوان گرد کرد آن به رنج»[7]
ازو پند بشنید و گفتا، روا است　　هم اندر زمان دختر او بخواست*
به ایوان او بُد همی یک دو ماه　　توانگر سپهبد توانگر سپاه[8]

*

سوی پارس آمد ز ری، نامجوی　　برآسوده از رزم و از گفت‌وگوی
یکی شارستان کرد پر کاخ و باغ　　بدو اندرون چشمه و دشت و راغ
که اکنون گرانمایه دهقان پیر　　همی خوانَدَش خورّهٔ اردشیر

○ – این رج در کارنامه اردشیر بابکان نیامده است و پیدا است که گفتار فردوسی است که در آن پیش‌بینی کشته شدن فرزند اردشیر یزدگرد ساسانی را می‌کند. [اشکانیان بشکستند، ساسانیان نیز می‌شکنند]　　۱ – سخنی که همواره افزایندگان می‌آورند.

۲ – **یک:** دو فرزند راگرفتار (شدند) باید. **دو:** از دو فرزند؟ یا از اردوان؟　　۳ – دنبالهٔ گفتار.

۴ – چگونه توان؟ آن دو فرزند را که توانِ‌گریز داشته‌اند، «بدمهر» خواندن؟ باری «بدمهر» در گسترهٔ سخن فارسی (و پهلوی) تنها در همین گفتار آمده است.　　۵ – روی سخن بخواننده می‌گردد.

٦ – سپاهیان در میدان نبردند، پس چگونه خاک کاخ اردوان را با پا پیمودند؟

۷ – **یک:** افسر و تاج و گنج اردوان پس از کشته شدن آن شادروان بدست اردشیر می‌افتد، نه پس از پیوند با دخترِ او. **دو:** گرد کرد (آن) نیز نادرست است.　　* – سخن چنین درست می‌نماید: **«دخت او را بخواست»**.

۸ – **یک:** «بود همی» نادرست است. **دو:** یک ماه یا دو ماه؟ **سه:** لت دویم راکنشِ بایسته، نیست.

یکی چشمه بر یک کران، اندر اوی فراوان ازآن، رود بگشاد و، جوی
برآورد زان چشمه آتشکده بدو تازه شد مهر و جشن سده[1]
به گرد اندرش باغ و میدان و کاخ برآورده شد جایگاه فراخ
چو شد شاه بادانش و فرّ و زور همی خواندش مرزبان، شهرِ گور[2]
بگِرد اندرش روستاها بساخت چو آباد شد، مردم اندر نشاخت
بجایی یکی ژرف دریا بدید همی کوه بایست پیشش برید
ببردند میتین● و مردان کار اُزان کوه ببرید سد جویبار
همی راند از کوه تا شهرِ گور شد آن شارستان پرسرای و ستور

نبرد اردشیر با کردانشاه مادی
و
پیروز شدن کردان

سپاهی ز استخر، بی‌مر؛ ببرد بشد ساخته، تا کند رزمِ کُرد
بنیکی ز یزدان همی جست مزد که ریزد بران بوم و بر خون دزد[3]
چو شاه اردشیر اندرآمد به تنگ پذیره شدش کُرد بی‌مر به جنگ[4]
یکی کار بُد، خوار و، دشخوار گشت ابا کُرد، کشور؛ همه یار گشت
یکی لشگری کرد سد پارسی فزون‌تر ز گردان او یک به سی[5]
یکی روز تا شب برآویختند سپاه جهاندار بگریختند
زبس کشته و خسته بر دشت جنگ شد آوردگه را همه جای تنگ[6]
جز از شاه، با خوارمایه سپاه نبُد نامداری بدان رزمگاه
ز خورشید تابان و از گرد و خاک زبان‌ها شد از تشنگی چاک‌چاک

---

۱ – **یک:** از چشمه چگونه توان آتشکده برآوردن؟ **دو:** کاخ مهر در خراسان، و کاخ نوروز در پارس و کاخ سده در خووران بود، نه در یک آتشکده در پارس.

۲ – سخن در لت نخست چنین می‌نماید که اردشیر را پیش از آن دانش و فرّ و زور نبوده است.

● – میتین: دیلم، قلم آهنین که یکسوی آن تیز، و دیگرسویش قبه‌دار است و با پتک برآن می‌کوبند و سنگ را می‌شکنند و سنگِ کوه را بدان می‌بُرند.

۳ – کدام دزد؟ اردشیر برای جنگ کردان بسیجیده شد! اما باز پساوا برای مُزد بایسته می‌نمود.

۴ – **یک:** به تنگ اندرآمدن نادرست است: «نزدیک شد». **دو:** کرد بی‌مر، را پذیره شدندش باید.

۵ – **نمونه‌ها دگرگون‌اند:** آ: کرد ده بار سی؛ ل: ز کردان چهل بار سی؛ ق، ل ۳، ب: ز کردان بسد بار سی؛ ک: ز کردان به یک بار سی؛ ل ۲: بده بار سی؛ س ۲، آ: ز کردان ز دو یک بسی؛ لی: ز کردان یکی دو به سی؛ پ: ز کردان نه یکبار سی؛ س: که بودند مردان او یک به سی. (خالقی مطلق ۱۶۶-۶) و چنانکه دیده می‌شود. همهٔ نمونه‌ها آشفته و نادرخورند.

۶ – لت دویم سست است.

*

هم آنگه درفشی برآورد شب — که بنشاند آن جنگ و جوش و جلب
یکی آتشی دید بر سوی کوه — بیامد جهاندار با آن گروه
سوی آتش آورد روی اردشیر — همان اندکی مرد برنا و پیر[1]
چو تنگ اندرآمد شبانان بدید — بران میش و بز پاسبانان بدید[2]
فرود آمد از باره شاه و سپاه — دهانش پر از خاک آوردگاه[3]
ازیشان سبک اردشیر آب خواست — هم آنگه ببردند با آب، ماست[4]
بیاسود و لختی بخورد آنچه دید — شب تیره خفتان به سر برکشید
ز خفتان شایسته بُد بسترش — به بالین نهاد آن کیی مغفرش[5]
سپیده چو برزد ز دریای آب — سر شاه ایران برآمد ز خواب
بیامد به بالین او سرشبان — که: «پدرام باد از تو روز و شبان
چه؟ آمد که این جای راه تو بود — که نه، درخور خوابگاه تو بود»
بپرسید زان سرشبان راه، شاه — که: «ز ایدر کجا؟ یابم آرامگاه»
چنین داد پاسخ که: «آباد جای — نیابی مگر باشدت رهنمای
از ایدر کنون چار فرسنگ راه — چو رفتی پدید آید آرامگاه
اُزان روی پیوسته شد ده به ده — بهر ده، یکی نامبردار مه»
چو بشنید زان سرشبان اردشیر — ببرد از رمه راهبر چند پیر[6]
سپهبد ز کوه اندر آمد به ده — ازآن ده، سبک، پیش او رفت، مِه
سواران فرستاد برنا و پیر — ازان شهر تا خورّهٔ اردشیر[7]
سپه را چو آگاهی آمد ز شاه — همه شاددل برگرفتند راه
به کُردان فرستاد کارآگهان — کجا کار ایشان بجوید نهان
برفتند پویان و بازآمدند — برِ شاه ایران فراز آمدند
که: «ایشان همه کامجویند و شاد — ندارد کسی بر دل، از شاه، یاد
برانند کاندر ستخر اردشیر — کهن گشت و شد بخت برناش پیر»[8]

---

۱ – لت دویم آشفته است.
۲ – **یک:** تنگ اندرآمد. **دو:** بر کدام میش و بز؟
۳ – **یک:** فرود (آمدند) باید. **دو:** در لت دویم نیز (دهانشان) شاید.
۴ – آب خواست را «سبک» و «سنگین» نشاید.
۵ – دوباره از خفتان یاد می‌شود.
۶ – چرا پیر؟ جوانان که بهتر بهمراه سواران راه توانند پیمودن! آنگاه چرا چند کس؟ راهنما یک کس بس است.
۷ – **یک:** برنا، کودک پنج تا ده ساله است. از کردستان تا اردشیر خوره، بیش از دو ماه راه است!
۸ – **یک:** اردشیر در زمان جوانی چگونه پیر شد؟ **دو:** بخت جوان در زبان فارسی کاربرد دارد و بخت برنا دیگر هیچگاه دیده نشده است.

چو بشنید شاه این سخن، شاد شد — گذشته سخن بر دلش باد شد[1]
گزین کرد ازآن لشگر نامدار — سواران شمشیرزن سی هزار[2]
کماندار با تیر و ترکش هزار — بیاورد با خویشتن شهریار[3]
چو خورشید شد زرد لشگر براند — کسی را که نابردنی بُد بماند[4]
چو شب نیم بگذشت و تاریک شد* — جهاندار با کُرد نزدیک شد
همه دشت زیشان پر از خفته دید — یکایک دل لشگر آشفته دید
چو آمد سپهبد ببالینِ کُرد — عنان بارهٔ تیزتگ را سپرد[5]
برآهخت شمشیر و اندر نهاد — گیا را ز خون، بر سر؛ افسر نهاد
همه دشت زیشان سر و دست شد — ز انبوهِ کشته، زمین گست شد[6]
بی‌اندازه زیشان گرفتار شد — سترگیّ و نابخردی خوار شد[7]
همه بوم‌شان را به تاراج داد — سپه را همه بدره و تاج داد[8]
چنان شد ز دینار بر سر به تشت — اگر پیرمردی ببردی به دشت[9]
به دینار اوکس نکردی نگاه — ز نیک اختر و بخت و ز داد شاه[10]
ز مردی نکردی بدان جنگ فخر — گرازان بیامد به شهر ستخر[11]
بفرمود ک :«اسپان بنیرو کنید — سلیح سواران بی‌آهو کنید[12]
چو آسوده گردید یکسر به بزم — که زود آید اندیشهٔ روز رزم»[13]

---

۱ - دنبالهٔ گفتار.

۲ - بایستی اندیشیدن که سپاهیان اردشیر شبیخون خواهند زدن و در تاریکی شب بر اسب نتوان راه پیمودن زیرا که اسبان بسر می‌آیند (دستشان به چاله می‌رود یا بسنگ می‌خورد، و سرشان بزمین نزدیک می‌شود، یا باسر بر زمین می‌افتند) و با چنین رویداد، با اسب بشبیخون نتوان رفتن، آنهم در آغاز کار اردشیر با سی هزار سوار؟!

۳ - بیاورد، یا ببرد؟

۴ - **یک:** خورشید همواره زرین است، و در این داستان افزاینده دو بار از زردی روی خورشید می‌گوید. **دو:** لت دویم سست می‌نماید.

* - برخی نمونه‌ها شب نیمه، شب تیره... آمده است، و چنین می‌نماید که در همهٔ نمونه‌ها آهنگ سخن ناهموار است، شاید که سخن چنین بوده باشد: **«چو نیمی ز شب گشت و تاریک بود»** زیرا که «بود» در زبان پهلوی و کارنامه اردشیر بابکان بسا بجای «شد» بکار رفته است و چون چنین باشد، پساوای سخن در هر دو لت با بود پایان می‌پذیرد.

۵ - چون ببالین (بالشن) کسی رسند، تاختن اسپ را چه روی باشد؟

۶ - سر و دست بی پای و کمر و پیکر نمی‌شود!... لت دویم نیز نادرخور است.

۷ - گرفتار را (شدند) باید. لت دویم سترگی و نابخردی به اردشیر و سپاه او بازمی‌گردد.

۸ - بسپاهیان نشاید تاج دادن.

۹ - سخن سخت پریشان و بی‌پیوند است.

۱۰ - کدام داد؟ آنکه شبانگاه بر سر کردان خفته تازند، و بنامردمی خون خفتگانرا بر دشت ریزد!! شبیخون هیچگاه از آموزش فرهنگ ایران نبوده است.

۱۱ - باز افزاینده را چنان گمان افتاده است که از کردستان تا فارس، راه چندان کوتاه است که بتوان گرازان، از این بدان رفتن.

۱۲ - نیروی اسب همانست که دارد، و نمی‌توان از آن کاستن، یا بدان افزودن.

۱۳ - لت دویم، رودرروی لت نخست می‌ایستد.

دلیـران بـه خـوردن نـهادند سـر   چـو آسوده شد گرده گـاه و کـمر[1]
بـر انـدیشهٔ رزم شـد اردشـیر   چـو ایـن داسـتان بشنوی یاد گیر[2]

داستان کرم هفتواد

ببین ایـن شگفتی که دهقان چه گفت   بـدان گـه کـه بگشاد راز از نـهفت[3]
بـه شـهر کـجاران بـه دریـای پـارس   چـو گـوید ز بـالا و پـهنای پـارس[4]
یکـی شـهر بُد تـنگ و مـردم بسـی   ز کـوشش بُـدی خـوردن هـر کسـی
بـدانشـهر، دخـتر فـراوان بُـدی   کـه بـی‌کام، جـویندهٔ نـان بُـدی
بـیک روی نـزدیک او بـود کـوه   شـدندی هـمه دخـتران هـمگروه
ازآن* هـر یکـی پـنبه بـردی، بسـنگ   یکـی دوکـدانـی و چـوبی خـدنگ
بـه دروازه دخـتر شـدی هـمگروه   خـرامـان ازیـن شـهر تـا پـیش کـوه[5]
بـرآمـیختندی خـورش‌ها بـهم   نـبودی بـخورد انـدرون، بیش و کـم
نـرفتی سخن گفتن از خواب و خوَرد   ازآن پـنبه‌شان بـود نـنگ و نـبرد
شـدندی شبانگه سـوی خـانه بـاز   شـده پـنبه‌شان ریسمان دراز

*

بـدان شـهر بـی‌چیز و خـرّم‌نهاد   یکـی مـرد بُـد نـام او هـفتواد
بـر ایـن گـونه بـر نـام او از چـه رفت   ازیـرا کـه او را پسـر بـود هـفت[6]
گـرامـی یکـی دخـترش بـود و بس   کـه نشـمردی او دخـتران را بکس
چـنان بُـد کـه روزی هـمه هـمگروه   نشسـتند بـا دوک در پـیش کـوه
بـرآمـیختند آن کـجا داشـتند   بـه گـاه خـورش دوک بگـذاشـتند

---

۱ – سر بر آسمان داشتن، سر بآسمان کردن، سر براه نهادن، سر از ستم بازگرداندن شایسته است، اما سر بخوردن نهادن آیین جانوران است.
۲ – لت دویم سخت ناخوش می‌نماید.
۳ – **یک:** این شگفتی را باید شنیدن، و نتوان دیدن. **دو:** چه گفت در این رج...
۴ – ...با چو گوید در این رج **همخوان** نیست.
* – نمونه‌ها چنین آورده‌اند، اما پیدا است که **«بدان»** درست است: بدان کوه پنبهٔ سنجیده (وزن‌شده) می‌بردند چوب خدنگ (= راست) را نیز برای پیچاندن نخ‌های رشته شده بر آن می‌بردند!
۵ – **یک:** «دختران» باید نه دختر. **دو:** لت دویم نیز پایان ندارد.
٦ – **یک:** سخن در لت نخست پریشان و نادرخور است. **دو:** مگر «واد» برابر با پسر است که هفتواد را دارندهٔ هفت پسر گزارش توان کردن؟

چنان بُد که آن دختر نیکبخت / یکی سیب افکنده باد از درخت [1]
به ره بر بدید و سبک برگرفت / ز من بشنو این داستان شگفت [2]
چو آن خوبرخ میوه اندر گزید / یکی؛ در میان، کرم، آکنده دید
به انگشت زان سیب، برداشتش / بدان دوکدان نرم بگذاشتش
چو برداشت زان دوکدان، پنبه؛ گفت: / «بنام خداوند بی‌یار و جفت
من امروز بر اخترِ کرمِ سیب / برشتن نمایم شما را نهیب»
همه دختران شاد و خندان شدند / گشاده‌رخ و سیم‌دندان شدند

*

دو چندان که رشتی بروزی، برشت / شمارش همی بر زمین برنوشت
اُ زانجا بیامد بکردار دود / بمادر نمود آن کجا، رشته بود
بر او آفرین کرد مادر بمهر / که: «برخوردی از مادر، ای خوبچهر»
بشبگیر چون ریسمان برشمرد* / دو چندان که هر بار بردی ببرد
چو آمد بدان چاره‌جوی انجمن / به رشتن نهاده دل و گوش و تن [3]
چنین گفت با نامور دختران / که: «ای ماهرویان نیک اختران [4]
من از اختر کرم چندان تراز / بریسم که نیزم نیاید نیاز» [5]
برشت آن کجا برده بُد پیش ازین / به کار آمدی گر بُدی پیش ازین [6]
سوی خانه برد آن ترازی که رشت / دل مام او شد چو خرّم بهشت [7]
همی لختکی سیب هر بامداد / پریروی دختر بدان کرم داد [8]

*

ازآن پنبه هرچند کردی فزون / برشتی همه، دختر پرفسون
چنان بُد که یک روز مام و پدر / بگفتند با دختر پرهنر
که: «چندین بریسی، مگر با پری / گرفته‌ستی؟ ای پاکتن، خواهری»
سبک، سیمتن پیش مادر بگفت / ازآن سیب و آن کرمک اندر نهفت
همان کرم فرّخ بدیشان نمود / زن و شوی را روشنایی فزود

---

۱ – **یک:** دختر بی‌کام و جویندهٔ نان را که با نخریسی روزگار می‌گذراند، چگونه نیکبخت توان خواندن؟ **دو:** لت دویم نیز بی‌پیوند است.
۲ – پیشتر، از نشستن آنان سخن رفته بود، و اکنون افزاینده آنانرا میان راه نشان می‌دهد.
* – ریسمان را پس از رشتن، از کوه بخانه می‌آوردند، اندیشه چنین می‌نماید: **«بشبگیر چون پنبه را برشمرد»**: پنبه را سنجید.
۳ – دل و گوش و تن را کار ریسندگی نیست. مگر آنکه از دست و چشم در اینکار توان یاد کردن.
۴ – آن دختران، چاره‌جوی بودند، نه نامور.
۵ – نخ (ریسمان) را تراز نتوان نامیدن. تراز ابزاری است که راستی دیوار و آجر و آهن و چوب را بدان توان سنجیدن.
۶ – سخنی سخت نادرخور و ناهماهنگ. ۷ – دوباره نام از تراز برده می‌شود.
۸ – بدان کرم را «می‌داد» شاید نه «داده».

بـفالی گـرفت آن سـخن هـفتواد ‌ ‌ ‌ ز کـاری نکـردی بـه دل نیز یـاد[1]
چـنین؛ تـا بـرآمـد بـر ایـن، روزگـار ‌ ‌ ‌ فـروزنده‌تر گشت هـر روز کـار
مگـر ز اخـتر کـرم گـفتی سـخن[○] ‌ ‌ ‌ بـر او نـو شـدی روزگـار کـهن
مـر آن کـرم را خـوار نگـذاشـتند ‌ ‌ ‌ بـخوردنش، نـیکو هـمی داشـتند

*

تـناور شـد آن کـرم و نـیرو گـرفت ‌ ‌ ‌ سـر و پشت او رنگ نـیکو گـرفت
هـمی تـنگ شـد دوکـدان بـر تـنش ‌ ‌ ‌ چـو مشک سـیه گشت پـیراهـنش
بـه مشک انـدرون پـیکر زئـفران ‌ ‌ ‌ بـر و پشت او، از کـران تـا کـران
یکـی پـاک صـندوق کـردش سیاه ‌ ‌ ‌ بـدو انـدرون سـاختی جـایگاه
چـنان شـد کـه در شهر، بی‌هـفتواد ‌ ‌ ‌ نگـفتی سـخن، کس، بـه بـیداد و داد
فـراز آمـدش ارج و آزرم و چـیز ‌ ‌ ‌ تـوانگـر شـد آن هـفت فـرزند نـیز[2]
یکـی مـیر بُـد انـدر آن شـهر اوی ‌ ‌ ‌ سـرافـراز بـا لشگـر و رنگ و بـوی[3]
بـهانه هـمی سـاخت بـر هـفتواد ‌ ‌ ‌ کـه دیـنار بسـتاند از بـدنژاد[4]
ازان آگـهی مـرد شـد در نـهیب ‌ ‌ ‌ بـیامد ازان شـهر دل بـا شکـیب[5]
هـمان هـفت فـرزند پیش انـدرون ‌ ‌ ‌ پـر از درد دل، دیـدگان پـر ز خـون[6]
ز هـر سـو بـرانگیخت بـانگ و نـفیر ‌ ‌ ‌ بـر او انـجمن گشت بـرنا و پـیر[7]
هـر آنـجا کـه بـایست دیـنار داد ‌ ‌ ‌ بـه گـنداوران چـیز بسـیار داد[8]
یکـی لشگـری شـد بـر او انـجمن ‌ ‌ ‌ هـمه نـامداران شـمشیرزن[9]
هـمه یکسـره پـیش فـرزند اوی ‌ ‌ ‌ بـرفتند و گشـتند پـیگارجـوی[10]
ز شـهر کـجاران بـرآمـد نـفیر ‌ ‌ ‌ بـرفتند بـا نـیزه و تـیغ و تـیر[11]
هـمی رفت پـیش انـدرون هـفتواد ‌ ‌ ‌ بـه جـنگ انـدرون دادِ مـردی بـداد[12]

---

۱ - سخن بی‌پیوند و آشفته.

○ - نمونه‌ها گفتی سخن، کردی سخن! اما پیدا است که سخن فردوسی چنین بوده است: **«همه ز اختر کرم رفتی سخن»**.

۲ - هفت فرزند را «توانگر شدند» باید.

۳ - **یک:** شهر از آنِ هفتواد نبود...: «اندر آن شهر». **دو:** مرد را نمی‌توان با رنگ و بوی ستودن، که رنگ و بوی، از آنِ زنان و دختران است.

۴ - بهانه «ساختنی» نیست، «گرفتنی» و «جستنی» است.

۵ - کسی را که در نهیب افتد، دل شکیبا نیست.

۶ - پیش اندرون نادرست است...

۷ - برانگیختی، اسپ را شاید، مردمان را شاید... و بانگ و نفیر را نشاید.

۸ - دینار را بکسان می‌دهند نه به جایها.

۹ - هفتواد را، که فرزندش بیکام و جویای روزی بود، از کجا دینار فراهم آمد؟

۱۰ - فرزند اوی نادرست است، زیرا که اگر او را هفت فرزند بوده است بایستی از «فرزندان اوی» یاد کرد.

۱۱ - افزاینده، پیش از این از شهر کجاران در کنار دریای پارس یاد کرده بود، و چون پسان آن شهر نامزد به کرمان می‌شود پس آن سخن، با این یاد کرد، همخوان نیست.

۱۲ - **یک:** پیش اندرون نادرست است. **دو:** رفتن با جنگیدن همخوان نیست.

همه شهر بگرفت و او را بکشت — بسی گوهر و گنجش آمد به مشت[1]
به نزدیک او مردم انبوه شد — ز شهر کجاران سوی کوه شد
یکی دژ بکرد از برِ تیغِ کوه — شد آن شهر با او، همه، همگروه
نهاد اندران دژ، دری آهنین — هم آرامگه بود هم جای کین[2]
یکی چشمه‌ای بود بر کوهسار — ز تخت اندر آمد میان حصار[3]
یکی باره‌ای کرد گرد اندرش — که بینا به دیده ندیدی سرش[4]
چو آن کرم را گشت صندوق تنگ — یکی حوض کردند بر کوه و سنگ
چو ساروج و سنگ از هوا گشت گرم — نهادند کرم اندر آن نرم نرم
چنان بُد که دارنده هر بامداد — برفتی دوان از درِ هفتواد[5]
لویدی[6] گُرُنجش علف ساختی — بنزدیک کرم اندر انداختی
برآمد بر این کار بر، چند سال — چو پیلی شد آن کرم، با شاخ و یال[7]
چو یک چند بگذشت بر هفتواد — بر آواز آن کرم، کرمان نهاد*
همان دخت فرخ نگهدار کرم — پدر گشته جنگی سپهدار کرم[8]
بیاراستندش وزیر و دبیر — کُرُنجش بُدی خوردن و، شهد و شیر
سپهبد بُدی، بر درش؛ هفتواد — همان پرسش کار بیداد و داد
سپاهیّ و دستور و سالار بار — هر آن چیز کآید شهان را به کار[9]
همه هرچه بایستش آراستند — چنان چون شهان را بپیراستند[10]
به کشور پراکنده شد لشگرش — همه گشت آراسته کشورش[11]
ز دریای چین تا به کرمان رسید — همه روی کشور سپه گسترید[12]

---

۱ - «گنج» به «مشت» نمی‌آید.
۲ - چگونه آرامگاه را با کینه‌گاه، یکجاگرد توان کردن.
۳ - کدام تخت؟
۴ - **یک:** پس، پیشتر آن درِ آهنین را کجا کار گذاشته بود؟ که اکنون دیوار، برگردِ آن دژ(؟) می‌سازد!! **دو:** لت دویم نادرخور و ناسزاوار.
۵ - از «دارنده» که را خواهد گفتن؟
۶ - لوید، نامی دیگر برای «دیگ» است، که امروز در تبرستان بدان «لَوِه» گویند، و هنوز در نام دیگر مسین برجای مانده است: «مِرِسِ لَوِه»: و کُرُنج نام دیگر برنج است. اما این رج از رج چهارم پس از این برگرفته شده است، که در آن از خوردن کُرُنج نام می‌رود، و اینجا از علف!
۷ - پیل را شاخ و یال نیست، و کرم را نیز نتواند بودن.
* - چنین نامگذاری نادرخور برای یکی از شهرهای زیبای ایران، از افزوده‌ها و دروغ‌های نویسندگان کارنامه است. برای آگاهی از این نام بنگرید به پژوهشی درباره نام کرمان: www.Bonyad-Neyshaboor.com
۸ - در لت دویم «پدر گشته» نادرست است. پدرش شد... اما در رج دویم پسین سخن درست آمده است.
۹ - سخنان پیشین را با آرایشی سست‌تر آورده‌اند.
۱۰ - **یک:** آراستند، را با پیراستند، پساوا نیست. **دو:** شاهان را چگونه می‌پیرایند؟ که اکنون کرم را چنان بپیرایند!
۱۱ - کشور در لت نخست را با کشور در لت دویم همخوان نیست.
۱۲ - سخن یاوه... که همهٔ چین و هند را نیز دربرمی‌گیرد.

پسر هفت با تیغزن ده هزار همان گنج با آلت کارزار[1]
هر آن پادشا کاو کشیدی به جنگ چو رفتی سپاهش برِ کرم تنگ[2]
شکسته شدی لشگری کآمدی چو آواز این داستان بشندی[3]
چنان شد دز نامور هفتواد که گِردش نیارست جنبید باد[4]
همی گشت هر روز برترش بخت یکی خویشتن را بیاراست سخت[5]
همی خواندندی ورا شهریار سر مرد بخرد ازو در خمار[6]
سپهبد که بودی به مرز اندرون به یک چنگ در جنگ کردش زبون[7]
نتابید با او کسی بر به جنگ برآمد برین نیز چندی درنگ[8]
حصاری شدش پر ز گنج و سپاه ندیدی بران باره بر باد راه[9]

لشگر کشیدن اردشیر به رزم هفتواد

چو آگه شد از هفتواد؛ اردشیر نبود آن سخن‌ها، ورا، دلپذیر
سپهبد فرستاد نزدیک اوی سپاهی بلنداختر و رزمجوی
چو آگاه شد زان سخن هفتواد از ایشان بدل در، نیامدْش یاد

---

۱ - **یک:** پسر هفت نادرست است. هفت پسرش. **دو:** روشن نیست که آیا همهٔ سپاه هفتواد ده هزار تیغزن بوده‌اند، یا هر پسر را ده هزار. **سه:** روشن نمی‌نماید که گنج از آن کیست، گنج به تیغزنان نیز بازمی‌گردد. به پسران نیز اینچنین. **چهار:** چون از تیغزن یاد می‌شود پیدا است که آنان را آلت کارزار بوده است، و دوباره‌گویی است.

۲ - **یک:** چه را بجنگ کشیدی؟ افزاینده را بایستی از لشگر یا سپاه نام بردن. **دو:** آن سپاهیان با کرم می‌جنگیدند؟ یا با سپاهیان هفتواد؟ اگر سپاهیان نگهبان کرم بوده‌اند پس لشگر دشمنان را توان رفتن به (سرِ کرم تنگ) نبوده است. **سه:** رفتی در لت دویم این رج،

۳ - با آمدی در لت نخست این رج همخوان نیست. **یک:** آوازِ چه را؟ **دو:** بشندی واژه‌ای نادرست است. در شاهنامه واتیکان این رج چنین آمده است:

شکسته شدی لشگرش بیگمان چو بشنیدی آواز این داستان

(خالقی مطلق ۱۷۵-۶)

که این سخن نیز ناهموار و نادرست است.

۴ - سخن سست نادرست است.

۵ - **یک:** بختِ برتر، «گشتنی» نیست، «شدنی» است. **دو:** لت دویم نیز بی‌گزارش است، یکبار خودش را آراست؟

۶ - لت دویم راگزارش نیست. سر مردِ بخرد مست بود از او؟

۷ - سخن سست! افزاینده را رای بر آن بوده است که بگوید؛ اگر سپاهبدی، بمرز او اندر می‌شد، با زخم یک چنگ او بیچاره می‌شد!! باز آنکه پیشتر گفته شده بود: «هر آن پادشا...».

۸ - سخن چندباره.

۹ - باز سخن از باد و دژ می‌رود با گفتاری سست‌تر... آن بار باد گردِ دژِ هفتواد توان جنبش نداشت و اینجا باد راه را نمی‌دید!

۱۰۶ پادشاهی اشکانیان

کمینگاه کرد اندرآن کنجِ کوه بیامد سوی، رزم، خود با گروه[1]
چو لشگر سراسر برآشوفتند بگرز و تبرزین همی کوفتند[2]
سپاه اندرآمد ز جای کمین سیه شد برآن نامداران زمین
کسی بازنشناخت، از پای، دست تو گفتی زمین دست ایشان ببست[3]
ز کشته چنان شد در و دشت و کوه که پیروزگر، شد؛ ز کشتن ستوه!
هرآنکس که بُد زنده زان رزمگاه سبک باز رفتند نزدیک شاه[4]
چو آگاه شد نامدار اردشیر ازآن کشتن و غارت و دار و گیر[5]
غمین گشت و لشگر، همه بازخواند بزودی سلیح و درم برفشاند[6]
بـه‌تندی بیامد سوی هفتواد به گردون برآمد سر بدنژاد[7]
بیاورد گنج و سلیح از حصار بر او خوار شد لشگر و کارزار[8]
جدا بود ازو دور مهتر پسر چو آگاه شد او ز رزم پدر[9]
برآمد ز آرام و خورد و ز خواب به کشتی بیامد بر این روی آب[10]
جهانجوی را نام شاهوی بود یکی مرد بدساز و بدگوی بود[11]
ز کشتی بیامد برِ هفتواد دل هفتواد از پسر گشت شاد[12]
بیاراست بر میمنه جای خویش سپهبد بُد و لشگرآرای خویش[13]
دو لشگر بشد هر دو آراسته پر از کینه سر گنج پرخواسته[14]
بدیشان نگه کرد شاه اردشیر دل مرد برنا شد از رنج پیر[15]
سپه برکشید از دو رویه دو صف ز خورشید و شمشیر برخاست تف[16]
چو آواز کوس آمد از پشت پیل همی مرد بیهوش گشت از دو میل[17]

---

۱ - **یک:** در کدام کنج کوه؟ **دو:** اگر کمین کرد، چگونه بیامد؟ **سه:** خود با گروه نادرست است: «با گروه».

۲ - **یک:** هنوز سپاه هفتواد با آنان روبرو نشده، چگونه آنان برآشفتند. **دو:** و باگرز و تبرزین کدام سپاه را کوفتند؟

۳ - **یک:** سر را از پای نشناختن درست است. **دو:** تو گفتی...

۴ - «بُد زنده» را در لت دویم «رفت» باید.

۵ - غارت در میان نبود، سپاه اردشیر به دژ یورش برد و شکست خورد.

۶ - بزودی در لت دویم نادرخور است.

۷ - چنانکه به تندی در این رج... لت دویم را نیز پیوند درست با لت نخست نیست.

۸ - چرا بایستی گنج و جنگ‌افزار را از درون دژ به بیرون آوردن؟

۹ - «جدا» و «دور» هر دو یک سخن است، و «او» نیز در لت دویم، همان پسر مهتر است و دوباره گویی است.

۱۰ - کدام روی آب بود، و کدام آب را گوید؟

۱۱ - پسران هفتواد هیچیک جهانجوی نبودند... جهانجوی پاژنام آن شاهان است که می‌خواهند بسرزمین خویش بیفزایند.

۱۲ - چون با کشتی بدینروی آب آمده بود، چگونه با کشتی از روی زمین گذشت و بنزد پدر رسید؟

۱۳ - **یک:** کدام میمنه؟ سپاه اردشیر شکست خورده و گریخته بودند... باری سپاهیان میان دژ را نیز بال راست و چپ نیست. **دو:** لت دویم نیز سست می‌نماید.

۱۴ - دو بار سخن از «دو» گفتن نشاید.

۱۵ - آنکس که در لت دویم از رنج پیر شد، که بود؟ روشن نیست.

۱۶ - چون از «دو رویه» سخن می‌رود سپه برکشید نادرست می‌نماید: «برکشیدند».

۱۷ - **یک:** «آمد» در لت نخست نادرخور است: «برخاست». **دو:** لت دویم نیز نابهنجار است... پس سپاهیان از هر دو روی بیهوش گشته ←

بـر آمـد خـروشیدن گـاودم / جـهان پـر شـد از بـانگ رویـینه‌خم[1]
زمـین جنب جنبان شـد از میخ نـئل / هـوا از درفش سـران گشت لـئـل[2]
از آواز گـوپال بـر تـرگ و خـود / هـمی داد گـردون زمـین را درود[3]
تگ بـادپایان زمـین را کـنان / در و دشت شـد پـر سـر بـی‌تنان[4]
بـر آن گـونه شـد لشگـر هـفتواد / کـه گـفتی بـجنبید دریـا ز بـاد[5]
بـیابان چـنان شـد ز هـر دو سپاه / کـه بـر مـور و بـر پشّـه شد تنگ راه[6]
بـر ایـن گـونه تـا روز بـرگشت زرد / بـرآورد شب چـادر لاژورد[7]
ز هـر سـو سـپه بـازخـوانـد اردشیر / پس پشت او بُـد یکـی آبگـیر
چـو دیـبای زنگـارگون، شـد سـیاه / طـلایه بـیامد ز هـر دو سـپاه
خـورش؛ تـنگ بُـد، لشگـر شـاه را / کـه بـدخواه او بسـته بُـد راه را

بازگشتن اردشیر

از

رزم هفتواد

بـه جهرم؛ یکـی مـرد بُـد، کـی‌نژاد / کـجا؛ نـام، او مـهرک نـوشزاد
چـو آگـه شـد از رفـتن اردشـیر / اُزان مـاندنش بـر لبِ آبگـیر
ز تـنگی کـه بُـد انـدر آن رزمگـاه / ز بـهر خـورش‌ها بـر او بسـته راه[8]
ز جـهرم بـیامد بـه ایـوان شـاه / ز هـر سـو بـیاورد بـی‌مر سـپاه
هـمه گـنج او را بـتاراج داد / بـه لشگـر بسـی بـدره و تـاج داد[9]
چـو آگـاهی آمـد بـه شـاه اردشیر / پـر انـدیشه شـد، بـر لبِ آبگـیر

← بودند!

۱ – پس از آن بانگ تندر آسای کوس، از خروش گاودم و پر شدن جهان از بانگ رویینه‌خم سخن می‌رود.

۲ – **یک:** از میخ نئل؟ یا از نئل اسپان؟ **دو:** مگر درفش هر دوان بیک رنگ بوده است؟

۳ – چه جای درود است؟ که با هر زخم کوپال کسی می‌میرد!

۴ – **یک:** این بار از میخ نئل به پای اسپان رسید. **دو:** سر را «بی‌تن» شاید، نه بی‌سنان.

۵ – پیشتر ازلشگر پسر هفتواد سخن رفته بود.

۶ – و در لت پیش از جنش دریا یاد شده بود.

۷ – «روز زرد شد» درست است. و روز همواره روشن است.

۸ – از رفتن در لت نخست رج پیشین و «زان» = از آن در لت دویم با ز تنگی = از تنگی و ز بهر = از بهر. چهار بار «از» را بکار بردن در سخن نابجایست.

۹ – چون مهرک (روانشاد) کاخ اردشیر را بگیرد، چرا بایستی گنج وی را بتاراج دهد؟ بنداری نیز چنین می‌گوید: واستولی علی زخائره و خزائنه بها (رویه ۴۵ از جزء ثانی): «و به خواسته و گنج‌هایی که در آن بود دست یافت.

همی گفت: «ناساخته خانه را چرا؟ ساختم رزم بیگانه را!»
بزرگان لشگرش را پیش خواند ز مهرک فراوان سخن‌ها براند
«چه؟ بینید» گفت: «ای سران سپاه که ما را، چنین تنگ شد؛ دستگاه!
چشیدم بسی تلخی روزگار نبُد رنج مهرک، مرا؛ در شمار»
به آواز گفتند که: «ای شهریار مبیناد چشمت، بدِ روزگار
چو مهرک بود دشمن اندر نهان چرا جُست باید بسختی، جهان![1]
تو داری بزرگیّ و، گیهان ترا است همه بندگانیم و فرمان ترا است»
بفرمود تا خوان بیاراستند می و جام و رامشگران خواستند[2]
به خوان برنهادند چندی بره به خوردن نهادند سر یکسره[3]
چو نان را به خوردن گرفت اردشیر هم آنگه بیامد یکی تیز تیر
نشست اندرآن پاک فربه بره که تا پر، در آن غرقه شد، یکسره
بزرگان فرزانهٔ رزمساز ز نان، داشتند آن زمان دست؛ باز
بدیدند نقشی برآن تیزتیر بخواند آنکه بُد زان بزرگان دبیر
ز غم هر کسی از جگر خون کشید یکی از بره تیر بیرون کشید[4]
نوشته برآن تیر، بر پهلوی که: «ای شاه دانده، گر بشنوی
چنین تیز تیر آمد از بام دژ که از بختِ کرم است، آرام دژ
گر انداختیمی برِ اردشیر بر او بر گذر یافتی پرّ تیر
نباید که چون او یکی شهریار کند پشت؛ کوژ، اندرین روزگار»
ز دز تا برِ او دو فرسنگ بود دل مهتران زان سخن تنگ بود[5]
همی هر کسی خواندند آفرین ز دادار بر فرّ شاه زمین[6]

*

پر اندیشه بود آن شب از کرم، شاه چو بنشست خورشید بر جایگاه؛
سپه برگرفت از لب آبگیر سوی پارس آمد، دمان؛ ناگزیر
پس لشگر او بیامد سپاه ز هر سو گرفتند؛ بر شاه، راه

---

۱ – **یک:** در لت نخست «دشمن تو» باید. **دو:** لت دویم را گزارش نیست.
۲ – در میدان جنگ می و جام و رامشگر؟ این گفتار از جایهای دیگر شاهنامه برگرفته شده است.
۳ – درباره سر بخوردن نهادن پیش از این سخن آمد. در کارنامهٔ اردشیر بابکان نیز از یک بره یاد شده است «بره‌ای که در خوان بود».
۴ – از یک کس تیر را بیرون کشید چرا هر کس (هر کسی) از جگر خون کشد(؟)
۵ – تیر را چگونه شاید بر دو فرسنگ گذر کردن؟
۶ – خواندنِ آفرین از سوی آفرین‌خوان است، نه از سوی دادار!

بکشتند هر کس که بُد نامدار / همی تاختند از پس شهریار[1]
خروش آمد از پس که: «ای بخت کرم / که رخشنده بادا سر از تخت کرم»[2]
همی هر کسی گفت ک :«اینت شگفت / کزین هر کس اندازه باید گرفت»[3]
بیامد گریزان و دل پرنهیب / همی تاخت اندر فراز و نشیب
یکی شارستان دید و جایی بزرگ / ازآنسو براندند گردان چو گرگ[4]
چو تنگ اندر آمد یکی خانه دید / به در بر، دو برنای فرزانه دید*
ببودند بر در زمانی بپای / بپرسید زو این دو پاکیزه‌رای□
که: «بیگه چنین از کجا؟ رفته‌ای / که با گردِ راهی و آشفته‌ای»●

---

۱ - اگر هر کسی که نامدار بود کشته شد، پس اردشیر را نیز می‌بایستی کشتن، باری در میان جنگ و گریز نامدار از بی‌نام؛ بازشناخته نمی‌شود. ۲ - سخن را پایان نیست. ۳ - نیز این گفتار...

۴ - کدام گردان؟ اردشیر تنها بود، و در کارنامه اردشیر بابکان نیز آمده است که تنها بخانهٔ دو برادر رفت، و از سپاه خویش آگاهی نداشت.

* - واژهٔ برنا در پهلوی «اَپورناک» و در اوستایی «اَپرنائیو» بربر است با کسیکه زمان بر او بسیار نگذشته باشد و در فرهنگ فارسی نیز بجای کودک پنج ساله تا ده ساله کاربر داشته است، اما برابر با کارنامهٔ اردشیر بابکان این دوکس، دو برادر بنام‌های «بُرز» و «بُرز آذر» بوده‌اند که پسان، در نبردها به وی یاری رسانده‌اند، پس نمیتوان از آنان بنام دو برنا یادکردن، به ویژه آنکه در رج پسین و در آینده نیز از آنان بنام «جوانان» و دو مردِ جوان یاد می‌شود.
اما در این سخن که اردشیر کننده (فاعل) است، خانه؛ کرده (مفعول) است و می‌باید که درِ خانه (در لت دویم)، با خانه پیوند داشته باشد، پس سخن درست، چنین می‌نماید «بدر بزش» (=بدرِ آن خانه)... و چون چنین شود «دو برنای» آهنگ سخن را در هم میریزد، و سخن درست چنین می‌نماید: **«بدر بزش، دو مردِ فرزانه دید».**

□ - دوکس را «پرسیدند» باید، و از کجا پیدا بود که آنان پاکیزه رای‌اند؟ در اندیشهٔ من سخن فردوسی چنین بوده است:
«ببودند بر در، زمانی بپای / بگفتند،کای مرد پاکیزه رای»

● - برای ویرایش این رج می‌باید به چند نکته نگریستن:
یک: رَفته را با آشُفته پساوا نیست.
دو: «بیگاه» در زبان فارسی نزدیک بشب، یا آغاز شب است، چنانکه پگاه بامداد است و ناگاه زمانی پیش‌بینی نشده است، که در دَم روی می‌دهد. از آنجاکه پگاه را با «ان» پیوند (=نسبت) پگاهان، و ناگاه را ناگهان نیز می‌خوانیم. بیگاه را نیز بیگاهان توان خواندن.
سه: از کجا رفته‌اید، یا رفته‌ای بیگمان نادرست است، زیراکه اردشیر بدانجا، آمده است پس بجای رفته‌ای می‌باید «آمدی» بوده باشد.
بر رویهم لت نخست چنین آراسته می‌شود: «چنین بیگهان از کجا آمدی».
چهار: برای لت دویم با نگریستن بجدول واکه‌های فارسی، آنچه که با «آمدی» در لت نخست، پساوا می‌یابد: آدی، بدی، پدی، تدی، دَدی، ذدی، ردی، زدی، (ایزدی)، سدی، شَدی (باشدی)، عدی، فدی، کدی، گدی، لدی، مدی (آمدی)، ندی، یدی (آیدی)
از این واژه‌ها بدی، زدی، ایزدی، کوشدی، آیدی، آوای پسین لت دویم را بسامان می‌رسانند. اما چون نیک بنگریم زدی، ایزدی، آیدی را نمی‌توان برگزیدن، زیراکه اردشیر نه‌کس را زده بود، نه ایزد بود، نه می‌توان واژهٔ «ایزدی» را آوردن، زیراکه پیش از آن تنها «دشمنِ ایزدی» می‌آید که دور از بزرگداشت مهمان است. آیدی، گمان بکاری است که باپرسش پیشین همراه نمی‌شود. آمدی نیز همان آمدی لت نخست است، و واژه‌ای که پساوای «کجا» (برای پیش از آمدی) باشد. بسا، روا، بها، و چند واژهٔ تازی چون لقا، حیا، غنا، عنا... و تنها واژهٔ درست که با آمدی، پساوا دارد، بدی است، و آن نیز در گفتاری می‌آید که برای مهمان بدی را نخواهند، پس لت دویم بدینسان آراسته می‌شود: «که از جان تو دور بادا بدی». و بر رویهم
چنین، بیگهان، از کجا آمدی؟ / که از جان تو دور بادا بدی!
و با این سخن بپذیرهٔ مهمان می‌روند.

بدو گفت: «زین سو گذشت اردشیر / ازو بازماندیم، بر خیر خیر○
که بگریخت از کرم و از هفتواد / ز زان بی‌هنر لشگر بدنژاد»

*

بجَستند از جای، هر دو جوان / پر از درد گشتند و تیره روان
فرود آوریدندش از پشت زین / بر او هردوان خواندند آفرین
یکی جای خرّم بپیراستند / پسندیده خوانی بیاراستند
نشستند با شاه ازآنپس به خوان / پرستش گرفتند هر دو جوان

*

به آواز گفتند که :«ای سرفراز / غم و شادمانی نماند دراز
نگه کن که ضحّاک بیدادگر / چه؟ آورد زان تخت شاهی بسر!
هم افراسیاب آن بداندیش مرد / کز او بُد دل شهریاران به‌درد
سکندر که آمد بدان روزگار / بکشت آنکه بُد در جهان شهریار
برفتند و، زیشان بجز نام زشت / نماند و نیابند خرّم بهشت
نماند همین نیز بر هفتواد / بپیچد به فرجام، زین، بدنژاد*»

*

ز گفتار ایشان دل شهریار / چنان تازه شد، چون گل اندر بهار
خوش آمدش آن گفتنِ دلنواز / بکرد آشکارا و بنمود راز
که: «فرزند ساسان منم، اردشیر / یکی پند باید مرا، دلپذیر
چه؟ سازیم با کرم و با هفتواد / که نام و نشانش بگیتی مباد!»
سپهدار ایران چو بگشاد راز / جوانانْش بردند هر دو نماز
بگفتند هر دو که: «انوشه بَوی / همیشه ز تو دور، دست بدی
تن و جان ما پیش تو بنده باد / همیشه روان تو پاینده باد[1]
سخن‌ها که پرسیدی از ما درست / بگوییم تا چاره سازی نخست

*

تو در جنگ با کرم و با هفتواد / بسنده نه‌ای، گر نپیچی ز داد!
یکی جای دارند بر تیغ کوه / بدو اندرون کرم و گنج و گروه

○ - **یک:** در لت نخست دو برادر بوده‌اند، و **«بدو گفت»** نادرخور است: «چنین گفت». **دو:** در لت دویم نمونه‌ها همه بازماندیم آمده است، و اردشیر یک‌کس است، و گفتار درست چنین می‌نماید: **«از او بازماندم، اَبَر خیر خیر»**.

* - روزگار از این بدنژاد نیز روی بر می‌گرداند.

۱ - سخن دوباره.

به پیش اندرون شهر و دریا به پشت دژی بر سر کوه و راهی درشت[1]
همان کرم کز مغز اهریمن است جهان آفریننده را دشمن است[2]
همی کرم خوانی به چرم اندرون یکی دیو جنگی‌ست ریزنده خون»[3]
سخن‌ها چو بشنید شاه اردشیر همه مهرجوینده و دلپذیر
بدیشان چنین گفت کـ:«آری روا است بد و نیک ایشان، مرا، با شما است»

رزم اردشیر
با
مهرک نوشزاد

جوانان ورا پاسخ آراستند دل هوشمندش بپیراستند
که: «ما بندگانیم، پیشت؛ بپای همیشه بنیکی ترا رهنمای»
ز گفتار ایشان دلش گشت شاد همی رفت پیروز و دل پر ز داد[4]
چو برداشت زانجا، جهاندار شاه جوانان برفتند با او براه
همی رفت روشندل و یادگیر سرافراز تا خورّهٔ اردشیر[5]
چو بر شاه بر، شد سپاه؛ انجمن بزرگان فرزانه و رایزن
برآسود یک‌چند و روزی بداد بیامد سوی مهرک نوشزاد
چو مهرک بیاراست رفتن به جنگ جهان کرد بر خویشتن تار و تنگ[6]
به جهرم چو نزدیک شد پادشا نهان گشت زو مهرک بیوفا
دل پادشا پر ز پیکار شد همی بود تا او گرفتار شد
بشمشیر هندی بزد گردنش به آتش درانداخت، بی‌سر تنش*
هر آن کس کزان تخمش آمد به مشت بخنجر هم اندر زمانش بکشت
مگر دختری، کان نهان گشت زوی همه شهر ازو گشت پر گفت‌وگوی

۱ - **یک:** «پیش» را اندرون نیست. **دو:** شهر آنان، همان دژشان بود.
۲ - کرم چگونه از مغز اهریمن تواند بودن؟... گیریم که این داستان براست بوده باشد، کرم را در پرورش تن، بجز خوردن و خفتنش کاری نبوده است! ۳ - دنبالهٔ همان سخن.
۴ - «همی رفت» در این رج با «چو برداشت» رج آینده همخوان نیست، ۵ - و با همی رفت، در این رج.
۶ - سخن بی‌گزارش است. * - اردشیر کاری کرد که در ایران باستان روا نبود!

رفتن اردشیر به دژ هفتواد
و
کشتن کرم

اُزان جایگه شد سوی جنگ کرم / سپاهش همی کرد آهنگ کرم[۱]
بیاورد لشگر ده و دو هزار / جهاندیده و کارکرده سوار[۲]
پراکنده لشگر، چو شد همگروه / بیاوردشان تا میان دو کوه
یکی مرد بُد نام او شهرگیر / خردمند و سالارِ شاه اردشیر
چنین گفت پس شاه، با پهلوان / که: «ایدر همی باش روشنروان
شب و روز کرده طلایه بپای / سواران با دانش و رهنمای
همان دیده‌بان دار و هم پاسبان / نگهبان لشگر بروز و شبان[۳]
من اکنون بسازم یکی کیمیا / چو اسفندیار آنکه بودم نیا[۴]
اگر دیده‌بان دود بیند بروز / شب، آتش، چو خورشید گیتی‌فروز؛
بدانید کآمد بسر، کارِ کرم / گذشت اختر و روز بازار کرم»

*

گزین کرد زان مهتران هفت مرد / دلیران و شیران روز نبرد
هر آن‌کس که بودی هماواز اوی / نگفتی به باد هوا راز اوی[۵]
بسی گوهر از گنج بگزید نیز / ز دیبا و دینار و هرگونه چیز
به چشمِ خرد، چیز، ناچیز کرد / دو صندوق پر سرب و ارزیز* کرد
یکی دیگ رویین به بار اندرون / که استاد بود او به کار اندرون[٦]
چو از بردنی جامه‌ها کرد راست / ز سالار آخُر خری دَه، بخواست
چو خرېندگان جامه‌های گلیم / بپوشید و بارش همه زرّ و سیم

*

همی شد خلیده‌دل و راه‌جوی / ز لشگر سوی دژ نهادند روی[۷]
همان روستایی دو مرد جوان / که بودند روزی ورا میزبان

---

۱ – در رج دویم پسین؛ تازه سپاه پراکنده، همگروه می‌شوند!
۲ – در رج پسین لشگر را پس از همگروه شدن بجنگ می‌آورد.
۳ – سخن رج پیشین است با آرایشی تازه.
۴ – داستان آتش‌افروزی اسفندیار و جنگ با ارجاسب از افزوده‌های بشاهنامه.
۵ – «هرانکس» نابجای است، زیرا که وی هفت مرد را برای یاری برگزیده بود.
* – ارزیز: قلع.
٦ – «استاد» در لت دویم به دیگ رویین بازمی‌گردد، اردشیر نیز استاد دیگ نبود!!
۷ – آینده نه چنین می‌گوید، اردشیر در جامهٔ یک بازرگان خراسانی به دژ رفت.

۱۱۳ نبرد اردشیر با ایرانیان

ازآن انجمن برد با خویشتن ... که هم دوست بودند و هم رایزن
همی رفت همراه آن کاروان ... برسم یکی مرد بازارگان[1]
چو از راه نزدیک آن دژ رسید ... دژ و باره و شهر آن دژ بدید[2]
پرستندهٔ کرم بُد شست مرد ... نپرداختندی کس از کارکرد[3]
نگه کرد یک تن بآواز گفت ... که: «صندوق را چیست؟ اندر نهفت!»
چنین داد پاسخ بدو شهریار ... که: «هرگونه‌ای چیز دارم ببار
ز پیرایه و جامه و سیم و زر ... ز دینار و دیبا و درّ و گهر
که بازارگان خراسانیم ... به رنج اندرون، بی‌تن‌آسانیم
بسی خواسته دارم از بخت کرم ... کنون آمدم شاد تا تختِ کرم
اگر بر پرستش فزایم روا است ... که از بخت او، کار من گشت راست»

*

چو شه، بر پرستنده بگشاد راز ... همآنگه درِ دژ گشادند باز
چو او بار را راند، اندر حصار ... بیاراست کار، ازدرِ نامدار[4]
سر بار بگشاد زود اردشیر ... ببخشید چیزی که بُد زو گزیر[5]
یکی سفره پیش پرستندگان ... بگسترد و برخاست چون بندگان
ز صندوق بگشاد بند و کلید ... برآورد و برداشت جام نبید
هرآن کس که زی کرم بردی خورش ... ز شیر و برنج، آنچه بُد پرورش؛
بپچید گردن ز جام نبید ... که نوبت بُدش، جایِ مستی ندید
چو بشنید، بر پای جست اردشیر ... که: «با من فراوان برنج است و شیر
بدستوری سرپرستان سه روز ... مر او را بخوردن، منم دلفروز
مگر من شوم در جهان شهره‌ای ... مرا باشد از اخترش بهره‌ای[6]
شما مَی گسارید با هم سه روز ... چهارم چو خورشید گیتی‌فروز؛
برآید، یکی کلبه سازم فراخ ... سر تاق، برتر ز ایوان و کاخ
فروشنده‌ام، هم خریدارجوی ... فزاید مرا نزد کرم آبروی»

*

برآمد همه کام او زین سَخُن ... بگفتند که:«او را پرستش تو کن»

---

۱ - نیز این سخن بگونه درست درپرسش و پاسخ دژبان با اردشیر می‌آید.
۲ - سه بار واژهٔ «دژ» در یک گفتار روا نیست.
۳ - **یک:** شست مرد را «بودند» باید. **دو:** لت دویم نیز بی‌پیوند است.
۴ - روشن نیست که آن نامدار که سزاوار او کار آراسته می‌شود کیست!
۵ - دنبالهٔ گفتار.
۶ - شُهره را با بهره پساوا نیست.

۱۱۴ پادشاهی اشکانیان

برآورد جوینده، هرگونه رنگ　　پرستنده بنشست با می به چنگ[1]
بخوردند می چند و شادان شدند　　پرستندگان، میپرستان شدند
چو از جام می سست‌شان شد، زبان　　بیامد جهانجوی نو میزبان[2]
بیاورد ارزیز و رویین لوید*　　برافروخت آتش بروز سپید
چو آن کرم را بود، گاهِ خورش　　ز ارزیزِ○ جوشان بُدش پرورش؛
دو چشمش چو بر اردشیر اوفتاد　　دهانرا ز بهر خورش، برگشاد
فرو ریخت ارزیز مرد جوان　　بکَنده درون، کرم شد ناتوان
تَرا کی برآمد ز حلقوم اوی　　که لرزان شد آن کنده و بوم اوی

*

بشد با جوانان چو باد؛ اردشیر　　ابا گرز و شمشیر و کوپال و تیر
پرستندگان آنکه بودند مست　　یکی زنده از تیغ ایشان نجست
برانگیخت از بامِ دژ، تیره دود　　دلیری، بسالار لشکر، نمود
دوان، دیده‌بان شد برِ شهرگیر　　که: «پیروزگر گشت، شاه اردشیر!»
بیامد سبک پهلوان با سپاه　　بیاورد لشگر بنزدیک شاه
چو آگاه شد زان سخن هفتواد　　دلش گشت پر درد و، سر پر ز باد
بیامد که دژ را کند خواستار　　برآن باره، بر شد، دمان شهریار
بکوشید چندی نیامدش سود　　که بر بارهٔ دژ پی شیر بود[3]
اُزان روی لشگر بیامد چو کوه　　بماندند با داغ و درد آن گروه[4]
چنین گفت زان باره شاه اردشیر　　که: «ای پهلوان زادهٔ شهرگیر[5]
اگر گم شود از میان هفتواد　　نماند بچنگ تو جز رنج و باد[6]
که من کرم را دادم ارزیز گرم　　شد آن دولت و رفتن تیز نرم»[7]
شنید آن همه لشگر آواز شاه　　به سر برنهادند ز آهن کلاه[8]
ازان دل گرفتند ایرانیان　　ببستند با درد کین را میان[9]
سوی لشگر کرم برگشت باد　　گرفتار شد در میان هفتواد

۱ - **یک:** جوینده کیست؟ و هرگونه رنگ چیست؟ **دو:** در رج پسین از پرستندگان سخن میرود.
۲ - زبان مست نمی‌شود، و اردشیر نیز همانجا بود، و آمدنش نمی‌بایست.　　* - لوید: دیگ　　○ - ارزیز: قَلع.
۳ - در لت نخست پیوند «و» باید چندی و...　　۴ - کدام گروه؟
۵ - شهرگیر پهلوان و سالار سپاه اردشیر بود، نه پهلوان‌زاده، از آنجا که کودکی را نیز که فرزند پهلوانی باشد، توان پهلوانزاده خواندن.
٦ - باد و رنج در چنگ جای ندارد، که نماند، یا بماند.　　۷ - ارزیزِ گرم داده بود؟ یا ارزیزِ آب شده؟
۸ - لشگر را شنیدند باید... لشگریان شنیدند.
۹ - **یک:** دل گرفتن اندکی سبک می‌نماید. **دو:** چرا با درد؟ که پیروزی اردشیر را دیده بودند. **سه:** میان را بهنگام یورش می‌بندند، نه بدانهنگام که بپای دژ رسیده‌اند.

*

همان نیز شاهوی عیّار اوی   که مهتر پسر بود و سالار اوی[1]
فرود آمد از باره؛ شاه اردشیر   پیاده ببُد پیش او شهرگیر
ببردند بالایِ زرّین لگام   نشست از برش مهتر شادکام
بفرمود پس شهریار بلند   زدن پیش دریا دو دار بلند[2]
دو بدخواه را زنده بر دار کرد   دل دشمن از خواب بیدار کرد[3]
بیامد ز قلب سپه شهرگیر   بکشت آن دوتن را به باران تیر[4]
بتاراج داد آن همه خواسته   شد از خواسته لشگر آراسته
به دژ هرچه بود از کران تا کران   فرود آوریدند فرمانبران[5]
ز پرمایه چیزی که بُد دلپذیر   همی تاخت تا خرّهٔ اردشیر[6]

*

بکرد اندران کشور آتشکده   بدو تازه شد مهرگان و سده
سپرد آن زمان کشور و تاج و تخت   بدان میزبانان بیداربخت●
اُزان جایگه رفت پیروز و شاد   بگسترد بر کشور پارس داد
چو آسوده‌تر گشت مرد و ستور   بیاورد لشگر سوی شهر گور
به کرمان فرستاد چندی سپاه   یکی مرد شایستهٔ تاج و گاه
اُزان جایگه شد سوی تیسفون   سرِ بختِ بدخواه، کرده نگون
چنین است رسم جهان جهان   همی راز خویش از تو دارد نهان[7]
نسازد تو ناچار با او بساز   که روزی نشیب است و روزی فراز
چو از گفتهٔ کرم پرداختم   دری دیگر از اردشیر آختم[8]

۱ – تاکنون از شاهوی نام بمیان نیامده بود، و عیار (= ادیار پهلوی؛ ایَار؛ یار) را سالار نشاید بودند.
۲ – کدام دریا؟ دژ برفراز کوهی سخت‌گذر بوده است.
۳ – داستان از هفت پسر هفتواد یاد می‌کند، پس دیگر پسران وی چه شدند؟
۴ – شایستهٔ سالار سپاه نیست که برادرزادگان را بتیر زند!
۵ – سخن درست در رج پیشین آمده بود.
۶ – **یک:** «چیزی» یک چیز را می‌نماید، باز آنکه اردشیر همهٔ خواستهٔ دژ را بتاراج داده بود. **دو:** پیوند درست میان لت دویم با لت نخست نیست.
● – دو برادر، برز و برزآذر میزبانان اردشیر.
۷ – دو رج پندهای همیشگی دربارهٔ جهانِ جهان(؟)
۸ – آختنِ در چگونه باشد؟

پادشاهی اردشیر

به بغداد بنشست بر تخت آج / بسر بر، نهاد آن دل افروز تاج [1]
کمر بسته و گرز شاهان به دست / بیاراسته جایگاه نشست
شهنشاه خواندند زان پس ورا / ز گشتاسپ نشناختی کس ورا
چو تاج بزرگی بسر بر، نهاد / چنین کرد بر تخت پیروزه یاد
که: «اندر جهان، داد، گنج من است / جهان زنده از بخت و رنج من است
کس این گنج نتواند از من ستد / بد آید بمردم، ز کردار بد
چو خشنود باشد جهاندار پاک / ندارد دریغ از من این تیره خاک
جهان سربسر در پناه من است / پسندیدن داد، راه من است
نباید که از کارداران من / ز سرهنگ و جنگی سواران من [2]
بخسپد کسی دل پر از آرزوی / گر از بنده گر مردم نیکخوی [3]
گشاده است بر هر کس این بارگاه / ز بدخواه و ز مردم نیکخواه»

*

همه انجمن، خواندند آفرین / که: «آباد بادا به دادت زمین»
فرستاد بر هر سویی لشگری / که: «هرجا که باشد ز دشمن سری [4]
سر کینه‌ورشان به راه آورند / گر آیین شمشیر و گاه آورند» [5]

*

بدانگه که شاه اردوان را بکشت / ز خون وی آورد گیتی بمشت
چنو کشته شد دخترش را بخواست / بدان تا بگوید که گنجش کجاست [6]
دو فرزند او شد به هندوستان / به هر نیک و بد گشته همداستان [7]

---

۱ – **یک:** در گفتار گذشه، اردشیر بسوی تیسفون رفت، و بغداد در این رج با آن همخوان نیست. **دو:** گردشِ کنش در آن رج نیز با کنش این رج هماهنگ نیست...: «سرِ بخت بدخواه (کرده) نگون...» که کنش کرده در آن گفتار با (بسته) و (آراسته) در رج پسین همخوان است. **سه:** سخن از تاج نیز در رج سیُوم پس از این می‌آید.

۲ – دو رج کارداران و سواران با سرهنگ همخوان نیست.

۳ – این رج نیز پیوسته برج پیشین است.

۴ – ز دشمن سری نادرخور است، سر دشمن را گوید؟ یا سرداران دشمن؟ روشن نیست.

۵ – «گر» در لت دوئم برابر با «یا» است، و دنبالهٔ سخن باژگونه است... زیرا که آن سران را باشمشیر بایستی بریدن یا بر تخت‌شان نشاندن!

٦ – دختر را از گنج شاه آگاه نیست، که کلیدها در دست گنجوران شاه بوده است.

۷ – دو فرزند را (شدند) بایسته است.

دو ایدر به زندان شاه اندرون / دو دیده پر از آب و دل پر ز خون[1]
به هندوستان* بود مهتر پسر / که بهمن بُدی نام آن نامور
فرستاده‌ای جُست با رای و هوش / جوانی که دارد بگفتار گوش
چو از پادشاهی ندید ایچ بهر / بدو داد ناگه یکی پاره زهر[2]
بدو گفت: «رو پیش خواهر بگوی / که: «از دشمنان، مهربانی مجوی
برادر دو داری بهندوستان / به رنج و بلا گشته همداستان[3]
دو در بند و زندان شاه اردشیر / پدر کشته و زنده گشته اسیر[4]
تو از ما گسسته، بدین گونه؛ مهر / پسندد چنین، کردگار سپهر!
چو خواهی که بانوی ایران شوی / بگیتی پسند دلیران شوی
هلاهل چنین زهر هندی بگیر / بکار آر، یک پاره، بر اردشیر»
فرستاده آمد بهنگام شام / به دخت گرامی بداد آن پیام

❋

ورا جان و دل، بر برادر بسوخت / بکردار آتش رُخش برفروخت
ز اندوه بستد، گرانمایه؛ زهر / بدان بُد، که بردارد از کام، بهر

❋

چنان بُد که یک روز شاه اردشیر / به نخچیر بر گور بگشاد تیر
چو بگذشت نیمی ز روز دراز / سپهبد ز نخچیرگه گشت باز
سوی دختر اردوان شد ز راه / دوان؛ ماه‌چهره، بشد نزد شاه
[بیاورد جامی ز یاقوت زرد / پر از شکّر و پِست، با آب سرد○]
[بیامیخت با شکّر و پست، زهر / که بهمن مگر یابد از کام، بهر]
چو بگرفت شاه اردشیر آن بدست / ز دستش بیفتاد و بشکست پست

❋

شد آن پادشه زاده لرزان ز بیم / هم اندر زمان شد دلش بر دو نیم[5]

---

۱ - (ایدر) کجا باشد. خانهٔ من؟ خانهٔ تو؟... بایستی گفتن که دو فرزند دیگرش در زندان تیسفون بودند.

* - در کارنامه بجای هندوستان «کاولستان» آمده است.

۲ - چون فرستاده‌ای هوشمند جست، ناگاه زهر دادن به وی نادرخور است. ۳ - برادر دو نادرست است.

۴ - هیچگاه فرزند اردوان، اردشیر را شاه نمی‌خواند!

○ - جام را نشاید از یاقوت زرد، ساختن، و لت دویم نیز در رج پسین دوباره می‌آید، و اندیشه چنین می‌نماید که در این دو رج، در گفتار فردوسی، یک رج بوده است اینچنین:

بیاورد، با شکّر و پِست، زهر / که بهمن؛ مگر یابد از کام، بهر!

۵ - پادشاه زاده، پادشابچه، پادشازاده، پارسازاده (خالقی مطلق ۱۹۵-۶) همگی نادرست می‌نماید زیرا که در سخن فردوسی همواره دُخت یا دختر شاه آمده است.

ساسانیان   ۱۱۸

جهاندار زان لرزه شد بدگمان	پراندیشه از گردش آسمان؛۱
بفرمود تا خانگی مرغ چار	پرستنده آرد بر شهریار۲
۳۲۱۱۰
چو آن مرغ بر پست بگذاشتند	گمانی همی خیره پنداشتند۳
همآنگاه مرغ آن بخورد و بمرد	گمان بردن از راه نیکی ببرد
بفرمود تا موبد کدخدای	بباید بر خسرو پاکرای۴
ز دستور ایران بپرسید شاه	که: «بدخواه را برنشانی بگاه؛
شود در نوازش بدانگونه مست	که بیهوده یازد بجان تو دست؛
۳۲۱۱۵
چه؟ پادافره است این* برآورده را!	چه؟ سازیم درمان خود کرده را!»
چنین داد پاسخ که: «مهترپرست	چو یازد به جان جهاندار دست؛
سرش بر گرنه بر، بباید برید	کسی پندگوید●، نباید شنید»
بفرمود ک: «از دختر اردوان	تنی کن که هرگز نبیند روان»
بشد موبد و پیش او دختِ شاه	همی رفت لرزان و، دل، پرگناه
۳۲۱۲۰
بموبد چنین گفت ک: «ای پرخرد	مرا و ترا روز، هم بگذرد.◻
اگر کُشت خواهی مرا ناگزیر؛	یکی کودکی دارم از اردشیر!
اگر من سزایم بخون ریختن	ز دار بلند اندرآویختن
چو او گردد از پاک مادر جدا	بکن هرچه فرمان دهد پادشا»
ز ره باز شد موبدِ تیزویر	بگفت، آنچه بشنید، با اردشیر
۳۲۱۲۵
بدو گفت: «زو نیز مشنو سخن	بدانسان که دادیم فرمان بکن!»
به‌دل گفت موبد که: «بد روزگار!	که فرمان چنین آید از شهریار
همه مرگ را‌ایم برنا و پیر	ندارد پسر شهریار اردشیر۵
گر او بی‌عدد سالیان بشمرد	به دشمن رسد تخت چون بگذرد۶
همان به، کزین کار ناسودمند	بمَردی، یکی کار سازم؛ بلند
۳۲۱۳۰
ز کشتن رهانم مر این ماه را	مگر زین پشیمان کنم شاه را۷
هر آنگه کزو بچه گردد جدا	بجای آرم این گفتهٔ پادشا

---

۱ - چون پست و شکر آمیخته در آب بر زمین ریزد، دختر اردوان را چرا بایستی لرزان شدن؟

۲ - خانگی مرغ چار نادرست است: در رج دویم پس از این از یک مرغ سخن می‌رود.

۳ - مرغ بر پست گذاشتن چگونه شاید؟   ۴ - موبد کدخدای، نامی نادرست است از «دستور» که در رج پسین آمده است.

* - «آن» درست می‌نماید.

● - کسی پندگوید، درست نیست، سخن درست، چنین می‌نماید: «چو کس پندگوید، نباید شنید».

◻ - «می بگذرد» درست می‌نماید.   ۵ - میان لت نخست و لت دویم پیوند درست نیست.

۶ - بی‌عدد، در شمارِ سخن فردوسی نیست.   ۷ - چگونه رهانیدن است که در رج پسین از کشتن وی سخن می‌رود!

نه کاری‌ست کز دل همی بگذرد / خردمند باشم به از بی‌خرد[1]»
بیاراست جایی به ایوان خویش / که دارد ورا چون تن و جان خویش
بزن گفت: «اگر هیچ باد هوا / ببیند ورا، من ندارم روا!»
پس اندیشه کرد آنکه دشمن بسی‌ست / گمان بد و نیک با هر کسی‌ست[2]
یکی چاره سازم که بدگوی من / نراند به زشت، آب در جوی من[3]
به خانه شد و خایه ببرید پست / بر او داغ و دارو نهاد و ببست[4]
به خایه نمک برپراکند زود / به حقّه درآکند برسان دود[5]
هم اندر زمان حقّه را مُهر کرد / بیامد خروشان و رخساره زرد[6]
چو آمد بنزدیک تخت بلند / همان حقّه بنهاد با مُهر و بند[7]
چنین گفت با شاه ک:«این زینهار / سپارد بگنجور خود شهریار[8]
نوشته بر آن حقّه تاریخ آن / پدیدار کرده بن و بیخ آن»[9]
چو هنگامهٔ زادن آمد فراز / ازآن کار، بر باد، نگشاد راز
پسر زاد پس، دختر اردوان / یکی خسرو آیین و روشنروان
از ایوان خویش انجمن دور کرد / ورا نام، دستور، شاپور کرد
نهانش همی داشت تا هفت سال / یکی شاه نوگشت با فرّ و یال

*

چنان بُد که روزی بیامد وزیر / بدید آب در چهرهٔ اردشیر
بدو گفت: «شاها انوشه بوی / روان را، به اندیشه؛ توشه بوی
ز گیتی همه کام دل یافتی / سر دشمن از تخت برتافتی
کنون گاه شادیّ و مَی خوردن است / نه هنگام اندیشه آوردن است
زمین هفت کشور سراسر تراست / جهان یکسر از داد تو گشت راست»[10]
چنین داد پاسخ ورا شهریار / که: «ای پاکدل موبد رازدار
زمانه بشمشیر ما راست گشت / غم و رنج و ناخوبی اندر گذشت

---

۱ – سخن سست بی‌پیوند.

۲ – دشمن بسی است نادرخور است: «مرا دشمن بسیار است».

۳ – به زشت در لت دویم ناسزاوار است: «بزشتی».

۴ – خایهٔ که را؟... خایهٔ خویش را شاید گفتن، آنگاه بریدن خایه بس می‌نماید و «پست بریدن» آن را چگونه باید؟

۵ – سخن نادرست آنست که کسی را که خایهٔ خویش از بن ببرد، توان آن نیست که بر آن نمک پراکند و در حُقّه‌اش کند (حُقّهٔ فارسی است و در بیذُوی، آنرا هُعُ می‌خوانند و ریشه تازی ندارد و در فرهنگ تازی دیده نمی‌شود، به باب‌های گونه‌گون نیز نمی‌رود).

۶ – مگر می‌شود که خروشان بنزد شاه رفت؟

۷ – همان حُقه نادرست: «حُقه را».

۸ – زینهار واژه‌ای نادرخور است. زینهار به مردمان زنده می‌دهند نه بیک حُقّهٔ بسته.

۹ – نادرخورترین گفتار، که بن و بیخ آنرا چگونه پدیدار کردن توانست؟

۱۰ – چون هفت کشور گفته شود، سراسر نادرست است، از آنجا که هر دو یک چیز را می‌گویند.

مرا سال بر پنجه و یک رسید — ز کافور شد مشک و گل، ناپدید[*]
پسر بایدی پیشم اکنون بپای — دلارای و نیروده و رهنمای
پدر بی‌پسر چون پسر بی‌پدر — که بیگانه او را نگیرد به بر[1]
پس از من بدشمن رسد تاج و گنج — مرا خاک، سود آید و، درد و رنج[●]
بدل گفت بیدار مرد کهن — که: «آمد کنون روزگار سخن»
بدو گفت ک:«ای شاه کهترنواز — جوانمرد و روشندل و سرفراز!
گر ایدونکه یابم بجان زینهار — من این رنج بردارم از شهریار»
بدو گفت شاه: «ای خردمند مرد — چرا؟ بیم، جانِ ترا رنجه کرد!
بگوی آنچه دانی و بفزای نیز — ز گفتِ خردمند، برتر، چه؟ چیز»
چنین داد پاسخ بدو کدخدای — که: «ای شاه روشندل و پاک‌رای
یکی حقّه بُد نزد گنجور شاه — سزد گر بخواهد کنون پیش گاه»[2]
به گنجور گفت: «آنکه او زینهار — ترا داد آمد کنون خواستار
بدو باز ده تا ببینم که چیست — مگرمان نباید به اندیشه زیست»
بیاورد آن حقّهٔ گنجور اوی — سپرد آنکه بستد ز دستور اوی
بدو گفت شاه: «اندرین حقّه چیست؟ — نهاده بر این بند بر مُهر کیست؟»
بدو گفت ک:«ان خون گرم من است — بریده ز بن پاک شرم من است
سپردی مرا دختر اردوان — که تا بازخواهی تن بی‌روان
نکُشتم که فرزند بُد در نهان — بترسیدم از کردگار جهان
بجستم ز فرمانت آزرم خویش — بریدم هم اندر زمان شرم خویش[3]
بدان تا کسی بد نگوید مرا — به دریای تهمت نشوید مرا[4]
کنون هفت ساله‌ست شاپور تو — که دایم خرد باد دستور تو[5]
چنو نیست فرزند، یک شاه را — نماند مگر بر فلک ماه را
ورا نام شاپور کردم ز مهر — که از بخت تو شاد بادا سپهر
همان مادرش نیز با او بجای — جهانجوی فرزند را، رهنمای»[6]

---

* - از موی سپید، گل روی و مشگ گیسویم ناپدید شده است.
۱ - لت نخست را پیوند نیست، و پایان سخن را «است» در کار است.
● - سود من از کار جهان، رفتن بزیر خاک همراه با درد و رنج خواهد بودن.
۲ - شش رج داستانی افزودهٔ هقه. ۳ - شرم خویش را نبریده بود و بر بنیاد داستان افزوده خایهٔ خویش را بریده بود.
۴ - تهمت را در گفتار فردوسی راه نیست، باری این چه گونه شستن است که با تهمت همراه می‌شود.
۵ - **یک:** هنوز نام شاپور را نیاورده است و در رج دویم پس از این خواهد آمد. **دو:** همواره در سخن فردوسی بجای دایم می‌آید.
۶ - **یک:** در هر دو لت کنش «است» باید. **دو:** کودک هفت ساله را نشاید جهانجوی نامیدن.

پادشاهی اردشیر

بدو ماند، شاه جهان در شگفت / ازآن کودک اندازه‌ها برگرفت●

ازآنپس چنین گفت با کدخدای / که: «ای مرد روشندل و پاکرای
بسی رنج برداشتی زین سَخُن / نمانم که رنج تو گردد کهن
۳۲۱۸۰
کنون صد پسر گیر همسال اوی / به بالا و دوش و بر و یال اوی
همه جامه پوشیده با او، بهم / نباید که چیزی بود بیش و کم
همه کودکان را بمیدان فرست / ببازیِ گوی و، بچوگان فرست
چو یک دشت کودک بود خوبچهر؛ / بپیچد بفرزند، جانم بمهر
بدان راستی، دل گوایی دهد / مرا با پسر آشنایی دهد»
۳۲۱۸۵

بیامد بشبگیر، دستورِ شاه / همی کرد* کودک، بمیدان، سپاه
بیک جامه و، چهر و، بالا؛ یکی / که پیدا نبُد این از آن، اندکی
به میدان تو گفتی یکی سور بود / میان اندرون شاه شاپور بود¹
چو کودک بزخم اندر آورد گوی / فزونی همی جست هر یک بدوی²
بیامد بمیدان، پگاه، اردشیر / تنی چند³ از ویژگان ناگزیر
۳۲۱۹۰
نگه کرد و چون کودکان را بدید / یکی باد سرد از جگر برکشید
بانگشت بنمود با کدخدای / که: «آمد یکی اردشیری بجای»
بدو راهبر گفت که: «ای پادشاه / دلت شد بفرزند خود بر، گواه»

یکی بنده را گفت شاه اردشیر / که: «رو؛ گویِ ایشان بچوگان، بگیر
۳۲۱۹۵
همی باش با کودکان تازه‌روی / بچوگان، به پیش من انداز، گوی
ازآن کودکان تا، که؟ آید دلیر! / میان سواران بکردار شیر!
ز دیدار من گوی بیرون برد / ازین انجمن، کس بکس نشمرد⁴

● - اندازه برگرفتن سنجیدن (= قیاس کردن) است.

* - نمونه‌ها گونه‌گوناند: ل ۳: نگاه بجای سپاه، ق، ب: کودکان گرد کرد و براه. س ۲، لی، آ: برد کودک بمیدان پگاه. ق ۲: داشت کودک بمیدان نگاه. و: بسی کودکان خواست چون پور شاه. (خالقی مطلق ۲۰۱-۶)، و سخن درست چنین می‌نماید: «گُسی کرد کودک بمیدان، سپاه». ۱ - تو گفتی... ۲ - کدام کودک؟ «او» کیست.
۳ - ناگزیر چرا؟ او خود می‌خواست که فرزند خویش را بیند و شناسد!
۴ - **یک**: «دیداره» در گفتن فردوسی رخ و چهر است. **دو**: هر چند که گوی از اردشیر دورتر شود، از چشم او ناپدید نمی‌شود زیرا که گوی در میدان خواهد بود.

بود بیگمان پاک فرزند من   ز تخمِ من و پاک پیوندِ من»

*

بفرمان، بشد؛ بندهٔ شهریار   بزد گوی و افکند پیش سوار
دوان کودکان از پی او چو تیر   چو گشتند نزدیک با اردشیر
بماندند ناکام، بر جای خویش   بیامد همانگاه، شاپور، پیش؛
ز پیش پدر، گوی؛ بربود و برد   چو شد دور، مر کودکان را سپرد
ز شادی چنان شد دل اردشیر   که گردد جوان، مردمِ گشته پیر

*

سوارانش از خاک برداشتند   همی دست بر دست بگذاشتند[1]
شهنشاه زان پس گرفتش ببر   همی آفرین خواند بر دادگر
سر و چشم و رویش ببوسید و گفت   که: «چونین شگفتی نشاید نهفت
بدل هرگز این یاد نگذاشتم*   که شاپور را کشته پنداشتم
چو یزدان مرا شهریاری فزود   ز من در جهان یادگاری فزود
به فرمان او برنیابی گذر   اُگر برتر آری ز خورشید سر»[2]
گهر خواست از گنج و دینار خواست   گرانمایه یاقوت بسیار خواست[3]
بر او زرّ و گوهر بسی ریختند   زبَر مشک و انبر بسی بیختند[4]
ز دینار شد تارکش ناپدید   ز گوهر کسی چهرهٔ او ندید[5]
به دستور بر، نیز گوهر فشاند   بکرسیِّ زر پیکرش برنشاند[6]
ببخشید چندان ورا خواسته   که شد کاخ و ایوانش آراسته[7]

*

بفرمود تا دختر اردوان   به ایوان شود، شاد و روشنروان
ببخشید، کرده گناهِ ورا   ز زنگار بزدود، ماه ورا
بیاورد فرهنگیان را ز شهر   کسی کاو ز فرزانگی داشت بهر؛
نوشتن بیاموختش پهلوی   نشست سرافرازی و خسروی

---

۱ - **یک:** شاپور در میدان بود، نه در خاک. **دو:** لت دویم نادرخور است.
* - هرگز چنین اندیشه از دل نگذراندم.
۲ - برنیابی گذر نادرست است: «گذر نیست»، «گذشتن نشاید»...
۳ - **یک:** دو بار «خواستن» در یک سخن نشاید. **دو:** چون سخن از گهر می‌رود، از یاقوت نشاید دوباره یاد کردن.
۴ - چگونه برفراز گوهرها مشک و انبر سوزاندند؟
۵ - چون چنین شود کودک زیر زر و گوهر خفه می‌شود.
٦ - در میدان، کرسی زر پیکر نبود که آنان همگی سوار بر اسب بودند.
۷ - کاخ و ایوان دستور از پیش آراسته بوده است.

همان جنگ را گرد کرده عنان — ز بالا* بدشمن نمودن سنان
ز مَی خوردن و بخشش و کار بزم — سپه جستن و کوشش و کار رزم
اُزان پس، دگر کرد، میخ درم — همان میخ دینار و هر بیش و کم[1]
بیک روی بُد نام شاه اردشیر — بروی دگر، نام فرخ وزیر[2]
گران‌خوار بُد نام دستور شاه — جهاندیده مردی نماینده راه[3]
نوشتند بر نامه‌ها هم چنین — بدو داد فرمان و مُهر و نگین[4]
ببخشید گنجی به درویش مرد — که خوردش نبودی بجز کارکرد[5]
نگه کرد جایی که بُد خارستان — ازو کرد خرّم یکی شارستان[6]
کجا گندشاپور خوانی ورا — جز این نام نامی نرانی ورا[7]

پیش‌بینی کید هندی

چو شاپور شد همچو سرو بلند — ز چشم بدش بود بیم گزند[8]
نبودی جدا یک زمان ز اردشیر — ورا همچو دستور بودی وزیر[9]
نپرداختی شاه، روزی؛ ز جنگ — بشادی نبودیش جای درنگ
چو جایی ز دشمن بپرداختی — دگر بدکنش سر برافراختی
همی گفت کز کردگار جهان — بخواهم همی آشکار و نهان
که بی‌دشمن آرم جهان را بدست — نباشم مگر شاد و یزدان‌پرست
بدو گفت فرخنده دستور اوی — که: «ای شاه روشندل و راه‌جوی
سوی کید هندی فرستیم کس — که دانش‌پژوه است و فریادرس

* - بالا: باره: اسپ.

۱ - میخ درم و دینار، مهری بود که درم یا دینار را با آن می‌زدند. **یک:** دو بار نام میخ در یک گفتار نشاید. **دو:** بیش و کم میخ درم چگونه است؟

۲ - چنین درم، یا دینار از زمان ساسانیان بدست نیامده است.

۳ - سبک مایه، افزاینده‌ای که نامی چون «گران‌خوار» بر یک ایرانی می‌نهد!

۴ - **یک:** سخن چنین می‌نماید که نام شاه و دستور را بر دفترها و نامه‌ها نوشتند، اما همهٔ نامه‌ها از سوی شاه نبوده است که چنین کنند. **دو:** لت دویم را با لت نخست پیوند درست نیست.

۵ - آنکه را از کارکرد خویش می‌خورد، درویش نمی‌توان نامیدن!

۶ - لت دویم نادرست است از او کرد... در خارسانها شهر بساخت... آنگاه آب آن شهر چگونه فراهم می‌شد.

۷ - سخن، روی بخواننده کرد... لت دویم نیز نادرخور است.

۸ - بیم گزند، برای هر کس هست نه تنها برای شاپور.

۹ - با چنان دستور، که افزاینده او را بپایگاه شاهی رساند، چه جای آنست که جوانی نورس را پایگاه دستوری دهند! وزیری که در همین گفتار از وی بنام فرخنده دستور یاد می‌شود.

بداند شمار سپهر بلند / درِ پادشاهیّ و راه گزند
اگر هفت کشور ترا، بی‌همال / بخواهد بُدَن، باز یابد بفال
یکایک بگوید، ندارد به رنج / نخواهد بدین پاسخ از شاه، گنج»
چو بشنید، بگزید شاه اردشیر / جوانی گرانمایه و تیزویر
فرستاد نزدیک دانا، به هند / بسی اسپ و دینار و چندی پرند [۱]
بدو گفت: «رو پیش دانا بگوی / که: «ای مرد نیک‌اختر و راهجوی
به اختر نگه کن که تا من ز جنگ / کی؟ آسایم و کشور آرم بچنگ!
اگر بود خواهد مرا دستگاه / به تدبیر آن زود بنمای راه
اُگر نیست این، تا نباشم به رنج / بر این گونه نپراکنم نیز گنج»
بیامد فرستادهٔ شهریار / برِ کید با هدیه و با نثار
بگفت، آنکه با او، شهنشاه گفت / همه رازها برگشاد از نهفت
بپرسید زو، کید و غمخواره شد / ز پرسش، سوی دانش و چاره شد
بیاورد صلاّب و اختر گرفت / یکی زیج رومی به بر درگرفت [۲]
نگه کرد بر کار چرخ بلند / ز آسانی و سود و بیم و گزند
فرستاده را گفت: «کردم شمار / از ایران و از اختر شهریار
گر از گوهرِ مهرکِ نوشزاد / برآمیزد این تخمه، با آن نژاد
نشیند به آرام بر تخت شاه / نباید فرستاد، هرسو، سپاه!

*

بیفزایدش گنج و کاهدش رنج / تو شو کینهٔ این دو گوهر بسنج [۳]
گر این کرد ایران ورا گشت راست / بیابد همه کام دل هرچه خواست» [۴]
فرستاده را چیز بخشید و گفت / که: «زین هرچه گفتم نباید نهفت [۵]
گر او زین نپیچد سپهر بلند / کند اینکه گفتم بر او ارجمند» [۶]
فرستاده آمد برِ شهریار / بگفت آنچه بشنید زان نامدار

---

۱ - **یک:** سخن از رفتن نزد دانا در رج پسین می‌آید. **دو:** هِند را با پَرَند پساوا نیست.

۲ - **یک:** صلّاب نادرست است. این دستگاه ایرانی را نام ستاره‌یاب و سترلاب بوده است (دگرگونی ل به ی را در بنیاد و بُلاد می‌بینیم) از فرالاوی است:

لاد را بر بنای محکم نه / که نگهدار لاد، بُلاد است.

پس استرلاب را بگونهٔ تازی اصطرلاب نوشتند، اما هیچگاه صلاب در سخن روان نبوده است. **دو:** اخترشناس هندی، زیج رومی ببر درگرفت؟!

۳ - لت دویم را روی بکیست؟

۴ - **یک:** این کرد نادرست: «اگر چنین کند». **دو:** گشت راست همچنین: «راست گردد». **سه:** نیز، در لت دویم هر چه خواهد!

۵ - فرستاده بدو چیز داد... لت دویم نیز نادرست است: «هر آنچه را که گفتم پنهان مکن».

۶ - سستی سخن بیش از آنستکه نیازی بگزارشش باشد.

چو بشنید گفتار او اردشیر — دلش گشت پر درد و رخ چون زریر
فرستاده را گفت: «هرگز مباد — که من بینم از تخم مهرک، نژاد
بخانه درون دشمن آرم؟ ز کوی! — شود؟ با بر و بوم من کینه‌جوی!
دریغ آن پراکندن گنج من — فرستادن مردم و رنج من[1]
ز مهرک یکی دختری ماند و بس — که او را به جهرم ندیده است کس
بفرمایم اکنون که جویند باز — ز روم و ز چین و ز هند و طراز[2]
بر آتش، چو یابَمش؛ بریان کنم — بر او خاک را زار و گریان کنم»
به جهرم فرستاد چندی سوار — یکی مرد جوینده و کینه‌دار
چو آگاه شد دخت مهرک، بجَست — سوی خان مهتر، بکنجی نشست
چو بنشست آن دختِ مهرک به ده — مر او را گرامی همی داشت مه
بببالید برسان سرو سهی — خردمند با زیب و با فرّهی
مر او را در آن بوم همتا نبود — بکشور چنو سرو بالا نبود[3]

پیوند شاپور
با
دختر مهرک نوشزاد

کنون بشنو از دخت مهرک سخن — ابا گرد شاپور شمشیرزن[4]
چو لختی برآمد بر این روزگار — فروزنده شد دولت شهریار
به نخچیر شد شاه روزی پگاه — خردمند شاپور، با او براه
به هر سو سواران همی تاختند — ز نخچیر، دشتی بپرداختند
پدید آمد از دور دشتی فراخ — پر از باغ و میدان و ایوان و کاخ
همی راند شاپور، تا پیش ده — فرود آمد از راه، در خانِ مه
یکی باغ بد، کشّ و، خرّم سرای — جوان اندر آمد بدان سبزجای
یکی دختری دید برسان ماه — فروهشته از چرخ، دلوی بچاه
چو آن ماهرخ روی شاپور دید — بیامد بر او آفرین گسترید

---

۱ - فرستادن مردم را چه پیوند با رنج و گنج است؟
۲ - چگونه اختر بی‌پناه بهند، یا روم و چین و تراز تواند رفتن؟
۳ - سخن درست در رج پیشین آمده بود.
۴ - سخن، بسوی خواننده روی کرد.

که: «شادان بوی شاه و خندان بوی … همه ساله از بی‌گزندان بوی
کنون بی‌گمان تشنه باشد ستور … بدین ده رود اندرون آب شور[1]
بچاه‌اندرون آب سرد است و خوش … بفرمای تا من بَوم آبکش»
بدو گفت شاپور که: «ای ماهروی … چرا رنجه گشتی بدین گفت و گوی[2]
که باشند با من پرستنده مرد … کزین چاه بی‌بن کشند آب سرد»[3]
ز برنا کنیزک بپیچید روی … بشد دور و بنشست بر پیش جوی[4]

*

پرستنده‌ای را بفرمود شاه … که: «تشت آور و آب برکش ز چاه»
پرستنده بشنید و آمد دوان … رسن برد بر چرخ دلو گران[5]
چو دلو گرانسنگ، پر آب گشت … پرستنده را، روی؛ پُرتاب گشت
چو دلو گران برنیامد ز چاه … بیامد زکان، زود شاپور شاه[6]
پرستنده را گفت که: «ای نیم زن … نه زن داشت؟ این دلو و چرخ و رسن!
همی برکشید آب، خندان؛ ز چاه … تو گشتی؟ پر از رنج و فریادخواه!»
همانگه رسن بستد از پیشکار … شد آن کارِ دشخوار، بر شاه؛ خوار
ز دلو گران شاه چون رنج دید … بران خوبرخ آفرین گسترید[7]
که برتافت دلوی بر اینسان گران … هماناکه هست از نژاد سران[8]
کنیزک، چو او؛ دلو را برکشید … بیامد به مِهر آفرین گسترید
که: «انوشه بَوی تا بُوَد روزگار … همیشه خِرد بادت آموزگار
به نیروی شاپورِ شاه اردشیر … شود بیگمان آب، در چاه، شیر»

*

جوان گفت با دختر چربگوی … : «چه؟ دانی که شاپورم، ای ماهروی!»
چنین داد پاسخ که: «این داستان … شنیدم بسی از لب راستان
که شاپور، گُردیست با زور پیل … به بخشندگی همچو دریای نیل
ببالای سرو است و رویین‌تن است … به هر چیز مانندهٔ بهمن است»[9]

---

۱ – **یک:** ستور نادرست است: ستوران... و مردان نیز. **دو:** لت دویم نادرخور است. افزاینده را رای بر آن بوده است تا بگوید که آبِ جویهای این ده شور است.
۲ – مگر کسی با چنین گفت‌وگوی رنجه می‌شود؟
۳ – چاه را بیگمان بُن هست، و چاه بی‌بُن در جهان نیست.
۴ – برنا کودک پنج تا ده ساله است.
۵ – اگر چاه را چرخ بوده است بیگمان بر چرخ رسن نیز بسته باید، و رسن بردنِ پرستنده نادرست می‌نماید.
۶ – «چو» در این رج با «چو» رج پیشین همخوان نیست.
۷ – رج پیشین از خواری (آسانی) کار برای شاپور سخن رفته بود، و این رج داستان از رنج او می‌گوید!
۸ – لت دویم را پیوند درست با لت نخست نیست.
۹ – در داستان ایران یکتن را رویین‌تن می‌خواندند، و او اسفندیار بود.

بدو گفت شاپور کـ :«ای ماهروی   سخن هرچه پرسم ترا، راست گوی
پدیدار کن تا نژاد تو چیست؟   که بر چهرهٔ تو نشان کیی‌ست!»
بدو گفت: «من دختر مهترم   ازیرا چنین خوب و گنداورم»
چنین داد پاسخ که: «هرگز دروغ   برِ شهریاران نگیرد فروغ
کشاورز را دختر ماهروی   نباشد بدین روی و این رنگ و بوی»
کنیزک بدو گفت کـ :«ای شهریار   هر آنگه که یابم بجان زینهار؛
بگویم همه پیش تو، از نژاد   چو یابم ز خشم جهاندار، داد»

*

بدو گفت شاپور کـ :«ز بوستان   نرُست از چمن کینهٔ دوستان
بگوی و ز من بیم در دل مدار   نه از نامور دادگر شهریار»
کنیزک بدو گفت کـ :«ز راه داد   منم دختر مهرک نوشزاد
مرا پارسایی بیاورد خُرد   بدین پرهنر مهتر ده سپرد
من از بیم آن نامور شهریار   چنین آبکش گشتم و پیشکار»
بیامد بپردخت شاپور، جای   همی بود مهتر، به پیشش؛ بپای
بدو گفت کـ :«این دختر خوبچهر   بمن ده، برِ من، گوا کن سپهر» *
بدو داد مهتر بفرمان اوی   ببردش از آنجا، سوی خانِ اوی
بسی برنیامد بر این روزگار   که سرو سهی، چون گل آمد ببار
چو نه ماه بگذشت بر ماهروی   یکی کودک آمد ببالای اوی [1]
تو گفتی که باز آمد اسفندیار   اُگر نامدار اردشیر سوار [2]
ورا نام، شاپور، کرد؛ اورمزد   که سروی بُد اندر میان فرزد ●
چنین تا برآمد برین هفت سال   ببود اورمزد از جهان بی‌همال [3]
ز هر کس نهانش همی داشتند   بجایی، ببازیش نگذاشتند

*

به نخچیر شد هفت روز اردشیر   بشد نیز شاپور نخچیرگیر
نهان، اورمزد از میان گروه   بیامد کز آموختن شد ستوه
دوان شد به میدان شاه اردشیر   کمانی بیک دست و دیگر دو تیر [4]

* - در ایران باستان، چون دختر را بشوی میدادند، هفت کس را بنام هفت امشاسپندان، گواه می‌گرفتند، شاپور به مهتر می‌گوید که سپهر را گواهِ پیوند من، با این دختر بگیر.

۱ - چگونه شاید که بالای کودک نوزاد، باندازهٔ بالای پدر باشد؟...

۲ - تو گفتی...

● - فرَزْد: چمن. در زبان خراسان امروز؛ «فرِیْز» خوانده می‌شود.

۳ - از جهان بی‌همال نشاید بودن، در جهان... شاید.

۴ - بیکدست رابدیگر (دست) باید نه بدیگر... اما چون دو تیر در دست داشته باشد، چگونه تواند، تیر انداختن؟... بزودی در رج پسین ←

پادشاهی اردشیر

ابا کودکی چند و چوگان و گوی بمیدان شاه اندر آمد ز کوی
جهاندار، هم در زمان، با سپاه بمیدان بیامد ز نخچیرگاه
ابا موبدان موبد تیزویر به نزدیک ایوان رسید اردشیر[1]
بزد کودکی، تیز؛ چوگان ز راه بشد گویِ گردان، بنزدیک شاه
نرفتند زیشان پسِ گوی، کس بماندند بر جای، ناکام، بس
دوان اورمزد از میانه برفت به پیش جهاندار چون باد، تفت
ز پیش نیا زود برداشت گوی ازو گشت لشگر پر از گفت و گوی
ازآن پس خروشی برآورد سخت کز او° خیره شد شاه پیروزبخت
بموبد چنین گفت کـ:«این پاکزاد نگه کن، که تا، از که؟ دارد نژاد»
بپرسید موبد، ندانست کس! همه خامشی برگزیدند و بس
به موبد چنین گفت پس شهریار که:«بردارش از خاک و نزد من آر»
بشد موبد و برگرفتش ز گرد ببردش برِ شاه آزادمرد
بدو گفت شاه: «ای گرانمایه خُرد ترا از نژاد که؟ باید شمرد!»
نترسید کودک بآواز گفت که: «نام و نژادم نباید نهفت؛
منم پور شاپور، کاو پور تست ز فرزند مهرک، نژاد درست»
فروماند زان کار گیتی شگفت بخندید و اندیشه اندر گرفت[2]

*

بفرمود؛ تا رفت، شاپور پیش به پرسش گرفتش ز اندازه بیش
بترسید شاپور آزادمرد دلش گشت پر درد و رخساره زرد
بخندید ز او، نامور شهریار بدو گفت: «فرزند، پنهان مدار
پسر باید، از هر که باشد؛ روا است که گویند کاین بچّهٔ پادشا است»
بدو گفت شاپور: «انوشه بَوی جهان را بدیدار، توشه بَوی
ز پشت من است این و نام، اورمزد درخشنده چون لاله اندر فرزد
نهان داشتم چندش از شهریار بدان تا برآید بر، از میوه‌دار
گرانمایه از دختر مهرک است ز پشت من است و مرا بی‌شکست»[3]
ز آب و ز چاه، آن کجا، رفته بود پسر گفت و پرسید و چندی شنود[4]

→ دروغ افزاینده پدیدار می‌شود.

۱ – موبد موبدان را در میدان شکار چه کار تواند بود؟

○ – «**کز آن**» درست می‌نماید، زیرا که اردشیر از خروشِ کودک خیره شده بود.

۲ – شگفتی و اندیشمند شدن را با خندیدن همراه نتوان کردن.

۳ – لت دویم سست می‌نماید.

۴ – لت دویم بچندگونه آمده است: بجای پرسید: پرسنده: گوینده: پرخنده شه می‌شنود، بدو گفت و پرسید و یکسد شنود. پدر گفت و پرسید و دیگر شنود. و چنانکه پیدا است سخن سست می‌نماید.

ز گفتار او شاد شد اردشیر — به ایوان خرامید خود با وزیر[1]

*

گرفته دلاویز را در کنار — ز ایوان* سوی تخت شد، شهریار
بیاراست زرّین یکی زیرگاه — یکی توغ فرمود و زرّین کلاه
سرِ خُرد کودک بیاراستند — پس از گنج، درّ و گهر خواستند
همی ریخت تا شد سرش ناپدید — تنش را نیا زان میان برکشید[2]
بسی زرّ و گوهر بدرویش داد — خردمند را خواسته بیش داد[3]
به دیبا بیاراست آتشکده — هم ایوان نوروز و کاخ سده[4]
یکی بزمگه ساخت با مهتران — نشستند هر جای، رامشگران
چنین گفت با نامداران شهر — هر آن کس که او از خرد داشت بهر؛
که: «از گفتِ دانا، ستاره‌شمر — نباید که هرگز کند، کس، گذر
چنین گفته بُد کید هندی که بخت — نگردد ترا ساز و خرّم بتخت
نه کشور، نه افسر، نه گنج و سپاه — نه دیهیم شاهی نه فرّ کلاه[5]
مگر تخمهٔ مهرک نوشزاد — بیامیزد آن دوده با این نژاد
کنون سالیان اندر آمد به هشت — که جز به آرزو چرخ بر ما نگشت[6]
چو شاپور رفت اندر آرام خویش — ز گیتی ندیدم بجز کام خویش
زمین هفت کشور مرا گشت راست — دلم یافت از بخت، چیزی که خواست»
اُ زان پس بر کارداران اوی — شهنشاه کردند عنوان اوی[7]

داستان داد و فرهنگ
اردشیر

کنون از خردمندی اردشیر — سخن بشنو و یک به یک یادگیر[8]
بکوشید و آیینِ نیکو نهاد — بگسترد بر هر سویی مهر و داد

---

۱ – خود با وزیر نادرست است، سخن در رج پسین می‌آید.
* – اردشیر در «ایوان» نبود و در میدان بود، پس سخن درست چنین است: **«ز میدان سوی تخت شد شهریار»**.
۲ – همچون کودکی شاپور، او را زیر زر و گوهر خفه کردند!! ۳ – دنباله سخن.
۴ – آتشکده را نمی‌توان با دیبا آراستن، لت دویم را نیز پیوند درست با لت نخست نیست. ۵ – سخن پایان ندارد.
٦ – سالیان نادرست است: «سالها» سال نیز (اندر نمی‌آید): «هفت سال گذشت»، «هفت سال شد».
۷ – اردشیر را در آغاز، شهنشاه خوانده بودند! ۸ – روی سخن بخوانتده برمی‌گردد.

بدرگاه، چون خواست، لشگر، فزون — فرستاد بر هر سویی رهنمون
که تا هر کسی را که باشد پسر — نماند؛ که بالا کند، بی‌هنر *
سواری بیاموزد و راه جنگ — بگرز و کمان و بتیرِ خدنگ
چو کودک ز کوشش بنیرو شدی — به هر تُخششی در، بی‌آهو شدی ●
ز کشور بدرگاه شاه آمدی — بدان نامور بارگاه آمدی
نوشتیعرض نام دیوانِ اوی — بیاراستی کاخ و ایوان اوی [1]
چو جنگ آمدی، نورسیده جوان — برفتی ز درگاه، با پهلوان
یکی موبدی را ز کارآگهان — که بودی خریدار کارِ جهان [2]
ابا هر هزاری یکی کارجوی — برفتی نگهداشتی کارِ اوی [3]
هرآنکس که در جنگ سست آمدی — به آورد ناتندرست آمدی [4]
شهنشاه را نامه کردی برآن — هم از بی‌هنر، هم ز جنگاوران [5]
جهاندار چون نامه برخواندی — فرستاده را پیش بنشاندی [6]
هنرمند را خلعت آراستی — ز گنج آنچه پرمایه‌تر خواستی [7]
چو کردی نگاه اندران بی‌هنر — نبستی میان جنگ را بیش‌تر [8]
چنین تا سپاهش بدان جا رسید — که پهنای ایشان ستاره ندید [9]
ازیشان کسی را که بُد رایزن — برافراختندی سرش ز انجمن [10]
که هر کس که خشنودیِ شاه جست — زمین را به خون دلیران بشست [11]
بیابد ز من خلعت شهریار — بود در جهان نام او یادگار [12]
به لشگر بیاراست گیتی همه — شبان گشت و پرخاشجویان رمه

---

* – هنر، جنگاوری است. ● –تُخشش: در پهلوی [illegible] توخشیشن، جنگاوری است.

۱ – **یک:** عَرَض تازی شدهٔ «دیوان جنگ» است که گاهگاه در نوشته‌های فارسی دیوان حرب نیز آمده است... پس، دیوان جنگ، نام دیوان او را چگونه می‌نوشت؟ **دو:** اگر هر جوان نورسیده را کاخ و ایوان بود، ایران‌گرامی را چرا بایستی از ستم ساسانیان فروشکستن؟!!

۲ – «یکی موبد» در این رج با «یکی کارجوی» در رج پسین همخوان نیست، و اگر هر جوان را موبدی سرپرست می‌بود، می‌بایستی بشمار جنگاوران، موبد نیز بمیدان نبرد می‌رفت!

۳ –سرپرستان سپاهیان «که» پت (=سرپرست ده سپاهی)، سدپت، هزارپت، و بیورپت (سردار ده هزار سپاهی) بوده‌اند نه تنها هزارپت.

۴ – «ناتندرست» در آوردگاه! هرآنکسِ سست در این رج، ۵ – با بی‌هنر و جنگاور در این رج همخوانی ندارد.

۶ – چون نامه برخواندی، نادرست است: «چون نامه را می‌خواند»،

۷ –... نیز در این رج خلعت می‌آراست... و در لت دویم همین رج می‌خواست.

۸ – **یک:** در نامه، چگونه به بی‌هنر نگاه می‌کرد؟ **دو:** اندر آن بی‌هنر نیز نادرست است: «بدان بی‌هنر». **سه:** در لت دویُم اردشیر، جنگ را میان نمی‌بست؟

۹ – **یک:** بدانجا رسید، از چگونگی کار سخن می‌گوید، باز آنکه افزاینده از شمار سپاه، سخن خواهد گفتن. **دو:** پهنای آنان را، یا پهنای سپاه را؟ **سه:** پهنا نیز نادرست است: «شمار آنان را».

۱۰ – این سخن با... «ابا هر هزاری یکی کارجوی» رودرروی ایستاده است. ۱۱ – در لت دویم بخون دلیران؟ یا بخون دشمنان؟

۱۲ – این سخن نیز با گفتار پیشین که اردشیر خود (خلعت می‌آراست) همخوان نیست.

*

به دیوانش کارآگهان داشتی ‌‌‌‌‌‌‌‌‌‌‌‌‌‌‌‌‌‌‌‌‌‌‌‌‌‌‌‌‌‌ به بی‌دانشان کار نگذاشتی
بلاغت نگه داشتندی و خط ‌‌‌‌‌‌‌‌‌‌‌‌‌‌‌‌‌‌‌‌‌‌‌‌‌‌‌‌‌‌ کسی کاو بُدی چیره بر یک نقط[۱]
چو برداشتی آن سخن رهنمون ‌‌‌‌‌‌‌‌‌‌‌‌‌‌‌‌‌‌‌‌‌‌‌‌‌‌‌‌‌‌ شهنشاه کردیش روزی فزون[۲]
کسی را که کمتر بُدی خطّ و ویر ‌‌‌‌‌‌‌‌‌‌‌‌‌‌‌‌‌‌‌‌‌‌‌‌‌‌‌‌‌‌ نرفتی بدیوان شاه اردشیر[۳]
سوی کارداران شدندی به کار ‌‌‌‌‌‌‌‌‌‌‌‌‌‌‌‌‌‌‌‌‌‌‌‌‌‌‌‌‌‌ قلم‌زن بماندی برِ شهریار[۴]
شناسنده بُد شهریار اردشیر ‌‌‌‌‌‌‌‌‌‌‌‌‌‌‌‌‌‌‌‌‌‌‌‌‌‌‌‌‌‌ چو دیدی به درگاه مرد دبیر[۵]
نویسنده گفتی که: «گنج آکنید ‌‌‌‌‌‌‌‌‌‌‌‌‌‌‌‌‌‌‌‌‌‌‌‌‌‌‌‌‌‌ هم از رای او رنج بپراکنید[۶]
بدو باشد آباد شهر و سپاه ‌‌‌‌‌‌‌‌‌‌‌‌‌‌‌‌‌‌‌‌‌‌‌‌‌‌‌‌‌‌ همان زیردستان فریادخواه[۷]
دبیران چو پیوند جان من‌اند ‌‌‌‌‌‌‌‌‌‌‌‌‌‌‌‌‌‌‌‌‌‌‌‌‌‌‌‌‌‌ همه پادشا بر نهان من‌اند»[۸]
چو رفتی سوی کشوری، کاردار ‌‌‌‌‌‌‌‌‌‌‌‌‌‌‌‌‌‌‌‌‌‌‌‌‌‌‌‌‌‌ بدو شاه گفتی: «درم؛ خوار دار
نباید که مردم؛ فروشی، بگنج ‌‌‌‌‌‌‌‌‌‌‌‌‌‌‌‌‌‌‌‌‌‌‌‌‌‌‌‌‌‌ که بر کس نماند سرای سپنج
همه راستی جوی و فرزانگی ‌‌‌‌‌‌‌‌‌‌‌‌‌‌‌‌‌‌‌‌‌‌‌‌‌‌‌‌‌‌ ز تو دور باد آز و دیوانگی
ز پیوند و خویشان مبر هیچکس! ‌‌‌‌‌‌‌‌‌‌‌‌‌‌‌‌‌‌‌‌‌‌‌‌‌‌‌‌‌‌ سپاه آنچه من یار دادمْتْ، بس
درم بخش، هر ماه، درویش را ‌‌‌‌‌‌‌‌‌‌‌‌‌‌‌‌‌‌‌‌‌‌‌‌‌‌‌‌‌‌ مده چیز مرد بداندیش را[۹]
اگر کشور آباد داری به داد ‌‌‌‌‌‌‌‌‌‌‌‌‌‌‌‌‌‌‌‌‌‌‌‌‌‌‌‌‌‌ بمانی تو آباد، و ز داد شاد[۱۰]
اُگر هیچ درویش خسپد به بیم ‌‌‌‌‌‌‌‌‌‌‌‌‌‌‌‌‌‌‌‌‌‌‌‌‌‌‌‌‌‌ همی جان فروشی به زرّ و به سیم»[۱۱]
هر آن کس که رفتی بدرگاه شاه ‌‌‌‌‌‌‌‌‌‌‌‌‌‌‌‌‌‌‌‌‌‌‌‌‌‌‌‌‌‌ بشایسته کاری، و گر دادخواه

*

شدندی بَرَش استواران اوی ‌‌‌‌‌‌‌‌‌‌‌‌‌‌‌‌‌‌‌‌‌‌‌‌‌‌‌‌‌‌ به پرسیدن از کارداران اوی *

---

۱ - این سخن برگرفته از گفتار بزرگمهر است که فرمود:

بلاغت چو با خط فراز آیدش ‌‌‌‌‌‌‌‌‌‌‌‌‌‌‌‌‌‌‌‌‌‌‌‌‌‌‌‌‌‌ بگفتار و معنی نیاز آیدش
بلفظ آن گزینند که کوتاهتر ‌‌‌‌‌‌‌‌‌‌‌‌‌‌‌‌‌‌‌‌‌‌‌‌‌‌‌‌‌‌ بخط آن نویسد، که دلخواه‌تر

۲ - سخن را برداشت؟ یا خط و (نقطه) را برداشت؟

۳ - خط کمتر چگونه باشد؟ دبیر را شاید خوش‌نویس بودن یا بدنویس بودن، نه کم‌نویس بودن!

۴ - قلم‌زنی کار آنانست که با قلم آهنین بر روی مس و روی و چوب نگاره می‌اندازند.

۵ - سخن درهم است، افزاینده را رای آن بوده است که بگوید: «اردشیر دبیران درگاه را می‌شناخت».

۶ - این سخن را هیچ گزارش نتوان کردن!

۷ - **یک**: به چه‌کس شهر و سپاه، آباد است؟ به نویسنده؟ **دو**: زیردستان نیز چون شهر و سپاه، آباد توانند بود؟

۸ - گزافه! ‌‌‌‌‌‌‌‌‌‌‌‌‌‌‌‌‌‌‌‌‌‌‌‌ ۹ - درویش نادرست است: «درویشان را».

۱۰ - کشور در دست اردشیر بود نه در دست یک کاردار در کشوری دیگر!

۱۱ - درویشان را بیم نیست، درویشی و ناداری است.

* - استوار برابر با (معتمد) تازی است: سخن چنین است، استواران اردشیر دربارهٔ آن کس و کارِ وی، از کارداران آن کس پژوهش ←

که دادست ازیشان و بگرفت چیز؟   وز ایشان که خسپد به تیمار نیز؟[1]
دگر آنکه در شهر دانا که‌اند   گر از نیستی ناتوانا که‌اند[2]
دگر کیست آنک ازدر پادشاست   جهاندیده پیر است و گر پارساست[3]
شهنشاه گوید که از رنج من   مبادا کسی شاد بی‌گنج من[4]
مگر مرد بادانش و یادگیر   چه نیکوتر از مرد دانا و پیر[5]
جهاندیدگان را همه خواستار   جوان و پسندیده و بردبار[6]
جوانان دانا و دانش‌پذیر   سزد گر نشینند بر جای پیر[7]
چو لشکرْش رفتی بجایی به جنگ   خرد یار کردیّ و رای و درنگ
فرستاده‌ای برگزیدی دبیر   خردمند و بادانش و یادگیر[8]
پیامی بدادی بآیین و چرب   بدان تا نباشد به بیداد حرب[9]
فرستاده رفتی برِ دشمنش   که بشناختی راز پیراهنش[10]
شنیدی سخن گر خرد داشتی   غم و رنج بد را به بد داشتی[11]
بدان یافتی خلعت شهریار   همان عهد و منشور با گوشوار[12]
اُگر تاب بودی به سرش اندرون   به دل کین و اندر جگر جوش خون[13]
سپه را بدادی سراسر درم   بدان، تا نباشند یک تن دژم
یکی پهلوان خواستی نامجوی   خردمند و بیدار و آرامجوی
دبیری بآیین و با دستگاه   که دارد ز بیداد، لشکر نگاه
اُزان پس یکی مرد بر پشت پیل   نشستی که رفتی خروشش دو میل
زدی بانگ ک:«ای نامداران جنگ   هر آن کس که دارد دل و نام و ننگ

→ می‌کردند.

۱ – «هرآنکس» در گفتار پیشین، با «ایشان» در لت دویم همخوان نیست.

۲ – که‌اند (=کیستند) برای «دانا» ناهمخوان است: «دانایان».

۳ – ازدر (=سزاوار) و سخن چنین می‌نماید کیست که سزاوار پادشاه است؟ باز آنکه افزاینده خواسته است بگوید کیست که سزاوار پرستش (=خدمت) شاه است.

۴ – گوینده این سخن کیست؟ شاه است؟ یا کسی از جانب شاه؟ سخن در همریخته است: که از رنج من بی گنج من شاد مباد! دوستداری شایسته آنستکه اگر گنج شاه نیز بدوستدار نرسد، باز از وی شاد باشد!

۵ – **یک:** سخن چنین است که همگان باگنج شاه شاد باشند مگر دانشمندان و دانش‌پژوهان. **دو:** لت دویم را نیز با لت نخست پیوند نیست.

۶ – جهاندیدهٔ جوان را چه گزارش است.

۷ – سخن زیبا است اما پیوسته به رج پیشین است.

۸ – خردمند را نشاید یادگیر خواندن.

۹ – **یک:** پیام آغاز جنگ را نشاید «چرب» بودن! پیام آغاز نبرد بایستی تند و بی‌پروا باشد. **دو:** افزاینده، حرب تازی را که هیچگاه در گفتار فردوسی نیامده است، از برای پساوای چرب برگزید.

۱۰ – راز پیراهن را چگونه توان شناختن؟ سخن از این، بیراه‌تر، و سخنگوی افزاینده از این ناآگاه‌تر نشاید!

۱۱ – چه‌کس سخن را می‌شنید؟ فرستاده؟ یا دشمن؟

۱۲ – باز روشن نیست که چه‌کس خلعت شهریار را می‌یافت(؟)

۱۳ – **یک:** سخن بی‌پایان است. **دو:** بدل و اندر جگر را (ش) باید همچون «سرش» در لت نخست.

نباید که بر هیچ درویش رنج / رسد، گر بر آن کس بود نام و گنج[۱]
به هر منزلی در، خورید و دهید / بران زیردستان سپاسی نهید[۲]
بچیز کسان، کس؛ میازید دست / هر آن کس که او هست یزدان‌پرست
بدشمن هر آن کس که بنمود پشت / شود زان سپس روزگارش درشت
اگر دخمه باشد به چنگال اوی / اُگر بند ساید بر و یال اوی[۳]
ز دیوان دگر نام او کرده پاک / خورش خاک و رفتنش بر تیره‌خاک[۴]

*

بسالار گفتی، که: «پستی مکن / همان تیزی و پیشدستی مکن
همیشه به پیش سپه، دار، پیل / طلایه پراکنده بر چار میل
نخستین یکی گِرد لشگر بگرد / چو پیش آیدت روز ننگ و نبرد[۵]
به لشگر چنین گوی کاین خود کی‌اند / بدین رزمگاه اندرون بر چی‌اند[۶]
ازیشان سد اسپ افگن از ما یکی / همان سد به پیش یکی اندکی[۷]
شما را همه پاک برنا و پیر / ستانم همه خلعت از اردشیر[۸]
چو اسپ افکند لشگر از هر دو روی / درآیند گردان پرخاشجوی
نباید که ماند تهی قلبگاه / اُگر چند بسیار باشد سپاه
چنان کن که با میمنه میسره / بکوشند جنگاوران یکسره[۹]
همان نیز با میسره میمنه / بکوشند و دلها همه بر بنه[۱۰]
بود لشگر و قلب بر جای خویش / کس از قلبگه نگسلد پای خویش[۱۱]
اُگر قلب ایشان بجنبد ز جای / تو با لشگر از قلبگاه اندرآی

*

چو پیروز گردی، ز کس؛ خون مریز / که شد دشمن بدکنش در گریز

---

۱ - سخن سخت سست می‌نماید.
۲ - خوردن سپاهیان درست! اما به چه کس دهند؟ سپاهیان شاهان همواره زندگیشان از دسترنج مردمان فراهم می‌آمده است.
۳ - دخمه چگونه بچنگال کسی می‌آید؟ افزاینده بی‌خرد خواسته است بگوید (اگر کسی از دشمن بگریزد) یا کشته می‌شود و پیکرش را بدخمه می‌نهند، یا بزندان می‌افتد.
۴ - سخن بی‌پایان است. خورش از خاک چگونه است؟
۵ - سخن را پیوند نیست.
۶ - کاین خود کی‌اند نادرست است (این) با کی (اند) ناهمخوان است بدین رزمگاه نیز نادرست: «در رزمگاه».
۷ - چگونه شاید که سد پهلوان اسپ‌افکن کمتر از یک سپاهی ساده باشند!
۸ - برنا کودک پنج تا ده ساله است که بجنگش نشاید رفتن، و پیر نیز خود جنگ کردن نتواند.
۹ - میمنه و میسره را در گفتار فردوسی جای نیست.
۱۰ - **یک**: دوباره... **دو**: سپاهی که دل (بر بُنه) داشته باشد چگونه پروای جنگیدنش هست؟
۱۱ - لشگر و قلب نادرست است. سخن درست پیشتر آمده است.

پادشاهی اردشیر

۳۲۴۴۵

چو خواهد ز دشمن کسی زینهار	تو زنهارده باش و کینه مدار
چو تو پشت دشمن ببینی، بچیز؛	مپرداز و مگذر هم از جای نیز ¹
نباید که ایمن شوید از کمین	سپه باشد اندر در و دشت کین ²
هر آنگه که از دشمن ایمن شوی	سخن گفتن کس همی نشنوی ³
غنیمت، بدان بخش کاو جنگ جست	به مردی دل از جان شیرین بشست ⁴
هر آنکس که گردد بدستت اسیر	بدین بارگاه آورش ناگزیر

۳۲۴۵۰

من از بهر ایشان یکی شارستان	برآرم به بومی که بُد خارستان
ازین پندها هیچ گونه مگرد	چو خواهی که مانی تو بیرنج و درد
به پیروزی اندر، بیزدان گرای	که او باشدت بیگمان رهنمای
ز جایی که آمد فرستاده‌ای	ز ترکیّ و رومیّ و آزاده‌ای ⁵
ازو مرزبان آگهی داشتی	چنین کارها خوار نگذاشتی ⁶

۳۲۴۵۵

به ره بر بُدی، خان او، ساخته	کنارنگ زان کار پرداخته ⁷
ز پوشیدنی‌ها و از خوردنی	نیازش نبودی بگستردنی ⁸
چو آگه شدی زان سخن کاردار	که او بر چه آمد بر شهریار ⁹
هیونی سرافراز و مردی دبیر	برفتی به نزدیک شاه اردشیر ¹⁰
بدان تا پذیره شدندی سپاه	بیاراستی تخت پیروز شاه ¹¹

۳۲۴۶۰

کشیدی پرستنده هر سو رده	همه جامه‌هاشان به زر آزده ¹²
فرستاده را پیش خود خواندی	به نزدیکی تخت بنشاندی ¹³
به پرسش گرفتی همه راز اوی	ز نیک و بد و نام و آواز اوی ¹⁴
ز داد و ز بیداد و از کشورش	از آیین و از شاه و از لشگرش ¹⁵

---

۱ - لت دویم بی‌پیوند و بی‌گزارش است.
۲ - چون سپاه اندر در و دشت باشد، کمین نتوانند کردن، کمین در کوه و تپه و دره شاید.
۳ - «شوی» در لت نخست، با همی نشنوی در لت دویم همخوان نیست.
۴ - لشگریان همه با هم جنگ می‌کنند، زیرا که در رزمگاه آنکس که جنگ نجوید، زخم می‌خورد!
۵ - فرستاده از روم شاید، اما بدانهنگام هنوز ترکان در آسیای میانین پدیدار نشده بودند و آزاده نیز ایرانی است، و از ایران برای ایران فرستاده نمی‌آید. ۶ - آگاهی داشتن با چنین کار همخوان نیست. ۷ - مرزبان یا کنارنگ؟
۸ - در کنار خوردنی و گستردنی، پوشیدنی(ها) نشاید آوردن.
۹ - از سخن؟، یا از آمدن فرستاده؟ لت دویم نیز نادرخور است.
۱۰ - هیون سرافراز چگونه است؟ که همراه مردی دبیر بنزدیک اردشیر می‌رفت!
۱۱ - یک: لت نخست پریشان است وبدان تا سپاهیان بپذیره. روند. دو: تخت شاه نیز همواره آراسته بوده است.
۱۲ - چون هر سو است پس «پرستندگان»، باید نه پرستنده. ۱۳ - دنبالۀ گفتار.
۱۴ - یک: راز را (به پرسش گرفتن) نشاید آشکار کرد. دو: بدِ فرستاده را نیز گزارش نیست. سه: اگر فرستاده را نام و آواز نمی‌بود، از سوی یک کشور دیگر بایران نمی‌فرستادندش. ۱۵ - نیز... هرگز فرستاده از بیداد کشور خویش سخن نمی‌گفت.

به ایوانش بردی فرستاده‌وار ∗ بیاراستی هرچه بودی بکار[1]
اُزان پس به خوان و می‌اش خواندی ∗ بر تخت زرّینش بنشاندی[2]
به نخچیر بردیش با خویشتن ∗ شدی لشگر بی‌شمار انجمن[3]
گُسی کردنش را فرستاده‌وار ∗ بیاراستی خلعت شهریار[4]
به هر سو فرستاد پس موبدان ∗ بی‌آزار و بیداردل بخردان[5]
که تا هر سویی شهرها ساختند ∗ بدین نیز گنجی بپرداختند[6]
بدان، تا کسی را که بی‌خانه بود ∗ نبودش نوا بخت بیگانه بود[7]
همان تا فراوان شود زیردست ∗ خورش ساخت با جایگاه نشست[8]
ازو نام نیکی بود در جهان ∗ چه بر آشکار و چه اندر نهان[9]
چو او در جهان شهریاری نبود ∗ پس از مرگ او یادگاری نبود[10]
منم ویژه زنده کن نام اوی ∗ مبادا جز از نیکی انجام اوی[11]
فراوان، سخن، در نهان داشتی ∗ بهر جای کارآگهان داشتی
چو بی‌مایه گشتی، یکی مایه‌دار ∗ ازآن آگهی یافتی شهریار[12]
چو بایست برساختی کار اوی ∗ نماندی چنان تیره بازار اوی[13]
زمین برومند و جای نشست ∗ پرستیدن مردم زیردست[14]
بیاراستی چون ببایست کار ∗ نگشتی نهانش به کس آشکار
تهیدست را مایه دادی بسی ∗ بدو شاد کردی دل هر کسی[15]
همان کودکان را به فرهنگیان ∗ سپردی چو بودی ورا هنگ آن[16]
به هر برزنی در، دبستان بُدی ∗ همان جای آتش‌پرستان بُدی
نماندی که بودی کسی را نیاز ∗ نگه داشتی سختی خویش راز[17]
بمیدان شدی بامداد پگاه ∗ برفتی کسی، کاو بُدی دادخواه

---

۱ - اردشیر، خود فرستاده را بایوان می‌برد؟... فرستاده را نشاید «فرستاده‌وار» گفتن و شاه را نباید خود ایوان فرستاده را آراستن.
۲ - دنبالهٔ گفتار. ۳ - لت دویم را پیوند درست با لت نخست نیست.
۴ - باز سخن از فرستاده‌وار می‌رود! ۵ - موبدان را توان ساختن شهر نیست. ۶ - دنبالهٔ گفتار.
۷ - لت دویم بی‌پیوند و بی‌پایان است.
۸ - **یک:** شاه را نشاید خورش را ساختن. **دو:** خورش را با جایگاه نشست همزمان نمی‌سازند. ۹ - دنبالهٔ گفتار...
۱۰ - شهریار نیک آنست که پس ازمرگش از او یادگارهای نیک فراوان مانَد.
۱۱ - **یک:** «زنده کن» آمیزه‌ای سخت نادرست است: «زنده گرداننده». **دو:** بجای انجام نیز می‌باید سرانجام آید.
۱۲ - سه رج میان رج پیشین و بیاراستی... جدایی می‌افکند.
۱۳ - چنان تیره چگونه باشد. مگر خواننده را توان‌سنجش اندازه تیرگی بازار آنکس هست که با «چنان» آنرا نشان دهند.
۱۴ - سخن پایان ندارد. ۱۵ - پس کار اردشیر گداپروری بوده است که «بدو شاد کردی دل هر کسی».
۱۶ - کودکان در لت نخست با «بودی» در لت دویم همخوان نیست.
۱۷ - سخن در رج سیُوم پیشین بگونه‌ای دیگر آمده است.

۱۳۶ پادشاهی اردشیر

نجستی؛ بداد اندر، آزرمِ کس چه کهتر، چه مهتر، چه فریادرس
چه کهتر چه مهتر به نزدیک اوی نجستی همی رای تاریک اوی[1]
ز دادش جهان یکسر آباد کرد دل زیردستان به خود شاد کرد[2]
جهاندار، چون گشت با داد؛ جفت زمانه، پیِ او نیارد نهفت
فرستاده بودی به گرد جهان خردمند و بیدار کارآگهان[3]
بجایی که بودی زمین خراب اُگر تنگ بودی برود اندر، آب[4]
خراج اندر آن بوم برداشتی زمین کسان خوار نگذاشتی[5]
گر ایدونکه دهقان بُدی تنگدست سوی نیستی گشته کارش ز هست[6]
بدادی ز گنج، آلت و چارپای نماندی که پایش برفتی ز جای[7]
ز دانا سخن بشنو ای شهریار جهان را بر این گونه آباد دار[8]
چو خواهی که آزاد باشی ز رنج بی‌آزار و بی‌رنج و آکنده گنج[9]
بی‌آزاری زیردستان گزین بیابی ز هرکس به داد آفرین[10]

اندرز

اردشیر بابکان

چو از روم و چین و ز ترک و ز هند جهان شد مر او را چو رومی پرند[11]
ز هر مرز پیوسته شد باژ و ساو کسی را نبُد؛ با جهاندار، تاو
همه مهتران را از ایران بخواند سزاوار، بر تخت شاهی نشاند
ازآنپس شهنشاه بر پای خاست به خوبی بیاراست گفتارِ راست

---

۱ - **یک:** از کهتر و مهتر در رج پیشین یاد شد. **سه:** رایِ اردشیر را تاریک می‌نماید... افزاینده خواسته است که سخن زیبای فردوسی را «نگشتی نهانش بکس آشکار» بگونه‌ای دیگر بیاراید. **دو:** رای جستنی نیست.
۲ - «ز دادش» را «آباد شد» باید.
۳ - از گسیل کردن کارآگهان، پیش از این سخن رفت.
۴ - **یک:** زمین خراب چه بوده باشد؟ زمین خشک، زمین ناآباد... **دو:** آب تنگ نمی‌شود، آب کم می‌شود.
۵ - «خراج اندر آن بوم» نادرست است: «خراج را (از) آن بوم» شاید.
۶ - سوی نیستی گشته، مرده بود و نیازش بیاری کسی نیست.
۷ - **یک:** دهقان تنگدست که افزارهای کشاورزی را گم نمی‌کند! تنها بایستی بدو یاری با درم رساندن. **دو:** «پایش برفتی ز جای» نیز سخنی نابسامان است.
۸ - دو رج: افزاینده سخن را به محمود سبکتکین بازگرداند.
۹ - پیش‌گفتار سخن افزودهٔ پسین.
۱۰ - بی‌آزاری زیردستان گزین نادرست است: «بر زیردستان آزار مرسان»، «بر زیردستان آزار روا مدار».
۱۱ - **یک:** هِند را پَرَند پساوا نیست. **دو:** جهان چگونه چون پرند می‌شود؟ افزاینده را رای بر آن بوده است که بگوید جهان فرمانبردار وی شد!

اندرز اردشیر ۱۳۷

*

چنین گفت ک: «ای نامداران شهر ز رای و خرد، هر که دارید بهر؛
بدانید کاین تیز گردان سپهر ننازد به داد و نیازد بمهر
هرآنرا که خواهد، برآرد بلند هم آخر سپارد بخاک نژند
نماند بجز نام، زو در جهان همه رنج، با او شود در نهان
بگیتی ممانید جز نام نیک هر آن کس که خواهد سرانجام نیک

*

ترا روزگار، اورمزد آن بود که خشنودی پاک یزدان بود [1]
به یزدان گرای و به یزدان گشای که دارنده اوست و نیکی‌فزای [2]
ز هر بد به دادار کیهان پناه که اوراست، بر نیک و بد، دستگاه [3]
کند بر تو آسان همه کار سخت ز رای دل‌افروز و پیروزبخت [4]
نخستین ز کار من اندازه گیر گذشته بد و نیک من تازه گیر [5]
چو بردم به دادار کیهان پناه مرا داد بر نیک و بد دستگاه [6]
زمین هفت کشور بشاهی مرا است چنان کز خداوندی او سزا است
همی باژ خواهم ز روم و ز هند جهان شد مرا همچو رومی پرند [7]
سپاسم ز یزدان که او داد زور بلنداختر و بخش کیوان و هور [8]
ستایش که داند سزاوار اوی نیایش بر آیین و کردار اوی [9]
مگر کاو دهد بازمان زندگی بماند بزرگیّ و تابندگی [10]
کنون هرچه خواهیم کردن ز داد بکوشیم و از داد باشیم شاد*
ز ده یک، مرا چند، بر شهرهاست که دهقان و موبد برآن بر گوا است [11]
چو باید شما را ببخشم همه همان ده یک و بوم و باژ و رمه [12]

---

۱ - **یک:** روی سخن ببزرگان بود، و به «تو» برگشت. **دو:** روزگار، اورمزد نادرست است: روز نخستین ماه، اورمزد، نزد ایرانیان گرامی بوده است. ۲ - **یک:** هنوز سخن روی به «تو» دارد. **دو:** چه چیز را بیزدان گشای!؟

۳ - ایرانیان بر این باور بودند که خداوند سرآغاز همهٔ نیکی‌ها است و بدی از او بر نمی‌آید، و اگرچه اردشیر به اردوان بدکرد، اما در گفتار بایستی برابر با اندیشه و آیین ایرانی گوید.

۴ - لت دویم را هیچ گزارش نیست و چنان می‌نماید که خداوند را بخت پیروز است و رایش دل‌افروز!

۵ - **یک:** سخن روی به «تو» دارد. **دو:** اردشیر «بدیِ» خویش را بیاد نمی‌آوَرَد.

۶ - دوباره به دستگاهِ بد خود بازمی‌گردد! ۷ - دوباره از جهانی که بسانِ (پرند رومی) باشد، سخن می‌رود.

۸ - ستاره کیوان، و خورشید را هر یک بخشی دیگر است. ۹ - خداوند را نیز چون مردمان دارای آیین کرد.

۱۰ - مگر زندگی را از او گرفته بود؟ که بازش دهد!

* - سخن از دَه یک باژی که از مردمان می‌گرفتند پس از این می‌آید.

۱۱ - اینجا از بخشیدن سخن می‌رود، باز آنکه در سخن آینده از آرایش لشگر بیشمار با آن ده یک یاد می‌شود.

۱۲ - سخن سست بی‌گزارش.

۱۳۸ پادشاهی اردشیر

مگر آنکه آید شما را فزون / بیارد سوی گنج ما رهنمون
ز ده، یک؛ که من بستدم پیش ازین / ز باژ، آنچه کم بود، گر بیش ازین؛
همی از پی سود، بردم بکار / به در داشتن، لشگر بیشمار
بزرگی همی جستم و ایمنی / نهان کردنِ کیش اهریمنی
شما دست یکسر بیزدان زنید● / بکوشید و پیمان او مشکنید
که بخشنده اویست و دارنده اوی / بلند آسمان را، نگارنده اوی
ستمدیده را، اوست فریادرس / منازید با نازش او، بکس
نباید نهادن دل اندر فریب / که پیشِ فراز، اندرآید نشیب
کجا آنکه برسود تاجش به ابر / کجا آنکه بودی شکارش هژبر[1]
نهالی همه خاک دارند و خشت / خنک آنکه جز تخم نیکی نکشت[2]
همه هر که هست اندرین مرز من / کجا گوش دارند اندرز من[3]
نمایم شما را کنون راه پنج / که سودش فزون آید از تاج و گنج[4]
به گفتار این نامدار اردشیر / همه گوش دارید برنا و پیر[5]
هر آن کس که داند که دادار هست / نباشد مگر پاک و یزدان‌پرست
دگر آنکه دانش مگیرید خوار / اگر زیردست‌اید و گر شهریار
سدیگر بدانند که هرگز سخن / برِ مرد دانا نگردد کهن
چهارم چنان دان که بیم گناه / فزون باشد از بند و زندان و چاه
به پنجم سخن؛ مردم زشتگوی / نگیرد بنزد کسان آبروی
بگویم یکی تازه اندرز نیز / کجا برتر از دیده و جان و چیز[6]
خنک آنکه آباد دارد جهان / بود آشکارای او چون نهان[7]
دگر آنکه دارند آواز گرم / خرد دارد و شرم و گفتار نرم[8]
به پیش کسان سیم از بهر لاف / به بیهوده بپراگند بر گزاف[9]
ز مردم ندارد کسی زان سپاس / نبپسندد آن مرد یزدان‌شناس[10]

● - دست زدن بیزدان درست نیست و «دست بَرید» درست می‌نماید.
۱ - تاج «برسود» نادرست است: «تاجش بآبر رسید».
۲ - سخن از شاهنامه برگرفته شده است.
۳ - سخن در این رج گونه‌های فراوان دارد (خالقی مطلق ۲۲۵-۶) که همه نادرست می‌نماید زیرا که گفتار درست شاهنامه، در رج سیُوم پس از این با «هرآنکس» می‌آید.
۴ - راه پنج نادرست است: پنج راه.
۵ - سخن بگوینده‌ای دیگر برگشت.
۶ - لت دویم را پایان نیست.
۷ - چون سخن از آشکارای (او) می‌رود از نهان (او) باید گفتن.
۸ - «دارند» در لت نخست، با «دارد» در لت دویم همخوان نیست.
۹ - آن کسان که آوای نرم و شرم و خرد داشتند یکباره لافزن و گزافه‌گوی شدند!
۱۰ - «مردم» در لت نخست با «مرد» در لت دویم همخوان نیست.

میانه گزینی بمانی بجای / خردمند خوانند و پاکیزه‌رای[1]
کز این بگذری پنج رای است پیش / کجا تازه گردد ترا دین و کیش[2]
تن‌آسانی و شادی افزایدت / که با شهد او، زهر نگزایدت[3]
یکی آنکه از بخشش دادگر / به آز و بکوشش، نیابی گذر[4]
توانگر شود هر که خرسند گشت / گل نوبهارش برومند گشت[5]
دگر بشکنی گردن آز را / نگویی به پیش زنان راز را[6]
سدیگر نیازی به ننگ و نبرد / که ننگ و نبرد آورد رنج و درد[7]
چهارم که دل دور داری ز غم / ز ناآمده، دل نداری دژم[8]
نپیچی بکاری که کار تو نیست / نتازی بدان، کاو شکار تو نیست[9]

*

همه گوش دارید پند مرا / سخن گفتن سودمند مرا[10]
بود بر دل هر کسی ارجمند / که یابند ازو ایمنی از گزند[11]
زمانی میاسای ز آموختن / اگر جان همی خواهی افروختن
چو فرزند باشد، به فرهنگ، دار / زمانه؛ ز بازی، بر او تنگ دار
همه یاد دارید گفتار ما / کشیدن بدین کار تیمار ما[12]
هر آن کس که با داد و روشن دلید / از آمیزش یکدگر مگسلید[13]
دل آرام دارید بر چار چیز / کز آن خوبی و سودمندی‌ست نیز[14]
یکی بیم و آزرم و شرم خدای / که باشد ترا یاور و رهنمای[15]
دگر داد دادن تن خویش را / نگه داشتن دامن خویش را[16]
به فرمان یزدان دل آراستن / مرا چون تن خویشتن خواستن[17]
سدیگر که پیدا کنی راستی / بدور افکنی کژی و کاستی[18]

---

۱ - لت نخست را آغازگرِ «اگر» باید، و لت دویم را نیز (مردمان ترا) خردمند خوانند.
۲ - سخن، روی؛ بیک‌کس کرد. ۳ - «او» در این رج با «پنج رای» در رج پیشین همخوان نیست.
۴ - سخن درست است، اما پیوسته بگفتار است. ۵ - کنش گشت بایستی به «گردد» گردد!
٦ - **یک:** از «آز» در رج دویم پیشین یاد شد. **دو:** راز را پیش زنان گفتن هیچ پیوند با «آز» ندارد.
۷ - باژگونه است... که همه زندگی اردشیر، به نبرد گذشت. ۸ - سخن زیبا، و پیوسته بگفتار است.
۹ - همچنین. ۱۰ - این سخن در آغاز آمده بود.
۱۱ - سخن درهمریخته است، (هر آنکس که مردمان) از او ایمن (باشند) (نزد همگان) ارجمند است. ۱۲ - من، به ما برگشت.
۱۳ - هرآنکس در لت نخست با مگسلید در لت دویم همخوان نیست.
۱۴ - چار چیز در لت نخست را، در لت دویم «آنها» باید. ۱۵ - بیم را نشاید با آزرم و شرم آوردن.
۱٦ - نگاه داشتن دامن نادرست است: «پاک نگاه داشتن».
۱۷ - لت دویم رونویسی نادرست از سخن رج سیُوم پسین است.
۱۸ - «دارید» در آغاز این گفتار، به «پیدا کنی» بازگشت، و روی سخن از همگان به تو.

چهارم که از رای شاه جهان   نپیچی دلت آشکار و نهان[1]
ورا چون تن خویش خواهی بمهر   بفرمان او تازه گرددت، چهر![2]
دلت بسته داری به پیمان اوی   روان را نپیچی ز فرمان اوی[3]
بر او مهر داری چو بر جان خویش   چو با داد بینی نگهبان خویش[4]
غم پادشاهی جهانجوی راست   ز گیتی فزونی سگالد نه کاست[5]
گر از کارداران و ز لشگرش   بداند که رنج است بر کشورش[6]
نیازد به داد او جهاندار نیست   بر او تاج شاهی سزاوار نیست[7]
سیه کرد منشور شاهنشهی   ازان پس نباشد ورا فرّهی[8]
چنان دان که بیدادگر شهریار   بود شیر درّنده در مرغزار[9]
همان زیردستی که فرمان شاه   به رنج و به کوشش ندارد نگاه[10]
بود زندگانیش با درد و رنج   نگردد کهن در سرای سپنج[11]
اگر مهتری یابد و بهتری   نیابد به زفتی و گنداوری[12]
دل زیردستان ما شاد باد   هم از دادِ ما گیتی آباد باد»

*

چو بر تخت بنشست شاه اردشیر   بشد پیشِ گاهش یکی مردِ پیر
کجا؛ نام آن پیر، خرّاد بود   زبان و روانش پر از داد بود
چنین داد پاسخ که: «ای شهریار   انوشه بزی، تا بود روزگار
همیشه بَوی شاد و پیروزبخت   بتو شادمان کشور و تاج و تخت
به جایی رسیدی که مرغ و دده   زنند از پسِ پشتِ تختت رده
بزرگِ جهان، از کران تا کران   سرافراز؛ بر تاجور مهتران
که؟ داند سخن گفتن از داد تو   که داد و بزرگی است بنیاد تو
همان آفرین در فزایش کنیم   خدای جهان را نیایش کنیم
که ما زنده اندر زمان توایم   به هر کار، نیکی گمان توایم
خریدار، دیدار و چهرِ ترا   همان خوب گفتار و مهرِ ترا

---

۱ -لت دویم را «راه باید «دل را».   ۲ - وابسته بگفتار پیشین.
۳ - روان را پیچاندن، همان دل را پیچاندن است که در گفتار پیشین گذشت.
۴ - سخن برای سدیگر بار می‌آید.   ۵ - هرچه جهانجوی را فزون‌خواهی باشد، روزگار مردمان تنگ‌تر می‌شود.
۶ - پیوند درست میان لت نخست با لت دویم نیست.   ۷ - نیز این رج را...
۸ -کنش نیست در رج پیشین با «کرد» در این رج همخوان نیست.   ۹ - روی سخن به «تو» بازگشت.
۱۰ - چه چیز را نگاه ندارد؟   ۱۱ - پیوسته برج پیشین.
۱۲ -سخن سخت ناسزاوار... افزاینده خواسته است بگوید که اگر زیردستی از زیردستان ما، مهتری و بهتری یابد، با درشتی ما (و جنگ ما) روبرو نمی‌شود.

تو ایمن بوی کز تو ما ایمنیم / مباداکه پیمان تو بشکنیم
تو بستی ره بدسگالان ما / ز هند و ز چین و همالان ما[1]
پراکنده شد غارت و جنگ و جوش / همم؛ آواز دشمن نیاید بگوش
بمانی چنین شاد، تا جاودان / همیشه سر و کار با بخردان[2]
نه کس چون تو دارد ز شاهان خرد / نه اندیشه از رای تو بگذرد
پیی برفکندی به ایران ز داد / که فرزند ما باشد از داد شاد
بجایی رسیدی هم اندر سَخُن / که نو شد؛ ز رای تو، مرد کَهُن
خردها فزون شد ز گفتار تو / جهان گشت روشن بدیدار تو
بدین انجمن هر که دارد نژاد / بتو شادمانند*، و از داد، شاد
تویی خلعت ایزدی، بخت را / کلاه و کمر بستن و تخت را
بمانی چنین شاد، با مهر و داد / ندارد جهان چون تو خسرو بیاد
جهان ایمن از رای و از فرِّ تست / خنک آنکه در سایهٔ پرِّ تست
همیشه سر تخت، جای تو باد / جهان زیر فرمان و رای تو باد»

گفتار فردوسی

الا ای خریدار مغز سخن / دلت برگسل زین سرای کهن
کجا؛ چون من و چون تو بسیار دید / نخواهد همی با کسی آرمید
اگر شهریاریّ و گر پیشکار / تو ناپایداری و او پایدار
چه با رنج باشی، چه با تاج و تخت / ببایدْت بستن، بفرجام؛ رخت
اگر ز آهنی، چرخ بگدازدت / چو گشتی کهن، نیز ننوازدت
چو سرو دلارای گردد بخم / خروشان شود نرگسان دژم؛
همان چهرهٔ ارغوان؛ زنفران / سبک مردمِ شاد، گردد گران!
اگر شهریاریّ و گر زیردست / بجز خاک تیره نیابی نشست
کجا؟ آن بزرگانِ با تاج و تخت! / کجا؟ آن سواران پیروزبخت!
کجا؟ آن خردمند گنداوران! / کجا؟ آن سرافراز و جنگی سران!

---

۱ - هندیان و چینیان، بدسگال ایران نبودند، و همالان را در لت دویم گزارش نیست.

۲ - سخن در رج هفتم پسین بگونهٔ درست می‌آید، زیرا که در لت دویم این رج سروکار(ت) باید! و در میان گفتار نیز آرزوی جاودانی کس را کردن درست نمی‌نماید.

* - «شادمان است» درست می‌نماید.

کجا؟ آن گزیده نیاکان ما!　　کجا؟ آن دلیران و پاکان ما!
همه؛ خاک دارند بالین و؛ خشت　　خُنُک آنکه جز تخم نیکی نکشت
نشان بس بود شهریار اردشیر　　چو از من سخن بشنوی یاد گیر [1]

پیمان اردشیر بابکان
با
شاپور

چو سالش در آمد بهفتاد و هشت　　جهاندارِ بیدار، بیمار گشت
بفرمود تا رفت، شاپور؛ پیش　　ورا پندها داد ز اندازه بیش
بدانست کآمد بنزدیک مرگ　　همی زرد خواهد شدن سبز برگ [2]
بدو گفت ک:«این عهد من یاد دار　　همه گفتِ بدگوی را باد دار
سخن‌های من چون شنودی، بوَرز　　مگر بازدانی ز ناارز، ارز
جهان راست کردم بشمشیرِ داد　　نگه داشتم ارج مرد نژاد*
چو کار جهان، مر مرا؛ گشت راست　　فزون شد زمین، زندگانی بکاست
ازآنپس که بسیار بردیم رنج　　برنج اندرون، گِرد کردیم گنج؛ [3]
شما را همان رنج پیش است و ناز　　زمانی نشیب و زمانی فراز
چنین است کردار گردان سپهر　　گهی، درد پیش آردت، گاه مهر
گهی بخت گردد چو اسپی شموس　　به نعم اندرون زفتی آردت و بوس [4]
زمانی یکی باره‌ای ساخته　　ز فرهختگی سر برافراخته [5]
بدان ای پسر کاین سرای فریب　　ندارد ترا شادمان بی‌نهیب [6]
نگهدارِ تن باش و آنِ خرد　　چو خواهی که روزت ببد نگذرد
چو بر دین کند شهریار آفرین　　برادر شود شهریاریّ و دین
نه بی‌تختِ شاهی‌ست دینی بپای　　نه بی‌دین بود شهریاری بجای [7]

۱ – افزوده بودن سخن آشکار است.　　۲ – آمد بنزدیک مرگ سست می‌نماید: «مرگ نزدیک شد».

* – در نمونه‌ها «مردِ نژاد» آمده است که درست نیست زیراکه می‌بایستی «مردِ نژاده» بوده باشد، نگارنده می‌اندیشد که سخن چنین بوده است **«ارج مرد و نژاد»** ارزش مرد و ارزش نژاد...　　۳ – سخن در رج پیشین گذشت.

۴ – افزاینده سخن سست را از گفتارهای افزایندهٔ داستان اسکندر برگرفته است.

۵ – اسپ را نمی‌توان فرهیخته خواندن.　　۶ – اردشیر هفتاد و هشت ساله با شاپور پنجاه ساله چنین سخن نمی‌گوید.

۷ – دینی نادرست است دین بپای، و این سخن در رج دوئم پس از این بگونهٔ درست می‌آید.

پیمان اردشیر با شاپور ۱۴۳

دو دیباست یک در دگر بافته   برآورده پیش خرد تافته[1]
نه از پادشا، بی‌نیاز است دین!   نه بی‌دین بُوَد، شاه را آفرین

*

چنین پاسبانان یکدیگرند   تو گویی که در زیر یک چادرند[2]
نه آن زین نه این زان بود بی‌نیاز   دو انباز دیدیم‌شان نیک‌ساز[3]
چو باشد خداوند رای و خرد   دو گیتی همی مرد دینی برد[4]
چو دین را بُوَد پادشا پاسبان   تو این هر دو را جز برادر مخوان[5]
چو دیندار کین دارد از پادشا   مخوان تا توانی ورا پارسا[6]
هر آن کس که بر دادگر شهریار   گشاید زبان مردِ دینش مدار[7]
چه گفت آن سخنگوی با آفرین   که: «چون بنگری مغز داد است دین[8]
سرِ تخت● شاهی بپیچد سه کار؛   نخستین ز بیدادگر شهریار
دگر آنکه؛ بیمایه را برکشد   ز مرد هنرمند برتر کشد
سدیگر که با گنج خویشی کند   بدینار کوشد که بیشی کند
به بخشندگی یاز و دین و خرد   دروغ ایچ تا با تو برنگذرد[9]
رخ پادشا تیره دارد دروغ   بلندیش هرگز نگیرد فروغ[10]
نگر تا نباشی نگهبان گنج   که مردم ز دینار یازد به رنج[11]
اگر پادشا آزِ گنج آورد   تن زیردستان به رنج آورد[12]
کجا گنج دهقان بُوَد، گنج او است   اگر چند بی‌کوشش و رنج او است
نگهبان بُوَد شاه گنج ورا   ببار آورد، شاخِ رنج ورا

۱ - **یک:** دو دیبا را نمی‌توان یکی در دیگر بافتن که تار و پود را توان چنین کردن. **دو:** لت دویم نیز بی‌گزارش و پیوند است.
۲ - سخن با چنین سست می‌نماید: «این دو»... تو گویی. ۳ - چند باره گفتن.
۴ - سخن پریشان... افزاینده را رای بر آن بوده است که بگوید اگر مرد دینیار را خرد و رای باشد در دو گیتی پیروز است.
۵ - چندباره گفتن. ٦ - تا توانی نادرخور است یا پارسا است، یا نیست، و اگر نیست بایستی ناپارسایش خواندن.
۷ - روشن نیست آنکس را که زبان بر پادشا می‌گشاید پیشه چیست! شاید که او کشاورز بوده باشد.
۸ - کدام سخنگوی؟ که او را نمی‌شناسیم و بایستی آفرینش خوانیم.
● - این لت بدو گونهٔ «سرِ تخت شاهی» و «سر تخت شاهان» آمده است. **یک:** از آنجا که تخت را «سر» نیست، و آنچه که در تخت بشاهی استواری می‌بخشد پایهٔ آن است بر این بنیاد من چنین می‌اندیشم که در گفتار فردوسی «سر بخت» بوده است که اگر بپیچد تیره‌روزی می‌آورد. **دو:** شاهی و شاهان نیز درست نمی‌نماید، زیرا که همهٔ شاهان یکسان نیستند، تا داوری یگانه درباره‌شان روا باشد، و از آنجا که در دو رج آینده کننده (فاعل) همواره یگانه است، بیگمان، «شاهان» در گفتار فردوسی نبوده است. نگارنده چنین می‌اندیشد که فردوسی چنین سروده است: **«سر بختِ شه را بپیچد سه کار»**...
۹ - دروغ را گذر بر کس نیست، که او خود دروغ می‌گوید!
۱۰ - پادشا را (را) باید. در لت دویم نیز «بلندی شاه دروغ‌ورز...»
۱۱ - لت دویم بی‌پیوند است زیرا که «مردم از دینار برنج نمی‌یازد»، که «از رنج آز بگنج می‌یازد». ۱۲ - دوباره گویی.

بدان کوش تا دور باشی ز خشم بمردی بخواب از گنهکار چشم[1]
چو خشم آوری هم پشیمان شوی به پوزش نگهبان درمان شوی[2]
هر آنکه که خشم آورد پادشا سبکمایه خواند ورا، پارسا
چو بر شاه زشت است بدخواستن ببايد به خوبی دل آراستن
اُگر بیم داری بدل، یکزمان شود خیره، رایِ دل بدگمان
ز بخشش منه بر دل اندوه نیز بدان تا توان ای پسر ارج چیز[3]
چنان دان که شاهی بدان پادشاست که دور فلک را ببخشید راست[4]
زمانی غم پادشاهی برد رد و موبدش رای پیش آورد[5]
بپرسد هم از کار بیداد و داد کند این سخن بر دل شاه یاد[6]
به روزی که رای شکار آیدت چو یوز دونده به کار آیدت[7]
دو بازی، بهم در، نباید زدن می و بزم و نخچیر و بیرون شدن
که تن گردد از جستن می گران نگه داشتند این سخن مهتران[8]
اگر دشمن آید ز جایی پدید ازین کارها دل بباید برید
درم دادن و تیغ پیراستن ز هر پادشاهی سپه خواستن
به فردا ممان کار امروز را برِ تخت منشان بدآموز را
مجوی از دل عامیان راستی که از جست‌وجو آیدت کاستی[9]
اُز ایشان ترا گر بد آید خبر تو مشنو ز بدگوی و انده مخوَر[10]
نه خسروپرست و نه یزدان پرست اگر پای‌گیری سر آید به دست[11]
چنین باشد اندازهٔ عام شهر ترا جاودان از خرد باد بهر[12]
بترس از بدِ مردمِ بدنهان که بر بدنهان تنگ گردد جهان
سخن هیچ مگشای با رازدار که او را بَوَد نیز، انباز و یار*

---

۱ - لت دویم نادرست است: «بمردی بپوش از گنهکار چشم».
۲ - لت دویم نادرخور است.
۳ - لت دویم رودرروی لت نخست است.
۴ - افزاینده خواسته است بگوید که شاهی از آن خداوند است.
۵ - سخن بی‌پیوند و بی‌گزارش است.
٦ - چه‌کس بپرسد؟ و چه‌کس یاد کند؟
۷ - در لت نخست بروزی نادرخور است: «هر آن روز» و در لت دویم، «چو» نابکار است.
۸ - می را جُستن؟ یا می را نوشیدن؟ لت دویم نیز بی‌پیوند است.
۹ - عام را در گسترهٔ گفتار فردوسی راه نیست. افزاینده خواسته است که رج پیشین را گزارش کند و بیشتر بشکافد، بجای مردم بدآموز، عامیان آورده است، و از مردمان ساده‌دل راستگوی با خوارداشت، یاد کرده است.
۱۰ - این گفتار ناآگاهی از کار کشور را می‌رساند و رودرروی آنهمه پاسداشت و کارآگاهی می‌ایستد.
۱۱ - سخن نابهنجار! چگونه می‌توان همهٔ مردمان یک کشور را نه بر آیین همان کشور در شمار آوردن؟
۱۲ - باز واژهٔ عام آمده است، و باز خوارداشت همگان.
* - این گفتار زیبا، سعدی را به چنین سخن، ره نموده است:

«هر آن راز را که خواهی پوشیده ماند با دوستان مخلص در میانه منه، که آن دوستان مخلص را نیز دوستان مخلص
←

*

سخن را تو آکنده دانی همی ... ز گیتی پراکنده خوانی همی[1]
چو رازت به شهر آشکارا شود ... دل بخردان بی‌مدارا شود[2]
بر آشوبی و سربسک خواندت ... خردمند، گر پیش بنشاندت[3]
تو عیب کسان تا توانی مجوی ... که عیب آوَرَد بر تو بر، عیب‌جوی
اُگر چیره گردد هوا، بر خرد ... خردمندت از مردمان نشمرد
خردمند باید جهاندار شاه ... کجا، هر کسی را، بُوَد نیکخواه[4]
کسی کاو بود تیز و برترمنش ... بپیچد ز پیغاره و سرزنش
مبادا که گیرد به نزد تو جای ... چنین مرد گر باشدت رهنمای[5]
چو خواهی که بستایدت پارسا ... بنه خشم و کین چون شوی پادشا[6]
هوا چون که بر تخت حشمت نشست ... نباشی خردمند و یزدان‌پرست[7]

*

نباید که باشی فراوان سخن ... بروی کسان، پارسایی مکن
سخن بشنو و بهترین یاد گیر ... نگر تا کدام آیدت دلپذیر[8]
سخن پیش فرهنگیان، سخته؛ گوی ... گهِ می، نوازنده و، تازه‌روی
مکن خوار، خواهنده درویش را ... برِ تخت منشان بداندیش را[9]
هر آن کس که پوزش کند بر گناه ... تو بپذیر و کینِ گذشته مخواه
همه دادده باش و پروردگار ... خُنُک؛ مردِ بخشنده و بردبار
چو دشمن بترسد شود چاپلوس ... تو لشگر بیارای و بربند کوس[10]
به جنگ آنگهی شو که دشمن ز جنگ ... بپرهیزد و سست گردد به ننگ[11]
اُگر آشتی جوید و راستی ... نبینی به دلش اندرون کاستی[12]

← باشد، همچنین مسلسل». **۱** - یک کس را نشاید که خود آکنده داند، و خود پراکنده خواند.

۲ - دنباله گفتار. **۳** - کدام خردمند را یارای آن هست که «شاهنشاه» را پیش خود بنشاند؟

۴ - خردمند بودن را شاید از نیکخواه بودن، جدا باشد. گاه شاید که نیکخواه خردمند نباشد.

۵ - اگر رهنمای باشد، پس نزد شاه نیز جای دارد.

۶ - لت دویم نادرست است: «بر خشم و کین چیره باش».

۷ - تخت حشمت چگونه است؟ «اگر هوا بر تو پیروز شود...» **۸** - سخن دلپذیر، شاید که بهترین سخن نباشد.

۹ - درویشان را خود بنزدیک پادشاه راه نیست.

۱۰ - **یک**: چاپلوس واژه‌ای تازه است. **دو**: لت دویم نیز رودرروی آن سخن اردشیر ایستاده است که

چو خواهد ز دشمن، کسی، زینهار ... تو زنهارده باش و کینه مدار

۱۱ - آنگهی نادرست است، و این گفتار نیز همچون گفتار پیشین با سخن یاد شده رودرروی است.

۱۲ - افزاینده خود بیاد آورد، و از گفتار پیشینِ خویش بازمی‌گردد.

ازو باژ بستان و کینه مجوی — چنین دار نزدیک او آب روی[1]
بیارای دل را به دانش که ارز — به دانش بود تا توانی بورز[2]
چو بخشنده باشی گرامی شوی — ز دانایی و داد نامی شوی[3]
تو عهد پدر با روانت بدار — به فرزند مان هم‌چنین یادگار[4]
چو من حقّ فرزند بگزاردم — کسی را ز گیتی نیازاردم[5]
شما هم ازین عهد من مگذرید — نفس داستان را به بد مشمرید[6]
تو پند پدر همچنین یاد دار — به نیکی گرای و بدی باد دار[7]
بخیره، مرنجان روان مرا — به آتش تن ناتوان مرا[8]
به بد کردن خویش و آزار کس — مجوی ای پسر درد و تیمار کس[9]
بر این بگذرد سالیان پنج‌سد — بزرگی شما را به پایان رسد[10]
بپیچد سر از عهد فرزند تو — هم آن کس که باشد ز پیوند تو[11]
ز رای و ز دانش به یک سو شوند — همان پند دانندگان نشنوند[12]
بگردند یکسر ز عهد و وفا — به بیداد یازند و جور و جفا[13]
جهان تنگ دارند بر زیردست — بر ایشان شود خوار یزدان‌پرست[14]
بپوشند پیراهن بدتنی — ببالند با کیش اهریمنی[15]
گشاده شود هرچه ما بسته‌ایم — بیالاید آن دین که ما شسته‌ایم[16]
تبه گردد این پند و اندرز من — به ویرانی آرد رخ این مرز من[17]
همی خواهم از کردگار جهان — شناسندهٔ آشکار و نهان[18]
که باشد ز هر بد نگهدارتان — همه نیکنامی بود یارتان[19]

---

۱ – دنبالهٔ گفتار. ۲ – چه چیز را «بورزد»؟ دانش «ورزیدنی» نیست «آموختنی» است.

۳ – باز سخن از بخشندگی می‌رود. ۴ – پیمان را نگه می‌دارند، پاسبانی می‌کنند... و با روان نمی‌دارند.

۵ – چگونه می‌توان شاهی کردن، و کسان را نیازردن؟ پس اردشیر که با چندان جنگ و خونریزی وکشتن اردوان و مهرک نوشزاد و بزرگان و سرداران ایرانی (که در کارنامهٔ خودش آمده است)، بپادشاهی رسید، هیچ کس را آزار نرسانده بود؟

۶ – افزاینده در لت دویم خواسته است بگوید که یکدم سخنان مرا بد نپندارید!

۷ – چند بار؟... در لت دویم بدی باد دار نابهنجار است: «از بدی دست بکش»، «بدی را فراموش کن».

۸ – چون مرد درگذَرَد تن ندارد که توانا باشد، یا ناتوان. ۹ – از بدی بخویش رساندن، بکسی آزار نمی‌رسد!

۱۰ – سالیان نادرست است سالها، سالها پانسد نیز نادرست است: «پانسد سال».

۱۱ – آنکس که پس از پانسد سال می‌زید، فرزند و پیوند شاپور بتنهایی نیست که فرزند و پیوند اردشیر است.

۱۲ – از دانش بیکسو شدن شاید، اما رای همواره با مردمان... و همهٔ جانوران همراه است. ۱۳ – دنبالهٔ گفتار.

۱۴ – در لت دویم سخن درست چنین است: یزدانپرست، نزدِ آنان (یا در چشم آنان) خوار می‌شود.

۱۵ – پیراهن را به تن پیوند نیست، بسا هستند که تن ناپاک و روان گناهکار دارند و پیراهن نیک!

۱۶ – بسته‌ایم را با شُسته‌ایم پساوا نیست. ۱۷ – لت دویم نادرخور است، مرز من روی بویرانی آوَرَد.

۱۸ – دنبالهٔ گفتار. ۱۹ – با چنان بدیها نیکنامی به چه کار آید؟

پیمان اردشیر با شاپور

ز یزدان و از ما بر آن کس درود / که تارش خرد باشد و داد پود
نیارد شکست اندرین عهد من / نکوشد که حنظل کند شهد من[1]
برآمد چهل سال و بر سر دو ماه / که تا برنهادم به شاهی کلاه[2]
به گیتی مرا شارستان است شش / هوا خوشگوار و به زیر آب خوش[3]
یکی خواندم خورهٔ اردشیر / که گردد ز بادش جوان مردِ پیر[4]
کز او تازه شد کشور خوزیان / پر از مردم و آب و سود و زیان[5]
دگر شارستان گندشاپور نام / که موبد ازان شهر شد شادکام[6]
دگر بوم میسان و رود فرات / پر از چشمه و چارپای و نبات[7]
دگر شارستان برکهٔ اردشیر / پر از باغ و پر گلشن و آبگیر[8]
چو رام اردشیر است شهری دگر / کز او بر سوی پارس کردم گذر[9]
دگر شارستان اورمزد اردشیر / هوا مشکبوی و به جوی آب شیر[10]
روان مرا شادگردان به داد / که پیروز بادی تو بر تخت شاد
بسی رنجها بردم اندر جهان / چه بر آشکار و چه اندر نهان[11]
کنون دخمه را برنهادیم رخت / تو بسپار تابوت و پرداز تخت»[12]
بگفت این و تاریک شد بخت اوی / دریغ آن سرِ افسر و تخت اوی[13]

*

چنین است آیین خرّم جهان / نخواهد بما بر، گشادن نهان
انوشه کسی کاو بزرگی ندید / نبایستش از تخت شد ناپدید
بکوشیّ و ورزی ز هرگونه چیز / نه مردم بماند نه آن چیز نیز
سرانجام با خاک باشیم جفت / دو رخ را بچادر بباید نهفت

۱ – همچنین...　　۲ – اردشیر بابکان چهل سال پادشاهی نکرد.

۳ – **یک:** لت دویم را پیوند درست با لت نخست نیست... که هوایشان... **دو:** هوا را نمی‌توان خوشگوار خواندن، خوشگوار چیزی است که خورده می‌شود و نیک گوارده می‌شود. **سه:** بزیر آب خوش نیز سخنی نابهنجار است.

۴ – **یک:** پیوند ندارد، یکی (از آنها را) اردشیر خوره خواند(ه)ام. **دو:** باد را پیوند با شهر نیست و چه بسا شهرهای خوش و خرم که یکباره توفان و خاک و شن از فرازشان می‌گذرد.　　۵ – زیان را چه ارج باشد، که در ارزیابی شهر از آن نام برند؟

٦ – **یک:** گندیشاپور را شاپور اردشیران ساخته است. **دو:** چرا موبد از آن شادکام باشد؟

۷ – رود فرات، شهر نیست، و نبات را در گلستان سخن فردوسی جای نباشد.　　۸ – برکه، آبدان است، نه شهر.

۹ – چو در آغاز سخن نادرخور است.

۱۰ – **یک:** شهری با چنین نام سراغ نداریم. **دو:** لت دویم را پیوند درست با لت نخست نیست: «(که) هوا(ی آن) مشکبوی است و (در) جوی (آن) شیر (روان است).　　۱۱ – بسی رنج بس می‌نماید یا «بسا رنج»، یا «رنجها».

۱۲ – رخت برنهادن چگونه باشد؟ در لت دویم تابوت به چه کس سپرده شود، و تخت را به که پردازد؟

۱۳ – بخت تاریک شد نادرست است: «بمرد».

بیا تا همه دست نیکی بریم — جهان جهان را ببد نسپریم[1]
بکوشیم بر نیکنامی به تن — کز این نام یابیم بر انجمن
خنک آنکه جامی بگیرد به دست — خورد یاد شاهان یزدان‌پرست
چو جام نبیدش دمادم شود — بخسپد بدان گه که خرم شود
کنون پادشاهیِ شاپور گوی — زبان برگشای از میِ و سور گوی
بران آفرین کافرین آفرید — مکان و زمان و زمین آفرید
هم آرام ازوست و هم کام از اوی — هم انجام ازوست و فرجام از اوی
سپهر و زمان و زمین کرده است — کم و بیش گیتی برآورده است
ز خاشاک ناچیز تا عرش راست — سراسر به هستیِ یزدان گواست
جز او را مخوان کردگار جهان — شناسندهٔ آشکار و نهان
ازو بر روان محمد درود — به یارانش بر هر یکی برفزود
سرِ انجمن بُد ز یاران علی — که خوانند او را علیّ ولی
همه پاک بودند و پرهیزگار — سخن‌هایشان برگذشت از شمار
ستایم تاج شهنشاه را — که تختش درفشان کند ماه را
خداوند با فرّ و با بخش و داد — زمانه به فرمان او گشت شاد
خداوند گوپال و شمشیر و گنج — خداوند آسانی و درد و رنج
جهاندار با فرّ و نیکی‌شناس — که از تاج دارد به یزدان سپاس
خردمند و زیبا و چیره سخن — جوانی به سال و، به دانش کهن
همی مشتری بارد از ابر اوی — بنازیم در سایهٔ فرّ اوی
به رزم آسمان را خروشان کند — چو بزم آیدش گوهرافشان کند
چو خشم آورد کوه ریزان شود — سپهر از برِ خاک لرزان شود
پدر بر پدر شهریار است و شاه — بنازد بدو گنبد هور و ماه
بماناد تا جاودان نام اوی — همه مهتری باد فرجام اوی
سر نامه کردم ثنای ورا — بزرگیّ و آیین و رای ورا
ازو دیدم اندر جهان نام نیک — ز گیتی ورا باد فرجام نیک
ز دیدار او تاج روشن شده‌ست — ز بدها ورا بخت جوشن شده‌ست
بنازد بدو مردم پارسا — هم آن کس که شد بر زمین پادشا
هوا روشن از بارور بخت اوی — زمین پایهٔ نامور تخت اوی
به رزم اندرون زنده پیل بلاست — به بزم اندرون آسمان وفاست

۱ - از اینجا سی و سه رج سخن در ستایش محمود از سوی افزایندگان بی‌فرهنگ، آمده است که شایستهٔ بررسیدن نیست.

چو در رزم رخشان شود رای اوی　　همی موج خیزد ز دریای اوی
به نخچیر شیران شکار وی‌اند　　دد و دام در زینهار وی‌اند
از آواز گرزش همی روز جنگ　　بدرّد دل شیر و چرم پلنگ
سرش سبز باد و دلش پر ز داد　　جهان بی‌سرِ افسر او مباد

پادشاهی شاپور اردشیران

چو شاپور بنشست بر تختِ داد؛ کلاه دل‌افروز بر سر نهاد؛
شدند انجمن پیش او بخردان بزرگان فرزانه و موبدان
چنین گفت ک:«ای نامدار انجمن بزرگان با دانش و رایزن
منم پاک فرزندِ شاه اردشیر سراینده دانش و یادگیر
همه گوش دارید فرمان من مگردید یکسر ز پیمان من
در این هرچه گویم، پژوهش کنید اُگر خام باشد، نکوهش کنید
چو من دیدم اکنون به سود و زیان دو بخشش نهاده شد اندر میان[1]
یکی: پادشا، پاسبان جهان نگهبان گنج کهان و مهان[2]
اُگر شاه باداد و فرخ‌پی است خرد بی‌گمان پاسبان وی است[3]
خرد پاسبان باشد و نیکخواه سرش برگذارد ز ابر سیاه[4]
همه جستنش داد و دانش بود ز دانش روانش برامش بود[5]
دگر: آنکه او بآزمون خرد بکوشد بمردی و گرد آورد[6]
به دانش ز یزدان شناسد سپاس خنک مرد دانا و یزدان‌شناس[7]
به شاهی خردمند باشد سزا به جای خرد زر شود بی‌بها[8]
توانگر شود هر که خشنود گشت دل آزور خانهٔ دود گشت[9]
که را آرزو بیش تیمار بیش بکوش و نیوش و منه آز پیش[10]
به آسایش و نیکنامی گرای گریزان شو از مرد ناپاک رای[11]

---

۱ – دو بخششی که از آن یاد می‌شود. ۲ – یکی از آندو «پادشاه» خوانده می‌شود و این نادرست است.
۳ –کنش است در رج نادرخور است: «باشد».
۴ – دوباره از پاسبانی خرد یاد می‌شود که نادرست است. در لت دویم نیز پیوند «را» بایسته است: «سرش را».
۵ – دنبالهٔ گفتار.
۶ – دوباره از خرد یاد می‌شود اما پیوند لت دویم با آن ناهموار می‌نماید. با آزمون خرد بمردی بکوشد (بجنگد) و (مال و خواسته) گرد آورد! ۷ – دوباره از دانش نام می‌رود.
۸ – در لت دویم: خرد را جای نیست: «زر بنزدیک خردمند بها ندارد».
۹ –افزاینده خواسته است که از خرسند (= قانع، راضی) نام برد، آنرا به خشنود گردانید و با پساوای آن که «دود» باشد لت دویم را برهم ریخت. ۱۰ – آز را نمی‌توان پیش نهادن آز «ورزیدنی» است.
۱۱ –آسایش بیکارگی می‌آورد و بیکاری و تن‌پروری کشور را ویران می‌سازد.

به چیز کسان دست یازد کسی　　　که فرهنگ بهرش نباشد بسی [1]
مرا بر شما زان فزون است مهر　　　که اختر، نماید، همی بر سپهر
همان رسم شاه بلند اردشیر　　　بجای آورم با شما ناگزیر [2]
ز دهقان نخواهم جز از سی یکی　　　درم، تا بلشگر دهم، اندکی
مرا خوبی و گنج آباد هست　　　دلیریّ و مردیّ و بنیاد هست
ز چیز کسان بی‌نیازیم نیز　　　که دشمن شود، دوست، از بهر چیز
برِ ما شما را گشاده است راه　　　بمِهریم، با مردمِ دادخواه
بهر سو فرستیم کارآگهان　　　بجوییم، بیدار، کار جهان
نخواهیم هرگز بجز، آفرین　　　که بر ما کنند، از جهان آفرین»

*

مهان و کهان پاک برخاستند　　　زبان را بخوبی بیاراستند
به شاپور بر، آفرین خواندند　　　زبرجد بتاجش برافشاندند
همی تازه شد رسم شاه اردشیر　　　بدو شاد گشتند برنا و پیر [3]

رزم شاپور با رومیان
و
آشتی خواستن قیصر

اُزان پس پراکنده شد آگهی　　　که بیکار شد تخت شاهنشهی
بمُرد اردشیر، آن خردمند شاه　　　بشاپور بسپرد، تخت و کلاه
خروشی برآمد ز هر مرز و بوم　　　ز قیدافه، برداشتی باژ، روم*
چو آگاهی آمد بشاپور شاه　　　بیاراست کوس و درفش و سپاه
همی راند تا پیش التونیه　　　سپاهی سبک، بی‌نیاز از بنه [4]
سپاهی ز قیدافه آمد برون　　　که از گرد، خورشید شد تیره‌گون [5]
ز التونیه همچنین لشگری　　　بیامد سپهدارشان مهتری [6]

---

1 – لت دویم بی‌پیوند است: «کسی که از فرهنگ، بهره ندارد».
2 – رسم در سخن فردوسی بآیین نیست و شاهِ بلند نیز نادرخور است: «شاه بزرگ» «شاه بلند پایگاه».
3 – سخن دوباره با کاربرد رسم.
* – کشور روم، از دادن باژِ قیدافه (کاپادوکیه)، سر باز زد.
4 – سپاه بی‌نیاز از بنه در جهان نبوده است.
5 – سپاه کشور روم با شاپور جنگید، نه سپاهیان یک شهر.
6 – رج پیشین سپاه از قیدافه بیرون آمد!

شاپور ۱۵۲

بـرانـوش بُـد نـام آن پـهـلـوان	سـواری سـرافـراز و روشـن‌روان ¹
کـجـا بـود بـر قـیـصـران ارجـمـنـد	کـمـنـدافـگـنـی نـامـداری بـلـنـد ²
چـو بـرخـاسـت آواز کـوس از دو روی	ز قـلـب انـدر آمـد، گَـوِ نـامـجـوی
۳۲۷۹۵	
ازیـن سـو بـشـد نـامـداری دلـیـر	کـجـا نـام او بـود گـرزسـپ شـیـر ³
بـرآمـد ز هـر دو سـپـه، کـوس و غـو	بـجـنـبـیـد در قـلـبـگـه، شـاهِ نـو ⁴
ز بـس نـالـهٔ بـوق و هـنـدی درای	هـمـی چـرخ و مـاه انـدر آمـد ز جـای ⁵
تـبـیـره بـبـسـتـنـد بـر پـشـت پـیـل	هـمـی بـرشـد آوازشـان بـر دو مـیـل ⁶
۳۲۸۰۰	
زمـیـن جـنـب جـنـبـان شـد و پـر ز گـرد	چـو آتـش، درخـشـان، سـنـان نـبـرد ⁷
روانـی کـجـا بـا خـرد بـود جـفـت	سـتـاره هـمـی بـارد از چـرخ گـفـت ⁸
بـرانـوش جـنـگـی، بـقـلـب انـدرون	گـرفـتـار شـد بـا دلـی پـر ز خـون
ازان رومـیـان کـشـتـه شـد سـه‌هـزار	بـه الـتـونـیـه در صـف کـارزار ⁹
هـزار و دو سـیـصـد گـرفـتـار شـد	دل جـنـگـیـان پـر ز تـیـمـار شـد ¹⁰
۳۲۸۰۵	
فـرسـتـاد، قـیـصـر؛ یـکـی یـادگـیـر	بـنـزدیـک شـاپـور شـاه اردشـیـر
کـه: «چـنـدیـن تـو از بـهـر دیـنـار، خـون	بـریـزی، تـو بـا داور رهـنـمـون؛ *
چـه؟ گـویـی چـو پـرسـدْت روز شـمـار	چـه؟ پـوزش کـنـی پـیـش پـروردگـار!
فـرسـتـیـم بـاژی، چـنـان هـم کـه بـود	بـر ایـن نـیـز دردی نـبـایـد فـزود
هـمـان نـیـز بـا بـاژ، فـرمـان کـنـیـم	ز خـویـشـان، فـراوان گـروگـان کـنـیـم
۳۲۸۱۰	
ز الـتـونـیـه بـازگـردی رواسـت	فـرسـتـیـم بـا بـاژ هـر چـه‌ت هـواسـت» ¹¹
هـمـی بـود شـاپـور تـا بـاژ و سـاو	فـرسـتـاد قـیـصـر ده انـبـان گـاو ¹²

---

۱ - برانوش پهلوان سپاه نبود، والریانوس امپراتور روم بود.
۲ - پهلوان را شاید نزد قیصر ارجمند باشد، نه بر قیصر.
۳ - **یک**: نام گرزاسپ در فرهنگ ایرانی سراغ نداریم. **دو**: چون نام گرزسپ آید، شیر را نشاید بدان افزودن.
۴ - افزاینده فراموش کرده است که پیشتر «آواز کوس از دو روی» برخاسته بود.
۵ - **یک**: از چرخ با ماه نمی‌توان یکجا نام بردن. **دو**: اگر ماه از جای خویش بیرون شود، اندر آمد (= اندرون آمد) باژگونهٔ آنست.
۶ - **یک**: باز افزاینده خود فراموش کرد، که تاکنون دوبار آوای کوس برآمده است. **دو**: تبیره؛ تبل کوچکی است که بگردن می‌آویزند، و آنرا نمی‌توان چون کوس، بر پشت پیل بندند.   ۷ - سنان نبرد نادرست چنانکه گفته شود، شمشیر نبرد، سپر نبرد، کمند نبرد...
۸ - **یک**: روان با خرد جفت نمی‌شود: هرآنکس راکه خرد بود... **دو**: لت دویم نیز بی‌پیوند و نادرست است.
۹ - از آن رومیان نادرست است: از رومیان.
۱۰ - **یک**: گرفتاری یکهزار و ششصدکس را (شدند) باید. **دو**: گرفتاری قیصر برای پذیرش شکست از سوی رومیان بس می‌نماید.
* - دو بار «تو» آوردن در یک رج ناخوش می‌نماید، اندیشه رهنمون می‌شود که رج دویم در گفتار فردوسی چنین بوده است: «بریزی، ابا داورِ رهنمون؛»
۱۱ - **یک**: باز سخن از التونیه می‌رود! **دو**: پیشتر از فرستادن باژ و گروگان سخن رفت.
۱۲ - قیصر در بند ایرانیان، از کجا باژ و ساو فرستاد؟

رزم شاپور با رومیان

غلام و پرستار رومی هزار ❊ گرانمایه دیبا نه اندر شمار[۱]
به التونیه در ببُد روز هفت ❊ ز روم اندرآمد به اهواز رفت[۲]
یکی شارستان نام شاپورکرد ❊ برآورد و پرداخت در روز ارد[۳]
همی برد سالار زان شهر رنج ❊ بپردخت بسیار با رنج گنج[۴]
یکی شارستان بود آباد بوم ❊ بپردخت بهر اسیران روم[۵]
در خوزیان دارد این بوم و بر ❊ که دارند هرکس بر او بر گذر[۶]
به پارس اندرون شارستان بلند ❊ برآورد پاکیزه و سودمند[۷]
یکی شارستان کرد در سیستان ❊ در آن جای بسیار خرماستان[۸]
که یک نیم او کرده بود اردشیر ❊ دگر نیم شاپور گرد و دلیر[۹]
کهن‌دز به شهر نشاپور کرد ❊ که گویند با داد شاپور کرد[۱۰]
همی برد هر سو برانوش را ❊ بدو داشتی در سخن گوش را[۱۱]

*

یکی رود بُد پهن در شوشتر ❊ که ماهی نکردی بر او بر گذر
برانوش را گفت: «کز هندسی ❊ پلی ساز این را، چنانچون سزی
که ما بازگردیم و، آن پل بجای ❊ بماند، بدانایی رهنمای[۱۲]
به رش کرده بالای این پل هزار ❊ بخواهی ز گنج آنچه آید به کار[۱۳]
تو از دانشی فیلسوفان روم ❊ فراز آر چندی بران مرز و بوم[۱۴]
چو این پل برآید، سوی خان خویش ❊ برو تازیان، باش، مهمان خویش
ابا شادمانی و با ایمنی ❊ ز بد دور و از دست اهریمنی»[۱۵]

---

۱ - لت دویم سست می‌نماید.

۲ - **یک:** برای سیُوم بار، نام التونیه می‌آید. **دو:** اندر آمد (= اندرون آمد) بازگونهٔ رفتن، و بیرون شدن است.

۳ - این رج را هیچ پیوند باگفتار پیشین نیست. ۴ - سالار کیست؟ از شهر رنج برد؟ یا در ساختن آن شهر؟

۵ - «آباد بوم» پاژنام همگانی ایران است، و لت دویم را نیز پیوند درست نیست.

۶ -سست‌ترین و بی‌پیوندترین سخن.

۷ - در لت نخست، سخن بدآهنگ است و در لت دویم نیز روشن نیست که سودمند و پاکیزه چیست؟

۸ - سیستان را با خرماستان پساوا نیست، و شهر را با باغستانهایش نمی‌توان ساختن باغستان در ردهٔ کار کشاورزیست، و شهر را از کوی و برزن و خانه برمی‌آورند.

۹ - **یک:** «یک نیم او» نادرخور است، **دو:** کرده بود در لت نخست به شاپور نیز پیوند می‌خورد. باز آنکه شاپور در زمان گذشته دنبالهٔ کار را نگرفته بود. ۱۰ - **یک:** کهندژ هر شهر را در آغاز کار می‌سازند، نه در یک شهر آباد! **دو:** لت دویم نیز سست می‌نماید.

۱۱ - لت دویم سخت نادرخور است.

۱۲ - **یک:** از کجا بازگردیم... **دو:** دانایی رهنمای در ماندنِ پل کاربرد ندارد، کارآیی کاریگران و دستوَرزان نگهبان آن است.

۱۳ - پل با بلندای هزار رش در جهان ساخته نشده است. اگر افزاینده درازای بند قیصر در شوشتر را خواهد گفتن بیش از دویست گز نیست.

۱۴ - فیلسوفان، پل‌ساز نبوده‌اند! ۱۵ - دست اهریمنی چه باشد؟

به تدبیر آن پل به استاد مرد — فراز آوریدش بران کارکرد[1]
بپردخت شاپور گنجی بران — که زان باشد آسانی مردمان[2]
چو شد شه برانوش کرد آن تمام — پلی کرد بالا هزارانش گام[3]
چو شد پل تمام او ز ششتر برفت — سوی خان خود روی بنهاد و تفت[4]

*

همی بود شاپور با داد و رای — بلنداختر و، تخت شاهی بجای
چو سی سال بگذشت و بر سر دو ماه — پراکنده شد فرّ و اورند شاه
بفرمود تا رفت، پیش؛ اورمزد — بدو گفت که:«ای چون گل اندر فرزد
تو بیدار باش و جهاندار باش — جهاندیدگان را خریدار باش
نگر تا بشاهی نداری امید — بخوان روز و شب دفتر جمشید[5]
بجز داد و خوبی مکن در جهان — پناه کهان باش و فرّ مهان
به دینار کم ناز و بخشنده باش — همان دادده باش و فرخنده باش[6]
مزن بر کم آزار بانگِ بلند — چو خواهی که بختت بود یارمند[7]
همه پند من سرسر یاد گیر — چنان هم که من دارم از اردشیر»[8]
بگفت این و رنگ رخش زرد گشت — دل مرد برنا پر از درد گشت[9]
چه سازی همی زین سرای سپنج — چه نازی به نام و چه یازی به گنج[10]
ترا تنگ تابوت بهره‌ست و بس — خورد گنج تو ناسزاوار کس
نگیرد ز تو یاد فرزند تو — نه نزدیک خویشان و پیوند تو
ز میراث دشنام باشدت بهر — همه زهر شد پاسخ پادزهر
به یزدان گرای و سخن زو فزای — که اوست روزی‌ده و رهنمای
درود تو بر گور پیغمبرش — که صلوات تاج است بر منبرش

---

۱ - سخن سخت درهمریخته و بی‌بنیاد است.

۲ - **یک:** گنجی (بر آن) نادرست است، هزینهٔ ساختن آن پل را بپرداخت. **دو:** آسانی مردمان نیز ناهموار است آسانی کار مردمان.

۳ - **یک:** در لت نخست آن (را) بپایان رساندا... سخن چنین می‌نماید که نیمی از پل پیشتر ساخته شده بود و برانوش آنرا بپایان رسانید.
دو: افزایندهٔ گزافه گوی هزار رش را به هزاران گام رسانید.

۴ - «او» همان برانوش است که در رج پیشین از وی نام برده شد، و دوباره‌گویی آن سخن را سست می‌کند.

۵ - اگر افزاینده از دفتر شاهان نام برده بود، درست می‌نمود، اما دفتر جمشید را بیک روز توان خواندن.

۶ - **یک:** بدینار کم ناز نادرست است و چنین می‌نماید که بناز، اماکم‌تر. سخن درست آن بود که بگوید «بدینار مناز». **دو:** بخشَنده را با فرخُنده پساوا نیست.
۷ - باز از کم‌آزار یاد می‌شود که درست «بی‌آزار» است.

۸ - پند را بایستی پذیرفتن نه یادگرفتن.
۹ - مرد بهنگام درگذشتن را نشاید برنا نامیدن.

۱۰ - شش رج سخنان همیشگی دربارهٔ سرای سپنج.

پادشاهی اورمزد

سرِ گاه و دیهیم شاه اورمزد   بیارایم اکنون چو ماه اورمزد[1]
ز شاهی بر او هیچ تاوان نبود   بدان بد که عهدش فراوان نبود[2]
چو بنشست، شاه اورمزد بزرگ   به آبشخور آمد همی میش و گرگ
چنین گفت ک:«ای نامور بخردان   جهان دیده و کارکرده ردان!
بکوشیم، تا نیکی آریم و داد   خُنُک آنکه پند پدر کرد یاد
چو یزدان نیکی‌دهش نیکویی   به ما داد تاج سر خسروی[3]
به نیکی کنم، ویژه، انبازتان   نخواهم که بی من بود رازتان[4]
بدانید کان کاو منی فش بود   برِ مهتران سخت ناخوش بود[5]
ستیزه بود مرد را پیشرو   بماند نیازش، همه ساله نو[6]
همان رشگ، شمشیرِ نادان بود   همیشه بر او بخت خندان بود[7]
دگر هر که دارد ز هر کار ننگ   بود زندگانی و روزیش تنگ[8]
درِ آز باشد دل سفله مرد   برِ سفلگان تا توانی مگرد[9]
هر آن کس که دانش نیابی برش   مکن ره گذر تا زیی بر درش[10]
بمَرد خردمند و فرهنگ و رای   بود جاودان، تخت شاهی؛ بپای
دلت زنده باشد به فرهنگ و هوش   به بد در جهان تا توانی مکوش[11]
خرد همچو آب است و دانش زمین   بدان کاین جدا و آن جدا نیست زین[12]

---

۱ - **یک:** گاه (= تخت) راسر نباشد! آنچه تخت را ارزش می‌بخشد استواری پایهٔ آن است. **دو:** ماه اورمزد، در گاهشماری ایرانی نیست.

۲ - هنگام (=عهد، دوره) را نتوان نافراوان خواندن: «هنگام شاهیش کوتاه بوده».

۳ - **یک:** نیکویی را با خسرَوی پساوا نیست. **دو:** تاج سر خسروی نیز نادرست است: «تاج شاهی».

۴ - **یک:** با نیکی انباز (=شریک) شدن را روی نیست. **دو:** لت دویم را نیز پیوند درست با لت نخست نیست.

۵ - فش (= وش) همانند است: شیرفش؛ مانند شیر و منی‌فش گفتاری نادرست است از آنجا که شاید کسی در کارها منی کند، اما «مانند منی» نمی‌شود.

٦ - ستیزه را هیچ پیوند با پیشروی نیست، و نیاز را نیز هیچ پیوند با هردوان نباشد.

۷ - رشگ پیش از آنکه شمشیر در دست نادان باشد تیغی است که نخست دل و جان رشگ‌ورز را می‌خراشد.

۸ - چگونه شاید که کسی را از همهٔ کارهای جهان اندریافتِ ننگ باشد؟

۹ - سخن از بخردان به «تو» بازگشت: (تا توانی).

۱۰ - دانش را در «بر» جای نیست، و جای دانش مغز است. لت دویم نیز سخت سست است.

۱۱ - **یک:** باز، روی سخن به «تو» بازگشت. **دو:** لت دویم را نیز پیوند با لت نخست نیست.

۱۲ - لت دویم را کاستی همراه است این (از آن) جدا نیست، و آن از این.

دل شـــاه کـز مـــهر دوری گـــرفت   اگـــر بـــازگردد نـباشد شگـــفت[1]
هـــر آن کس کـــه بـاشد مـرا زیردست   هـــمه شـادمان بـاد و یـزدان پـرست[2]
بـــخشنودی کـــردگار جـــهان   خـــرد یـــار بـاد آشکـار و نـــهان
خـــردمند، گـــر مـــردم پـــارسا   چـــو جـایی سـخن رانَـد از پـادشا؛
هـــمه سـختـه بـایدکـه رانـد سَخُن   کـــه گـــفتار نـیکو نگـردد کَـهُن
نـــباید کـــه گـــویی بـجز نـیکوی   اُ گـــر بـــد ســـراید نگـر نشنوی[3]
بـــبیند دل پـــادشا راز تـــو   هـــمان بشنود گـــوش آواز تـــو[4]
چـــه گـفت آن سـخنگوی پـاسخ نـیوش   کـــه: «دیـوار دارد بـه گـفتار گـوش»[5]
هـــمه انـــجمن خـــوانـدند آفـرین   بـــرآن شـــاه بـینادل و پـــاکدین
پـــراگـــنده گشت آن بـــزرگ انـجمن   هـــمه شـــاد زان ســـرو ســـایه‌فکن[6]
هـــمان رســـم شـــاپور شـــاه اردشیر   هـــمی داشت آن شـــاه دانش‌پـــذیر[7]
جـــهانی ســـراســـر بـــدو گشت شـاد   چـــه نـیکو بـود شـاه بـا بـخش و داد[8]

*

هـــمی رانـــد، بـــا شـرم و بـــا داد؛ کـار   چـنین تـــا بـــرآمـد بـــر ایـن روزگـار
بگســـترد کـــافـور بـــر جـــای مُشک   گـــل و ارغـوان شـد بـپالیز، خشگ
ســـهی ســـرو او گشت هـــمچون کـمان   نـــه آن بـــود کـان شـاه را بُـد گـمان[9]
نـــبود از جـــهان شـــاد، بس روزگـــار   ســـرآمـــد بـــران دادگـــر شـهریار[10]

*

چـــو دانست کـز مـــرگ نـتوان گـــریخت   بسی آب خـونین ز دیـده بـریخت[11]
بگســـترد فـــرش انـــدر ایـوان خـویش   بـــفرمود کـامدش بـــهرام پـیش[12]
هـمی گـفت کـ: «ای پـاک زاده پسر*   بـــمردیّ و دانش بـــرآورده ســـر؛

---

۱ - سخن بی‌گزارش است.

۲ - **یک:** «هرآنکس» را در لت نخست، با «همه» در لت دویم همخوان نیست. **دو:** همه شادمان باد نیز نادرست است: «همه شادمان باشید».

۳ - **یک:** دوباره‌گویی رج پیشین است و روی سخن برای سیُوم بار به «تو» بازگشت. **دو:** در لت دویم چه‌کس بد سراید؟

۴ - **یک:** «راز» دیدنی نیست. **دو:** گوش نیز نادرخور است: «گوشش». ۵ - دنبالهٔ گفتار.

۶ - **یک:** انجمن با «همه» در لت دویم همخوان نیست. **دو:** لت دویم راکنش بایسته نیست: «شاد گشته».

۷ - «رسم» در آیین گفتار فردوسی نیست. ۸ - لت دویم را با لت نخست پیوند نیست.

۹ - لت دویم بی‌گزارش است.

۱۰ - لت دویم راکاستی همراه است: روزگارش بسر آمد، زمانش بسر آمد، بپایان رسید.

۱۱ - افزاینده می‌توانست بجای آب خونین، اشگ خونین بیاورد، و چنین نکرد.

۱۲ - سخن کودکانه!! افزاینده نمی‌دانسته است که ایوان همان کاخ است، و آنرا بجای مهتابی خانه گرفته است.

* - همه نمونه‌ها چنین است و درست چنین می‌نماید: «همی گفت با پاکزاده پسر» یا «**چنین گفت، با پاکزاده پسر**».

پادشاهی اورمزد ۱۵۷

به من پادشاهی نهاده‌ست روی که رنگ رخم کرد همرنگ موی[1]
خم آورد بالای سرو سهی گل سرخ را داد رنگ بهی*
چو روز تو آمد جهاندار باش خردمند باش و بی‌آزار باش
نگر، تا نپیچی سر از دادخواه نبخشی ستمکارگان را، گناه
زبان را مگردان بگردِ دروغ چو خواهی که تاج از تو گیرد فروغ
روانت خرد باد و دستور شرم سخن گفتن خوب و آواز نرم[2]
خداوند پیروز یار تو باد دل زیردستان شکار تو باد[3]
به کینه و دور باش از هوا مبادا هوا بر تو فرمانروا[4]
سخن‌چین و بی‌دانش و چاره‌گر نباید که یابد، به پیشت گذر○
ز نادان نیابی جز از بتّری نگر، سوی بی‌دانشان ننگری[5]
چنان دان که بی‌شرم و بسیارگوی نبیند به نزد کسی آب روی[6]
خرد را مِه و خشم را بنده دار مشو تیز با مرد پرهیزگار[7]
نگر، تا نگردد به گرد تو؛ آز که آز آورد خشم و کین و نیاز
همه بردباری کن و راستی جداکن ز دل کژّی و کاستی
بپرهیز تا بد نگرددْت نام که بدنام، گیتی نبیند بکام
ز راه خرد ایچ گونه متاب پشیمانی آرد دلت را شتاب[8]
درنگ آورد راستی‌ها پدید ز راه خرد سرنباید کشید[9]
سر بردباران نیاید به خشم ز نابودنی‌ها بخوابند چشم[10]
اُگر بردباری ز حد بگذرد دلاور گمانی به سستی برد[11]
هر آن کس که باشد خداوند گاه میانجی خرد را کند بر دو راه[12]
نه سستی نه تیزی به کار اندرون خرد باد جان ترا رهنمون[13]

---

۱ - **یک:** پادشاهی بدو پشت کرده است نه روی. **دو:** سخن بی‌بنیاد است... رنگ رخ او سیاه شد یا سپید گشت؟ **سه:** کدامیک، بهنگام پیری رنگ رخ را شاید زرد شدن، که در گفتار درست شاهنامه در رج پسین می‌آید.

* - بهی: به، میوهٔ زردرنگ

۲ - خرد، را با روان آمیزش نیست.

۳ - لت دویم نادرخور است.

۴ - کینه نهادنی نیست کینه را از خود دور باید کردن.

○ - در لت نخست از چندکس نام برده شد. وکنش «یابد» در لت دویم نادرخور است و پیدا است که گفتار فردوسی چنین بوده است: **«نباید که یا بند، پیشت گذر».**

۵ - دنبالهٔ گفتار.

۶ - آبروی «دیدنی» نیست، «داشتنی» است. در برخی نمونه‌ها: نیابد، نگیرد، ندارد آمده است، که آن نیز از شیوهٔ اندرز کردن بدور است: آبروی ندارد...

۷ - خشم را بنده دار نیز نادرست است: «بر خشم چیره باش».

۸ - یادکرد از خرد برای سیُوم بار. لت دویُم نیز بی‌پیوند و بی‌گزارش است.

۹ - در لت دویم خردِ چهارم.

۱۰ - سر «آمدنی» نیست، و سخن بی‌پیوند است: «بردباران را خشم نمی‌گیرد» «بردباران بر خشم پیروزند».

۱۱ - **یک:** دلاورِ لت دویم کیست؟ **دو:** حد؟

۱۲ - خرد پنجم

۱۳ - **یک:** لت نخست را پایان نیست. **دو:** خرد ششم در لت دویم.

نگه دار تا مردم عیب‌جوی نجوید به نزدیک تو آب روی[1]
ز دشمن مکن دوستی خواستار اُگر چند خوانند ترا شهریار[2]
درختی بود سبز و بارش کبست اُگر پای‌گیری سرآید به دست[3]
اگر در فرازی اُگر در نشیب نباید نهادن سر اندر فریب[4]
به دل نیز اندیشهٔ بد مدار بداندیش را بد بود روزگار[5]
سپهبد کجا گشت پیمان شکن بخندد بدو نامدار انجمن[6]
خرد گیر کآرایش جان تست نگهدار گفتار و پیمان تست[7]
هم آرایش تاج و گنج و سپاه نمایندهٔ گردش هور و ماه[8]
نگر تا نسازی ز بازوی گنج که بر تو سرآید سرای سپنج[9]
مزن رای جز با خردمند مرد از آیین شاهان پیشین مگرد[10]
به لشگر بترسان بداندیش را به‌ژرفی نگه کن پس و پیش را[11]
ستاینده‌ای کاو ز بهر هوا ستاید کسی را همی ناسزا[12]
شکست تو جوید همی زان سخن همان تا به پیش تو گردد کهن[13]
کسی که‌ش ستایش بباید به کار تو او را ز گیتی به مردم مدار[14]
که یزدان ستایش نخواهد همی نکوهیده را دل بکاهد همی[15]
هر آن کس که او از گنهکار چشم بخوابید و آسان فروبرد خشم[16]
فزونیش هر روز افزون شود شتاب آورد دل پر از خون شود[17]
هر آن کس که با آب دریا نبرد بجوید نباشد خردمند مرد[18]
کمان دار دل را زبانت چو تیر تو این گفته‌های من آسان مگیر[19]
گشادِ برت باشد و دست راست نشانه بنه زان نشان که‌ت هواست[20]

---

۱ - چه چیز را نگه دارد؟ ۲ - دنبالهٔ گفتار.
۳ - دشمن رج پیشین را بدرخت همانند کرده‌اند، و چون پای درخت را بگیرند، سرش همچنان برفراز است.
۴ - سر در فریب نهادنی نیست. ۵ - اندیشه نیز از آن دل نیست، از آن سر است.
۶ - بر چنین سپهبد نمی‌خندند که ریشخند می‌زنند، نه تنها انجمنی نامدار، که همه مردمان!
۷ - خرد هفتم... و خرد، خودگرفتنی نیست. ۸ - دنبالهٔ سخن.
۹ - پادشاهان گنج خویش را باشمشیر و بازوی سپاهیان انباشته می‌کنند. ۱۰ - خرد هشتم. ۱۱ - دنبالهٔ گفتار.
۱۲ - «کسی» درلت دویم این رج... ۱۳ - با «تو» در این رج همخوان نیست.
۱۴ - افزاینده خواسته است که «خودستای» راگوید اما نتوانسته است.
۱۵ - **یک:** خودستای را چه پیوند با یزدان؟ **دو:** لت دویم نیز بی‌پیوند و بی‌گزارش است.
۱۶ - چشم خوابیدنی نیست از گناه گنهکاران «چشم‌پوشی» باید کردن. ۱۷ - دنبالهٔ همان، با سخنانی پریشان.
۱۸ - نه با آب دریا با موج دریا.
۱۹ - گزارش لت نخست آنستکه همواره سخنان زهرآلود با دیگران گوی، و این گفتار، باژگونهٔ سخنان پیشین است.
۲۰ - دنبالهٔ همان گفتار.

زبان و خرد با دلت راست کن   همی ران ازان سان که خواهی سخن[1]

هر آن‌کس که اندر سرش مغز بود   همه رای و گفتار او نغز بود[2]

هر آنگه که باشی تو با رایزن   سخن‌ها بیارای بی‌انجمن[3]

گرت رای با آزمایش بود   همه روزت اندر فزایش بود[4]

شود جانت از دشمن آژیرتر   دل و مغز و رایت جهانگیرتر[5]

کسی را کجا پیشرو شد هوا   چنان دان که رایش نگیرد نوا[6]

اگر دوست یابد ترا تازه‌روی   بیفزاید این نام را رنگ و بوی[7]

تو با دشمنت رو پرآژنگ دار   بد اندیش را چهره بی‌رنگ دار[8]

به ارزانیان بخش هرچه‌ت هواست   که گنج تو ارزانیان را سزاست[9]

بکش جان و دل تا توانی ز رشک   که رشک آورد گرم و خونین سرشک[10]

هر آنگه که رشک آورد پادشا   نکوهش کند مردم پارسا[11]

چو اندرز بنوشت فرخ دبیر   بیاورد و بنهاد پیش وزیر[12]

جهاندار برزد یکی باد سرد   پس آن لعل رخسارگان کرد زرد[13]

چو رنگین رخ تاجور تیره شد   ازان درد بهرام دل‌خیره شد[14]

چهل روز بُد سوگوار و نژند   پر از گرد و بیکار تخت بلند[15]

*

چنین بود تا بود گردان سپهر   گهی پر ز درد و گهی پر ز مهر[16]

تو گر باهشی مشمر او را به دوست   کجا دست یابد بدرّدت پوست[17]

⇐ **شبِ اورمزد آمد و ماه دی   ز گفتن بیاسای و بردار می**

کنون کار دیهیم بهرام ساز   که در پادشاهی نماند دراز[18]

---

۱ – خرد نهم   ۲ – کنش گذشته نادرخور است، باشد، بوَد، هست!

۳ – سخن بازگونه است، گفتاری را که در انجمن خواهی گفتن، پیشتر با رایزنان در میانه نه.   ۴ – سخن گزارش ندارد.

۵ – دل و مغز و رای را نتوان جهانگیر خواندن.   ۶ – «هوا»ی دویُم، رای نیز بی‌نوا و با نوا نمی‌شود.

۷ – «این نام» چه را خواهد نمودن؟   ۸ – دشمن سیُوم   ۹ – «هوا»ی سیُم.

۱۰ – **یک:** رشگ دویُم... **دو:** جان و دل را از رشگ «کشیدن» چه روی دارد. دل و جان را از رشگ برهان، از رشگ تهی دار، دور دار!

۱۱ – رشگ سیُوم. لت دویم نیز بی‌پیوند است (او را) نکوهش (کنند).

۱۲ – **یک:** تاکنون سخن می‌گفت، و اکنون از نوشته یاد می‌شود... **دو:** اندرز پدر بفرزند را چرا بایستی پیش وزیر نهادن؟

۱۳ – رنگ زردِ چون بهی لعل رنگ شد، و دیگر بار زرد گردید!

۱۴ – **یک:** «زرد» به «تیره» گردانده شد. **دو:** دل خیره نیز سخنی نادرخور است.

۱۵ – سوگوار شاید، نژند بودن پادشاه چگونه است؟

۱۶ – سخن همیشگی، و درد را رودرروی مهر نشاید آوردن.

۱۷ – **یک:** ایرانیان سپهر بیکران را در نمازها می‌ستوده‌اند. **دو:** لت دویم کاستی دارد چون (بر تو) دست یابد.

۱۸ – **یک:** کار دیهیم، ساختنی نیست. **دو:** پیش‌بینی لت دویم نیز برابر با روال داستان‌سرایی نیست.

پادشاهی بهرام اورمزد

چو بهرام بنشست بر تخت زر — دل و مغز، جوشان ز مرگ پدر
همه نامداران ایرانیان — برفتند پیشش کمر بر میان
بر او خواندند آفرین خدای — که: «تا جای باشد تو مانی بجای
که تاج کیی تارکت را سزا است — پدر بر پدر پادشاهی ترا است [1]
رخ بدسگالان تو زرد باد — اُ زان رفته، جان تو بی‌درد باد»
چنین داد پاسخ که: «ای مهتران — سواران جنگیّ و گُنداوران
ز دهقان و از مرد خسروپرست — بگیتی سوی بد میازید دست
بدانید کاین چرخ ناپایدار — نه پرورده داند نه پروردگار
سراسر ببندید دست از هوا — هوا را مدارید فرمانروا
کسی کاو بپرهیزد از بدکنش — نیالاید اندر بدی‌ها تنش [2]
بدین سوی همواره خرم بود — گهِ رفتن آیدش بی‌غم بود [3]
پناهی بود گنج را پادشا — نوازندهٔ مردم پارسا [4]
تن شاه دین را پناهی بود — که دین بر سر او کلاهی بود [5]
خنک آنکه در خشم هشیارتر — همان بر زمین او بی‌آزارتر [6]
گهِ دست‌تنگی دلی شاد و راد — جهان بی‌تن مرد دانا مباد [7]
چو بر دشمنی بر توانا بود — به پی نسپرد ویژه دانا بود [8]
ستیزه نه نیک آید از نامجوی — بپرهیز و گرد ستیزه مپوی [9]

---

۱ – تاج بر سر تو سزا است نادرست است: «سرت سزاوار تاج کیی است». ۲ –کُنش را با تَنَش پساوا نیست.
۳ – **یک:** افزاینده از «بدینسوی» جهان را گوید. **دو:** لت دویم را پیوند «چون» باید.
۴ – اگر گنج پناه (= پناهگاه) پادشاه باشد، چگونه پارسایان را نیز نوازنده تواند بود؟
۵ – **یک:** پناه به پناهی گشت و از گنج، روی به دین کرد. **دو:** لت دویم نیز نادرخور است: «دین پادشاه، چون تاجی بر سر او است».
٦ – **یک:** خشم بهنگام برافروختن، هشیاری نمی‌پذیرد. **دو:** خشم چون آتش است، و چون بجان کسی افتد، همه چیز را می‌سوزد.
۷ – چه کس تنگدست است که از وی یاد می‌شود؟: مردمان را باید که بهنگامِ تنگی، دلِ شاد (باشد) آنگاه مردمان؛ تنگدست را چگونه شاید که راد (= بخشنده) باشند.
۸ – این سخن سست را با گفتار فردوسی بسنجیم:

نه مردی بُود، خیره، آشوفتن — بزیر اندر آورده را، کوفتن

۹ – **یک:** ستیزه بجای خود نیک است. **دو:** «گردیدن» را در لت دویم به پوییدن گردانده‌اند.

سپاهیِ و دهقان و بیکار شاه … چنان دان که هر سه ندارند راه [1]
به خواب اندر است آنکه بیکار بود … پشیمان شود پس چو بیدار بود [2]
ز گفتار نیکو و کردار زشت … ستایش نیابی نه خرّم بهشت [3]
همه نام جویید و نیکی کنید … دل نیکپی مردمان مشکنید [4]
مرا گنجِ دینار بسیار هست … بزرگیِ و شاهیِ و نیرویِ دست [5]
خورید آنکه دارید و آن را که نیست … بداند که با گنج ما او یکی‌ست
سر بدرهٔ ما گشاده‌ست باز … نباید نشستن کس اندر نیاز

*

بر او نیز بگذشت سال دراز … سر تاجور اندرآمد بگاز
یکی پور، او را دلارام بود* … ورا نام بهرام بهرام بود
بیاورد و بنشاندش زیر تخت … بدو گفت کـ:«ای سبز شاخ درخت [6]
نبودم فراوان من از تخت شاد … همه روزگار تو فرخنده باد [7]
سراینده باش و فزاینده باش … شب و روز با رامش و خنده باش [8]
چنان رو که گر پرسدت کردگار … نپیچی سر از شرم، روزِ شمار [9]
بداد و دهش گیتی آباد دار … دل زیردستان خود شاد دار [10]
که بر کس نماند جهان جاودان … نه بر تاجدار و نه بر موبدان [11]

---

۱ – **یک:** کنار سپاهی دهقان، بایستی ورزکرتاران (دَست‌وَرزان: صنعتگران) و آنگاه موبدان آید که گروه‌های چهارگانهٔ ایرانی درشمار بودند. **دو:** بیکار در این سخن تنها به شاه بازمی‌گردد نه به سپاهی، نه به دهقان!

۲ – **یک:** «است» در لت نخست، با «بود» در همان لت همخوان نیست. **دو:** لت دویم نیز درهمریخته است: «بیکارگان چون از خواب برخیزند، پشیمان می‌شوند».

۳ – چرا گفتار نیکو همراه با کردار زشت آید، و هردو ناپسند نمایانده شوند؟ افزاینده را رای آن بوده است که بگوید؛ بهرهٔ گفتار نیک، کردار نیک است، آنچه که در «اهون‌ور» یسنا آمده است.

۴ – «نیکمردان» در لت دویم باید.

۵ – این سه رج برداشت سست از آن گفتار کیقباد کیانی در شاهنامه است:

هرآنکس که دارد، خورید و دهید … سپاهی ز خوردن، بمن برنهید
هرآنکس کجا بازمانَد، ز خَورد … نیابد همی توشه از کار کرد
چراگاهشان، بارگاه منست … چو آنکس که اندر سپاه منست

* – در نمونه‌های خالقی مطلق و چاپ مسکو، و دیگر نمونه‌های در دست، این لت چنین آمده است: «یکی پور بودش دلارام بود» و روشن است که در یک سخن دوبارکنش بودن بکار نمی‌آید. تنها در نمونهٔ سپاهان، سخن چنان آمده است که گذشت.

۶ – زیر تخت نشاندن پادشاه آینده را چه گزارش باشد؟

۷ – سخن سست نیست، اما به گفتار پسین پیوسته است.

۸ – **یک:** روشن نیست که شاه آینده «سرایندهٔ» چه باید باشد، و «فزایندگی» در چیست؟ **دو:** پادشاهی که جهان را شبانروز بخنده و رامش گذراند، سررشتهٔ کشورداری را می‌گسلاند.

۹ – این سخن نیز استوار می‌نماید اما پیوسته برج پیشین است.

۱۰ – این رج نیز پیوسته به رج پسین است.

۱۱ – چون نام از موبدان می‌شود می‌بایستی «تاجداران» آید نه تاجدار.

تو از چرخ گردان مدان این ستم   چو از باد چندی گذاری به دم»[1]
به سه سال و سه ماه و بر سر سه روز   تهی ماند زو تخت گیتی‌فروز[2]
چو بهرام گیتی به بهرام داد   پسر مر ورا دخمه آرام داد[3]
چنین بود تا بود چرخ بلند   به انده چه داری دلت را نژند[4]
چه گویی چه جویی چه شاید بُدَن   بر این داستانی نشاید زدن[5]
روانت گر از آز فرتوت نیست   نشستِ تو جز تنگ تابوت نیست[6]
اگر مرگ دارد چنین طبع گرگ   پر از می یکی جام خواهم بزرگ[7]

پادشاهی بهرام بهرام نوزده سال بود

چو بهرام در سوک بهرامشاه   چهل روز ننهاد بر سر کلاه[8]
برفتند گردان بسیارهوش   پر از درد با ناله و با خروش[9]
نشستند با او به سوک و به درد   دو رخ زرد و لبها شده لاژورد[10]
اُ زان پس بشد موبد پاک‌رای   که گیرد مگر شاه بر گاه جای[11]
به یک هفته با او بکوشید سخت   همی بود تا برنشست او به تخت[12]
چو بنشست بهرام بر تخت داد   برسم کیان تاج بر سر نهاد[13]
نخست آفرین کرد بر کردگار   فروزندهٔ گردش روزگار[14]

۱ - سخن سخت بی‌پیوند است.

۲ - یک: شیوهٔ شمارش ناپسند! سه روز را چه جای یادکردن باشد؟ دو: اگر وی را سه سال زمانِ پادشاهی بوده، چگونه پسری شایستهٔ پادشاهی داشته است؟ سه: پیش‌تر از پادشاهی درازآهنگ وی سخن رفته بود:

«بر او نیز بگذشت سال دراز»

۳ - یک: گیتی ببهرام داد نادرست می‌نماید: «پادشاهی را ببهرام سپرد». دو: لت دویم نیز نادرست و بی‌پیوند است.

۴ - گله‌گزاری از چرخ.   ۵ - سخن بی‌پیوند و بی‌گزارش.

۶ - روان از آز فرتوت نمی‌شود، و در تنگ تابوت نیز نشاید نشستن که جای خفتن است.

۷ - سخن سست و بی‌پیوند.

۸ - در آیین ایران، پُرسه (= ختم) در روز چهارم پس از درگذشت، و پس از یکماه آیین سیروزه برگزار می‌شد (و میان زرتشتیان هنوز چنین است) و چهل روز سوگ ویژهٔ ایرانیان پس از اسلام است.

۹ - گریستن و ناله و زاری از پس درگذشتگان نیز پسندیده نبود، زیرا که بر این باور بودند که چنین کارها، گذشتن روان را از جهان گیتی، به مینو دشخوار می‌سازد.   ۱۰ - دوباره، همان سخن!

۱۱ - پیوند بایسته میان لت دویم با لت نخست نیست... «برفت تا او را بر تخت بنشاند».

۱۲ - یک: کوشش در زبان پهلوی برابر با جنگیدن و تلاش تن است، و در شاهنامه نیز چنین آمده است. دو: بکارگرفتن دوبار «او» در یک سخن، آنرا سست می‌نماید.   ۱۳ - رسم در آیین سخن فردوسی، روان نمی‌شود.

۱۴ - گردش روزگار تنها گردش است، و در شب و روز می‌گردد، و فروزش، در کار گردش نیست.

فزایندهٔ دانش و راستی   گزایندهٔ کژی و کاستی[۱]
خداوند کیوان و گردان سپهر   ز بنده نخواهد بجز داد و مهر[۲]
ازآنپس چنین گفت ک:«ای بخردان   جهاندیده و پاک‌دل موبدان[۳]
شما هر که دارید، دانش؛ بزرگ   مباشید با شهریاران سترگ[۴]
بفرهنگ یازد کسی، که‌ش خرد   بود در سر و، مردمی پرورد[۵]
سر مردمی بردباری بود   چو تیزی کنی تن بخواری بود[۶]
هر آن کس که گشت ایمن او شاد شد   غم و رنج با ایمنی باد شد[۷]
توانگرتر آن کاو دلی راد داشت   درم گرد کردن به دل باد داشت[۸]
اگر نیستت چیز لختی بورز   که بی‌چیز کس را ندارند ارز[۹]
مروّت نیابد که را چیز نیست   همان جاه نزدکسش نیز نیست[۱۰]
چو خشنود باشی، تن‌آسان شوی   اُگر آز ورزی، هراسان شوی[۱۱]
نه کوشیدنی کاو تن آرد به رنج   روان را بپیچانی از آز گنج[۱۲]
ز کار زمانه میانه گزین   چو خواهی که یابی به داد آفرین[۱۳]
چو خشنود داری جهان را به داد   توانگر بمانیَ و از داد شاد[۱۴]
همه ایمنی باید و راستی   نباید به داد اندرون کاستی[۱۵]
چو شادی بکاهی، بکاهد روان   خرد گردد اندر میان ناتوان»[۱۶]

---

۱ - **یک:** در آیین ایران باستان خداوند را گاه، «اشا» (= راستی، دادِ راستی که بر جهان فرمان می‌راند) می‌خواندند و از وی بنام «اشاوهیشتا» (=برترین راستی)، یاد می‌کردند، و بر این بنیاد، راست، راست است، و بدان افزوده نمی‌شود. **دو:** فزایندهٔ دانش، نیز مردمان دانش‌پژوه‌اند. **سه:** «گزاینده» نیز واژه‌ای درخورِ خداوند نیست.

۲ - برداشتی از سخن فردوسی در آغاز شاهنامه است:

خداوند کیهان و گردان سپهر   فروزندهٔ ماه و ناهید و مهر

۳ - دنبالهٔ گفتار.

۴ - **یک:** پیوند «را» باید: «دانش را» بزرگ میدارید. **دو:** گفتار لت دویم چنین می‌نماید که افزاینده، در سرایش لت نخست بر این بوده است که بگوید: هر یک از شما که دانش دارید... با شهریاران...

۵ - مردمی (= انسانیت) پروردنی نیست. پرورش «مردم» درست است.

۶ - بسا کسان که در جهان تیز و نابردبارند، و تنشان خوار نیست.

۷ - سخن پریشان است و درست چنین می‌نماید که ایمنی برای مردمان شادی می‌آورد.

۸ - لت دویم سست می‌نماید، درم گرد (آوران) را پیوند به دل نیست. به دل باد داشت نیز نادرخور است.

۹ - ... **یک:** کنش ازگذشته (داشت) به زمان روان (بورز) گردید. **دو:** لت دویم باژگونهٔ رج پیشین است که ارزش مردم را به چیز (مال و زر و خواسته) پیوند می‌دهد!!

۱۰ - **یک:** داوری سخت‌تر می‌شود که بی‌چیزان را مردانگی (=مروت) نیست! **دو:** لت دویم سست است.

۱۱ - **یک:** خشنود را بجای خرسند (= قانع، راضی) آورده‌اند. **دو:** آز، مردمان را نگران افزایش مال و خواسته می‌کند، و هراسان نمی‌کند.

۱۲ - این رج راگزارش و پیوند نیست.

۱۳ - سخن زیبا است اما پیوسته بگفتار است.

۱۴ - داد را با توانگری پیوند نیست.

۱۵ - «داد» راکاستی نیست... چون داد نباشد «بیداد» جایگزین می‌شود.

۱۶ - گفتار فردوسی پرورش روان را وابسته به خرد میداند، نه پیوسته بشادی:

←

چـو شـد پـادشاهیش بـر سـال بـیست — یکـی کـم، بـر او زنـدگانی گـریست[1]
شـد آن تـاجور شـاه بـا خـاک جـفت — ز خـرم جـهان دخـمه بـودش نـهفت[2]
جـهان را چـنین است آیـین و سـاز — نـدارد بـمرگ از کسـی چـنگ بـاز[3]
پسـر بـود او را یکـی شـادکام — کـه بـهرام بـهرامیان داشت نـام[4]
بـیامد نشست از بـرِ تـخت شـاد — کـلاه کـیانی بـه سـر بـرنهاد[5]
کـنون کـار بـهرام بـهرامیان — بگـویم تـو بشـنو بـه جـان و روان[6]

→ چنان دان هـرانکس کـه دارد خرد — روان را بـدانش هـمی پـرورد
۱ – سال بیست نادرست است: «بیست سال». ۲ – دخمه بودش نهفت سخنی رسا نیست: «ز خرم جهان، بهرِ او دخمه شد».
۳ – سخن چنین می‌نماید که جهان (گیتی) را پس از مرگ نیز با مردگان کار هست.
۴ – اگر نام بهرام بهرامیان را براست داریم، سخن نادرست نیست. ۵ – نیز...
۶ – **یک**: «تو بشنو» در لت دویم نادرست است. **دو**: شنیدن با گوش است نه با جان و روان.

پادشاهی بهرام بهرامیان*

چو بنشست بهرام بهرامیان — ببست از پی داد و بخشش میان[1]
به تاجش زبرجد برافشاندند — همی نام کرمانشهٔش خواندند[2]
چنین گفت کز دادگر یک خدای — خرد بادمان بهره و داد و رای[3]
سرای سپنجی نماند به کس — ترا نیکوی باد فریادرس[4]
به نیکی گراییم و فرمان کنیم — به داد و دهش دل گروگان کنیم[5]
که خوبی و زشتی ز ما یادگار — بماند تو جز تخم نیکی مکار[6]
چو شد پادشاهیش بر چار ماه — بر او زار بگریست تخت و کلاه[7]
زمانه بر این سان همی بگذرد — پی‌اش مردم آزور بشمرد[8]
می لَثل پیش آور ای روزبه — چو شد سال گوینده بر شست و سه[9]
چو بهرام دانست کامدش مرگ — نهنگی کجا بشکرد پیل و کرگ[10]
جهان را به فرزند بسپرد و گفت — که «با مهتران آفرین باد جفت[11]
بنوش و بباز و بناز و ببخش — مکن روز بر تاج و بر تخت دخش»[12]
چو برگشت بهرام را روز و بخت — به نرسی سپرد آن زمان تاج و تخت[13]
چنین است و این را بی‌اندازه دان — گزاف فلک هر زمان تازه دان[14]
کنون کار نرسی بگوییم همی — ز دل زنگ و زنگار شوییم همی[15]

---

* – چنین کس، میان ساسانیان نبوده است، و سخنان نیز سست می‌نماید.

۱ – **یک:** کجا بنشست؟ بایستی گفتن که بر تخت نشست. **دو:** «از پی داد» نیز نادرست است. از ریشهٔ داد؟ یا از پای داد؟

۲ – **یک:** درست آنست که گفته شود: بپای او (گوهر) افشاندند. **دو:** چگونه شاید که شاهنشاه ایران را کرمانشه خوانند؟

۳ – لت دویم؛ **یک:** از خداوند می‌توان «بهرهٔ خرد» خواستن، اما «داد» و دادگری را از خود باید آغازیدن. **دو:** رای، آهنگ کاری را کردن است، و هرکس در روز بارها رای بانجام کاری می‌کند، و آنرا نیز نشاید از خداوند خواستن.

۴ – سخن از «ما» در رج پیشین به «تو» در این رج گردید...

۵ – ... **یک:** و در این رج به «ما» بازگشت! **دو:** فرمان کنیم چه باشد؟ **سه:** سخن از داد و دهش در رج نخست رفته بود.

۶ – در این رج سخن به «تو» برگردید.

۷ – **یک:** سخن در لت نخست سخت سست و نادرست است. **دو:** نه تخت را و نه تاج را، توان گریستن نیست.

۸ – در لت دویم پیوند «را» باید: «پی او را».

۹ – چون مرگ ببهرام رسید، می لَثل خواستن را چه روی باشد؟ و روزبه کیست؟ افزاینده در میانهٔ سخن مرگ بهرام بیاد می لَثل افتاد، و... .

۱۰ – ...دوباره بسخن بهرام و مرگ او بازگشت.

۱۱ – میان لت دویم و لت نخست پیوند درست نیست.

۱۲ – چنین اندرز را پدر سبکسار، بفرزند می‌دهد! و لت دویم را نیز گزارش نیست.

۱۳ – پیشتر از سپردن جهان بفرزند سخن رفته بود.

۱۴ – چه را بی‌اندازه باید دانستن؟ فلک را بجز از روش و گردش، خود؛ کار نیست! و گزافه از فلک دیده نشده است.

۱۵ – زنگ و زنگار هر دو یکی است.

پادشاهی نرسی بهرام

چو نرسی نشست از برِ تخت آج / بسر بر، نهاد آن سزاوار تاج
همه مهتران، با نثار آمدند / ز درد پدر سوگوار آمدند
بر ایشان سپهدار کرد آفرین / که: «ای مهربانان با داد و دین
بدانید کز کردگار جهان / چنین رفت کار، آشکار و نهان
که ما را فزونی خرد داد و شرم / جوانمردی و داد و آواز نرم
همان ایمنی، شادمانی بود / که را، ز اخترش مهربانی بود
خردمند مرد ار ترا دوست گشت / چناندان که با تو ز یک پوست گشت[1]
تو کردار خوب از توانا شناس / خرد نیز نزدیک دانا شناس[2]
دلیری ز هشیار بودن بود / دلاور بجای ستودن بود[3]
هر آن کس که بگریزد از کارکرد / ازو دور شد نام و ننگ و نبرد[4]
همان کاهلی مردم از بددلی‌ست / هماواز با بددلی کاهلی‌ست»[5]
همی زیست نه سال با رای و پند / جهان را سخن گفتنش سودمند
چو روزش فراز آمد و بخت شوم / شد آن ترگ پولاد برسان موم[6]
دوان شد به بالینش شاه اورمزد / به رخشانی لاله اندر فرزد[7]
که فرزند آن نامور شاه بود / فروزان چو در تیره شب ماه بود[8]
بدو گفت ک:«ای نازدیده جوان / مبر دست سوی بدی تا توان[9]
تو از جای بهرام و نرسی به بخت / سزاوار تاجی و زیبای تخت[10]

---

۱ – سخن از مهربانان به «تو» برگشت. ۲ – **یک:** نیز «تو». **دو:** نه چنین است و بسا از توانایان نیک کردار نی‌اند!

۳ – **یک:** همچنین است بسا دلیران ناهشیار. **دو:** لت دویم سخت سست و بی‌پیوند است.

۴ – «بگریزد» در لت نخست را... «شود» در لت دویم باید.

۵ – کاهلی مردم نادرست است: «کاهلیِ مردم» (= مردمان)، لت دویم نیز بی‌پیوند است.

٦ – **یک:** فراز آمدن روز مرگ را نمی‌توان با «فراز آمدن بخت شوم» همراه دانستن. **دو:** کدام «ترگ پولاد» موم شده است... بسا ترگ پولادین که هزاران سال پس از کسان برجای می‌ماند!

۷ – **یک:** رفتن ببالین پدر بهنگام مرگ با دویدن؟ **دو:** چه جای سخن گفتن از چهرهٔ رخشان کسی است که ببالین پدری می‌رود که نزدیک بمرگ است. **سه:** فرزد، چمن و سبزه است، و از سبزی آن توان سخن گفتن و از رخشندگی آن نشاید!

۸ – **یک:** «فرزند» را می‌بایستی پیش‌تر از نام او آوردن: «فرزندش اورمزد... ببالین...». **دو:** در رج پیشین نیاز پساوای «اورمزد» افزاینده را واداشت که از فرزند رخشان یاد کند، و در این رج پساوای دیگر «ماه» را بجای آن نشاند! ناآگاه از آنکه ماه در تیره شب نیست، و چون ماه در آسمان باشد، شب نیز روشن است!

۹ – **یک:** کننده (فاعل) در دو رج پیش اورمزد بود، و اینجا به نرسی برگشت. **دو:** در لت دویم فرمان چنانست که اگر نتوانستی، بدی نیز بکن! ۱۰ – سخن در لت نخست سست و بی‌پیوند است.

پادشاهی نرسی ۱۶۷

بدین زور و بالا و این فرّ و یال — به هر دانش از هر کسی بی‌همال[۱]
مبادا که تاج از تو گریان شود — دل انجمن بر تو بریان شود[۲]
جهان را به آیین شاهان بدار — چو آمختی از پاک پروردگار[۳]
به فرجام هم روز تو بگذرد — سپهر روانت به پی بسپَرد[۴]
چنان رو که پرسند پاسخ کنی — به پاسخگری روز فرخ کنی»[۵]
بگفت این و چادر به سر درکشید — یکی باد سرد از جگر برکشید[۶]
همان روز گفتی که نرسی نبود — همان تخت و دیهیم و کرسی نبود[۷]

---

۱ - **یک:** آنچه در لت نخست از زور و بالا و یال یاد می‌شود، با دانش در لت دویم هماهنگ نیست، زیرا که شاید که کسی را همه آنچه گفته شده باشد، و دانشش نباشد! **دو:** «از دانش بی‌همال» نیز نادرست است: «در دانش بیهمال». **سه:** آنهم نه از هر کسی: «در میان مردمان».

۲ - تاج بر کسی نمی‌گرید. و دل انجمن آنگاه بر کسی بریان می‌شود که دل همگان بر او بسوزد، باز آنکه افزاینده را رای بر آن بوده است که بگوید «دل مردمان را نسوزانی».

۳ - خداوند آیین شاهی را بشاهان نمی‌آموزد، و این شاهان‌اند که هر کس بشیوهٔ خویش پادشاهی می‌کند.

۴ - سپهر را پی (= پا) نیست.

۵ - افزاینده را رای بر آن بوده است که بگوید «چون در رستاخیز از تو پرسش کنند، پاسخ برای کارهای خویش داشته باشی!»

٦ - کسی را بهنگام مرگ توان آن نیست که چادر بر سر کشد!

۷ - دنبالهٔ سخن.

پادشاهی اورمزد نرسی

چو بر گاه رفت اورمزد بزرگ — ز نخچیر کوتاه شد چنگِ گرگ
جهان را همی داشت با ایمنی — نهان گشت کردار اهریمنی
نخست آفرین کرد بر کردگار — توانا و دانا و پروردگار
شب و روز و گردان‌سپهر آفرید — چو بهرام و کیوان و مهر آفرید[1]
کز اویست پیروزی و فرّهی — دل و داد و دیهیم شاهنشهی
همیشه دل ما پر از داد باد — دل زیردستان به ما شاد باد
ستایش نیابد سر سفله‌مرد — برِ سفلگان تا توانی مگرد[2]
همان نیز با مرد بدخواه رای — اگر پندگیری به نیکی گرای[3]
ز بخشش هر آن کس که جوید سپاس — نخواندش بخشنده یزدان‌شناس[4]
ستاننده گر ناسپاس است نیز — سزد گر ندارد کس او را به چیز[5]
هراسان بود مردم سخت‌کار — که او را نباشد کسی دوستدار[6]
اُگر سستی آرد به کار اندرون — نخواند ورا رایزن رهنمون[7]
گر از کاهلان یار خواهی به کار — نباشی جهانجوی و مردم‌شمار[8]
نگر خویشتن را نداری بزرگ — اُگر گاه یابی نگردی سترگ[9]
چو بدخو شود مرد درویش خوار — همی بیند آن از بد روزگار[10]
همه ساله بیکار و نالان ز بخت — نه رای و نه دانش نه زیبای تخت[11]

---

۱ - چو بهرام... نادرست است. بهرام و کیوان...

۲ - **یک:** «سفله‌مرد» را ستایش نمی‌کنند، نه «سر سفله‌مرد» را. **دو:** سخن از «ما» در رج پیشین به «تو» بازگشت.

۳ - سخن بی‌پیوند و بی‌گزارش است.

۴ - این سخن سست برگرفته از گفتار بزرگمهر است:

فروتن کند گردن خویش پست — ببخشد، نه از بهر پاداش دست

۵ - این رج نیز از گفتار بزرگمهر است:

چنین داد پاسخ که ای پادشا — مده گنج هرگز بناپارسا

۶ - چرا مردم سخت کار، هراسان باشد؟ و چگونه شاید که کسی، سخت‌کاران را؛ دوست نداشته باشد؟

۷ - **یک:** سخن چنان است که اگر سخت‌کار، سستی در کار کند!... و این داوری نادرست است. یا کسی سخت‌کار است، یا سست، و نمی‌توان هر دو گون را در یک کس گرد آوردن! **دو:** چرا بایستی به سخت‌کار، یا سست، پاژنام رهنمون دادن؟ و رایزن کیست که چنین داوری کند؟

۸ - **یک:** کاهل تازی همان سست است که دوباره از وی یاد می‌شود. **دو:** در کار یار خواستن را با جهانجویی پیوند نیست، و مردم‌شمار را ندانستم کیست که در شمار آنان می‌آید. ۹ - دنبالهٔ گفتار.

۱۰ - سخن در لت نخست از شاهنامه است:

چو درویش نادان کند مهتری — بدیوانگی ماند این داوری

۱۱ - درویش را به تخت چه پیوند که زیبندهٔ آن باشد، یا نباشد.

اورمزد نرسی ۱۶۹

اُگر بازگیرند ازو خواسته شود جان و مغز و دلش کاسته[1]
به بی‌چیزی و بدخویی یازد اوی ندارد خرد گردن افرازد اوی[2]
نه چیز و نه دانش نه رای و هنر نه دین و نه خشنودی دادگر[3]
شما را شب و روز فرخنده باد بداندیش را جان پراکنده باد[4]
بر او مهتران آفرین خواندند ورا پادشاه زمین خواندند

*

چو نه سال بگذشت بر سر، سپهر گل زرد شد، آن، چو گلنارچهر
غمین شد ز مرگ آن سر تاجور بمرد و به شاهی نبودش پسر[5]
چنان نامور مرد شیرین‌سخن بنوّی بشد زین سرای کهن[6]
چنین بود تا بود چرخ روان توانا به هر کار و ما ناتوان
چهل روز سوگش همی داشتند سر گاه او خوار بگذاشتند[7]
به چندین زمان تخت بیکار بود سر مهتران پر ز تیمار بود
نگه کرد موبد، شبستان شاه یکی لاله‌رخ دید، تابان؛ چو ماه

*

سر مژه چون خنجر کابلی دو زلفش چو پیچان خط معقلی[8]
مسلسل یک اندر دگر بافته گره بر زده سرش برتافته[9]
پری‌روی* را بچّه بُد در نهان ازآن خوبرخ، شادمان شد جهان

---

۱ – و مرد درویش را خواسته و مال از کجا بود، که از وی بستانند، یا نستانند.

۲ – **یک:** به «چیز» توان دست یافتن، اما به «بی‌چیزی» چگونه توان دست یازیدن؟ **دو:** لت دویم نیز بی‌پیوند است.

۳ – دوباره‌گویی سخنان سست.

۴ – پراکنده شدن جان را ندانستم که چگونه است.

۵ – **یک:** «سر» غمین نمی‌شود که «دل» را غمگین شدن شاید. **دو:** «آن سر» نیز نادرست است. **سه:** پسرش نبود... «بشاهی نبودش پسر» سخت نادرست است.

٦ – لت دویم نادرخور است. بنوی بشد راگزارش نیست. مگر یک‌کس چندبار از جهان میرود که یکبار آن «نو» باشد؟

۷ – **یک:** دربارهٔ سیروزه که آیین سوگ ایرانیان است پیش از این، سخن گفته شد، نگاهبانی چهل روز برای سوگ از آیین‌های ایران پس از اسلام است. **دو:** گاه (= تخت) را «سر» نیست و پایهٔ تخت را بایستی استوار بودن... **سه:** خوار بگذاشتند را چه گزارش است؟

۸ – «خط معقلی» در زمان ساسانیان شناخته نمی‌شد.

۹ – چون از دو زلف (در رج پیشین) سخن رفت، هر یک از آن زلفان خود در خود بافته می‌شود، و یکی را در دگری نمی‌توان بافتن! لت دویم را نیز گزارش نیست.

* – در همهٔ نمونه‌ها پریچهره آمده است، مگر در نمونهٔ سپاهان که پریروی است و این درست می‌نماید، زیرا که پریچهر، «از نژاد پری» است که در نزد ایرانیان ستوده نبود، اما پریروی، «به رُخ همانند پری» است که زیبایی آن ستوده بود. چهره در زبان اوستایی [illegible] «چیثرَ» برابر است با «نژاد» این واژه در زبان پهلوی [illegible] چیثر خوانده شد، با همین کاربرد، در زبان فارسی، در نام منوچهر، منوشچهر، «از نژاد مانوش» خود را می‌نمایاند اما نرم‌نرم بجای «چهره» بکار گرفته شد؛ و چهره را نیز بدانروی چهره خوانند که نگارهٔ نژاد هر کس در آن پیدا است.

چهل روزه شد رود و می خواستند	یکی تخت شاهی بیاراستند۱
بسر بزنش، تاجی برآویختند●	بران تاج زر و درم ریختند●
چهل روز بگذشت بر خوبچهر	یکی کودک آمد چو تابنده مهر
ورا موبدش نام شاپور کرد	بران شادمانی یکی سور کرد۲
تو گفتی همی فرّه ایزدیست	بر او سایهٔ رایت بخردیست۳
برفتند گردان زرین‌کمر	بیاویختند از برش تاج زر
چو آن خُرد را سیر دادند شیر	نوشتند پس در میان حریر۴
چهل روزه را زیر آن تاج زر	نهادند بر تخت فرخ پدر۵

۳۳۰۸۵ (در برابر بیت سوم)

۳۳۰۹۰ (در برابر بیت هشتم)

---

۱ - **یک:** چندین زمان تخت بیگاه بود را نمی‌توان با (چهل روزه) فرزند سنجیدن. **دو:** یکی تخت شاهی نیز نادرست است، «تخت شاهی را بیاراستند». ● - بزودی دیده می‌شود که آن ماهرخ هشت ماهه فرزند داشته است، نه چهل روزه!

۲ - ورا موبدش نادرست است: «موبد ورا».

۳ - **یک:** تو گفتی. **دو:** فرزند را شایستی از فرّ برخوردار بودن اما نشایستی او را «فر ایزدی» نامیدن.

۴ - مادر او را شیر داد، یا گردان زرین کمر رج پیشین؟

۵ - دو رج پیش از آویختن تاج بر سر نوزاد، سخن رفته بود، نه پس از چهل روز.

پادشاهی شاپور دویُم

به شاهی بر او آفرین خواندند — همه مهتران گوهر افشاندند

*

یکی موبدی بود شهروی نام* — خردمند و شایسته و شادکام
بیامد به کرسیّ زرّین نشست — میان، پیش او؛ بندگی را ببست
جهان را همی داشت با داد و رای — سپه را به هر نیک و بد رهنمای
بیاکند°، گنج و سپاه ورا — بیاراست ایوان و گاه ورا
چنین، تا برآمد بر این، پنج سال — برافراخت آن کودک خرد، یال

*

نشسته شبی شاه، در تیسفون — خردمند موبد، به پیش اندرون[1]
بدان گه که خورشید برگشت زرد — پدید آمد آن چادر لاژورد
خروش آمد از راهِ اروندرود — بموبد چنین گفت: «هست این، درود»
چنین گفت موبد بدان شاهِ خُرد — که: «ای پاکدل، نیک‌پی، شاهِ گُرد
کنون مرد بازاری و چاره‌جوی — ز کلبه● سوی خانه دارند روی
چو بر دجله، یک بر دگر؛ بگذرند؛ — چنین تنگ پل را، به پی بسپَرند؛
بترسد چنین، هر کس از پرفسوس▣ — چنین برخروشند چون زخم کوس»
چنین گفت شاپور با موبدان — که: «ای پرهنر نامور بخردان
یکی پولِ دیگر بباید زدن — شدن را، یکی، راهِ بازآمدن□

---

* – در نمونه‌های در دست «شهر و بنام»، «مهر و بنام» آمده است. از آنجاکه «بنام» نادرست می‌نماید تنها در نمونهٔ سپاهان «شهروی نام» آمده است که درست است.

○ – سپاه را «آکندن» نشاید، و چنین می‌نماید که سروده فردوسی چنین بوده است: **«نگهداشت؛ گنج و سپاه ورا».**

۱ – **یک:** در رج پسین از زرد شدن خورشید سخن می‌رود، پس هنوز شب نشده بوده است. **دو:** پیش اندرون نادرست است.

● – کلبه: دکان (مغازه) از سعدی است:

مردم همه دانند که در نامهٔ سعدی — مشکی است که در کلبهٔ عطار نباشد

▣ – همهٔ نمونه‌ها «بیم کوس»، «زخم کوس» که پساوا ندارد. نمونه برابر نوشتهٔ شاهنامهٔ سپاهان است: «همه از ترس فروافتادن به رود، و ریشخند ریشخندگران می‌ترسند». پرفسوس: ریشخندگر.

□ – نمونه برابر با شاهنامهٔ سپاهان، پوهْل در زبان پهلوی و پول در زبان امروز خراسان روان است و کهنتر از پُل است. در لت دویُم نیز نمونه‌ها، سخن را آشکار نمی‌سازد و می‌نماید که سخن فردوسی چنین بوده است: **«شدن را یکی، و یکی آمدن».**

بدان تا چنین زیردستان ما … گر از لشگر و درپرستان ما
برفتن نباشند زینسان؛ به رنج … درم داد باید فراوان ز گنج»

*

همه موبدان شاد گشتند سخت … که سبز آمد آن نارسیده درخت
یکی پول؛ بفرمود○ موبد؛ دگر … بفرمان آن کودک تاجور
از او شادمان شد دل مادرش … بیاورد فرهنگیان را□ برش
ز فرهنگ، آنکه بجایی رسید◙ … کز آموزگاران سر اندر کشید
چو بر هفت شد، رسم میدان نهاد … هم آورد و هم رسم چوگان نهاد[1]
به هشتم شد آیین تخت و کلاه … تو گفتی کمر بست بهرامشاه[2]
تن خویش را ازدرِ فخر کرد … نشستنگه خود به اصطخر کرد[3]
بر آیین فرخ نیاکان خویش … گزیده سرافراز و پاکان خویش[4]

*

چو یک چند بگذشت، بر شاه؛ روز … فروزنده شد تاج گیتی‌فروز
ز غسّانیان، طایر شیرمرد … که دادی فلک را به شمشیر، گرد
سپاهی ز رومی و از قادسی … ز بحرین و از کرد و ز پارسی[5]
بیامد به پیرامُنِ تیسفون … سپاهی ز اندازه رفته برون*
بتاراج داد آن همه بوم و بر … که؟ را بود با او پی و پا و پر!

*

ز پیوند نرسی یکی یادگار … کجا نوشه بُد نام آن نوبهار[6]

○ – «یکی پول فرمود» درست‌تر می‌نماید.

□ – در همهٔ نمونه‌ها «فرهنگ‌جویان» آمده است، بازآنکه «فرهنگیان را» درست می‌نماید. ◙ – برابر با نمونهٔ سپاهان

۱ – **یک:** بر هفت شد، نادرست است: «چو شد هفت ساله». **دو:** رسم ا... که در لت دویم نیز آمده است. **سه:** دو «هم» در لت دویم، سخن را برابر هم می‌نهد، هم... آورد. هم... رسم چوگان، و بدینروی «آورد» را نمی‌توان گزارش کردن. **چهار:** اگر دو واژهٔ نخست را «هماورد» خوانیم، کنش و پیوند بایسته ندارد.

۲ – **یک:** لت نخست بی‌گزارش است! آیین تخت و کلاه شد؟ **دو:** تو گفتی.

۳ – **یک:** مگر کس را توان آن هست که تن خویش را چنان دگرگونه کند، که شایستهٔ (فخر) شود؟ **دو:** پایتخت ساسانیان تیسفون بوده است، و در گفتار درست فردوسی پیش از این از آن یاد شد.

۴ – نیاکان وی همه در تیسفون می‌نشستند.

۵ – سخن سخت آشفته است زیرا؛ **یک:** رومیان هیچگاه فرمانبردار تازیان نبودند. **دو:** بحرین (= بَه رِین. بنگرید بگفتار نویسنده دربارهٔ جزیره بوموسا www.Bonyad-Neyshaboor.com) در میان دریای پارس بود، و از تازیان بس دور بود. **سه:** کردان و پارسیان و قادسیان ایرانی‌اند، و هیچگاه با تازیان برای تاراج سرزمین‌های ایرانی همیار نمی‌شدند.

* – برابر با شاهنامهٔ سپاهان

۶ – **یک:** لت نخست را گونه‌های شگفت است: خالقی مطلق: چو آگه شد از عمّت [س، ق، ق ۲، پ، آ، ب: عمه، ک، س ۲: تخمه. لی: غشمهٔ؛ خالقی مطلق ۲۹۳-۶ – ل، ل ۲: در لت نخست ز پیوند نرسی. و: کنیزک بد آنجا یکی (بنگرید به خالقی مطلق ۲۹۳-۶). **دو:** لت دویم بد آهنگ است. **سه:** نوشه نیز نامی ایرانی نیست، «انوشه» شاید.

بیامد به ایوان آن ماهروی   همه تیسفون گشت پر گفت‌وگوی[1]
ز ایوانش بردند و کردند اسیر   که دانا نبودند و دانش‌پذیر[2]
چو یک سال نزدیک طایر بماند   ز اندیشگان دل به خون درنشاند[3]
ز طایر یکی دختش آمد چو ماه   که گفتی که نرسی‌ست با تاج و گاه[4]
پدر مالکه نام کردش چو دید   که دختش همی مملکت را سزید[5]
چو شاپور را سال شد بیست و شش   مهی‌وش کیی گشت خورشیدفش[6]
به دشت آمد و لشکرش را بدید   ده و دو هزار از یلان برگزید[7]
ابا هر یکی بادپایی هیون   به پیش اندرون مرد سد رهنمون[8]
هیون برنشستند و اسپان به دست   برفتند گردان خسروپرست[9]
ازان پس ابا ویژگان برنشست   میان کیی تاختن را ببست[10]
برفت از پسِ شاه غسانیان   سرافراز طایر هژبر ژیان[11]
فراوان کس از لشگر او بکشت   چو طایر چنان دید بنمود پشت[12]
برآمد خروشیدن دار و گیر   ازیشان گرفتند چندی اسیر[13]
که اندازهٔ آن ندانست کس   برفتند آن ماندگان زان سپس[14]
حصاری شدند آن سپه در یمن   خروش آمد از کودک و مرد و زن[15]
بیاورد شاپور چندان سپاه   که بر مور و بر پشّه بربست راه
ورا با سپاهش به دژ در، بیافت   درِ جنگ و راه گریزش نیافت
شب و روز، یک ماهشان؛ جنگ بود   سپه را بدژ بر، علف؛ تنگ بود[16]

---

۱ – در رج پیشین، کننده (فاعل) انوشه بود، و در این رج که پیوسته بدان است طایر...

۲ – **یک**: ... و در این رج دیگران! **دو**: لت دویم نیز سخت نادرخور است، زیرا که تاراج کننده را دانا و دانش‌پذیر بودن، نشاید!

۳ – سخن چنین می‌نماید که در آغاز خونین دل نبود، و چون یکسال بر او گذشت چنین گشت.

۴ – **یک**: دختر یکروزه را چگونه توان؟ با نیای او که مردی کهنسال بوده است، همانند کردن؟ **دو**: آنگاه او را از کجا تاج و گاه فراهم شد؟

۵ – باز چگونه دریافتند؟ که آن دختر خرد کشور را می‌سزد [نه سزید].

۶ – وش، و فش هر دو یکی است، و چگونه می‌توان؟ یک کس را هم به ماه مانند کردن هم بخورشید!

۷ – شاپور که در هشت سالگی بر تخت نشست، چگونه هجده سال برای گوشمالی دادن به طایر، شکیب کرد؟

۸ – **یک**: سخن چنین می‌نماید که سپاهیان ایران، لگام هیونان را بدست گرفته بمیدان جنگ می‌رفتند. **دو**: مرد سد نیز نادرست است: «سدمرد».

۹ – باز سوار بر هیونان شده، اسب بدست گرفتن را چه گزارش باشد؟

۱۰ – شاه را بایستی پیش از لشگر براه افتادن.

۱۱ – **یک**: هجده سال پس از شاپور، شاه غسانیان، از پسِ او برفت؟ افزاینده خام گفتار، با شاهنامهٔ ایران بازی می‌کند! **دو**: هژبر ژیان، بهنگام یورش سر را برنمی‌افرازد!

۱۲ – بزودی هژبر ژیان سرافراز، پست نمود و گریخت!

۱۳ – خروش دار و گیر، در آغاز جنگ روی می‌دهد، نه پس از (کشتن فراوان کس).

۱۴ – **یک**: چند [نه چندی]، را نمی‌توان بی‌اندازه در شمار آوردن. **دو**: کدام ماندگان؟ ماندگان پس از به بند کشیده شدن برفتند؟

۱۵ – طایر از یمن یورش نیاورده بود که از غسانیان بود.

۱۶ – جنگ، در شب خاموشی می‌پذیرد، و خوراک برای اسپان ایران تنگ شد، نه برای تازیان!

۱۷۴ ساسانیان

*

به شبگیر شاپور یل برنشست
همی* رفت جوشان، کمانی بدست

سیه جوشن خسروی در برش
درفشان درفش سیه بر سرش[1]

ز دیوار دژ، مالکه بنگرید
درفش و سر نامداران بدید

چو گل، رنگِ رخسار و چون مشگ، موی
به رنگ طبرخون گل مشکبوی[2]

بشد، خواب و آرام زان خوبچهر
برِ دایه شد با دلی پر ز مهر

بدو گفت که: «این شاه خورشیدفش
که ایدر بیامد چنین کینه کش[3]

بزرگیّ او چون نهان من است
جهان خوانمش کاو جهان من است[4]

پیامی ز من نزد شاپور بر□
به رزم آمده است او، ز من؛ سور بر

بگویش که: «با تو ز یک گوهرم
هم از تخم نرسیّ گنداورم[5]

همان نیز با کین نه هم گوشه‌ام
که خویش تو ام دختر نوشه‌ام[6]

مرا گر بخواهی، حصار آنِ تست
چو ایوان بیابی، نگار آنِ تست

بدین کار، با دایه پیمان کنی؟
زبان در بزرگی گروگان کنی؟»

بدو دایه گفت: «آنچه فرمان دهی
بگویم بیارمْ ازو آگهی»

*

چو شب بر زمین پادشاهی گرفت
ز دریا بدریا سیاهی گرفت

زمین تیره‌گون کوه چون نیل شد
ستاره بکردار قندیل شد[7]

تو گویی که شمع است سیسد هزار
بیاویخته ز آسمانِ حصار[8]

بشد دایه لرزان پر از ترس و بیم
ز طایر همی شد○ دلش بر دو نیم

* – نمونه‌ها «همی رفت» که درست نمی‌نماید، در اندیشهٔ من، سخن درست شاهنامه «**برون رفت**» بوده است.

۱ – **یک**: جوشن خسروی را آرایه‌های رنگین است و سیاه نمی‌نماید. **دو**: درفش سیاه ویژهٔ تورانیان بوده است و ایرانیان هیچگاه نه درفش سیاه، نه جامهٔ سیاه، بکار نمی‌بردند.

۲ – **یک**: موی شاپور زیر کلاهخود، نمایان نبود، **دو**: رخسار مرد را نمی‌توان به رنگ گل همانند کردن، بویژه در زمان ساسانیان که مردان ریش را برنمی‌گرفتند. **سه**: دیگر بجز از (گلِ رخسار) یاد شده، گل مشکبوی کدام است که برنگ تبرخون نیز باشد؟

۳ – از این شاه‌خورشیدفش با نام شاپور در رج دویم پس از این یاد می‌شود.

۴ – لت نخست راگزارش نیست، و لت دویم سست می‌نماید.

□ – سخن درست چنین می‌نماید: «**که از من پیامی بشاپور بر**».

۵ – **یک**: گوهر یگانهٔ او در سخنان افزوده آمده بود. **دو**: «هم» در آغاز لت دویم نابجا است. زیرا که اگر از یک گوهر باشد، «هم» دوباره گویی است.

۶ – با کین نه هم گوشه‌ام را هیچ گزارش نیست مگر آنکه افزاینده را نیاز به پساوای نوشه بوده است.

۷ – **یک**: سخن از سیاهی بگونه‌ای زیبا در رج پیشین آمده بود. **دو**: ستاره نه [ستارگان] چگونه همانند قندیل می‌شوند؟

۸ – افزاینده سخن را بدینسان سست گزارش کرد. **یک**: شمع آویخته بزودی خاموش می‌شود. **دو**: آسمان گسترده است و بیرون دژ را نیز در بر دارد. **سه**: چون خواهند از شماری بسیار یاد کنند، «هزار» یا «هزاران» گویند نه سیسدهزار. **چهار**: تو گویی.

○ – همه نمونه‌ها: «همی شد» که درست نیست و «همی بُد» درست می‌نماید.

چو آمد بنزدیک پرده‌سرای — خرامید، نزدیک آن پاکرای
بدو گفت «اگر نزد شاهم بری — بیابی ز من تاج و انگشتری»[۱]
هشیوار، سالار بارش ببرد — ز دهلیز پرده، بر شاهِ گُرد[۲]
بیامد زمین را بمژگان برُفت — سخن هرچه بشنید با شاه گفت

✽

ز گفتار او شاد شد شهریار — بخندید و دینار دادش هزار[۳]
دو یاره یکی طوق و انگشتری — ز دیبای چینی و از بربری[۴]
چنین داد پاسخ که: «با ماهروی — بخوبی سخن‌ها فراوان بگوی:
بگویش که گفت او: به خورشید و ماه — به زنّار و زردشت و فرخ کلاه[۵]
که هر چیز کز من بخواهی همی — گر از پادشاهی بکاهی همی[۶]
ز من هیچ بد نشنود گوش تو — نجویم جدایی ز آغوش تو[۷]
«خریدارم او را، بتخت و کلاه — بفرمان یزدان و گنج و سپاه»

✽

چو بشنید پاسخ هم اندر زمان — ز پرده بیامد بر دژ، دمان
شنیده بدان سروسیمین بگفت — که: «خورشید، ناهید را، گشت جفت»●
ز بالا و دیدار شاپور شاه — بگفت آنچه آمد به تابنده ماه[۸]

✽

ز خاور چو خورشید بنمود تاج — گل زرد شد بر زمین رنگ ساج[۹]
ز گنجور دستور بستد کلید — خورش‌خانه و خُنب‌های نبید[۱۰]
به دز در هر آن کس که بُد مهتری — اُزان جنگیان رنج دیده سری[۱۱]

---

۱ – به چه کس گفت؟ دایه را نه تاج هست و نه انگشتری، که بکس بخشد!

۲ – آشکار شد که سالار بار است که از دایه، تاج شاهی خواهد ستدن.

۳ – **یک:** نیمه شب هزار دینار در پرده‌سرای از کجا آمد؟ **دو:** پس از شاد شدن خندید؟ این هر دوان با هم روی می‌نماید.

۴ – دیبای چین را می‌شناسیم و دیبای بربری را نشنیده‌ایم.

۵ – **یک:** بجای شاپور [من]، «او» بکار رفته است. **دو:** ایرانیان را زنّار نبود، کُشتی می‌بستند. **سه:** سوگند درست شاپور، در سخنان پسین می‌آید.

۶ – یک زن را چگونه توانِ آن هست که از پادشاهی بکاهد؟ و کاستن از پادشاهی چگونه است؟

۷ – **یک:** «من» در این رج با «من» در رج پیشین همخوان نیست. **دو:** پیدا است که در شبانروز، همواره نمی‌توان در آغوش یک زن زیستن.

● – که ناهید (مالکه) را، خورشید (شاپور) جفت گشت.

۸ – **یک:** افزاینده پیش از این دیدار (روی) شاپور را بدو نموده بود. **دو:** تابنده ماه در پایان سخن نابجا است، و در آغاز سخن می‌بایستی از او یاد شود: «با ماه تابنده از بالا و دیدار شاپور...».

۹ – افزاینده، خاور [= خورروران؛ مغرب] را بجای خراسان آورده است.

۱۰ – خرد نمی‌پذیرد که کلید در خورشخانه و میخانه نزد دستور (= وزیر) بوده باشد.

۱۱ – لت دویم سست است... و کمبود دارد برای مهتران...

خورش‌ها فرستاد و چندی نبید هم از بوی‌ها نرگس و شنبلید[1]
پرستندهٔ باده را پیش خواند به خوبی سخن‌ها فراوان براند[2]
بدو گفت کـ :«امشب تویی باده ده به طایر همه بادهٔ ساده ده[3]
همان تا بدارند باده به دست بدان تا بخسپند و گردند مست»[4]
بدو گفت ساقی که «من بنده‌ام به فرمان تو در جهان زنده‌ام»[5]
چو خورشید بر باختر گشت زرد شب تیره گفتش کـه از راه برد[6]
می خسروی خواست طایر به جام نخستین ز غسّانیان برد نام[7]

*

چو بگذشت یک پاس از تیره‌شب بیاسود طایر، ز بانگ جلب؛
برفتند یکسر سوی خوابگاه پرستندگان را بفرمود شاه
که: «تا کس نگوید سخن جز به‌راز» نهانی درِ دز گشادند باز
بدان شاه شاپور خود چشم داشت از آواز مستان به دل خشم داشت[8]
چو شمع از درِ دژ بیفروخت، گفت که: «گشتیم با بخت بیدار جفت
مر آن ماهرخ را به پرده‌سرای بفرمود تا خوب کردند جای[9]
سپه را همه سرسر گرد کرد گزین کرد مردان روز نبرد[10]
دگر خفته آسیمه برخاستند به هر جای جنگی بیاراستند[11]
ازیشان کس از بیم ننمود پشت بسی نامور شاه ازیشان بکشت[12]

---

۱ - ...**یک**: «خورش‌ها» نادرست است: «خورش فرستاد»، چندی نبید نیز درست نیست و «می» بسنده است، زیرا که می را نمی‌توان شماردن، مگر آنکه بگویند: «چند شیشه می». **دو**: نرگس پیش از بهاران در ایران می‌روید نه در هر هنگام... باری تازیکستان را نرگس و شنبلید نیست.

۲ - **یک**: پرستندهٔ باده نادرست است: «می پرست»

که من دوش پیش شهنشاه، مست چرا بودم و دخترم می‌پرست»

مهمانی بهرام گور در خانهٔ ماهیار

دو: فرمانبران را بس است که بآنان فرمان دهند چنین و چنان کن و نشاید که با آنان بخوبی فراوان سخن رانند!

۳ - **یک**: کار همیشگی او بوده است و درست نمی‌نماید که بدو گویند «امشب می‌پرست هستی». **دو**: باده ساده را ندانستم چگونه است.

۴ - **یک**: باده را نیز بدست (نمی‌دارند). جام را بدست (میگیرند). **دو**: نخست مست می‌شوند، پسانگاه می‌خسپند.

۵ - دنبالهٔ گفتار.

۶ - **یک**: باختر (شمال)، را بجای خوروَران (=مغرب) آورده است. **دو**: لت دویم را هیچ گزارش نیست. **سه**: زَرد با بُرد پساوا نیست!

۷ - می خسروی راگزارش نیست... شاید گفتن «می ناب» «می تلخ» «می سرخ»، «می چون گلاب»...

۸ - چرا از آواز مستان خشم گرفته باشد، که آن؛ بسود وی بود!

۹ - خوب کردند جای، چگونه باشد؟... در پرده‌سرای جای دارند.

۱۰ - سپاه پیش از این همگروه شده بودند.

۱۱ - لت نخست بی‌پیوند است.

۱۲ - سخن بازگونه است که مردانِ مست خفته چون شمشیر از پیش بینند، روی بگریز می‌نهند.

شکست طایر از شاپور ۱۷۷

چو شد طایر اندر کف او اسیر		بیامد برهنه دوان ناگزیر[1]
به چنگ وی آمد حصار و بنه		گرفتار شد مردمِ بدتنه[2]
**ببود آن شب و بامداد پگاه		چو خورشید بنمود زرّین کلاه**
یکی تخت پیروزه اندر حصار		بآیین نهادند و دادند بار[3]
چو از بار پرداخته شد شهریار		بنزدیک او شد گل نوبهار[4]
ز یاقوت سرخ افسری بر سرش		درفشان ز زربفت چینی برش[5]
بدانست کان جادوی کار اوست		بدو بد رسیدن ز کردار اوست[6]
چنین گفت ک: «ای شاه آزادمرد		نگه کن که فرزند، با من چه کرد![7]
چنین هم تو از مهر او چشم دار		ز بیگانگان زان سپس خشم دار»[8]
چنین گفت شاپور بدنام را		که «از پرده چون دخت بهرام را؟![9]
بیاری و رسوا کنی دوده را		برانگیزی آن کین آسوده را!»[10]
به دژخیم فرمود تا گردنش		زنند، به آتش اندر بسوزد تنش[11]
**سر طایر از کینه در خون کشید		دو کتف وی از پوست* بیرون کشید**
هر آن کس کجا یافتی از عرب		نماندی که باکس گشاید دو لب[12]
ز دو دست او دور کردی دو کفت		جهان ماند از کار او درشگفت[13]
عرابی ذوالاکتاف کردش لقب		چو از مهره بگشاد کفت عرب[14]
اُزان جایگه شد سوی پارس باز		جهانی همه برد پیشش نماز[15]
بر این نیز بگذشت چندی سپهر		اُزان پس دگرگونه بنمود چهر[16]

---

۱ - **یک:** «در کف» نادرخور است: «در دست وی»... **دو:** اما اگر کسی در دست دیگری به بند باشد، نشاید که دوان بسوی وی رود!

۲ - بُنه را با تَنه پساوا نیست.

۳ - در میانهٔ آن هیاهو و کشتار چه جای بار دادن بود؟

۴ - پیوسته به گفتار پیشین.

۵ - افسر را از زر و سیم توان ساختن، نه از یاقوت سرخ.

۶ - چه کس بدانست؟ کدام جادوی؟ به چه کس بد رسید؟

۷ - کدام فرزند؟

۸ - کدام بدنام؟

۹ - پیوندی میان لت دویم با لت نخست دیده نمی‌شود.

۱۰ - دنبالهٔ همان گفتار آشفته.

۱۱ - گردن طایر را نزدند... و رج پسین گواه این سخن است.

* - نمونه‌های در دست؛ «پشت»، شاهنامهٔ سپاهان: «پوست»

۱۲ - **یک:** می‌توان مردمان را کشتن، و نمی‌توان از سخن گفتن آنان جلوگیری کردن. **دو:** (عرب) را یافتن چه روی باشد، چون همگان تازی بودند.

۱۳ - **یک:** با آنکه در سخن درست فردوسی در رج دویم پیش از «کتف» نام برده شده است، افزایندگان، «کفت» آورده‌اند، تا با شگفت هماوا باشد. **دو:** سخن باژگونه است، زیرا که شاید گفتن که دو دست (آنانرا) از کتف جدا کرد، و نشاید گفتن که کتف آنانرا از دو دست جدا کرد!

۱۴ - **یک:** «عرابی» نادرست است، تازی ← تازیان. **دو:** لقب «کردنی» نیست «دادنی» است.

۱۵ - **یک:** پایتخت ساسانیان تیسفون بود، نه پارس. **دو:** جهانی نمازْ برد نادرست است، جهانیان بدو نماز بردند.

۱۶ - دنبالهٔ گفتار.

رفتن شاپور به روم

چنان بُد که یک روز با تاج و گنج ... همی داشت از بودنی دل به رنج [1]
ز تیره شب اندر گذشته سه پاس ... بفرمود تا شد ستاره‌شناس [2]
بپرسیدش از تخت شاهنشهی ... هم از رنج و ز روزگار بهی [3]
منجّم بیاورد صلاّب را ... بینداخت آرامش و خواب را [4]
نگه کرد روشن به قلب اسد ... که هست او نمایندهٔ فتح و جد [5]
بدان تا رسد پادشا را بدی ... فزاید بدو فرهٔ ایزدی [6]
چو دیدند گفتندش: «ای پادشا ... جهانگیر و روشن‌دل و پارسا [7]
یکی کار پیش است با رنج و درد ... نیارد کس آن بر تو بر یاد کرد» [8]
چنین داد شاپور پاسخ بدوی ... که: «ای مرد داننده و راهجوی [9]
چه چاره‌ست؟ تا این ز من بگذرد ... تنم اختر بد به پی نسپرد!» [10]
ستاره‌شمر گفت ک:«ای شهریار ... ازین گردش چرخ ناپایدار [11]
به مردیّ و دانش نیابد گذر ... خردمند گر مرد پرخاشخر [12]
بباشد همه بودنی بی‌گمان ... نتابیم با گردش آسمان» [13]

---

۱ – یک روز...

۲ – **یک:** سه پاس از شب گذشته!! **دو:** ستاره‌شناس کجا شد؟: «ستاره‌شناس را فراخواند»، «بنزد خود خواند».

۳ – دنبالهٔ گفتار.

۴ – **یک:** منجم در گفتار فردوسی اخترمار، و ستاره‌شمار است. **دو:** صلاب واژهٔ نادرستی برگرفته از استرلاب [= ستاره‌یاب] فارسی است که پیش از این دربارهٔ آن سخن رفته است.

۵ – **یک:** از نگاه کردن نشاید با تیره یا روشن یاد کردن، زیرا که نگاه کردن، نگاه کردن است. **دو:** به استرلاب نگریست؟ یا به یک ستاره در برج شیر، که تازیان آنرا قلب‌الاسد می‌نامند! **سه:** جَد پساوای اسد، برابر با «نیا» و پدربزرگ است، و آنرا نمی‌توان باگشایش [= فتح] همراه آوردن!، اما افزایندهٔ خام گفتار آنرا بجای جِدّ [=کوشش] آورده است! برخی از پچین‌برداران این نادرستی را دریافته‌اند، که لت دویم را بدینگونه آراسته‌اند:

س، س ۲، ک، آ: نماینده فتح الابد؛ لن ۲، ب: فتح ابد؛ لی: نماینده فتح الادب! (خالقی مطلق ۳۰۰-٦).

٦ – این رج را هیچ پیوند باگفتار رج پیشین نیست، چگونه به یک ستاره نگریست، (تا) بداند که...

۷ – پیشتر از یک‌کس یاد شده بود، و در این رج از چندکس [دیدند] یاد می‌شود.

۸ – **یک:** لت دویم را پیوند (که) باید. **دو:** (نیاریم) درست است.

۹ – دنبالهٔ سخن.

۱۰ – هنوز سخنی از سوی اخترماران گفته نشده است، از کجا روشن که بدی روی می‌نماید؟... شاید بودن که آنان از مرگ او سخن گویند!

۱۱ – **یک:** «از (این) گردش» نادرست است: از گردش چرخ... **دو:** و پایدارترین پدیده در جهان چرخ است و گردش آن.

۱۲ – لت دویم نادرخور است، زیرا که شاید کسی خردمند باشد پرخاشگر نیز بوده باشد.

۱۳ – نتابیم نادرست است، باگردش آسمان (تاب نمی‌آوریم)!... بایستی گفتن که باگردش آسمان چاره نیست یا چاره‌مان نیست.

داستان افزوده ۱۷۹

چنین داد پاسخ گرانمایه شاه — که: «دادار باشد ز هر بد نگاه[1]
که گردان بلندآسمان آفرید — توانایی و ناتوان آفرید»[2]
بگسترد بر پادشاهیش داد — همی بود یک چند بی‌رنج و شاد
چو آباد شد زو همه مرز و بوم — چنان آرزو کرد کاید به روم[3]
ببیند که قیصر سزاوار هست — ابا لشکر و گنج و نیروی دست[4]
همان راز بگشاد با کدخدای — یکی پهلوان گرد با داد و رای[5]
همه راز و اندیشه با او بگفت — همی داشت از هر کس اندر نهفت[6]
چنین گفت کـ :«این پادشاهی به داد — بدارید کز داد باشید شاد»[7]
شتر خواست پرمایه ده کاروان — به هر کاروان بر یکی ساروان[8]
ز دینار و ز گوهران بار کرد — ازان سی شتر بار دینار کرد[9]
بیامد پر اندیشه ز آباد بوم — همی رفت زین سان سوی مرز روم[10]
یکی روستا بود نزدیک شهر — که دهقان و شهری بدو بود بهر[11]
بیامد به خان یکی کدخدای — بپرسید کـ :«ایدر مرا هست جای؟»[12]
بر او آفرین کرد مهتر بسی — که «چون تو نیابیم مهمان کسی»[13]
ببود آن شب و خورد و بخشید چیز — ز دهقان بسی آفرین یافت نیز[14]
سپیده برآمد بنه برنهاد — سوی خانهٔ قیصر آمد چو باد[15]
بیامد به نزدیک سالار بار — بر او آفرین کرد و کردش نثار[16]

---

۱ – **یک:** اگر چنین است، چرا چندین بدی در جهان روی می‌نماید؟ **دو:** (که) در آغاز لت دویم این رج...

۲ – ... **یک:** با (که) در آغاز این رج همخوان نیست. **دو:** گردان بلند نیز نادرست است. **سه:** پیش از این و در پیشگفتار نیز سخن در این باره رفته است که آفرینش خداوند از دیدگاه ایرانیان همه نیکی و توانایی است، نه ناتوان و ناتوانی. **چهار:** از دیدگاه دستورزبان، «ناتوان» را نشاید، رودرروی «توانایی» آوردن!

۳ – آید به روم نادرخور است: «به روم رَوَد».

۴ – لت نخست را پیوند «تا» بایسته است: «بروم رود، تا ببیند».

۵ – **یک:** «همان» نادرخور است: «پس» باید. **دو:** کدخدای [= وزیر] را نه از میان پهلوانان برگزیدند که از موبدان برگزیده می‌شد. **سه:** گفتار لت دویم نیز بی‌پیوند است.

۶ – دوباره از «راز» سخن بمیان می‌آید... تازه راز راگفته و زمانی از آن نگذشته است با (همی) نهفت از آن یاد می‌شود.

۷ – پادشاهی را «را» باید.

۸ – ساروان از برای پساوا آمده است، وگرنه کودکان دانند که کاروان را ساروان باید.

۹ – **یک:** دینار برابر باگوهر می‌آید، نه گوهران. **دو:** دوباره سخن از دینار می‌رود.

۱۰ – «بیامد» در لت نخست را با «همی‌رفت» در لت دویم همخوان نیست.

۱۱ – نزدیک کدام شهر؟ لت دویم نیز سخت نادرخور است.

۱۲ – روستا را یک کدخدای بیش نیست و «یکی کدخدای» نادرخور است.

۱۳ – دنبالهٔ گفتار.

۱۴ – آفرین «یافتنی» نیست «خواندنی» از سوی آفرین‌خوان است و شنیدنی، نه از سوی آفرین شونده(؟)

۱۵ – **یک:** لت نخست را پیوند درست نیست: (چون) سپیده برآمد. **دو:** سخن چنین می‌نماید که پایتخت روم نزدیک مرز ایران بوده است که با یک روز راه از روستایی نزدیک مرز می‌توانستند به خانهٔ قیصر روند.

۱۶ – دنبالهٔ گفتار.

بپرسید و گفتش: «چه مردی بگوی — که هم شاه شاخی و هم شاه روی»[1]
چنین داد پاسخ که «ای پادشا — یکی پارسی مردم و پارسا[2]
به بازارگانی برفتم ز جز — یکی کاروان دارم از خزّ و بز[3]
کنون آمده‌ستم بدین بارگاه — مگر نزد قیصر گشایند راه[4]
ازین بار چیزی که‌ش اندرخور است — همه گوهر و آلت لشکر است[5]
پذیرد سپارد به گنجور گنج — بدان شاد باشم ندارم به رنج[6]
دگر را فروشم به زرّ و به سیم — به قیصر پناهم نپیچم ز بیم[7]
بخرّم هر آنچه‌م بباید ز روم — روم سوی ایران ز آباد بوم»[8]
ز درگاه برخاست مرد کهن — برِ قیصر آمد بگفت این سخن[9]
بفرمود تا پرده برداشتند — ز در سوی قیصرش بگذاشتند[10]
چو شاپور نزدیک قیصر رسید — بکرد آفرینی چنان چون سزید[11]
نگه کرد قیصر به شاپور گرد — ز خوبی دل و دیده او را سپرد[12]
بفرمود تا خوان و می ساختند — ز بیگانه ایوان بپرداختند[13]
جفادیده ایرانی‌ای بُد به روم — چنان چون بود مرد بیداد و شوم[14]
به قیصر چنین گفت ک:«ای سرفراز — یکی نو سخن بشنو از من به‌راز[15]
که این نامور مرد بازارگان — که دیبا فروشد به دینارگان[16]
شهنشاه شاپور گویم که هست — به گفتار و دیدار و فرّ و نشست»[17]
چو بشنید قیصر سخن خیره شد — همی چشمش از روی او تیره شد[18]

---

۱ – **یک:** کننده [فاعل] در رج پیشین شاپور بود و در این رج سالاربارا **دو:** شاه شاخ و شاه روی، در گسترهٔ سخن فارسی شنیده نشده.

۲ – **یک:** «سالاربار» به «پادشاه» گردید. **دو:** پارسایان را نشاید ده کاروان دینار و گوهر داشتن.

۳ – **یک:** «برفتم» نادرست است: «آمده‌ام» و «جَز» که روستایی در فارس است از سوی قیصر روم شناخته نمی‌شود. **دو:** بَز نیز برای پساوای جز آمده است، تا آنجا که بنداری نیز آن را چنین آورده است: «أنا رجل تاجر من بلاد فارس، و معی أحمال من الخزّ و البزّ: من مردی بازرگانم از سرزمین[های] پارس و بارهایی از خزّ و بزّ همراه منست. اما: کاروان‌های شاپور بر بنیاد سخنان پیشین افزایندگان،نه بار خز داشت و نه بار بزّ (پارچه و جامه)».

۴ – دنبالهٔ گفتار.

۵ – بیدرنگ همهٔ بار او جنگ‌افزار شد!!

٦ – گنجور گنج نادرست است: «گنجور».

۷ – روشن نیست که چه اندازه به قیصر می‌دهد تا «دگر» را بفروشد. لت دویم نیز سست و بی‌پیوند است.

۸ – **یک:** بخرّم نادرست است. **دو:** آبادبوم، پاژنام ایران بوده است.

۹ – «این سخن» نادرست است: «پیام را».

۱۰ – دنبالهٔ سخن.

۱۱ – آفرین نادرست است: «آفرین چنانچون».

۱۲ – لت دویم بی‌پیوند است: «از خوبی که او را بود...».

۱۳ – **یک:** خوان و می ساختنی نیست خوان «آراستنی» است. **دو:** اگر یک بیگانه در روم بود، همانا شاپور بود!

۱۴ – در رج پیشین از بیگانه ایوان را پرداخته بودند، پس چگونه شاید که یک ایرانی ستمدیده نزد شاه مانده باشد؟

۱۵ – «نو سخن» نادرست است: «سخنی».

۱٦ – **یک:** «دینارگان» نادرخور است... **دو:** پیشتر از زر و سیم یاد شده بود.

۱۷ – لت نخست نادرست است: «شهنشاه شاپور است».

۱۸ – سخن را پیوند «او را» باید. **دو:** همی در آغاز لت دویم نادرخور است.

نگـهبانش بـر کـرد و بـا کس نگـفت	هـمی داشت آن راز را درنـهفت[1]
چـو شـد مست بـرخـاست شاپور شاه	هـمی داشت قـیصر مـر او را نگـاه[2]
بـیامد نگـهبان و او را گـرفت	کـه: «شـاپور نـرسی تـوبی ایـن شگـفت»[3]
بـه جـای زنـان بـرد و دستش بـبست	بـه مـردی ز دام بـلا کس نـجست[4]
چـو زیـن بـاره دانش نـیاید بـه بـر	چـه بـاید شـمار سـتاره‌شمر[5]
بـرِ مست شـمعی هـمی سـوختند	بـه زاریش در چـرمِ خـر دوخـتند[6]
هـمی گـفت هـر کس کـه: «ایـن شوربخت	همی پوست خرجُست و بگذاشت تـخت»[7]
یکـی خـانه‌ای بـود تـاریک و تـنگ	بـبردند بـدبخت را بـی‌درنگ[8]
بـدان جـای تـنگ انـدر انـداختند	در خـانه را قـفل بـرساختند[9]
کـلیدش بـه کـدبانوی خـانه داد	تـنش را بـدان چـرم بـیگانه داد[10]
بـه زن گـفت: «چـندان دهش نـان و آب	کـه از داشـتن زو نگـیرد شـتاب[11]
اگـر زنـده مـاند بـه یک چـند گـاه	بـدانـد مگـر ارج تـخت و کـلاه[12]
هـمان تـخت قـیصر نـیایدش یـاد	کسـی را کـجا نـیست قـیصرنژاد»[13]
زن قـیصر آن خـانه را در بـبست	بـه ایـوان دگـر جـای بـودش نشست[14]

۱ – «بر کردن نگهبان» نادرست است: «بر او نگهبان گماشت».

۲ – **یک:** چگونه نگهبان بر کرده(؟) بود که هنوز با هم می می‌نوشیده‌اند؟ **دو:** خرد نمی‌پذیرد که قیصر در کاخ خود که پر از نگهبانان و سپاهیان است، کسی را با دست خود نگاه بدارد!

۳ – نگهبان سخن آن ایرانی ستمدیده را که بگونهٔ راز با قیصر در میان نهاده بود، از کجا شنید؟ که چنین می‌گوید.

۴ – **یک:** جای زنان، چگونه جاییست؟ مشکوی قیصر؟ آنجا که زندان نبوده است. **دو:** شاپور کدام مردی و ستیز از خود نشان داده بود؟ که نتوانسته بود خود را برهاند!

۵ – سخن سخت بی‌پیوند و سست است.

۶ – برای آنکس که بزودی در چرم خر جایش می‌دهند، شمع روشن کردن چرا؟ افزایندهٔ دروغپرداز نمی‌دانسته است که چون کسی را در چرم خر، یا گاو، یا هر جانور دیگر کنند، بزودی چرم چون چوب خشک می‌شود و اندامهای آنکس را سخت در میان می‌گیرد، و پس از سه یا چهار روز، دردهای سخت او را می‌کشد!... با چنین شکنجهٔ سخت، جان او را چندان بدرازا کشید، تا روزی از چرم خرش بدر آوردند، و به ایرانش گسیل کنند!

۷ – لت دویم بدآهنگ است.

۸ – **یک:** چون بیدرنگ او را بخانهٔ تاریک و تنگ بردند، چگونه در رج پیشین «هرکس» دربارهٔ او سخن می‌گفت؟ **دو:** چون بر کسی پوست جانور بدوزند، جهان بر وی تار و تنگ می‌شود، و خانهٔ تاریک و تنگ چیزی بر تیره‌روزی او نمی‌افزاید!

۹ – **یک:** دوباره از جای تنگ سخن می‌رود. **دو:** سخت‌ترین بند (قفل) همان پوست خر است زیرا که با آن، توان جنبش، و یارای گریزش نبوده است.

۱۰ – **یک:** پیشتر از «جای زنان» نام برده شده بود، و اکنون از یک خانه که کدبانو نیز دارد؟ **دو:** مگر کشور روم را زندان نبوده است؟ که پادشاه کشوری دیگر را بخانه‌ای برند و به کدبانویش سپارند! **سه:** چه‌کس کلید را بکدبانو داد؟ قیصر یا نگهبان؟ **چهار:** اگر نگهبان چنین کرد، که از پیش خود نمی‌توانست فرمان دهد، و اگر قیصر چنین کرد، چرا او را به نگهبان داد؟ **پنج:** چرم بیگانه چه باشد؟ **شش:** شاهنامه لندن چرم خرّانه آورده است که سخت سست است.

۱۱ – لت دویم را هیچ گزارش نیست.

۱۲ – پیوند «اگر» در آغاز لت نخست نادرست است: «تا» زنده ماند».

۱۳ – سخن پریشان است و لت دویم بی‌گزارش... افزاینده را رای بر آن بوده است که بگوید، کسی که از رومیان نیست، نباید بیاد تخت و گاه قیصر افتد!

۱۴ – **یک:** پیشتر درِ خانه را بسته بودند. **دو:** پیش از این از کدبانوی خانه سخن رفته بود، نه از زن قیصر که در جایی دیگر نشیمنگاه دارد!

یکی ماهرخ بود گنجور اوی — گزیده به هر کار دستور اوی[1]
که ز ایرانیان داشتی او نژاد — پدر بر پدر بر همی داشت یاد[2]
کلید درِ خانه او را سپرد — به چرم اندرون بسته شاپور گرد[3]
همان روز ازان مرز لشکر براند — ورا بسته در پوست آنجا بماند[4]
چو قیصر به نزدیک ایران رسید — سپه یک به یک تیغ کین برکشید[5]
از ایران همی برد چندی اسیر — نبود آن یلان را کسی دستگیر[6]
به ایران زن و مرد و کودک نماند — همان چیز بسیار و اندک نماند[7]
نبود آگهی در میان سپاه — نه مرده نه زنده ز شاپور شاه[8]
گریزان همه شهر ایران ز روم — ز مردم تهی شد همه مرز و بوم[9]
از ایران بی‌اندازه ترسا شدند — همه مرز پیش سکوبا شدند[10]
چنین تا برآمد بر این چندگاه — به ایران پراکنده گشته سپاه[11]
به روم آنکه شاپور را داشتی — شب و روز تنهاش نگذاشتی[12]
کنیزک نبودی ز شاپور شاد — ازان کش ز ایرانیان بُد نژاد[13]
شب و روز زان چرم گریان بُدی — دل او ز شاپور بریان بُدی[14]

---

۱ – تاکنون شنیده نشده است که زن پادشاه را وزیر بوده باشد، وزیری که گنجور نیز هست.

۲ – چگونه کسی که پدر بر پدر خویش را بیاد دارد، آنچنان به زن قیصر نزدیک می‌شود که دستور و گنجور وی گردد،

۳ – تا آنجا که کلید زندان شاه ایران را نیز بدو دهند. لت دویم را نیز پیوند با لت نخست نیست.

۴ – سخن از ماهرخ گنجور بود، و او بکبجالشگر براند؟

۵ – **یک:** نام قیصر پس از گفتار می‌آید که نادرست است. **دو:** کنشِ «کشیدند» باید.

٦ – همی برد نادرست است: «برد» اما جنگ نکرده، چگونه بنده گرفتند؟

۷ – مگر همه آنانکه در بند قیصر افتادند، یل و پهلوان بوده‌اند؟

۸ – آشکار شد که آن یلان همهٔ مردمانِ ایران (از زن و مرد و کودک) بوده‌اند، که بهمراه مال و خواسته و ابزارهای زندگی و انبار و بنه و... بتاراج برده شدند!!!

۹ – لت نخست سخت سست است... افزاینده خواسته است بگوید، که ایرانیان از دست رومیان گریختند، اما در رج پیشین همهٔ آنان را در بند قیصر آورده بود!

۱۰ – **یک:** داوری در این رج دگرگونه شد. و بسا از ایرانیان در ایران نگاه داشته شدند تا ترسا شوند! **دو:** بجای همهٔ آنان، همه مرز آمده است که درست نیست.

۱۱ – **یک:** در لت دویم داوری چهارم دربارهٔ ایرانیان دیده می‌شود که سپاه در ایران پراکنده شدند. **دو:** چنین (= چون این) در لت نخست، با (بر این) در یک پاره از گفتار همخوان نیست.

۱۲ – شاپور را داشتی نادرست است: «نگهبان زندان شاپور»، یا «نگهبان شاپور».

۱۳ – **یک:** «کنیزک» در این رج با «آنکه» در رج پیشین همخوان نیست. **دو:** افزایندهٔ خام سخن را رای بر آن بوده است تا بگوید کنیزک از زندانی بودن شاپور شاد نبود، و باژگونه گفته است. **سه:** سستی آن گفتار اکنون آشکار شد که زن قیصر چرا نگهبانی زندان شاپور را به یک ایرانی نژاد سپرد؟

۱۴ – **یک:** از چرم گریان بود؟ یا بر شاپور گریان بود؟ **دو:** «او» در آغاز لت دویم با کنیزک، در رج پیشین ناهمخوان است. مگر آنکه گفته شود «دلش»... و چون چنین آید، دنبالهٔ سخن با «از شاپور» درست نمی‌نماید «دلش بر شاپور» یا، «دلش از درد شاپور».

بدو گفت روزی که: «ای خوبروی / چه مردی مترس ایچ با من بگوی[1]

که در چرم چون نازک اندام تو / همی بگسلد خواب و آرام تو[2]

چو سروی بُدی بر سرش گرد ماه / بران ماه کرسی ز مشک سیاه[3]

کنون چنبری گشت بالای سرو / تن پیلوارت بکردار غرو[4]

دل من همی بر تو بریان شود / دو چشمم شب و روز گریان شود[5]

بدین سختی اندر چه جویی همی / که راز تو با من نگویی همی»[6]

بدو گفت شاپور ک: «ای خوبچهر / گرت هیچ بر من بجنبید مهر[7]

به سوگند پیمانت خواهم یکی / کزان نگذری جاودان اندکی[8]

نگویی به بدخواه راز مرا / کنی یاد درد و گداز مرا[9]

بگویم ترا آنچه درخواستی / به گفتار پیدا کنم راستی»[10]

کنیزک به دادار سوگند خورد / به زنّار شمّاس هفتاد کرد[11]

به جان مسیحا و سوک صلیب / به آبا و ابرای گشته مصیب[12]

که: «راز تو با کس نگویم ز بن / نجویم همی بتّری زین سخن»[13]

همه راز، شاپور با او بگفت / بماند آن سخن نیک و بد در نهفت[14]

بدو گفت: «اکنون چو فرمان کنی / بدین راز من دل گروگان کنی[15]

سر از بانوان برتر آید ترا / جهان زیر پای اندر آید ترا[16]

به هنگام نان شیر گرم آوری / بپوشی سخن نرم نرم آوری[17]

---

۱ - خوبروی را به زن می‌گویند، نه بمرد!

۲ - **یک:** «چون نازک اندام» نادرست است «نازک اندام». **دو:** سخن از اندام نازک او به خواب و آرام او برگشت!

۳ - تا کنون دیده نشده است که گیسوی کسی را به «کرسی» مانند کنند!

۴ - کنش «گشت» در لت نخست نادرخور است: «گشته» و لت دویم را نیز کنشِ بایسته نیست.

۵ - کنشِ «شود» بویژه در لت دویم نابجا است: «شب و روز گریان است».

۶ - **یک:** او، چیزی نمی‌جُست! **دو:** «راز تو» در لت دویم نادرخور است: «رازت را»، «که راز خویش را»...

۷ - لت دویم شایسته نمی‌نماید، زیرا که اگر کنیزک را مهر بر شاپور نبود، شب و روز از دردِ او نمی‌گریست.

۸ - لت دویم بی‌پیوند است: «که تا پایان زندگی آنرا نگسلی».

۹ - لت دویم را هنگامی توان گفتن که شاپور از پوست خر و زندان رها شده باشد، نه اکنونکه اینچنین در بند است.

۱۰ - سخن درست است، اما پیوسته بگفتار است.

۱۱ - **یک:** تاکنون شنیده نشده است که کسی به «زنّار» سوگند خورد. **دو:** و زنار شمّاس چیست؟ **سه:** و هفتادکرد چگونه باشد؟

۱۲ - **یک:** به «مسیح» شاید سوگند خوردن، و بجان او نشاید! **دو:** سوگِ چلیپا (صلیب) چگونه است. **سه:** لت دویم سخت نادرخور و بی‌گزارش است.

۱۳ - سخن درست می‌نماید، اما پیوسته بداستان است.

۱۴ - **یک:** آغاز سخن چنین باید «شاپور راز خویش را». **دو:** نیک و بد در لت دویم را گزارش نیست.

۱۵ - **یک:** لت دویم بی‌گزارش است. **دو:** چون در رج پیشین شاپور راز خویش را گفته بود، این رج به کنیزک بازمی‌گردد...

۱۶ - باز آنکه در این رج سخن بشاپور بازمی‌گردد.

۱۷ - لت دویم بی‌گزارش است.

۱۸۴ شاپور دویم

بـه شـیر انـدر آغـارم ایـن چـرم خـر   کـه ایـن چـرم گـردد بـه گـیتی سـمر[۱]
پس از مــن بسـی سـالیان بگـذرد   بگـوید هـمی هـر کـه دارد خـرد»[۲]
کـنیزک هـمی خـواستی شیر گـرم   نـهانی ز هـرکس بـه آواز نـرم[۳]
چـو گشـتی یکـی جـام برداشـتی   بـر آتش هـمی تـیز بگـذاشـتی[۴]
بـه نـزدیک شـاپور بـردی نـهان   نگـفتی سـخن بـاکس انـدر جـهان[۵]
دو هـفته سـپهر انـدرین گشـته شد   بـه فـرجـام چـرم خـر آغشـته شـد[۶]
چـو شـاپور زان پـوست آمـد بـرون   هـمه دل پـر از درد و، تـن پـر ز خـون[۷]
چـنین گـفت پس بـا کـنیزک بـه‌راز   کـه: «ای پـاک بـینادل نـیک‌ساز[۸]
یکـی چـاره بـاید کـنون سـاختن   ز هـر گـونه انـدیشه انـداخـتن[۹]
کـه مـا را گـذر بـاشد از شـهر روم   مـباد آفـرین بـر چـنین مـرز و بـوم»[۱۰]
کـنیزک بـدو گـفت: «فـردا پگـاه   شـوند ایـن بـزرگان سـوی جشـنگاه[۱۱]
یکـی جشـن بـاشد بـه روم انـدرون   کـه مـرد و زن و کـودک آیـد بـرون[۱۲]
چـو کـدبانو از شـهر بـیرون شـود   بـدان جشـن خـرّم بـه هـامون شـود[۱۳]
شـود جـای خـالی و مـن چـاره‌جوی   بسـازم نـترسم ز پـتیاره گـوی[۱۴]
دو اسپ و دو کـوپال و تـیر و کـمان   بـه پـیش تـو آرم بـه روشـن روان»[۱۵]
بـبست انـدر انـدیشه دل را نـخست   از آخـر دو اسپ گـرانـمایه جست[۱۶]

---

۱ – چون چرم خر را با شیر بیاغارند (آغشته کنند) چگونه «نام‌آور در جهان» می‌شود؟

۲ – داستان را «بازگوید» باید.

۳ – «همی خواستی» نادرست است، چرا شیر را که می‌توان بآسانی از هر جای آوردن، نهانی و با آواز نرم فراهم کند؟

۴ – چو گشتی را هیچ گزارش نیست، کار نهانی را با تیز و تند همخوانی نیست.

۵ – دیگر بار نهان دو بار در این رج بکار می‌رود.

۶ – **یک:** سپهر اندرین کار گشت؟ سخت ناهموار است. **دو:** «دو هفته بر اینکار گذشت». **سه:** چرم خر با یکبار مالیدن بشیر آغشته می‌شود...

۷ – ...افزاینده را رای بر آن بوده است که بگوید چرم خر «نرم» شد.

۸ – «راز» در این رج نادرخور است، زیرا که در آن زندان بجز آندو، کسی نبوده است که از وی داستان را پنهان کنند.

۹ – سخن فردوسی است و چهار بار در افزوده‌ها بکار گرفته شده است.

۱۰ – **یک:** با (آغشته) شدن چرم خر، شاپور را چگونه توانا براه رفتن شد؟ **دو:** «گذر از شهر» نادرست است: «کزین کشور روم بیرون رویم».

۱۱ – این بزرگان نادرست است: «بزرگان روم».

۱۲ – این بزرگان، به همهٔ مردمان دگرگون گشت.

۱۳ – شهبانو، کدبانو خوانده شد.

۱۴ – **یک:** «جای خالی» ناهموار است: «شهر از مردم تهی می‌شود». **دو:** پتیاره از ریشهٔ اوستایی «پئیتی آر» [illegible] جنبش یا روش از روبرواست که در زبان پهلوی [illegible] «پتیارک» خوانده‌شد، و پتیاره گوی نادرست است.

۱۵ – **یک:** دو اسب را برای دوکس شاید بردن، اما دو کوپال چرا؟ مگر دخترک جنگاور نیز بود؟ **دو:** جنگ‌افزارهای نامبرده را با دست توان بردن، نه با روان روشن.

۱۶ – برای بردن دو اسپ، چرا بایستی دل را در اندیشه بندد؟: «باندیشه فرو رفت».

همان تیغ و گوپال و برگستوان — همان جوشن و مغفر هندوان[1]
به اندیشه دل را بجای آورید — خرد را بران رهنمای آورید[2]
چو از باختر چشمه اندر کشید — شب آن چادر قار بر سر کشید[3]
پر اندیشه شد جان شاپور شاه — که فردا چه سازد کنیزک پگاه[4]

گریختن شاپور با کنیزک از روم

چو برزد سر از برج شیر آفتاب — ببالید روز و بپالود خواب[5]
به جشن آمدند آنکه بودی به شهر — بزرگان جوینده از جشن بهر[6]
کنیزک سوی چاره بنهاد روی — چنان چون بود مردم چاره‌جوی[7]
چو ایوان خالی به چنگ آمدش — دل شیر و چنگ پلنگ آمدش[8]
دو اسپ گرانمایه ز آخر ببرد — گزیده سلیح سواران گرد[9]
ز دینار چندانکه بایست نیز — ز خوشاب و یاقوت و هرگونه چیز[10]
چو آمد همه ساز رفتن بجای — شب آمد دو تن راست کردند رای[11]
سوی شهر ایران نهادند روی — دو خرّم نهان شاد و آرام‌جوی[12]
شب و روز یکسر همی تاختند — به خواب و به خوردن نپرداختند[13]

---

۱ – **یک:** پیشتر از تیغ سخن نرفته بود. **دو:** برگستوان بر اندام اسپ بسته می‌شود و همراه اسپ است، و کنیزک را توان آن نیست که دو برگستوان و جوشن و مغفر را بدست گیرد و ببرد!

۲ – پیشتر دل را در اندیشه بسته بود، و اکنون «دل را باندیشه بجای آورید» که همه نادرست است.

۳ – «باختر» را بجای «خورووران» گرفته‌اند. و چشمه را بجای خورشید بکار نتوان گرفتن.

۴ – چون هوا تاریک شد پر اندیشه گشت؟ ترس و هراس ازگریز را بتاریکی و شب و روز پیوند نیست.

۵ – روز را «بالیدن» نیست، «روشن شدن» است، پالودن خواب را نیز به روز بستگی نیست. چشم را از خواب می‌پالایند.

۶ – آنکه بودی نادرخور است: «آنانکه درشهر بودند».

۷ – چاره در لت نخست با چاره‌جوی در لت دویم همخوان نیست.

۸ – **یک:** ایوان خالی بچنگ کس نمی‌آید: «چو ایوان ز مردم تهی گشت...» **دو:** لت دویم نیز سخت نادرخور است، گیریم که دل شیر بچنگ آورد. چنگ پلنگ را چگونه آمدش؟

۹ – **یک:** پیشتر دربارهٔ اسپان سخن رفته بود، و اسپان شناسا (معرفه) اند. بایستی چنین گفتن: «دو اسب گرانمایه را...». **دو:** پیوند بایسته میان لت دویم و لت نخست نیست.

۱۰ – خوشاب چیست؟ بایستی مروارید خوشاب گفتن! هرگونه چیز نیز روشن نیست.

۱۱ – **یک:** اگر بر این رای بودند که شب بگریزند، چرا شب پیش نگریختند؟ **دو:** کنیزک گفته بود که فردا مردمان بجشنگاه می‌روند، و ما را شاید گریختن، و چون چنین شود، مردمان از جشنگاه باز آمده‌اند، و گریختن نتوان! **دو:** لت دویم نیز سست می‌نماید.

۱۲ – نهان را نشاید خرّم نامیدن.

۱۳ – **یک:** نپرداختند نادرست است، «نمی‌پرداختند». **دو:** گیریم که سواران را ماندگی و خواب پیش نمی‌آمد... اسپان را نشاید شب و روز

←

بر این گونه از شهر برخورستان همی راند تا کشور سورستان[1]
چو اسپ و تن از تاختن گشت سست فرود آمدن را همی جای جست[2]
دهی خرّم آمد به پیشش به راه پر از باغ و میدان و پر جشنگاه[3]
تن از رنج خسته گریزان ز بد بیامد درِ باغبانی بزد[4]
بیامد دمان مرد پالیزبان که هم نیک‌دل بود و هم میزبان[5]
دو تن دید با نیزه و درع و خود ز شاپور پرسید «هست این درود[6]
بدین بی‌گهی از کجا خاستی چنین تاختن را بیاراستی»[7]
بدو گفت شاپور ک: «ای نیکخواه سخن چند پرسی ز گم کرده راه؟[8]
یکی مرد ایرانی‌ام راه‌جوی گریزان بدین مرز بنهاده روی[9]
پر از دردم از قیصر و لشکرش مبادا که بینم سرِ افسرش[10]
گر امشب مرا میزبانی کنی هشیواری و مرزبانی کنی[11]
برآنم که روزی به کار آیدت درختی که کشتی به بار آیدت»[12]
بدو باغبان گفت ک: «این خان تست تن باغبان نیز مهمان تست[13]
بچیزی که باشد مرا دسترس بکوشم بیارم نگویم به کس»[14]
فرود آمد از باره شاپور شاه کنیزک همی رفت با او به راه[15]
خورش ساخت چندان زن باغبان ز هر گونه چندانکه بودش توان[16]

→ تاختن! ۱ -شهر برخورستان در جهان شناخته نمی‌شود.

۲ -اسپ و تن نادرست است: «چون اسپا(ن) و (سواران) از تاختن سست (گشتند)».

۳ - «به پیش» درست است، یا «به پیششان» نه «به پیشش».

۴ - **یک:** در باغ را شاید زدن نه در باغبان را. **دو:** در این رج باغبان،

۵ - و در این رج پالیزبان. لت دویم نیز نادرخور است، زیرا که میزبان زمانی است که آندو مهمانش باشند، نه بدانهنگام که بیرون دروازه‌اند... شایسته می‌نمود که گفته شود «مهماندوست»، یا «مهمان‌پرست» بود.

۶ -لت دویم نابجا است، و برگرفته از گفتار فردوسی در داستان مرد گازر و داراب است:

چو بی‌گاه، گازر بیامد ز رود بدو گفت جفتش؛ که هست این درود

درود، [illegible] «دُرُوت» پهلوی، و [illegible] «دُرَوَت» اوستایی برابر با تندرستی است و چون گازر زودتر از هنگام آمده بود، زن با این سخن می‌گوید که تندرست هستی (مباد بیمار شده باشی که زود برگشته‌ای) اما در این داستان نمی‌توان چنین سخن را بکار بردن، زیرا که مهمان هر زمان که برسد، میهمان است.

۷ - آنان دو تن بودند و «خاستی» و «آراستی» نادرخورشان است.

۸ -گم کرده راه نبودند: «دهی خرم آمد به پیشش براه».

۹ - باز از راهجویی سخن می‌رود!

۱۰ - چرا بایستی که شاپور راز خویش را با یک مرد ناآشنا در میان نهد؟

۱۱ -لت نخست درست، و لت دویم سخت نادرست است.

۱۲ - «برآنم» بسنده نیست: «بیگمان روزی».

۱۳ - تن باغبان نادرست است: «باغبان» اما باغبان را برای پذیرایی و آسایش آنان میزبانی شاید، نه میهمانی.

۱۴ - چون چیزی در دسترس کسی باشد، برای آوردن آن «کوشش» نمی‌باید.

۱۵ - براه نادرست است: آنان می‌بایستی بباغ اندرون شدن.

۱۶ - **یک:** «چندان» در لت نخست با «ز هرگونه» در لت دویم ناسازگار است. **دو:** باز، با چندان لت دویم ناهمخوان است.

چو نان خورده شد کار می ساختند ... سبک مایه جایی بپرداختند[1]
سبک باغبان می به شاپور داد ... که: «بردار ازان کس که آیدت یاد»[2]
بدو گفت شاپور ک: «ای میزبان ... سخنگوی و پرمایه پالیزبان[3]
کسی کاو می آرد نخست او خورد ... چو بیشش بود سالیان و خرد[4]
تو از من به سال اندکی برتری ... تو باید که چون می دهی می خوری»[5]
بدو باغبان گفت ک: «ای پرهنر ... نخست آن خورد می که بازیب‌تر[6]
تو باید که باشی بر این پیشرو ... که پیری به فرهنگ و، بر سال نو[7]
همی بوی تاج آید از موی تو ... همی رنگ آج آید از روی تو»[8]
بخندید شاپور و بستد نبید ... یکی باد سرد از جگر برکشید[9]
به پالیزبان گفت ک: «ای پاک‌دین ... چه آگاهی استت ز ایران زمین؟»[10]
چنین داد پاسخ که: «ای برمنش ... ز تو دور بادا بدِ بدکنش[11]
به بدخواه ما باد چندان زیان ... که از قیصر آمد به ایرانیان[12]
از ایران پراگنده شد هر که بود ... نماند اندران بوم کشت و درود[13]
ز بس غارت و کشتن مرد و زن ... پراگنده گشت آن بزرگ انجمن[14]
اُز ایشان بسی نیز ترسا شدند ... به زنّار پیش سکوبا شدند[15]
بسی جاثلیقی به سر بر کلاه ... به دور از بر و بوم و آرامگاه»[16]
بدو گفت شاپور شاه اورمزد ... که: «رخشان بَدی همچو ماه اورمزد[17]

---

۱ – «جای» را سبک مایه نتوان نامیدن.

۲ – **یک:** سبک در این رج با سبک مایه در رج پیشین همخوان نیست، زیرا میان نان خوردن و می نوشیدن جدایی می‌افکند. باز آنکه در رج پیشین میان آن دو جدایی نبود. **دو:** چون می را بشاپور داد... «بردار» لت دویم نابجا است.

۳ – **یک:** از کجا دانست که میزبان سخنگوی و پرمایه است؟ **دو:** دوباره «باغبان» به «پالیزبان» گردید.

۴ – نه چنین است، و همواره مهمان را پیشی است. اما در می نوشی می‌باید که هر دو با هم آغاز کنند.

۵ – بسال برتری نادرست است. بزرگتری یا بیشتری، در لت دویم نیز همان سخن نابجا بازگویی می‌شود.

٦ – دنبالهٔ داستان.

۷ – **یک:** پیشرو نیز نادرخور است: «تو باید که پیش از من خوری» **دو:** فرهنگ را «به سال» باید نه «بر» سال!

۸ – **یک:** شاپور را که در پوست خر گرفتار بود، و تکیده همچون غرو شده بود، و سر و روی نتراشیده، با موی انبوه، چگونه شایستی گفتن که رنگ رُخت به آج سپید می‌ماند؟ **دو:** باری، رنگ از روی کسی نمی‌آید.

۹ – بخندید، یا آه کشید؟

۱۰ – **یک:** پالیزبان... افزاینده می‌توانست گفتن: «بدان باغبان گفت». **دو:** از کجا پاکدینی پالیزبان بر او آشکار گردید؟

۱۱ – «برمنش» در زبان پهلوی «(اپرمِینشن)» برابر با (متکبر تازی) است که نزد ایرانیان سخت نکوهیده در شمار بود.

۱۲ – داستان افزودهٔ یورش قیصر به ایران!

۱۳ – و دنبالهٔ همان گفتار...

۱۴ – همچنین.

۱۵ – همان داستان گذشته.

١٦ – افزاینده این سخن سست و بی‌گزارش را بر سخنان افزودهٔ پیشین افزوده است.

۱۷ – **یک:** «بَدی» بجای «بود» یا «بادا» نادرست است. **دو:** مگر هنگام شاهی اورمزد بود که چنین پرسد؟ **سه:** چگونه «شاپور» خویش را اورمزد تواند نامیدن.

کجا شد که قیصر چنین چیره شد؟ ز بخت آب ایرانیان تیره شد»[۱]
بدو باغبان گفت ک:«ای سرفراز ترا جاودان مهتری باد و ناز[۲]
ازو مرده و زنده جایی نشان نیامد به ایران بدان سرکشان[۳]
هر آن کس که بودند ز آباد بوم اسیرند سرتاسر اکنون به روم»[۴]
بر این زار بگریست پالیزبان که بود آن زمان شاه را میزبان[۵]
بدو میزبان گفت ک:«ایدر سه روز بباشی بود خانه گیتی‌فروز[۶]
که دانا زد این داستان از نخست که: «هر کس که آزرم مهمان نجست[۷]
نباشد خرد هیچ نزدیک اوی نیاز آورد بخت تاریک اوی»[۸]
بباش و بیاسای و می خور به کام چو گردد دلت رام برگوی نام»[۹]
بدو گفت شاپور ک:«آری رواست به ما بر کنون میزبان پادشاست»[۱۰]

*

ببود آن شب و خورد و گفت و شنید سپیده چو از کوه سر برکشید[۱۱]
چو زرّین درفشی برآورد راغ برِ میهمان شد خداوند باغ[۱۲]
بدو گفت: «روز تو فرخنده باد سرت برتر از ابر بارنده باد[۱۳]
سزای توم جایگاهی نبود بآرام شایسته گاهی نبود[۱۴]
چو مهمان درویش باشی خورش نیابی، نه پوشیدن و پرورش»[۱۵]
بدو گفت شاپور ک:«ای نیکبخت من این خانه بگزیدم از تاج و تخت[۱۶]

---

۱ – دنبالهٔ همان سخن. ۲ – «مهتری» را با «ناز» که ویژهٔ دخترکان است سازگاری نیست.
۳ – **یک:** لت نخست از گفتار فردوسی درباره انوشه روان امیرک منصور است:
«نه زو مرده بینم نه زنده نشان بدست نهنگان و «مردم کشان»
دو: بدان سرکشان، کیانند؟ ۴ – باز همهٔ ایرانیان را به بند رومیان کشیدند!
۵ – **یک:** باغبان، باز به پالیزبان برگشت... **دو:** «بر این» نیز در آغاز سخن نادرست می‌نماید: «باغبان می‌گفت و می‌گریست!» نادرخوری لت دویم آشکار است.
٦ – هنوز شاپور در پاسخ میزبان سخنی نگفته است که گفتار رج پسین با «بدو میزبان گفت» آغاز گردد!
۷ – **یک:** «دانا» کیست؟ **دو:** «دانایان»... از نخست چه باشد؟: «دانایان پیشین».
۸ – بخت تاریک را نیاز آوردن نادرست است. ۹ – رام شدن دل ویژهٔ یاران و مهرورزان است.
۱۰ – واژگونه است زیرا که میهمان پادشاه است: «مِه‌مان» (= بزرگِ خانه) ۱۱ – دنبالهٔ گفتار.
۱۲ – **یک:** «چو» در آغاز این رج با «چو» در لت دویم از رج پیشین همخوان نیست. **دو:** زرین درفشی نیز نادرخور است: «زرین درفش». **سه:** «باغبان»، خداوندِ باغ شد!! ۱۳ – دنبالهٔ سخن.
۱۴ – **یک:** «جایگاهی نبود» سخن را سست می‌کند: «خانهٔ ما سزاوار تو نیست». **دو:** «سزاوار» در لت نخست با «شایسته» در لت دویم همخوان نیست.
۱۵ – لت نخست با گفتار پیشین «خورش ساخت چندان زنِ باغبان» و «بباش و بیاسای و می خور بکام» همخوانی ندارد.
٦ – «از» در لت دویم نادرخور است «بر» تاج و تخت.

یکی زند و اُست آر با بَرسمت — به زمزم یکی پاسخی پرسمت»[۱]
بیاورد هرچه‌ش بفرمود شاه — بیفزود نزدیک شه پایگاه[۲]
به زمزم بدو گفت: «برگوی راست — کجا موبدان موبد اکنون کجاست؟»[۳]
چنین داد پاسخ ورا باغبان — که: «ای پاک‌دل مرد شیرین زبان[۴]
دو چشمم ز جایی که دارم نشست — بدان خانهٔ موبدان موبدست»[۵]
«نهانی» به پالیزبان گفت شاه — که «از مهترِ ده گِلِ مُهر خواه»[۶]
چو بشنید زو این سخن باغبان — گل و مشک و می خواست و آمد دمان[۷]
جهاندار بنهاد بر گِل نگین — بدان باغبان داد و کرد آفرین[۸]
بدو گفت ک :«این گِل به موبد سپار — نگر تا چه گوید همی گوش دار»[۹]
سپیده دمان مرد با مُهر شاه — برِ موبدِ موبد آمد پگاه[۱۰]
چو نزدیک درگاه موبد رسید — پراکنده گردان و در بسته دید[۱۱]
به آواز زان بارگه بار خواست — چو بگشاد در باغبان رفت راست[۱۲]
چو آمد به نزدیک موبد فراز — بدو مُهر بنمود و بردش نماز[۱۳]
چو موبد نگه کرد و آن مهره دید — ز شادی دل رایزن بردمید[۱۴]
اُزان پس بران نام چندی گریست — بدان باغبان گفت ک :«این مُهر کیست؟»[۱۵]
چنین داد پاسخ که: «ای نامدار — نشسته به خان من است آن سوار[۱۶]
یکی ماه با وی چو سرو سهی — خردمند و با زیب و با فرهی»[۱۷]

---

۱ - **یک**: «اُست» بجای اوستا از گفتارهای پسین است. **دو**: بَرسَمَت نیز نادرخور است: «برسم». **سه**: زمزم یا خواندنِ «واژ خوردن» بهنگام خوراک خوردن زیر لب خوانده می‌شد، نه بهنگام پرسیدن! **چهار**: پاسخ پرسیدن نادرخورترین سخن است.
۲ - سخن سست.
۳ - **یک**: دوباره از زمزم بهنگام پرسیدن یاد میشود. **دو**: دو بار واژهٔ «کجا» را در یک پاره بکارگرفتن نادرست است.
۴ - دنبالهٔ گفتار. ۵ - «بدان خانهٔ» در آغاز لت دویم نادرخور است: «بسوی خانهٔ...» یا «خانهٔ او را می‌بیند».
٦ - **یک**: مگر دیگر کسان در آنجا بودند، که شاپور، «نهانی» گِلِ مُهر بخواهد؟ **دو**: لت دویم روشن می‌سازد که آنجایگاه، دهی بوده است، و موبدان موبد را نشست در روستا نبوده، که در پایتخت بوده است. ۷ - لت دویم بد آهنگ است.
۸ - دنبالهٔ گفتار. ۹ - «موبدان موبد» «موبد» گردید.
۱۰ - **یک**: سپیده‌دمان، گفتار آنان آغاز شده بود، و با رفتن باغبان بخانهٔ کدخدا و آوردن گِلِ مُهر، هنوز سپیده‌دم است! **دو**: سپیده‌دمان؟ یا «پگاه»؟ ۱۱ - گردان را با خانهٔ موبد موبدان کار نیست!
۱۲ - **یک**: از بارگه بار خواست، یا از دربان؟ **دو**: در لت دویم، چه‌کس در را بگشود؟ **سه**: راست رفتن از برای چه؟ از برای پساوا!!
۱۳ - **یک**: «آمد» نادرخور است: «چو نزدیک موبد رسید». **دو**: از دور نماز می‌برند، پس بنزدیک می‌رسند، و سخن باژگونه است.
۱۴ - **یک**: موبد مهر را ندیده بود که «نشان مهر» را دیده بود. **دو**: در لت دویم رایزن کیست؟
۱۵ - **یک**: از شادی دل بر دمیدن با گریستن همساز نیست. **دو**: پرسش بایستی چنین باشد که این نشان مه را از که گرفتی یا چه‌کس بتو داد... زیرا آنکس که بر نشان مهر خندیده و گریسته بیگمان می‌دانسته است که از آنِ شاپور است.
١٦ - «آن سوار» نادرست است: «آنکه نشان مهر را بمن داد، در خانهٔ منست». ۱۷ - دنبالهٔ گفتار.

بدو گفت موبد که: «ای نامجوی　　نشانِ که دارد به بالا و روی؟»[۱]
بدو باغبان گفت: «هر کاو بهار　　بدیده‌ست سرو از لب جویبار[۲]
دو بازو بکردار ران هیون　　برش چون برِ شیر و چهرش چو خون[۳]
همی رنگ شرم آید از مهر اوی　　همی زیب تاج آید از چهر اوی»[۴]
چو پالیزبان گفت و موبد شنید　　به روشن روان مرد دانا بدید[۵]
که آن شیردل مرد جز شاه نیست　　همان چهر او جز درِ گاه نیست[۶]
فرستاده‌ای جست روشن روان　　فرستاد موبد برِ پهلوان[۷]
که: «پیدا شد آن فرّ شاپور شاه　　تو از هر سوی انجمن کن سپاه»[۸]
فرستادهٔ موبد آمد دوان　　ز جایی که بُد تا در پهلوان[۹]
بگفت آنکه در باغ شادی و بخت　　شکفته شد آن خسروانی درخت[۱۰]
سپهبد ز گفتار او گشت شاد　　دلش پر ز کین گشت و لب پر ز باد[۱۱]
به دادار گفت: «ای جهاندار راست　　پرستش کسی جز ترا ناسزاست[۱۲]
که دانست هرگز که شاپور شاه　　ببیند سپه نیز و او را سپاه[۱۳]
سپاس از تو ای دادگر یک خدای　　جهاندار و بر نیکوی رهنمای»[۱۴]
چو شب برکشید آن درفش سیاه　　ستاره پدید آمد از گرد ماه[۱۵]

---

۱ – **یک:** باغبان نامجوی نبود. **دو:** مگر باغبان نیاکان شاپور را دیده بود؟ که اکنون نشان آنانرا بازگوید.

۲ – **یک:** «سرو» چه در بهار و چه در زمستان همواره سرسبز است:

«حکیمی را پرسیدند که چندین درخت نامور که خدای عزّوجل آفریده است، و بَرآُومند، هیچیک را آزاد نخوانده‌اند مگر سرو را که ثمره‌ای ندارد! گویی در این چه حکمتست؟ گفت هر یک را دخلی معین است، و وقتی معلوم، که گاهی بوجود آن تازه‌اند، و گاهی بعدم آن پژمرده، و سرو را هیچ از این نیست و همه وقتی خوش است، و اینست صفت آزادگان» (سعدی باب هشتم گلستان)

دو: از لب جویبار نادرخور است: «بر لب جویبار».

۳ – **یک:** باز از بازوی چون ران هیون او یاد می‌شود، که در میان پوست خر لاغر شده بود. **دو:** و نیز از چهر گلرنگ وی... .

۴ – شرم را رنگ نیست، و زیب یا زیور از چهرهٔ کسی (نمی‌آید)، که چهر را زیور می‌دهد.

۵ – لت دویم نادرخور است «با روان روشن دانست»، یا «دریافت».

٦ – **یک:** از کجا شیر دلی او را اندریافت؟ **دو:** افزاینده خواسته است بگوید که چهر او از درِ گاه است ← چهر او بجز از درِ گاه نیست، اما نتوانسته است، و چهر او را به دروازهٔ کاخ یا (تخت) همانند کرده است.

۷ – با این رج سپهسالار ایران را نیز در همان روستا، خانه دادند!

۸ – شاپور شاه پیدا شد، نه فرّ شاپور شاه.

۹ – **یک:** آمد نادرست است: «برفت». **دو:** ز جایی که بد نیز نادرخور است: «از خانهٔ موبد موبدان».

۱۰ – سخن چنین می‌نماید که شاپور زاده شد!

۱۱ – شاد شد، یا کینه‌ور و آه بر لب!

۱۲ – **یک:** «بدادار گفت» سست می‌نماید: «روی بآسمان کردن، «روی بخداوند کرد و...»، «در دل با خداوند گفت». **دو:** لت دویم نیز درهمریخته و سست است.

۱۳ – در لت دویم «ببیند سپه (را)»، «نیز» نیز نابجا آمده است: «ببیند سپه را و سپاه نیز او را».

۱۴ – سخن زیبا است، اما پیوسته بداستان است.

۱۵ – **یک:** آن درفش سیاه نادرست است، «درفش سیاه را». **دو:** ستاره نیز (از) گرد ماه پدید نمی‌آید. **سه:** اگر شب مهتابی بوده است، چرا ←

فراز آمد از هر سوی لشکری به جایی که بُد در جهان مهتری[۱]
سوی سورستان سر برافراختند یگان و دوگانه همی تاختند[۲]
به درگاه پالیزبان آمدند به شادی برِ میزبان آمدند[۳]
چو لشکر شد آسوده بر در سرای به نزدیک شاه آمد آن پاک‌رای[۴]
به شاه جهان گفت پس میزبان «خجسته‌ست بر ماه پالیزبان[۵]
سپاه انجمن شد بدین در سرای نگه کن کنون تا چه آیدت رای»[۶]
بفرمود تا برگشادند راه اگرچه فرومایه بُد جایگاه[۷]
چو رفتند نزدیک آن نامجوی یکایک نهادند بر خاک روی[۸]
مهان را همه شاه در بر گرفت ز بدها خروشیدن اندر گرفت[۹]
بگفت آنکه از چرم خر دیده بود سخن‌های قیصر که بشنیده بود[۱۰]
هم آزادیِ آن بت خوب‌چهر بگفت آنچه او کرد پیدا ز مهر[۱۱]
که «زو یافتم جان و از کردگار که فرخنده بادا بر او روزگار[۱۲]
اُگر شهریاریّ و فرخنده‌ای بود بندهٔ پرهنر بنده‌ای[۱۳]
منم بنده این مهربان بنده را گشاده‌دل و نازپرورده را[۱۴]
ز هر سو که اکنون سپاه من است اُگر پادشاهیّ و راه من است[۱۵]

← باید از درفش سیاه یاد کردن. **چهار:** خرد نمی‌پذیرد که موبد موبدان و سپهسالار تا شب درنگ کنند، و بیدرنگ بنزدیک شاپور نروند!

۱ - **یک:** در لت دویم «بجایی» نادرست است، چون همگان بسوی آن روستا می‌آیند. **دو:** مگر کشور ایران بدان اندازه بوده است که یکروزه همه سپاهیان بتوانند بیک روستای آن روند؟ **سه:** در این رج از «لشکر» یاد می‌شود...

۲ - **یک:** ... و در این رج، یگان و دوگان! **دو:** دوگانه نیز نادرست است.

۳ - **یک:** باغبان دیگر بار پالیزبان شد. **دو:** و درِ باغ «درگاه» گشت!

۴ - **یک:** لشگریان از راه دور آمده را در خیابان، بی سرپناه، با اسپانِ مانده و گرسنه و تشنه چگونه می‌توان «آسوده» دانستن؟ **دو:** «بر در سرای» نیز نادرخور است. **سه:** آن پاکرای در این رج...

۵ - ... با میزبان در این رج ناهمخوان است. **دو:** لت دویم را نیز گزارشی نیست.

۶ - «در سرای» نادرست است.

۷ - جایگاه را؛ تنگ، خُرد، تاریک... توان گفتن و «فرومایه» نشاید گفتن.

۸ - شاه رابرترین نام بوده است، و پاژنام «نامجوی» برای وی درخور نیست.

۹ - **یک:** شاهان ساسانی، کسی را در بر نمی‌گرفته‌اند... **دو:** «بدها» در لت دویم نیز نادرخور است: از سختی‌ها... یا رنج‌ها که بر سرش رفته بود. **سه:** خروشیدن نیز (اندر گرفتنی) نیست، (آغاز کردنی) است.

۱۰ - **یک:** باز، «از چرم خر دیده بود»، ناشایست است. «رنج و دردی را که در چرم خر کشیده بود». **دو:** لت دویم را نیز پیوند درست نیست.

۱۱ - **یک:** آزادی نیز کمبود دارد. «آزاد شدن بیماریِ...» **دو:** «بگفت» در آغاز لت دویم این رج نیز با بگفت در آغاز رج پیشین همخوان نیست.

۱۲ - دختر را با کردگار برابر نهادن نه بر آیین ایران است.

۱۳ - پیوسته به رج پسین.

۱۴ - «بنده» را با «پرورده» پساوا نیست!

۱۵ - **یک:** «ز هر سو» نادرست است، اما در همهٔ نمونه‌ها چنین آمده است!: «سپاهیان من در هر سوی که هستند». **دو:** لت دویم نیز نادرخور است پادشاه و راه چه باشد؟

همه‌کس فرستید و آگه کنید / طلایه پراکنده بر ره کنید[1]
ببندید ویژه ره تیسفون / نباید که آگاهی آید برون[2]
چو قیصر بیابد ز ما آگهی / که بیدار شد فرّ شاهنشهی[3]
بباید سپاه مرا برکند / دل و پشت ایرانیان بشکند[4]
کنون ما نداریم پایاب اوی / نپیچیم با بخت شاداب اوی[5]
چو موبد بیاید بیارد سپاه / ز لشکر ببندیم بر پشّه راه[6]
بسازیم و آرایشی نو کنیم / نهانی مگر باغ بی‌خو کنیم[7]
بباید به هر گوشه‌ای دیده‌بان / طلایه به روز و به شب پاسبان[8]
از این پس نمانم که از رومیان / کسی خسپد ایمن گشاده میان»[9]

*

بسی برنیامد بر این روزگار / که شد مردم لشکری شش هزار[10]
فرستاد شاپور کارآگهان / سوی تیسفون کاردیده مهان[11]
بدان تا ز قیصر دهند آگهی / ازان برز درگاه با فرّهی[12]
برفتند کارآگهان ناگهان / نهفته بجستند کار جهان[13]
بدیدند هر گونه باز آمدند / بر شاه گردنفراز آمدند[14]
که: «قیصر ز می خوردن و از شکار / همی هیچ نندیشد از کارزار[15]
سپاهش پراکنده از هر سویی / به تاراج کردن به هر پهلوی[16]
نه روزش طلایه نه شب پاسبان / سپاهش همه چون رمه بی‌شبان[17]

---

۱ – **یک:** «همه» نیز دنبالهٔ همان سخن است: «به همه سوی» «بسوی آنان». **دو:** پیش از آنکه جنگی روی دهد پیش‌آهنگ (= طلایه) پراکندن را چه روی باشد؟

۲ – شاپور خود در آسورستان (میانرودان نزدیک به سرزمین روم) است، و هنوز خود به تیسفون نرفته است، پس چرا بایستی راه تیسفون را بستن؟

۳ – لت دویم سخنی افزوده است، زیرا که «آگهی رسیدن به قیصر» بس می‌نماید، مگر آنکه سخن چنین باشد: «چون قیصر آگاهی یابد که فر شاهنشهی...». ۴ – برکند را با بشکند پساوا نیست. ۵ – «بخت شاداب» شنیده نشده.

۶ – موبدان را خویشکاری، نیایش یزدان در آتشکده‌ها بوده است، نه آوردن سپاه.

۷ – چرا نهانی؟ زیرا که اگر جنگی روی دهد، خود آشکار خواهد بود. ۸ – باز سخن از پیش‌آهنگ (طلایه) می‌رود.

۹ – دنبالهٔ گفتار. ۱۰ – لت دویم ناهموار است: «که شمار سپاهیان به‌شش هزار رسید».

۱۱ – کارآگاهان، را نشاید کاردیده مهان نامید، که آنان جوان‌اند، و اینان پیر!

۱۲ – لت دویم نادرست است، و چنان می‌نماید که آگاهی از چگونگی در و پیکر کاخ، بدهند.

۱۳ – کارآگهان را نیز نشاید گفت که ناگهان رفتند، زیرا که آنان با درنگ و هوشیار می‌روند.

۱۴ – کارآگهان را نشاید همگی بازآمدن!... زیرا که همواره چند تن از آنان می‌بایستی گزارش روزانه را بکسانی در آمد و شد هستند بدهند، تا آنان نیز هر روز آگاهی تازه بشاه رسانند. ۱۵ – از کارزار نادرست است: «به کارزار».

۱۶ – **یک:** از هر سوی نیز... بهر سوی. **دو:** «سویی» را با «پَهلَوی» پساوا نیست.

۱۷ – کنش «دارد» باید نه روز طلایه دارد و نه شب پاسبان.

نبیند همی دشمن از هیچ روی — پسند آمدش زیستن بآرزوی»[۱]
چو شاپور بشنید زان شاد شد — همه رنج‌ها بر دلش باد شد[۲]
گزین کرد ز ایرانیان سه هزار — زره‌دار و برگستوان‌ور سوار[۳]
شب تیره جوشن به بر درکشید — سپه را سوی تیسفون برکشید[۴]
به تیره‌شبان تیز بشتافتی — چو روشن شدی روی برتافتی[۵]
همی راندی در بیابان و کوه — بران راه بی‌راه خود با گروه[۶]
فزون از دو فرسنگ پیش سپاه — همی دیده‌بان بود بی‌راه و راه[۷]
چنین تا به نزدیکی تیسفون — طلایه همی راند پیش اندرون[۸]
به لشکرگه آمد گذشته دو پاس — ز قیصر نبودش به دل در هراس[۹]
ازان مرز نشنید آواز کس — غو پاسبانان و بانگ جرس[۱۰]
پر از خیمه یک دشت و خرگاه بود — ازان تاختن خود که آگاه بود[۱۱]
ز می مست قیصر به پرده‌سرای — ز لشکر نبود اندران مرز جای[۱۲]
چو گیتی چنان دید شاپور گرد — عنان کیی بارگی را سپرد[۱۳]
سپه را به لشکرگه اندرکشید — بزد دست و گرز گران برکشید[۱۴]
به ابر اندرآمد دم کرنای — جرنگیدن گرز و هندی‌درای[۱۵]
دهاده برآمد ز هر پهلوی — چکاچاک برخاست از هر سویی[۱۶]

---

۱ – پسند آمدش نیز بایستی به «پسندش آمده است» گردد.

۲ – «زان» نیز کمبود دارد «زان آگهی»... شگفتا که افزاینده می‌توانست بسراید: «چو بشنید، زان آگهی شاد شد».

۳ – شش هزار لشگریان پراکنده بر درش گرد آمده بودند... س: دو هزار، لن: ده هزار، پ: سی‌هزار (خالقی مطلق ۳۱۸-۶).

۴ – برکشیدن را، دوگزارش هست؟ **یک:** برکشیدن چیزی، چون آب از چاه. **دو:** برکشیدن کسی و پایگاه بلندتر به وی دادن... و سپاه را نمی‌توان بسوی جایی برکشیدن.

۵ – لت دویم نادرست است، روی بکجا برمی‌تافت؟...

٦ – **یک:** «بر آن راه» نادرخور است: «در راه». راه بیراه همچنین: به بیراهه. **دو:** خود با گروه نیز نادرست است. «با گروه» بسنده می‌نماید زیرا که کنش‌ها همه بدو باز می‌گردد.

۷ – بیراه و راه در پایان لت دویم نادرخور است، زیرا که دیده‌بانان را می‌بایستی همه سوی لشگر باشند.

۸ – **یک:** تنها پیشاهنگان را می‌راند، یا سپاه را؟ **دو:** «پیش اندرون» نادرست است.

۹ – از لت نخست چیزی برنمی‌آید... **یک:** بلشگر آمد... مگر خود با لشگریان همراه نبود که اکنون بیاید! **دو:** گذشته دو پاس از چه گاه؟ از شب؟

۱۰ – از آن مرز نشاید گفتن، چون لشگریان به تیسفون نزدیک شده بودند: «از آن شهر».

۱۱ – **یک:** خیمه را درگسترهٔ سخن فردوسی جای نیست. **دو:** رومیان درشهر بودند، و به پرده‌سرایشان نیاز نبود. **سه:** خود که آگاه بود نیز نادرخور است: «کس آگه نبود».

۱۲ – **یک:** قیصر که تیسفون را گرفته است چرا بایستی در پرده‌سرای (چادر) بخوابد؟ **دو:** لت دویم چنین می‌نماید که شمار لشگریانش چندان بود که همهٔ سرزمین را پر کرده بودند، باز آنکه در سخنان پیشین از پراکندگی آنان سخن رفته بود.

۱۳ – **یک:** «گیتی» کاربرد درستی ندارد. **دو:** در شبیخون، اسب بکار نمی‌آید زیرا که باکوچکترین سنگ، یا چاله بسر می‌افتد، و سوار را بزمین می‌غلتاند. **سه:** تخت کیی و کلاه کیی گفته‌اند اما (عنان کیی) نشاید گفت.

۱۴ – دنبالهٔ سخن.

۱۵ – این رج از شاهنامه و داستانهای کیخسرو برگرفته شده است. اما افزوده به گفتار افزوده می‌باشد.

۱٦ – پهلَوی را با سویی پساوا نیست.

تو گفتی همی آسمان بترکید / ز خورشید خون بر هوا برچکید[1]
درفشیدن کاویانی درفش / شب تیره و تیغ‌های بنفش[2]
تو گفتی هوا تیغ بارد همی / جهان یکسره میغ دارد همی[3]
ز گرد سپه کوه شد ناپدید / ستاره همی دامن اندر کشید[4]
سراپردهٔ قیصر بی‌هنر / همی کرد شاپور زیر و زبر[5]
به هر گوشه‌ای آتش اندر زدند / همی آسمان بر زمین برزدند[6]
سرانجام قیصر گرفتار شد / اُز او اختر نیک بیزار شد[7]
اُزان خیمه‌ها نامداران اوی / دلیر و گزیده سواران اوی[8]
گرفتند بسیار و کردند بند / چنین است کردار چرخ بلند[9]
گهی زو فراز آید و گه نشیب / گهی شادمانی و گاهی نهیب[10]
بی‌آزاری و مردمی بهتر است / که را کردگار جهان یاور است[11]

*

چو شب دامن روز اندرکشید / درفش خور آمد ز بالا پدید[12]
بفرمود شاپور تا شد دبیر / قلم خواست و انفاس و مشک و حریر[13]
نوشتند نامه به هر مهتری / به هر پادشاهی و هر کشوری[14]
سرِ نامه کرد آفرین مهان / ز ما بنده بر کردگار جهان[15]
که اوراست بر نیکوی دسترس / به نیرو نیازش نیاید به کس[16]
همو آفرینندهٔ روزگار / به نیکی همو باشد آموزگار[17]

---

۱ – **یک:** تو گفتی... آهنگ سخن واژه را دگرگون کرده است: «بِت رَکید» که نادرست است. **دو:** شبیخون در شب روی داده بود پس چگونه از خورشید، (آنهم بر هوا نه بر زمین) خون چکید!

۲ – درفش کاویان همراه شاپور نبوده است.

۳ – **یک:** تو گفتی... **دو:** بارش خون به بارش تیغ دگرگون شد.

۴ – **یک:** شبانگاه، کوه، خود ناپدید است. **دو:** ستاره را دامن کشیدن چگونه است؟

۵ – **یک:** قیصر بی‌هنر را «را» باید. **دو:** همی کرد نادرست است: «کرد»، «بکرد».

٦ – «زدند» در لت نخست با «همی زدند» در لت دویم همخوان نیست.

۷ – **یک:** قیصرِ مستِ خفته چرا سرانجام گرفتار شد، و در همان آغاز نگرفتندش؟ **دو:** لت دویم نیز سست می‌نماید.

۸ – خیمه... نامداران اوی به قیصر بازمی‌گردد، باز آنکه افزاینده دلیران شاپور را خواهد گفتن!

۹ – کردند بند نادرست است: «به بند کشیدند» لت دویم از شاهنامه است.

۱۰ – همچنین.

۱۱ – دنبالهٔ گفتار.

۱۲ – شب چگونه دامن روز را اندر (= اندرون) کشید؟

۱۳ – **یک:** لت دویم بدآهنگ است. **دو:** شاپور را چرا قلم و نفایه باید؟ از آنجا که دبیر، خود نامه می‌نویسد.

۱۴ – سخن از فردوسی است در داستان کیخسرو.

۱۵ – **یک:** «آفرین مهان» نادرست است بویژه که پس از آن از «بنده» می‌رود. **دو:** «ما بنده» نیز نادرخور می‌نماید.

۱٦ – روشن نیست که لت دویم چه را خواهد گفتن!

۱۷ – در آیین ایرانیان زمان و زروان، «خودآفریده» در شمار می‌رفت، و در پیشگفتار دربارهٔ آن سخن آمده است.

چو قیصر که فرمان یزدان بهشت   به ایران بجز تخم زشتی نکشت[1]
بزاری همی بند ساید کنون   چو جان را نبودش خرد رهنمون[2]
همان تاج ایران بدو در سپُرد   ز گیتی بجز نام زشتی نبرد[3]
گسسته شد آن لشگر و بارگاه   به نیروی یزدان که بنمود راه[4]
هر آن کس که باشد ز رومی به شهر   ز شمشیر باید که یابند بهر[5]
همه داد جویید و فرمان کنید   به خوبی ز سر باز پیمان کنید[6]
هیونی برآمد ز هر سو دمان   ابا نامهٔ شاه روشن‌روان[7]
ز لشکرگه آمد سوی تیسفون   بی‌آزار بنشست با رهنمون[8]
چو تاج نیاکانش بر سر نهاد   ز دادار نیکی‌دهش کرد یاد[9]
بفرمود تا شد به زندان دبیر   به قرتاس بنوشت نام اسیر[10]
هزار و سد و ده برآمد شمار   بزرگان روم آنکه بُد نامدار[11]
همه خویش و پیوند قیصر بُدند   به روم اندرون ویژه مهتر بُدند[12]
جهاندار ببریدشان دست و پای   هر آن کس که بُد بر بدی رهنمای[13]
بفرمود تا قیصر روم را   بیارند سالار آن بوم را[14]
بشد روزبان دست قیصر کشان   ز زندان بیاورد چون بیهشان[15]
جفا پیشه چون روی شاپور دید   سرشکش ز مژگان به رخ برچکید[16]
بمالید رنگین رخش بر زمین   همی کرد بر تاج و تخت آفرین[17]
زمین را سراسر به مژگان برُفت   به موی و به رو گشت با خاک جفت[18]

---

۱ – بندهای «چون» و «که» سخن را بی‌پیوند می‌کند... یا «چو قیصر فرمان یزدان...» یا «قیصر که فرمان یزدان...».

۲ – لت دویم درهمریخته است: «که خرد بر جانش فرمان نمی‌راند».

۳ – در نمونه‌ها: بذو در سپرد، بحق در سپرد، سزا را سپرد (خالقی مطلق ۶-۳۲۱) همه سست می‌نمایند زیرا که اگر داستان قیصر براست می‌بود، شاپور تاج را از او باز ستده بود، نه آنکه قیصر سپرده باشد.

۴ – دنبالهٔ گفتار.

۵ – بکدام شهر؟ می‌بایستی گفتن: «رومیان که بشهر شما هستند».

۶ – باز پیمان کنید نادرست است: «باز پیمان شوید».

۷ – دنبالهٔ داستان.

۸ – بی‌آزار بنشست، از پس چندان ستم که کشیده بود.

۹ – **یک:** نیاکانش را «راه» باید. **دو:** چنین نیست و بگفته مسعودی سپاهانی، شاهان ساسانی را هر یک تاجی ویژه بوده است.

۱۰ – نام اسیر نادرست است: «نام اسیر راه».

۱۱ – لت نخست نادرست است: «شمار اسیران یکهزار و یکسد و ده کس بوده». لت دویم را نیز با لت نخست پیوند نیست... «از بزرگان روم».

۱۲ – راستی اگر آنان مهتران روم بودند، در ایرانشان چکار بود؟

۱۳ – سخن بی‌پیوند است از آنان هرکس را که رهنمای به بدی بودند... دست و پای بریدند.

۱۴ – سالار آن بوم را دوباره‌گویی است.

۱۵ – **یک:** بشد نادرست است: «بیامد». .. **دو:** کسی را که در بند و زنجیر بسته شده، زنجیرش را می‌کشند، نه دست او را.

۱۶ – لت دویم از شاهنامه برگرفته شده است.

۱۷ – **یک:** مگر مردان نیز روی را رنگین می‌کنند. **دو:** رُخش را «را» باید. **سه:** «همی کرد» نیز نادرست است: «بکرد».

۱۸ – لت دویم نادرخور است.

۱۹۶ شاپور دویم

بدو گفت شاه: «ای سراسر بدی   که ترسایی و دشمن ایزدی[1]
پسر گویی آن را که‌ش انباز نیست   ز گیتیش فرجام و آغاز نیست[2]
ندانی تو گفتن سخن جز دروغ   دروغ آتشی بد بود بی‌فروغ[3]
اگر قیصری شرم و رایت کجاست   به خوبی دل رهنمایت کجاست[4]
چرا بندم از چرم خر ساختی   بزرگی به خاک اندر انداختی[5]
چو بازارگانان به بزم آمدم   نه با کوس و لشکر به رزم آمدم[6]
تو مهمان به چرم خر اندرکنی   به ایران گرایی و لشکر کنی[7]
ببینی کنون جنگ مردان مرد   کزان پس نجویی به ایران نبرد»[8]
بدو گفت قیصر که: «ای شهریار   ز فرمان یزدان که یابد گذار؟[9]
ز من بخت شاها خرد دور کرد   روانم برِ دیو مزدور کرد[10]
مکافات بد گر کنی نیکوی   به گیتی درون داستانی شوی[11]
که هرگز نگردد کهن نام تو   برآید به مردی همه کام تو[12]
اگر یابم از تو به جان زینهار   به چشمم شود گنج دینار خوار[13]
یکی بنده باشم به درگاه تو   نجویم جز آرایش گاه تو»[14]
بدو شاه گفت: «ای بد بی‌هنر   چرا کردی این بوم زیر و زبر[15]
کنون هر که بردی ز ایران اسیر   همه بازخواهم ز تو ناگزیر[16]
دگر خواسته هرچه بردی به روم   -مبادا که بینی تو آن بوم شوم-[17]
همه یکسر از خانه باز آوری   بدین لشگر سرفراز آوری[18]
از ایران هر آنجا که ویران شده‌ست   کنام پلنگان و شیران شده‌ست[19]

---

۱ - سراسر بدی کاربرد ندارد: «سراپا بدی».

۲ - **یک:** لت دویم نادرست است: پدر گویی یا پدرخوانی آنراکش انباز نیست، زیرا که ترسایان خداوند را «پدر» می‌خوانند. **دو:** ز گیتیش نیز نادرخور است، زیرا که خداوند برتر از جهان است.

۳ - آتش چگونه بی‌فروغ تواند بودن؟ ایرانیان هیچگاه با خوارداشت، از آتش یاد نمی‌کرده‌اند.

۴ - **یک:** «شرم» را با «رای» پیوند نیست. **دو:** بیگمان در داستان افزایندگان وی قیصر بوده است، وپرسش ندارد.

۵ - بزرگی را «را» باید.   **۶** - گفتار درست است اما پیوسته است بداستان.

۷ - **یک:** مهمان را «را» باید. **دو:** لشگر کنی نیز نادرست است: «لشگر کشی»، «لشگر آرایی»...

۸ - به ایران نبرد نادرست است: «از ایران نبرد» اما همه نمونه‌ها چنین‌اند.   **۹** - پیوسته بداستان.

۱۰ - **یک:** «شاها» در این رج با «ای شهریار» در رج پیشین دوباره‌گویی است. **دو:** روانم (را).

۱۱ - داستانی شوی نادرست است: «از تو داستان می‌زنند».

۱۲ - روشن نیست که در آینده کامروا گردد یا نگردد!

۱۳ - گرفتارِ در بند را گنجی نیست که نزدش خوار باشد، یا نباشد!   **۱۴** - دنبالهٔ گفتار.   **۱۵** - لت دویم (بوم را).

۱۶ - اگر بُرده بود، پس چرا در بیابان کنار تیسفون در پرده‌سرای می‌زیست؟   **۱۷** - دنبالهٔ گفتار.

۱۸ - «بایران آوری» بدین لشگر سرفراز آوری نادرست است.

۱۹ - برگرفته از سخن فردوسی است در داستان هاماوران:

←

سراسر برآری به دینار خویش ‌‌ بیابی مکافات کردار خویش[1]
دگر هر که کشتی ز ایرانیان ‌‌ بجویی ز روم از نژاد کیان[2]
به یک تن ده از روم تاوان دهی ‌‌ روان را به پیمان گروگان دهی[3]
نخواهم بجز مرد قیصرنژاد ‌‌ که باشند با ما بدین بوم شاد[4]
دگر هرچه ز ایران بریدی درخت ‌‌ نبرد درخت گشن نیکبخت[5]
بکاری و دیوارها بر کنی ‌‌ ز دلها مگر خشم کمتر کنی[6]
کنون من به بندی ببندم ترا ‌‌ ز چرم خران کی پسندم ترا[7]
گر این هرچه گفتم نیاری بجای ‌‌ بدرّند چرمت ز سر تا به پای»[8]
دو گوشش به خنجر به دو شاخ کرد ‌‌ به یک جای بینیش سوراخ کرد[9]
مهاری به بینیْ او برنهاد ‌‌ چو شاپور زان چرم خر کرد یاد[10]
دو بند گران بر نهادش به پای ‌‌ ببردش همان روزبان باز جای[11]

*

عَرض‌گاه و دیوان بیاراستند ‌‌ کلید در گنجها خواستند[12]
سپاه انجمن کرد روزی بداد ‌‌ سرش پر ز کین و دلش پر ز باد[13]
از ایران همی راند تا مرز روم ‌‌ هر آن‌کس که بود اندران مرز و بوم[14]
بکشتند و خانش همی سوختند ‌‌ جهانی به آتش برافروختند[15]
چو آگاهی آمد ز ایران به روم ‌‌ که ویران شد آن مرز آباد بوم[16]
همی گفت هرکس که: «این بد که کرد؟ ‌‌ مگر قیصر آن ناجوانمرد مرد!»[17]

→ دریغ است ایران که ویران شود ‌‌ کنام پلنگان و شیران شود

۱ - برآری، نادرست: «بسازی»، «آباد کنی». ۲ - رومیان از نژاد کیان نبوده‌اند.

۳ - **یک:** لت نخست بی‌پیوند است: «در برابر یک ایرانی، ده رومی را...». **دو:** روان را گروگان نمی‌دهند. سخن درست چنین است: (زبان) را به پیمان گروگان (کنی). ۴ - همهٔ رومیان قیصرنژاد نبوده‌اند.

۵ - پیوند درست میان لت نخست با لت دویم نیست. ٦ - دشمنان خود را از چه روی می‌خواهد؟

۷ - سخن درهم ریخته است. من ترا در چرم خرد به بند نمی‌کشم، و به بندی می‌کشم.

۸ - سخن درهم است، «اگر هر آنچه را که گفتم».

۹ - گوش را توان نیمه کردن «بدو شاخ کرد» نادرست است. ۱۰ - لت دویم میان سخنِ بند جدایی می‌افکند.

۱۱ - **یک:** چنین کس را که چندین بند بر بینی وپایها دارد یک کس نمی‌تواند بزندان بردن، دستکم دوکسش باید بر دست و دوش گرفتن و بردن. **دو:** چون چنین بند بر پای و بینی قیصر افکندند و بزندانش بردند، چگونه شاپور از وی؛ رومیان و دیگران را می‌خواهد، و پیمان برای انجام آن کارها می‌گیرد؟ ۱۲ - برابرِ با این داستان افزوده گنج‌ها همه در دست رومیان بوده است.

۱۳ - دنبالهٔ سخن. ۱۴ - **یک:** همی راند نادرست است: «براند». **دو:** لت دویم را پیوند درست با لت نخست نیست.

۱۵ - اگر همهٔ رومیان را بکشتند، پس نبردهای پی در پی رومیان با ایرانیان چگونه روی نمود؟

۱٦ - پس از کشته و سوخته شدن رومیان، آگاهی از قیصر بروم رسید؟ ۱۷ - دنبالهٔ گفتار.

۱۹۸ شاپور دویم

ز قیصر یکی کِهْ برادرش بود   پدر مرده و زنده مادرش بود[1]
جوانی کجا یانسش بود نام   جهانجوی و بخشنده و شادکام[2]
شدند انجمن لشکری بر درش   درم داد پرخاشجو مادرش[3]
بدو گفت: «کینِ برادر بخواه   نبینی که آمد ز ایران سپاه»[4]
چو بشنید یانس بجوشید و گفت   که «کین برادر نشاید نهفت»[5]
بزد کوس و آورد بیرون صلیب   صلیب بزرگ و سپاهی مهیب[6]
سپه را چو روی اندرآمد به روی   بی‌آرام شد مردم کینه‌جوی[7]
رده برکشیدند و برخاست غو   بیامد دوان یانس پیشرو[8]
برآمد یکی ابر و گردی سیاه   کزان تیرگی دیده گم کرد راه[9]
سپه را به یک روی بر کوه بود   دگر آن زان سو که انبوه بود[10]
بدین گونه تا گشت خورشید زرد   ز هر سو همی خاست گرد نبرد[11]
بکشتند چندانکه روی زمین   شد از جوشن کشتگان آهنین[12]
چو از قلب شاپور لشکر براند   چپ و راستش ویژگان را بخواند[13]
چو با مهتران گرم کرد اسپ، شاه   زمین گشت جنبان و پیچان سپاه[14]
سوی لشگر رومیان حمله برد   بزرگش یکی بود با مرد خرد[15]
بدانست یانس که پایاب شاه   ندارد، گریزان بشد با سپاه[16]
پس اندر همی تاخت شاپور گرد   به گرد از هوا روشنایی ببرد[17]
به هر جایگه بر، یکی توده کرد   گیاها به مغز سر آلوده کرد[18]

---

۱ - **یک:** سخن نادرست است: قیصر را برادری کهتر بود. **دو:** پیدا است که اگر پدر آنان زنده می‌بود، همو قیصر روم بود، نه آنکه در داستان افزوده در بند و زندان شاپور است. ۲ - اگر جهانجوی می‌بود، در نبودن قیصر تاج روم را بر سر می‌گذاشت.

۳ - **یک:** لشگری نادرخور است: «سپاه روم». **دو:** آن برادر چندان خرد بود که مادرش درم بسپاهیان دهد؟

۴ - سخن را پیوند درست نیست. ۵ - تازه از مادر، آگاهی بند و زندان قیصر را شنید!

۶ - چلیپای مسیح در گنج ایران بود، و قیصر روم آنرا از بهنگام خسروپرویز، از وی بخواست.

۷ - بی‌آرام نادرست است: «بی‌آرام شدند» اما بی‌آرام شدن را برای دلبران و دلدادگان بکار می‌گیرند... بهتر آن بود که از جوشش سپاهیان سخن می‌رفت.

۸ - **یک:** پس از بی آرام شدن، تازه سخن از رده برکشیدن می‌رود! **دو:** فرمانده سپاهیان رومی را نشاید که پیاده «دوان» بسوی دشمن رود. ۹ - «دیده گم کرد» راه سبک می‌نماید. مرد راه را گم می‌کند.

۱۰ - کدام سپاه را؟ سپاه ایران یا روم؟ ۱۱ - تاکنون تنها از گَرد نبرد سخن رفته است، نه از جنگ و کشتار.

۱۲ - اکنون زمان کشتن رسید. ۱۳ - نخست می‌باید ویژگان را نزد خود خواندن، آنگاه لشگر را راندن.

۱۴ - پس از آنکه زمین جوشن آهنین پوشید، شاپور چگونه اسپ را بتاختن واداشت؟

۱۵ - **یک:** سپاهیان را بزرگ و خرد نیست همه بزرگند! **دو:** با مردِ خرد نیز سخت نادرخور است.

۱۶ - سخن زیبا است اما پیوسته بداستان است.

۱۷ - **یک:** پس اندر را کمبود است: «پس اندرش». **دو:** همی تاخت نادرست است: «بتاخت».

۱۸ - از چه چیز توده کرد؟ بایستی گفتن از تن کشتگان. اما افزاینده از توده بسوی گیاهان آلوده بمغز دشمنان روی کرد که چنین نیست

←

ازان لشکر روم چندان بکشت　　که یک دشت سر بود بی‌پای و پشت[1]
به هامون سپاه و چلیپا نماند　　به دژها صلیب و سکوبا نماند[2]
ز هر جای چندان غنیمت گرفت　　که لشگر همی ماند زو در شگفت[3]
ببخشید یکسر همه بر سپاه　　جز از گنج قیصر که بُد بهر شاه[4]
کجا دیده بُد رنج از گنج اوی　　نه هم‌گوشه بُد گنج با رنج اوی[5]
همه لشکر روم گرد آمدند　　ز قیصر همی داستان‌ها زدند[6]
که: «ما را چنو نیز مهتر مباد　　به روم اندرون نام قیصر مباد[7]
به روم اندرون جای مذبح نماند　　صلیب و مسیح و موشّح نماند[8]
چو زنّار قسّیس شد سوخته　　چلیپا و مطران بر افروخته[9]
کنون روم و قنّوج ما را یکی‌ست　　چو آواز دین مسیح اندکی‌ست»[10]

＊

یکی مرد بود از نژاد سران　　هم از تخمهٔ نامور قیصران[11]
برانوش نام و خردمند بود　　زبان و روانش پر از پند بود[12]
بدو گفت لشکر که: «قیصر تو باش　　بر این لشکر و بوم مهتر تو باش[13]
به گفتار تو گوش دارد سپاه　　بپیروز تاج و بیارای گاه»[14]
بیاراستند از برش تخت آج　　برانوش بنشست بر سرش تاج[15]

← زیرا که سپاهیان را همه؛ خود بر سر است و چون بمیرند مغزشان درون سر و اندرون خود خواهد ماندن.

۱ – دشتی را که از کشتگان پر می‌شود؛ هم سر باید و هم پا و پشت و هم دست و سینه!

۲ – **یک:** چلیپای مسیح، در ایران بود. **دو:** چلیپا و صلیب یکی است. **سه:** سکوبا را جای، در دژها نبود، که در کلیساها بودند.

۳ – چون همگان کشته شده بودند، نشاید غنیمت (گرفت) را بکار بردن، و آنچه انجام می‌شود تاراج است، و چون چنین شود، نباید از شگفتی لشگریان یاد کردن، زیرا که تاراج بر دست همگان انجام می‌گیرد، نه بر دست شاه بتنهایی!

۴ – همه را «را» باید.

۵ – **یک:** از گنج او رنج نکشیده بود که آن رنج از قیصر بدو رسیده بود. **دو:** لت دویم راگزارش نیست، و بیشتر به یاوه می‌ماند.

۶ – **یک:** همهٔ لشگر(یان) روم که کشته شده بودند، پس چگونه گرد آمدند؟ **دو:** همهٔ لشگریان با هم چگونه داستان زدند؟

۷ – این سخن، «داستان» نیست... داستان، آنست که بتازی (مَثَل) خوانده می‌شود، و داستان زدن (ضرب المثل) است... این گفتار نشان بیزاری رومیان از قیصر است.

۸ – **یک:** (مذبح)ها نیز از میان رفته بود. **دو:** سخنی یاوه‌تر از لت دویم نشاید سرودن.

۹ – **یک:** زنّار کمری است که کشیشان می‌بسته‌اند، و آنرا نمی‌توان با (قسّیس) تازی شدهٔ کشیش همتراز از آوردن. **دو:** باز سخن از چلیپا می‌رود...

۱۰ – **یک:** قنّوج، کشوری پهناور در هندوستان بوده است، و رومیان آنرا نمی‌شناخته‌اند. **دو:** لت دویم نیز سست می‌نماید.

۱۱ – هر دو لت، یک سخن را می‌گوید، در برخی نمونه‌ها «از نژاد کیان» آمده است که آن نیز نادرست است.

۱۲ – برانوش فارسی شده والریانوس(ش) است، و او بهنگام شاپور یکم می‌زیست.

۱۳ – اما بدانهنگام که شاپور روم را چنان شکسته است که گذشت، و هیچ مرد بر جای نمانده است، واگذاری فرمانروایی بایستی از سوی شاپور بکسی باشد، نه از سوی سپاهیان روم.

۱۴ – سخن زیبا است اما پیوسته بداستان است.

۱۵ – از برش نادرست است: «برایش»، برخی نمونه‌ها «از درش» (= شایستهٔ او) و تختی که از پیش بوده است همانست که بوده، و نشاید گفتن که تختی شایستهٔ او آراستند.

به جای بزرگیش بنشاندند … همه رومیان آفرین خواندند[1]
برانوش بنشست و اندیشه کرد … ز روم و ز آوردگاه نبرد[2]
بدانست کاو را ز شاه بلند … ز رزم و ز آویزش آید گزند[3]
فرستاده‌ای جست با رای و شرم … که دانش سراید به آواز نرم[4]
دبیری بزرگ و جهاندیده‌ای … خردمند و دانا پسندیده‌ای[5]
بیاورد و بنشاند نزدیک خویش … بگفت آن سخن‌های باریک خویش[6]
یکی نامه بنوشت پرآفرین … ز دادار بر شهریار زمین[7]
که: «جاوید تاج تو پاینده باد … همه مهتران پیش تو بنده باد[8]
تو دانی که تاراج و خون ریختن … چه با بی‌گنه مردم آویختن[9]
مهان سرافراز دارند شوم … چه با شهر ایران چه با مرز روم
گر این کین ایرج بُده‌ست از نخست … منوچهر کرد آن به‌مردی درست[10]
تن سلم زان کین کنون خاک شد … هم از تور روی زمین پاک شد[11]
اُگر کینِ داراست اسکندری … که نو شد به روی زمین داوری[12]
مر او را دو دستورِ بَد کشته بود … اُ دیگر کزو بخت برگشته بود[13]
گرت کین قیصر فزاید همی … به زندان تو بند ساید همی[14]
نباید که ویران شوم بوم روم … که چون روم دیگر نبوده‌ست بوم[15]
اُگر غارت و کشتنت بود رای … همه روم گشتند بی‌دست و پای[16]
زن و کودکان‌شان اسیر تواَند … جگر خسته از تیغ و تیر تواَند[17]

۱ - **یک:** جای بزرگی نادرست است. **دو:** آفرین (بر او) خواندند.

۲ - آوردگاه همان نبردگاه است و آوردگاه نبرد، آمیزه‌ای نادرست است، و در این باره در پیشگفتار، سخن رفته است.

۳ - از (= ز) در لت نخست با دو «ز» در لت دویم همخوان نیست.

۴ - **یک:** هنوز از بازگشتن شاپور سخنی نیامده است. **دو:** دانش (سرودنی) نیست (آموختنی) است.

۵ - دانا پسندیده نادرست: «دانا پسند».

۶ - **یک:** «بیاورد» در این رج با «جست» در رج دویم پیش همخوان نیست. **دو:** لت دویم نادرخور است و چنان می‌نماید که خواننده نیز می‌داند که (آن) سخنان چه بوده است. **سه:** سخن نیز باریک نمی‌شود، که اندیشه را شاید باریک نامیدن.

۷ - چون نامه (پر) از آفرین باشد، جایی برای سخنان پسین نمی‌ماند!

۸ - **یک:** جاوید و پاینده یکی است. **دو:** مهتران را «بادند» باید.

۹ - دو رج: اکنون که افزاینده، شاپور را بایران بازفرستاده است، دیگر نباید بیمی از تاراج و خون ریختن در میان باشد.

۱۰ - این کین کین ایرج نبود، کین شاپور از قیصر و بند و زندان پوستِ خر بود.

۱۱ - لت دویم نیز نادرخور است، زیرا که کین را (درست نمی‌کنند) کین (کشیدنی) است.

۱۲ - کین اسکندری نادرست است. کین یورش اسکندر.

۱۳ - کشته بود نادرخور است: «کشته بودند».

۱۴ - کین قیصر فزاید نیز نادرخور است: «اگر هنوز کین قیصرت در دل است».

۱۵ - لت دویم نادرست است: «بومی نیست».

۱۶ - دنبالهٔ گفتار.

۱۷ - کودکان را (زنان) باید.

گه آمد که کمتر کنی کین و خشم … فروخوابنی از گذشته دو چشم[1]
فدای تو بادا همه خواسته … کز این کین همی جان شود کاسته[2]
تو دل خوش کن و شهر چندین مسوز … نباید که روز اندر آید به روز[3]
نباشد پسند جهان‌آفرین … که بیداد جوید جهاندار کین[4]
درود جهاندار بر شاه باد … بلند اخترش افسر ماه باد»[5]
نویسنده بنهاد پس خامه را … چو اندر نوشت آن کیی نامه را[6]
نهادند پس مُهر قیصر بر اوی … فرستاده بنهاد زی شاه روی[7]
بیامد خردمند و نامه بداد … ز قیصر به شاپور فرخ نژاد[8]
چو آن نامور نامه برخواندند … سخن‌های نغزش برافشاندند[9]
ببخشود و دیده پر از آب کرد … بُروهای جنگی پر از تاب کرد[10]
هم اندر زمان نامه پاسخ نوشت … بگفت آن کجا رفته بُد خوب و زشت[11]
که: «مهمان به چرم خر اندر که دوخت؟ … که بازار کین کهن برفروخت؟[12]
تو گر بخردی خیز و پیش من آی … خود و فیلسوفان پاکیزه‌رای[13]
چو زنهار دادم نسازمت جنگ … گشاده کنم بر تو این راه تنگ»[14]
فرستاده برگشت و پاسخ ببرد … سخن‌ها یکایک همه برشمرد[15]

*

برانوش چون پاسخ نامه دید … ز شادی دل پاک او بردمید[16]
بفرمود تا نامداران روم … برفتند سد مرد زان مرز و بوم[17]

---

۱ – فرو خوابنی (= خوابانی!) نادرست است: «چشم بپوشی». ۲ – پیوند درست میان لت دویم با لت نخست نیست.

۳ – یک: شاپور بازگشته بایران چگونه شهر(های روم) را می‌سوزاند؟ دو: لت دویم نیز بی‌گزارش است، در نمونهٔ ک: کت آب اندر آید... س ۲، لی، ل ۳، آ، ب: که تاب! (خالقی مطلق ۳۲۹-۶) و چنین می‌نماید که افزایندهٔ نخستین، «که شب» آورده است، و در نمونه‌های یاد شده بدینگونه درآمده! اگر چنین بوده باشد، سخن را اندکی گزارش است «نباید که شب اندر آید بروز» نباید که روز مردمان را تیره چون شب کنی! ۴ – در لت دویم بیداد را کمبود است: «به بیداد».

۵ – سخن زیبا است، اما پیوسته بداستان است.

۶ – یک: «بنهاد پس نامه را» با «چو اندر نوشت» همخوان نیست. دو: کیی نامه چگونه باشد؟ باری رومیان از کیان نبودند.

۷ – بر (اوی) برای نامه کاربرد ندارد: «آن». ۸ – لت دویم را پیوند درست با لت نخست نیست.

۹ – یک: نامور نامه نادرست است... «نامور نامه» تنها پاژنام شاهنامه است و بس! دو: سخن نغز را چگونه بر می‌افشانند؟

۱۰ – یک: بخشایش وگذشت، را با تاب ابروان نشان نتوان دادن! دو: لت دویم از شاهنامه برگرفته شده است.

۱۱ – نامه را «را» باید. ۱۲ – مهمان را نیز «را» اندرخور است.

۱۳ – خود و فیلسوفان نادرست است: «ابا فیلسوفان».

۱۴ – اگر «ت» با زنهار همراه شود نیکوتر است: «چو زنهار دادمت». ۱۵ – سخن‌ها را «را» باید.

۱۶ – «او» در لت دویم نادرخور است زیرا که نخست، نام برانوش آمده است. در نمونه‌های ک، س، لی، آ، ب: نازکش، که درست نمی‌نماید، زیرا که یک مرد، و پادشاه یک کشور را نمی‌توان دل نازک خواندن. نمونهٔ پ، دیگر نمونه‌ها: پاکتن آورده‌اند که «دل پاکتن» نیز نادرست است. ۱۷ – سخن درست چنین است: «بفرمود تا یکسد تن از نامداران روم از آن مرز برفتند».

درم بار کردند خروار شست — هم از گوهر و جامهٔ برنشست[1]
ز دینار گنجی ز بهر نثار — فراز آمد از هر سوی سی‌هزار[2]
همه مهتران نزد شاه آمدند — برهنه‌سر و بی‌کلاه آمدند[3]
چو دینار پیشش فروریختند — به گسترده زرّ کهن بیختند[4]
ببخشود شاپور و بنواخت‌شان — به خوبی بر اندازه بنشاخت‌شان[5]
برانوش را گفت کـ:«ز شهر روم — بسیامد بسی مرد بیداد و شوم[6]
به ایران زمین آنچه بُد شارستان — کنون گشت یکسر همه خارستان[7]
عوض خواهم آن را که ویران شده‌ست — کنام پلنگان و شیران شده‌ست»[8]
برانوش گفتا: «چه باید بگوی — چو زنهار دادی مبرتاب روی»[9]
چنین داد پاسخ گرانمایه شاه — «چو خواهی که یکسر ببخشم گناه[10]
ز دینار رومی به سالی سه بار — همی داد باید هزاران هزار[11]
دگر آنکه باشد نصیبین مرا — چو خواهی که کوته شود کین مرا»[12]
برانوش گفتا کـه: «ایران تراست — نصیبین و دشت دلیران تراست[13]
پذیرفتم این مایه‌ور باژ و ساو — که با کین و خشمت نداریم تاو»[14]
نوشتند عهدی ز شاپور شاه — کزان پس نرانند ز ایران سپاه[15]
مگر با سزاواری و خرمی — کجا روم را زو نیاید کمی[16]
ازان پس گُسی کرد و بنواخت‌شان — سر از نامداران برافراخت‌شان[17]
چو ایشان برفتند لشکر براند — جهان‌آفرین را فراوان بخواند[18]

---

۱ – **یک:** اما کجا رفتند؟ که هنوز درم بار می‌کنند. **دو:** خروار شست نادرست است: «شست خروار» جامهٔ برنشست» را گزارش نیست. اگر افزاینده قالی را می‌گوید. در روم قالی نمی‌بافتند، و قالی ویژهٔ ایران بوده است.

۲ – **یک:** باز سخن از دینار گنجی. **دو:** ز (= از) در آغاز لت نخست با از در لت دویم همخوان نیست.

۳ – سر برهنه داشتن در ایران، گناه بشمار می‌رفت.

۴ – لت دویم را هیچ گزارش نیست.

۵ – دنبالهٔ گفتار.

۶ – برانوش یکسد مرد را از روم فرستاده بود، و اینک خود در میان ایشان ایستاده است!

۷ – «کنون» نادرخور است زیرا که پیش از آن، بهنگام یورش افزودهٔ قیصر روم، روم ویران شده بود.

۸ – «عوض» در گفتار فردوسی «دیگر» است، رویهمرفته این رج برداشتی از آن گفتار شاهنامه است که:

دریغ است ایران که ویران شود — کنام پلنگان و شیران شود

۹ – **یک:** چه باید؟ نادرخور است، زیرا که شاپور سخن خویش را گفته بود. **دو:** شاپور از او روی برنگردانده بود.

۱۰ – گناه که را؟ گناه برانوش را؟ که گنه نکرده بود.

۱۱ – سخن نادرست است زیرا که اگر هزار هزار گفته بود درست می‌نمود (= یک میلیون)، اما چون هزاران هزار آمده است شماری نسنجیده و نادرست است.

۱۲ – کین کوته شدنی، نیست.

۱۳ – دشت دلیران شناخته نمی‌شود.

۱۴ – باژ و ساو را نمی‌توان «مایه‌ور» خواندن که «مایه‌ور» پاژنامِ کسان، یا شهرها است.

۱۵ – وابسته به رج پسین.

۱۶ – روم را از او کمی نیاید، سخت نادرست است.

۱۷ – دنبالهٔ گفتار.

۱۸ – جهان‌آفرین را پیش از لشگر راندن بایستی خواندن.

همی رفت شادان به اصطخر پارس — که اصطخر بُد بر زمین فخر پارس[۱]

*

چو اندر نصیبین خبر یافتند — همه جنگ را تیز بشتافتند[۲]
که: «ما را نباید که شاپور شاه — نصیبین بگیرد بیارد سپاه[۳]
که دین مسیحا ندارد درست — هَمش کیش زردشت و زندست و اُست[۴]
چو آید ز ما برنگیرد سخن — نخواهیم استا و دین کهن»[۵]
زبردست شد مردم زیردست — به کین مرد شهری به زین برنشست[۶]
چو آگاهی آمد به شاپور شاه — که اندر نصیبین ندادند راه[۷]
ز دین مسیحا برآشفت شاه — سپاهی فرستاد بی‌مر به راه[۸]
همی گفت: «پیغمبری که‌ش جهود — کشد دین او را نشاید ستود»[۹]
برفتند لشکر بکردار گرد — سواران و شیران روز نبرد[۱۰]
به یک هفته آنجا همی جنگ بود — دران شهر از جنگ بس تنگ بود[۱۱]
بکشتند زیشان فراوان سران — نهادند بر زنده بند گران[۱۲]
همه خواستند آن زمان زینهار — نوشتند نامه برِ شهریار[۱۳]
ببخشودشان نامبردار شاه — بفرمود تا باز گردد سپاه[۱۴]
به هر کشوری نامداری گرفت — همان بر جهان کامگاری گرفت[۱۵]
همی خواندندیش پیروز شاه — همی بود یک چند با تاج و گاه[۱۶]
کنیزک که او را رهانیده بود — بدان کامگاری رسانیده بود[۱۷]
دل‌افروز و فرخ پی‌اش نام کرد — ز خوبان مر او را دلارام کرد[۱۸]
همان باغبان را بسی خواسته — بداد و گُسی کردش آراسته[۱۹]

---

۱ – **یک:** پایتخت ساسانیان تیسفون بود، نه استخر! **دو:** مگر نه آنست که برانوش و رومیان بدیدار شاپور به پایتخت آمده بودند، پس رفتن آنان از پایتخت به پایتخت نادرخور است.

۲ – لت نخست کمبود دارد، چون (مردمان) نصیبین آگاه شدند.

۳ – پس ازگرفتن، سپاه بیاورد؟

۴ – زند و است نادرست است، وکیش زند و اُست از آن نادرست‌تر.

۵ – **یک:** لت نخست باز نادرست است: «چون بیاید سخن ما را نشنود». **دو:** اُست به استا برگشت.

۶ – لت نخست روشن نمی‌نماید که زبردستان و زیردستان کیانند؟

۷ – چه را راه ندادند؟ که را راه ندادند؟

۸ – از مردمان نافرمان می‌بایستی آشفتن نه از دین مسیحا.

۹ – همی گفت نادرست است: «چنین گفت». ک، س ۲، ق ۲: که گفتند. لی: بگفتند، آ: بدل گفت (خالقی مطلق ۳۳۲-۶). پیوند بایسته میان لت دویم با لت نخست نیست: «که جهودان او را بکشند».

۱۰ – دنبالهٔ سخن.

۱۱ – «همی» در لت نخست، و سخن لت دویم نادرست است.

۱۲ – زنده در لت دویم نادرخور است: «زندگان».

۱۳ – دنبالهٔ سخن.

۱۴ – همچنین.

۱۵ – روشن نیست که نامداران را چگونه گرفت؟ از چه روی گرفت؟

۱۶ – یکچند نادرست است، تا پایان زندگیش.

۱۷ – «کنیزکی» باید.

۱۸ – **یک:** دل‌افروز؟ یا فرخ پی؟ دو نام بر یک کس نهادن نشاید. **دو:** لت دویم روشن نیست.

۱۹ – باغبان که بهمراه او نیامده بود.

همی بود قیصر به زندان و بند — به زاریّ و خواریّ و زخم کمند[1]
به روم اندرون و هرچه بودش ز گنج — فراز آوریده ز هر سو به رنج[2]
بیاورد و یکسر به شاپور داد — همی بود یک چند لب پر ز باد[3]
سرانجام در بند و زندان بمرد — کلاه کیی دیگری را سپرد[4]
به رومش فرستاد شاپور شاه — به تابوت و ز مشک بر سر کلاه[5]
چنین گفت ک :«اینست فرجام ما — ندانم کجا باشد آرام ما[6]
یکی را همه زفتی و ابلهی‌ست — یکی را خردمندی و فرّهی‌ست[7]
بر این و بران روز هم بگذرد — خنک آنکه گیتی به بد نسپرد»[8]
به تخت کیان اندر آورد پای — همی بود چندی جهان کدخدای[9]
اُزان پس برِ کشور خوزیان — فرستاد بسیار سود و زیان[10]
ز بهر اسیران یکی شهر کرد — جهان را ازان بوم پر بهر کرد[11]
کجا خرّم‌آباد بُد نام شهر — اُزان بود خرّم که را بود بهر[12]
کسی را که از پیش ببرید دست — بدین مرز بودیش جای نشست[13]
بر و بوم او یکسر او را بدی — سر سال نو خلعتی بستدی[14]
یکی شارستان کرد دیگر به شام — که پیروزشاپور کردش به نام[15]
به اهواز کرد آن سیوم شارستان — بدو اندرون کاخ و بیمارستان[16]
کنام اسیرانش کردند نام — اسیر اندرو یافتی خواب و کام[17]

---

۱ - کمند را زخم (= ضربه) نیست. ۲ - وابسته به رج پسین.
۳ - **یک:** چگونه کسی که در زندان و بند است تواند «آوردن»! **دو:** شاهان گنج را با رنج فراهم نمی‌کنند که با ستم و زور چنین می‌کنند. **سه:** گنج‌های قیصر همه بایستی در دست برانوش بوده باشد.
۴ - **یک:** رومیان از کیان نبودند. **دو:** تاج شاهی روم پیش از آن به برانوش رسیده بود.
۵ - او را به روم نفرستاد «پیکرش را...» و از پسِ چندان ستم با مشگ و بر سر کلاه، نادرخور می‌نماید.
۶ - «ما» در لت نخست با «ندانم» در لت دویم همخوان نیست. ۷ - وابسته به رج پسین.
۸ - آنکس را که چندان خون ریخته است، نشاید چنین گفتن که؛ خنک آنکه گیتی «به بد» نسپرد.
۹ - مگر پیشتر بر تخت کیان ننشسته بود. ۱۰ - سود فرستاد؟ یا زیان؟
۱۱ - لت دویم را گزارش نیست. ۱۲ - باز لت دویم بی‌گزارش است.
۱۳ - **یک:** ببرید دست نادرست است، دستش را بریده بود. **دو:** چگونه باشندگان یک شهر همه دست بریده یک شهر خرّم را نگاهداری می‌کردند؟ ۱۴ - **یک:** دو بار «او» در یک گفتار نادرست است. **دو:** لت دویم سست است.
۱۵ - «کرد» در لت نخست با «کرد» در لت دویم ناهمخوان است. ۱۶ - وابسته به رج پسین.
۱۷ - **یک:** چنین نام و چنین شهر در جهان شناخته نشد. **دو:** (اسیر) چگونه به «کام» می‌رسد؟

پدیدار شدن مانی

⇐ ز شاهیش بگذشت پنجاه سال   که اندر زمانه نبودش همال
بیامد یکی مردگویا ز چین   که چون او مصوّر نبُد در زمین*
بدان چربدستی، رسیده بکام   یکی پرمنش مرد، مانی، بنام

*

بصورتگری گفت پیغمبرم   ز دین‌آورانِ جهان برترم
ز چین نزد شاپور شد، بار خواست   به پیغمبری شاه را یار خواست
سخن گفت، مردِ گشاده زبان   جهاندار شد، زان سخن در گمان

*

سرش تیز شد، موبدان را بخواند   زِ مانی، فراوان سخن‌ها براند
ک:«زین مرد چینی و چیره‌زبان   فتاده‌ستم از دین خود در گمان
بگویید و هم زو سخن بشنوید   مگر خود بگفتار او بگروید»
بگفتند ک:«این مرد صورت‌پرست!   نه بر پایهٔ موبدان موبد است[1]
ز مانی سخن بشنو او را بخوان   چو بیند ورا کی گشاید زبان»[2]

*

بفرمود تا موبد آمدش پیش   سخن گفت با او ز اندازه بیش
فرو ماند، مانی؛ میان سَخُن   بگفتار موبد، ز دین کهُن
بدو گفت ک:«ای مرد صورت‌پرست   بیزدان چرا؟ آختی خیره، دست!
کسی کاو، بلند آسمان آفرید   بدو در، زمین و زمان آفرید؛[3]
کجا نور و ظلمت بدو اندر است   ز هر گوهری گوهرش برتر است[4]
شب و روز و گردان سپهر بلند   کزویت پناه است و زویت گزند[5]
همه کردهٔ کردگار است و بس   جز او کرد نتواند این کرده کس[6]
به برهان صورت چرا بگروی   همی پند دین آوران نشنوی[7]

---

* – پیدا است که مانی در زمان بهرام سخن خویش را آشکار کرد، و هم در زمان وی کشته شد اما در شاهنامه داستان مانی در اینزمان آمده است، و پس و پیش شدن داستان از دستکاریهای زمان ساسانیان است که بهمانگونه بدست فردوسی رسیده.

۱ – چه کسان گفتند؟   ۲ – چه‌کس زمانی سخن بشنوَد.

۳ – **یک:** یزدان را «کس» نامیدن، نه درخور اوست. **دو:** در اندیشهٔ ایرانیان، زمان؛ خودآفریده است.

۴ –از نور و ظلمت، با واژه‌های «تیره و رخشان» در گفتار آینده یاد می‌شود.

۵ –شب و روز در این رج همان نور و ظلمت در رج پیشین است، و گردان سپهر بلند نیز آسمان رج دویم پیش است.

۶ –سخن در لت دویم پریشان است.

۷ – مانی به نگار و نگاره نگرویده بود، که از آن برای گروش (= ایمان) مردمان بهره می‌برد.

همه جفت و همتا و یزدان یکی‌ست   جز از بندگی کردنت رای نیست[1]
گر این صورتِ کرده جنبان کنی   سزد گر ز جنبنده برهان کنی[2]
ندانی که برهان نیاید به کار   ندارد کسی این سخن استوار[3]
اگر اهرمن، جفت یزدان بُدی   شب تیره، چون روز؛ رخشان بُدی
همه ساله بودی شب و روز راست   بگردش فزونی نبودی نه کاست[4]
نگنجد جهان‌آفرین در گمان   که او برتر است از زمین و زمان
سخن‌های دیوانگان است و بس   بدین بر نباشد ترا یار کس»[5]
سخن‌ها جز این نیز، بسیار گفت   که با دانش و مردمی بود جفت

❋

فروماند مانی ز گفتار اوی   بپژمرد شاداب بازار اوی
زِ مانی برآشفت، پس؛ شهریار   بر او تنگ شد، گردشِ روزگار
بفرمود پس تاش برداشتند   بخواری ز درگاه، بگذاشتند
چنین گفت ک‍ :«این مرد صورت‌پرست   نگنجد همی در سرای نشست
چو آشوبِ، آرام گیتی، ازوست   بباید کشیدن سراپاش پوست●
همان خامَش آکنده باید بکاه   بدان، تا نجوید کس این پایگاه»
بیاویختند از در شارستان   دگر پیش دیوار بیمارستان[6]
جهانی بر او آفرین خواندند   همی خاک بر کشته افشاندند[7]

❋

ز شاپور زان گونه شد روزگار   که در باغ، با گل ندیدند، خار
ز داد و ز رای و ز آهنگ اوی   ز بس کوشش و جنگ و فرهنگ اوی
مر او را به هر بوم دشمن نماند   بدی را به گیتی نشیمن نماند[8]

❋

---

۱ - **یک:** «همه» چیست؟ کیست؟ کوهها، درختان، زمین... را جفت نباشد. **دو:** همه را «جفت‌اند» باید.

۲ - جنبنده در لت دویم، همان جنبان کن در لت نخست است.   ۳ - دوباره از برهان یاد می‌شود.

۴ - **یک:** همه ساله نادرست است، «همواره». **دو:** بگردش نیز نادرخور است: «درگردشش».

۵ - (چنین سخنان) سخنان دیوانگانست...

● - لت دویم را گونه‌ها فراوان است: بجای «بباید کشیدن»، س، ل ۲، لن، ل ۳، و، ب: کشیدش. بجای «سراپاش» بسیاری از نمونه‌ها؛ سراپای (خالقی مطلق ۶-۳۳۶) اما پیدا است که سخن فردوسی چنین بوده است:

«بباید کشید از سراپاش پوست»

۶ - از یکجا توانستندش آویختن، نه از دو جای.

۷ - «خواندند» در لت نخست با «همی افشاندند» در لت دویم همخوان نیست.

۸ - بدی را نشیمن نباید. بدی در جهان روان می‌گردد.

پدیدار شدن مانی ۲۰۷

چو نومید شد او ز چرخ بلند   بشد سالیانش به هفتاد و اند[1]
بفرمود تا پیش او شد دبیر   ابا موبدان موبد و اردشیر[2]
جوانی که کهتر برادرش بود   به داد و خرد بر سر افسرش بود[3]
ورا نام بود اردشیر جوان   توانا و دانا به سود و زیان[4]
پسر بُد یکی، خُرد، شاپور نام   هنوز از جهان نارسیده به کام[5]
چنین گفت پس شاه با اردشیر   به پیش بزرگان و نزد دبیر
اُگر با من، از داد؛ پیمان کنی   زبان را به پیمان گروگان کنی
که فرزند من، چون بمردی رسد   که دیهیم و تخت مهی را سزد
سپاری بدو تخت و گنج و سپاه   تو دستور باشی ورا نیکخواه؛
من این تاج شاهی سپارم بتو   همان گنج و لشکر گذارم بتو»

*

بپذرفت زو، این سخن؛ اردشیر   به پیشش بزرگان و نزد دبیر
که: «چون کودک او به مردی رسد   که دیهیم و تاج کیی را سزد[6]
سپارم همه پادشاهی ورا   نسازم جز از نیک‌خواهی ورا»[7]
چو بشنید شاپور پیش مَهان   بدو داد دیهیم و مُهر شهان
چنین گفت پس، شاه؛ با اردشیر   که: «کار جهان بر دل آسان مگیر
بدان ای برادر که بیدادِ شاه   پی پادشاهی ندارد نگاه

*

یکی آنکه پیروزگر باشد اوی   ز دشمن نتابد گهِ جنگ روی[8]
دگر آنکه لشکر بدارد به داد   بداند فزونیِ مرد نژاد[9]
کسی کز در پادشاهی بود   نخواهد که مهتر سپاهی بود[10]
چهارم که با زیردستان خویش   همان با گهر دربرستان خویش[11]

---

۱ - سخن بازگونه است: چون سالش به هفتاد رسید، از چرخ بلند ناامید شد.

۲ - پیوسته گفتار پیشین.

۳ - چند رج پس‌تر، از فرزند شاپور نام می‌رود نه از برادرش.

۴ - **یک:** اردشیر اردشیر است، و هیچگاه کسی را جوان نمی‌خوانند. **دو:** توانا به زیان چگونه باشد.

۵ - «پسر بد» کمبود دارد: «پسرش بود»، «پسریش بود».

۶ - دوباره‌گویی گفتار.

۷ - دنبالهٔ همان سخن.

۸ - «یکی آنکه» نادرست، است، زیراکه پیشتر از «بیداد» سخن رفته بود، و اگر این رج از شاهنامه می‌بود، می‌بایستی «دگر آنکه» آید، و از آنجاکه افزاینده رج پسین را نیز با «دگر آنکه» آغاز کرده است و این رج افزوده است.

۹ - **یک:** چون از بیداد سخن گفته بود، و پرهیز از بیداد را فرمان داده بود، پس لت نخست نادرست است. **دو:** لت دویم، خود فرمان به بیداد است که برخی را از دیگر مردمان برتر شمارند.

۱۰ - مهتر سپاهی آمیزه‌ای نادرست است مهتر سپاهیان... که خود پادشاه است.

۱۱ - وابسته به رج پسین.

ندارد درِ گنج را بسته سخت همی بارد از شاخ بار درخت[۱]
بباید درِ پادشاهی سپاه سپه را درِ گنج دارد نگاه[۲]
اگر گنجت آباد داری به داد تو از گنج شاد و سپاه از تو شاد[۳]
سلیحت در آرایش خویش دار سزد که‌ت شب تیره آید به کار[۴]
بس ایمن مشو بر نگهدار خویش چو ایمن شدی راست کن کار خویش[۵]
سرانجام مرگ آیدت بی‌گمان اگر تیره‌ای گر چراغ جهان[۶]
برادر چو بشنید چندی گریست چو اندرز بنوشت سالی بزیست[۷]

*

برفت و بماند این سخن یادگار تو اندر جهان تخم زُفتی مکار[۸]
که هم یک زمان روز تو بگذرد چنین بردهٔ رنج تو دشمن خورد[۹]
چو آدینه هرمزد بهمن بود بر این کار فرخ نشیمن بود[۱۰]
می لَعْل پیش آور ای هاشمی ز بیشی که خُنبش نگیرد کمی[۱۱]
چو شست و سه شد سال، شد گوش کر ز گیتی چرا جویم آیین و فر[۱۲]
کنون داستان‌های شاه اردشیر بگویم ز گفتار من یاد گیر[۱۳]

۱ –لت دویم نادرخور و بی‌پیوند است.
۲ – **یک:** پادشاهی را «را» باید. **دو:** درِ گنج، گنج در بسته را نشان می‌دهد که سخن را باژگونه می‌سازد.
۳ –سیوم بار از داد سخن می‌رود. لت دویم را نیز کنش بایسته نیست: «شاد باشی».
۴ –سلیحت را «را» باید... و چون چنین شود، خویش = خودش به سلیح بازمی‌گردد: «همواره جنگ یورش آوَرَد». پس افزاینده در لت نخست خواسته است بگوید که «جنگ‌افزار خود را همواره با خود دار»...
۵ –... و در این رج از جانسپاران شاه سخن می‌رود که بسیار بدانان استوار مباش، و خود در اندیشهٔ کار خود باش.
۶ –لت دویم سخت نادرخور است.
۷ – **یک:** چرا از پند بایستی گریستن. **دو:** در لت نخست کنندهٔ کار «برادر» است و در لت دویم «شاپور»!
۸ –سخن به خواننده بازمی‌گردد.
۹ –سخن درهمریخته است: «که روز تو نیز یکزمان بگذرد» «که روز تو هم...».
۱۰ – **یک:** هیچگاه فردوسی روزهای ایرانی را با نام روزهای هفته همراه نیاورده است. **دو:** نشیمن را برای چه کار، فرخ باید دانستن؟ سخت نادرست است.
۱۱ –افزاینده اینجا از می هاشمی سخن آورده است، اما فردوسی این چنین می‌گوید:

شب اورمزد آمد از ماهِ دَی ز گفتن بیاسای و بردار، مَی

۱۲ – **یک:** داشتن آیین را، بسال و جوانی و پیری پیوند نیست. **دو:** هرکس نیز از فرّ خداداده باندازهٔ خویش برخوردار است، و **فردوسی نماد و نمایندهٔ فرّ ایران است و هیچگاه فرِّ تابناکش خاموش نمی‌پذیرد!**
۱۳ –لت دویم سست است.

پادشاهی اردشیر نکوکار

چو بنشست بر گاه، شاه اردشیر
بیاراست آن تخت شاپور پیر

کمر بست و ایرانیان را بخواند
بر پایهٔ تخت زرّین نشاند

چنین گفت کـ:«ز دور چرخ بلند
نخواهم که باشد کسی را گزند

جهان گر شود رام با کام من
نبینید چیزی جز آرام من[1]

ور ایدون که با ما نسازد جهان
بسازیم ما با جهان جهان[2]

برادر جهان ویژه ما را سپرد
ازیرا که فرزند او بود خرد[3]

فرستم روان ورا آفرین
که از بدسگالان بشست او زمین[4]

چو شاپور شاپور گردد بلند
شود نزد او گاه و تاج ارجمند

سپارم بدو گاه و تاج و سپاه
که پیمان چنین کرد شاپور شاه

من این تخت را پایکار وی‌ام
همان از پدر یادگار وی‌ام

*

شما یکسره داد یاد آورید
بکوشید و آیین و داد آورید[5]

چنان دان که خوردیم و بر ما گذشت
چو مُردی همه رنج ما باد گشت»[6]

چو ده سال گیتی همی داشت راست
بخورد و ببخشید چیزی که خواست[7]

نجُست از کسی باژ و ساو و خراج
همی رایگان داشت آن گاه و تاج

مر او را نکوکار زان خواندند
که هر کس تن‌آسان ازو ماندند

چو شاپور گشت ازدرِ تاج و گاه
مر او را سپرد آن خجسته کلاه

نگشت آن دلاور ز پیمان خویش
به مردی نگه داشت سامان خویش[8]

---

۱ – سخن درهم‌ریخته است. ۲ – جهان را جهنده خواندن از واژه‌شناسی‌های تازه است.

۳ – **یک:** ویژه نسپردش، که او را زنهاردار کرد. **دو:** داستانی را که روشن است چرا بایستی دوباره گفتن.

۴ – «او» در پایان سخن نابجا آمده است.

۵ – **یک:** داد یاد آوردن چگونه باشد؟ افزاینده را رای بر آن بوده است که بگوید، شما همواره داد را بکار گیرید. **دو:** بکار گرفتن دوبار، واژهٔ «داد» سخن را ناهموار می‌کند. ٦ – رج پیشین روی به «شما» داشت و در این رج به «تو» گشت.

۷ – چون گفتار شاهنامه در رج پسین از نگرفتن باژ و ساو سخن می‌رود، پس این خوردن و بخشیدن از کجا بود؟

۸ – سامان خویش را گزارش نیست.

پادشاهی بهرام شاپور

خردمند و شایسته بهرامشاه — همی داشت سوگ پدر چندگاه[1]
چو بنشست بر جایگاه مهی — چنین گفت بر تخت شاهنشهی[2]
که «هر شاه کز داد گنج آکند — بدانید کان گنج نپراکند[3]
ز ما ایزد پاک خشنود باد — بداندیش را دل پر از دود باد[4]
همه دانش اوراست ما بنده‌ایم — که کاهنده و هم فزاینده‌ایم[5]
جهاندار یزدان بود داد و راست — که نفزود در پادشاهی نه کاست[6]
کسی کاو، به بخشش توانا بود — خردمند و بیدار و دانا بود[7]
نباید که بندد در گنج سخت — بویژه خداوند دیهیم و تخت[8]
اُگر چند بخشی ز گنج سخن — برافشان که دانش نیاید به بن[9]
ز نیک و بدی‌ها به یزدان گرای — چو خواهی که نیکیت ماند بجای[10]
اگر زوشناسی همه خوب و زشت — بیابی به پاداش خرم بهشت[11]
اُگر برگزینی ز گیتی هوا — بمانی به چنگ هوا بی‌نوا[12]
چو داردت یزدان بدو دست‌یاز — بدان تا نمانی به گُرم و گداز[13]
سیوم که میانه گزیند ز کار — بسند آیدش بخشش کردگار[14]
چهارم که بپراکند بر گزاف — همی دانشی نام جوید ز لاف[15]

---

۱ – همی داشت نادرست است: چند گاه سوگوار پدر بود... و در آیین ایرانیان روز چهارم پرسه برگزار می‌شد، و روز سی‌ام.

۲ – جایگاه مهی و تخت شاهنشهی هر دو یکی است.

۳ – نپراکند پایان لت دویم نادرست است: «آن گنج پراکنده نمی‌شود».

۴ – دنبالهٔ سخن.

۵ – **یک:** لت نخست بدآهنگ است. **دو:** لت دویم راگزارش نیست.

۶ – **یک:** خداوند را نتوان «داد» شمردن! **دو:** دوباره از کاستن و افزودن سخن می‌رود، بی‌آنکه این گفتار نیز روشنی بر اندیشهٔ افزاینده افکنَد.

۷ – شاید بودن کسی که بخشش فراوان کند، اما دانا نباشد.

۸ – اگر بخشنده باشد، خود، در گنجِ او هموار باز است، این گفتار می‌بایستی در آغاز می‌آمد: «پادشاهان را بایستی بخشش و...».

۹ – اندیشه درست است اما در لت نخست سخن سست می‌نماید.

۱۰ – چون از «بدی» سخن رود، می‌باید از «نیکی» یاد می‌شود، نه نیک.

۱۱ – هیچگاه در اندیشهٔ ایرانیان زشتی‌ها را از خداوند نمی‌دانستند.

۱۲ – لت دویم اندکی نارسا است، شاید که کسی چون چنگیز، یا نِرُن، همواره با «هوا» زید، و همواره نیز شادکام باشد.

۱۳ – افزاینده می‌خواسته است بگوید، اگر یزدان نگهدار تو باشد... و اگر چنین باشد دست یاختن بدو بایسته نیست.

۱۴ – **یک:** لت نخست بدآهنگ است. **دو:** از نخستین و دویم یاد نشده بود که به سیوم رسد! افزاینده را رای بر آن بوده است که بگوید: «سیوم، کسیکه...».

۱۵ – **یک:** چنانکه اینجا نیز «چهارم، کسیکه». **دو:** چه را بپراکند؟ **سه:** لت دویم راگزارش نیست. این رج از آن سخن شاهنامه برگرفته شده است:

«هزینه مکن سیمت، از بهر لاف — که از لاف زاید، سخن؛ پر گزاف»

بهرام شاپور ۲۱۱

دو گیتی بیابد دل مرد راد / نباشد دل سفله یک روز شاد [۱]
بدین گیتی او را بود نام زشت / بدان گیتی اندر نیابد بهشت [۲]
ستوده کسی کاو میانه گزید / تن خویش را آفرین گسترید [۳]
شما را جهان‌آفرین یار باد / همیشه سر بخت بیدار باد [۴]
جهاندارمان باد فریادرس / که تخت بزرگی نماند به کس» [۵]
بگفت این و از پیش برخاستند / ز یزدان بر او آفرین خواستند [۶]
چو شد سالیان پنج بر چار ماه / بشد شاه روزی به نخچیرگاه [۷]
جهان شد پر از یوز و بازان و سگ / چه پرنده و چند تازان به تگ [۸]
ستاره زدند از پی خوابگاه / چو چیزی بخورد و بیاسود شاه [۹]
سه جام می خسروانی بخورد / پر اندیشه شد سر سوی خواب کرد [۱۰]
پراکنده گشتند لشگر همه / چو در خواب شد شهریار رمه [۱۱]
بخفت او و از دشت برخاست باد / که کس باد ازان سان ندارد به یاد [۱۲]
فروبرده چوب ستاره بکند / بزد بر سر شهریار بلند [۱۳]
جهانجوی شاپور جنگی بمرد / کلاه کیی دیگری را سپرد [۱۴]
میاز و مناز و متاز و مرنج / چه یازی به کین و چه نازی به گنج [۱۵]
که بهر تو اینست زین تیره گوی / هنر جوی و راز جهان را مجوی [۱۶]
که گر باز یابی بپیچی به‌درد / پژوهش مکن گرد رازش مگرد [۱۷]
چنین است کردار این چرخ تیر / چه با مرد برنا چه با مرد پیر [۱۸]

---

۱ – دل مردِ راد دوگیتی را می‌یابد؟ یا خودِ وی؟

۲ – نام زشت به مرد راد باز می‌گردد!!

۳ – خود بر تن خویش آفرین کند؟

۴ – چون چنین سخن آید، پایان گفتار را نشان می‌دهد، اما گفتار بپایان نرسیده است.

۵ – دوباره از یاری خداوند یاد می‌شود.

۶ – آفرین «خواستنی» نیست، «خواندنی» است.

۷ – چنین شیوهٔ شمارش را در فارسی مانندە نیست.

۸ – **یک:** یوز و سگ را «باز» باید نه بازان. **دو:** لت دویم نیز سست است.

۹ – از پی خوابگاه نادرست است. برای خوابگاه.

۱۰ – **یک:** پس از آسودن می بخورد؟ **دو:** چرا پر اندیشه؟

۱۱ – **یک:** لشگریان در شکارگاه نباید از پیرامون شاه پراکنده شوند. **دو:** لشگر نادرست است: لشگریان. **سه:** سخن لت دویم را می‌بایستی پیش از لت نخست آمدن.

۱۲ – برای سیُوم بار از خوابیدن وی یاد می‌شود.

۱۳ – لت دویم رج پیشین پیوند میان لت نخست را با این رج می‌گسلد.

۱۴ – افزاینده در داستان خود، شاپور را بجنگ نفرستاده بود، که او را شاپور جنگی توان خواندن.

۱۵ – **یک:** مگر شاید بودن؟ که کسی بهیچ چیز دست نیازد! و هیچگاه نتازد و نرنجد!! **دو:** در لت دویم از دست یازیدن به کین و گنج سخن می‌رود.

۱۶ – **یک:** «تیره گوی» چیست؟ **دو:** اگر هنر جوید، باری دست بسوی هنر یاخته است!

۱۷ – **یک:** بازیابی نادرخور است: «اگر راز جهان را بجویی». **دو:** لت دویم سخن دوباره.

۱۸ – **یک:** چرخ گردان را چرخ تیر خواندن، در همهٔ روزگاران همین یکبار است. **دو:** برنا کودک پنج ساله تا ده ساله است، و نمی‌توان او را مرد برنا خواندن.

پادشاهی شاپور سیُوم

چو شاپور بنشست بر جای عم   از ایران بسی شاد و بهری دژم[1]

چنین گفت ک:«ای نامور بخردان   جهاندیده و رایزن موبدان[2]

بدانید کان کس که گوید دروغ   نگیرد ازین پس برِ ما فروغ[3]

دروغ از بر ما نباشد ز رای   که از رای باشد بزرگی بجای[4]

همان مر تن سفله را دوستدار   نیابی به باغ اندرون چون نگار[5]

سری را کجا مغز باشد بسی   گواژه نباید زدن بر کسی[6]

زبان را نگهدار باید بُدن   نباید روان را به زهر آزدن[7]

که بر انجمن مرد بسیارگوی   بکاهد به گفتار خود آب روی[8]

اگر دانشی مرد راند سخن   تو بشنو که دانش نگردد کهن[9]

دل مرد مطمع بود پر ز درد   به گرد طمع تا توانی مگرد[10]

مکن دوستی با دروغ آزمای   همان نیز با مرد ناپاک رای[11]

سرشت تن از چار گوهر بود   گذر زین چهارانش کمتر بود[12]

اگر سفله گر مرد با شرم و راد   به آزردگی یک دل و یک نهاد[13]

چنین است امّید یزدان پاک   که چون سر بیارم بدین تیره‌خاک[14]

جهاندار پیروز دارد مرا   همان گیتی‌افروز دارد مرا[15]

گر اندر جهان داد بپراکنم   ازان به که بیداد گنج آکنم[16]

که ایدر بماند همه رنج ما   به دشمن رسد بی‌گمان گنج ما[17]

---

۱ – عمّ در گفتار فردوسی نمی‌آید.   ۲ – رایزن موبدان و نامور بخردان و جهاندیده سخن را سست می‌کند.

۳ – تازه بپادشاهی رسیده است، و «از این پس» نادرخور می‌نماید.

۴ – **یک:** نه چنین است، و اگر کسی بخواهد دروغ گوید رای بدروغگویی کرده است. **دو:** بسا کسان را که رای هست و بزرگی نیست.

۵ – این رج را هیچ پیوند با گفتار پیشین و پسین نیست، و هیچ گزارش نیز ندارد.

۶ – **یک:** مغز را بسیار و کمی نیست. **دو:** کواژه (ریشخند؛ متلک) با مغز و سر نیست و با زبان است.

۷ – لت دویم گزارش ندارد. روان را چگونه در میان زهر فرو توان کردن.   ۸ – دنبالهٔ گفتار.

۹ – سخن به خواننده باز می‌گردد.   ۱۰ – مرد مطمع و گفتار فردوسی؟!!   ۱۱ – دنبالهٔ سخن.

۱۲ – چهارانش نادرست است.   ۱۳ – دوباره به سفله بازگشت، و سخن را ره بهیچ سوی نیست!

۱۴ – **یک:** برای خداوند «امید» نتوان پنداشتن که کار خداوند فرمان است، و فرمان وی نیز بر همهٔ جان جهان روان است. **دو:** بدین تیره خاک گفتن را روی نیست: «بخاک تیره». سر بیارم نیز نادرست است.   ۱۵ – پس از مرگ، آرزوی پیروزی و گیتی‌افروزی؟

۱۶ – **یک:** داد (پراکندنی) نیست، (ورزیدنی) است. **دو:** بیداد را به باید «به بیداد».

۱۷ – **یک:** «که» در آغاز این رج با (که) در لت دویم رج پیشین همخوان نیست. **دو:** شاید بودن که گنج کسی بدشمن نرسد و بفرزندان

←

پادشاهی شاپور سیوم ۲۱۳

که تخت بزرگی نماند به کس　　جهاندار باشد ترا یار بس[1]
بد و نیک ماند ز ما یادگار　　تو تخم بدی تا توانی مکار»[2]
چو شد سال آن پادشا بر دو هفت　　به پالیز آن سرو یازان بخفت[3]
به یک چندگه دیر بیمار بود　　دل کهتران پر ز تیمار بود[4]
نبودش پسر پنج دخترش بود　　یکی کهتر از وی برادرش بود[5]
بدو داد ناگاه گنج و سپاه　　همان مُهر شاهی و تخت و کلاه[6]
جهاندار برنا ز گیتی برفت　　بر او سالیان برگذشته دو هفت[7]

*

ایا شست و سه ساله مرد کهن　　تو از باد تا چند رانی سخن[8]
همان روز تو ناگهان بگذرد　　درِ توبه بگزین و راه خرد[9]
جهاندار زین پیر خشنود باد　　خرد مایه باد و سخن سود باد[10]
اگر در سخن موی کافد همی　　به تاریکی اندر شکافد همی[11]
گر او این سخن‌ها که اندرگرفت　　به پیری سرآرد نباشد شگفت[12]
به نام شهنشاه شمشیرزن　　به بالا سرش برتر از انجمن[13]
زمانه به کام شهنشاه باد　　سر تخت او افسر ماه باد
کزویست کام و بدویست نام　　ورا داد تاج کیی شادکام
بزرگیّ و دانش ورا راه باد　　اُز او دست بدخواه کوتاه باد

← رسد، و نشاید «بیگمان» آوردن.

۱ - یک: باز «که» در آغاز این رج. **دو:** لت دویم نیز پس و پیش است اگر جهاندار یار تو باشد.

۲ - روی سخن بخواننده برگشت. **۳** - هَفت را با خُفت پساوا نیست. **۴** - یا چند گه، یا دیر!

۵ - لت دویم ناهموار می‌نماید: یک برادر کهتر داشت. **۶** - «ناگاه» نادرخور است: «بهنگام مرگ...».

۷ - «برنا» کودک پنج ساله تا ده ساله است. **۸** - مرد، در شست و سه سالگی کهن نیست.

۹ - راهِ خرد، با توبه همخوان نیست زیرا که از خردمند کاری سر نمی‌زند که توبه‌اش شاید!

۱۰ - «خرد» مایهٔ چه‌کس باد؟ روشن نیست: «مایهٔ من خرد باد». سخن سود باد نیز ناروشن است.

۱۱ - لت دویم را بهیچ روی، گزارش نیست.

۱۲ - یک: «او» کیست؟ **دو:** سخن را نیز اندر نمی‌گیرند، می‌گویند. **سه:** لت دویم نیز درهم است. افزاینده را رای بر آن بوده است که بگوید شگفت نیست که او (فردوسی) که آغاز بکار سرودن شاهنامه کرد، در پیری بپایانش رساند. این سخن برداشتی کودکانه است از آن گفتار فردوسی که:

همی خواهم از داورِ یک خدای　　که چندان بگیتی بمانم بجای
که این نامه شهریاران پیش　　درآرم بدین خوب گفتار خویش
وزان پس تن بی‌هنر، خاک را است　　روان و توان، مینوی پاک را است

۱۳ - چهار رج سخنان یاوه درستایش! محمود ناستوده.

پادشاهی
یزدگرد بزه‌گر

چو شد پادشا بر جهان یزدگرد … سپه را بشهر، اندرآورد گرد
کلاه برادر بسر برنهاد … همی بود ازان مرگ ناشاد شاد[1]
چنین گفت با نامداران شهر … که: «هر کس که از داد یابید بهر
نخستین نیایش به یزدان کنید … دل از داد ما شاد و خندان کنید
بدان را نمانم که دارند هوش … اُگر دست یازند بد را به کوش[2]
کسی کاو بجوید ز ما راستی … بیارامد از کژّی و کاستی!
به هر جای، گاه وی افزون کنیم … ز دل کینه و آز بیرون کنیم
سگالش نگوییم جز با؛ رَدان … خردمند و بیداردل موبدان[3]
کسی را کجا پر ز آهو بود … روانش ز بیشی بنیرو بود[4]
به بیچارگان بر ستم سازد اوی … گر از چیز درویش بفرازد اوی[5]
بکوشیم و نیروش بیرون کنیم … به درویش ما نازش افزون کنیم[6]
کسی کاو بپرهیزد از خشم ما … همی بگذرد تیز بر چشم ما[7]
همی بستر از خاک جوید تنش … همان خنجر هندوی گردنش[8]
به فرمان ما چشم روشن کنید … خرد را به تن بر چو جوشن کنید»[9]

---

۱ - لت دویم راگزارش نیست.

۲ - اگر هوش hōš = هُشیاری بوده باشد، که بخواست دیگر کس از میان نمی‌رود، و اگر هوش hūš = مرگ باشد سخن دگر می‌شود...: «بدان را زنده نگاه می‌دارم».

۳ - سگالش «کردنی» است و گفتنی نیست.

۴ - روشن نیست که همهٔ آن کسان که بدنبال بیشی هستند، پر آهو نیز بوده باشند!

۵ - **یک:** «اوی» پایان سخن با «کسی» (= آنکس) در در لت پیشین همخوان نیست. **دو:** سخن بی‌پیوند است، چه را برفرازد؟ **سه:** همراه با «بیچارگان» «درویشان» باید، نه درویش.

٦ - **یک:** نیرو را چگونه توان بیرون کردن؟ **دو:** «ما» در لت دویم دوباره‌گویی «ما» در رج پنجم پیشین است و خود نیز ناساز می‌نماید.

۷ - ... و نیز «ما» در این رج!

۸ - **یک:** داوری سخت نابخردانه است که آنکس در کارها چنان پرهیز پیش آورد، که ما خشمگین نشویم، ویرا زیر خاک نهان می‌کنیم!! **دو:** لت دویم نیز سخت بی‌پیوند است: (با) خنجر هند(ی) گردنش (را می‌بریم). **سه:** اگر آرایش گفتار نیز درست می‌بود، مغز سخن نادرست است، زیرا که با شمشیر گردن را می‌زنند، و با خنجر، تهیگاه را.

۹ - خرد، جوشن تن نیست، خرد روشنگر جان است، خرد آرایندهٔ روان است:

خرد چشم جانست، چون بنگری … تو بی‌چشم، شادان، جهان نسپری

*

چنان دان هر آنکس که دارد خرد … بدانش روان را همی پرورد

*

سرِ مایهٔ تست، روشن خرد … روانت همی از خرد، برخورَد

تن هر کسی گشت لرزان چو بید   که کوپال و شمشیرشان بُد امید[1]

٭

چو شد بر جهان، پادشاهیش؛ راست   بزرگی فزون کرد و مهرش بکاست
خردمند نزدیک او خوار گشت   همه رسم شاهیش بیکار گشت[2]
کنارنگ با پهلوان و ردان   همان دانشی پرخرد موبدان[3]
یکی گشت با باد نزدیک اوی   جفاپیشه شد جان تاریکِ اوی[4]
سترده شد از جان او مهر و داد   بهیچ آرزو نیز پاسخ نداد

٭

کسی را نبُد نزد او پایگاه   به ژرفی مکافات کردی گناه[5]
هر آن کس که دستور بُد بر درش   فزایندهٔ اختر و افسرش[6]
همه عهد کردند با یکدگر   که هرگز نگویند زان بوم و بر[7]
همه یکسر از بیم پیچان شدند   ز هول شهنشاه بیجان شدند
فرستادگان کامدندی ز راه   همان زیردستان فریادخواه[8]
چو دستور زان آگهی یافتی   بدان کارها تیز بشتافتی
به گفتار گرم و به آواز نرم   فرستاده را ره ندادی ز شرم
بگفتی که «شاه ازدرِ کار نیست   شما را بدو راه دیدار نیست
نمودم بدو هرچه درخواستی   به فرمانش پیدا شدی، راستی»

٭

ز شاهیش بگذشت چون هفت سال   همه موبدان زو به رنج و وبال
سر سال هشتم مه فوردین   که پیدا کند در جهان هور دین[9]
یکی کودک آمدش هرمزد* روز   به نیک اختر و فال گیتی‌فروز

---

۱ - **یک:** تن هر کسی نادرست است: «تن همگان»! **دو:** اگر بر بنیاد گفتارهای پیشین، برادر بزرگتر وی در چهارده سالگی مرده بود، چگونه شایستی یک کودک دوازده ساله را اینچنین سخت سخن گفتن، و بزرگان کشور را از سخنان وی لرزیدن!

۲ - «رسم» را در شیوهٔ سخن فردوسی راه نیست.

۳ - **یک:** همراه «ردان»، می‌بایستی «کنارنگان و پهلوانان» آید! **دو:** لت دویم نیز سست است.

۴ - ردان و پهلوانان و موبدان... راکنش «گشتند» باید.

۵ - لت دویم نادرست است. **یک:** پادافره گناه کردن را «ژرفی» نشاید، در ل ۲: بزفتی، س ۲، لن، ق ۲، لی، ل ۳، لن ۲: بزودی، آ: فزودی. که هیچیک درست نمی‌نماید. **دو:** پادافره گناهکاران، کار کشور را بآیین می‌کند، و شیوه‌ای نیکو است.

٦ - **یک:** دستور، تنها یک کس بوده است، و نمی‌توان از وی با «هر آنکس» یاد کردن. **دو:** فزایندهٔ افسر را توان گفتن، و فزایندهٔ اختر را گزارش نیست.

۷ - سخن راگزارش نیست.

۸ - **یک:** روشن نیست که فرستادگان کیستند، و آمدند(ی) نیز نادرست است. **دو:** لت دویم را نیز پیوند درست با لت نخست نیست... چهار رج پیوسته.

۹ - چندباره گویی سخنان نادرست افزایندگان درباره فروردین، و هوردین...

٭ - «**بهرام روز**» درست‌تر می‌نماید زیرا که نام وی را بهرام نهادند.

مر او را پدر کرد بهرام، نام — ازآن کودک خرد، شد شادکام
به در بر ستاره‌شمر هر که بود — که شایست گفتار ایشان شنود [1]
یکی مایه‌ور بود با فرّ و هوش — سر هندوان بود نامش سروش [2]
یکی پارسی بود هشیار نام — که بر چرخ کردی به دانش لگام [3]
بفرمود تا پیش شاه آمدند — هشیوار و جوینده راه آمدند [4]
به صلاّب کردند ز اختر نگاه — هم از زیج رومی بجستند راه [5]
از اختر چنان دید جویا، نهان — که او شهریاری بود در جهان؛
اَبَر هفت کشور بود پادشا — گوی شاددل باشد و پارسا
برفتند پویان برِ شهریار — همان زیج و صلاّب‌ها بر کنار [6]
بگفتند با تاجور یزدگرد — که: «دانش ز هرگونه کردیم گرد [7]
چنان آمد اندر شمار سپهر — که دارد بدین کودک خرد مهر [8]
مر او را بود هفت کشور زمین — گرانمایه شاهی بود بافرین» [9]
ز گفتارشان شاد شد شهریار — ببخشیدشان گوهر شاهوار [10]
چو ایشان برفتند زان بارگاه — رد و موبد و پاک دستور شاه [11]
نشستند و جستند هرگونه رای — که تا چارهٔ آن چه آید بجای [12]
گر این کودک خرد خوی پدر — نگیرد شود خسروی دادگر [13]
گر ایدون که خوی پدر دارد اوی — همه بوم زیر و زبر دارد اوی [14]
نه موبد بود شاد و نه پهلوان — نه او در جهان شاد و روشن‌روان [15]

---

۱ - «هر که» در لت نخست، و «ایشان» در لت دویم را، ستاره «شماران» بایستی.

۲ - اگر از همهٔ ستاره‌شماران یاد شد، پس چرا تنها از یک هندی در این رج، و

۳ - ... و بر چرخ لگام زدن نیز از گزافه‌های سخت نادرخور است.

۴ - هشیوار و جوینده راه نیز نادرست است زیرا که راه کاخ شاه بر همگان آشکار است.

۵ - درباره صلّاب و نادرستی آن چند بار سخن رفته است، و نیز زیج رومی در لت دویم!

۶ - **یک:** آنان را شاه بدرگاه خویش فراخوانده بود، و جایی دور نبودند که پوینده(!) بنزدیک شاه روندا **دو:** اگر از زیج سخن می‌رود، بایستی از «استرلاب» یاد شود نه استرلاب(ها).

۷ - دانش در یک انجمن، گرد کردنی نیست، که آنرا بایستی در درازنای زمان (آموختن).

۸ - «شمار سپهر» را بکودک مهر هست؟ یا «سپهر» را؟

۹ - سخن دوباره امااست‌تر.

۱۰ - دنبالهٔ گفتار.

۱۱ - زان بارگاه نادرست است: «از بارگاه».

۱۲ - **یک:** «رای» «زدنی» است و «جستنی» نیست. **دو:** چارهٔ چه چیز؟ **سه:** چاره «آمدنی» نیست، «جستنی»، و «کردنی» است. **چهار:** چه آید نیز نادرخور است: «چگونه».

۱۳ - **یک:** پس از چاره‌جویی، سخن گفتن دربارهٔ آن نادرخور است. **دو:** «خوی پدر (را) نگیرد» در این رج...

۱۴ - ...**یک:** با «خوی پدر دارد» در این رج ناهمخوان است. **دو:** زیر و زبر نیز «داشتنی» نیست «کردنی» است.

۱۵ - **یک:** نه موبد (ازوی) شاد... **دو:** سخن در لت دویم، پایان ندارد... و اگر چنین است...

همه موبدان نزد شاه آمدند — گشاده‌دل و نیکخواه آمدند[1]
بگفتند کـ :«این کودک برمنش — ز پیغاره دور است و ز سرزنش[2]
جهان سربسر زیر فرمان اوست — به هر کشوری باژ و پیمان اوست[3]
نگه کن به جایی که دانش بود — ز داننده کشور به رامش بود[4]
ز پر مایگان دایگانی گزین — که باشد ز کشور بر او آفرین[5]
هنر گیرد این شاه خرّم نهان — ز فرمان او شاد گردد جهان»[6]
چو بشنید زان موبدان یزدگرد — ز کشور فرستادگان کرد گرد[7]
هم آنگه فرستاد کس‌ها به روم — به هند و به چین و به آباد بوم[8]
همان نامداری سوی تازیان — بشد تا ببیند به سود و زیان[9]
به هر سو همی رفت خواننده‌ای — که: بهرام را پرورانندهٔ
بجوید خردمند و دانش‌پذیر — پژوهندهٔ اختر و یادگیر*

*

بیامد ز هر کشوری موبدی — جهاندیده و نیک‌پی بخردی
چو یکسر بدان بارگاه آمدند — پژوهنده نزدیک شاه آمدند؛
بپرسید بسیار و بنواختشان — به هر برزنی جایگه ساختشان[10]
برفتند نعمان و منذر به شب — بسی نامدارانِ گُرد از عرب[11]
بزرگان چو در پارس گرد آمدند — برِ تاجور یزدگرد آمدند[12]
بگفتند هر کس که: «ما بنده‌ایم — سخن بشنویم و سراینده‌ایم[13]

---

۱ – آنانکه در دل با شاه بد بودند، نمی‌توانستند گشاده‌دل و نیکخواه بنزدیک شاه آیند!

۲ – **یک:** هنوز زود است که درباره کودکی نوزاد داوری شود که برمنش خواهد شدن، یا نه؟ برمنش فارسی در زبان پهلوی . اَبَرمِینیشن. خوانده می‌شود، که برابر است با (متکبر تازی) و چنین کس را نزد ایرانیان و در فرهنگ ایران، (که «ایرمنشی» یا فروتنی را نیک می‌شمردند) پایگاهی نبوده است، که از پیغاره وسرزنشش دور در شمار آورند!

۳ – هنوز چنین نشده است، و پدرش پادشاه است.

۴ – **یک:** دانش را در «جای» جای نیست! دانشمندان را بایستی جستن! **دو:** لت دویم را پیوند درست با لت نخست نیست.

۵ – دایه یا پرورانده «یک کس» نه چندکس، که از «پرمایگان» و «دایگان» نام برده شود.

٦ – **یک:** هنوز کودک، شاه نشده است،... **دو:** خرّم نهان را نیز گزارشی نیست.

۷ – از کشور فرستادگان را گرد کردن نادرست است، و فرستادگان را «پیرامون کشور فرستادن» درست می‌نماید.

۸ – آبادبوم، پاژنام ایران است و نشاید آنرا با هند و چین و روم، همتراز آوردن.

۹ – پیوند درست میان لت نخست با لت دویم نیست.

* – در نمونه‌ها چنین آمده است، اما «**تیزویر**» درست می‌نماید.

۱۰ – همگان را «به هر» برزن جایگه (ساختن) نادرست است.

۱۱ – **یک:** نعمان بتنهایی سرپرستی بهرام گور را داشت، و منذر بدانهنگام خرد بوده است. **دو:** لت دویم نیز سخت نادرخور است.

۱۲ – پایتخت ایران بهنگام ساسانیان تیسفون بود نه پارس.

۱۳ – **یک:** بگفتند هرکس نادرست است: «همگان گفتند». **دو:** لت دویم نیز نادرخور است: «سخن نیوش و سراینده‌ایم».

که یابد چنین روزگار از مهان / که -بایسته فرزند شاه جهان-[1]
به برگیرد و دانش آموزدش / دل از تیرگی‌ها بیفروزدش»[2]
ز رومیّ و هندیّ و ز پارسی / نجومیّ و گر مردم هندسی[3]
همه فیلسوفان بسیاردان / سخنگوی و ز مردم کاردان[4]

*

بگفتند هر یک به آواز نرم / که «ای شاه با داد و با رای و شرم
همه سربسر خاک پای توایم / بدانش همه رهنمای توایم
نگر تا پسندت که آید همی؟ / اگر سودمندت چه آید همی؟»

*

چنین گفت مُنذِر که: «ما بنده‌ایم / خود اندر جهان، شاه را، زنده‌ایم
هنرهای ما، شاه؛ داند همه / که او چون شبان است و ما چون رمه
سواریم و گُردیم و اسپ افکنیم / کسی را که دانا بود بشکنیم[5]
ستاره‌شمر نیست چون ما کسی / که از هندسه بهره دارد بسی[6]
پر از مهرِ شاه است ما را، روان / بدین کار، داریم، شاها؛ توان
همه پیش فرزند تو بنده‌ایم / بزرگیّ وی را ستاینده‌ایم»

*

چو بشنید زو این سخن یزدگرد / روان و خرد را برآورد گرد[7]
نگه کرد از آغاز، فرجام را / بدو داد، پرمایه بهرام را
بفرمود تا خلعتش ساختند / سرش را به گردون برافراختند[8]
تنش را به دیبا بیاراستند / ز در*، اسپِ شاه یمن خواستند
ز ایوان شاه جهان تا بدشت / همی اشتر و اسپ و هودج گذشت
پرستنده و دایهٔ بی‌شمار / ز باز ارگه تا درِ شهریار[9]

---

۱ - سخن را در لت دویم، برای پیوستن بگفتار رج پسین، «را» باید.

۲ - **یک:** فرزند را در همه سالهای کودکی و نوجوانی به «بر» نمی‌گیرند. **دو:** دل را از تیرگی‌ها «پالایش» باید نه «افروزش».

۳ - چون از رومی و پارسی با «ز» = از یاد شد، برای دیگران نیز پیشوند «از» بایسته است.

۴ - **یک:** فیلسوفان ویژهٔ روم بوده‌اند نه از کشورهای دیگر. **دو:** سخنگویان را چه به پرورش فرزندِ شاه؟ همچنین همهٔ جهانیان در کار خویش کاردان‌اند، و بکار پرورش فرزند نمی‌آیند.

۵ - بشکنیم پایان لت دویم در برخی نمونه‌ها نشکنیم، هر دو نادرست است، زیرا که سوارانِ یورشگر، همگان را از دمِ تیغ می‌گذرانند.

۶ - اخترماری را با دانش اندازه (هندسه) پیوندی نیست...

۷ - لت دویم سخت نابهنجار و ناسزاوار است.

۸ - خلعت ساختنی نیست.

* - «به در» درست‌تر می‌نماید.

۹ - **یک:** «دایه» همانا منذر بوده است و بیشمارش نتوان خواندن. **دو:** سخن درست آن بود که از درِ شهریار تا... گفته آید.

پذیرش منذر برای آموزش بهرام ۲۱۹

بباز ارگه بسته آذین براه — ز دروازه تا پیش درگاه شاه[1]

*

چو منذر بیامد بشهر یمن — پذیره شدندش همه مرد و زن
چو آمد به آرامگاه از نخست — فراوان زنان نژادی بجست[2]
ز دهقان و تازی و پرمایگان — توانگر گزیده گران سایگان[3]
ازان مهتران چار زن برگزید — که آید هنر بر نژادش پدید[4]
دو تازی دو دهقان ز تخم کیان — ببستند مر دایگی را میان[5]
همی داشتندش چنین چار سال — چو شد سیر شیر و بیاگند یال[6]
به‌دشواری از شیر کردند باز — همی داشتندش به بربر به ناز[7]
چو شد هفت ساله به منذر چه گفت — که آن رای با مهتری بود جفت[8]
چنین گفت ک:«ای مهتر سرفراز — ز من کودک شیرخواره مساز[9]
به داننده فرهنگیانم سپار — چو کار است بیکار، خوارم مدار»[10]
بدو گفت منذر که: «ای سرفراز — به فرهنگ نوزت نیامد نیاز[11]
چو هنگام فرهنگ باشد ترا — به دانایی آهنگ باشد ترا[12]
به ایوان نمانم که بازی کنی — به بازی همی سرفرازی کنی»[13]
چنین پاسخ آورد بهرام باز — که: «از من تو بیکار خردی مساز[14]

---

۱ – همان گفتار بگونه‌ای دیگر آمده است. ۲ – «چو» در رج پیشین با «چو» در این رج هماهنگ نیست.

۳ – **یک:** دنبالهٔ همان سخن بشیوه‌ای سست‌تر! **دو:** گران سایگان را چگونه گزارش بایستی کردن؟ آیا آن کسانند که فربه‌اند و سایهٔ بیشتر بر زمین می‌افکنند؟... یا آنانکه سایهٔ پیکرشان، بسیار بر زمین می‌ماند؟...

۴ – اگر چهار زن برگزیده شدند، در لت دویم «نژادش» نادرست است: «نژادشان».

۵ – **یک:** زن، دهقان نتواند بودن. **دو:** زن از تخم کیان در یمن چگونه پدیدار شد؟

۶ – **یک:** پیدا است که کودک را دو سال شیر خوردن بس است. **دو:** «آکندنِ یال» راگزارش نیست.

۷ – **یک:** کودک دو ساله خود از شیر بسوی خوردنی می‌گردد. **دو:** کودکی که چهار سال شیر خورَد و بدشواری از شیرش بازگیرند، و باز با ناز در برش گیرند... چگونه پهلوانی چون بهرام گور تواند شدن؟ ۸ – چه گفت در این رج نادرخور است...

۹ – تازه؛ پس از سه سال، از چهار سالگی بیاد آورد که او کودکی شیرخواره است؟!

۱۰ – **یک:** کودک، خود، از پیش خود، نمی‌داند که فرهنگ چیست و دانندهٔ فرهنگ کیست؟ **دو:** لت دویم نیز بی‌پیوند و بی‌گزارش است.

۱۱ – **یک:** چگونه در هفت سالگی به فرهنگ نیاز ندارد؟ که کودکان را در هفت سالگی بفرهنگیان می‌سپارند. **دو:** نیامد نیاز نیز نادرست است: «نیازت نیامده است».

۱۲ – چون، خود؛ بر بنیاد سخن افزودهٔ پیشین، آهنگِ فرهنگ کرده است، پس زمان همانست، و همان زمان، زمان آموزشش فراسیده بود. ۱۳ – بازی، در ایوان روی نمی‌دهد که در میدان و باغ و بستان ببازی می‌پردازند.

۱۴ – **یک:** پاسخ «آوردنی» نیست «دادنی» است. **دو:** خردی و بزرگی کس را نمی‌توان ساختن! **سه:** «بیکار» در این رج دوباره‌گویی «بیکار» در رج چهارم پیش است.

مرا هست دانش اگر سال نیست
بسان گوانم بر و یال نیست[1]

ترا سال هست و خرد کمتر است
نهاد من از رای تو دیگر است[2]

ندانی که هر کس که هنگام جست
ز کار آن گزیند که باید نخست[3]

تو گر باز هنگام جویی همی
دل از نیکوی‌ها بشویی همی[4]

همه کار بی‌گاه و بی‌بر بود
بهین از تن زندگان سر بود[5]

هر آن چیز کان درخور پادشاست
بیاموزی‌ام تا بدانم سزاست[6]

سر راستی دانش ایزدی‌ست
خنک آنکه با دانش و بخردی‌ست»[7]

نگه کرد منذر بدو خیره ماند
به زیر لبان نام یزدان بخواند[8]

فرستاد هم در زمان رهنمون
سوی شورستان سرکشی بر هیون[9]

سه موبد نگه کرد، فرهنگجوی
که در سورستان بودشان آب روی [*]

یکی، تا دبیری بیاموزدش
دل از تیرگی‌ها بیفروزدش

دگر ساز نخچیر با باز و یوز
بیاموزدش کان بود دلفروز[10]

دودیگر؛ که چوگان و تیر و کمان
همان گردش رزم با بدگمان

چپ و راست، پیچان؛ عنان داشتن
به آوردگه، باره برکاشتن

---

۱ – در رج پنجم پیشین چنین آمده بود که: «بداننده فرهنگیانم سپار»، پس چگونه در میانهٔ گفتار، دانش‌آموخته شد؟ چنانکه گوید «مرا هست دانش»!

۲ – **یک:** چگونه شاید منذر را کم خرد خواندن، که یزگرد از میان همهٔ داوخواهان (= داوطلبان)، او را برای پرورش بهرام برگزید!... و چگونه، یک کودک هفت ساله را پروای آنست که پروردگار خویش راکم خرد خوانَد! **دو:** «نهاد» را برابر «رای» نتوان نهادن... اما چون خواهند که دو چیز را برابر نهند، و بایکدیگر بسنجند، نشاید «از» را بکار بردن که «با» بایسته است: «این (با) آن همتراز نیست»، «شب را (با) روز برابر نتوان نهادن».

۳ – هنگام؛ هنگامِ پادشاهی یک پادشاه، یا یک دودمان است، نیز همهٔ زمان زندگی یک کس، یا همهٔ زمان آموزش او است، و در لت نخست، نابجا آمده است.

۴ – **یک:** «باز هنگام جستن» بی‌گزارش است. **دو:** لت دویم را نیز پیوند درست با لت نخست نیست.

۵ – کارِ چه کس، بیگاه و بی‌بر است؟ سخن را پیوند «تو» باید.

٦ – **یک:** بیاموزیَم نادرست است: «مرا بیاموز» یا «بیاموز مرا»... **دو:** تا بدانم سزا است نیز نادرخور است، زیرا آنچه که درخور پادشاهست بیگمان سزاوارِ شاهزاده نیز هست.

۷ – لت دویم را پیوند درست با لت نخست نیست، در لت نخست از دانش دین سخن می‌رود و در لت دویم از «دانش»... و دانش، شاید که دانش اندازه و اخترماری و فرهنگ... باشد!

۸ – دنبالهٔ گفتار.

۹ – سرکش که در لت دویم از او یاد شده است، نمی‌تواند «رهنمون» بوده باشد.

* – در نمونه‌های در دست، شورستان، سورسانس، سیستان، سوریان، سورستان، شارسان، سوریانش، سوریا بودشان (خالقی مطلق ۳۶۹-٦) آمده است، شاهنامهٔ سپاهان سورستان، که کوتاه شدهٔ آسورستان است و درست است. در ایران باستان استان میانرودان را «آسورستان» می‌خواندند. در همهٔ نمونه‌ها سه موبد آمده است، و بنداری از چهار موبد یاد می‌کند: و نفذ إلی بلاد ایران من أتاه باربعة من المؤابذة»... اما پیدااست که سخن درست شاهنامه **«دوکس را»** است که یکی از آنان (آموزگار) که او را دبیری آموزد، و دیگری (سپاهی) که او را سواری آموزد.

۱۰ – لت دویم سست است، و سخن درست در رج پسین آمده است.

چنین موبدان پیش منذر شدند / ز هر دانشی داستان‌ها زدند[1]
تن شاه‌زاده بدیشان سپرد / فزاینده خود دانشی بود و گرد[2]
چنان گشت بهرام خسرونژاد / که اندر هنر دادِ مردی بداد
هنر هرچه بگذشت بر گوش اوی / به فرهنگ یازان شدی هوش اوی[3]
چو شد سال آن نامور بر سه شش / دلاور گوی گشت خورشیدفش
به موبد نبودش به چیزی نیاز / به فرهنگ‌جویان و آن یوز و باز[4]
به آوردگه بر عنان تافتن / برافکندن اسپ و هم تاختن[5]
به منذر چنین گفت که: «ای پاک‌رای / گُسی کن هنرمند را، بساز جای»[6]
ازآن هر یکی را بسی هدیه داد / ز درگاه منذر برفتند شاد[7]
اُزان پس به منذر چنین گفت شاه / که: «اسپان این نیزه‌داران بخواه[8]
بگو تا بپیچند پیشم عنان / به چشم اندر آرند نوک سنان[9]
بهایی کنند آنچه آید خوشم / درم بیش خواهم بر ایشان کشم»[10]
چنین پاسخ آورد منذر بدوی / که: «ای پرهنر خسرو نامجوی[11]
گله‌دار اسپان من پیش تست / خداوند او هم به تن خویش تست[12]
گر از تازیان اسپ خواهی خرید / مرا رنج و سختی چه باید کشید»[13]
بدو گفت بهرام که: «ای نیکنام / به نیکیت بادا همه ساله کام[14]
من اسپ آن گزینم که اندر نشیب / بتازم نبینم عنان از رکیب[15]
چو با تگ چنان پایدارش کنم / به نوروز با باد یارش کنم[16]

---

۱ - دربارهٔ چوگان و تیر و کمان و جنگاوری نمی‌توان داستان زدن.

۲ - چون کودک را بفرهنگیان بسپارند، روان او را می‌سپارند، وگرنه تن را سپردن، داستان از پرستاری (= خدمت) می‌گوید.

۳ - هنر (= جنگاوری و پهلوانی) بر گوش کس نمی‌گذرد، و هوش را نیز یازیدن (= دست دراز کردن) نیست.

۴ - **یک:** سخن بی‌پیوند است. افزاینده را رای بر آن بوده است که بگوید، در دانش و فرهنگ بجایی رسید که نیازش بآموزگار (موبد) نبود. **دو:** لت دویم از لت نخست سست‌تر است.

۵ - دنبالهٔ همان گفتار است، اما در لت دویم برافکندن اسپ چگونه باشد. افزاینده خواسته است از؛ «اسپ افکندن بهر سوی» یاد کند!

۶ - «هنرمند را» در لت دویم نادرخور است: موبدان و آموزگاران را.

۷ - از چه چیز؟

۸ - «این نیزه‌داران» چه کسان‌اند؟

۹ - چون کسی بخواهد با نیزه با دیگری هماورد شود، (عنان) را نمی‌پیچد! پیچاندن لگام یا در نمایش و بازی است، یا برای گریز.

۱۰ - **یک:** کننده (فاعل) در آغاز سخن به نیزه‌داران بازمی‌گردد، و در پایان لت نخست به بهرام. **دو:** لت دویم نیز سخت پریشان و بی‌گزارش است.

۱۱ - پاسخ «آوردنی» نیست «دادنی» و «گفتنی» است.

۱۲ - خواهش بهرام از منذر نیزه‌بازی بود، و پاسخ منذر پیش کشیدن اسپان است!

۱۳ - و اکنون سخن از خرید اسپ می‌رود... در جاییکه اسپان همه از آنِ «مُنذره»اند!

۱۴ - دنبالهٔ گفتار.

۱۵ - چگونه توان اندیشیدن که بهرام هجده ساله را «که اندر هنر داد مردی بداد» هنوز، اسپ نیست، و تازه می‌خواهد که برای خود اسپ برگزینند!

۱۶ - سخن درهمریختهٔ بی‌گزارش.

اُگر آزموده نباشد ستور | نشاید به تندی بر او کرد زور»[1]
به نعمان بفرمود، منذر؛ که: «رو | فسیله گزین، از گله‌دار نو[2]
همه دشت پیش سواران بگرد | نگر تا کجا یابی اسپ نبرد»[3]
بشد تیز نعمان سد اسپ آورید | ز اسپان جنگی بسی برگزید[4]
چو بهرام دید آن، بیامد به دشت | چپ و راست پیچید و چندی بگشت[5]
هر اسپی که با باد همبر بدی | همه زیر بهرام بی‌بر شدی[6]
بر این گونه تا برگزید اشقری | یکی بادپایی گشاده‌بری[7]
هم از داغ دیگر کمیتی برنگ | تو گفتی ز دریا برآمد نهنگ[8]
همی آتش افروخت از نعل اوی | همی خوی چکید از برِ لعل اوی[9]
بها داد منذر چو بود ارزشان | که در بیشهٔ کوفه بُد مرزشان[10]
بپذرفت بهرام زو آن دو اسپ | فروزنده برسان آذرگشسپ[11]
همی داشتش چون یکی تازه سیب | که از باد ناید بر او بر نهیب[12]

*

به منذر چنین گفت روزی جوان | که: «ای مرد با هنگ و روشن‌روان[13]

---

۱ – ستورِ آزموده را هیچگاه از رمه نمی‌گیرند، که آن خود، بر آخور بسته است!

۲ – **یک:** نعمان چگونه فسیله گزیند؟ فسیله‌ها را بایستی از دید بهرام بگذرانند، تا او یکی از اسپان را از میان آنها برگزیند! **دو:** گله‌دار نو، نابجا است! برای برگزیدن اسپ گله‌دار پیر باید. ۳ – اسپ از فسیله برگزینند، یا اسپ سواران را از آنان بگیرند؟

۴ – سد اسپ آورید(؟) یا از اسپان جنگی برگزید؟

۵ – **یک:** بهرام دید (آن) نادرست است. **دو:** بهرام بایستی در (دشت) بوده باشد، تا اسپان را از پیش وی بگذرانند.

٦ – «هر اسب» در لت نخستین با «همه» در لت دویم ناهماهنگ است، همه را «شدند» باید و «اسب بی‌بر» سخنی است که در زبان فارسی نیامده است.

۷ – لت دویم را با لت نخست همخوان نیست... اگر لت نخست را درست بدانیم، لت دویم می‌بایستی چنین آید: «یکی بادپایِ گشاده بر».

۸ – **یک:** داغِ دیگر را روی نباشد، زیرا که پیشتر گفته شد: همه اسپان از آنِ منذرِ بوده‌اند. **دو:** تو گفتی.

۹ – **یک:** هر اسب را چون بتازند، از بَرَش خوی می‌چکد. **دو:** گلرنگ، گونه‌ای دیگر از اسب است و کمیت اسپی است دو رنگ میان سرخ و سیاه، از منجیک ترمذی است: بدانزمان که بر ابطال تیره گون گردد / همه کمیت نماید ز خون، سیاه سمند.

۱۰ – **یک:** اسپان همه از آن منذر بوده‌اند. **دو:** جایگاه منذر نیز در حیره بود، نه شهر کوفه. **سه:** شهر کوفه را نیز کاریگران ایرانی، در زمان عمر در کنار روستایی بهمین نام بساختند، تا سپاهیان عرب که از آب و هوای آبادان و بصره تب می‌کردند و می‌مردند، در جایی که آب و هوایش به «سواد» نزدیک باشد بزیند، و نمیرند (← تاریخ تبری).

۱۱ – بهرام که خود اسپان را برگزیده بود، پس از آن، بپذیرفت؟

۱۲ – سخن از کردار انوشه‌روان امیر منصور دربارهٔ مهربانیش به فردوسی برگرفته شده است:

همی داشتم چون یکی تازه سیب | که از باد بر من نیاید نهیب
چنان نامور گم شد از انجمن. | چو از باد، سرو سهی در چمن
نه زو زنده بینم، نه مرده نشان | بدست نهنگان و مردمکشان

(محمود و کارگزارانش را گوید)

۱۳ – هنگ چه باشد؟ روشن‌روان نیز «زنده» است، و نشاید کسی را «زنده» نامیدن!

چنین بی‌بهانه همی داری‌ام زمانی به تیمار نگذاری‌ام[1]
همی هر که بینی تو اندر جهان دلی نیست اندر جهان بی‌نهان[2]
ز اندوه باشد رخ مرد زرد به رامش فزاید تن زادمرد[3]
بر این بر یکی خوبی افزای پس که باشد ز هر درد فریادرس[4]
اگر تاجدار است اگر پهلوان بزن گیرد آرام، مرد جوان[5]
همان زو بود دین یزدان بپای جوان را به نیکی بود رهنمای[6]
کنیزک بفرمای تا پنج و شش بیارند با زیب و خورشیدفش[7]
مگر زان یکی دو گزین آیدم هم اندیشهٔ آفرین آیدم[8]
مگر نیز فرزند بینم یکی که آرام دل باشدم اندکی[9]
جهاندار خشنود باشد ز من ستوده بمانم به هر انجمن»[10]
چو بشنید منذر ز خسرو سخن بر او آفرین کرد مرد کهن[11]
بفرمود تا سعد گوینده تفت سوی کلبهٔ مرد نخاس رفت[12]
بیاورد رومی کنیزک چهل همه ازدرِ کام و آرام دل[13]
دو بگزید بهرام زان گلرخان که در پوستشان آج بود استخوان[14]
به بالا بکردار سرو سهی همه کام و زیبایی و فرّهی[15]
ازان دو ستاره یکی چنگ زن دگر لاله‌رخ چون سهیل یمن[16]

۱ – لت دویم بی‌گزارش است، اگر از سستی آن بگذریم آنگاه از آن چنین برمی‌آید: هیچگاه مرا تیمار نمی‌کنی!؟
۲ – میان لت دویم با لت نخست پیوند درست نیست...: «هر که را که در جهان‌بینی در نهان (رازی) یا (دردی) دارد.
۳ – دنبالهٔ گفتار
۴ – بر کدام چیز! افزاینده را، رای بر آن بوده است که بگوید: بر سر همهٔ نیکیها که بر من رواداشتی یک نیکی دیگر نیز بیفزای.
۵ – زن، تنها دلارام تاجداران و پهلوانان است؟ یا همهٔ مردان؟
۶ – سخن زیبا است، اما برداشتی از گفتار زال است در انجمن مهیستان زابل:

اُ دیگر که بی‌جفت، دینِ خدای نـدیدیم، ماند، جوان را بپای

۷ – پنج و شش نادرست است: چند کنیزک.
۸ – **یک:** «زان» در لت نخست، نادرخور است: زانان. **دو:** لت دویم نیز بی‌گزارش است.
۹ – فرزند بینم یکی نادرست است! **یک:** از کجا که یک فرزندش باشد. **دو:** فرزند «داشتنی» است، «دیدنی» نیست. **سه:** چرا اندکی؟ فرزند آرام جان و دل مردمان است.
۱۰ – دنبالهٔ گفتار.
۱۱ – مرد کهن در لت دویم، همان منذر در لت نخست است و دوباره‌گویی نادرست.
۱۲ – **یک:** «سعد» را نمی‌شناسیم که اینچنین از وی سخن رود. **دو:** «گوینده» را چکار بدکان برده‌فروشی؟
۱۳ – کنیزک چهل نادرست است: چهل کنیزک.
۱۴ – لت دویم سخت نادرخور است، افزایندهٔ یاوه‌سرای را رای بر آن بوده است که بگوید، پوست تنشان چندان نرم و نازک بود که استخوانشان از زیر آن دیده می‌شد!
۱۵ – سخن را از شاهنامه برگرفته‌اند.
۱۶ – **یک:** پیشتر سرو بودند، و اکنون ستاره شدند! **دو:** سهیل یمانی ستارهٔ سَدویس است، و برنگِ لاله نیست!

به بالا چو سرو به گیسو کمند ‌‌ بها داد منذر چو آمد پسند[1]
بخندید بهرام و کرد آفرین ‌‌ رخش گشت همچون بدخشان نگین[2]

*

جز از گوی و میدان، نبودیش کار ‌‌ گهی زخم چوگان و گاهی شکار[3]

*

چنان بُد که یک روز بی‌انجمن ‌‌ به نخچیرگه رفت، با چنگزن
کجا نام آن رومی آزاده بود ‌‌ که رنگ رخانش به می داده بود[4]
به پشت هیونی چمان برنشست ‌‌ ابا سرو آزاده، چنگی بدست[5]
دلارام او بود و هم کام اوی ‌‌ همیشه به لب داشتی نام اوی[6]
به روز شکارش هیون خواستی ‌‌ که پشتش به دیبا بیاراستی[7]
فروهشته زو چار بودی رکیب ‌‌ همی تاختی در فراز و نشیب[8]
رکابش دو زرّین دو سیمین بُدی ‌‌ همان هر یکی گوهرآگین بُدی[9]
همان زیر ترکش کمان مهره داشت ‌‌ دلاور ز هر دانشی بهره داشت[10]
به پیش اندر آمدْش، آهو دو جفت[11] ‌‌ جوانمرد، خندان، بآزاده گفت[12]
که: «ای ماه، من چون کمان را بزه ‌‌ برآرم، به شست اندر آرم گره؛[13]

---

۱ – **یک:** دوباره از بالای چون سروِ آنان سخن می‌رود. **دو:** لت دویم سست است: بهای (آنانرا) بداد.

۲ – بدخشان نگین را برای پساوای آفرین آورده‌اند، وگرنه در همه نامه‌های فارسی از «نگینِ بدخشان» یاد شده است.

۳ – «گوی و میدان» لت نخست همان زخم چوگان لت دویم است.

۴ – **یک:** نام آن رومی را می‌بایستی بهنگام‌گزینش می‌آوردند... **دو:** لت دویم نیز سست و نادرخور است.

۵ – **یک:** پیدا است که چون پهلوانی بر اسب سوار می‌شود، اسب وی چمان نیز باید بودن. **دو:** از چنگزن پیش از این یاد شده بود.

٦ – آغاز سخن را پیوند «که» باید.

۷ – **یک:** «بروز شکارش» چه باشد؟ سخن چنین می‌نماید که «روز شکارِ آن دختر»!! **دو:** «ش» در پشتش با «ش» در شکارش همخوان نیست.

۸ – همی تاختی نادرست است، از آنجا که در لت نخست از هیون نام برده شده بود، در این لت «همی تاختش» درست است، اما همهٔ نمونه‌ها چنین‌اند.

۹ – **یک:** سخن درباره رکابها، می‌بایستی پیوسته به گفتار پیشین «فروهشته زو چار بودی رکیب» بیاید. **دو:** «همان هر یکی» نیز نادرست می‌نماید: «چهار رکاب زرین و سیمین گوهرآگین داشت».

۱۰ – **یک:** کمان مهره را زیر ترکش چگونه توان داشتن؟ کمان مهره (تیر کمان کودکان) را در جیب یا در زیر کمر می‌نهند! **دو:** پیدا است که سواری چون بهرام در کودکی «کمان مهره» را نیز بکار گرفته بود و در بزرگی نیز می‌توانست آنرا بکار گرفتن!...
کمان مهره را کودکان روستایی (بزمانیکه من کودک بودم کودکان شهری نیز) بخوبی بکار می‌گرفتند، و جای شگفتی نمی‌مانَد که سواری چون بهرام بتواند با آن مهره بیفکند!

۱۱ – **یک:** پیش اندر (اندرون) نادرست است. **دو:** آهوْ چون سوار را بیند می‌گریزد، و به پیش نمی‌آید. **سه:** چون چهار آهو بوده‌اند «آمده» ناکارآمد است و «آمدند» باید.

۱۲ – **یک:** پیش را «اندر» نیست. **دو:** در گفتار آینده نبرد بیش از یک جفت نمی‌نماید.

۱۳ – **یک:** کمان را بزه (برنمی‌آورند) بزه «می‌کنند»... باری اینکار پیش از آغاز شکار، بر روی زمین انجام می‌پذیرد! **دو:** زه را بهمراه

←

کدام آهو افکنده خواهی؟ بتیر — که ماده جوان است و همتاش پیر»[1]

*

بدو گفت آزاده ک :«ای شیرمرد — به آهو، نجویند مردان؛ نبرد!![2]

تو آن ماده را نرّ گردان بتیر — شود ماده از تیر تو نرّ پیر[3]

ازان‌پس هیون را برانگیز تیز — چو آهو ز چنگ تو گیرد گریز[4]

کمان مهره انداز تا گوش خویش — نهد هم چنان خوار بر دوش خویش[5]

هم آنگه ز مهره بخاردش گوش — بی‌آزار پایش برآرد به دوش[6]

به پیکان سرو پای و گوشش بدوز — چو خواهی که خوانمت گیتی‌فروز»[7]

کمان را بزه کرد بهرام گور — برانگیخت از دشتِ آرام، شور[8]

دو پیکان، بترکش؛ یکی تیر داشت — بدشت اندر، از بهر نخچیر داشت[9]

هم آنگه چو آهو شد اندر گریز — سپهبد شروهای آن نره، تیز[10]

بتیر دو پیکان، ز سر برگرفت — کنیزک بدو ماند اندر شگفت[11]

هم اندر زمان نرّ[12] چون ماده گشت — سرش زان شروی سیه، ساده گشت[13]

همان[14] بر شروگاه ماده دو تیر — بزد همچنان مرد نخچیرگیر[15]

دو پیکان بجای شرو در سرش — بخون اندرون لَئل گشته برش[16]

هیون را سوی جفت دیگر بتاخت — بخمّ کمان مهره در، مهره ساخت[17]

← تیر، میان شست و انگشتانِ خم شده می‌گیرند و می‌کشند و بر این بنیادگرهی در کار نیست که بشست اندر آورند!

۱ – چنین داستان در جهان جانوران روی نمی‌دهد، از آنجا که جفت‌ها همزاداند، و هم‌سال!

۲ – سخن بس زیبا است اما پیوسته بداستان است.

۳ – چون؛ دخترک بهرام را ریشخند کرد، دنبالهٔ سخن؛ از آن او نتواند بودن، اما سخن در هر دو لت، دربارهٔ ماده است، و درست نمی‌نماید. ۴ – دنبالهٔ گفتار.

۵ – **یک:** کمان مهره را می‌کشند، تا پیشِ چشم، نه تا گوش! آنگاه «می‌کشند» نه «می‌اندازند». **دو:** لت دویم بی‌پیوند و بی‌گزارش است.

۶ – چون‌گوشش بخارد، چرا پایش را بر دوش نهد؟... ۷ – دنبالهٔ داستان.

۸ – کمان را پیش از رفتن بشکار «به زه می‌کشند».

۹ – پیدا است که تیر نخچیرگر؛ از برای نخچیر است، نه چیز دیگر.

۱۰ – **یک:** کدام آهو؟ چون بگریزند، هر دو با هم می‌گریزند. **دو:** گریز را «اندرون» نیست.

۱۱ – چنین کار، شدنی نیست زیرا که شاخ نخچیر (وگوسفند و بز) را با ساتور، بر روی تختهٔ چوبین می‌توان بریدن!

۱۲ – در همهٔ نمونه‌ها «نرّ» آمده است، اما پیدا است که «نر» درست است.

۱۳ – **یک:** گفتار لت نخست، بدآهنگ است. **دو:** سرو [= شاخ] آهو؛ سیاهرنگ نیست و قهوه‌ای نزدیک به زرد است.

۱۴ – «همان» در این لت با «همچنان» در لت دویم ناهمخوان است، اما در همهٔ نمونه‌ها چنین آمده است.

۱۵ – ماده آهو را اگرچه شاخ بلند نباشد، اما دو شاخ کوچک دارد، و نشاید از سروگاه او یاد کردن!

۱۶ – سخن راکنش بایسته نیست.

۱۷ – **یک:** جفت دیگر، بیچاره؛ بی‌شاخ بود، و تاختن از پی از نشایستی. **دو:** کمان مهره، همانست که کودکان با نام فلاخن در بازی بکار می‌گیرند. و آن یک چوبِ دو شاخه است که بر هر یک از دو شاخ زهی یا بافته‌ای کشدار (امروز، لاستیک) می‌بستند، و هر دو زه به یک چرم بسته می‌شد، و چون؛ سنگ اندرون آن چرم می‌نهادند، و می‌کشیدند و رها می‌کردند، پرتاب می‌شد، و به نشانه می‌خورد و نام آن ←

بگوش یکی آهو، اندر فکند	پسند آمد و بود جای پسند ¹
بخارید گوش، آهو اندر زمان	بتیر اندر آورد، جادو کمان ²
سر و گوش و پایش به پیکان بدوخت	بدان آهو، آزاده را دل بسوخت ³

*

بزد دست، بهرام و او راز زین	نگونسار بر زد بروی زمین ⁴
هیون از بر ماه‌چهره براند	برو، دست و، چنگش به خون درنشاند
چنین گفت که: «ای بی‌خرد چنگ‌زن	چه بایست جستن، بمن بر، شکن! ⁵
اگر کند بودی گشادِ برم	ازین زخم ننگی شدی گوهرم» ⁶
چو او زیرِ پای هیون درسپرد	به نخچیر زان پس کنیزک نبرد ⁷

*

۳۴۰۰۰

دگر هفته با لشگری سرفراز	بنخچیرگه رفت با یوز و باز ⁸
برابر ز کوهی یکی شیر دید	کجا پشت گوری همی بردرید ⁹
برآورد زاغ سیه را بزه	ببستی بشت سه پر زد گره ¹⁰
دل گور بردوخت با پشت شیر	پر از خون هژبر از بر و گور زیر ¹¹
چو او گور و شیر دلاور بکشت	به ایوان خرامید تیغی به مشت ¹²
دگر هفته نعمان و منذر براه	همی رفت با او بنخچیرگاه ¹³

۳۴۰۰۵

← فلاخن، یا کمان مهره بود، و در تهران آنرا «تیرکمون» می‌خواندند... پس مهره را نشاید در خمّ کمان مهره جای دادن، که در میان چرم می‌نهادند. **دو:** مهره نیز ساختنی نبود، و گذاشتنی بود.

۱ - یک: چون در رج پیشین بسوی جفت دیگر تاخته بود، «یکی آهو» در این رج نادرخور است. و «همان آهو» بایستی. **دو:** لت دویم نادرخور است.

۲ - یک: کمان را بتیر اندر (= اندرون) آوردن نشاید، که تیر را در کمان می‌نهند. **دو:** آهوی تیرروزی که شاخهایش کنده شده، یا دو شیر بجای شاخش نشانده شده (که بیدرنگ او رامی‌کشد و زمان برای کار دیگر نمی‌یابد) چه جای آنست که با پای خودگوشش را بخارد؟!

۳ - به پیکان بدوخت نادرست است: «با پیکان».   **۴ - «**بزده» در لت نخست، با «برزده» در لت دویم سخن راست می‌کند.

۵ - پس از کشتن دخترک، سخن گفتن با وی درست نمی‌نماید.   **۶ - گشاد** بر چگونه کند خواهد شدن؟

۷ - «چو او» را «وراه» باید.   **۸ - پ**هلوان سرفراز شاید بود، ولشگر نه!

۹ - ز کوهی نادرست است: «در کوهی» بر کوهی... بر بالای کوهی...

۱۰ - یک: زاغ کمان، همرنگ کمان است و سیاهرنگ نیست. **دو:** پیش از رفتن به نخچیرگاه می باید کمان را بزه کردن! **سه:** شت سه پر، شناخته شده نیست، و در تیراندازی سخن از گره، نادرخور است.

۱۱ - یک: (بر) دوختن نادرست است: «بدوخت». **دو:** دل گور را «را» باید. **سه:** سخن پیشین چنان بود شیر پشت گور را می‌درید... پس اگر چنین باشد دل شیر با پشت گور بهم دوخته می‌شود، نه دل گور با پشت شیر! **چهار:** لت دویم راکنش بایسته (گشت) است.

۱۲ - یک: گور و شیر را پیوند «راه» باید... **دو:** پس از کشتن آندو چرا تیغ را به مُشت گرفت؟ **سه:** پادشاهان چون به نخچیرگاه می‌رفتند، بیک شکار بسنده نمی‌کردند.

۱۳ - یک: نعمان و منذر را «می‌رفتند» باید. **دو:** برای نخچیر، به بیابان می‌روند، نه به «راه».

پذیرش منذر برای آموزش بهرام ۲۲۷

بسی نامور مرد، از تازیان — کز ایشان بُدی راه سود و زیان[1]
همی خواست منذر که بهرام گور — بدیشان نماید سواریّ و زور[2]
شترمرغ دیدند جایی گله — دوان هر یکی چون هیونی یله[3]
چو بهرام گور آن شترمرغ دید — بکردار باد هوا بردمید[4]
کمان را بمالید خندان به چنگ — بزد بر کمر چار تیر خدنگ[5]
یکایک همی راند اندر کمان — بدان تا سر آرد بر ایشان زمان[6]
همی برشکافید پرشان به تیر — بدین سان زند مرد نخچیرگیر[7]
به یک سوزن این زان فزون‌تر نبود — همان تیر زین تیر برتر نبود[8]
برفت و بدید آنکه بُد نامدار — به یک موی بر بود زخم سوار[9]
همی آفرین خواند منذر بدوی — همان نیزه‌داران پرخاشجوی[10]
بدو گفت منذر که: «ای شهریار — به تو شادمانم چو گلبن به بار[11]
مبادا که خمّ آورد ماه تو — اُگر سست گردد کمرگاه تو»[12]
هم آنگه چو منذر به ایوان رسید — ز بهرام رایش به کیوان رسید[13]
فراوان مصوِّر بجست از یمن — شدند آن سران بر درش انجمن[14]
بفرمود تا زخم او را به تیر — مصوِّر نگاری کند بر حریر[15]
سواری چو بهرام با یال و کفت — بلند اشقری زیر و زخمی شگفت[16]

---

۱ – **یک:** راه سود و زیان چگونه راهی است؟ **دو:** چگونه مردمان بوده‌اند که هم سود و هم زیان از آنان بوده است.

۲ – همی خواست... نادرست است منذر از بهرام خواست.

۳ – سخن سست و بی‌پیوند است.

۴ – گلهٔ شترمرغ به «آن شترمرغ» بازگشت!

۵ – سوار نخچیرگر را بایستی، پیش از یورش بردن به نخچیران تیر بر کمر زدن.

۶ – **یک:** همی راند، نادرست است: «براند»... آنگاه «تیر را» بایستی راندن.

۷ – **یک:** کدام پر؟... در تن شترمرغ هزاران پر هست! **دو:** لت دویم را پیوند درست با لت نخست نیست. **سه:** لت دویم پیوند میان لت نخست و رج پسین را نیز از هم می‌گسلاند.

۸ – **یک:** بیک سوزن نادرست است: «باندازهٔ یک سوزن». **دو:** چون از «این» و «آن» سخن می‌رود از دو تیر سخن می‌گوید، باز آنکه داستان از چهار تیر رفته بود. **سه:** فزون‌تر و برتر، چه را خواهد گفتن؟

۹ – (آنانکه) باید و (برفتند و بریدند) شاید... لت دویم نیز بی‌پیوند و بی‌گزارش است.

۱۰ – **یک:** همی خواند، نادرست است: «آفرین خواند»... **دو:** «خواند» برای یک کس کاربرد دارد، نه برای نیزه‌داران! **سه:** پیشتر از (نامورانی که راه سود و زیان از ایشان بود) سخن رفته بود و اکنون همه، نیزه‌دار شدند!

۱۱ – «گلبن» را بار (= میوه) نیست که تنها گل دارد.

۱۲ – ماه، (نماد چهره) است و چهره خم نمی‌آورد، که آن سرو (نمادِ بالای) است که خمی می‌پذیرد.

۱۳ – سخن در نخچیرگاه بود، و چگونه شاید که «همانگه» بایوان رسند؟ لت دویم نیز سخت سست است.

۱۴ – «مصوِر» را نشاید «سران» خواندن.

۱۵ – زخم (= ضربه) او به تیر نخورد؛ که (زخم تیر او) به نخچیر خورد.

۱۶ – **یک:** (بلند اشقری زیر) نادرست است: بر بلند اشقر... بر اسبی بلند... **دو:** اشقر از نامهای تازی است و در سخن فردوسی راه ندارد. **سه:** دوباره از زخم (= ضربه) یاد می‌شود، باز آنکه چگونگی زخم را نمی‌توان نشان دادن.

کمان مهره و شیر و آهو و گور / گشاده‌بر و چرب‌دستی بزور[1]
شترمرغ و هامون و آن زخم تیر / ز قیر سیه تازه شد بر حریر[2]
سواری برافکند زی شهریار / فرستاد نزدیک او آن نگار[3]
فرستاده چون شد بر یزدگرد / همه لشکر آمد بران نامه گرد[4]
همه نامداران فرو ماندند / به بهرام بر آفرین خواندند[5]
اُزان پس هنرها چو کردی به کار / همی تاختندی بر شهریار[6]

آوردن نعمان، بهرام گور را بنزد پدر

پدر آرزو کرد بهرام را / چه بهرام؟ خورشید خودکام را!![7]

*

⇐ بمُنذِر چنین گفت بهرام شیر / که: «هرچند مانیم نزد تو دیر
همان آرزوی پدر خیزدم / چو ایمن شوم، دل، برانگیزدم»
برآراست منذر چو بایست، کار / ز شهر یمن هدیهٔ شهریار
ز اسپان تازی به زرّین ستام / ز چیزی که پرمایه بردند نام[8]
ز بُرد یمانی و تیغ یمن / دگر هرچه معدنش بُد در عدن[9]
چو نعمان که با شاه همراه بود / به نزدیک او افسر ماه بود[10]
چنین تا به شهر صطخر آمدند / که از شاه‌زاده به فخر آمدند[11]
ازآن پس چو آگاهی آمد ز راه / ز نعمان تازی و فرزند شاه؛[12]
بیامد همان گاه نزد پدر / چو دیدش پدر را برآورد سر؟![13]

---

۱ –چربدست، کسی راگویند که چشم‌بندی کند، و با دست خویش چیزهای شگفت نماید و تیراندازی، چربدستی بشمار نمی‌رود.
۲ – **یک:** هامون را چه ویژگی است که از برتری بهرام نشان دهد؟ **دو:** زخم را برای گرز و شمشیر کاربرد است، نه از برای تیر... **سه:** نوشتن با «قیر» را همین یکبار توان شنیدن!
۳ – دنبالهٔ گفتار
۴ –لشگر بر نامه (گرد) نتوانند آمد، که نامه را یکایک بلشگریان توان نمودن.
۵ – دنبالهٔ داستان.
۶ – سخن سست است! افزاینده را رای بر آن بوده است که بگوید که از آنپس هنرمندی و جنگاوری بهرام را نگاشته، بسوی شهریار می‌فرستادند!
۷ – **یک:** بهرام را آرزو کردن نادرست است: «آرزوی دیدار بهرام». **دو:** لت دویم سخت نادرخور است.
۸ – **یک:** («ز» شهر یمن) در رج پیشین با («ز» (سپان) و («ز» چیزی) در این رج همخوان نیست. **دو:** «چیزهای گرانبها» بجای «ز چیزی که پر مایه(؟) بردند نام».
۹ – دنبالهٔ گفتار.
۱۰ – **یک:** «چو نعمان» در آغاز گفتار درست نمی‌نماید. **دو:** چگونه نعمان را که همراه بهرام بود افسر ماه توان خواندن؟
۱۱ – **یک:** پایتخت ساسانیان تیسفون بود، نه استخر. **دو:** لت دویم نیز سخت نادرخور است.
۱۲ – این رج پیوسته به رج پسین است، و افزوده است.
۱۳ – **یک:** چگونه کسی که از راه با آگاهی آمدنش (در رج پیشین) می‌آید، «همانگاه» بنزد پدر می‌رسد؟ **دو:** چه‌کس سر برآورد؟ **سه:**
←

بازگشت بهرام ۲۲۹

به پیش کیی تخت او سرفراز — بیامد شتابان و بردش نماز[1]

*

چو بهرام را دید، بیدار شاه — بدان فرّ و آن یال و آن گُرده گاه
شگفتی فروماند از کار اوی — ز بالا و فرهنگ و دیدار اوی
فراوان بپرسید و بنواختش — بنزدیک خود جایگه ساختش
ببرزن درون، جای نعمان گزید — یکی کاخ، بهرام را، چون سزید[2]
فرستاد نزدیک او بندگان — چو اندرخور او پرستندگان[3]
شب و روز، بهرام، پیش پدر — همی از پرستش نخارید سر

*

چو یک ماه نعمان بُبُد نزد شاه — همی خواست تا بازگردد براه
بشب کس فرستاد و او را بخواند — برابر، برِ تخت شاهی نشاند
بدو گفت: «منذر بسی رنج دید — که آزاده بهرام را پرورید
بدین کار پاداش نزد من است — بهار شما اورمزد من است[4]
پسندیدم این رای و فرهنگ اوی — که سوی خرد بینم آهنگ اوی
تو چون دیر ماندی بدین بارگاه — پدر چشم دارد همانا براه»
ز دینار گنجیش پنجه هزار — بدادند با جامهٔ شهریار[5]
ز آخر به سیمین و زرّین لگام — ده اسپ گرانمایه بردندنام[6]
ز گستردنی‌های زیبنده نیز — ز رنگ و ز بوی و ز هر گونه چیز[7]
ز گنج جهاندار ایران ببرد — یکایک به نعمان منذر سپرد[8]
بشادی درِ بخشش اندرگشاد — بر اندازه، یارانْش را هدیه داد
بمنذر یکی نامه بنوشت شاه — چنانچون بود در خور پیشگاه

*

← دید(ش) پدر (را) نادرست است: یا «پدر او را دید» یا «بهرام پدر را دید». **چهار:** بر بنیاد آیین ایرانی می‌بایستی سر فرو بردن، نه سر بر آوردن!

۱ – **یک:** «کیی تخت او» نادرست است: «تخت کیان». **دو:** باز از سرفرازی وی یاد می‌شود.

۲ – **یک:** لت نخست بی‌پیوندِ بایسته است. جایی برای نعمان برگزید... شاه را با چنین کارها، کار نیست و فرمان به پذیرایی نعمان می‌دهد و کارگزاران فرمان را بانجام می‌رسانند. **دو:** لت دویم را نیز پیوند درست با لت نخست نیست.

۳ – **یک:** شاهنامه سپاهان، این رج را ندارد. **دو:** نزدیک کدامیک؟ بهرام؟ یا نعمان؟... بندگان و پرستندگان یگانه است، و «چو» نیز در آغاز لت دویم نادرخور است.

۴ – لت دویم را هیچ گزارش نیست.

۵ – دینار گنجی راگزارش نیست... و اگر (گنجی) با پنجاه هزار باشد آن نیز نادرست است، زیرا که چون دینار را از گنج بیرون آورند، گنج نیست.

٦ – روشن نیست چند اسپ از ده اسپ را لگام زرین بوده است!

۷ – سخن را پایان نیست.

۸ – چه کس ببرد و به نعمان بسپرد؟

به آزادی از کار فرزند اوی که شاه یمن گشت پیوند اوی[1]
به پاداش این کار یازم همی بچونین پسر سرفرازم همی![2]

*

یکی نامه بنوشت بهرام گور که: «کار من ایدر تباه است و شور
نه این بود چشم امیدم بشاه که زین سان کند سوی کهتر نگاه
نه فرزندم ایدر نه چون چاکری نه چون کهتری شاددل بر دری[3]
به نعمان بگفت آنچه بودش نهان ز بد راه و آیین شاه جهان

*

چو نعمان برفت از در شهریار بیامد برِ منذر نامدار
بدو نامهٔ شاه گیتی بداد ببوسید منذر، بسر بر، نهاد

*

اُزان پس فرستاده اندر نهفت ز بهرام چندی بمنذر بگفت
پس آن نامه برخواند پیشش دبیر رخ نامور گشت همچون زریر
هم اندر زمان زود پاسخ نوشت سخن‌های با مغز و فرّخ نوشت
چنین گفت ک:«ای مهتر نامور نگر، سر نپیچی ز رای پدر
بنیک و بدِ شاه، خرسند باش پرستنده باش و خردمند باش
بدی‌ها به صبر از مهان بگذرد سرِ مرد، باید که دارد خرد[4]
سپهر روان را چنین است رای تو با رای او هیچ مفزای[5] پای
دلی را پر از مهر دارد سپهر دلی پر ز کین و پرآژنگ، چهر[6]
جهاندار گیتی چنین آفرید چنان کاو چماند ببابد چمید[7]
ازین پس ترا هرچه آید بکار ز دینار و از گوهر شاهوار
فرستم، نگر؛ دل نداری به رنج نیرزد پراکنده رنج تو گنج○

---

۱ – شاه یمن پیوستهٔ یزگرد نشده بود. سخن در این رج به فرزند، و مُنذِر باز می‌گردد...
۲ – ... و در این رج به یزدگرد!
۳ – **یک:** «چون چاکر» را «چون فرزند» بایسته است. **دو:** چاکر و کهتر یکی است.
۴ – لت دویم ناهماهنگ است: «سر مرد (را) خرد باید»... «سر مرد را خود باید خرد».
۵ – نمونه شاهنامه مسکو و شاهنامهٔ سپاهان مَفشار پای، و هر دو گونه نادرست است.
٦ – دل را «چهر» نیست که پر آژنگ بوده باشد.   ۷ – پیوسته بگفتار پیشین است.
○ – نمونه‌ها چنین‌اند: س، س ۲، لن، لن ۲: پراکنده رنجت بگنج؛ ل ۳: پراکندن رنج گنج؛ ق ۲: برآکندی رنج، گنج؛ لی، آ: پراکندن گنج رنج؛ و: پراکنده گنج تو رنج؛ ق: که نازک دلت بهتر آمد ز گنج (خالقی مطلق ۳۸۲-٦) اما پیدا است که سخن درست، چنین بوده است: «نباید، بر؛ **آکنده رنجِ تو، گنج**» =مرا در برابر رنجی که تو داری، گنج نمی‌باید.

ز دینار گنجی کنون ده هزار / فرستادم اینک ز بهر نثار[1]
پرستار کاو رهنمای تو بود / به پرده درون دلگشای تو بود[2]
فرستادم اینک به نزدیک تو / که روشن کند جان تاریک تو[3]
هر آنگه که دینار بردی بکار / گرانی مکن هیچ، بر شهریار
که دیگر فرستمت بسیار نیز / از این پادشاهی ز هرگونه چیز
پرستنده باش و ستاینده باش / به کار پرستش فزاینده باش
تو آن خوی بد را، ز شاه جهان / جدا کرد، نتوانی اندر نهان»

*

فرستاد زان تازیان ده سوار / سخنگوی و بینادل و دوستدار
رسیدند نزدیک بهرامشاه / ابا بدره و برده و نیکخواه
خردمند بهرام، زان؛ شاد شد / همه دردها، بر دلش باد شد
اُزان پس بدان پندِ شاه عرب / پرستش بُدی کار او روز و شب[4]

خشم گرفتن یزدگرد بر بهرام و زندانی کردن او

چنان بُد که یک روز در بزمگاه / همی بود بر پای، در پیش شاه
چو شد تیره، بر پای؛ خواب آمدش / هم از ایستادن شتاب آمدش
پدر چون بدیدش، بهم برده چشم؛ / بتندی یکی بانگ برزد بخشم
به دژخیم فرمود ک:«او را ببر / کزین پس نبیند کلاه و کمر
بدو خانه زندان کن و در ببند / نزیبد بر او گاه و تیغ و کمند!»

*

به ایوان، همی بود؛ خسته‌جگر / ندید اندر آن سال، روی پدر
مگر مهر و نوروز و جشن سده / که او، پیش رفتی، میانِ رده*

*

---

۱ - باز سخن از دینار گنجی می‌رود.
۲ - در سخنان افزوده از دو پرستار یاد شده بود، و اینجا از یک پرستار می‌رود.
۳ - اینک را بجای اکنون بکار برده‌اند.
۴ - بدان پند نادرخور است.
* - در ردهٔ (صف) دیگر مردمان.

چنان بُد که تینوش رومی ز راه — فرستاده آمد به نزدیک شاه
ابا بدره و برده و باژ روم — فرستاد قیصر به آباد بوم[1]
چو آمد، شهنشاه؛ بنواختش — سزاوار او، جایگه ساختش
فرستاد بهرام زی او پیام — که: «ای مرد بیدار گسترده کام
ز کهتر، به چیزی بیازرد شاه — ازو دور گشتم چنین بیگناه
سوی دایگانم فرستد مگر — که منذر مرا بِهْ ز مام و پدر»

*

چو تینوش بشنید پیغام اوی — برآورد ازآن آرزو، کام اوی

بازگشتن بهرام بنزد منذر

دل آزرده بهرام، زان شاد گشت — اُزان بندِ بی‌مایه آزاد گشت
به درویش بخشید بسیار چیز — اُزان جایگه رفتن آراست نیز[2]
همه زیردستان خود را بخواند — شب تیره چون باد لشگر براند
به یاران چنین گفت: «یزدان سپاس — که رفتیم و ایمن شدیم از هراس»

*

چو آمد بنزدیک شهر یمن — پذیره شدش کودک و مرد و زن[3]
برفتند نعمان و منذر ز جای — همان نیزه‌داران پاکیزه‌رای
چو منذر به بهرام نزدیک شد — ز گرد سپه روز تاریک شد[4]
پیاده شدند آن دو آزادمرد — همی گفت بهرام، تیمار و درد
ز گفتار او، چند؛ منذر گریست — بپرسید و گفت: «اختر شاه چیست؟»
بدو گفت بهرام که: «این خود مباد — که گیرم، ز شوم اخترش نیز، یاد
که هر کاو نیاید به راه خرد — ز کردار، ترسم که کیفر برد»[5]
فرود آوریدش هم آنجا که بود — بران نیکوی، نیکوی‌ها فزود

---

۱ - فرستاده آمد رج پیشین با فرستاد قیصر در این رج همخوانِ نیست.
۲ - این رج میان گفتار جدایی می‌افکند.
۳ - کودک و مرد و زن را؛ پذیره شد(ند) باید.
۴ - سخن در رج‌های پیشین و پسین، از نعمان و منذر است، و در این رج تنها از منذر یاد می‌شود.
۵ - خرد را بکار می‌گیرند، و به راه او «نمی‌آیند».

بجز بزم و میدان، نبودیش کار — اُگر بخشش و خورد و رای شکار

مرگ یزدگرد

اُزان پس غم و شادی یزدگرد — چنان گشت بر پور چون باد ارد[1]
بر این نیز چندی زمان برگذشت — به ایران؛ پدر، پور فرّخ؛ به دشت
ز شاهی پر اندیشه شد یزدگرد — ز هر کشوری موبدان کرد گرد[2]
به اخترشناسان بفرمود شاه — که تا کرد هر یک به اختر نگاه[3]
که تا کی بود در جهان مرگ اوی — کجا تیره گردد سرِ ترگ اوی[4]
چه باشد کجا باشد آن روزگار — که پژمرده گردد گل شهریار[5]
ستاره‌شمر گفت ک:«این خود مباد — که شاه جهان گیرد از مرگ یاد[6]
چو بخت شهنشاه بدرو شود — از ایدر سوی چشمهٔ سو شود[7]
فراز آورد لشگر و بوق و کوس — به شادی نظاره شود سوی توس[8]
بدان جایگه بر بود هوش اوی — چو این راز بگذشت بر گوش اوی[9]
ازین دانش ار یادگیری بد است — که این راز در پردهٔ ایزد است»[10]
چو بشنید زو شاه سوگند خورد — به خرّاد برزین و خورشید زرد[11]
که: «من چشمهٔ سو نبینم به چشم — نه هنگام شادی نه هنگام خشم»[12]

---

۱ - بادِ اِرد را هیچ گزارش نیست... «ارد» روز بیست و پنجم هر ماه است، شاید که «اردِ بهمن» سرد باشد، و باشد که ارد تیر و... گرم!

۲ - در این رج موبدان راگرد کرد... ۳ - و در این رج اخترشناسان را!

۴ - سرِ ترگ (کلاهخود) همواره تیره شاید بودن و بمرگ کسی پیوسته نیست.

۵ - **یک:** «چه باشد» راگزارش نیست... **دو:** کجا باشد آنروزگار را نیز...: «مرگ او در کدام مرز و سرزمین، و در چه هنگام روی می‌نماید». **سه:** در رج پیشین از تیره شدن ترگ سخن رفت و در این رج از پژمرده شدن گلِ اوی! ٦ - «ستاره‌شماران» بودند.

۷ - «بدرو» را در همهٔ روزگارانِ سخن پارسی، پیشینه نیست. نمونهٔ ق ۲: یکسو شود؛ لی: خودرو شود، که هیچیک درست نمی‌نماید.

۸ - برای شادی و نظاره و رفتن به چشمهٔ سو، چرا بایستی لشگر بهمراه بردن؟

۹ - لت دویُم را با لت نخست پیوند درست نیست.

۱۰ - این سخن را نیز با داستان پیوند نیست زیرا که یزدگرد بر بنیاد سخن افزاینده خواست از آیندهٔ خویش آگاه شود، نه آنکه آن دانش را فراگیرد.

۱۱ - **یک:** خرّاد برزین، نامی نادرست است، آتشکده‌های بزرگ ایران چنین نام داشتند:
۱- آذرگشسب؛ ویژهٔ شاهان و ارتشتاران در آذربایجان و کردستان: آتور گُشسپ پهلوی ۲- آذرفَرَنبَغ؛ ویژه موبدان و دبیران، در لارستان فارس: آتور خوَرَنبغ پهلوی ۳- آذربُرزین‌مهر ویژهٔ کشاورزان و دستُوَرزان در کوه ریوند نیشابور: آتور بورزِین میتر پهلوی و هیچگاه آذربرزین‌مهر با پیشوند خرّاد نیامده است!
دو: از خورشید در زبان پهلوی با پاژنام اروَنداسب جاویدان، در زبان فارسی درخشان، شکوهمند، تیز اسپ... یاد شده است، و هیچگاه آنرا «زرد» نخوانده‌اند. ۱۲ - دنبالهٔ گفتار.

بر این نیز بگذشت گردون سه ماه ... زمانه به جوش آمد از خون شاه[1]
چو بیدادگر شد شبان با رمه ... بدو باز گردد بدی‌ها همه[2]

*

ز بینیش بگشاد، یک روز، خون ... پزشک آمد از هر سویی رهنمون
بدارو، چو یک هفته بستی پزشک ... دگر هفته خون آمدی چون سرشک
بدو گفت موبد که: «ای شهریار ... بگشتی تو از راه پروردگار؛
تو گفتی که بگریزم از چنگ مرگ ... چو باد خزان آمد از شاخ برگ[3]
ترا چاره این است کز راه شهد ... سوی چشمهٔ «شُوْ» گرایی به مهد●
نیایش کنی پیش یزدان پاک ... بگردی بزاری بران گرم خاک[4]
بگویی که من بندهٔ ناتوان ... زده دام سوگند پیش روان[5]
کنون آمدم تا زمانم کجاست ... به پیش تو ای داور داد و راست»[6]

*

چو بشنید شاه آن، پسند آمدش ... همان درد را، سودمند آمدش
بیاورد سه‌سد عماری و مهد ... گذر کرد بر سوی دریای شهد[7]
شب و روز بودی به مهد اندرون ... ز بینیش گه گه همی رفت خون

*

چو نزدیکی چشمهٔ شُوْ رسید ... برون آمد از مهد و دریا بدید
ازآن آب لختی بسر بر، نهاد ... ز یزدان نیکی‌دهش کرد یاد
زمانی نیامد ز بینیش خون ... بخورد و بیاسود با رهنمون
منی کرد و گفت: «اینت آیین و رای ... نشستن چه بایست چندین بجای»[8]
چو گردنکشی کرد شاه رمه ... که از خویشتن دید نیکی همه[9]

---

۱ - «نیز» در این گفتار نادرخور است، زیرا که اخترماران سخنی راگفتند، و سه ماه بر آن گذشت!

۲ - پیشتر از بیدادگری و بدی یزدگرد سخن رفته بود، و اینجا نشاید گفتن بیدادگر شد! اگر رای افزاینده بر آن بوده است که نگرش خویش را بازگوید، می‌بایستی گفتن: چون شاه بیدادگر (شود).

۳ - **یک:** چه زمان این سخن راگفته بود؟ **دو:** لت دویم سخت نادرخور است... باد خزان چگونه از «شاخ برگ» می‌وزد؟

● - چشمهٔ دریاچه مانندی است که ابوریحان از آن با نام «سبزرود» یاد کرده است، در بندهش شُوْور = دریاچهٔ شُوْ آمده است و در کوهی میان توس و نیشابور است، آب بدان نمی‌ریزد، و همواره پر آب است و در نزد ایرانیان باستان پس از دریاچه خسرو در آتشکدهٔ آذرگشسب، از همهٔ آبهاگرامی‌تر بوده است.

۴ - یزدان را پیشگاه نیست و نماز ایرانی باگردیدن (غلتیدن!) در خاک همراه نبوده است.

۵ - لت دویم راگزارش نیست.

٦ - به چشمه سو می‌بایستی رفتن نه «به پیشِ تو (= خداوند)».

۷ - برسوی نادرست است: «بسوی».

۸ - سخن بی‌بنیاد و بی‌گزارش است.

۹ - **یک:** دوباره بجای بیدادگری از گردنکشی یاد می‌شود. **دو:** چگونه شاه‌گردنکش، نیکی دید همه(؟)

*

ز دریا برآمد یکی اسپِ خِنگ — سُرین گرد، چون گور و کوتاه لنگ*
دوان و، چو شیر ژیان پر ز خشم — بلند و سیه‌خایه و زاغ چشم
کشان دمّ در پای با یال و بش — سیه‌سمّ و کفک افکن و شیرکش[1]
چنین گفت با مهتران یزدگرد — که: «این را، سپاه اندرآید به گرد»
بشد گرد چوپان و ده کرّه تاز — یکی زین و پیچان کمند دراز[2]
چه دانست رازِ جهاندار شاه — که آوردی این اژدها را به راه[3]
فروماند چوپان و لشگر همه — برآشفت ازان، شهریار رمه[4]

*

هم آنگاه برداشت زین و لگام — بنزدیک آن اسپ شد شادکام
چنان رام شد، خنگ، بر جای خویش — که ننهاد دست از پس و پای، پیش[5]
ز شاه جهاندار بستد لگام — به -زین برنهادن- همی بود رام
چو زین برنهادش، برآهخت، تنگ● — نجنبید بر جای، تازان پلنگ
پسِ پای او شد که بندذش دُم — خروشان شد آن بارهٔ سنگ‌سُم
بغرید و یک جفته زد بر برش — به خاک اندر آمد سرِ افسرش

*

ز خاک آمد و خاک شد یزدگرد — چه جویی تو زین برشده هفت گرد[6]
چو از گردش او نیابی رها — پرستیدن او نیارد بها[7]
به یزدان گرای و بدو کن پناه — خداوند گردنده خورشید و ماه[8]
چو او کشته شد، اسپ آبی چو گَرد — درآمد بدان چشمهٔ لاژوَرد
به آب اندرون، شد تنش ناپدید — کس اندر جهان، آن شگفتی ندید

---

* - کوتاه لنگ، اسبی است که بهنگام راه رفتن گامهای کوتاه و نزدیک بهم برمی‌دارد، و برای سواری، بهترین اسب است، زیرا که جنبش و کوششی که در گامهای بلند است، دل و جگر و سوار را بر هم می‌کوبد!

۱ - **یک:** «کشان دمّ در پای» بدآهنگ است. **دو:** دم اسپ بایستی در هوا افشان شود، نه بپاهای او درآویزد! **سه:** از سخنِ سست، چنین برمی‌آید که یال او نیز بر پایش کشان بوده است و چنین نمی‌شود! **چهار:** شیرکَش را ندانستم که چیست؟!

۲ - **یک:** فرمان یزدگرد، پیرامون اسپ را با سپاه گرفتن بود، و چوپان با ده کره‌تاز برای گرفتن او برفت؟ **دو:** لت دویم را نیز با لت نخست پیوند درست نیست. **سه:** سخن چنین می‌نماید که هر یک از آن کره‌تازان زینی در دست داشتند! **چهار:** با زین در دست نمی‌توان اسپ چموش راگرفتن، زیرا که سنگینی آن، دست را از کار بازمی‌دارد. **پنج:** بس بود که کره‌تازان او را باکمند بگیرند، پس «یک زین» آورده بر او بندند!

۳ - سخن سست و بی‌پیوند است.

۴ - چوپان ولشگر را «فروماندند» باید.

۵ - چگونه شاید که اسبی بهنگام رفتن دست را از پس بردارد؟

● - «تنگ» دوال، یاکمری است چرمین که از زیر سینه اسب می‌گذرد، و دو سوی زمین رابیکدیگر می‌بندد، و زین بر پشت اسب استوار می‌شود.

٦ - سخن را، روی بخواننده برمی‌گردد.

۷ - کسی هفت گِرد(؟) رانمی‌پرستید.

۸ - پناه «گرفتنی» است، «کردنی» نیست.

ز لشگر خروشی برآمد چو کوس / که شاها، زمان آوریدت به توس[1]
همه جامه‌ها را بکردند چاک / همی ریختند از برِ یال، خاک

*

ازآنپس بکافید موبد برش / میان تهیگاه و مغز سرش
بیاکند یکسر به کافور و مشک / بدیبا تنش را بکردند خشک
بتابوت زرّین و در مهد ساج / سوی پارس شد آن خداوند تاج[2]
چنین است رسم سرای بلند / چو آرام یابی بترس از گزند[3]
تو رامیْ و با تو جهان رام نیست / چو نان خورده آید به از جام نیست[4]
پرستیدن دین به است از گناه / چو باشد کسی را بدین پایگاه[5]

*

چو در دخمه شد شهریار جهان / از ایران برفتند، گریان؛ مهان[6]
کنارنگ با موبد و پهلوان / هشیوار دستور روشن‌روان
همه پاک در پارس گرد آمدند / برِ دخمهٔ یزدگرد آمدند
چو گستهم، کاو پیل کُشتی بر اسپ / دگر قارن گُرد، پور گشسپ
چو میلاد و چون پارسی مرزبان / چو پیروز اسپ‌افگن از گرزبان
دگر هر که بودند ز ایران مهان / بزرگان و گنداوران جهان
کجا خوارشان داشتی یزدگرد / همه آمدند اندران شهر گرد

---

۱ - **یک:** آوای خروشیدن مردمان به بانگ کوس ماننده نیست. **دو:** «آوریدت» نادرست است.

۲ - کنش «شد» به پیکر مرده باز می‌گردد و نادرست است.

۳ - روی سخن بخواننده برگشت.

۴ - بهنگام سخن گفتن از مرگ کسان، چه جای یادکردن از نان و جام است؟

۵ - دین پرستیدنی نیست، دین راه و روش نیایش و ستایش یزدان است.

٦ - چند رج در رفتن بزرگان ایران آمده است که همه با «چو» همراهند، و نادرست می‌نماید،... باری بزرگان (در آن شهر) گرد می‌آیند، و آن کدام شهر است.

انجمن مهیستان ایران
و برگزیدن خسرو را
بپادشاهی

چنین گفت، گویا گشسپ دبیر — که: «ای نامداران برنا و پیر[۱]
جهان‌آفرین تا جهان آفرید — کسی زین نشان شهریاری ندید[۲]
که جز کشتن و خواری و درد و رنج — بیاکندن از چیزِ درویش، گنج[۳]
ازین شاه ناپاک‌تر کس ندید — نه از نامداران پیشین شنید
نخواهیم بر تخت زین تخمه کس — ز خاکش به یزدان بنالیم و بس[۴]
سرافراز بهرام، فرزند اوست — ز مغز و دل و رای پیوند اوست[۵]
ز منذر گشاید سخن سر بسر — نخواهیم، بر تخت، بیدادگر»[۶]
بخوردند سوگندهای گران — هر آن کس که بودند از ایران، سران[۷]
که: «زین تخمه کس را به شاهنشهی — نخواهیم با تاج و تخت مهی»[۸]
بر این بر، نهادند و برخاستند — همی شهریاری دگر خواستند[۹]

*

چو آگاهی مرگ شاه جهان — پراکنده شد در میان مهان
الان شاه و چون پارس پهلو سپاه — چو بیورد و شگنان زرّین کلاه[۱۰]
همی هر یکی گفت شاهی مرا است — هم از خاک تا برج ماهی مرا است[۱۱]
جهانی پر آشوب شد سر بسر — چو از تخت گم شد سر تاجور[۱۲]
به ایران، رد و موبد و پهلوان — هر آن کس که بودند روشنروان *
بدین کار در پارس گرد آمدند — بسی زین نشان داستان‌ها زدند

---

۱ – برنایان را، راه در انجمن مهیستان نبوده است و گفتار دربارهٔ انجمن مهیستان در رج چهاردهم پسین می‌آید و ده رج گفتار، در این باره افزوده است. گفتار بنداری نیز، برابر است با رج چهاردهم پسین: و لمّا فرغوا من ذلک کله، اجتمعت اکابر الفرس، و علماء و موابذتهم»: «و چون این بپایان رسید بزرگان و خردمندان و موبدان آنان انجمن کردند...» **«بایران؛ رد و موبد و پهلوان...»**.

۲ – ضحاک و اسکندر و افراسیاب از یزدگرد بدتر بوده‌اند.

۳ – دو رج پیوسته بیکدیگر که پیوند میان آن دو نیست... در رج نخست از کشتن و خواری و رنج و گردآوری گنج و مال سخن رفته است، و در رج دویم که با «از» آغاز می‌شود تنها از ناپاکی وی یاد می‌شود.

۴ – سخن از یک کس (گشسب دبیر) بود، و به همگان بازگشت!

۵ – از مغز و دل شاید گفتن. اما از «رای» نشاید گفتن.

٦ – هنوز بهرام سخن نگفته است که روشن شود، از منذر سخن (می‌گشاید)!

۷ – لت دویم نادرخور است.

۸ – سخن درست، در آینده می‌آید.

۹ – انجمن پس‌ازاین برگزار می‌شود.

۱۰ – نام‌های دروغن بیورد و شگنان که در فرهنگ ایرانی همانند ندارند.

۱۱ – چنین نیست و بزرگان ایران در رج دویم پس از این گرد هم می‌آیند، و در انجمن مهیستان ایران شاهی تازه برمی‌گزینند.

۱۲ – همچنین... هیچ آشوب رخ نداد.

* – بجای روشنروان **«هر آنکس که بودند از بخردان»** درست‌تر می‌نماید.

که: «این تاج شاهی، سزاوارِ کیست؟ ببینید تا ازدرِ کار، کیست؟
بجویید بخشنده‌ای دادگر که بندد بر این تختِ زرّین، کمر
که آشوب بنشاند از روزگار جهان مرغزاری‌ست بی‌شهریار»[1]

*

یکی مرد بُد پیر، خسرو بنام جوانمرد و روشندل و شادکام
هم از تخمهٔ سرفرازان بُد اوی به مرز اندر، از بی‌نیازان بُد اوی
سپردند گُردان، بدو؛ تاج و گاه بر او انجمن شد ز هر سو، سپاه

آگاهی یافتن بهرام گور از مرگ پدر

پس آگاهی آمد ببهرام گور که: «از چرخ شد، بخت را، آب شور
پدرت آن سرافراز شاهان بمرد بمرد○ و همان نام نیکو نبرد
یکی مرد بر گاه بنشاندند بشاهی، همی؛ خسروش خواندند
بخوردند سوگند، یکسر سپاه کزآن تخمه□ هرگز نخواهیم شاه
که بهرام فرزند او همچو اوست از آبِ پدر دارد او، مغز و پوست»[2]

*

چو بشنید بهرام رخ را بکند ز مرگ پدر، شد دلش مستمند[3]
برآمد دو هفته ز شهر یمن خروشیدن کودک و مرد و زن[4]
چو یک ماه بنشست با سوگ شاه سر ماه نو را بیاراست گاه[5]
برفتند نعمان و منذر بهم همان تازیان یمن بیش و کم[6]

---

۱ – **یک:** «که» در آغاز این رج، با «که» در آغاز لت دویم رج پیشین همخوان نیست. **دو:** لت دویم نادرخور است، مگر مرغزار بد است؟ افزاینده را رای بر آن بوده است که بگوید کشور بی‌شهریار، چون رمه‌ای بی‌شبان است.

○ – «بمرد» دوباره می‌آید، و «**برفت**» درست می‌نماید. □ – نژاد ساسانیان.

۲ – **یک:** که در آغاز این رج با که (=کز) در آغاز لت دویم از رج پیشین همخوان نیست. نمونه‌های س، ک، لن، لن ۲، «چو» آورده‌اند، و آن نیز نادرست است، زیرا که چون «چو» آورده شود، لت دویم می‌بایستی چنین باشد: «همانند او خواهد بود» «همچون او بیدادگر است»...

۳ – کندن رخ در سوگواریها، کار دخترکان است، نه کار یکی از دلیرترین پهلوانان ایران.

۴ – چگونه زن و مرد و کودک، برای کسی می‌گریند که به بهرام، که دوستدارش بودند، ستم کرده بود.

۵ – بهرام را در آنجا «تخت» نبود که آنرا بیاراید.

٦ – در آن یکماه نعمان و منذر کجا بودند؟ مگر نه این بود؟ که بهرام نزد ایشان می‌زیست!

بازگشت بهرام ۲۳۹

همه زار با شاه گریان شدند ابی آتش از درد بریان شدند[1]
زبان برگشادند زان پس ز بند که: «ای پرهنر شهریار بلند[2]
همه در جهان خاک را آمدیم نه جویای تریاک را آمدیم[3]
بمیرد کسی کاو ز مادر بزاد زِهِش چون ستم بینم و مرگ داد»[4]
به منذر چنین گفت بهرام گور که: «اکنون چو شد روز ما تار و تور[5]
ازین تخمه گر نام شاهنشهی گسسته شود بگسلد فرهی[6]
پر اندیشه باشید و یاری کنید به مرگ پدر سوکواری کنید»[7]
ز بهرام بشنید منذر سخن به مردی یکی پاسخ افگند بن[8]
چنین گفت کـ :«این روزگار من است بر این دشت روز شکار من است[9]
تو بر تخت بنشین و نظّاره باش همه ساله با تاج و با یاره باش»[10]
همه نامداران بر این هم‌سخن که نعمان و منذر فکندند بن[11]
ز پیش جهانجوی برخاستند همه تاختن را بیاراستند[12]

*

بفرمود منذر به نعمان که:«رو یکی لشگری ساز، شیران نو
ز شیبان و از قیسیان ده هزار فراز آر، گُرد؛ ازدرِ کارزار[13]
من ایرانیان را نمایم که شاه؛ کدام؟ است با یاره و تاج و گاه!

*

بیاورد نعمان سپاهی گران همه تیغ‌داران و نیزه‌وران
بفرمود تا تاختن‌ها برند همه روی کشور به پی بسپَرند
ره شورستان تا در تیسفون زمین خیره شد زیر نَل اندرون[14]

---

۱ - پس از یکماه سوگواری، تازه گریان شدند؟ ۲ - زبان برگشادن، دشنام دادن است، و هنوز، بهرام، شهریار نشده است.
۳ - سخن بی‌پیوند است: «همهٔ جهانیان چون درگذرند، بزیر خاک می‌روند»... «همگان را مرگ و گور پایان زندگیست...».
۴ - افزاینده «زهش» را بجای «زایش» آورده است.
۵ - روز چگونه «تور» تواند شدن؟ در برخی نمونه‌ها «نور» «کور» «شور» آمده است (خالقی مطلق ۳۹۲-۶) که همه نادرست‌اند.
۶ - چون روز او (تار تور، نار و نور، تار و شور) شده است، پس از آن، بندِ (اگر) نشاید که فرهی بگسلد؟
۷ - یاری در سوگواری نیست. ۸ - سخن نادرست نیست اما پاسخ سخن نادرستِ پیشین است.
۹ - این روزگار منست نادرست است. ۱۰ - هنوز بهرام به تخت و تاج نرسیده است.
۱۱ - **یک:** سخن بی‌پیوند است: «نامداران بر سخنی که نعمان و منذر گفتند هم پیمان شدند». **دو:** اما سخن را منذر گفته بود، نه نعمان و منذر. **سه:** منذر کاری را پیش ننهاده بود که آنان هم بر آن کار همرای باشند!
۱۲ - تاختن را آراستند، نادرخور است، زیرا که در رج پسین تازه فرمان فراز آوردن لشگریان را می‌دهد.
۱۳ - قیسیان را «شیبانیان» باید.
۱۴ - «ره شورستان» یا «در شورستان» نادرست است؛ «از آسورستان تا تیسفون»...: «اما این درست نمی‌نماید که منذر فرمان به تاختن و کشتن مردمانِ خود نیز بدهد.

۲۴۰ ساسانیان

زن و کـــودک و مـــرد، بـــردند اسیر — کس آن رنـــج‌ها را نـــبُد دســـتگیر
پـــر از غـــارت و ســـوختن شد جهان — چـــو بـــیکار شد تخت شاهنشهان[1]

*

پس آگـــاهی آمـــد بـــه روم و بـــه چین — بـــه تـــرک و بـــه هـــند و بـــه مکران‌زمین[2]
کـــه: «شـــد تخت ایران ز خسرو تـــهی — کـــسی نـــیست زیـــبای شـــاهنشهی»[3]
هـــمه تـــاختن را بـــیاراســـتند — بـــه بـــیدادی از جـــای بـــرخـــاستند[4]
چـــو از تـــخم شـــاهنشهان کس نـــبود — کـــه یـــارست تـــخت کـــیی را پسود[5]
بـــه ایـــران هـــمی هـــر کـــسی دست آخت — بـــه شـــاهنشهی تـــیز گـــردن فـــراخت[6]

*

چـــو ایـــرانـــیان آگـــهی یـــافتند — یـــکـــایک ســـوی چـــاره بشـــتافتند
چـــو گشـــتند زان رنـــج یـکسر ســتوه — نشســـتند یک بـــا دگـــر هـــمگروه[7]
کـــه: «ایـــن کـــار ز انـــدازه انـــدر گذشت — ز روم و ز هـــند و ســـواران دشت[8]
یـکـــی چـــاره بـــاید کـــنون ســـاختن — دل و جـــان ازیـــن کـــار پـــرداختن»[9]
بـــجُستند آنگـــه،* فـــرستاده‌ای — ســـخنگوی و بـــینادل؛ آزاده‌ای
کـــجا نـــام آن گـــو، جـــوانـــوی بـــود — دبـــیری بـــزرگ و ســـخنگوی بـــود[10]
بـــدان، تـــا بـــه نـــزدیک مـــنذر شـــود — ســـخن گـــوید و گـــفتِ او بشـــنود
بـــه مـــنذر بگـــوید کـــه: «ای سرفراز — جـــهان را بـــنام تـــو بـــادا نـــیاز
نگـــهدار ایـــران و نـــیران تـــویی — بـــه هـــر جـــای پشت دلـــیران تـــویی[11]
چـــو ایـــن تـــخت بـــی‌شاه و بـــی‌تاج شـــد — ز خـــون، مـــرز، چـــون پـــرّ دراج شـــد[12]

۱ – **یک:** تخت شاهنشهان بیکار نشده بود، و خسرو بر تخت نشسته بود. **دو:** لت نخست دوباره‌گویی است و لت دویُم، نادرخور؛ زیرا که ایرانیان شاهِ نو برگزیده بودند.

۲ – آگاهی به چین و روم را «رفت» باید، نه «آمد».

۳ – ایرانیان تازه «خسرو» بر تخت نشانده‌اند!...

۴ – نخست برخاستن باید، آن تاختن را آراستن، و باژگونهٔ آن نشاید.

۵ – تخت کیی، پسودنی نیست، بر تخت کیی نشستن باید!

۶ – «هر کس» چه کسان را خواهد گفتن؟ که همگان نیز گردن بشاهی برافراختند! باز آنکه انجمن مهیستان ایران «خسرو» را بشاهی برگزیده بودند.

۷ – (یکی با دیگری) را نمی‌توان همگروه بشمار آوردن.

۸ – لت دویم را پیوند درست با لت نخست نیست.

۹ – دنبالهٔ گفتار با واژهٔ «چار» که در سخن درست شاهنامه در رج سوم پیشین آمده بود.

* – بجز از شاهنامهٔ پ که «آنگه» آورده است، همهٔ نمونه‌ها «موبد» آمده است اما پیدا است که موبدان را برای انجام گفتگو در کار جنگ نمی‌فرستاده‌اند.

۱۰ – **یک:** در رج پیشین از سخنگویی و بینادلی فرستاده سخن رفت، و در این رج از پهلوانی (گو) یاد می‌شود. **دو:** و دوباره به سخنگویی او بازمی‌گردند. **سه:** این رج، پیوند میان رج پیشین و (بدان =برای آنکه) در آغاز این رج پسین جدایی می‌افکند. **چهار:** «آن گو» نیز نادرخور است: «فرستاده‌ای... که نامش». **پنج:** «سخنگوی» در لت دویم دوباره‌گویی سخنگوی در رج پیشین است.

۱۱ – **یک:** نیران را بجای انیران در گفتار فردوسی جای نیست. **دو:** منذر نگهبانان ایران از یورش تازیان بود نه نگهبان انیران!

۱۲ – تخت ایران را شاه و تاج بود.

تو گفتیم، باشی؛ خداوند مرز — که این مرز را، از تو دیدیم، ارز
کنون غارت از تست و خون ریختن — بهر جای، تاراج و آویختن
نبودی چنین، پیش از این؛ بدکنش — ز نفرین بترسیدی و سرزنش؛
نگه کن بدین، تا پسند آیدت؟ — به پیران سر، این، سودمند آیدت؟
جز از تو زبر داوری دیگر است — کز اندیشهٔ برتران برتر است[1]
بگوید فرستاده چیزی که دید — سخن نیز، کز کاردانان شنید»[2]
فرستاده، پویان ز پیش سران — بیامد سوی دشت نیزه‌وران[3]

*

به منذر سخن گفت و نامه بداد — سخن‌های ایرانیان کرد یاد
سخن‌هاش بشنید شاه عرب — به پاسخ بر او هیچ نگشاد لب[4]
چنین گفت کـ:«ای دانشی، چاره‌جوی؛ — سخن؛ زین نشان، با شهنشاه گوی!

*

بگوی این که گفتی به بهرامشاه — چو پاسخ بجویی نمایدت راه»[5]
فرستاد با او یکی نامدار — جوانوی شد، تا درِ شهریار*
چو بهرام را دید داننده مرد — بر او، آفریننده را یاد کرد!
ازآن برز بالا و آن یال و کفت — فروماند بینادل اندر شگفت[6]
همی می چکد گویی از روی اوی — همی بوی مشک آید از موی اوی[7]
سخنگوی بی‌فرّ و بی‌هوش گشت — پیامش سراسر فراموش گشت[8]

*

بدانست بهرام کاو خیره شد — ز دیدار، چشم و دلش تیره شد[9]
بپرسید بسیار و بنواختش — بخوبی برِ تخت بنشاختش

---

۱ – «زبر داور» بجای خداوند، پست‌ترین گفتار است.
۲ – آنچه را که فرستاده بایستی گفتن همان سخنان پیشین بود، نه از چیزی که دیده بود(!).
۳ – بیامد نادرست است: «برفت». ۴ – اگر لب به پاسخ نگشود، پس سخنان پسین چیست؟
۵ – افزاینده سخن رج پیشین راگزارش کرده است، باز آنکه در رج پسین، نام شهریار بجای بهرام می‌آید.
* – در همهٔ نمونه‌ها «جوانوی» آمده است، اما چون نخستین سخن که از جوانوی یاد شد، افزوده بود، و نیز دویُم بار «جوانوی دانا ز پیش سران» در شاهنامه ق ۲ بگونهٔ «فرستاده پویان ز پیش سران» آمده بود، و همان درست می‌نماید، می‌باید که جوانوی را بفرستاده، گردانیم:

«فرستاده شد، تا در شهریار»

٦ – **یک:** افزایندگان همواره شانه و یال را بگونه واژگون کتف تازی (=کفت) می‌آورند تا با شگفت هماوا گردد، باز آنکه یال، همان شانه (کتف) است. **دو:** پیوسته بگفتار.
۷ – این رج از شاهنامه است و دو بار در داستانهای منوچهر، و بهرام گور نیز آمده است و چنین سخن را دربارهٔ دخترکان شاید گفتن، نه دربارهٔ پهلوانان! ۸ – بیهوش توان شدن و بی‌فر نتوان! ۹ – چشم از دیدار چنان پهلوان روشن شد.

چو گستاخ شد، زو بپرسید شاه ... که: «از ایران چرا رنجه گشتی براه؟[1]
فرستاد با او یکی پرخرد ... که او را بنزدیک منذر برد
بگوید که: «آن نامه پاسخ نویس ... به پاسخ، سخن‌های فرخ نویس[2]
اُزان پس نگر تا چه دارد پیام ... ازو بشنو، آنکو گزارد، تمام!»[3]

*

جوانو بیامد سخن‌ها بگفت ... رُخِ منذر از رای او بر شکفت[4]
چو بشنید زان مرد بینا سخن ... مر آن نامه را پاسخ افکند بن[5]
جوانوی○ را گفت◙ که: «ای پرخرد ... هر آن کس که بَد کرد کیفر برد
شنیدم همه هرچه دادی پیام ... اُزان نامداران که کردی سلام[6]
چنین گوی، کاین بد که؟ کرد از نخست ... که بیهوده، پیکار بایست جُست
شهنشاه بهرام گور، ایدر است ... که با فرّ و برز است و با لشگر است
ز سوراخ چون مار بیرون کشید ... همی دامن خویش در خون کشید[7]
گر ایدون که من بودمی رایزن ... بر ایرانیان بر، نبودی شکن!
جوانوی* روی شهنشاه دید ... اُز او نیز چندی سخن‌ها شنید
بپرسید، تا شاید؟ او تخت را! ... بزرگی و پیروزی و بخت را!»

*

ز منذر چو بشنید زانسان، سَخُن ... یکی روشن اندیشه افکند بن
چنین داد پاسخ که: «ای سرفراز! ... بدانایی از هر کسی بی‌نیاز
از ایرانیان گر خرد گشته شد ... فراوان از آزادگان کشته شد[8]
کنون من یکی نامجویم کهن ... اگر بشنوی تا بگویم سخن[9]
ترا با شهنشاه بهرام گور ... خرامید باید، ابی جنگ و شور

---

۱ – با شاه گستاخ نشاید بودن. ۲ – پاسخ با سخنان فرّخ همراه نبود.

۳ – چشم از دیدار چنان پهلوان روشن می‌شود.

۴ – **یک:** آنکس که می‌بایستی با منذر سخن گوید «یکی پرخرد» بود که فرستادهٔ ایران را نیز بنزد منذر برد! **دو:** در گفتن سخن چه جای «رای» است؟ **سه:** بیامد نادرخور است، زیرا که او را بنزد بهرام «بردند».

۵ – **یک:** مگر مرد نابینا را نیز بفرستادگی برمی‌گزینند؟ **دو:** سخنان پسین پیام است، نه نامه.

○ – چون همه جا نام «جوانوی» افزوده می‌نمود. اینجا نیز بایستی بجای جوانوی «**فرستاده**» باشد.

◙ – درست چنین می‌نماید: «**بدو گفت منذر**».

۶ – شایسته نیست که پس از یاد کردن بخشی از پاسخ، در لتِ دویم از رج پیشین، دوباره بآغاز سخن برگردند، و بگویند که شنیدم...

۷ – **یک:** مار، نیش می‌زند، و کسی را زخم نمی‌زند. **دو:** باری نیش را نیز بدست و پای می‌زند، نه بر دامن! **سه:** از نیش مار، خون بر نمی‌آید. * – شاهنامه س ۲: چو وانوی، ل ۳: چو رانوی... اما «**فرستاده**» درست است.

۸ – گشته را با کُشته پساوا نیست. ۹ – مرد کهن بدنبال جستنِ نام نیست، آنهم با بندِ (کنون).

به ایران زمین در ابایوز و باز	چنان چون بود شاه گردنفراز¹	۳۴۲۸۵
شنیدن سخن‌های ایرانیان	براین‌گونه، ما را ندارد زیان
بگویی تو نیز آنچه اندرخورد	سخن درگذاری، تو ای پر خرد▫
ز کردار بد، دور داری منش	نپیچی ز پیغاره و سرزنش»

*

چو بشنید منذر، ورا هدیه داد	گُسی کردش از شهر آباد، شاد

آمدن منذر و بهرام گور

خود و شاه بهرام با رایزن	نشستند و گفتند بی‌انجمن²	۳۴۲۹۰
سخن‌شان بران راست شد کز یمن	به ایران خرامند با انجمن³
گزین کرد از تازیان سی‌هزار	همه نیزه‌داران خنجرگزار
بدینارشان یکسر آباد کرد	سر نامداران، پر از باد کرد
چو آگاهی این به ایران رسید	فرستاده نزد دلیران رسید
بزرگان ازآن کار غمگین شدند	بر آذر پاک برزین شدند⁴	۳۴۲۹۵
ز یزدان همی خواستند آنکه رزم	مگر بازگردد بشادی و بزم
چو منذر به نزدیک جهرم رسید	بران دشت بی‌آب لشکر کشید⁵

انجمن مهیستان ایران
بار دویّم

سراپرده زد راد بهرامشاه	به گرد اندر آمد ز هر سو سپاه
به منذر چنین گفت ک: «ای رایزن	به جهرم رسیدی ز شهر یمن⁶

---

۱ - شاه‌گردنفراز؛ چونان چه باشد؟ ▫ سخن خود را از گفتار ایرانیان در گذرانی، برتر گویی!

۲ - یک: «خود و شاه بهرام» نادرست است. دو: اگر با رایزن نشستند، چگونه بی‌انجمن بودند؟

۳ - در رج پسین منذر فرمان می‌دهد، نه منذر و بهرام، و این رج را پیوند با آن نیست.

۴ - از تیسفون تا آذربرزین‌مهر دو ماهه راه است، و چگونه می‌توانستند در آن زمانِ اندک چنین کردن؟

۵ - یک: نیز بزرگان ایران در تیسفون بودند، نه در جهرم. دو: بر آن دشت، کدام دشت را می‌گوید؟ سه: جهرم سراپای خرم و پر آب است.

۶ - باز سخن از جهرم می‌رود.

کنون جنگ سازیم گر گفت‌وگوی / چو لشکر به روی اندر آورد روی؟[1]
بدو گفت منذر: «مهان را بخوان / چو آیند پیشت، بیارای خوان
سخن گوی و بشنو ازیشان سخن / کسی تیز گردد، تو تیزی مکن[2]
بجوییم تا چیست‌شان در نهان / که؟ را خواند خواهند شاه جهان
چو دانسته شد چارهٔ آن کنیم / گر آسان بود، کار، آسان کنیم
ور ایدون کجا کین و جنگ آورند / بپیچند و خوی پلنگ آورند[3]
من این دشت جهرم چو دریا کنم / ز خورشید تابان ثریا کنم
برآنم چو بینند، چهر ترا / چنین برز بالا و مهر ترا
خردمندی و رای و فرهنگ تو / شکیبایی و دانش و سنگ تو
نخواهند جز تو کسی تخت را / کله را و زیبایی بخت را[4]
ور ایدون که گم کرده دارند راه / بخواهند بردن همی از تو گاه[5]
من و این سواران و شمشیر تیز / برانگیزم اندر جهان رستخیز![6]
ببینی بُروهای پرچین من / فدای تو بادا تن و دین من[7]
چو بینند بی‌مر سپاه مرا / همان رسم و آیین و راه مرا[8]
همین پادشاهی که میراث تست / پدر بر پدر کرد شاید درست[9]
سه دیگر که خون ریختن کار ماست / همان ایزد دادگر یار ماست[10]
کسی را جز از تو نخواهند○ شاه / که زیبای تاجیّ و زیبای گاه»
ز منذر چو شاه این سخن‌ها شنید / بخندید و شادان دلش بردمید

*

چو خورشید برزد سر از تیغ کوه / ردان و بزرگان ایران گروه[11]
پذیره‌شدن را بیاراستند / یکی دانشی انجمن خواستند[12]

---

۱ - برای گفت‌وگوی آمده بودند، نه از برای جنگ.
۲ - لت دویم سخت سست است.
۳ - دو رج: به شهر جهرم بازمی‌گردد.
۴ - سخن سخت سست است و سخن درست در رج هفتم پس از این می‌آید.
۵ - کنش «دارند» در لت نخست نادرخور است.
۶ - در رج پنجم پیشین از دریاکردن دشت سخن رفته بود.
۷ - **یک:** پس از انگیختن رستخیز، تازه از ابروی پرچین سخن گفتن، ناشایست است. **دو:** و ابروی پرچین او را ایرانیان باید که ببینند، نه بهرام. **سه:** دین را چگونه توان در پای کسی ریختن!
۸ - **یک:** رسم در آیین سخن فردوسی نمی‌گنجد. **دو:** در میانهٔ هیاهوی جنگ چگونه آیین و راه او را توانند دید؟
۹ - لت دویم بی‌پیوند است.
۱۰ - چگونه ایزد دادگر یار خونریزان است؟
○ - نمونه‌ها چنین آورده‌اند و «**نخوانند**» درست می‌نماید. چون اگر «نخواهند» آید، «بشاهی»، باید: «بشاهی نخواهند».
۱۱ - خورشید بر نمی‌زند! «سر از کوه بر می‌آورد» یا «سر از تیغ کوه می‌کشد».
۱۲ - ایرانیان بنزد بهرام رفتند، و پذیره شدن در این سخن کارای نیست.

نهادند بهرام را، تخت آج   بسر برنهاده، آن دلفروز تاج[1]
نشستی به آیین شاهنشهان   بیاراست کاو بود شاه جهان[2]
ز یک دستِ بهرام، منذر نشست   دگر دست نعمان و تیغی بدست
همان گرد برگردِ پرده‌سرای   ستاده بزرگان تازی بپای

*

از ایرانیان، آنکه بُد پاکرای   بیامد بدهلیز پرده‌سرای
بفرمود تا پرده برداشتند   ز درشان بآواز● بگذاشتند
به شاه جهان آفرین خواندند   به مژگان همی خون برافشاندند[3]
رسیدند نزدیک بهرامشاه   بدیدند زیبا یکی تاج و گاه[4]
به آواز گفتند: «انوشه بَدی   همیشه ز تو دور دست بَدی»[5]
شهنشاه پرسید و بنواختشان   به اندازه بر، پایگه ساختشان

*

چنین گفت بهرام کـ:«ای مهتران   جهاندیده و سالخورده سران
پدر بر پدر، پادشاهی مرا است   چرا؟ بخشش؛ اکنون، به رای شما است!»

*

به آواز گفتند ایرانیان   که: «ما را شکیبا مکن بر زیان؛
نخواهیم یکسر بشاهی ترا   بر و بوم ما را سپاهی ترا[6]
کزین تخمه پر داغ و رنجیم و درد   شب و روز با پیچش و بادِ سرد»

*

چنین گفت بهرام کـ:«آری روا است   هوا بر دل هر کسی پادشا است
مرا گر نخواهید، بی‌رای من؛   چرا؟ کس نشانید بر جای من!»

*

چنین گفت موبد که: «از راه داد   نه کهتر گریزد، نه خسرونژاد
تو از ما یکی باش و شاهی گزین   که خوانند هر کس بر او آفرین!»

---

۱ – چه‌کس تخت آج نهاد؟ کدام تاج دلفروز؟ بهرام هنوز شاه نشده است!

۲ – در این گفتار «نشست» درست می‌نماید، نه «نشستی».

● – با بردن نام هر یک، آنانرا بدرون پرده‌سرای ره نمودند.

۳ – **یک:** در گفتار پسین از پادشاهی ساسانیان بیزاری می‌نمایند، پس چگونه پیش از آن آفرین (بر شاه جهان) توانستندی خواندن؟ **دو:** آنان را که سر، از شاهی ساسانیان برتافته‌اند چرا بایستی خون گریستن؟

۴ – نزدیک او بودند.

۵ – «شه بدی» را با «دستِ بدی» پساوا نیست.

۶ – **یک:** سخن از شاهی ساسانیان است نه بهرام. **دو:** لت دویم نیز نادرخور است.

سه روز اندران کار شد روزگار   که جویند از ایران یکی شهریار[1]
نوشتند پس نام سد نامور   فروزندهٔ تاج و تخت و کمر[2]
ازآن سد یکی، نام بهرام بود   که در پادشاهی دلارام بود[3]
ازآن سد به پنجاه باز آمدند   پر از چاره و پر نیاز آمدند[4]
ز پنجاه بهرام بود از نخست   اگر جست جای پدر، داد جُست[5]
ز پنجاه بازآوریدند سی   ز ایرانی و رومی و پارسی[6]
ز سی نیز بهرام بُد پیشرو   که هم تاجور بود و هم شیر نو[7]
ز سی کرد داننده موبد چهار   اُزان چار بهرام بُد شهریار[8]
چو تنگ اندر آمد ز شاهی سَخُن   از ایرانیان هر که او بُد کهن
«نخواهیم» گفتند: «بهرام را   دلیر و سبکسار و خودکام را»

*

خروشی برآمد میان سران   دل هر کسی تیز گشت اندران[9]
چنین گفت منذر به ایرانیان   که: «خواهم که دانم، بسود و زیان؛
کزین شاهِ ناسالخورده جوان   چرایید؟ پر درد و تیره روان!»

*

بفرهنگ او، بر زمین شاه نیست   بدیدار او بر فلک، ماه نیست[10]
خدنگش ز سندان گذار کند   بنیرو، کُه از جایگاه بر کند
بدولت جوانست و با رای پیر   هنرمند و بینادل و یادگیر

*

بزرگان بپاسخ بیاراستند   بسی خستهٔ پارسی خواستند
از ایران که را خسته بُد یزدگرد   یکایک بران دشت کردند گرد[11]
بریده یکی را دو دست و دو پای   تهی مانده بر جای و جانش بجای
یکی را دو دست و دو گوش و زبان   بریده شده چون تنی بی‌روان
یکی را ز تن دوره کرده دو کفت   ازآن خستگان، ماند، منذر شگفت[12]

---

۱ – پس از سه روز سخن و گفتار تازه نام سدکس را نوشتند؟   ۲ – لت دویم نادرخور است.

۳ – دنباله گفتار.

۴ – **یک:** بازآمدند نادرست است: «از یکسد به پنجاه رسیدند». **دو:** لت دویم نیز سخت نادرخور است و برای ساختن پساوا بهم بافته شده است.   ۵ – چنین سخن نادرست است، زیرا که بزودی بگفتار شاهنامه می‌رسیم که بهرام را نمی‌خواستند.

۶ – **یک:** همچنین... **دو:** لت دویم نیز نادرخور است.   ۷ – همچنین!   ۸ – همچنین!

۹ – «دل هر کسی» نادرست است: «دل همگان».

۱۰ – سه رج: گفتاریست که پیوند میان رج پیشین را که پرسش منذر، و پاسخ ایرانیان است می‌گسلاند.

۱۱ – (که را) نادرست است: «هرکس را که».   ۱۲ – **یک:** کِفت بجای کتف تازی. **دو:** بازتاب منذر در سخنان پسین می‌آید.

یکی را بمسمار کنده دو چشم چو منذر بدید آن، برآورد خشم

*

غمین گشت زان کار، بهرام، سخت بخاک پدر گفت ک:«ای شوربخت[۱]
اگر چشم شادیت بردوختی روان را باتش چرا سوختی»[۲]
جهانجوی منذر، به بهرام گفت که: «این بد، برایشان؛ نشاید نهفت
سخن‌ها شنیدی، تو پاسخ گزار که کُندی نه خوب آید از شهریار»

*

چنین گفت بهرام ک:«ای مهتران جهاندیده و کارکرده سران
همه راست گفتید و زین بتّر است پدر را نکوهش، همی درخوَر* است
ازین چاشنی هست نزدیک من کزان تیره شد رای تاریک من[۳]
که ایوان او بود زندان من چو بخشایش آورد یزدان من[۴]
رهاند تینوشم از دست اوی بشد خسته، کام من، از شست اوی[۵]
ازآن کرده‌ام نزد منذر پناه که هرگز ندیدم نوازش ز شاه
بدان خو، مبادا؛ که مردم بود چو باشد، پیِ مردمی گم بود
سپاسم ز یزدان که دارم خرد روانم همی از خرد برخورد[۶]
ز یزدان همی خواستم تاکنون که باشد بخوبی مرا رهنمون
که تا هرچه با مردمان کرد، شاه بشوییم ما جان و دل، زان گناه[۷]
بکام دل زیردستان منم بر آیین یزدان‌پرستان منم[۸]
شبان باشم و زیردستان رمه تن‌آسانی و داد جوییم همه
منش هست و فرهنگ و رای و هنر ندارد هنر شاه بیدادگر[۹]
لئیمی و کژّی ز بیچارگی‌ست به بیدادگر بر بباید گریست[۱۰]
پدر بر پدر پادشاهی مراست خردمندی و نیکخواهی مراست[۱۱]

---

۱ – خاک، شوربخت نتواند شدن. ۲ – سخن بی‌پیوند است.
* – نمونه‌ها چنین آورده‌اند، اما سخن درست چنین می‌نماید: **«خود؛ اندرخور است»**.
۳ – رای اگر تاریک بوده است، چگونه تیره شد؟
۴ – **یک:** «که» در آغاز این رج با که (کز) در آغاز لت دویم از رج پیشین همخوان نیست. **دو:** یزدانِ (من) نیز نادرست است: «یزدان».
۵ – لت دویم را آغازگر (که) باید. ۶ – لت نخست سست می‌نماید: «سپاس از یزدان که مرا خرد داد».
۷ – «من» در رج پیشین به «ما» در این رج برگشت.
۸ – سخن سست نیست اما میان «ز یزدان همی‌خواستم» در رج دویم پیش، و «شبان باشم» در رج پسین جدایی می‌افکند.
۹ – **یک:** منش کجا هست؟ پیدا است که همهٔ مردمان رامنش هست. **دو:** لت دویم را نیز پیوند درست با لت نخست نیست.
۱۰ – **یک:** «لئیم» هزار فرسنگ از گفتار فردوسی بدور است. **دو:** لت دویم نیز پیوند با لت نخست ندارد.
۱۱ – روشن نیست که آنکس که پدر بر پدرش شاه بوده‌اند، خردمند و نیکخواه نیز بوده باشد!

ز شاپور بهرام تا اردشیر — همه شهریاران برنا و پیر[1]
پدر بر پدر بر نیای من‌اند — به دین و خرد رهنمای من‌اند[2]
ز مادر نبیره‌ی شمیران‌شهم — ز هر گوهری با خرد همرهم[3]
هنر هم خرد هم بزرگیم هست — سواریّ و مردیّ و نیروی دست[4]
کسی ار ندارم ز مردان به مرد — به رزم و به بزم و به هر کارکرد[5]
نهفته مرا گنج آکنده هست — همان نامداران خسروپرست[6]
جهان یکسر آباد دارم به داد — شما یکسر آباد باشید و شاد[7]
هران بوم کز رنج ویران شده‌ست — ز بیدادی شاه ایران شده‌ست[8]
من آباد گردانم آن را به داد — همه زیردستان بمانند شاد[9]
یکی با شما نیز، پیمان کنم — زبان را بپیمان گروگان کنم
بیارم شاهنشهی تخت آج — برش در میان، تنگ بنهیم تاج[10]
ز بیشه دو شیر ژیان آوریم — همان تاج را در میان آوریم
ببندیم شیر ژیان بر دو سوی — کسی را که شاهی بود آرزوی
شود تاج برگیرد از تخت آج — بسر برنهد نامبردار تاج[11]
بشاهی نشیند میان دو شیر؛ — میان شاه و تاج از بر و تخت زیر؛
جز او را، نخواهیم کس؛ پادشا — اگر دادگر باشد و پارسا

❊

اُگر زین که گفتم بتابید یال — گزینید گردنکشی را همال
بجایی که چون من بود پیشرَو — سنانِ سواران بود خار و خَو
من و منذر و گرز و شمشیر تیز — ندانند گردان تازی گریز
برآریم گرد از شهنشاه‌تان — همان از بر و بوم و از گاه‌تان
کنون آنچه گفتیم پاسخ دهید — بدین داوری رای فرّخ نهید»

❊

---

۱ - همچنین...
۲ - هم‌اکنون از کارهای زشت پدر خویش بیزاری نمود. پس چگونه باو و دیگر نیاکان خویش می‌نازد؟
۳ - شمیران شاه شناخته نشد!
۴ - خودستایی، نزد بزرگان ایران که او را بشاهی نپذیرفته‌اند!
۵ - دنبالهٔ گفتار.
٦ - **یک:** کدام گنج؟ که او نزد منذر بزرگ شده بود! **دو:** سخن چنین می‌نماید که نامداران خسرو پرستِ وی نیز نهفته‌اند!
۷ - سخن را کمبود است. بایستی گفته شود، که اگر مرا بشاهی برگزینید... جهان را.
۸ - بیدادی درست نیست: «بیدادگری» یا «بیداد».
۹ - سخن از بوم‌های ناآباد بود، و در لت دویم، به «همه زیردستان» می‌گردد!
۱۰ - لت دویم در همهٔ نمونه‌ها نادرخور است (← خالقی مطلق ۴۰۴-٦)
۱۱ - دوبار یاد کردن از تاج در یک گفتار آنرا سست می‌نماید.

بگفت این و برخاست و در خیمه شد — جهانی ز گفتارش آسیمه شد[1]
به ایران، رد و موبدان هر که بود — که گفتار آن شاه دانا شنود[2]
بگفتند ک:«این فرّه ایزدی‌ست — نه از راه کژّی و نابخردی‌ست
نگوید همی، یک سخن، جز بداد — سزد، گر دل از داد، داریم شاد
کنون آنکه گفت او ز شیر ژیان — یکی تاج و تخت کیی در میان؛[3]
گر او را بدرّند شیران نر — ز خونش نپرسد ز ما دادگر
چو خود گفت و این رسم بد خود نهاد — همان کز به مرگش نباشیم شاد[4]
ور ایدون کجا تاج بردارد اوی — به فرّ از فریدون گذر دارد اوی
جز از شهریارش نخوانیم کس — ز گفتارها داد دادیم* و بس»

*

گذشت آن شب و بامداد پگاه — بیامد نشست از برِ گاه، شاه
فرستاد و ایرانیان را بخواند — ز روز گذشته فراوان براند[5]
به آواز گفتند پس موبدان — که «هستی تو داناتر از بخردان[6]
بشاهنشهی در، چه پیش آوری؟ — چوگیری بلندیّ و گنداوری![7]
چه پیش آری از داد و از راستی — کزان گم شود کژّی و کاستی»[8]
چنین داد پاسخ بفرزانگان — بدان نامدارانِ مردانگان[9]
که «بخشش بیفزایم از گفت‌وگوی — بکاهم ز بیدادی و جست و جوی[10]
کسی را کجا پادشاهی سزاست — زمین را بدیشان ببخشیم راست[11]
جهان را بدارم به رای و به داد — چو ایمن کنم باشم از داد شاد[12]

---

۱ - **یک:** سخن در لت نخست بدآهنگ است. **دو:** بزرگان و بهرام همه در پرده‌سرای بودند. **سه:** خیمه را در گسترهٔ گفتار فردوسی جای نیست. **چهار:** خَیمَه را با آسیمَه پساوا نیست، و ایرانیان (سرآسیمه) نشدند که بگفتار وی سر فرود آوردند!

۲ - «موبدان» را «ردان» باید.

۳ - لت دویم را با لت نخست پیوند درست نیست و سخن نیز بی‌پایان است.

۴ - **یک:** «رسم» در آیین سخن فردوسی نیست. **دو:** «رسم» نیز (بد) نبود که همگان آنرا پذیرفتند. **سه:** سخن در لت دویم سست و بی‌پیوند می‌نماید.

* - خالقی مطلق و مسکو: دادیم، نمونه‌های دیگر: دانیم، داریم، سپاهان دادیم، اما درست چنین می‌نماید: **«داد، داده است و بس»**، آنچه که بهرام گفته است همه از روی داد بوده است: **«زگفتارها، داد، داده است و بس»**.

۵ - لت دویم نادرخور است، زیرا آنچه را می‌بایستی گفتن، در همان روز گذشته گفته بود.

٦ - بهرام [سخن] رانده بود، و آواز از موبدان بلند شد.

۷ - سخن سست و بی‌پیوند است.

۸ - دوباره از پیش آوردن سخن می‌رود، که در رج پیشین از آن یاد شده بود.

۹ - نامداران مردانگان سخنی نادرست است.

۱۰ - **یک:** افزاینده را رای بر آن بوده است که بگوید: بجای گفتار، به بخشش می‌پردازم. **دو:** بیدادی در لت دویم نادرست است. **سه:** و جست‌وجوی را نیز گزارش نیست.

۱۱ - «کسی» در لت نخست، با «ایشان» در لت دویم همخوان نیست.

۱۲ - سخن را در لت دویم پیوند درست نیست، پس از داد ورزیدن، از داد شاد نشاید بود زیرا که پیش از آن بایستی از دادورزی شاد بودن.

کسی را که درویش باشد بنیز — ز گنج نهاده ببخشیم چیز[1]
گنه کرده را پند پیش آوریم — چو دیگر کند بند پیش آوریم[2]
سپه را بهنگام روزی دهیم — خردمند را دلفروزی دهیم[3]
همان راست داریم دل با زبان — ز کژّی و تاری بپیچم روان[4]
کسی کاو بمیرد نباشدش خویش — أز او چیز ماند ز اندازه بیش[5]
به درویش بخشم نیارم به گنج — نبندم دل اندر سرای سپنج[6]
همه رای با کاردانان زنیم — به تدبیر پشت هوا بشکنیم[7]
ز دستور پرسیم یکسر سخن — چو کاری نو افکند خواهم ز بن[8]
کسی کاو همی داد خواهد ز من — نجویم پراکندنِ انجمن[9]
دهم دادِ آن کس که او داد خواست — به چیزی نرانم سخن جز براست[10]
مکافات سازم بدان را به بد — چنان کز رهِ شهریاران سزد[11]
بر این پاک‌یزدان گوای من است — خرد بر زبان رهنمای من است[12]
همان موبد و موبد موبدان — پسندیده و کاردیده ردان[13]
بر این کار یک سال گر بگذرد — نپیچم ز گفتار جان و خرد[14]
ز میراث بیزارم و تاج و تخت — ازان پس نشینم برِ شوربخت»[15]
چو پاسخ شنیدند آن بخردان — بزرگان و بیداردل موبدان[16]
ز گفتِ گذشته پشیمان شدند — گنهکارگان سوی درمان شدند[17]
به آواز گفتند یک با دگر — که «شاهی بود زین سزاوارتر؟»[18]

---

۱ – **یک:** بنیز نادرست است. **دو:** «من» در رج پیشین به «ما» برگشت.
۲ – گنه کردگان درست است.
۳ – وابسته بگفتار.
۴ – تاری را با کژی همراه نشاید آوردن.
۵ – لت دویم نادرخور است، شاید که کسی بمیرد و خویشش نباشد، و اندکی چیز از او بجای مانَد!
۶ – روشن نمی‌نماید که چه چیز را (مال درگذشته را) بدرو(یشان) می‌بخشد!
۷ – لت دویم، ناسخته است. در این رج سخن از «کاردانان» می‌رود...
۸ – ... و در این رج از «دستور»!
۹ – **یک:** لت دویم را هیچ پیوند با لت نخست نیست. **دو:** در این رج داد خواهد...
۱۰ – ... و در این رج «داد خواست»!
۱۱ – **یک:** مکافات نیز «ساختنی» نیست «دادنی» است. **دو:** ره شهریاران نیز نادرست است چنانکه از شهریاران (دادگر) سزد!
۱۲ – خرد، را رهنمای جان و روان دانستن درست است و «رهنما بر زبان» دانستن نادرست.
۱۳ – این رج را پیوستگی با سخنان پیشین و پسین نیست.
۱۴ – «نپیچم ز گفتار»، پایان سخن است و «جان و خرد» را پیوند با آن نیست.
۱۵ – اگر از تاج و تخت بیزار است، چرا بدنبال تاج و تخت است؟
۱۶ – پرسش از سوی موبدان بود، و در این سخن بخردان و بزرگان... بوده‌اند.
۱۷ – سخن پریشان است و گنهکارگان در لت دویم نادرخور.
۱۸ – «یک با دگر»، سخن از دوکس می‌گوید. باز آنکه آنان موبدان و بزرگان... بوده‌اند.

به مردیّ و گفتار و رای و نژاد — ازین پاک‌تر در جهان کس نزاد[1]
ز داد آفریده‌ست ایزد ورا — مبادا که کاری رسد بد ورا[2]
به گفتار اگر هیچ تاب آوریم — خرد را همی سر به خواب آوریم[3]
همه نیکویی‌ها بیابیم ازوی — به خورد و به داد اندرآریم روی[4]
بدین برز بالا و این شاخ و یال — به گیتی کسی نیست او را همال[5]
پس پشت او لشکر تازیان — چو منذرش یاور به سود و زیان[6]
اگر خود بگیرد سر گاه خویش — به گیتی که؟ باشد ز بهرام بیش[7]
ازان پس ز ایرانیانش چه باک — چه ما پیش او در چه یک مشت خاک»[8]
به بهرام گفتند که: «ای فرمند — به شاهی تویی جان ما را پسند[9]
ندانست کس در هنرهای تو — به پاکی تن و دانش و رای تو[10]
چو خسرو که بود از نژاد پشین — به شاهی بر او خواندند آفرین[11]
همه زیر سوگند و بند وی‌ایم — که گوید که اندر گزند وی‌ایم[12]
گر او زین سپس شاه ایران بود — همه مرز در چنگ شیران بود[13]
گروهی به بهرام باشند شاد — ز خسرو دگر پاره گیرند یاد[14]
ز داد آن چنان به که پیمان تست — ازان پس جهان زیر فرمان تست[15]
بهانه همان شیر جنگی‌ست و بس — ازین پس بزرگی نجویند کس»[16]
بدان گشت بهرام همداستان — که آورد او پیش ازین داستان[17]
چنین بود آیین شاهانِ داد — که چون نو بُدی شاه فرخ‌نژاد[18]
برِ او شدی موبد موبدان — ببردی سه بینادل از بخردان[19]

1 – سخن زیبا است اما پیوسته بداستان است. ۲ – لت دویم سست می‌نماید.
۳ – و این رج سست‌تر از آن.
۴ – **یک:** سخن بازگونه شد. **دو:** پس نیکویی شاه دربارهٔ مردمان تنها «خوردن و دادن» است.
۵ – سخن از شاهنامه برگرفته شده است. ٦ – این سخن را نیز پیوند درست با رج پیشین نیست.
۷ – سخن پریشان و بی‌گزارش و بی‌پیوند است. ۸ – پیوسته بگفتار.
۹ – **یک:** فرّمند نادرست است: «فرهمند». **دو:** «پسند جان، دلدار است، نه شاه، شاه را بایستی از روی خرد پسندیدن.
۱۰ – سخن بی‌پیوند و بی‌گزارش است.
۱۱ – پیشتر از نژاد پشین خسرو یاد نشده بود،... و پیوند دادن به نژاد کی‌پشین فرزند کیقباد، در آن زمان دراز و با چندگسلش زندگی ایرانیان درست نمی‌نماید. ۱۲ – لت دویم را با لت نخست پیوند نیست.
۱۳ – اگر چنین است، چرا آنان را بایستی زیر سوگند و بند وی بوده باشند؟ ۱۴ – «پاره» را بجای «گروه» نشاید آوردن.
۱۵ – اگر گروهی بهرام را خواهند، و گروهی خسرو را، پس چگونه جهان را زیر فرمان بهرام در شمار توان آوردن؟
۱٦ – **یک:** سخن بدآهنگ است. **دو:** از «کس» که را خواهد گفتن؟
۱۷ – **یک:** لت نخست نادرخور است، زیرا که آن؛ پیشنهاد بهرام بوده است، و کسی با پیشنهاد خویش همداستان نمی‌شود! **دو:** لت دویم سست و بی‌پیوند است. ۱۸ – شاهان داد، نادرست است: «شاهان دادگر».
۱۹ – مگر از بخرد، برتر می‌توان در شمار آوردن که از «بینادل» یاد می‌شود.

همو شاه بر گاه بنشاندی   بدان تاج بر آفرین خواندی[1]
نهادی به نام کیان بر سرش   پسودی به شادی دو رخ بر برش[2]
ازان پس هر آن کس که بردی نثار   به خواهنده دادی همی شهریار[3]
به موبد سپردند پس تاج و تخت   بهامون شد از شهر، بیدار بخت[4]
دو شیر ژیان داشت گستهم گُرد   بزنجیر بسته به موبد سپرد[5]
ببردند شیران جنگی، کَشان   کَشنده شد از بیم، چون بیهشان
ببستند بر پایهٔ تخت آج   نهادند بر گوشهٔ تخت؛ تاج
جهانی نظاره بران تاج و تخت   که تا چون بود؟ کار آن نیکبخت[6]
که گر شاه پیروز گردد بر این   بر او، شهریاران کنند آفرین[7]

*

چو بهرام و خسرو به هامون شدند   برِ شیر با دل پر از خون شدند[8]
چو خسرو بدید آن دو شیر ژیان   نهاده یکی افسر اندر میان
بدان موبدان گفت: «تاج از نُخُست   مر آن را سزاتر، که شاهی بجُست
اُ دیگر، که من پیرم و او جوان   به چنگال شیر ژیان، ناتوان»[9]

*

بران بُد که او پیشدستی کند   به برنایی و تندرستی کند[10]
بدو گفت بهرام ک:«آری، رواست   نهانی نرانیم، گفتارِ راست
یکی گرزهٔ گاوسر برگرفت   جهانی بدو مانده اندر شگفت
بدو گفت موبد که: «ای پادشا   خردمند و با دانش و پارسا؛
همی جنگ شیران، که؟ فرمایدت!   جز از تاج شاهی چه؟ افزایدت!
تو جان از پی پادشاهی مده   خورش بی‌بهانه به ماهی مده[11]
همه بیگناهیم و، این کار تست!   جهان را همه، دل؛ ببازار تست»

*

۱ - **یک:** شاه را «را» باید. **دو:** بکدام تاج؟ «بر تاج او».
۲ - لت دویم کار ناشایست است که موبد موبدان رخ بر شاهِ نو بپساوَد!
۳ - نه چنین بوده است و پیشکشی‌های مردمان را بگنج شاه می‌نهادند.
۴ - موبد چگونه تاج و تخت را برگرفته، بهامون رفت؟
۵ - موبد تیره‌روز را، چگونه توان بردن شیران جنگی بود که «کشندگان آن چو بیهشان شده بودند».
٦ - اگر مردمان بدان میدان می‌نگریستند، شایسته است که از شیران نیز یاد شود، نه تنها از تاج و تخت.
۷ - دنبالهٔ گفتار
۸ - شاید که خسرو را دل، خونین بوده است، اما بهرام را نه!
۹ - لت دویم به بهرام بازمیگردد، و نادرخور است.
۱۰ - «برنا» کودک پنج ساله تا ده ساله است، نه پهلوانی چون بهرام.
۱۱ - سست‌ترین سخن از برای پساوا، در لت دویم آمده است... .

آزمایش بهرام ۲۵۳

بدو گفت بهرام کـ: «ای دین‌پژوه … تو زین بیگناهی و، دیگر گروه
هماوردِ این نرّه شیران منم … خریدار جنگ دلیران منم»

*

بدو گفت موبد: «به یزدان پناه! … چو رفتی دلت را بشوی از گناه»

*

چنان کرد کاو گفت، بهرامشاه … دلش پاک شد توبه کرد از گناه[1]
همی رفت؛ با گرزهٔ گاوروی … چو دیدند شیرانِ پرخاشجوی؛
یکی زود زنجیر بگسست و بند … بیامد برِ شهریار بلند
بزد بر سرش گرز، بهرام گُرد … ز چشمش همی روشنایی ببرد
برِ دیگر آمد بزد بر سرش … فروریخت از دیده خون بر برش
جهاندار بنشست بر تختِ آج … بسر بر، نهاد آن دلفروز تاج

*

به یزدان پناهید کاو بُد پناه … نمایندهٔ راهِ گم‌کرده راه[2]
بشد خسرو و، برد؛ پیشش نماز … چنین گفت کـ: «ای شاه گردنفراز
نشست تو بر گاه فرخنده باد … یلان جهان پیش تو بنده باد[3]
تو شاهیّ و ما بندگان توایم … بخوبی فزایندگانِ توایم»
بزرگان بر او گوهر افشاندند … برآن تاج نو، آفرین خواندند[4]
ز گیتی برآمد سراسر خروش … بآذر بُد این جشن، روز سروش[5]
برآمد یکی ابر و شد تیره ماه … همی تیر بارید ز ابر سیاه[6]
نه دریا پدید و نه دشت و نه راغ … نبینم همی در هوا پرّ زاغ
حواصل فشاند هوا هر زمان … چه سازد همی زین بلند آسمان
نماندم نمکسود و هیزم نه جو … نه چیزی پدید است تا جو درو
بدین تیرگی روز و بیم خراج … زمین گشته از برف چون کوه آج
همه کارها را سر اندر نشیب … مگر دست گیرد حسین قتیب
کنون داستانی بگویم شگفت … کزان برتر اندازه نتوان گرفت

---

۱ – توبه در آیین ایران باستان نبوده است، و «پَتِت» می‌خوانده‌اند که کاری رودرروی کارهای پیشین بوده باشد.
۲ – چه‌کس راه راگم کرده بود؟ بهرام؟ ۳ – یلان را «بنده باد» درست نمی‌نماید. ۴ – تاج نو نبود...
۵ – هنوز مردمان ایران را، از رویداد نبرد شیران و پیروزی بهرام آگاهی نبود.
۶ – در روز روشن، چرا ماه پشت ابر، تیره شود؟ چند رج افزودهٔ افزاینده تنگ چشم که از «قتیب» دریوزگی می‌کند، ناآگاه از آنکه باج (=خراج) را بهنگام برداشت خرمن و جشن مهرگان می‌گرفته‌اند، نه در سروش روز (هفدهم) آذرماه.

پادشاهی بهرام گور

چو بر تخت بنشست بهرام گور … بشادی بر او آفرین خواند هور[1]
پرستش گرفت آفریننده را … جهاندار و بیدار و بیننده را[2]
خداوند پیروزی و برتری … خداوند افزونی و کمتری[3]
خداوند داد و خداوند رای … کز اوست گیتی سراسر بپای[4]
ازآنپس چنین گفت کـ:«این تاج و تخت … ازو یافتم، کافریده است بخت
بدو هستم امّید* و هم زو هراس … وز او دارم از نیکویی‌ها سپاس
شما هم بدو نیز نازش کنید … بکوشید تا عهد او نشکنید»[5]
زبان برگشادند ایرانیان … کـه: «بستیم ما بندگی را میان[6]
که این تاج بر شاه فرخنده باد … همیشه دل و بخت او زنده باد»[7]
اُزانپس همه آفرین خواندند … همه بر سرش گوهر افشاندند[8]
چنین گفت بهرام کـ:«ای سرکشان … ز نیک و بدِ روز، دیده نشان[9]
همه بندگانیم و ایزد یکیست … پرستش جز او را سزاوار نیست[10]
ز بد روز بی‌بیم داریم‌تان … به بدخواه حاجت نیاریم‌تان»[11]
بگفت این و از پیش برخاستند … بر او آفرینی نو آراستند[12]
شب تیره بودند با گفت‌وگوی … چو خورشید بر چرخ بنمود روی[13]
بآرام بنشست بر گاه شاه … برفتند ایرانیان بارخواه[14]
چنین گفت بهرام با مهتران … کـه: «ای نیکنامان و نیک اختران[15]
به یزدان گراییم و رامش کنیم … بتازیم و دل زین جهان برکنیم»[16]

۱ - **یک:** بهرام گور، چون شیران را بکشت بر تخت نشست و خسرو (پادشاه برگزیدهٔ انجمن مهیستان ایران) بدو نماز برد. **دو:** خورشید را نمی‌توان، شاد، یا غمگین خواندن.
۲ - خداوند را بینا توان گفتن و بیننده نشاید نامیدن.
۳ - خداوند کمتری چه باشد؟
۴ - هرکس که بخواهد کاری انجام دهد، و برای انجام از آن برخیزد، او را توان «خداوند رای» خواندن.
* - امیدم بدو است.
۵ - «هم» و «نیز» یکیست، وکس را بخداوند نازش نیست.
۶ - زبان برگشادن، دشنام دادن است.
۷ - **یک:** «که» در آغاز این رج با «که» در آغاز لت دویم از رج پیشین ناهمخوان است. **دو:** بخت (=تقدیر، قسمت) را نمی‌توان زنده خواندن.
۸ - گوهر را بر سر نشاید ریختن که زیر پای شاه می‌ریختند.
۹ - نیک و بدِ (روز) نادرست است: «نیک و بد روزگار».
۱۰ - دنباله گفتار.
۱۱ - اگر بدروز (= روز بد)، در پی باشد، چگونه می‌توان از بدی آن بی‌بیم بودن.
۱۲ - پیشتر آفرین خوانده بودند، و آفرین، خود، آراستنی نیست.
۱۳ - لت نخست سست است.
۱۴ - یا «به آرام نشست»، یا «بر گاه نشست».
۱۵ - مهتر را با اختر پساوا نیست.
۱۶ - **یک:** گروش بیزدان را با رامش پیوند نیست. **دو:** بتازیم (در برخی نمونه‌ها؛ بیازیم) را با دل کندن از جهان، چه پیوند؟

سامان دادن کار ایرانیان ۲۵۵

بگفت این و اسپ کیان خواستند — کیی بارگاهش بیاراستند[1]
سدیگر چو بنشست بر تخت گفت — که: «رسم پرستش نباید نهفت[2]
به هستیِ یزدان گوایی دهیم — روان را بدین آشنایی دهیم[3]
بهشت است و هم دوزخ و رستخیز — ز نیک و ز بد نیست راه گریز[4]
کسی کاو نگرود به روز شمار — مر او را تو با دین و دانا مدار»[5]
به روز چهارم چو بر تخت آج — به سر برنهاد آن پسندیده تاج[6]
چنین گفت ک:«ز گنج، من یک زمان — نی‌ام شاد کز مردم شادمان[7]
نی‌ام خواستار سرای سپنج — نه از بازگشتن به تیمار و رنج[8]
که آنست جاوید و این رهگذار — تو از آز پرهیز و انده مدار»[9]
به پنجم چنین گفت ک:«ز رنج کس — نی‌ام شاد تا باشدم دسترس[10]
به کوشش بجوییم خرّم بهشت — خنک آنکه جز تخم نیکی نکشت»[11]
ششم گفت: «بر مردم زیردست — مباداکه هرگز بجویم شکست[12]
جهان را ز دشمن تن‌آسان کنیم — بداندیشگان را هراسان کنیم»[13]
به هفتم چو بنشست گفت: «ای مهان — خردمند و بسیدار و دیده جهان[14]

---

۱ - **یک:** با یک سخن بار بپایان رسید؟ **دو:** اسپ کیان، نادرخور است، زیرا که اسپ از نژاد کیان نیست. **سه:** چون پادشاه از گاه برخیزد و بر اسپ برنشیند، چه جای آرایش بارگاه است؟

۲ - **یک:** سدیگر را «روز» باید. **دو:** رسم را در شیوهٔ گفتار فردوسی راه نیست.

۳ - **یک:** «گو کاس» پهلوی با دگرگون شدن «س» به «هـ» (چون اهورا و اسورا) در فارسی بگونهٔ «گواه» در آمد، و گوایی نادرست است. **دو:** دین را با خرد باید دریافتن نه با روان!

۴ - **یک:** سخن را پیوند درست با رج پیشین نیست: «باید دانستن که بهشت هست و...». **دو:** همه کار دین‌آوران و دینیاران آنستکه مردمان را از بدی دور سازند. **سه:** در لت دویم پاژگونهٔ این گفتار آمده است.

۵ - **یک:** به روز شمار گرویدن. و گروش به‌کیش و آیین باید. **دو:** «نگرود» سخن را بدآهنگ می‌کند. **سه:** سخن بخواننده برگشت! **چهار:** واژهٔ «دیندار» را بگونهٔ «با دین» آوردن سخن را سست می‌کند!

۶ - **یک:** لت دویم را آغازگرِ (نشست) باید. **دو:** پسندیده تاج نیز نادرخور است، و با پیشوند (آن) نادرخورتر می‌شود، زیرا که چنین می‌نماید که تاج، نزد خواننده شناسا (=معرفه) است که با (آن)، از آن یاد می‌شود.

۷ - افزاینده را رای بر آن بوده است که بگوید که: «من از گنج شادمان نیم، و از مردمان شادمان، شادم».

۸ - باز افزاینده در لت دویم می‌خواسته است بگوید که: «چون هنگام مرگ می‌رسد، نمی‌خواهم که از کارهای بد خویش، با تیمار و رنج از جهان بروم».

۹ - **یک:** «در گذر»، را «رهگذار» خواندن نادرست است، زیرا که گیتی همواره هست و ما از آن می‌گذریم. **دو:** باز روی سخن بخواننده برگشت. **سه:** پرهیز نیز نادرخور است: «بپرهیز».

۱۰ - **یک:** به پنجم نیز کمبود دارد: «بروز پنجم». **دو:** لت دویم چنین می‌نماید که اگر دسترسم نباشد، از رنج کسان شادم!

۱۱ - یکبار دیگر از بهشت، یاد می‌شود.

۱۲ - **یک:** بروز ششم... **دو:** دوباره گوییِ سخن روز پنجم.

۱۳ - تن‌آسانی یکی از نمودهای آیین مهر وکیش فریدون است:

«تن‌آسانی و خوردن آیین اوست»

و چون چنین است، بایستی ایرانیان را تن‌آسان کردن، نه «جهان را از دشمن!».

۱۴ - **یک:** بروز هفتم. **دو:** جهاندیده، همواره جهاندیده است، نه دیده جهان.

چو با مردم زُفت زفتی کنیم　　همی با خردمند جُفتی کنیم[1]
هرآن کس که با ما نسازند گرم　　بدی بیش ازان بیند او کز پدرم[2]
هر آن کس که فرمان ما برگزید　　غم و درد و رنجش نباید کشید»[3]
به هشتم چو بنشست فرمود شاه　　جوانوی را خواندن از بارگاه[4]
بدو گفت: «نزدیک هر مهتری　　به هر نامداریّ و هر کشوری[5]
یکی نامه بنویس با مهر و داد　　که بهرام بنشست بر تخت شاد[6]
خداوند بخشایش و راستی　　گریزنده از کژّی و کاستی[7]
که بافرّوبرز است وبامهروداد　　نگیرد جز از پاک دادار یاد[8]
پذیرفتم آن را که فرمان برد　　گناه آن سگالد که درمان برد[9]
نشستم بر این تخت فرّخ پدر　　بر آیین تهمورث دادگر[10]
به داد از نیاکان فزونی کنم　　شما را به دین رهنمونی کنم[11]
جز از راستی نیست با هر کسی　　اگر چند ازو کژّی آید بسی[12]
به آیین زردشت پیغمبرم　　ز راه نیاکان خود نگذرم»[13]
نهم گفت: «زردشت پیشین بروی　　براهیم پیغمبر راستگوی[14]
همه پادشاهید بر چیز خویش　　نگهبان مرز و نگهبان کیش[15]
به فرزند وزن نیز هم پادشا　　خنک مردم زیرک و پارسا[16]

---

۱ – «چو» در آغاز سخن نابجا است: «باستمگران ستمگر، و با خردمندان همنشین یا همرای خواهم بود».

۲ – **یک:** هر آنکس راکنش «نسازد» باید. **دو:** «نسازند گرم» را نیز رویِ گفتن نیست. **سه:** بایستی گفتن که: او (از من) بیش از پدرم بدی می‌بیند.

۳ – فرمان (برگزیدنی) نیست، (پذیرفتنی)، و (بردنی) است.

۴ – **یک:** بروز «هشتم» باید. **دو:** نام جوانوی در آینده می‌آید که شمار درم ایرانیان با او بوده است (نه دبیری و نوشتن نامه که در رج پسین از آن یاد می‌شود) و آنچه که درگذشته از جوانوی یاد شده بود، همه در سخنان افزوده روی نموده بود. **سه:** از بارگاه چگونه شاید؟ اگر جوانوی در بارگاه بوده است، همانجا بوده است، و خواندنش نبایستی.

۵ – مهتران همه در دربار بهرام بودند.

۶ – نامه را با مِهر توان نوشتن، و با داد نوشتن روا نیست.

۷ – پیوند بایسته میان این رج و رج پیشین نیست، زیرا که سخن در رج پیشین بپایان رسیده بود.

۸ – «که» در آغاز این رج با «که» در آغاز لت دویم از رج دویم پیش، ناهمخوان است.

۹ – **یک:** در رج‌های پیشین گوینده جوانوی بود، و در این رج گوینده بهرام است. **دو:** لت دویم را هیچ گزارش نیست.

۱۰ – **یک:** دوباره از نشستن بر تخت یاد می‌شود. **دو:** پدر او از دیدگاه ایرانیان «بزه‌گر» بود، و بهرام نیز با چنین نام همرای بوده است، پس نشاید که از وی با پاژنام (فرّخ) یاد کردن.

۱۱ – **یک:** «به داد بر نیاکان بیفزایم» درست می‌نماید. **دو:** رهنمونی (کردنی نیست)... رهنمون شوم!... باری مگر بهرام موبد و دینیار بوده است؟ و مگر ایرانیان خود، دین نداشته‌اند که او (رهنمون) آنان باشد؟

۱۲ – آنکس که کژی بسیار از او سر می‌زند کژه است.

۱۳ – **یک:** همهٔ ایرانیان چنین بوده‌اند. **دو:** پیشتر گفته بود که «بر داد نیاکان می‌افزایم».

۱۴ – **یک:** بروز نهم... **دو:** سخن راگزارش نیست، اما پیدا است که در سده‌های پسین از گفتار دیگران که ابراهیم را، زرتشت میدانستند، برگرفته شده است.

۱۵ – اگر بجای چیز «مال» آورده بودند، آهنگ سخن برهم نمی‌خورد.

۱۶ – **یک:** «نیز» و «هم» یکیست. **دو:** لت دویم راگزارش نیست.

نخواهیم آگندن زر به گنج — که از گنج درویش ماند به رنج[1]
گر ایزد مرا زندگانی دهد — بر این اختران کامرانی دهد[2]
یکی رامشی نامه خوانید نیز — کزان جاودان ارج یابید و چیز[3]
ز ما بر همه پادشاهی درود — بویژه که مهرش بود تار و پود»[4]
نهادند بر نامه‌ها بر نگین — فرستادگان خواست با آفرین[5]
برفتند با نامه‌ها موبدان — سواران بینادل و بخردان[6]

*

⇐ دگر روز، چون بردمید آفتاب — ببالید کوه* و بپالود خواب
بنزدیک منذر شدند آن گروه — که بهرام شه بود زایشان ستوه!
که: «خواهشگری کن بنزدیک شاه — ز کردار ما، تا ببخشد گناه
که چونان بُدیم از بدِ یزدگرد — که خون در دل نامداران فسَرد[7]
ز بس زشت گفتار و کردار اوی — ز بیدادی و درد و آزار اوی؛[8]
دل ما به بهرام ازآن بود سرد — که از شاه بودیم یکسر بدرد»

*

بشد منذر و شاه را کرد نرم — بگسترد پیشش سخن‌های گرم
ببخشید اگر چندشان بُد گناه — که باگوهر و دادگر بود شاه
بیاراست ایوان شاهنشهی — برفت آنکه بودش مهی و بهی
چو جای بزرگان بپرداختند● — که را بود؛ شایسته، بنشاختند
به هر جای خوانی بیاراستند — می و رود و رامشگران خواستند[9]
دوئم روز رفتند دیگر گروه — سپهبد نیامد ز خوردن ستوه[10]
سیوم روز جشن و می و سور بود — غم از کاخ شاه جهان دور بود[11]

---

۱ – در سخنان روز چهارم افزایندگان آمده بود.

۲ – بر کدام اختران؟ خالقی مطلق «وزین اختران بی‌زیانی دهد» داوری همانست: کدام اختران.

۳ – **یک:** رامشی نامه راگزارش نیست. **دو:** از نامه کسی را چیز (= مال و خواسته) نمی‌رسد.

۴ – **یک:** «بر همه ایرانیان»، بهتر از «همه پادشاهی» می‌نماید. **دو:** بویژه که، نادرست است و بویژه «آن کسان»، یا «آنکس». **سه:** تار و پود دربخش بایسته از جامهٔ بافتنی است، که با هم جامه را پدید می‌آورند، سخن بهتر آن بود: «آنکس که دل را تار، و مهر را پود آن کند».

۵ – لت دویم بی‌پیوند است.

٦ – **یک:** موبدان هیچگاه نامه‌بر نبوده‌اند. **دو:** موبدان؟ یا سواران؟

* – از برآمدن آفتاب بر فراز کوهستان، کوه بر خود ببالید.

۷ – سخن سست است، و گفتار درست در رج دویم پس از این می‌آید.

۸ – «بیدادی» نادرست است: «بیداد».

● – پرداخت کردن: زدودن گاهها و تخت‌ها از گرد و خاک.

۹ – **یک:** خوان در یک جای آراسته می‌شود. **دو:** ایرانیان باستان بهنگام خوردن خوراک، می نمی‌نوشیدند.

۱۰ – لت دویم نادرخور است،... زیرا که جانداران هر روز خوراک می‌خورند.

۱۱ – **یک:** پیشتر نیز از می و سور، سخن رفته بود. **دو:** افزاینده فراموش کرده است، که انجمن مهستان ایران، در پرده‌سرای منذر برگزار ←

بگفت آنکه نعمان و منذر چه کرد ز بهر من این پاک‌زاده دو مرد[1]
همه مهتران خواندند آفرین بران دشت آباد و مردان کین[2]
ازانپس درِ گنج بگشاد شاه به دینار و دیبا بیاراست گاه[3]
به اسپ و سنان و به خفتان جنگ ز خود و ز هر گوهری رنگ رنگ[4]
سراسر به نعمان و منذر سپرد جوانوی رفت آن بدیشان شمرد[5]
کس اندازهٔ بخشش او نداشت همان تاو باکوشش او نداشت[6]
همان تازیان را بسی هدیه داد از ایوان شاهی برفتند شاد[7]
بیاورد پس خلعت خسروی همان اسپ و هم جامهٔ پهلوی[8]
به خسرو سپردند و بنواختش برِ گاه فرخنده بنشاختش[9]
شهنشه ز خسرو به نرسی رسید ز تخت اندر آمد به کرسی رسید[10]
برادرش بُد یک‌دل و یک‌زبان ازو کهتر آن نامدار جوان[11]
ورا پهلوان کرد بر لشکرش بدان تا بآیین بود کشورش[12]
سپه را سراسر به نرسی سپرد به بخشش، همی؛ پادشاهی ببرد
در گنج بگشاد و روزی بداد سپاهش به دینار گشتند شاد

*

بفرمود پس، تا؛ گشسپ دبیر بیامد برِ شاه مردم‌پذیر
کجا بود دانا بدان روزگار شمار جهان داشت اندر کنار
جوانوی بیدار، با او بهم؛ که نزدیک او بُد شمار درم[13]
ز باقی که بُد نزد ایرانیان بفرمود تا بگسلد از میان●

→ شد، و هنوز به تیسفون نرفته‌اند. **۱** – دنباله سخن.

۲ – دشت نیزه‌وران، بخش از تازیکستان را آبادانی چندان نیست... باری آفرین را می‌بایستی بر منذر و نعمان می‌خواندند.

۳ – تخت شاهی آرایش خویش را داشته است، و نیاز نبود که بهرام آنرا بیاراید.

۴ – مگر تخت را نیاز به اسپ و سنان و... است.

۵ – **یک:** افزاینده سخن را بسوی منذر گرایش داد. **دو:** «آن بدیشان سپرد» نیز نادرخور است: «آنها را بمنذر سپرد». باری در چنین آیین پیشکشی‌ها را از نظر پادشاه (دشت نیزه‌وران) می‌گذراندند و گنجور آنها را می‌گرفت، نه آنکه همه را ببرند و بدست منذر سپارند.

٦ – سخن بگفتار پیشین پیوسته نیست. **۷** – دنبالهٔ گفتار.

۸ – افزاینده بهرام را بپای پیشکاران بزیر کشیده است که اسپ و جامه می‌آوَرَد!

۹ – بهرام آورد... و دیگر بخسرو سپردند!

۱۰ – **یک:** به نرسی رسید، نادرست است. آنگاه از خسرو به‌نرسی «پرداخت»، یا «نگریست». **دو:** لت دویم راگزارش چنین است که خود از تخت شاهی فرود آمد، و بر کرسی که ویژهٔ دیگران بود، نشست! **۱۱** – آغاز سخن را پیوند (که) باید.

۱۲ – سخن درست در رج پسین می‌آید. **۱۳** – شمار جهان (آمار کشور) شمار درم را نیز در بر میگیرد.

● – فرمان داد که بدهی ایرانیان را از باژ و ساوی که نپرداخته یاکمتر پرداخته‌اند بر آنان ببخشند.

دبیران دانا به دیوان شدند / ز بهر درم پیش کیوان شدند[1]
ز باقی که بُد بر جهان سر به سر / همه بر گرفتند یک با دگر[2]
نود بار و سه بار کرده شمار / به ایران درم بُد هزاران هزار[3]
ببخشید و دیوان بر آتش نهاد / همه شهر ایران بدو گشت شاد
چو آگاه شد زان سخن، هر کسی / همی آفرین خواند بر وی، بسی[4]

*

برفتند یکسر به آتشکده / به ایوان نوروز و جشن سده
همه مشک، بر آتش افشاندند / بیهرام بر، آفرین خواندند
اُزان پس بفرمود کارآگهان / یکی تا بگردند گرد جهان
کسی را کجا رانده بُد یزدگرد / بجست و به یک شهرشان کرد گرد[5]
بدان تا شود نامهٔ شهریار / که آزادگان را کند خواستار[6]
فرستاد خلعت به هر مهتری / ببخشید به اندازه‌شان کشوری[7]
رد و موبد و مرزبان هر که بود / که آواز بهرام، زانسان شنود
سراسر بدرگاه شاه آمدند / گشاده‌دل و نیکخواه آمدند

*

بفرمود تا هر که بُد دادجوی / سوی موبدان موبد؛ آورد روی
چو فرمانش آمد ز هر در بجای / منادیگری کرد، بر در، بپای
که: «ای زیردستانِ بیدارْ شاه / ز غم دور باشید و دور از گناه
اُ ز این پس بران کس کنید آفرین / که از داد، آباد دارد زمین
ز گیتی به یزدان پناهید و بس / که دارنده اویست و فریادرس
هر آن کس که بگزید فرمان ما / نپیچد سر از رای و پیمان ما؛
بر او نیکوی‌ها برافزون کنیم / ز دل، کینه و آز؛ بیرون کنیم
هرآن کس که از داد بگریزد اوی / به پادافرهِ ما بیاویزد اوی

---

۱ - گفتار شاهنامه چنانست که دبیر، گشسب بود، پس «دبیران دانا» را در این رج چه کار؟ فرمان بهرام به بخشش همه سویه بود، و به دبیران نیاز نبود. ۲ - لت دویم بی‌گزارش است.

۳ - در رج پسین سخن درست شاهنامه می‌آید... چون همه مانده بدهی‌ها را بخشیدند، و دفترها را بسوختند... شمار گرفتن به چه کار می‌آید!

۴ - هرکس آگاه شد، آفرین خواند... بسی برای آفرین خواندن کاربرد ندارد. سخن درست شاهنامه در رج پسین می‌آید، و آفرین نیز در همان گفتار بشیوهٔ درست است.

۵ - چرا آنان را در یک شهر گردآوردن؟ بهتر آن می‌نماید که آنان را بخانه و شهر خود باز فرستند.

۶ - این رج را هیچ پیوند با گفتار پیشین نیست، و «بدان» نیز در آغاز سخن نابجا آمده است.

۷ - لت دویم بدآهنگ است.

گـر ایـدون کـه نـیرو دهـد کـردگار — بکـــام دل مـــا شـــود روزگـــار؛
بـــر ایـــن نـــیکوی‌ها فـزایش بـود — شـــما را بـــرِ مـــا ســتایش بـود»

*

هـــمه شـــهر ایــران بـه گـفتار اوی — بـــرفتند شـــادان‌دل و تـــازه‌روی
بـدانگـه کـه شـد پـادشاهیش راست — فـزون گشـت شـادی و انـده بکـاست؛
هـــمه روز نـــخچیر بُـــد کـــار اوی — دگـــر، اسپ و مـیدان و چـوگان و گـوی

داستان بهرام
با
لُنبک آبکش، و براهام

چنان بُد که روزی به نخچیرِ شیر   همی رفت با چند گُردِ دلیر
بشد پیرمردی عصایی بدست   بدو گفت کـ :«ای شاه یزدان‌پرست
براهام مردی‌ست پر سیم و زر   جهودی فریبنده و بدگهر
به آزادگی لُنبَک آبکَش   به آرایش خوان و گفتار خوَش»

*

بپرسید زان کهتران کـ :«این کی‌اند؟   به گفتار این پیرسر بر چی‌اند؟»[1]
چنین گفت با او یکی نامدار   کـه: «ای با گهر نامور شهریار[2]
سقایی‌ست این لنبک آبکش   جوانمرد و با خوان و گفتار خوش[3]
بیک نیم روز، آب دارد نگاه   دگر نیمه مهمان بجوید ز راه
نماند به فردا، از امروز، چیز   نخواهد که در خانه ماند پشیز

*

براهام، بی‌بر جهودی‌ست زُفت   کجا زُفتیِ او نشاید نهفت[4]
درم دارد و گنجِ دینار نیز   همان فرش دیبا و هرگونه چیز»[5]
منادیگری را بفرمود شاه   کـه: «شو؛ بانگ زن پیشِ بازارگاه
که هر کس که از لُنبکِ آبکش   خَرَد آب، خوردن؛ نباشدش، خُوَش»

*

همی بود تا زرد گشت آفتاب   نشست از برِ بارهٔ زودیاب
سوی خانهٔ لنبک آمد چو باد   بزد حلقه* بر درش و، آواز داد:
کـه: «من سرکشی‌ام از ایران سپاه   چو شب تیره شد، باز ماندم ز شاه
یک امشب اگر خود، درنگم دهی   همه مردمی باشد و فرّهی»

*

بشد شاد، لُنبک از آواز اوی   اُ زان خوب‌گفتار دمساز اوی

---

۱ - «کاین که‌اند» نادرست است: «که آن دو» لت دویم نیز نادرخور است.   ۲ - دنبالهٔ سخن.
۳ - **یک:** چون نام لُنبک «آبکش» بیاید، ترجمهٔ آن بزبان تازی چه روی دارد؟ **دو:** افزاینده سَقّا را نیز بگونه «سقا» آورده است. **سه:** لت دویم نیز برداشتی است از گفتار همان پیرمرد!   ۴ - رویداد را، در آینده خواهیم دیدن که همه چیز او در نهان بود.
۵ - دنباله سخن.   * - «**کوبه**» درست است، زیرا که حَلقه را بانوان و دختران می‌زدند.

پادشاهی بهرام گور

بدو گفت: «زود اندر آی ای سوار — که خشنود بادا ز تو شهریار

*

اگر با تو ده تن بُدی بِهْ بُدی — همه یک به یک بر سرم مه بُدی»[1]
فرود آمد از باره بهرامشاه — همی داشت، آن باره، لنبک نگاه
بمالید شادان، بچیزی، تنش — یکی رشته بنهاد بر گردنش
[چو بنشست بهرام، لنبک دوید — یکی مهره شترنج پیش آورید*]
[یکی کاسه آورد پر خوردنی — بیاورد هر گونه آوردنی●]
ببهرام گفت: «ای گرانمایه مرد — بنه مهرهٔ بازی از بهر خورد»[2]
بدید آنکه لنبک بدو داد شاه — بخندید و بنهاد بر پیشگاه[3]
چو نان خورده شد، میزبان؛ در زمان — بیاورد جامی ز می، شادمان
همی خورد بهرام تا گشت مست — به خوردنش آنگه بیازید دست[4]
شگفت آمد او را، از آن جشن اوی — اُزان خوب گفتار و زان تازه روی

*

بخفت آن شب و بامداد پگاه — از آواز او چشم بگشاد -شاه-
چنین گفت لنبک به بهرام گور — که: «شب، بی‌نوا بُد همانا ستور
یک امروز، مهمان من باش و بس — اُگر یار خواهی بخوانیم کس
بیاریم چیزی که باید بجای — یک امروز با ما بشادی بپای»[5]
چنین گفت با آبکش شهریار — که: «امروز چندان نداریم کار؛
که ناچار، ز ایدر بباید شدن — هم اینجا بنزد تو خواهم بُدَن»

*

بسی آفرین کرد لنبک بر اوی — ز گفتارِ او، تازه‌تر کرد روی

---

۱ - همه بر سرم... را «مه بودند» باید!

* - این دو رج در بیشتر نمونه‌ها چنین است: در لت دویم از رج نخستین یکی دست شترنج (امیربهادر) یکی شهره شطرنج، بهره شطرنج (مسکو)، که درست نمی‌نماید. نخست آنکه شترنج را با یک مهره نمی‌بازند، دودیگر آنکه شترنج را یک کس بتنهایی نمی‌بازد!

● - در شاهنامهٔ سپاهان این لت چنین آمده است، «یکی نغزخوانی فراز آورید»:

چو بنشست بهرام، لنبک دوید — یکی نغزخوانی فراز آورید
یکی چاره‌ای ساخت از خوردنی — بیاورد هرگونه آوردنی

با بررسی همهٔ این نمونه‌ها، می‌نماید که گفتار فردوسی چنین بوده است:

یکی نغزخوان ساخت از خوردنی — بیاورد هرگونه آوردنی

۲ - چنانکه همگان دانند شترنگ را دو کس با هم می‌بازند، نه یک کس.

۳ - لنبک چیزی بشاه نداده بود که خوان را گسترده بود، و بر پیشگاه نیز نادرخور است، زیرا که در خانِ لنبک او را گاه (= تخت) نبود که در پیشگاه آن چیزی نهند.

۴ - لت دویم را هیچ گزارش و پیوند نیست.

۵ - در لت نخست بیاریم نادرست است، و لت دویم در رج پیشین و گفتار فردوسی آمده بود.

بشد لنبک و آب چندی کشید — خریدار آبش نیامد پدید

*

غمین گشت و پیراهنش درکشید — یکی آبکش* را به بر برکشید
بها بستد و گوشت بخرید زود — بیامد سوی خانه چون باد و دود
باندام، کالوشه‌ای برنهاد○ — اُزان رنج مهمان همی کرد یاد!
بپخت و بخوردند و مَی خواستند — یکی مجلس دیگر آراستند
ببود آن شب تیره با مَی به دست — همان لنبک آبکش، مَی پرست

*

چو شب روز شد، تیز، لنبک برفت — بیامد بنزدیک بهرام تفت
بدو گفت: «روز سیوم شاد باش — ز رنج و غم و کوشش آزاد باش
بزن دست با من یک امروز نیز — چنان دان که بخشیده‌ای زرّ و چیز»
بدو گفت بهرام که: «این خود مباد — که روز سدیگر نباشیم شاد»
بر او، آبکش، آفرین خواند و گفت — که: «بیداردل باش و با بخت، جفت»

*

ببازار شد مَشک و آلت ببرد — گروگان به پرمایه مردی سپرد
خرید آنچه بایست و، آمد دوان — به نزدیک بهرام شد شادمان
بدو گفت: «یاری دِه اندر خورش — که مرد از خورش‌ها کند پرورش»
ازو بستد آن گوشت، بهرام زود — برید و بر آتش، خورش‌ها فزود
چونان خورده شد مَی گرفتند و جام — نخست از شهنشاه بردند نام
چو می خورده شد خواب را رای کرد□ — به بالین او شمع بر پای کرد

*

---

* - در همهٔ نمونه‌ها چنین آمده است که نادرست می‌نماید. زیرا که آبکش را ببر در نمی‌تواند کشیدن! ازآنجا که آبکشان باستان پوششی از لُنگ (=آبچین) در برداشتند، تا آبی که از درزهای مَشکْ ببیرون می‌تراود. جامهٔ آنانرا خیس نکند، [بنگرید به سنگ‌نگاره‌های تخت‌جمشید که آنجا نیز دو آبکش با لُنگ (آبچین) خویشتن را پوشانده‌اند]، بر این بنیاد می‌توان اندیشیدن که آبکش در این رج همان آبچین بوده است. لنبکْ پیراهن خویش را از تن بدر می‌آورد و آبچین را از بر تن می‌پوشد، تا پیراهن را بفروش رساند؛ و براین بنیاد گونهٔ درست این رج چنین می‌نماید:

غمین گشت و پیراهنش درکشید — یکی آبچین را به بر برکشید!

○ - کالوشه، در زبان امروز کلجوش، خوراکی است که با کشکْ ساییده در روغن و پیازداغ همراه با کوبیدهٔ گردو می‌پزند و نان را در آن ترید می‌کنند این خوراکْ برای مهمان از در رسیده زود آماده می‌شود.

□ - چو می خورده شد، همانند چونان خورده شد رج پیشین است، و دور از گفتار فردوسی می‌نماید! از سوی دیگر خواب را رای کردن به هر دو برمی‌گردد، و در لت دویم، کننده (فاعل) لنبک است، و من می‌اندیشم که سخن فردوسی چنین بوده است:

«چو مَی خورد و، مر خواب را رای کرد».

به روز چهارم چو بفروخت هور / شد از خواب بیدار، بهرام گور
بشد میزبان، گفت ک:«ای نامدار / ببودی در این خانهٔ تنگ و تار
بدین خانه اندر، تن‌آسان نه‌ای! / گر از شاه ایران هراسان نه‌ای؛
دو هفته بدین خانهٔ بینوا / بباشی گر آید دلت را هوا»

*

بر او آفرین کرد بهرامشاه / که: «شادان و خرّم بزی سال و ماه
سه روز اندرین خانه بودیم شاد / ز شاهان گیتی گرفتیم یاد
بجایی بگویم سخن‌های تو / که روشن شود زو* دل و رای تو
که این میزبانی ترا بر دهد / چو افزون کنی تخت و افسر دهد»[1]
بیامد چو گرد، اسپ را زین نهاد / به نخچیرگه رفت زان خانه شاد
همی کرد نخچیر تا، شب ز کوه / برآمد، سبک، بازگشت از گروه

رفتن بهرام
به
خانهٔ براهام

ز لشگر جدا گشت بهرام، تفت / سوی خان بی‌بر براهام، رفت°
بزد در، چنین گفت ک:«ز شهریار / بماندم چو باز آمد او از شکار
شب آمد ندانم همی راه را / نیابم همی لشگر و شاه را
گر امشب بدین خانه یابم سپنج / نباشد کسی را، ز من، هیچ رنج»

*

به پیش براهام شد پیشکار / بگفت آنچه بشنید ازآن نامدار
براهام گفت: «ایچ ازین در مرنج / بگویش که: ایدر نیابی سپنج»
بیامد فرستاده با او بگفت / که: «ایدر ترا نیست جای نهفت»

---

* – «زان» درست می‌نماید.

1 – یک: «که» در آغاز این رج با «که» در آغاز لت دویم از رج پیشین همخوان نیست. دو: تخت و افسر به لنبک آبکش نشاید دادن، که آن، ویژهٔ شهریاران است.

° – این رج بگونه‌های فراوان آمده است: برای سواران، بزای سواران، ز پیش سواران چو ره برگرفت، زلشگر جداگشت و بر کام رفت. سوی ده بخان براهام رفت، زلشگر جداگشت بهرام تفت، پس از لشگر خویش بهرام تفت، بسان سواران بهرام، سبک سوی خان براهام تفت (← خالقی مطلق ۴۳۰-۶).

*

بدو گفت بهرام، با او بگوی / که:«ز ایدر، گذشتن مرا؛ نیست روی
همی از تو من جای خواهم سپنج / نیارم بخوردن، ترا هیچ رنج[1]
چو بشنید پویان بشد پیشکار / به نزد براهام گفت: «این سوار[2]
همی ز ایدر امشب نخواهد گذشت / سخن گفتن و رای بسیار گشت»[3]
براهام گفتش که: «رو بی‌درنگ / بگویش که این جایگاهی‌ست تنگ[4]
جهودی‌ست درویش و شب گرسنه / بخسپد همی بر زمین برهنه»[5]
بگفتند و بهرام گفت: «ار سپنج / نیابم بدین خانه آیدت رنج[6]
بدین در بخسپم، نجویم، سرای / نخواهم بچیزی دگر کرد، رای»*
براهام گفت: «ای نبرده سوار / همی رنجه داری مرا، خوارخوار!
بخسپی و چیزیت دزدد کسی؛ / ازآن در مرا رنجه داری بسی![7]
به خانه درآی ار جهان تنگ شد / همه کار بی‌بوی○ و بی‌رنگ شد؛
به پیمان؛ که چیزی نخواهی ز من / ندارم بمرگ، آبچین● و کفن
گر این اسپ، سرگین و آب افکند / اُگر خشت این خانه را بشکند
به شبگیر سرگینش بیرون بری / بروبیّ و خاکش بهامون بری
همان خشت را نیز تاوان دهی / چو بیدار گردی ز خواب آن دهی»[8]

*

بدو گفت بهرام: «پیمان کنم / بر این رنج‌ها، سر گروگان کنم»
فرود آمد و اسپ را با لگام / ببست و برآهیخت تیغ از نیام
نمدزین بگسترد و بالینش زین / بخفت و دو پایش بروی زمین

*

جهود؛ آن درِ خانه از پس، ببست / بیاورد خوان و بخوردن نشست

۱ - سخن از سپنج (ماندن در یک خانه بهزینهٔ خود، یا بی‌خوردن خوراک) پیش از این آمده بود، و این دوباره‌گویی است، و نمونه‌ها نیز گوناگون است که از آوردن آنها خودداری می‌کنم.
۲ - در یک خانه از درسرای تا ایوان پوییدن نباید.
۳ - سخن بسیار نبود، و بهرام نیز نگفته بود که از اینجا نمی‌گذرم.
۴ - لت دویم نادرست است این خانه تنگ است.
۵ - **یک:** سخن دربارهٔ جایگاه بود، نه خانه خدای. **دو:** بهرام از آنان سپنج خواسته بود نه مهمانی!
۶ - این سخن، باگفتار رج پسین همخوان نیست و پنج رج گذشته در شاهنامه سپاهان نیامده است.
* - بچیزی دگر، رای نخواهم کردن.
۷ - سخن بی‌پایان است، اگر چنین است، چرا در رج پسین، او را بخانه راه می‌دهد.
○ - برابر شاهنامه سپاهان، دیگر نمونه‌ها بی آب، بی‌برگ.
● - تنِ مرده را پس از شستن، با آبچین (=لنگ) خشک می‌کرده‌اند، پسانگاه بر او کفن می‌پوشانده‌اند.
۸ - **یک:** پس از رُفتن و از خانه برون بردن، سخن از بیدار گشتن نادرخور است. **دو:** آن دهی نیز چنین است.

۲۶۶ پادشاهی بهرام گور

ازآنپس به بهرام گفت: «ای سوار   چو این داستان بشنوی یاد دار!
بگیتی هر آن کس که دارد، خورد   سوی مردم بی‌نوا، ننگرد»
بدو گفت بهرام که: «این داستان   شنیدستم از گفتهٔ باستان
شنیدم بگفتار و دیدم کنون   که برخواندی از گفتهٔ رهنمون»

*

مَی آورد، چون خورده شد نان، جهود   ازآن می ورا شادمانی فزود
خروشید که: «ای رنجدیده سوار   بدین داستان کهن گوش دار؛
که هر کس که دارد، دلش روشن است   درم پیش او، چون یکی جوشن است
کسی کاو ندارد، بود خشک لب   چنانچون تویی گُرْسنه، نیم‌شب»
بدو گفت بهرام که: «این بس شگفت   بگیتی مر این* یاد باید گرفت
که از جام یابی سرانجامِ نیک   خنک میگسار و می و جامِ نیک»

*

چو از کوه خنجر برآورد هور   گرازان شد از خانه بهرام گور
بران چرمهٔ ناچران برنشست   همی خواست کز خانه آید بدشت [1]
بیامد براهام، گفت: «ای سوار   بگفتار خود بر، کنون، پای دار
تو گفتی که سرگین این بارگی   به جاروب روبم بیکبارگی
کنون آنچه گفتی بروب و ببر   به رنجم! ز مهمان بیدادگر!»

*

بدو گفت بهرام: «شو پایکار   بیاور که سرگین کشد برکنار
دهم زر که تا خاک بیرون برد   وز این خانهٔ تو به هامون برد»
بدو گفت: «من کس ندارم که خاک   بروبد، برد، ریزد اندر مَغاک
تو پیمان که کردی بکژّی مبر   نباید که خوانمْتْ بیدادگر!»
چو بشنید بهرام ازو این سخن   یکی تازه اندیشه افکند بن [2]
یکی خوب دستار بودش حریر   به موزه درون● پر ز مشک و ابیر
برون کرد و، سرگین؛ بدو کرد پاک   بینداخت با خاک، اندر مغاک

---

* - نمونه‌ها، خالقی مطلق: بدان، تا بیادت نباید گرفت، مسکو: بر این، بدیدم همی، شاهنامه سپاهان: مدان تا بیادت نباید گرفت، اما سخن درست چنین می‌نماید: **بگیتی «مرا» یاد باید گرفت**.

۱ - **یک:** میان دالان خانه سوار بر اسب نمی‌شوند. **دو:** هنوز با براهام گفت‌وگو دارد.

۲ - اندیشهٔ تازه چگونه است!

● - در همهٔ نمونه‌ها «بموزه درون» آمده است و پیدا است که جایِ دستار ابریشمین را که در آن مشگ و ابیر ریخته باشند درکفش جای نیست، و من می‌اندیشم که سخن درست چنین بوده شد: **بکیسه درون**... .

لنبک آبکش و براهام ۲۶۷

براهام را گفت ک: «ای پارسا — گر از رادیت بشنود پادشا
ترا از جهان بی‌نیازی دهد — برِ مهتران سرفرازی دهد»

*

برفت و بیامد بایوان خویش — همه شب همی ساخت درمان خویش [1]
پر اندیشه آن شب به ایوان بخفت — بخندید و آن راز با کس نگفت
بشبگیر، چون تاج بر سر نهاد — سپه را سراسر همه بار داد
بفرمود تا لُنبکِ آبکش — بشد پیش او دست کرده بکَش

*

ببردند از ایوان براهام را — جهود بداندیش و بدکام را
چو در بارگه رفت بنشاندند — یکی پاک‌دل مرد را، خواندند
بدو گفت: «رو بارگی‌ها ببر — نگر تا نباشی بجز دادگر؛
بخان براهام شو، بی‌کیار ● — نگر تا چه بینی نهاده، بیار»

*

بشد پاکدل، تا به خان جهود — همه خانه دیبا و دینار بود
ز پوشیدنی هم ز گستردنی — ز افکندنیّ و پراکندنی [2]
یکی کاروان‌خانه بود و سرای — نبُد کاله را بر زمین نیز جای [3]
ز درّ و ز یاقوت و هر گوهری — ز هر بدره‌ای بر سرش افسری [4]
ندانست موبد مرآن را شمار — ندانست کردن به بس روزگار [5]
فرستاد موبد بدان جا سوار — شتر خواست از دشت جهرم هزار [6]
همه بار کردند و دیگر نماند — همان؛ ساروان، کاروان را براند

---

۱ – **یک:** برفت و بیامد درست نیست. **دو:** چه درد داشت که آنرا درمان کند؟ **سه:** درمان، (ساختنی) نیست، (کردنی) است.

● – (یادداشت مهدی قریب و محمدعلی بهبودی بر شاهنامهٔ خود) «شاهنامه موزه بریتانیا و کاما؛ بجای بی‌کیار، «برکذار» دارند. دستنویس‌های قاهره ۱ و سیمرغ «برکنار» آورده‌اند. متن برمبنای نسخهٔ لنینگراد به بی‌کیار تصحیح شد»
شاهنامه لندن برگذار، و شاهنامهٔ سپاهان برکدار آورده است، ازآنجا که در دبیرهٔ کهن ک و گ هردو بگونه ک نوشته شده است برکدار؛ برگدار است که با پروانه (= با مجوز) بوده باشد. بهرام بمرد پاکدل می‌گوید که «برگدار» یا با پروانهٔ دادگاه بخانهٔ براهام رو! در این باره، در پیشگفتار سخنی گسترده آورده‌ام.

۲ – پراکندنی: دانه‌ها، همچون برنج و گندم و نخود و دیگر گونه‌ها که امروز «بُنشن» خوانده می‌شود. اما در خانه‌ایکه بر بنیاد رج پیشین پر از دیبا و دینار بود، سخن از بُنشن و نخود و لوبیا آوردن نادرخور است.

۳ – کاروان‌خانه در زبان فارسی پیشینه ندارد: «کاروانسرای».

۴ – **یک:** از در آغاز سخن ناکارآمد است... مگر آنکه پایان‌وند بایسته داشته باشد: «از درّ و گوهر، پر بوده». **دو:** «از هر کیسه بر سر آن افسری» را چه گزارش باشد؟

۵ – موبد به خانه براهام نرفته بود، که کارگزاری از سوی «داور».

۶ – در بیشتر نمونه‌ها این رج با رج پسین یکجا آمده است:
ندانست موبد مر آنرا شمار — شتر خواست از دشت جهرم(؟) هزار

چو بانگِ درای آمد از بارگاه   بشد مرد بینا بگفت آن به شاه[1]
که: «گوهر، فزون زین، بگنجِ تو نیست   همان مانده خروار باشد دوست»[2]
بماند اندرآن، شاه ایران شگفت   وز آن در دل اندیشه‌ها برگرفت
که: «چندین بورزید مرد جهود   چو روزی نبودش ز ورزش چه؟ سود»

*

جهاندارشاه، آبکش، را سپرد   بشد لنبک از راه و گنجی ببرد
ازآنپس براهام را خواند و گفت   که: «ای در کمی گشته با خاک جفت
چه گویی که پیغمبرت چند زیست   چه بایست چندی به زشتی گریست[3]
ازآن سد شتروار زرّ و درم   ز گستردنی‌ها و ز بیش و کم
سوار، آمد و گفت با من سخن   ازآن داستان‌های گشته کهن
که: «هر کس که دارد فزونی، خورد   کسی کاو ندارد همی پژمرد!
کنون دستِ یازان*، ز خوردن بکَش   ببین زین سپس، خوردنِ آبکَش»
ز سرگین و زربفت و دستار و خشت   بسی گفت با سفله مرد کنشت[4]
درم داد، ناپاکدل را، چهار   بدو گفت ک :«این را، تو سرمایه دار!
سزا نیست زین بیشتر مر ترا   درم مرد درویش را سر ترا»[5]
به ارزانیان داد چیزی که بود   خروشان همی رفت مرد جهود[6]

کشتن بهرام، شیران را
و
بازداشتن مردمان از خوردن می

چو یوز شکاری بکار آمدش   بجنبید و رای شکار آمدش
یکی بارهای تیزرو برنشست   بهامون خرامید، بازی بدست[7]

۱ – **یک:** بانگِ درای از کاروان برمی‌خیزد، نه ازبارگاه. **دو:** لت دویم سست و نادرخور است.
۲ – «مانده خروار» چه باشد؟   ۳ – سخن راگزارش و پیوند نیست.
* – دستِ یازان: دستی که برای گرفتن، همواره دراز است.
۴ – **یک:** از سخنِ افزوده دربارهٔ «خشت» در این گفتار افزوده نیز یاد می‌شود. **دو:** مرد کنشت را هیچ نیست، چنانکه بیک مسلمان بگویند مردِ مسجد!   ۵ – لت دویم چنین می‌نماید که براهام خونی و مرگ ارزان بوده است، و اکنون او را می‌بخشند!
٦ – افزایندهٔ سُتُرگ بهمین زودی آن گفتار شاهنامه را؛ «جهاندار شاه، آبکش را سپرد» زیر پردهٔ دروغ خویش پنهان می‌کند و آن درم و دینار را به ارزانیان می‌بخشد!
۷ – **یک:** پیدا است که تیزروترین و برترین اسبان از آن شاهان بوده است. **دو:** شاهان، باز بدست بشکار نمی‌رفته‌اند که اینکار، ←

یکی بیشه پیش آمدش پر درخت نشستنگهِ مردمِ نیکبخت
بسان بهشتی، یکی سبز جای ندید اندرو مردم و چارپای
چنین گفت کـ :«این جای شیران بود همان رزمگاه دلیران بود»

*

کمان را به زه کرد○ مرد دلیر پدید آمد اندر زمان نرّه شیر
بزد تیر و پهلوش با دل بدوخت دل شیر ماده براو بر، بسوخت
همان ماده آهنگ بهرام کرد بغرّید و چنگش به اندام کرد
یکی تیغ زد بر میانش سوار فرو ماند جنگی دد، از کارزار*

*

برون آمد از بیشه مردی کهن زبانش گشاده بشیرین سخن[1]
کجا نام او، مهربُنداد بود ازآن زخم شمشیر او شاد بود[2]
یکی مرد دهقان یزدان‌پرست بدان بیشه بودیش جای نشست[3]
چو آمد بر شاه ایران فراز بر او آفرین کرد و بردش نماز
بدو گفت کـ :«ای مهتر نامدار بکام تو باد اختر و روزگار
یکی مرد دهقانم ای پاک‌رای خداوند این مرز و کشت و سرای[4]
خداوند گاو و خر و گوسفند ز شیران شده بددل و مستمند[5]
کنون ایزد این کار بر دست تو برآورد بر قبضه و شستِ تو[6]
زمانی در این بیشه اندرنشین که آرنْدَتْ شیر و می و انگبین

*

بره هست چندانکه باید بکار درختان بارآور و سایه‌دار»
فرود آمد از باره بهرامشاه همی کرد در بیشه، هر جا نگاه
که باشد زمین سبز و آب روان چنانچون بود جای مرد جوان[7]
بشد مهربنداد و رامشگران بیاورد چندی ز ده مهتران

← خویشکاری، بازداران بوده است، مگر آنکه در میانهٔ شکار، بازی را از دست باز دار بگیرند، و بسوی پرنده‌ای، رهایش کنند.

○ – کمان را پیش از رفتن بشکار «بزه» می‌کنند. * – برابر با شاهنامهٔ سپاهان و مسکو: در آن کارزار، دراز کارزار

۱ – در بیشه مردم و چارپای نبوده است، و مرد، از بیشه بیرون آمد؟ ۲ – مهربنداد، زخم بهرام را ندیده بود.

۳ – پس از بردن نام او، و شادی وی از زخم شمشیر بهرام، که سخن را بپایان می‌رساند، جایی برای گفتار نمی‌ماند.

۴ – **یک:** دوباره از دهقانی او یاد می‌شود. **دو:** آنجا جنگلی بود که در آن مردم و چارپای دیده نمی‌شد، پس مهربُنداد، نمی‌توانست خداوند (این) مرز و کشت و سرای بوده باشد.

۵ – **یک:** چون خداوند کشت و سرای بوده باشد، پیدا است که گاو و خر و گوسفند نیز دارد. **دو:** از شیران (بددل) شدن را گزارش نیست، «ترسان» شاید. ٦ – بر دست او؟ یا بر شست او؟ ۷ – از سرسبزی بیشه پیش از این یاد شده بود.

بسی گوسفندان فربه بکشت   بیامد یکی جام زرّین به مشت[1]
چو نان خورده شد جام‌های نبید   نهادند و پیشش گل و شنبلید[2]
چو شد مهربنداد شادان ز می   به بهرام گفت: «ای گوِ نیک‌پی
چنان دان که مانندهٔ شاه را   همان در شب چارده ماه را»
بدو گفت بهرام ک: «آری روا است   نگارنده، بر چهرها پادشا است
چنان آفریند که خواهد همی   مرآن را گزیند که خواهد همی
اگر من همی نیک مانم بشاه   ترا دادم این بیشه و جایگاه»
بگفت این و زان جایگه برنشست   به ایوان خرّم خرامید مست[3]
بخفت آن شب تیره در بوستان   همی یاد کرد از لب دوستان[4]

*

چو بنشست مَی خواست از بامداد   بزرگان لشگر برفتند شاد[5]
بیامد همانگه یکی مردِ مِه   ورا میوه آورد چندی ز ده
شتروارها، نار و سیب و بهی*   ز گل، دسته‌ها کرده، شاهنشهی
جهاندار چون دید بنواختش   میان یلان جایگه ساختش
همین مه که با میوه و بوی بود   ورا پهلوی نام کیروی بود[6]
به روی جهاندار جام نبید   دو من را به یکبار اندر کشید[7]
چو شد مرد، خرّم ز دیدار شاه   اُ زآن نامداران و آن جشنگاه○
یکی جام دیگر پر از می‌بلور   به دلش اندر افتاد زان جام شور[8]
ز پیش بزرگان بیازید دست   بدان جام می تاخت و بر پای جست[9]

---

۱ – **یک:** بسی گوسفند(ان) نادرست است. **دو:** جام را در دست می‌گیرند، نه در مشت.

۲ – هشت رج دنبالهٔ داستان که نشان از آن دارد که مردمان بهرامشاه را نمی‌شناسند، باز آنکه در داستان پسین بهرام را می‌شناخته‌اند.

۳ – **یک:** هنوز داستان، روانست و در همان بیشه مردی دیگر نزد بهرامشاه خواهد آمدن، اما افزایندگان او را روانهٔ ایوان می‌کنند! **دو:** ایوان خرّم نادرخور است.

۴ – سخن سست...

۵ – بزرگان لشگر کجا رفتند؟

* – **یک:** «بهی»: بِه، میوهٔ به که هنوز در خراسان بزرگ بهمین نام خوانده می‌شود. **دو:** «وار» همان بار است که بگونهٔ پسوند «وار» خوانده می‌شود: اسوار (= بار اسب؛ مردمان) خروار، باری باندازهٔ توان یک خر، شتروار، کولوار (باری بِاندازه‌ای که به پشت) گیرند. گوشوار؛ بارِ گوش، دستوار (= عصا)...

٦ – **یک:** سخن نابهنگام که نامش را همان آغاز می‌بایستی آوردن. **دو:** پهلوی نام نیز نادرست است، زیرا که در آنزمان، نامها همه بزبان پهلوی، بر زبان روان می‌شده است.

۷ – افزاینده یا هرگز می ننوشیده است که از دو من می در یک جام سخن می‌گوید، یا اسپ تیز رفتارِ ستایش و افزایش او را وادار به گفتن چنین گزافه‌ای کرده است، باز آنکه در رج پسین، فردوسی از خرم شدن او بدیدار شاه یاد می‌کند!

○ – همه نمونه‌ها: ازآن نامداران... شاهنامهٔ سپاهان وزآن... که درست است.

۸ – **یک:** سخن پریشان است: «جامی بلورینِ دیگر». **دو:** مگر از جام می بر دل کسی شور می‌افتد؟

۹ – بجام تاختن را چگونه توان سنجیدن؟

بازداشتن مردان از خوردن می

بیاد شهنشاه بگرفت جام — «منم» گفت: «میخواره، کیروی نام
بروی شهنشاه جام نبید — چو من درکشم، یار خواهم گزید
به جام اندرون بود می پنج من — خورم هفت ازین بر سر انجمن [1]
پسآنگه سوی ده روم من؛ بهوش — ز من نشنود کس، بمستی؛ خروش»

*

چنان؛ هفت جام پر از می بخوَرد — ازآن میپرستان برآورد گرد
به دستوری شاه بیرون گذشت — که داند که می در تنش چون گذشت [2]
اُزان جای خرّم بیامد بدشت — چو در سینهٔ مرد، می گرم گشت
برانگیخت اسپ از میان گروه — ز هامون همی تاخت تا پیش کوه
فرود آمد از باره، جایی نهفت — نگه کرد و در سایهٔ کوه خفت

*

ز کوه اندر آمد کلاغی سیاه — دو چشمش بکند اندرآن خوابگاه
همی تاختند از پس او گروه — ورا مرده دیدند بر پیش کوه
دو چشمش ز سر کنده زاغ سیاه — برش اسپ او ایستاده براه
بر او کهترانش خروشان شدند — اُزان مجلس و جام جوشان شدند
چو بهرام برخاست از خوابگاه — بیامد برِ او، یکی نیکخواه؛
که: «کیروی را چشمِ روشن، کلاغ — ز مستی بکندهست در پیش راغ»

*

رخ شهریار جهان، زرد شد — ز تیمار کیروی پر درد شد
هم آنگه برآمد ز درگه خروش — که: «ای نامداران با فرّ و هوش
حرام است می، بر جهان؛ سربسر — چه بر پهلوان و چه بر پیشهور

*

بر این گونه بگذشت سالی تمام — همی داشتی؛ هر کسی، می؛ حرام
همان، شاه، چون مجلس آراستی؛ — همه نامهٔ باستان خواستی

۱ - جام دو منی به پنج منی افزایش یافت!!؟
۲ - در لت دویم، افزاینده با خوانندگان سخن می‌گوید!

داستان کودک کفشگر
باز روا ساختن بهرام، خوردن می را

چنین بود، تا کودکی کفشگر / زنی خواست با چیز و نام و گهر
نبودش در آن کار، افزار، سخت / همی زار بگریست، مامش، ز بخت
همانا، نهان داشت؛ لختی نبید / پسر را بدان خانه اندر کشید
به پور جوان گفت از این، هفت جام*: / بخور تا شوی ایمن و شادکام
مگر بشکنی امشب آن مُهر تنگ / کلنگ از نمد، کی؟ کَنَد کانِ سنگ!»

❋

بزد کفشگر جام می هفت و هشت / هم اندر زمان آتشش سخت گشت[1]
جوانمرد را، جام، گستاخ کرد / بیامد، درِ خانه سوراخ کرد
اُزان جایگه شد بدرگاه خویش / شده شاددل، یافته؛ راه خویش

❋

چنان بُد که از خانِ شیرانِ شاه / یکی شیر، بگسست و آمد براه
ازآن می همی کفشگر مست بود / به دیده ندید آنچه بایست بود[2]
بشد تیز و بر شیرِ غرّان نشست / بیازید و بگرفت گوشش بدست
بران شیر غرّان پسر شیر بود / جوان از بر و شیر در زیر بود[3]
همی شد دوان، شیروان● چون نوند / به یک دست زنجیر و دیگر کمند
یکی کفشگر دید بر پشت شیر / نشسته بر او، چون سواری دلیر

❋

بیامد دوان، تا درِ بارگاه / دلیر اندر آمد بنزدیک شاه
بگفت آن شگفتی کجا، دیده بود / -به دیده بدید آنچه نشنیده بود○-
جهاندار زان در شگفتی بماند / همه موبدان و ردان را بخواند

---

* - پیدا است که کودک پانزده ساله را توان نوشیدن هفت جام می نیست، و از سویی در پاسخ مادر به بهرام پیدا است که کودک سه جام خورده است، و براین بنیاد، این لت بایستی چنین بوده باشد: **«بپور جوان گفت از این، چند جام»**.

۱ - **یک:** یا هفت، یا هشت! **دو:** آتشش سخت شد، نادرست است: برافروخت.

۲ - **یک:** همی مست بود نادرست است: «مست بود». **دو:** مَست را با «بایِست» پساوا نیست.

۳ - بر شیر، شیر بودن سخنی نادرست است: «بر شیر پیروز بود» لت دویم دوباره‌گویی رج پیشین.

● - شیربان

○ - این رج را در نمونه‌ها، گونه‌های گوناگون است، اما در لت دویم همهٔ نمونه‌ها «دیده بدید» آمده است، که با «دیده بود» لت نخست هماهنگ نیست، بر این بنیاد، گفتار فردوسی چنین می‌نماید:

«بگفت آن شگفتی کجا، دیده بود / بدیده پدید، آنچه نشنیده بود»

وگزارش آن چنین است: «آن شگفتی را که نشنیده بود، با چشمان خود، آشکارا دیده بود».

بموبد چنین گفت کـ :«این کفشگر؛ / نگه کن که تا از که؟ دارد گهر!»

*

بجُستند و گفتند با مادرش / فزاید مگر بر هنر، گوهرش
بـرِ مادرش چون سخن شد دراز / دوان رفت و، بر شاه، بگشاد راز!
نخست آفرین کرد بر شهریار / که: «شادان بزی تا بود روزگار!»[1]
چنین گفت کـ :«این نورسیده بجای؛ / یکی زن گزین کرد و شد کدخدای
بکار اندرش، نایژه سست بود / زنش گفت کان سُست، خود رُست بود*
بدادم سه جام نبیدش، نهان / که ماند، کس از تخم او در جهان
هم اندر زمان لئل گشتش رخان / نمد، سر برآورد و، گشت استخوان
نژادش نبُد جز سه جام نبید / که؟ دانست کاین؛ شاه خواهد شنید!»

*

بخندید ازآن پیرزن، شاه و گفت / که: «این داستان را نشاید نهفت»
به موبد چنین گفت کـ :«اکنون نبید / حلال است و میخواره باید گزید؛
که چندان خورد می‌که بر نرّه شیر / نشیند، نیارد ورا، شیر، زیر
نه چندان که چشمش، کلاغ سیاه / ز سر برکَنَد، مست؛ خفته براه»

*

خروشی برآمد همآنگه ز در / که: «ای پهلوانان زرّین‌کمر
بر اندازه بر، هر کسی؛ مَی خورید / از آغاز، فرجام را؛ بنگرید
چو می‌تان بشادی شود رهنمون / بخسپید، تا تن نگردد زبون»

ویران کردن و آباد کردنِ روزبه
ده را

بیامد سیوم روز، شبگیر، شاه / سوی دشت نخچیر شد، با سپاه
به دست چپش هرمزِ کدخدای / سوی راستش موبد پاکرای
بر او داستان‌ها همی خواندند / ز جمّ و فریدون سخن راندند[2]

1 - پس از گشادن راز آفرین کرد.
* - زنش گفت که آن نایژه؛ چون «گیاه خودروی» سست است.
2 - همی‌خواندند، لت نخست با سخن راندند لت دویم همخوان نیست.

سگ و یوز در پیش و شاهین و باز — همی تا بسر برد روز دراز[۱]
چو خورشید تابان به گنبد رسید — بجایی پی گور و آهو ندید
چو خورشید تابان دژم‌ساز گشت — ز نخچیرگه تنگدل بازگشت[۲]

*

به پیش، اندر آمد یکی سبزجای — بسی اندرآن مردم و چارپای
ازآن دِه فراوان براه آمدند — نظاره به پیش سپاه آمدند
جهاندار پر خشم و پُرتاب بود — همی خواست کاید بدان ده فرود[۳]
نکردند زیشان کسی آفرین — تو گفتی ببست آن خران را زمین[۴]
ازآن مردمان، تنگدل گشت؛ شاه — بخوبی نکرد اندر ایشان نگاه
بموبد چنین گفت کـ:«این سبزجای — پر از خانه و مردم و چارپای
کنامِ دد و دام و نخچیر باد — بجوی اندرون، آبشان؛ قیر باد»

*

بدانست موبد که فرمان شاه — چه بود اندران، سوی ده شد؛ ز راه
بدیشان چنین گفت کـ:«این سبز جای — پر از خانه و مردم و چارپای
خوش آمد شهنشاه بهرام را — یکی تازه کرد اندرین، کام را»
دگر گفت موبد، بدان مردمان — کـه: «جاوید، دارید دل شادمان[۵]
شما را همه یکسره کرد، مِه — بدان، تا کُند شهر؛ از این خوب ده!
بدین ده زن و کودکان مهترند — کسی را نباید که فرمان برند[۶]
بدین ده چه مزدور و چه کدخدای — بیک روی باید، که دارند رای*
زن و کودک و مرد، جمله مِه‌اید — یکایک همه، کدخدای ده‌اید»

*

خروشی برآمد ز پرمایه ده — ز شادی، که گشتند یکباره مِه
زن و مرد ازآنپس، یکی شد، به رای — پرستار و مزدور با کدخدای
چو ناباک شد مرد برنا به ده — بریدند ناگه سر مرد مه[۷]

---

۱ – کنش‌ها در زمانِ روان (= حال) بود، و «برد» در لت دویم بگذشته برگشت.

۲ – از خورشید در رج پیشین سخن رفته بود، و خورشیدِ دژم‌ساز را، کس در جهان نشنیده است.

۳ – پر خشم، شاید! اما پرتاب پرتوان است و باژگونهٔ آن بیتاب است که کس را دژم نشان می‌دهد.

۴ – **یک:** تو گفتی... **دو:** خوارداشتِ مردمان یک روستا، با چنین پاژنام، از فردوسی هزاران فرسنگ بدور است.

۵ – دگر گفت را جای نباشد... دنبالهٔ گفتار را بایستی گفتن که در رج پسین می‌آید.

۶ – بدین ده، در رج آینده می‌آید.

* – رای و خواستِ همگان یکسان است.

۷ – برنا کودک پنج ساله تا ده ساله است.

همه، یک بدیگر برآویختند — به هر جای، بیراه، خون ریختند
چو برخاست زان روستا رستخیز — گرفتند ناگاه° زان ده، گریز
بماندند پیران ابی پای و پر — بشد آلت ورزش و ساز و بر [1]
همه ده بویرانی آورد روی — درختان ببد* خشگ و، بی‌آب؛ جوی

*

چو یکسال بگذشت و آمد بهار — بدان ره، به نخچیر شد شهریار
بدان جایِ آباد و خرّم رسید — نگه کرد و بر جای بر، ده ندید
درختان همه خشگ و ویران، سرای — همه مرز بی‌مردم و چارپای

*

شد آن دشت ویران و ویران سرای — رمیده از او مردم و چارپای [2]
دل شاه بهرام ناشاد گشت — ز یزدان بترسید و بَر؛ داد گشت
بموبد چنین گفت که:«ای روزبه — دریغ است ویران؛ چنین خوب ده
برو تیز و آباد گردان بگنج — چنان کن کزین پس نبینند رنج»

*

ز پیش شهنشاه، موبد برفت — ازانجا به ویران؛ خرامید، تفت
ز برزن همی سوی برزن شتافت — بفرجام، بیکار پیری، بیافت
فرود آمد از اسپ و بنواختش — برِ خویش، نزدیک بنشاختش
بدو گفت که:«ای خواجهٔ سالخوَرد — چنین جای آباد، ویران که کرد؟»
چنین داد پاسخ که: «یک روزگار — گذر کرد بر بوم ما شهریار
بیامد یکی بی‌خرد موبدی — ازآن نامداران یکی، بر بدی؛ [3]
بما گفت: «یکسر، همه؛ مهترید — نگر، تا کسی را بکس مشمرید»
بگفت این و آن ده پرآشوب گشت — پر از غارت و کشتن و چوب گشت
که یزدان ورا یار باندازه باد — غم و مرگ و سختی بر او تازه باد [4]
همه کار این جا پر از تیرگیست — چنان شد که بر ما بباید گریست»

*

ازآن گفته پر درد شد، روزبه — بپرسید و گفت: «از شما کیست؟ مه!»

○ – همهٔ نمونه‌ها «ناگاه» اما پیدا است که **«ناچار»** درست است.
* – در زبان پهلوی همواره بجای «بشد»، «بُد» آمده است.
۱ –لت دویم بی‌گزارش است.
۲ –گزارشی سست از رج پیشین.
۳ –لت دویم سست است.
۴ –لت نخست بدآهنگ است و گفتار، پریشان و بی‌پیوند.

پادشاهی بهرام گور

چنین داد پاسخ که: «مهتر بود؛ بجایی که، تخم گیا، بر بود!»*
بدو روزبه گفت: «مهتر تو باش بدین جای ویران، به سر بر، تو باش
ز گنج جهاندار دینار خواه هم از تخم و گاو و خر و بار خواه
بکش، هر که بیکار بینی، به ده همه کهتران‌اند یکسر، تو مِه

34895
بر آن موبد پیر نفرین مکن نه بر آرزو راند، او، این سخن¹
اگر یار خواهی، ز درگاه شاه فرستمت، چندانکه خواهی بخواه»
چو بشنید پیر این سخن شاد شد از اندوه دیرینه آزاد شد²

※

همانگه سوی خانه شد مرد پیر بیاورد مردم سوی آبگیر
زمین را به آباد کردن گرفت همه مرزها را سپردن گرفت

34900
ز همسایگان گاو و خر خواستند در و دشت، یکسر؛ بیاراستند
خود و مرزداران بکوشید سخت بکشتند هر جای چندی درخت³
چو یک برزن از کوشش آباد شد دل هر که بود اندر آن، شاد شد!
از آن جای هر کس که بگریختی بمژگان همی خون فرو ریختی⁴
چو° آگاهی آمد ز آباد جای از آن کوشش پیرسر کدخدای؛

34905
یکایک سوی ده نهادند روی به هر برزن، آباد کردند جوی
همان مرغ و گاو و خر و گوسفند یکایک برافزود بر کشتمند
درختی، به هر جای، هر کس بکشت شد آن جای ویران چو خرّم بهشت
بسالِ سدیگر بیاراست ده برآمد ز ورزش، همه کام مِه؛

※

چو آمد بهنگام، خرّم بهار سوی دشت نخچیر شد شهریار

34910
ابا موبدش نام او روزبه چو هر دو رسیدند نزدیک ده⁵
نگه کرد فرخنده بهرام گور جهان دید پرکشتمند و ستور
برآورده زو کاخ‌های بلند همه راغ و هامون پر از گوسفند

---

* – مهتر، در جایی‌ست که تخم گیاهان کاشته شود و بر و میوهٔ آن بدست آید.

1 – سخن پیشین افزوده بود، و این رج نیز بدان پیوسته است.

2 – اندوه او دیرینه نبود، که از یکسال پیش اندوهمند شده بود.

3 – خود و مرزداران نادرست است، وکنش نیز «کوشیدند» درست.

4 – در لت نخست بگریختی نادرست است: «گریخته بود»، و در لت دویم، بایستی شاد شده باشند و سخن بازگونه است.

○ – «چو» آغازین این رج با «چو» پیشین همخوان نیست و پیدا است که سخن فردوسی چنین بوده است:

پس آگاهی آمد

5 – سخن سُست است.

همه راغ، آب و همه دشت، جوی … همه ده پر از مردم خوبروی[1]
پراکنده بر کوه میش بره … بهشتی شده بوم او یکسره[2]
بموبد چنین گفت ک :«ای روزبه … چه؟ کردی که ویران شد این خوب ده
پراکند، زو؛ مردم و چارپای … چه؟ کردی که آمد کنون، باز جای»

*

بدو گفت موبد که: «از یک سخن … بپای آمد این شارستان کهن
همان از یک اندیشه آباد شد … دل شاه ایران ازین شاد شد[3]
مرا شاه فرمود کاین سبزجای … به دینار گنج اندر آور به پای
بترسیدم از کردگار جهان … نکوهیدن از کهتران و مهان
بدیدم چو یک دل دو اندیشه کرد … ز هر دو برآورد ناگاه گرد
همان چون به یک شهر دو کدخدای … بود، بوم ایشان نماند بجای
برفتم بگفتم به پیران ده … که ای مهتران بر شما، نیست مه
زنان کدخدای‌اند و کودک همان … پرستار و مزدور و پالیزبان[4]
چو مهتر شدند آنکه بودند کِه … بخاک اندر آمد سرِ مردِ مِه؛
بگفتار، ویران شد این پاک جای … نکوهش ز من دور و، ترسِ خدای
ازآنپس بر ایشان ببخشود شاه … برفتم نمودم دگرگونه راه؛
یکی باخرد پیر، کردم بپای … سخنگوی و با دانش و رهنمای
بکوشید و ویرانی آباد کرد … دل زیردستان بدان شاد کرد
چو مهتر یکی گشت، شد رای، راست … بیفزود خوبیّ و، کژّی بکاست
نهانی بدیشان نمودم بدی … اُزان پس گشادم دری ایزدی

*

سخن؛ بهتر از گوهر نامدار … چو بر جایگه بر، برندش بکار
خرد شاه باید، زبان پهلوان … چو خواهی که بی رنج ماند روان
دل شاه تا جاودان شاد باد … ز کژیّ و ویرانی آباد باد»[5]
چو بشنید شاه این سخن گفت: «زه … سزاوارِ تاجی تو ای روزبه!»
ببخشید یک بدره دینار زرد … بدان پرهنر تیز بیننده مرد[6]

---

۱ - همه راغ (کوه)، آب راگزارش نیست، لت دویم نیز گزافه است.
۲ - پراکنده در گفتار آینده است.
۳ - پنج رج افزوده میان رج پیشین، و «برفتم بگفتم...» جدایی افکنده است.
۴ - «همان» با کودک، نادرخور است.
۵ - دل را چگونه ویرانی تواند بود؟
٦ - چون وی را سزاوار شاهی می‌خواند، یک بدره دینار (زرد) چه باشد؟ مگر دینار سپید نیز در جهان هست؟

ورا خلعت خسروی ساختند   سرش را به ابر اندر افراختند

داستان بهرام
با
دختران آسیابان

دگر هفته با موبدان و ردان   به نخچیر شد شهریار جهان
چنان بُد که ماهی به نخچیرگاه   همی بود میخواره و با سپاه[1]
ز نخچیر کوه و ز نخچیر دشت   گرفتن ز اندازه اندر گذشت
سوی شهر شد، شاددل با سپاه   شب آمد به ره، گشت گیتی سیاه
بزرگان لشگر همی راندند   سخن‌های شاهان همی خواندند

❋

یکی آتشی دید، رخشان ز دور   برآنسان که، بهمن، کند شاه، سور*!
شهنشه بدان روشنی بنگرید   به یکسو دهی خرّم آمد پدید
یکی آسیا دید در پیش ده   نشسته، پراکنده مردانِ مِه
اُ زانسوی آتش همی دختران   یکی جشنگه ساخته بر کران
ز گل بر سرِ هر یکی افسری   نشسته بهر جای، رامشگری
همی چامهٔ رزم خسرو زدند   اُزان جایگه هر زمان نو زدند
همه ماهروی و همه جعدموی   همه پایکوب و همه مشکبوی
به نزدیک پیش درِ آسیا●   برامش کشیده نخی بر گیا○
اُ زان□ هر یکی دستهٔ گل بدست   ز شادی و از مَی شده نیم مست

---

۱ - **یک:** همی بود نادرست است. **دو:** شاه را می خوردن با سپاه نشاید، و اگر میخوار و با سپاه باشد سنجشی نادر است.

* - آتش جشن سده

● - در همه نمونه‌ها چنین آمده است که درست نمی‌نماید: **یک:** چون نزدیک بیاید، «پیش» درست نیست. **دو:** «در» در زبان فارسی برابر با خانه است و در شاهنامه همواره همین‌سان آمده است، و آنچه راکه امروز «در» می‌نامیم. «دروازه» خوانده می‌شده است، و براین بنیاد، گفتار درست چنین بوده است: **«بنزدیک دروازهٔ آسیا»**.

○ - بر روی گیاه سبز (چمن) صفی برای دست‌افشانی و پایکوبی (رامش) نخ بسته بودند، «نخ» بجایِ صف باز هم در شاهنامه فراوان آمده است: و آن، چنان بوده است که دو سوی ریسمان را می‌گرفته‌اند، و سپاهیان [در اینجا دختران] پشتِ آن نخ در یک رده می‌ایستاده‌اند، کاری که امروز در میدانهای ورزشی با کشیدن خدّ (= خط) بر روی زمین انجام می‌دهند.

□ - در همهٔ نمونه‌ها چنین آمده است اما اندیشهٔ من چنانست که **«در آن»** (سف) هر یک از دختران دسته‌ای گل در دست داشتند:

«در آن، هر یکی، دسته‌ای گل، بدست».

✲

ازآن پس خروش آمد از جشنگاه　　یکی گفت: «کاین باد، بهرامشاه!
که با فرّ و برز است و با مهر و چهر　　بر اویست بر پای گردان سپهر[1]
همی می چکد گویی از روی اوی　　همی بوی مشک آید از موی اوی[2]
شکارش نباشد جز از شیر و گور　　ازیراش خوانند بهرام گور»[3]
جهاندار کاواز ایشان شنید　　عنان را بپیچید و، زانسو کشید
چو آمد بنزدیکیِ دختران　　نگه کرد جای از کران تا کران
همه دشت، یکسر پر از ماه دید　　بشهر آمدن، راه کوتاه دید
بفرمود تا میگساران ز راه　　مَی آرند و، میخواره؛ نزدیک شاه
گسارنده آورد جام بلور　　نهادند بر دستِ بهرام گور

✲

ازآن دختران آنکه بُد نامدار　　برون آمدند از میانه چهار
یکی مُشکناز و، دگر مُشکِنَک　　یکی نازبابک* دگر سوسنک
برِ شاه رفتند با، دست‌بند　　به رخ چون بهار و ببالا بلند
همی چامه گفتند بهرام را　　شهنشاه با دانش و کام را
ز هر چار پرسید بهرام گور　　کز ایشان به دلْش اندر، افتاد شور
که: «ای گلرخان دخترانِ که‌اید؟　　اُ ز این آتش افروختن بر چه‌اید؟»
یکی گفت ک: «ای سرو بالا سوار　　بهر چیز مانندهٔ شهریار
پدرمان یکی آسیابان پیر　　بدین کوه نخچیر گیرد، بتیر
بیاید هم اکنون که شب تیره گشت　　ورا دیده از تیرگی خیره گشت[4]

✲

هم اندر زمان، آسیابان؛ ز کوه　　بیاورد نخچیر، خود با گروه○
چو بهرام را دید، رخ را بخاک　　بمالید و شد پیش، با ترس و باک
یکی جام زرّین بفرمود شاه　　بدان پیر دادند کآمد ز راه
بدو گفت ک: «این چار خورشیدروی　　چه؟ داری چنین! نیست؟هنگام شوی!»

---

۱ - لت نخست سست است، و لت دویم گزافه.　　۲ - سخن از شاهنامه برگرفته شده است، از داستان زال و رودابه.
۳ - گزارش نادرست واژهٔ بهرام گور، زیرا که چون شیر شکار نیز بوده است، بر این بنیاد می‌توانستند، «بهرام شیر»ش بخوانند.
✲ - امیربهادر: نازتاب، مسکو، نازیاب! خالقی مطلق: ناردانک! «نازبابک» (= نازنین بابا) که بهتر می‌نماید، از شاهنامه سپاهان برگرفته شد.　　۴ - از راه دور نمی‌توان، دیدهٔ خیره گشته را دیدن.
○ - آسیابان به تنهایی به نخچیر رفته بود، نه با گروه، و اگر با گروه نیز رفته بود کنش «بیاورد» برای گروه، نادرخور است. در همهٔ نمونه‌ها چنین آمده است، و در اندیشهٔ من این لت چنین درست می‌نماید: «**بیاورد نخچیر، پیش‌گروه**».

۲۸۰ پادشاهی بهرام گور

بر او پیرمرد آفرین کرد و گفت
که: «این دختران مرا نیست جفت

رسیده بدین سال، دوشیزه‌اند
به دوشیزگی نیز پاکیزه‌اند

ولیکن ندارند چیزی فزون
نگویم از این بیش، چیزی کنون!»

*

بدو گفت بهرام کـ :«این هر چهار
به من ده، وز این بیش؛ دختر مدار●»

چنین داد پاسخ ورا پیرمرد
کـ :«زین در که گفتی، سوارا بگرد

نه جا هست ما را نه بوم و نه بر
نه سیم و سرای و نه گاو و نه خر»

بدو گفت بهرام: «شاید مرا
که بی‌چیز، ایشان، بباید مرا»

بدو گفت: «هر چار، جفت تواند
پرستندگان نهفت تواند

به عیب و هنر چشم تو دیدشان
بدین سان که دیدی پسندیدشان»[1]

بدو گفت بهرام کـ :«این هر چهار
پذیرفتم از پاک پروردگار»

*

بگفت این و از جای برپای خاست
به دشت اندر، آوایِ بالای خاست*

بفرمود تا خادمان سپاه
برند آن بتان را، بمشکوی شاه[2]

سپاه اندر آمد یکایک ز دشت
همه شب برآن دشت، لشگر گذشت

فروماند، زان، آسیابان شگفت!
شب تیره، اندیشه اندر گرفت

بزن گفت کـ :«ان نامدارِ چو ماه
بدین برز بالا و این دستگاه

شب تیره بر آسیا، چون؟ رسید»
زنش گفت کـ :«ز دور، آتش بدید

بر آواز این رامش دختران
ز مستی می آورد و رامشگران»[3]

چنین گفت پس آسیابان بزن
که: «ای زن مرا داستانی بزن

که نیکی‌ست؟ فرجام این، گر بدی!»
زنش گفت: «کاین کار، بُد ایزدی

نپرسید چون دید، مرد؛ از نژاد!
نه از خواسته، بر دلش بود یاد!

بروی زمین بر، همی ماه جُست
نه دینار و نه دختر شاه جست!

*

بت‌آرا نبیند چو ایشان به چین
برایشان ز هر کس سزد آفرین»[4]

بر این گونه تا شید بر پشت راغ
برآمد، جهان شد چو روشن چراغ[5]

● - دختران را در خانه نگاه مدار.

۱ - «چشم تو دیدشان» نادرخور است: «بچشم دیدی‌شان».

* - آواز اسپان بلند گردید.

۲ - **یک:** «خادم» بگفتار فردوسی اندر نمی‌شود. **دو:** چون خود بهرام گور فرمود، لت دویم آوردن نام «شاه» نادرست است...: «برند آن بتان را بمشکوی».

۳ - «این رامش» در لت نخست، و «مستی» در «رامشگران» در لت دویم نادرست است.

۴ - بت؟ یا بت آرا؟

۵ - سخن درست در رج دویم پسین می‌آید.

همی رفت هر گونه‌ای داستان چه از بدنژاد و چه از راستان[1]

*

چو شب روز شد، مهتر آمد به ده بدان پیر گفتا، که: «ای روزبه
به بالینت آمد شب تیره، بخت ببار آمدت، سبز شاخِ درخت
شب تیره‌گون، دوش؛ بهرامشاه چو باز آمد از دشتِ نخچیرگاه؛
نگه کرد و این جشن و آتش بدید عنان را بپیچید و زینسو کشید
کنون دختران تو، جفتِ وی‌اند به آرام، اندر نهفت وی‌اند
بدان روی و آن موی و آن راستی همی شاه را، دختر، آراستی
شهنشاه بهرام داماد تست بهرکشوری زین سپس یاد تست
ترا داد این کشور و مرز، پاک مخور غم که رستی ز اندوه و باک
بگوی آنچه خواهی که فرمان ترا است همه بندگانیم و پیمان ترا است
کنون ما همه کهتران تواییم بجان و بدل بندگان تواییم»[2]
بدو آسیابان و زن خیره ماند همی هر یکی نام یزدان بخواند[3]
چنین گفت مهتر که: «آن روی و موی ز چرخ چهارم خور آورد شوی»[4]

پیدا شدن گنج
و بخشیدن بهرام، آنرا
به ارزانیان

دگر هفته آمد بنخچیرگاه خود و● موبدان و ردان سپاه
بیامد یکی مرد مهترپرست چو بادِ دمان، با گِرازی بدست*
ز لشگر بپرسید: «بهرامشاه، کجا؟ باشد اندر میان سپاه!»
بدو گفت موبد، چه؟ باید بگوی تو شاه جهانرا، ندانی به روی○

۱ – «بدنژاد» را «راست» می‌باید نه «راستان».
۲ – سخن درست در رج پیشین آمده است.
۳ – آسیابان و زن را «خیره ماندند» باید.
۴ – سخن از شاهنامه برگرفته شده است.
● – همهٔ نمونه‌ها چنین است: «خود و موبدان و» نادرست است، زیرا «آمد» در لت نخست نشان از بهرام می‌گوید و اگر با آنان رفته بود، کنش «آمدند» باید. اندیشه من چنین ره می‌نماید که **«ابا موبدان...»** درست است.
* – «گِراز» بیلی پهن و نیمه‌گرد است که برای جابجا کردن خاک کنارهٔ کرت‌ها از آن سود می‌بردند، چنانکه یک مرد که دستهٔ آن در دست دارد، و لبهٔ گراز را با پا بمیان خاک فرومیکند، و مردی دیگر با زنجیر، یا رَسَنی که بدو سوی لبهٔ گِراز بسته شده است، آنرا بسوی خود می‌کشد، و اینچنین خاک جابجا می‌شود، در خراسان آنرا «پَل کش» می‌نامند که کرت‌کش، یا کرت‌ساز بوده باشد.
○ – شاه جهان را نمی‌شناسی. رخ شاه را نمی‌شناسی.

۲۸۲ پادشاهی بهرام گور

چنین داد پاسخ که: «تا روی شاه / نبینم، نگویم سخن با سپاه»
برِ شاه بردند جوینده را / مر آن دانشی مرد گوینده را
بیامد؛ چو بهرام را دید، گفت / که: «با تو؛ سخن دارم اندر نهفت»
عنان را بپیچید بهرام گور / ز دیدارِ لشگر، برون راند، دور

✻

بدو گفت مرد: «ای جهاندیده شاه / بگفتار من کرد باید نگاه!
بدین مرز دهقانم و کدخدای / خداوند این مرز و کشت و سرای
همی آب بردم سوی مرز خویش / که در کار پیدا کنم ارز خویش
چو بسیار گشت آب، گستاخ شد / میان یکی مرز، سوراخ شد
شگفتی، خروشی بگوش آمدم / کزان سهم*، جای خروش آمدم
همی آید از آب، آوازِ سَنج / خروشش، همی ره نماید بگنج»

✻

چو بشنید بهرام ازآنسو کشید / همه دشت پرسبزه و آب دید
بفرمود تا کارگر با گِراز / بیارند چندی، ز راه دراز
فرود آمد از باره شاه بلند / شراعی زدند از برِ کشتمند[1]
شب آمد گوان شمع بفروختند / به هر جای آتش همی سوختند[2]
ز دریا چو خورشید برزد درفش / چو مصقول کرد این سرای بنفش[3]
ز هر سو برفتند، کاریگران / شدند انجمن، چون سپاهی گران
زمین را بکندن گرفتند، پاک / شد آن جای هامون سراسر مغاک
ز کندن چو گشتند مردان ستوه / پدید آمد از خاک، چیزی چو کوه
یکی خانه‌ای کرده از پخته خشت / بساروج کرده بسان بهشت[4]
گننده تبر زد همی از برش / پدید آمد از دور جای درش[5]
چو موبد بدید اندر آمد به در / ابا او یکی ایرمانی دگر[6]
یکی خانه دیدند پهن و دراز / برآورده بالای او چند یاز

---

* – سهم: ترس؛ سهمگین: ترس‌آور.

۱ – **یک:** بیگمان پیشتر، پیاده شده و آنجایگاه را دیده بوده است. **دو:** «شراع» در گفتار فردوسی!

۲ – **یک:** گوان شمع برمی‌افروزند؟ یا پیشکاران؟ **دو:** «بفروختند» را با «همی‌سوختند»، همخوانی نیست.

۳ – **یک:** کدام دریا؟ آنان به نخچیرگاه رفته بودند... **دو:** مصقول؟ **سه:** این سرای نیز نادرست است.

۴ – **یک:** سخن از خانه، پس از این می‌آید. **دو:** با ساروج، خانه سیاهرنگ می‌شود نه چون بهشت.

۵ – **یک:** تبر را برای شکستن هیزم بکار می‌برند نه برای خانه. **دو:** تبرزد نادرست است: «کلنگ می‌زد».

۶ – موبد را پس از شکافتن دیوار، برای خواندن دبیرهٔ آن می‌آورند.

ز زر کرده برپای، دو گاومیش / یکی آخُری کرده زرّینش، پیش
زبرجد به آخُر درون، ریخته / بیاقوت سرخ اندر، آمیخته
چو دو گاو گردون میانشان تهی / شکم‌شان پر از نار و سیب و بهی[1]
میان بهی درّ خوشاب بود / که هر دانه‌ای قطرهٔ آب بود[2]
همان گاو را چشم یاقوت بود / ز پیری سرِ گاو فرتوت بود[3]
همه گرد بر گرد او شیر و گور / یکی دیده یاقوت و دیگر بلور
تذروان زرّین و تاووس نر / همه سینه و چشم‌هاشان گهر
چو دستور دید آن برِ شاه شد / به رای بلند افسر ماه شد[4]
به نرمی به شاه جهان گفت: «خیز / که آمد همی گنج‌ها را جهیز[5]
یکی خانهٔ گوهر آمد پدید / که چرخ فلک داشت آن را کلید»[6]
بدو گفت: «بنگر که بر گنج نام / نویسد کسی که‌ش بود گنج کام[7]
نگه کن بدان گنج تا نام کیست / گر آکندن آن بهنگام کیست»[8]

*

بیامد سرِ موبدان چون شنید / بران گاو بر، مُهر جمشید دید
بشاه جهان گفت: «کردم نگاه / نوشته است بر گاو، جمشید شاه»*

---

۱ - **یک:** گاو گردون، برج گاو (= ثور) است که میان تهی نیز نیست! **دو:** «تَهی» را با «بهی» پساوا نیست.

۲ - **یک:** میانِ بهیِ سربسته، را چگونه پر از در خوشاب دیدند؟ **دو:** مرواریدی که باندازهٔ یک چکره (چکره نام ایرانی قطره است که هنوز در تاجیکستان و افغانستان روان است) آب باشد ارزشی ندارد!

۳ - **یک:** دوباره به گاو برمی‌گردد. **دو:** افزایندهٔ سست گفتار را پساوای «یاقوت» بایسته بود، پس، از فرتوت سود برد! باز آنکه چون جانداری فرتوت شود، همهٔ اندام او را سستی می‌گیرد نه تنها سرِ او را.

۴ - **یک:** دید آن نادرست است آنرا دید. **دو:** لت دویم بی‌گزارش است.

۵ - شاه خود بالای سر کارگران بوده است، پس چگونه دستور بدو می‌گوید برخیز!

۶ - خانه زیر زمین در خاک و سنگ بود، وکلید آن نیز گراز و پتک و چکش بوده است.

۷ - **یک:** «نویسد» نادرست است: «نوشته است؟». **دو:** لت دویم بی‌گزارش است.

۸ - **یک:** «نگه کن» در این رج با «بنگر» در رج پیشین همخوان نیست. **دو:** پیدا است که هنگام، همان هنگام زندگی سازندهٔ آن گنج است.

* - پیدا است که بهنگام جمشید هنوز فلز آب‌کرده بدست نیاکان ما نرسیده بوده است، تنها در جارمو کردستان یک تکه مس آزاد پیرامون ده هزار سال پیش یافته شده است.

باستانشناسان تا چندی پیش پیدایی مس در ایران را به پنجهزار سال پیش می‌رساندند، اما چند سال پیش با پیدا شدنِ ۵۴ کورهٔ آب کردن مس، در اَریسمانِ کاشان، زمان دستیابی به مس گداخته یکهزار سال پیش‌تر رفت و به ششهزار سال پیش رسید، و این زمان، هنگام کاوه و فریدون است.

پیدا است که فلزهای سخت را گرمای بیشتر برای گداختن بایسته است، و ایرانیان بشیوه‌های گوناگون گرما را بالا بردند، تا بگداختن زر و آهن رسند، و زمان جمشید بسا پیشتر از آنست.

اما موبد موبدان چون نتوانسته است دبیرهٔ آنرا بخواند، زمان آنرا به باشکوه‌ترین هنگام ایران باستان «جمشید» رسانده است، چنانکه کاخ نوروز هخامنشیان را نیز تخت‌جمشید خواندند.

بدو گفت شاه: «ای سرِ موبدان　　به هر کار، داناتر از بخردان
ز گنجی که جمشید بنهاد پیش　　چرا کرد باید مرا گنج خویش
هر آن گنج کان، جز بشمشیر و داد　　فراز آید، آن گنج، هرگز مباد[1]
به ارزانیان ده، همه هرچه هست　　مبادا که آید، بما بر؛ شکست
اگر نام باید که پیدا کنیم　　به داد و به شمشیر گنج آکنیم[2]
نباید سپاه مرا، بهره زین　　نه تنگ است بر ما زمان و زمین
فروشید گوهر، به زرّ و بسیم　　زن بیوه و کودکان یتیم؛[3]
تهیدست مردم که دارند نام؛　　گسسته دل از نام و آرام و کام؛
ز ویران و آباد گرد آورید　　ازآنپس همه، یک بیک بشمرید

*

ببخشید، دینارِ گنج و، درم*　　بمُزدِ روانِ جهاندار جم
ازآن، ده یک، آنرا که بنمود راه　　همی شاه جست از میان سپاه

*

مرا تا جوان باشم و تندرست　　چرا بایدم گنج جمشید جُست[4]
گهر هر که بستاند از جمشید　　به گیتی مبادش به نیکی امید[5]
چو با لشکرم تن به رنج آوریم　　ز روم و ز چین نام و گنج آوریم[6]
مرا اسپ شبدیز و شمشیر تیز　　نگیرم فریب و ندانم گریز»[7]
اُزان جایگه شد سوی گنج خویش　　که گرد آورید از خویِ رنج خویش[8]
بیاورد گردان کشورش را　　درم داد یک ساله لشکرش را[9]
یکی بزمگه ساخت چون نوبهار　　بیاراست ایوان گوهرنگار[10]
می لعل رخشان بجام بلور　　چو شد خرّم و شاد، بهرام گور[11]
بیاران چنین گفت ک :«ای سرکشان　　شنیده ز تخت بزرگی نشان[12]

---

۱ - **یک:** بهرام با جنگ، گنج گرد نکرد. **دو:** دو بار نام «گنج» در یک سخن نادرست است.
۲ - سخن پیشین، دوباره گفته می‌شود.　　۳ - پیوند درست میان لت دویم با لت نخست نیست.
* - درم و دیناری که از فروش آن گنج بدست آمده بود.　　۴ - چند بار؟
۵ - پس همهٔ آن بیوگان و ناتوانان و تهیدستان را نباید امید نیکی از جهان بوده باشد!
۶ - **یک:** بهرام چنین نکرد. **دو:** همان نام شمشیر که در سخنان پیشین آمد، همین جنگ و بیداد و ستمگری را می‌رساند.
۷ - **یک:** اسپ شبدیز از آن خسروپرویز بوده است. **دو:** لت دویم بی‌گزارش است.
۸ - لت دویم بی‌پیوند و سست است.　　۹ - گردان کشور را چرا بر سر گنج باید بُردن؟　　۱۰ - دنبالهٔ گفتار.
۱۱ - پیوند درست میان لت دویم، با لت نخست نیست.
۱۲ - **یک:** *آنان، یاران بهرام نبوده‌اند، که گردان کشور بوده‌اند.* **دو:** *تخت بزرگی چگونه است؟*

بخشیدن بهرام گنج را ۲۸۵

ز هوشنگ تا نوذر نامدار　　کجا ز آفریدون بُد او یادگار[1]
بر این همنشان تا سر کیقباد　　که تاج فریدون به سر برنهاد[2]
ببینید تا زان بزرگان که ماند　　بر ایشان بجز آفرین را که خواند[3]
چو کوتاه شد گردش روزگار　　سخن ماند زان مهتران یادگار[4]
که این را منش بود و آن را نبود　　یکی را نکوهش دگر را ستود[5]
یکایک به نوبت همه بگذریم　　سزد گر جهان را ببد نسپریم[6]
چرا گنج آن رفتگان آوریم　　اُگر دل به دینارشان گستریم[7]
نبندم دل اندر سرای سپنج　　ننازم به تاج و نیازم به گنج[8]
چو روزی به شادی همی بگذرد　　خردمند مردم چرا غم خورد[9]
هر آن کس کزین زیردستان ما　　ز دهقان و از درپرستان ما[10]
بنالد یکی کهتر از رنج من　　مبادا سرِ افسر و گنج من»[11]
یکی پیر بُد نام او ماهیار　　شده سال او بر سد و شست و چار[12]
چو آواز بشنید برپای خاست　　چنین گفت ک :«ای مهتر داد و راست[13]
چنین یافتم از فریدون و جم　　اُزان نامداران ز هر بیش و کم[14]
چو تو شاه ننشست کس در جهان　　نه کس این شنید از کهان و مهان[15]
به هنگام جم چون سخن راندند　　ورا گنج گاوان همی خواندند[16]

---

۱ - **یک:** پیش از هوشنگ کیومرث بوده است. **دو:** آفریدون بجای فریدون!
۲ - از نوذر تا کیقباد زمان درازی نبود که آنرا با زمان یاد شده از هوشنگ تا نوذر بتوان سنجیدن، آنهم با واژهٔ همنشان.
۳ - **یک:** چرا از کیقباد بدینسو، یاد نشده است؟ **دو:** آفرین را که خواند نادرست است.
۴ - گردش روزگار کوتاه نشده، که زمان آنان بپایان رسیده است.
۵ - **یک:** منش هرکس را هست، یکی ایرمنش، و دیگر پرمنش، وسدیگر اَبَرمنش (=بَرمنش؛ متکبر). **دو:** برابر نکوهش، ستایش باید، نه ستود. **سه:** بگفته رج دویم پیش بجز از آفرین نخوانده‌اند پس چگونه بیدرنگ برخی از آنان رانکوهش شایسته است؟
۶ - یکایک و بنوبت هر دو یکی است.
۷ - سخنِ شایسته دربارهٔ گنج پیدا شده، بهنگام آمد و این رج دوباره‌گویی سست و نادرخور است.
۸ - اگر بگنج نمی‌یازد، چگونه گردان را بر سر گنج خویش برد، و پیش از آن نیز گفته بود که گنج آنست که باشمشیر فراهم گردد.
۹ - برگرفته از شاهنامه است:

بنیک و بید، روز هم بگذرد　　خردمند مردم چرا غم خورد؟

۱۰ - دنبالهٔ سخن.　**۱۱** - یکی کهتر، دوباره‌گویی «این زیردستان و...» رج پیشین است.　**۱۲** - گزافه!!
۱۳ - «چون سخن بهرام بپایان رسید» باید! سخن برگرفته از گفتار گودرز است به رستم:

چو گودرز بشنید، بر پای خاست　　چنین گفت کای مهتر داد و راست
ستون سپاهی و زیبای گاه　　فروزان بتو، تخت و شاه و سپاه
سرِ مایهٔ تست، روشن خرد　　روانت همی از خرد، برخورد

۱۴ - چنین یافتم نادرخور است: چنین شنیده‌ام! شاهنامه خالقی مطلق: خبر یافتم... که آن نیز نادرست می‌نماید، «خبر را (نمی‌یابند) که (می‌شنوند).　**۱۵** - شاه در جهان نادرخور است: «چو تو شاه ننشست بر تخت...».
۱۶ - سخن نادرخور و ناهماهنگ! پس از پیدا شدن آن گنج خنیاگران ایرانی، آهنگی بنام گنج گاو بساختند، که در زمان باربد نیز شناخته
←

چو گنجی پراگنده‌ای در جهان میان کهان و میان مهان[1]
دلت گر به دُرهای دریاستی ز دریا گهر موج برخاستی[2]
ندانست کس در جهان کان کجاست به خاک است گر در دم اژدهاست[3]
تو چون یافتی ننگریدی به گنج که ننگ آمدت این سرای سپنج[4]
به دریا همانا که چندین گهر به دیده ندیده‌ست کس بیش‌تر[5]
به درویش بخشیدی این گوهران همان گاو گوهر کران تا کران[6]
پس از رفتنت نام تو زنده باد تو آباد و پیروز و بخت از تو شاد[7]
بسی دفتر خسروان زین سخن سیه گردد و هم نیاید به بن»[8]
به روز سه دیگر برون رفت شاه ابا لشکر و ساز نخچیرگاه[9]
بزرگان ایران ز بهر شکار به درگاه رفتند سیسد سوار[10]
ابا هر سواری پرستنده سی ز ترک و ز رومی و از پارسی[11]
پرستنده سیسد ز ایوان شاه برفتند با ساز نخچیرگاه[12]
ز دیبا بیاراسته سد شتر رکابش همه زرّ و پالانش دُر[13]
ده اشتر نشستنگهِ شاه را به دیبا بیاراسته گاه را[14]
به پیش اندر آراسته هفت پیل بر او تخت پیروزه همرنگ نیل[15]
همه پایهٔ تخت زرّ و بلور نشستنگهِ شاه بهرام گور[16]
ابا هر یکی تیغزن سد غلام به زرّین کمرها و زرّین ستام[17]
سد اشتر بُد از بهر رامشگران همه بر سران افسرانِ گران[18]

← و نواخته می‌شد. **۱** - سخن درهمریخته.

۲ - سخن پریشان‌تر... که شایستهٔ نگرش و گزارش نیست. **۳** -گنج در دم اژدها چگونه شاید؟

۴ - **یک:** «ننگرستی بدان» درست است. **دو:** اگر از سرای سپنج ننگش آمده است، چرا می‌زید؟

۵ - دریا راگهر نیست، و تنها مروارید از آن بر می‌آید.

۶ - **یک:** گوهران نادرست است: «گوهرها را». **دو:** گاوگوهر چیست؟ در داستان گنج از دوگاومیش زرین سخن رفته بود.

۷ - آرزوی نیکی برای بهرام... **۸** - و پس از آن نشاید سخنی دیگر گفتن.

۹ - یکروز از آن مهمانی گذشته است. **۱۰** -بهرام بیرون رفت، پس از آن، سیسد سوار بدرگاه رفتند؟

۱۱ - پرستنده سی نادرست است، سی پرستنده. که آن نیز درست نمی‌نماید، زیرا که در دشت نخچیر... شاهان را پرستندهٔ فراوان بود، شهزادگان گاهگاه یکی دو پرستنده با خود می‌بردند.

۱۲ - **یک:** پرستنده سیسد نادرست است، سیسد پرستنده. **دو:** پرستندگان را ساز نخچیرگاه بچه کار آید.

۱۳ - **یک:** سد شتر را، «رکابشان» و «پالانشان» باید! **دو:** پالان را از پلاس وگلیم یا قالیچه می‌ساختند!

۱۴ - **یک:** یک‌کس، بر روی یک اشتر می‌نشیند. **دو:** گاه تخت بر روی اشتران؟

۱۵ - **یک:** هفت پیل را در لت دویم «بر آنها» باید. **دو:** اگر گاه بهرام را بر روی اشتران بسته بودند پس، این هفت گاه از برای کیست؟

۱۶ - **یک:** هفت تخت، به یک تخت گردید. **دو:** پایهٔ تخت زرین شاید، و بلورین نشاید، آنهم در نخچیرگاه.

۱۷ - **یک:** در دشتِ نخچیر (غلامِ) تیغزن بکار نمی‌آید، که کمان و نیزه‌شان باید. **دو:** زرین کمرها نادرست است: «زرین کمر».

۱۸ - **یک:** بر سران در لت دویم نادرست است بر سرهایشان! **دو:** تاج زر ویژهٔ شاهان بوده است.

بخشیدن بهرام گنج را ۲۸۷

ابا بازداران سد و شست باز / دو سد چُرغ و شاهین گردنفراز[1]
پس اندر یکی مرغ بودی سیاه / گرامی‌تران بود بر چشم شاه[2]
سیاهی به چنگ و به منقار زرد / چو زرّ درخشنده بر لاژورد[3]
همی خواندش شاه طغری به نام / دو چشمش به‌رنگ پراز خون دو جام[4]
که خاقان چینش فرستاده بود / یکی تخت با تاج بیجاده بود[5]
یکی توغ زرّین زبرجد نگار / چهل یاره و سیٔ و شش گوشوار[6]
شتروار سیسد طرایف ز چین / فرستاد و یاقوت سیسد نگین[7]
پسِ بازداران سد و شست یوز / ببردند با شاه گیتی‌فروز[8]
بیاراسته توغِ یوز از گهر / بدو اندر افگنده زنجیر زر[9]
بیامد شهنشاه زین سان به دشت / همی تاجش از مشتری برگذشت[10]
هر آن کس که بودند نخچیرجوی / سوی آب دریا نهادند روی[11]
جهاندار بهرام هر هفت سال / بدان آب رفتی به فرخنده فال[12]
چو لشکر به نزدیک دریا رسید / شهنشاه دریا پر از مرغ دید[13]
بزد طبل و طغری شد اندر هوا / شکیبا نبُد مرغ فرمانروا[14]
زبون بود چنگال او را کلنگ / شکاری چو نخچیر بود او پلنگ[15]

---

۱ - چون درست از یکسدوشست باز یاد می‌شود، باید روشن باشد که چند شاهین، و چند چُرغ همراه کاروان بوده است!

۲ - چنین مرغ را پیش از همهٔ مرغان بایستی بردن. **دو:** گرامی‌تر آن بود، نادرست است: «از میان مرغان، آنرا گرامی‌تر می‌داشت».

۳ - **یک:** سیاه بچنگ نادرست است: «چنگش سیاه».

۴ - **یک:** (طغری) در زمان ساسانیان؟ **دو:** لت دویم نیز سست است: «چشمانش به دو جام پر خون می‌نمود».

۵ - **یک:** لت نخست را پیوند درست نیست که خاقان چین (آنرا برای بهرام) فرستاده بود. **دو:** !!!... (طغری) بگونه تخت و تاج بود؟ یا بهمراه آن تختی و تاجی نیز فرستاده بود؟ **سه:** تاج را از زر و سیم شاید ساختن، و از بیجاده نشاید پرداختن.

٦ - دنبالهٔ همان گفتار نادرخور که در آن سی‌وشش را از برای آهنگ سخن، جای می‌دهند!

۷ - **یک:** شتروار سیسد، نادرست است سیسد شتروار. **دو:** طرایف به گفتار فردوسی اندر نمی‌شود. **سه:** در لت دویم، فرستاد نادرخور است، زیرا که پیش از این، از فرستادن یاد شده بود. **چهار:** یاقوت سیسد نگین نیز نادرست است: «سیسد نگین یاقوت». آنگاه نگین یاقوت را بتنهایی نمی‌فرستند که آنها را انگشتری نیز باید! همهٔ این گفتار را به ساز نخچیر بهرامشاه، چه پیوند؟!

۸ - در این آرایش چرغ‌داران و شاهین‌داران، کجا بودند؟

۹ - **یک:** توغ یوز نادرست است: «توغ یوزان». **دو:** توغ را (با) گهر می‌آرایند، نه (از) گهر.

۱۰ - **یک:** شهنشاه در آغاز این داستان (برون) رفته بود. **دو:** روز نخچیر را تاج بر سر نهادن نشاید و نباید!

۱۱ - اگر بسوی آب دریا رفتند، آنان را تور ماهیگیری، و شست (غلّاب) و پاروزن بایسته بود، نه باز و چرغ و شاهین و یوز!

۱۲ - هر هفت سال را کمبود است، هر هفت سال یکبار. همهٔ این سخنان درهم در گفتار بی‌پیوند و سست، از داستان روز شکار خسروپرویز برگرفته شده است، آن داستان را بخوانید، و این گفتار افزایندگان کژّاندیش خام گفتار را با آن بسنجید!

۱۳ - شهنشاه بتنهایی ندید که همگان دیده‌اند، سخن درست در داستانِ بآیین چنین باید: «همه روی دریا پر از مرغ بود».

۱۴ - **یک:** سخن چنین می‌نماید که بهرام تبل را نواخته است. **دو:** و مرغ فرمانروا در شاهنامه پاژنام سیمرغ است.

۱۵ - **یک:** کلنگ در چنگال او زبون بود! **دو:** شکارِ مانندهٔ نخچیر، چگونه باشد؟

۲۸۸ پادشاهی بهرام گور

سرانجام گشت از جهان ناپدید   کلنگی به چنگ آمدش بر دمید[1]
بپرّید برسان تیر از کمان   یکی بازدار از پس اندر دمان[2]
دل شاه گشت از پریدنش تنگ   همی تاخت از پس به آواز زنگ[3]
یکی باغ پیش اندر آمد فراخ   برآورده از گوشهٔ باغ کاخ[4]
بشد تازنان با تنی چند شاه   همی بود لشگر به نخچیرگاه[5]
چو بهرام گور اندر آمد بباغ   یکی جای دید از برش تند راغ[6]
میان گلستان یکی آبگیر   بلب بر، نشسته یکی مرد پیر[7]
زمینش به دیبا بیاراسته   همه باغ پر بنده و خواسته[8]
سه دختر برِ او نشسته چو آج   نهاده به سر بر ز پیروزه تاج[9]
برخ چون بهار و به بالا بلند   به ابرو کمان و به گیسو کمند[10]
یکی جام بر دست هر یک بلور   بدیشان نگه کرد بهرام گور[11]
ز دیدارشان چشم او خیره شد   ز باز و ز طغری دلش تیره شد[12]
چو دهقان پرمایه او را بدید   رخ او شد از بیم چون شنبلید[13]
خردمند پیری و برزین به نام   دل او شد از شاه ناشادکام[14]
برفت از برِ حوض برزین چو باد   بر شاه شد خاک را بوسه داد[15]
چنین گفت که: «ای شاه خورشیدچهر   بکام تو گر داد، گردان سپهر[16]
نیارست گفتن که ایدر بسایست   بدین مرز من بسا سواری دویست[17]

۱ - **یک:** اگر ناپدید شد، پیدا است که کلنگ نه چنانکه افزاینده سروده است، تیز پرواز بوده، و بدوردست پرواز کرده و طغری را با خود بدشت، یا کوهی دیگر کشانده است. **دو:** کلنگ هنوز بچنگ او نیامده بود.

۲ - **یک:** لت نخست سخن دوباره است. **دو:** در لت دویم بازدار را چه کار بدان مرغ بود؟

۳ - **یک:** از پریدنش؟ یا از گم شدنش؟ **دو:** آواز زنگ از بهر چیست؟ از برای پساوای تنگ است!

۴ - دنبالهٔ گفتار.

۵ - **یک:** پیشتر بتنهایی تاخته بود، و اکنون با تنی چند، همراه است. **دو:** افزاینده را فراموشی پیش آمد که آنان بدریابار رفته بودند، نه به نخچیرگاه.

٦ - بالای باغ، یک کوه!؟، راغ را برای پساوای باغ ناگزیر آورده‌اند، آنهم در گفتاری بدین پستی و کژّی.

۷ - دنبالهٔ گفتار.

۸ - زمین باغ با سبزه و گل آراسته می‌شود، نه بدیبا!

۹ - **یک:** دختر، همانندِ «آج» استخوانی؛ کمانیِ کجِ نوک‌تیز چگونه شاید؟ اما افزاینده را رای بر آن بوده است که دختران برنگ آج بودند. **دو:** تاج را با پیروزه نشاید ساختن.

۱۰ - گفتار از شاهنامه برگرفته شده است.

۱۱ - سه دختر را جام در دست بود، و پدرشان را جام در دست نبود؟

۱۲ - **یک:** لت دویم نابجا است. باز و طغری را فراموش کرد! **دو:** افزاینده فراموش کرده است که طغری را با کلنگ بآسمان فرستاده بود، نه با «باز»!

۱۳ - چرا بایستی دهقان پرمایهٔ ایرانی را از دیدن مهمان، ترس فراگرفتن؟

۱۴ - همان گفتار، با آرایشی دیگر.

۱۵ - پیشتر از آبگیر نام رفته بود، و اکنون از حوض نام می‌رود! آبگیر، در زبان‌های کهن آپ‌تان (= آبدان) در زبان پهلوی آپزَن، در فارسی آبزن، در ارمنی آوازان، تازی شدهٔ آن حوض است.

١٦ - سخن از شاهنامه، از داستان انوشیروان برگرفته شده است.

۱۷ - افزاینده باز فراموش کرد که بهرام را با چند سوار بدان باغ فرستاده، و دیگر لشگریان را در نخچیرگاه نگاه داشته است.

سر و نام برزین برآید بماه / اگر شاد گردد، بدین باغ، شاه»[1]
به برزین چنین گفت شاه جهان / که: «امروز طغری شد از من نهان[2]
دلم شد ازان مرغ گیرنده تنگ / که مرغان چو نخچیر بُد او پلنگ»[3]
چنین پاسخ آورد برزین به شاه / که: «اکنون یکی مرغ دیدم سیاه[4]
ابا زنگ زرّین تنش همچو قیر / همان چنگ و منقار او چون زریر[5]
بیامد بران گوزبن بر نشست / بباید هم اکنون به بختت به دست»[6]
هم آنگه یکی بنده را گفت شاه / که: «رو گوزبن کن سراسر نگاه»[7]
بشد بنده چون باد و آواز داد / که: «همواره شاه جهان باد شاد[8]
که طغری به شاخی بر آویخته‌ست / کنون بازدارش بگیرد به دست»[9]
چو طغری پدید آمد آن پیر گفت / که: «ای بر زمین شاه بی‌یار و جفت[10]
پی مرزبان بر تو فرخنده باد / همه تاجداران ترا بنده باد[11]
بدین شادی اکنون یکی جام خواه / چو آرام دل یافتی کام خواه»[12]
شهنشاه گیتی بدان آبگیر / فرود آمد و شادمان گشت پیر[13]
بیامد هم آنگاه دستور اوی / همان گنج‌داران و گنجور اوی[14]
بیاورد برزین می سرخ و جام / نخستین ز شاه جهان برد نام[15]
بیاورد خوان و خورش ساختند / چو از خوردن نان بپرداختند[16]
ازان پس بیاورد جامی بلور / نهادند بر دست بهرام گور[17]

---

۱ – سخن را پیوند «چنین گفت برزین» باید! ۲ – بدین زودی فراموشی؟ بهرام با دیدن دختران طغری را فراموش کرده بود.

۳ – **یک:** از مرغ تنگ شد، یا ازگم‌شدنش؟ **دو:** لت دویم را پیوند بایسته نیست، و از آن سخن افزوده برگرفته شده است: «زبون بود چنگال او را کلنگ /شکاری چو نخچیر بود او پلنگ!»

۴ – **یک:** پاسخ (آوردنی) نیست، (دادنی) است. **دو:** اکنون همان زمان است، و اگر دمی چند پیش دیده است بایستی گفتن هم‌اکنون دیدم. ۵ – پیشتر چنگ او را سیاهرنگ، و منقارش را زرّین، نشان داده بودند!

۶ – چون بر (آن) گُوزبُن (درخت گردو) گفته شود. چنین می‌نماید که خواننده نیز آن درخت را می‌بیند! و درخت شناسا (معرفه) است. سخن درست آن بود که بگوید: «بر یکی گوزبُن برنشست!»

۷ – **یک:** «هم آنگه» در این گفتار نادرخور است: «بیدرنگ». **دو:** گوزبن را «را» باید. ۸ – دنبالهٔ گفتار.

۹ – **یک:** بر شاخی نشسته است؟ یا آویخته است؟ **دو:** «آویخته» است را با «بدست» پساوا نیست.

۱۰ – طغری پدید نیامد، آنرا یافتند.

۱۱ – **یک:** مرزبان که باشد؟... افزاینده بهرام را مرزبان خوانده است، و مرزبان پاژنامِ فرمانداران شهرها بوده است. **دو:** سخن نیز بی‌پیوند است...: «مرزبانی = شاهنشاهی(؟) ایران بر تو فرخنده باد. **سه:** همه تاجداران را باکنشِ یگانه «باد» نشاید آوردن.

۱۲ – نشاید که پدری، از کسی بخواهد، که او (از دختران وی) کام بخواهد!... اما اگر خواستهٔ افزاینده آن بوده است که از کامهٔ او در زندگی سخن گوید، وی شاهنشاه ایران بود، و جهان بکامهٔ دل او می‌گشت. ۱۳ – شاهنشاه کنار آبگیر نشست، نه فرود آمد.

۱۴ – بیامد برای چندکس نادرخور است. ۱۵ – پیدا است که می در جام است، آوردن می سرخ و جام سست می‌نماید.

۱۶ – خورش را بدان زودی نمی‌توانستند ساختن (= پختن).

۱۷ – «بیاورد» را در لت نخست با «نهادند» در لت دویم هماهنگی نیست.

جهاندار بهرام، بستد نبید از اندازهٔ خطّ برتر کشید[1]
چو برزین چنان دید برگشت شاد بیامد به هر جای خمّی نهاد[2]
چو شد مست، برزین بدان دختران چنین گفت ک:«ای پر خرد دلبران[3]
بدین باغ بهرامشاه آمده‌ست نه گردنکشی با سپاه آمده‌ست[4]
هلا چامه پیش آور ای چامه‌گوی تو چنگ آور ای دختر ماهروی»[5]
برفتند هر سه به نزدیک شاه نهاده بسر بر، ز گوهر، کلاه[6]
یکی چامه‌گوی و دگر چنگ‌زن سدیگر خوش آواز لشکرشکن
به آواز ایشان شهنشاه جام ز باده تهی کرد و شد شادکام
بدو گفت ک:«این دختران کیند که با تو بدین شادمانی زیند»
چنین گفت برزین که: «ای شهریار مبیناد بی تو کسی روزگار؛
چنان دان که این دلبران من‌اند پسندیده و دختران من‌اند
یکی چامه‌گوی و یکی چنگ‌زن سیوم پای کوبد شکن بر شکن
سه دختر بکردار خرّم بهار بدین سان که بیند همی شهریار»
بدان چامه‌زن گفت ک:«ای ماهروی بپرداز دل، چامهٔ شاه گوی»
بتان، چامه و چنگ برساختند یکایک دل از غم بپرداختند
نخستین، شهنشاه را چامه گوی چنین گفت، ک:«ای خسرو ماهروی
نمانی مگر، بر فلک، ماه را نشایی مگر، خسروی گاه را
بدیدارِ ماهیّ و بالای ساج بنازد به تو تخت شاهی و تاج
خنک آنکه شبگیر بیندت روی خنک آنکه یابد ز موی تو بوی
میان تنگ چون شیر و بازو ستبر همی فرّ تاجت برآید به ابر
به گلنار ماند همی چهر تو به شادی بخندد دل از مهر تو
دلت همچو دریا و رایت چو ابر شکارت نبینم همی جز هژبر

---

۱ – افزاینده را از آیین می‌نوشی در ایران آگاهی نبوده است: جامها را همگی هفت خدّ (= خط) بوده است. از پایین ببالا: فرودینه، ورشکر، کاسه‌گر، ازرق، بصره، بغداد، جور [پیدا است که بغداد، نامی اوستایی ایرانی بوده است، همچنین بصره که بگمان نزدیک پیش از اسلام «بَچْرَک» خوانده می‌شده است، [گرچه برخی، این واژه را تازی‌شدهٔ «پس‌رَه» می‌دانند] و نام ازرق که خد میانه باشد، با آنکه بواژه‌ای تازی می‌ماند، بازماندهٔ یک نام از ایران باستان است]، و این خویشکاریِ میگسار (= ساقی) بوده است، که می را برای هرکس، در چه اندازه از جام بریزد، که اگر برای کسی باندازه ورشکر ریزند، او نمی‌تواند باندازهٔ بغداد بنوشد! پس پیدا است که اگر برای کسی خدّ جور بریزد، او می‌تواند، همه را بنوشد! اما کسی نمی‌تواند، از اندازهٔ خدّ برتر بنوشد، زیرا که از خد برتر نمی‌ریخته‌اند و آن نادرستیِ کارِ می پرست را نشان می‌داد. ۲ – کجا برگشت؟ کسی که باغش (پر از بنده و خواسته) باشد، بایستی خمّ‌ها را خود اینجا و آنجا نهد؟

۳ – چه‌کس مست شد؟ بهرام؟ یا برزین؟ ۴ – دنبالهٔ گفتار. ۵ – همچنین.

۶ – از اینجا ۵۳ رج افزوده، رونویسی از داستان بهرام و دختران آسیابان، و نیز داستان بهرام و آرزو دختر ماهیار گوهرفروش و داستان تازیانهٔ بهرام (که پس از این می‌آید) است، و چندباره‌گویی و سخنان سست، در آن فراوان است.

همی مو شکافی به پیکان تیر — همی آب گردد ز داد تو شیر
سپاهی که بیند کمند ترا — همان بازوی زورمند ترا
بدرّد دل و مغز جنگاوران — اُگر چند باشد سپاهی گران»
چو آن چامه بشنید بهرام گور — بخورد آن گران‌سنگ جام بلور
بدو گفت شاه «ای سرافراز مرد — چشیده ز گیتی بسی گرم و سرد
نیابی تو داماد بهتر ز من — سرِ شهریاران لشگرشکن
به من ده تو این هر سه دخترْتْ را — بکیوان برافرازم اخترت را»
بدو گفت برزین که: «ای شهریار — بتو شاد بادا می و میگسار
که یارست گفت این، خود اندر جهان — که دارد چنین زهره اندر نهان
مرا گر پذیری بسان رهی — که بپرستم این تخت شاهنشهی؛
پرستش کنم تاج و تخت ترا — همان فرّ و اورنگ و بخت ترا
همان این سه دختر پرستنده‌اند — به پیش تو، بر پای، چون بنده‌اند
پرستندگان را پسندید شاه — بدان سان که از دور دیدش سه ماه
به بالای ساج‌اند و همرنگ آج — سزاوار تخت‌اند و زیبای تاج»
پس آنگاه گفتش به بهرام، پیر — که: «ای شاه دشمن کش و شیرگیر
بگویم کنون هرچه هستم نهان — بد و نیک با شهریار جهان
ز پوشیدنی هم ز گستردنی — ز افکندنیّ و پراکندنی
همانا شتربار باشد دویست — به ایوان من بنده گر بیش نیست
همان یاره و توغ و هم تاج و تخت — کزان دختران را بود نیک بخت»
ز برزین بخندید بهرام و گفت — که: «چیزی که داری تو اندر نهفت؛
بمان تا بباشد هم آنجا بجای — تو با جام می سوی رامش گرای»
بدو پیر گفت: «این سه دختر چو ماه — به راه فریدون و هوشنگ شاه
ترا دادم و خاک پای تواند — همه هر سه زنده به رای تواند
مهین دخترم نام ماه‌آفرید — فرانک دوم و سیوم شنبلید»
پسندیدشان شاه چون دیدشان — ز بانو زنان نیز بگزیدشان
به برزین چنین گفت ک :«این هر سه ماه — پسندید چون دید بهرامشاه
بفرمود تا مهد زرّین چهار — بیارد ز لشگر یکی نامدار
چو هر سه مه اندر عماری نشست — ز رومی همان خادم آورد شست
به مشکوی زرین شدند این سه ماه — همی بود تا مست برگشت شاه
بدو گفت برزین که: «ای شهریار — جهاندار و دانا و نیزه گزار

یکی بنده‌ام تا زیم شاه را — نیایش کنم خاک درگاه را»
یکی بنده تازانهٔ شاه را — ببرد و بیاراست درگاه را
سپه را ز سالار گردنکشان — جز از تازیانه نبودی نشان
چو دیدی کسی شاخ شیب دراز — دوان پیش رفتی و بردی نماز
همی بود بهرام تا گشت مست — چو خرّم شد اندر عماری نشست
بیامد به مشکوی زرّین خویش — سوی خانهٔ عنبرآگین خویش

❊

چو آمد یکی هفته آنجا ببود — بسی خورد و بخشید و شادی نمود[1]
به هشتم بیامد به دشت شکار — خود و روزبه با سواری هزار[2]
همه دشت یکسر پر از گور دید — ز قربان کمان کیان بر کشید[3]
دو زاغ کمان را به زه بر نهاد — ز یزدان پیروزگر کرد یاد[4]
بهاران و گوران شده جفت جوی — ز گُشنی به روی اندر آورده روی[5]
همی پوست کند این از آن آن ازین — ز خون‌شان شده لَعل روی زمین[6]
همی بود بهرام تا گور نر — به مُستی جدا شد یکی از یکدیگر[7]
چو پیروز شد نرّه گور دلیر — یکی ماده را اندر آورد زیر[8]
به زه داشت بهرام جنگی کمان — بخندید چون گور شد شادمان[9]
بزد تیر بر پشت آن گور نر — گذر کرد بر گور پیکان و پر[10]
نر و ماده را هر دو برهم بدوخت — دل لشکر از زخم او برفروخت[11]
ز لشکر هر آن کس که آن زخم دید — بران شهریار آفرین گسترید[12]

---

۱ – کاخ بهرام را نشاید «آنجا» خواندن. **۲** – خود و روزبه نادرست است: «با روزبه و سواری هزار».

۳ – وابسته به رج پسین.

۴ – **یک:** کمان را پیش از رفتن بشکار بزه می‌کنند. **دو:** افزاینده نمی‌دانسته است که یکی از زاغ‌های کمان همواره به زه است، و چون بخواهند بشکار، یا بمیدان جنگ روند، آندیگری را نیز بزه می‌کنند.

۵ – **یک:** جانوران چون بخواهند با جفت درآمیزند، روی به روی نمی‌آورند، که نر بر پشت ماده سوار می‌شود! **دو:** بهار، هنگام زایش گوران، و دیگر جانوران است نه هنگام آمیزش آنها!

۶ – پوست کند، نادرست است: «پوست می‌کند» آنگاه این چه شیوهٔ جفت‌جویی است که یکی بدندان پوست دیگری را بدرد؟ میان هیچ گونه از جانوران چنین داستان دیده نشده است.

۷ – **یک:** افزاینده در این رج داستان رج پیش را گزارش می‌کند، که گوران نر، برای یک ماده گور، یکدیگر را خونالود می‌کردند،... اما پیدا است که در آفرینش خداوند، برای هر نر، ماده‌ای هست که با وی درآمیزد! و نیاز نیست که از برای آمیزش با ماده، خون دیگری را ریزد! **دو:** جدا شد نیز برای دو گور شایسته نیست از یکدگر جدا شدن! **۸** – اندر آورد زیر نادرست است بزیر اندر آورد!

۹ – پیدا است که کمانِ بزه همواره به زه است.

۱۰ – دور باد... افزاینده آیین شکار ایرانی را نمی‌دانسته است که پیشتر نخچیرگران روستایی، امروز هم چنین نمی‌کنند، بهنگام بهار که جانوران، فرزند را شیر می‌دهند، بهنگام آبستنی نخچیران، بهنگام آب خوردن یک جانور، و بهنگام آمیزش آنان... و چنین کار در ایران باستان گناهی نابخشودنی بوده است. **۱۱** – دنبالهٔ گفتار. **۱۲** – آفرین، گستردنی نیست.

داستان بهرام و آرزو ۲۹۳

که: «چشم بد از فرّ تو دور باد همه روزگاران تو سور باد[1]
به مردی تو اندر زمانه نوی که هم شاه و هم خسرو و هم گوی»[2]

داستان بهرام با آرزو
دُختِ
ماهیار گوهرفروش

[اُ زان جا برانگیخت شبرنگ، شاه یکی بیشه پیش اندر آمد؛ براه][*]
دو شیر ژیان پیش آن بیشه دید کمان را بزه کرد و اندر کشید[3]
بزد تیر بر سینهٔ شیر چاک گذر کرد با پرّ و پیکان به خاک[4]
برِ ماده شد تیز بگشاد دست برِ شیر با گِردرانش ببست[5]
چنین گفت که: «ان تیر بی پرّ بود نبد تیز پیکان او کرّ بود»[6]
سپاهش همی خواندند آفرین که: «ای نامور شهریار زمین[7]
ندید و نبیند کسی در جهان چو تو شاه بر تخت شاهنشهان
چو با تیر بی‌پر تو شیر افکنی پی کوه خارا ز بن برکنی»
[بدان مرغزار اندرون راند شاه ز لشگر هر آن کس که بُد نیکخواه]

---

۱ - فرّ را با چشم بد نمی‌توان زدن.

۲ - شاه و خسرو یکی است، و هم گوی (= پهلوانی) از گفتارهای روزبه دربارهٔ بهرام است که در آینده خواهد آمدن.

* - پیش را اندر (= اندرون) نیست... و سنجش این رج با رج هشتم پسین، چنین می‌نماید که این دو رج یک رج بوده است بدینگونه:

اُ زان جا برانگیخت شبرنگ، شاه ز لشگر هرانکس که بد نیکخواه؛

۳ - کمان را پیش از پیش آمدنِ شکار بزه می‌کشند.

۴ - **یک:** تیر را (چاک) زدن، خوارداشت خوانندگان است، چاک زدن را چه روی باشد؟ **دو:** تیر چون از دست کمانوری پهلوان بر شکم نخچیر خورد، پیکان (= ناوک) و تیر از آن می‌گذرد، و (پر) بیرون می‌ماند، زیراکه پهنای پرهای بیابان تیر، از پهنای ناوک که شکم را سوراخ کرده است بیشتر است و توان گذرش بر آن سوراخ نیست... و در این گفتار، افزایندهٔ گوشه‌نشین، پر را نیز از آنسوی شکم شیر بیرون کرد، و بخاک رساند!!! اما سخن بهمین جا پایان نمی‌پذیرد...گیریم که تیر با پرّ از آنسوی شکم شیر بیرون رفت... اما آن چگونه تیری بود که پیکانش بخاک فرو رفت، و پرّ آن نیز بخاک اندر شد! گزافه برتر از این نیست!

۵ - **یک:** بر = سینه را چگونه توان با ران او بستن؟ **دو:** گِردِ ران چه باشد که ما نشنیده‌ایم.

۶ - **یک:** سخن بدآهنگ است. **دو:** چگونه شاید اندیشیدن که کسی چون بهرام گور، شاهنشاه ایران، بشکار نخچیر رود، و تیر بی‌پر در تیردان (ترکش) او نهاده باشند!! **سه:** از این که بگذریم، آن تیر را پیکان «کر»(؟) بوده باشد! پیکان کر را یاوه‌گویان کوچه و بازار نیز بکار نمی‌برند، پیکان کُند؟... باز چگونه می‌توان داوری کردن که پیشکاران شاه تیری بی‌پر، با پیکانی کند در تیردان او نهاده باشند؟ **چهار:** پیکان هیچگاه کند نیست، زیراکه چون آنرا بگونهٔ «هرم» یا کله قند می‌سازند، خواهی نخواهی نوک آن تیز است.

۷ - سه رج دنبالهٔ گفتار.

یکی بیشه دیدند پر گوسفند شبانان گریزان ز بیم گزند○
یکی سر شبان دید بهرام را بر او دوید از پی نام را[1]
چنین گفت بهرام ک:«این گوسفند که؟ آرد بدین جای ناسودمند□؟»
یکی سرشبان گفت ک:«ای شهریار ز گیتی من آیم بدین مرغزار*
همین گوسفندان گوهرفروش به دشت اندر آوردم از کوه، دوش[2]
توانگر، خداوندِ این گوسفند نترسد همی، از نهیب و گزند
بخروار، با نامور، گوهر است همان زرّ و سیم است و هم زیور است
ندارد جز از دختری چنگ‌زن سرِ جعدِ زلفش شکن بر شکن
نخواهد جز از دست دختر نبید کسی، مردم پیر، ازینسان ندید
اگر نیستی دادِ بهرامشاه مراو را کجا ماندی دستگاه[3]
شهنشاه گیتی نکوشد به زر همان موبدش نیست بیدادگر[4]
نگویی مرا کاین ددان را که کشت که او را خدای جهان باد پشت»[5]
بدو گفت بهرام ک:«این هر دو شیر تبه شد به پیکان مردی دلیر[6]
چو شیران جنگی بکشت او برفت سواری سرافراز با یار هفت[7]

○ – در همهٔ نمونه‌ها چنین آمده است، مگر پ: شبانان، ل ۲: شتابان که ایندو نیز نادرست می‌نمایند. بیشه‌ای که پر از گوسفند باشد، چگونه شاید که شبانان آن از بیم گزند گریزان شوند؟ و پس از چندی تنها یک سرشبان در آن دیده شود؟ [رج سیوم پسین] سخنان سرشبان با بهرام از یک آرامشِ خوش، در کارِ ماهیار و زندگی او داستان می‌گوید، بویژه در رج پنجم پس از این، باژگونهٔ این سخن آمده است: «نترسد همی از نهیب و گزند»، پس این لت نیز بایستی نزدیک بدان سخن بوده باشد، و اندیشه مرا رهنمون می‌شود که گفتار فردوسی چنین بوده است:

«نه پیدا شبان و، نه بیم ازگزند»

اما چون افزایندگان در آغاز این داستان، شیر را با تیر کرّ(؟) و (بی پرّ) کشته بودند، سخن را برگردانده‌اند که بیشه از ترس آن شیرانِ افزوده پرگزند بوده است!

۱ – سرشبان، پس از این سخن می‌گوید.

□ – همهٔ نمونه‌ها چنین‌اند، مگر ل: «که پیچد همی از نهیب گزند» پیدا است که نادرست است، اما واژهٔ «گزند» آن در این نمونه، اندیشه را رهنمون بگفتار فردوسی می‌شود:

«که آرد؟ بدین جای دور ازگزند!»

داستان چنین است که بیشه بی‌گزند بود (جانوران درنده در آن نبودند) و گوسفندان، آزاد و خودسر؛ می‌چریدند، و چون چوپان در کنار گوسفندان دیده نمی‌شد، بهرام پرسید چه کس این گوسپندان را بدینجا می‌آورد؟ که پاسخ او را سرشبان می‌دهد.

* – گله‌های گوسفند، پیرامون یکسد تا دویست گوسفند را در برمی‌گیرد که بر آنها یک شبان پاسبان است و چون شمار گوسفند بیش از این باشد، برای هر گله یک شبان، و بر سرِ آنان یک سرشبان می‌گمارده‌اند، که او سوار بر اسب به همه گله‌ها سر می‌کشد، و نیاز شبانان را نیز برمی‌آورد.

هنوز در مرز مرو [که ترکمنستان نامیده شده است] و خوارزم... سرشبانان سوار بر اسب دیده می‌شوند، و من خود؛ آنانرا دیده‌ام.

۲ – سخن در رج پیشین گذشت: «من آیم». **۳** – بیشهٔ بی‌گزند و گوسپند فراوان را، چندان با داد بهرامشاه پیوند نیست.

۴ – **یک:** نکوشد بزر، نادرست است: «برای زر نمی‌کوشد». **دو:** موبدان را بکار کشورداری کار نبوده است: «دستورش».

۵ – بداستان افزودهٔ کشتن شیران بازمی‌گردد.

٦ – **یک:** هر دو شیر را «تبه شدند» باید. **دو:** پیدا است که مرد را دلیری باید، تا بتواند دو شمشیر را کشتن!

۷ – **یک:** «سوار سرافراز» در لت دویم، با «او» در لت نخست همخوان نیست. **دو:** یار هفت نادرست است: «هفت یار».

کجا باشد ایوان گوهرفروش؟ پدیدار کن راه و بر ما مپوش»[1]
بدو سرشبان گفت: «ز ایدر برو دهی تازه پیش اندر آیدت نو[2]
به شهر آید آواز زان جایگاه به نزدیکی کاخ بهرامشاه[3]
چو گردون بپوشد حریر سیاه به جشن آید آن مرد با دستگاه[4]
گر ایدونکه باشدت لختی درنگ به گوش آیدت نوش و آواز چنگ»[5]
چو بشنید بهرام بالای خواست یکی جامهٔ خسروآرای خواست[6]
جدا شد ز دستور و از لشگرش همانا پر از آرزو شد سرش[7]

*

چنین گفت با موبدان، روزبه که: «اکنون شود شاه ایران به ده
نشیند بدان خانِ گوهرفروش همه سوی گفتار، دارید گوش
بخواهد مرآن دخت را از پدر نهد بیگمان بر سرش تاج زر!
نیابد همی سیری از خفت و خیز شب تیره زو، جفت، گیرد گریز
شبستان مر او را فزون از سد است شهنشاه زین‌سان که باشد بد است[8]
کنون نُه‌سد و سی زن از مهتران همه بر سران افسران گران[9]
ابا یاره و تاج و با تخت زر درفشان ز دیبای رومی گهر[10]
شمرده‌ست خادم به مشکوی شاه کز ایشان یکی نیست بی دستگاه[11]
همی باژ خواهد ز هر مرز و بوم به سالی بر ایشان رود باژ روم[12]

---

۱ - هنوز که سرشبان سخنی نگفته است که از آن «رازپوشی» برآید.

۲ - **یک:** پیش اندر (= اندرون) نادرست است. **دو:** نشاید که دهی با چندان گوسفند، نوساز بوده باشد.

۳ - **یک:** ده به شهر گشت! **دو:** کاخ بهرامشاه در بیشه، یا کنار بیشه نبود و در تیسفون بود.

۴ - بکدام جشن می‌آید؟ ماهیار همواره در خانهٔ خود بود، و از دست‌کس بجز دخترش می نمی‌نوشید.

۵ - هنوز روز است و چنگ‌زن در شب (حریر سیاه) چنگ می‌نوازد، و بدین زودی آوای چنگ او بر نخواهد خاست.

۶ - **یک:** بهرام سوار بر اسپ (باره = بالای) بود، و چگونه بالای خواست؟ **دو:** بهرام در خانه گوهرفروش نیز با جامه‌ای ساده رفت، و خود را یکی از سواران سپاه خواند، پس جامهٔ خسروآرای را چه جای خواستن بود؟

۷ - سر پر از آرزو نمی‌شود که آرزو را به دل پیوند است.

۸ - **یک:** شبستان یکی است، و یکسد زن دارد. **دو:** با مشکوی شاهان ساسانی [نمونه را مشکوی خسروپرویز با دوازده هزار زن!] داشتن یکسد زن، برای یک شاه جوان چون بهرام، شگفت نبوده است. **سه:** لت دویم نیز سست می‌نماید.

۹ - لت دویم نادرست است: «بر سر همهٔ آنان افسر گران».

۱۰ - افسر در رج پیشین با تاج در این رج همخوان نیست. **دو:** درخشان از دیبای رومی؟ یا گوهر؟

۱۱ - **یک:** پرستنده (خادم) را خویشکاری، کار، و پرستاری است، نه آمارگیری. **دو:** کدام پرستنده /سخن درست آن بود که گفته شود یکی از پرستندگان... و درست‌تر که: «سرپرست مشکوی شاه».

۱۲ - بهرام در گفتار درست شاهنامه باژ را هفت ساله بخشیده بود، و باز در داستانهای دیگر بدین سخن می‌رسیم که دیگر بار نیز باژ را بخشید، و در این گفتار نادرست افزوده، سخن واژگونه می‌شود. **دو:** بسالی بر ایشان رود نیز نادرست است: «هزینهٔ سالانهٔ ایشان».

۲۹۶ پادشاهی بهرام گور

دریغ آن بر و کتف و بالای شاه   دریغ آن رخ مجلس آرای شاه[1]
نبیند چنو کس به بالای و زور   به یک تیر بر هم بدوزد دو گور[2]
تبه گردد از خفت و خیز زنان   بزودی شود سست چون بی‌بنان[3]
کند دیده تاریک و رخساره زرد   به تن سست گردد به لب لاژورد[4]
ز بوی زنان موی گردد سپید   سپیدی کند در جهان ناامید[5]
جوان را شود کوز بالای راست   ز کار زنان چند گونه بلاست[6]
به یک ماه یک بار آمیختن   گر افزون بود خون بود ریختن[7]
همین باز از بهر فرزند را   بباید جوان خردمند را[8]
چو افزون کنی کاهش افزون کند   ز سستی تن مرد بی‌خون کند»[9]
برفتند پویان به ایوان شاه   یکی گفت خورشید گم کرد راه[10]

❊

شب تیره گون رفت بهرام گور   پرستنده با او، ز بهر ستور
چو آواز چنگ اندر آمد به گوش   بشد شاه تا خان گوهرفروش
همی تاخت باره به آواز چنگ   سوی خان بازارگان، بیدرنگ
بزد حلقه* را بر در و، بار خواست   خداوند خورشید را، یار خواست

❊

پرستندهٔ مهربان گفت: «کیست؟   براین در، بگوید؟ که از بهر چیست!»
چنین داد پاسخ که: «شبگیر، شاه   بیامد سوی دشتِ نخچیرگاه

---

۱ - لت دویم واژگونهٔ لت نخست است و رخ انجمن‌آرای و زیبا را «زنان» بیشتر می‌پسندند.

۲ - بازگشت بداستان افزوده دوختن دو گور بیکدیگر.

۳ - **یک:** در گفتار درست روزبه آمده بود که بهرام را از خفت و خیز، سیری نیست، و زنان از وی می‌گریزند، و در این رج گفتار، دیگر می‌شود. **دو:** زَنان را با بُنان پساوا نیست.

۴ - کند... نادرست است: «دیده‌اش تاریک می‌شود و...».

۵ - **یک:** چه‌کس چنین داوری کرده است؟ موی در گذر زمان سپید می‌شود. **دو:** لت دویم سست و بی‌پیوند است: «سپیدی (موی، مرد را) ناامید می‌کند» اگر راست باشد! مردان، سپیدی موی را آرایش مرد می‌خوانند، و بیشتر زنان گیسوی خاکستری و سپید مردان را می‌پسندند.

٦ - سخنان نادرست.

۷ - **یک:** چنین نیست و فرمان خداوند دربارهٔ آمیزش بسیارِ مرد و زن، برای خفتن با هم، و بیدار شدن با هم، و بهم خوی کردن و بهم پیوستن و پدید آمدن خانه، ده، شهر، و توده‌های یگانه مردمان است، که به کار و نوآوری، و خیزش اندیشه رسند. **دو:** این گفتار نادرست از آن سخن سعدی برگرفته شده است که:

به بی‌رغبتی، شهوت انگیختن   برغبت بود، خون خود ریختن

۸ - سخن پریشان بی‌پیوند! افزاینده خواسته است بگوید که همین یک بار آمیختن، برای زادن فرزند است... **دو:** از سخن سست که بگذریم، روشن است که برای پدید آمدن فرزند، سالی یکبار آمیزش بسنده است!

۹ - سخنان درهم و چندباره‌گویی.

۱۰ - آنان سوار بر اسب بودند، و پوییدن، کار پیادگان است.

* - در همهٔ نمونه‌ها «حلقه» آمده است و درست نمی‌نماید، زیراکه دروازه‌های ایرانی را در یکسوی، حَلقه بود برای کوبیدن زنان و دختران، و در یکسوی، کوبه بود برای کوبیدن مردان و چنین می‌نماید که **«بزد کوبه را...»** درست است.

داستان بهرام و آرزو ۲۹۷

بلنگید در زیر من بارگی　　ازو بازگشتم به بیچارگی
چنین اسپ و زرّین ستامی به کوی؛　　بدزدد کسی، من شوم چاره‌جوی»

*

بیامد کنیزک بدهقان بگفت　　که: «مردی همی خواهد از ما نهفت
همی گوید اسپم بزرّین ستام　　بدزدند و، ز ایدر؛ شود کار خام»
چنین داد پاسخ که: «بگشای در»　　به بهرام گفت: «اندر آی ای پسر»

*

چو شاه اندر آمد چنان جای دید　　پرستنده هر جای بر پای دید؛
چنین گفت ک:«ای دادگر یک خدای　　به خوبی تویی بنده را رهنمای
مبادا جز از داد آیین من　　مباد آز و گردنکشی دین من [1]
همه کار و کردار○ من، داد باد　　دل زیردستان، بما شاد باد
که افزون شود دانش و داد من　　پس از مرگ روشن بود یاد من [2]
همه زیردستان، چو گوهرفروش　　بمانند با نالهٔ چنگ و نوش» [3]

*

چو آمد، ببالای ایوان رسید　　ز در، دختر میزبان را بدید [4]
چو دهقان ورا دید بر پای خاست　　بیامد خَم آورد بالای راست
بدو گفت: «شب بر تو فرخنده باد　　همه بدسگالان ترا بنده باد» [5]
نهالی بیفکند و مسند نهاد　　ز دیدار او میزبان گشت شاد [6]
گرانمایه خوانی بیاورد زود　　بر او خوردنی‌ها ازان سان که بود [7]
بیامد یکی مرد مهترپرست　　بفرمود تا اسپ او را ببست
پرستنده را نیز خوان خواستند　　یکی جای دیگر بیاراستند
همان میزبان را یکی زیرگاه　　نهادند و بنشست نزدیک شاه
به پوزش بیاراست؛ پس، میزبان　　ببهرام گفت: «ای گوِ مرزبان
تویی میهمان اندرین خان من　　فدای تو بادا تن و جان من»

---

۱ - دو بار واژهٔ «مباد» در یک رج، گفتار راسست می‌کند، بویژه آنکه سخن درست دربارهٔ «داد» در رج پسین می‌آید.

○ - **«گفتار»** درست می‌نماید.

۲ - **یک:** باز سخن از داد و دانش!! **دو:** لت دویم را نیز گزارش نیست.

۳ - چنگ را ناله نیست.

۴ - «رسید» در لت نخست دوباره‌گویی «چو آمد» است.

۵ - لت دویم بی‌پیوند است، همهٔ بدسگالان (تو) ترا بنده (باشند).

۶ - در گفتار فردوسی «مسند» دیده نمی‌شوند، مگر در آن رج افزوده ستایش(؟) محمود:

کجا فضل را مسند و مرقد است　　نشستنگه فضل بن احمد است

و بجای مسند همواره «بالین» آمده است.

۷ - آن پرستندگان، که هر سوی بپای بودند، کارشان آوردن خوان نیز بود، و نمی‌بایستی که گوهرفروش، خود، خوان بیاورد.

بدو گفت بهرام: «تیره شبان — که؟ یابد چنین تازه‌رو، میزبان!
چو نان خورده شد جام باید گرفت — بخواب خوش، آرام باید گرفت [1]

*

بیزدان نباید بود ناسپاس — دل ناسپاسان بود پر هراس» [2]
کنیزک ببرد آب‌دستان و تشت — ز دیدار مهمان همی خیره گشت
چو شد دست؛ شسته، می و جام خواست — به می، رامش و کام و آرام خواست
کنیزک بیاورد جامی نبید — می سرخ و جام و گل و شنبلید [3]
بیازید دهقان بجام از نخست — بخورد و به مشک و گلابش بشست [4]
به بهرام داد آن دلارای جام — بدو گفت: «میخواره را چیست؟ نام!
هم اکنون بدین، با تو؛ پیمان کنم — به بهرام شاهت گروگان کنم»

*

فراوان بخندید زو، شهریار — بدو گفت: «نامم گشسپ سوار
من ایدر به آواز چنگ آمدم — نه از بهر جای و درنگ آمدم»
بدو میزبان گفت کـ:«این دخترم — همی بآسمان اندر آرد سرم
هم او میگسار است و هم چنگ‌زن — همان چامه گوی است و انده شکن»
دلارام را آرزو نام بود — هم او میگسار و دلارام بود [5]
به سرو سهی گفت: «بردار چنگ — به پیش گشسپ آی، با بوی و رنگ»

*

بیامد بر پادشا چنگ‌زن — خرامان، بسان یکی ناروَن
به بهرام گفت: «ای گزیده سوار — به هر چیز مانندهٔ شهریار
چنان دان که این خانهٔ سور تست — پدر، میزبان است و گنجور تست
شبان سیه بر تو فرخنده باد — سرت برتر از ابر بارنده باد»

*

بدو گفت: «بنشین و بردار چنگ — یکی چامه باید مرا بیدرنگ
شود ماهیار ایدر امشب جوان — گروگان کند پیش مهمان روان»

---

۱ - **یک:** سخن از رامش و آرام رج سیوم پسین می‌آید. **دو:** هنوز هنگام خواب فرانرسیده است که از آن یاد شود.

۲ - چه‌کس نبایستی ناسپاس باشد؟

۳ - **یک:** سخن از جام، رج سیوم پسین می‌آید. **دو:** گل و شنبلید را به مهمان نمی‌دهند که جایشان در گلدان است.

۴ - در رج پسین چنین داوری نیست، و جام نخست بمهمان داده می‌شود.

۵ - **یک:** نام آرزو، پسان، بهنگام خود می‌آید. **دو:** دو بار «دلارام» در یک سخن نادرست است. **سه:** از میگساری او، در رج پیشین یاد شده بود.

زن چنگ‌زن چنگ در بر گرفت / نخستین، خروش مغان، در گرفت
دگر چامه را باب خود ماهیار / تو گفتی بنالد همی چنگ زار[1]
چو رود و بریشم سخنگوی گشت / همه خانه از وی، سمن بوی گشت[2]
پدر را چنین گفت که: «ای ماهیار / چو سرو سهی بر لب جویبار
چو کافور، گردِ گل سرخ، موی / زبان گرم‌گوی و دل آزرم‌جوی
همیشه بد اندیشت آزرده باد / بدانش روان تو پرورده باد
تویی چون فریدون آزاده‌خوی / منم چون پرستار و نام آرزوی
ز مهمان چنان شاد گشتم که شاه؛ / بجنگ اندرون، چیره بیند سپاه»

*

چو این گفته شد سوی مهمان گذشت / ابا چامه و چنگ، نالان گذشت
به مهمان چنین گفت که: «ای شاه فش / بلنداختر و یکدل و کینه کش
کسی کاو ندیده است بهرام را / سپهبد سوارِ دلارام را؛
نگه کرد باید بروی تو، بس / جز او را نمانی ز لشگر؛ بکس!
میانت چو غرو است و بالا چو سرو / خرامان شده سرو، همچون تذرو
به دل نرّه شیر و به تن ژنده پیل / به آورد خشت افکنی بر دو میل[3]
رخانت به گلنار ماند درست / تو گویی به می برگ گل را بشست[4]
دو بازو بکردار ران هیون / بپای اندر آری گُه بیستون[5]
تو آنی کجا، چشم کس، چون تو مرد / نه دید و نه بیند بروز نبرد
تن آرزو، خاک پای تو باد / همه ساله زنده، برای تو باد»

*

جهاندار ازآن چامه و چنگ اوی / ز دیدار و بالا و فرهنگ اوی
بر او بر، بدان گونه شد مبتلا / که گفتی○ دلش گشت، گنج بلا
چو در پیش او مست شد ماهیار / چنین گفت با میزبان؛ شهریار
که: «دختر به من ده به آیینِ دین / چو خواهی که یابی به داد، آفرین»
چنین گفت با آرزو، ماهیار / که: «زین شیردل، چند؟ خواهی نثار

*

---

۱ - چامهٔ نخست روی بسوی ماهیار دارد که در سخن آینده می‌آید.
۲ - از تار ابریشم و رود، خانه پر آواز می‌شود، نه سمن بوی.
۳ - خشت باندازهٔ زهی که بدان بسته شده بود پرتاب می‌شد، نه باندازهٔ دو میل! چنین داوری همواره در افزوده‌ها دیده می‌شود.
۴ - **یک**: چنین سخن را برای خوشامد دخترکان شاید گفتن! سخن بی‌پیوند در لت دویم.
۵ - «دو بازوت» باید.
○ - **«گویی»** درست می‌نماید، که گزیدهٔ «گوییا» است.

پادشاهی بهرام گور

نگه کن بدو، تا پسند آیدت! … بر آسودگی سودمند آیدت!»[1]
چنین گفت با ماهیار آرزوی … که: «ای پیرِ آزاده و نیکخوی
مرا گر همی داد، خواهی بکس … همالم گشسپ سوار است و بس!
تو گویی به بهرام ماند همی … چو جان است با او نشستن دمی»[2]

*

بگفتارِ دختر بسنده نکرد … ببهرام گفت: «ای سوار نبرد؛
به ژرفی نگه کن سراپای اوی … همان دانش و کوشش و رای اوی[3]
نگه کن بدو تا پسند تو هست؟ … ازو آگهی بهتر است ار نشست؟[4]
بدین نیکوی نیز درویش نیست … به گفتن مرا رای کم بیش نیست[5]
اگر بشمری گوهر ماهیار … فزون آید از بدرهٔ شهریار[6]
گر او را همی بایدت جامِ گیر … مکن سرسری امشب آرام گیر[7]
بمستی بزرگان نبندند بند … بویژه کسی کاو بود ارجمند
بمان تا برآرد سپهر، آفتاب … سر نامداران برآید ز خواب
بیاریم پیران داننده را … شکیبا دل و چیزخواننده را

*

شب تیره از رسم بیرون بود … نه آیین شاه آفریدون بود[8]
نه فرخ بود مست زن خواستن … اُگر نیز کاری نو آراستن»[9]
بدو گفت بهرام کـ: «این بیهَده است … زدن فال بد، رای و راه بد است
پسند من است امشب؛ این چنگ‌زن … تو این فال بد تا توانی مزن»
چنین گفت با دخترش آرزوی … «پسندیدی؟ او را به گفتار و خوی!»
بدو گفت: «آری پسندیدمش … بچشم سر، از دور، چون دیدمش
بکن کار، زان پس به یزدان سپار … نه گردون به جنگ است با ماهیار»

*

---

۱ – **یک:** آرزو در سخنان پیشین نه تنها از پسند خویش سخن گفته بود، که افزود، تن من از آنِ تست:

تن آرزو، خاک پای تو باد … همه ساله، زنده برای تو باد

دو: لت دویم بی‌گزارش است.

۲ – **یک:** چند بار؟ **دو:** لت دویم بی‌پیوند و بی‌گزارش است.

۳ – سراپای او را توان نگریستن، اما کوشش و دانش و رای او را چگونه توان دریافتن؟

۴ – **یک:** نگه کن، دو بار می‌آید. **دو:** آگهی از دختر به بهرام نرسیده بود، که خود او را دیده بود.

۵ – **یک:** پیدا است که دختر گوهرفروش، درویش نشاید بودن. **دو:** لت دویم بی‌گزارش است.

۶ – بدرهٔ شهریار نادرست است، زیرا که بدره (کیسهٔ زر یا سیم) است، و سخن درست یاد کردن از گنج شهریار می‌نمود.

۷ – سخن سستی است که درستِ آن در رج پسین می‌آید.

۸ – **یک:** رسم در آیین گفتار فردوسی نیست. **دو:** آفریدون نیز تازی شدهٔ فریدون است.

۹ – سخن دوباره

داستان بهرام و آرزو ۳۰۱

بدو گفت ک:«اکنون تو جفت وی‌ای — چنان دان که اندر نهفت وی‌ای»
بدو داد و بهرام گورش بخواست — چو شب روز شد کار او گشت راست[1]
سوی حجرهٔ خویش رفت آرزوی — سرایی، همه خفته، از چارسوی[2]
بیامد به جای دگر ماهیار — همی ساخت کار گشسپ سوار[3]
پرستنده را گفت: «درها ببند — یکی را بتاز از پس گوسفند[4]
نباید که آرند خوان بی‌بره — بره نیز پرورده باید سره[5]
همی باش پیش گشسپ سوار — چو بیدار گردد فُقاع* و یخ آر
یکی جام کافور بَر، با گلاب — چنان کن، که بویا بود؛ جای خواب

*

من از جام می همچنانم که دوش — نتابد می این پیرِ گوهرفروش»[6]
بگفت این و چادر به سر در کشید — تن‌آسانی و خواب در بر کشید[7]
چو خورشید تابنده بنمود تاج — زمین شد بکردارِ رخشنده آج
پرستنده، تازانهٔ شهریار — بیاویخت از خانهٔ ماهیار
سپهدار و سالار و گردنکشان○ — بجُستند، زان تازیانه نشان
سپاه انجمن شد، بدرگاه بر — کجا همچنان، بر درِ شاه بر[8]
هر آن کس که تازانه را دید باز — برفتند و بردند پیشش نماز

*

۱ – **یک:** بهرام پیشتر او را خواسته بود. **دو:** هنوز، شب، روز نشده است.

۲ – چگونه پیوندی است که اَروس به سوی خانهٔ خویش می‌رود!

۳ – کجا؟ کار گشسب سوار چه بود که ماهیار آنرا بساخت.

۴ – درها را «را» باید. **دو:** نیمه شبان گوسفندان همه در خواب بودند.

۵ – **یک:** نیمه شب که همه نان خورده‌اند، با بره چکار؟ **دو:** گوسفندی را که تازه می‌کشند، پرورده نشاید بودن.

* – فقاع تازی شدهٔ فُوْگان = آبجو است:

می‌بارد از دهانْش خَدو، ایدون — گویی که سرگشاده‌اند، فُوْگان را

فرالاوی

می نوشان را نیمه‌شبان یا آب یخ در کار است، یا فوگان سرد:

مستِ می بیدار گردد نیمه شب — مست ساقی صبح محشر، بامداد

سعدی

۶ – از دیشب وی آگاهی نداریم که گفته شود همچنان که دوش.

۷ – **یک:** مگر ماهیار چادر بسر می‌کرده است. **دو:** خواب را در بر کشیدن، گفتاریست که هرگز شنیده نشده است.

○ – خالقی مطلق: بیامد سپه‌دار و زوپین کشان که نادرست است: سپردار یگانه با ژوبین کشان گروه! مسکو: سپه را ز سالار گردنکشان، سپهدار و...، بیامد سپه همچو رود روان، بیامد سپردار و ژوبین کشان، سپاهان: سپهدار و سالارِ گردنکشان و پیدا است که این سخن درست‌تر است، مگر آنکه «سالارو» را به «سالار» بگردانیم، و اینچنین سخن آراسته می‌شود: «**سپهدار، سالارِ گردنکشان**» همه نشان تازانه را جستند.

۸ – برای خانهٔ ماهیار؛ «درگاه» آوردن و برای کاخ شاه «در» آوردن نمی‌نماید.

۳۰۲ پادشاهی بهرام گور

چو دربان بدید آن سپاه گران … کمردار بسیار و ژوپین‌وران
بیامد برِ خفته، برسان گَرد … سر پیر، از خواب بیدار کرد
بدو گفت: «برخیز و بگشای دست … نه هنگام خواب است و جای نشست
که شاه جهان است مهمان تو … بدین بی‌نوا میهن و مان تو!»
یکایک دلِ مرد گوهرفروش … ز گفتار دربان برآمد بجوش
بدو گفت که: «این، از چه؟ گویی همی! … پی شهریار، از چه؟ جویی همی!»
همان چون ز گوینده بشنید مست … خروشان ازان جای بر پای جست[1]
ز دربان برآشفت و گفت: «این سخن … نگوید خردمند مرد کهن»[2]
پرستنده گفت: «ای جهاندیده مرد … ترا بر زمین؛ شاه ایران که؟ کرد!
سپاه است؛ چندان، بدرگاه تو … که اندر گذر، تنگ شد؛ راه تو
بیامد پرستنده هنگام روز … که پیدا نبُد هور گیتی‌فروز[3]
یکی تازیانه، به زر تافته … به هر جای، گوهر بر او؛ بافته[4]
بیاویخت، از پیشِ درگاه ما … بدان سو، که باشد گذرگاه ما»[5]
کنون؛ کار برساز و، سستی مکن … به می نیز، ناتندرستی مکن*
ز دربان چو بشنید یکسر سخن … بپیچید؛ بیدار مردِ کهن؛
که: «من دوش، پیش شهنشاه؛ مست … چرا؟ بودم و دخترم می پرست!»
بیامد سوی هُجرهٔ آرزوی … بدو گفت که: «ای ماه آزاده‌خوی
شهنشاه بهرام بود، آنکه دوش … بیامد سوی خان گوهرفروش
همی آمد از دشت نخچیرگاه … عنان تافته‌ست از کهن دز به راه[6]
کنون خیز و دیبای چینی بپوش … بنه بر سر افسر، چنان هم که دوش[7]
نثارش کن از گوهر شاهوار … سه یاقوت سرخ ازدرِ شهریار[8]
چو بینی رخ شاه خورشیدفش … دوتاهی برو، دست کرده بکش[9]
مبین مَر وَرا، چشم در پیش دار … ورا، چون روان و تن خویش دار
چو پرسَذْتْ، با او سخن نرم گوی … سخن، هرچه گویی، بآزرم گوی○

---

۱ – در رج پیشین پرسیده بود، پس سخن وی را شنیده بوده است. **دو:** از آن جای نیز نادرست است: «از جای».
۲ – کسی که می‌پرسد؛ این سخن را چرا می‌گویی، برآشفته نیست.
۳ – در رج ۳۵۳۷۵ از برآمدن خورشید یاد شده بود. ۴ – دنبالهٔ گفتار. ۵ – دنبالهٔ گفتار.
* – می‌نوشان، چون شب‌هنگام، می فراوان نوشند، بامدادان ناتندرست برمی‌خیزند! سعدی را است:
مُلک‌بانان را نشاید روز و شب … گاهی اندر خمر و گاهی در خُمار
۶ – از دشت نخچیرگاه؟ یا از کهندژ؟ ۷ – دوباره یاد از «دوش» می‌شود.
۸ – یاقوت، همان گوهر است.
۹ – **یک:** دربارهٔ دیدن سخن درست در رج پسین آمده است. **دو:** دوتاهی (؟) نشاید براه رفتن. ○ – آزرم: احترام

داستان بهرام و آرزو ۳۰۳

من اکنون نیایم، مگر خوانَدَم — به جای پرستنده، بنشاندم
بسان همالان نشستم بخوان — که اندر تنم خرد باد استخوان

*

که من نیز گستاخ گشتم به شاه — به پیرو جوان از می آید گناه»[1]
هم آنگه یکی بنده آمد دوان — که: «بیدار شد، شاه روشنروان
چو از خواب بیدار شد تندرست — بباغ اندر آمد سر و تن بشست
نیایش کنان پیش خورشید شد — ز یزدان دلی پر ز امّید شد[2]
اُزان جا بیامد بجای نشست — یکی جام می خواست از می پرست»[3]

*

چو از کهتران آگهی یافت شاه — بفرمودشان، بازگشتن براه
بفرمود تا رفت پیش، آرزوی — همی بودش از آرزوی آرزوی[4]
برفت آرزو، با می و با نثار — پرستنده با تاج و باگوشوار
دو تا گشت و اندر زمین بوس داد — بخندید زو، شاه و برگشت شاد[5]
[بدو گفت شاه: «این کجا؟ داشتی — مرا مست کردی و بگذاشتی[□]]
[همان چامه و چنگ ما را بس است — نثار زنان بهر دیگر کس است]
بیار آنچه گفتی ز نخچیرگاه — ز رزم و، سر نیزه و، زخم شاه»

*

ازآنپس بدو گفت: «گوهرفروش — کجا؟ شد که ما مست گشتیم دوش!»
چو بشنید دختر پدر را بخواند — همی از دل شاه خیره بماند[6]
بیامد پدر، دست کرده بکش — به پیش شهنشاه خورشیدفش
بدو گفت: «شاها ردا بخردا — بزرگا سترگا گوا موبدا![7]
کسی کاو خرد دارد و باهشی — نباید گزیدن جز از خامشی[8]
ز نادانی آمد گنهکاری‌ام — گمانم که دیوانه پنداری‌ام[9]

---

۱ - سخن دوباره ۲ - لت دویم نادرخور است. ۳ - بامدادان هنگام می نوشی نیست.

۴ - سخن در رج دویم سست است.

۵ - **یک:** اندر زمین نادرست است: «بر زمین». **دو:** لت دویم نیز اندکی سست می‌نماید.

□ - «این کجا داشتی» را در رج نخست گزارش نیست، و آرزو نیز او را تنها ننهاده بود. در اندیشهٔ من این رج، با رج پسین در سخن فردوسی، در یک رج بوده است!، اینچنین:

بگفتا، همان چنگ ما را بس است — نثار زنان بهر دیگر کس است

۶ - لت دویم سست می‌نماید. ۷ - شاه سترگ نادرست است، شاه را «موبد» نخوانده‌اند.

۸ - خرد، با هوش همراه می‌شود نه با «باهشی». ۹ - گمانم در آغاز لت دویم نادرخور است: «سزد گر».

سزد گر ببخشی گناه مرا — درفشان کنی روز و ماه مرا[1]
منم بر درت بندهٔ بی‌خرد — شهنشاهم از بخردان نشمرد»[2]
چنین داد پاسخ که: «از مرد مست — خردمند چیزی نگیرد به دست[3]
کسی را که می اندُه آرد به روی — نباید که یابد ز می رنگ و بوی[4]
به مستی ندیدم ز تو بدخوی — همی ز آرزو این سخن بشنوی[5]
تو پوزش بران کن که تا چنگ‌زن — بگوید همان چامه اندر سخن[6]
بگوید یکی تا بدان می خوریم — پیِ روزِ ناآمده نشمریم»[7]
زمین بوسه داد آن زمان ماهیار — بیاورد خوان و بر آراست کار[8]
بزرگان که بودند، بر در، بپای — بیاوردشان مرد پاکیزه‌رای
سوی هجرهٔ خویش رفت آرزوی — ز مهمانِ بیگانه، پُرچین؛ بُروی

*

همی بود تا چرخ پوشد سیاه — ستاره پدید آید و گرد ماه[9]
چو نان خورده شد، آرزو را بخواند — به کرسیّ زر پیکرش برنشاند[10]
بفرمود تا چنگ، برداشت؛ ماه — بدان چامه کز پیش فرمود، شاه؛[11]
چنین گفت که:«ای شهریار دلیر — که بگذارد از نام تو، بیشه، شیر[12]
تویی شاه پیروز و لشگرشکن — ترا روی، چون لاله اندر چمن
ببالای تو، بر زمین شاه نیست — بدیدار تو، بر فلک ماه نیست
سپاهی که بیند سپاه ترا — بجنگ اندر، آوردگاه ترا
بدرّد دل و مغزشان از نهیب — بلندی، ندانند باز، از نشیب»
هم آنگه چو از باده خرّم شدند؛ — ز خُردک بجام دمادم شدند؛[13]
بیامد برِ پادشا، روزبه — گزیدند جایی مر او را به ده[14]

---

۱ – روز و ماه با یکدگر نمی‌آیند: «روز و شب». ۲ – هر دو لت یک سخن را بازمی‌گوید.
۳ – چیزی نگیرد بدست سخت نادرخور است. ۴ – ماهیار را از می نوشی شب دوش اندوه در دل (نه بر روی) نیامده بود.
۵ – سخن سست می‌نماید، خویی را با بشنوی پساوا نیست.
۶ – پوزش برای چنین خواهش نادرخور است، و لت دویم نیز سست است.
۷ – در لت نخست بگوید نادرخور است: «بخواند»، «بسراید»، لت دویم نیز از گفتار شاهنامه است:
«خردمند مردم، چرا؟ غم خورد — پیِ روزِ ناآمده بشمرد»
۸ – چه کار را آراست؟
۹ – چرخ را «جامهٔ» سیاه، یا «پرده سیاه» باید. لت دویم نیز سست می‌نماید، ماه و ستارگان «برآیند». ۱۰ – دنبالهٔ سخن.
۱۱ – دنبالهٔ سخن. ۱۲ – پنج رج گفتاری که با لت دویم رج پیشین پیوند ندارد.
۱۳ – **یک:** «همانگه» با چو خرم شدند، هماهنگ نیست. یا: «همانگه» یا: «چو از باده...». **دو:** اگر خرم شد چرا می بایستشان دمادم بنوشند. **سه:** خردک چیست؟ ۱۴ – در سخنان آینده روزبه با شهنشاه از ایوان مِه می‌رود، سپس جایی دیگر برای او ویژه نکرده بودند.

داستان افزودهٔ فرشیدورد ۳۰۵

عماری بیاورد خادم چهل — همه ماه‌چهر و همه دلگسل[۱]
رخ رومیان همچو دیبای روم — ازیشان همی تازه شد مرز و بوم[۲]
بشد آرزو تا بمشکوی شاه — نهاده بسر بر، ز گوهر کلاه
بیامد شهنشاه با روزبه — گشاده‌دل و شاد، از ایوانِ مِه
همی راند گویان به مشکوی خویش — به سوی بتان سمن‌بوی خویش[۳]

رفتن بهرام بخانهٔ بازرگان فرشیدورد و ناخوش بازگشتن او

بخفت آن شب و بامداد پگاه — بیامد سوی دشتِ نخچیرگاه[۴]
همه راه و بیراه لشکر گذشت — چنان شد که یک ماه ماند او بدشت[۵]
سراپرده و خیمه‌ها ساختند — ز نخچیرِ دشتی بپرداختند[۶]
کسی را نیامد بران دشت خواب — می و گوشت نخچیر و چنگ و رباب[۷]
بیابان همی آتش افروختند — تر و خشک هیزم بسی سوختند[۸]
برفتند بسیار مردم ز شهر — کسی کِش ز دینار بایست بهر[۹]
همی بود چندی خرید و فروخت — بیابان ز لشکر همی برفروخت[۱۰]
ز نخچیر دشت و ز مرغان آب — همی یافت خواهنده چندان کباب[۱۱]
که بردی به خروار تا خان خویش — برِ کودک خرد و مهمان خویش[۱۲]

---

۱ – خادم چهل نادرست است، چهل خادم (اگر خادم در سخن فردوسی کمربندد!)

۲ – یک: از زیبایی چهره‌شان در لت دویم از رج پیشین سخن رفته بود. **دو:** لت دویم چنین می‌نماید که آنان تازه بایران آمده بوده‌اند.

۳ – «گویان» را هیچگاه کاربرد نبوده است. **۴** – سخن از شاهنامه است.

۵ – یک: بلشگر (یان، از) راه و بیرا(هه) گذشتند. **دو:** هنوز روز نخست است، و از پایان ماه نمی‌توان سخن گفتن، مگر آنکه گفته شود بر این برنهادند، که یکماه در دشت نخچیرگاه بمانند! **سه:** چنان لشگر انبوه را در شکار، با خود نمی‌بردند، زیرا که جایی برای شکار نمی‌ماند. **چهار:** در شکارگاه شاهزادگان و نزدیکان همراه شاه می‌شدند.

۶ – خیمه همان سراپرده است، و در زمان ساخته نمی‌شود، که آنرا با خویش بدشت نخچیرگاه می‌برند.

۷ – یک: «نمی آمد» بجای نیامد. **دو:** لت دویم را پیوندِ بایسته نیست: «از بس...». **سه:** لت دویم بدآهنگ است.

۸ – یک: این رج را نیز در آغاز پیوندِ «اندر» باید. **دو:** ایرانیان سوزاندن هیزمی را که کمتر از یکسال از بریدنش گذشته باشد گناهی بزرگ می‌دانستند... چنانکه هنوز نیز درسخت‌ترین رویدادها، بر زبان همگان چنین می‌رود: «نمیدانم چه هیزم تری بدو فروخته‌ام».

۹ – در لشگرگاه، سپاهیان نمی‌توانستند که «دینار» بفروشندگان دهند.

۱۰ – «همی بود خرید و فروخت» سخت نادرخور است: «خرید و فروش بسیار...».

۱۱ – یک: لت دویم سست است: «چون کسی از گوشت نخچیران و پرندگان...». **دو:** افزاینده باخویش نیندیشیده است که چندان سپاه که از آن یاد شد، و چند تن مردمان شهر که از آنان سخن می‌رود چگونه چندان کباب می‌یابند که بخانه‌های خویش...

۱۲ – ... **یک:** خروار خروار، نزد فرزندان و مهمانان نیز می‌برند! مگر در یک دشت، چه اندازه جاندار هست؛ که به هر خانه‌ای یک خروار (سیصد کیلو) گوشت رسد! **دو:** افزاینده در لت دویم سخن را آسان گرفته است: «نزد زن و فرزند و مهمانان»... از آنجا که کودک ←

چو ماهی برآمد شتاب آمدش / همی با بتان رای خواب آمدش[1]
بیاورد لشکر ز نخچیرگاه / ز گرد سواران ندیدند راه[2]
همی رفت لشکر بکردار گرد / چنین تا رخ روز شد لاژورد[3]
یکی شارستان پیشش آمد به راه / پر از برزن و کوی و بازارگاه[4]
بفرمود تا لشکرش با بنه / گذارند و مانَدْ خود او یک تنه[5]
بپرسید تا خان مهتر کجاست / سر اندر کشید و همی رفت راست[6]
شکسته دری دید پهن و دراز / بیامد خداوند و بردش نماز[7]
بپرسید ک :«این خان ویران که راست / میان ده این جای ویران چرا است[8]
خداوند گفت: «این سرای من است / همین بخت بد رهنمای من است[9]
نه گاو استم ایدر نه پوشش نه خور / نه دانش نه مردی نه پا و نه پر[10]

← خرد را توان خوردن گوشت نیست. **۱** – لت نخست نادرست است: «چو یکماه گذشت...».

۲ – یک: شاهان در شکارگاه نیز بی‌زن و رامشگر و پایکوب و دست‌افشان نمی‌رفتند. **دو:** چه کس از گرد سواران راه (را) ندید؟

۳ – یک: در این رج، سواران «گرد» شدند. **دو:** رخ روز لاژورد(ین) نمی‌شود، که چون آسمان لاژوردین گردد، همانا شب است نه روز.

۴ – پر از برزن... نادرست است: برزن و کوی بسیار.

۵ – یک: گذارند، نادرست است: بگذرند... **دو:** شبانگاه لشگریان را چگونه توان رفتن بود؟ **سه:** خود او یک تنه نادرست است: «بتنهایی». **چهار:** تَنه را با بُنه پساوا نیست.

٦ – یک: ساده‌اندیشی افزاینده!... که چون شاهنشاه ایران بشهری رسد، همهٔ مهتران و کهتران شهر را آذین بسته، به پذیرهٔ او می‌روند. **دو:** سر اندر (اندرون) کشیدن را درون خمره، شاید، و میان یک شهر نشاید. **سه:** چون راست برود سرش بر دیوار خواهد خوردن!

۷ – لت دویم بی‌پیوند است: «خداوند خانه بیامد...».

۸ – یک: چون خداوند خانه آمد و نماز برد، دیگر پرسیدن نشاید. **دو:** افزاینده فراموش کرده بود که بهرام را (بشهری) کشانده بود، که کوی و برزن و بازارگاه فراوان داشت!

۹ – خانه «بخت بد» نیست که چنین گفته شود.

۱۰ – چیزهای نام برده را هیچ پیوند با هم نیست...

...از اینجا یکسد و هفت رج، داستان افزودهٔ فرشیدورد می‌آید که برداشتی سست از داستان براهام، و بخش پسین آن نیز که بخشیدن مال او به نیازمندان باشد، برداشت از داستان پیدا شدن گنج (جمشید) است. دربارهٔ دارایی فرشیدورد، گزافه‌های سخت آمده است که یکی از آنها را می‌شکافم:

تَرْف که در زبان پهلوی نیز بهمین نام آمده، و در کرمان و شیراز وسنگسر و... نیز بهمین چنین می‌نامند، در بختیاری و سپاهان و برخی مرزهای ایران «غارا» نامیده می‌شود، پسان که واژه‌های ترکی بزبان فارسی آمیخت غارا را «قره ترکی (= سیاه)» پنداشتند و قوروت (= کشک ترکی) را نیز بدان افزودند و قره قوروت، یا کشک سیاهش نامیدند، باز آنکه رنگ آن قهوه‌ای گاه روشن، و گاه سیر است.

برای برآوردن ترف از شیر چنین می‌کنند:

۱- شیر را مایهٔ ماست می‌زنند، تا ماست برآید.

۲- ماست را دستکم سه روز در هوای آزاد می‌گذارند، تا ترش شود.

۳- ماست ترش را در «مَشکه» که از پوست گوسفند، و در سنگسر از پوست گوساله می‌سازند و می‌ریزند، و آب بدان می‌افزایند، تا دوغ شود و دستکم یک تسو (= ساعت) با دسته‌ای چهار سویه و در مشکه‌های در بسته با تکان دادن یکنواخت روی یک سه پایه می‌کوبند، تا مشکه = کرهٔ آن ببالا آید.

۴- کره را از دوغ جدا کرده، دوغ را در کیسه‌های کرباسی می‌ریزند، تا آب افزودهٔ آن پالوده شود.

۵- زیر کیسه‌ها دیگ یا هر آوند دیگر می‌نهند تا آن آب زرد رنگ در آن گرد آید.

مرا دیدی اکنون سرایم ببین — بدین خانه نفرین به از آفرین»[۱]
ز اسپ اندر آمد بدید آن سرای — جهاندار را سست شد دست و پای
همه خانه سرگین بُد از گوسفند — یکی تاق بر پای و جای بلند
بدو گفت: «چیزی ز بهر نشست — فراز آور ای مرد مهمان‌پرست»
چنین داد پاسخ که: «بر میزبان — بخیره چرا خندی ای مرزبان
گر افکندنی هیچ بودی مرا — مگر مرد مهمان ستودی مرا
نه افگندنی هست و نه خوردنی — نه پوشیدنی و نه گستردنی
به جای دگر خانه جویی رواست — که ایدر همه کارها بی‌نواست»
ورا گفت: «بالش نگه کن یکی — که تا بر نشینم بر او اندکی»
بدو گفت: «ایدر نه جای نکوست — همانا ترا شیر مرغ آرزوست»
پس آنگاه گفتش که: «شیر آر گرم — چنان چون بیابی یکی نان نرم»
چنین داد پاسخ که: «ایدون گمان — که خوردی و گشتی ازو شادمان
اگر نان بدی در تنم جان بُدی — اگر چند جانم به از نان بُدی»

→
٦- ماده‌ای را که در کیسه می‌ماند، می‌جوشانند، تا خود را بگیرد.
۷- پس از سرد شدن آنرا میان دستها می‌چرخانند، تا کشک از آن برآید و در پرتو آفتاب می‌نهند تا خشک شود، یا روی پارچه پهن می‌کنند، و پس از خشک شدن آنرا باندازهٔ دلخواه می‌برند.
۸- آب فروچکیده از کیسه‌ها را زمانی دراز روی آتش می‌جوشانند، و بیدرنگ با کفچه‌ای بزرگ بهم می‌زنند.
۹- آب افزوده (آب ماست، و آبی که بدان افزوده‌اند) بخار می‌شود، و ماده‌ای قهوه‌ای رنگ، تهِ دیگ بجا می‌ماند.
۱۰- ترف را بهمین سان از آب پالوده شده از پنیر نیز می‌گیرند.
۱۱- آن ماده را روی پارچهٔ پاک پهن کرده، و چند روز زیر تابش آفتاب خشک می‌کنند و باندازهٔ بایسته می‌بُرند.
این خوراکی ترف است که نیک ترش مزه است، و چنانکه از سرگذشتِ فراهم کردن آن برمی‌آید، ماده‌ای اندک از شیر نخستین برجای می‌ماند.
اکنون بنگریم که در کنار گزافه‌های سخت دربارهٔ دارایی فرشیدورد، میزان ترفِ سالانه‌اش را:

ز شیراز (پینو؟) و از ترف سیسدهزار — شتروار بُد، بر لب جویبار

اگر هر شتروار دویست کیلو بار باشد، سیسد هزار شتروار برابر با ۶۰٬۰۰۰٬۰۰۰ یا شست هزار هزار (شست میلیون کیلو، یاشست هزار تن) ترف می‌شود، و اگر هر کامیون‌شش چرخ امروزی را توان کشیدن ده تن بار باشد، ترف دروغین فرشیدورد را بایستی بار بر شش هزار کامیون کردن!!!
از این بگذریم سیسدهزار شتروار راسیسدهزار شتر باید، و شاید در همهٔ جهان، این اندزه شتر نبوده باشد.
اکنون می‌باید سنجیدن که اگر از هر یک خروار شیر (سیسد کیلو) یک من ترف (سه کیلو) ترف برآید، شیری که از آن شست هزار تن ترف فراهم شده است، شست هزار هزار هزار (شست میلیارد) تن بوده است، که اگر بخواهند همهٔ آنرا یک انبار بریزند اندازهٔ آن انبار به ۶۰۰۰ × ۸۰۰۰ × ۱۲/۵۰۰ یا ۱۲/۵ کیلومتر در ۸ کیلومتر در ۶ کیلومتر می‌رسد!
سنجهٔ دیگر آنستکه اگر از هر گوسفند نیم کیلو شیر دوشیده شود، برای فراهم کردن این اندازه شیر ۲/۰۰۰/۰۰۰/۰۰۰ دو میلیارد گوسفند، بایسته است، که اگر آنرا بخش بر شش (ماه که گوسفند شیر می‌دهد) بکنیم شمار گوسفندان یاد شده به ده میلیارد می‌رسد! و چون هر گله گوسفند رایکسد گوسفند باشد شمار چوپانان آن به یکسد میلیون مرد می‌رسد!
گزافه از این برتر؟، و چنین است، کار یاوه‌گویانی که با شاهنامهٔ ما بازی کرده‌اند!

۱ - دنبالهٔ گفتار.

بدو گفت: «گر نیستت گوسفند   که آمد به خان تو سرگین فگند؟»
چنین داد پاسخ که: «شب تیره شد   مرا سر ز گفتار تو خیره شد
یکی خانه بگزین که یابی پلاس   خداوند آن خانه دارد سپاس
چه باشی به نزدیکی شوربخت   که بستر کند شب ز برگ درخت
به زر تیغ داری به زر بر رکیب   نباید که آید ز دزدت نهیب
چو خانه بر این گونه ویران بود   گذرگاه دزدان و شیران بود»
بدو گفت: «اگر دزد شمشیر من   ببردی کنون نیستی زیر من»
کدیور بدو گفت: «زین در مرنج   که در خانِ من کس نیابد سپنج»
بدو گفت شاه: «ای خردمند پیر   چه باشی به پیشم همی خیره خیر
چنان چون گمانم هم از آب سرد   ببخشای ای مرد آزادمرد»
کدیور بدو گفت ک:«ان آبگیر   به پیش است کمتر ز پرتاب تیر
بخور چند خواهی و بردار نیز   چه جویی بدین بی‌نوا خانه چیز
همانا بدیدی تو درویش مرد   ز پیری فرو مانده از کارکرد»
چنین داد پاسخ که: «گر مهتری   نداری، مکن جنگ با لشکری»
«چه نامی؟» بدو گفت: «فرشید ورد   نه بوم و نه پوشش و نه خواب و نه خورد
بدو گفت بهرام: «با کام خویش   چرا نان نجویی بدین نام خویش»
کدیور بدو گفت ک:«ز کردگار   سرآید مگر بر من این روزگار
نیایش کنم پیش یزدان خویش   ببینم مگر بی‌تو ویران خویش
چرا آمدی در سرای تهی؟   که هرگز نبینی مهی و بهی»
بگفت این و بگریست چندان بزار   که بگریخت ز آواز او شهریار
بخندید زان پیر و آمد به راه   دمادم بیامد پس او سپاه
چو بیرون شد از نامور شارستان   که را دانی ای دشمن خارستان»
چنین داد پاسخ که: «فرشیدورد   بماند همه ساله بی‌خواب و خورد
مگر گوسفندش بود سدهزار   همان اسپ و استر بود زین شمار
زمین پر ز آگنده دینار اوست   که مه مغز بادش به‌تن بر مه پوست
شکم گرسنه مانده تن برهنه   نه فرزند و خوی نه بار و بنه
اگر کشتمندش فروشد به زر   یکی خانه بومش کند پر گهر
شبانش همی گوشت جوشد به شیر   خود او نان ارزان خورد با پنیر
دو جامه ندیده‌ست هرگز بهم   از اویست هم بر تن او ستم»
چنین گفت با خارزن شهریار   که: «گر گوسفندش ندانی شمار

بدانی همانا کجا دارد اوی		شمارش به تو گفت کی یارد اوی»
چنین گفت که: «ای رزم‌دیده سوار		ازان خواسته کس نداند شمار»
بدان خارزن داد دینار چند		بدو گفت که: «اکنون شدی ارجمند»
بفرمود تا از میان سپاه		بیاید یکی مرد دانا به راه
کجا نام آن مرد بهرام بود		سواری دلیر و دلارام بود
فرستاد با نامور سی سوار		گزین کرده شایسته مردان کار
دبیری نگه کرد پرهیزگار		بدان سان که دانست کردن شمار
بدان خارزن گفت: «ز ایدر برو		همی خار کندی کنون زر درو
ازان خواسته ده یکی مر تراست		بدین مردمان راه بنمای راست»
دل‌افروز بُد نام آن خارزن		گرازنده مردی به نیروی تن
گرانمایه اسپی بدو داد و گفت		که: «با باد باید که گردی تو جفت»
دل‌افروز بُد گیتی‌افروز شد		چو آمد به درگاه پیروز شد
بیاورد لشکر به کوه و به دشت		همی گوسفند از عدد برگذشت
شتر بود بر کوه ده کاروان		به هر کاروان بر یکی ساروان
ز گاوان ورز و ز گاوان شیر		ز پشم و ز روغن ز کشک و پنیر
همه دشت و کوه و بیابان کنام		کس او را به گیتی ندانست نام
بیابان سراسر همه کنده سم		همان روغن گاو در سم به خم
ز شیراز و ز ترف سیسد هزار		شتروار بُد بر لب جویبار
یکی نامه بنوشت بهرام هور		به نزد شهنشاه بهرام گور
نخست آفرین کرد بر کردگار		که اویست پیروز و پروردگار
دگر آفرین بر شهنشاه کرد		که کیشِ بدی را نگونسار کرد
چنین گفت که: «ای شهریار جهان		ز تو شاد یکسر کهان و مهان
کز اندازه دادت همی بگذرد		ازین خامشی گنج کیفر برد
همه کار گیتی به اندازه به		دل شاه ز اندیشه‌ها تازه به
یکی گم شده نام فرشیدورد		نه در بزمگاه و نه اندر نبرد
ندانست کس نام او در جهان		میان کهان و میان مهان
نه خسروپرست و نه یزدان‌شناس		ندانست کردن به چیزی سپاس
چنین خواسته گسترد در جهان		تهیدست و پر غم نشسته نهان
به بیداد ماند همی داد شاه		منه پند گفتار من بر گناه
پی افکن یکی گنج زین خواسته		سیوم سال را گردد آراسته

دبیران داننده را خواندم / بر این کوه آباد بنشاندم
شمارش پدیدار نامد هنوز / نویسنده را پشت برگشت کوز
چنین گفت گوینده کاندر زمین / ورا زرّ و گوهر فزون است زین
بر این کوهسارم دو دیده به راه / بدان تا چه فرمان دهد پیشگاه
ز من باد بر شاه ایران درود / بمان زنده تا نام تار است و پود»
هیونی برافگند پویان به راه / بدان تا برد نامه نزدیک شاه
چون آن نامه برخواند بهرام گور / به دلش اندر افتاد زان کار شور
دژم گشت و دیده پر از آب کرد / بُروهای جنگی پر از تاب کرد
بفرمود تا پیش او شد دبیر / قلم خواست رومی و چینی حریر
نخست آفرین کرد بر کردگار / خداوند پیروز و به روزگار
خداوند دانایی و فرّهی / خداوند دیهیم شاهنشهی
نبشت آن که: «گر دادگر بودمی / همین مرد را رنج ننمودمی
همین بد که این مرد بُد ناسپاس / ز یزدان نبودش به دل در هراس
یکی پاسبان بُد بر این خواسته / دل و جان ز افزون شدن کاسته
بدین دشت چه گرگ و چه گوسفند / چو باشد به بیکار و ناسودمند
به زیر زمین در چه گوهر چه سنگ / کزو خورد و پوشش نیاید به چنگ
نسازیم ازان رنج بنیاد گنج / نبندیم دل در سرای سپنج
فریدون نه پیداست اندر جهان / همان ایرج و سلم و تور از مهان
همان جمّ و کاووس با کیقباد / جز این نامداران که داریم یاد
پدرم آنکه زو دل پر از درد بود / نبُد دادگر ناجوانمرد بود
کسی زین بزرگان پدیدار نیست / بدین با خداوند پیگار نیست
تو آن خواسته گرد کن هرچه هست / ببخش و مبر زان به یک چیز دست
کسی را که پوشیده دارد نیاز / که از بد همی دیر یابد جواز
همان نیز مردی که بیکار گشت / به چشم گرانمایگان خوار گشت
دگر هر که چیزیش بود و بخورد / کنون ماند با درد و با باد سرد
کسی را که نام است و دینار نیست / به بازارگانی کشش یار نیست
دگر کودکانی که بینی یتیم / پدر مرده و مانده بی زرّ و سیم
زنانی که بی‌شوی و بی‌پوشش‌اند / که کاری ندانند و بی‌کوشش‌اند
بر ایشان ببخش این همه خواسته / برافروز جان و روان کاسته
تو با آنکه رفتی سوی گنج باد / همه داد و پرهیزگاریت باد

نهان کرده دینار فرشیدورد / بدو مان همی تا نماند به درد
مر او را چه دینار و گوهر چه خاک / چو بایست کردن همی در مغاک
سپهر گراینده یار تو باد / همان داد و پرهیز کار تو باد»
نهادند بر نامه بر مُهر شاه / فرستاده برگشت و آمد به راه

*

بفرمود تا تخت شاهنشهی / به باغ بهار، اندر آرد، رهی[1]
به فرمان ببردند پیروز تخت / نهادند زیر گل افشان درخت[2]
می و جام بردند و رامشگران / به پالیز رفتند با مهتران[3]
چنین گفت با رایزن، شهریار / که: «خرّم، بمردم، بود؛ روزگار[4]
به دخمه درون بس که تنها شویم / اگر چند با برز و بالا شویم[5]
همه بستَرَد مرگ، دیوانِ ما / به پای آورد کاخ و ایوان ما[6]
ز شاه و ز درویش هر کاو بمرد / ابا خویشتن نام نیکی ببرد[7]
ز گیتی ستایش بما بر، بس است / که گنج درم بهر دیگر کس است[8]
بی‌آزاری و راستی بایدت / چو خواهی که این خورده نگزایدت[9]
کنون سال من رفت، بر سی و هشت / بسی روز، بر شادمانی گذشت[10]
چو سال جوان بر کشد بر چهل / غمِ روزِ مرگ اندر آید به دل[11]
چو یک موی گردد به سر بر سپید / بباید گسستن ز شادی امید[12]
چو کافور شد مشک معیوب گشت / به کافور بر تاج ناخوب گشت[13]
همی بزم و بازی کنم تا دو سال / چو لختی شکست اندر آید به یال[14]

---

۱ - تخت شاهنشهی را در باغ نمی‌نهند.

۲ - **یک:** تخت پیروزه نادرست است: تخت زر که بر آن پیروزه آژده (نشانده) باشند. **دو:** دوباره‌گویی رج پیشین.

۳ - **یک:** می و جام را شاید بردن، اما رامشگران خود بباغ می‌روند. **دو:** بباغ رفته بودند، نه بپالیز. ۴ - رایزن، کیست؟

۵ - بس که تنها شویم نادرخور است: «بتنهایی درون دخمه می‌رویم».

۶ - مرگ، دیوان را نمی‌سترد، که تن را از میان برمیدارد!

۷ - روشن نیست که هرکس بمیرد نام (نیک) با خود می‌برد. ۸ - گیتی برکس ستایش نمی‌کند.

۹ - لت دویم بی‌گزارش است. ۱۰ - لت نخست نادرخور است: «اکنون سی‌وهشت ساله‌ام».

۱۱ - نه چنین است، و از زمان باستان، چهل سالگی را درخشان‌ترین بهر روزگارِ مردمان می‌شمردند.

۱۲ - دنبالهٔ سخن نادرست.

۱۳ - **یک:** معیوب را در گفتار فردوسی راه نیست. **دو:** سخن درست نیز باکنش درست باید: «چو کافور گردد...». **سه: همچنان** کنش نادرست بکار رفته است: «بکافور بر، تاج ناخوب است». **چهار:** سخن در لت دویم نادرخور است، زیرا که بسا پادشاهان تا پایان زمان خود بخوبی فرمان رانده‌اند.

۱۴ - **یک:** مرد سی‌وهشت ساله را بازی نشاید. **دو:** شوم (= روم) کجا رود؟ اگر وی را آهنگ بزم یا بازی باشد در همان باغ و ایوان و کاخ تواند کردن. **سه:** لت دویم نیز سست است.

شوم پیش یزدان بپوشم پلاس — نباشم ز گفتار او ناسپاس[1]
بشادی، بسی روز، بگذاشتم — ز بادی که بد بهره برداشتم[2]
کنون بر گل و نار و سیب و بهی — ز می جام زرّین ندارم تهی[3]
چو بینم رخ سیب بیجاده رنگ — شود آسمان همچو پشت پلنگ[4]
برومند و بویا بهاری بود — می سرخ چون غمگساری بود[5]
هوا راست گردد نه گرم و نه سرد — زمین سبزه و آب‌ها لاژورد[6]
چو با مهرگانی بپوشیم خز — به نخچیر باید شدن سوی جز[7]
بدان دشت نخچیر، کاری کنیم — که اندر جهان یادگاری کنیم[8]
کنون گردن گور گردد ستبر — دل شیرنر گیرد و رنگ ببر[9]
سگ و یوز با چرغ و شاهین و باز — نباید کشیدن به راه دراز[10]
که آن جای گرز است و تیر و کمان — نباشیم بی‌تاختن یک زمان[11]
بیابان که من دیده‌ام زیر جز — شده چون بن نیزه بالای گز[12]
بر آن جایگه نیز یابیم شیر — شکاری بود گر بمانیم دیر»[13]

*

⇐ همی بود تا ابر شهریوری — برآمد، جهان شد پر از لشگری
ز هر گوشه‌ای لشگری جنگجوی — سوی شاه ایران نهادند روی[14]
ازیشان گزین کرد گردنکشان — کسی کاو ز نخچیر دارد نشان
بیاورد لشکر به دشت شکار — سواران شمشیرزن ده هزار[15]
ببردند خرگاه و پرده سرای — همان آلت و آخُر و چارپای

---

۱ - یزدان را پیشگاه نیست، و ایرانیان باستان دوری از جهان و آزار بتن را گناهی بزرگ می‌شمردند.

۲ - لت دویم بی‌گزارش است: شاهنامه‌های دیگر «ز تاجی که بد» که آن نیز نادرست می‌نماید، زیرا که تاج هنوز بر سر بهرام هست و نمی‌توان باکنش گذشتهٔ «بود» از آن یاد کردن. ۳ - سخن سخت درهمریخته و سست است.

۴ - سخن درست در رج چهارم پس از این می‌آید.

۵ - **یک:** سیب در پاییز برنگ بیجاده درمی‌آید، نه در بهار. **دو:** «بویا بهاری» نیز نادرخور است. **سه:** می، غمگسار نیست. که آنرا غمزدای نامیدن. ٦ - آب لاژوردین راگزارش نیست.

۷ - در مهرگان نشاید پوشیدن «خز»! زیرا که هوای مهرگانی بآیین است و سرد نیست (جَز، دشتی است پر آب نزدیک اقلید).

۸ - برداشتی از رج افزودهٔ داستان نبرد هفت پهلوان است:

بدان دشت توران، شکاری کنیم — که اندر جهان یادگاری کنیم

۹ - کنون؟ بهنگام مهرگان؟ ۱۰ - سگ و یوز و باز... همواره یاریگر نخچیرگیران بوده است.

۱۱ - پرندگان بلندپرواز را باز و شاهین بزیر می‌کشند، نه تیر و کمان.

۱۲ - **یک:** بیابان جز شکارگاه آینده است، نه بیابان زیر جز؟ **دو:** لت دویم نادرست است، زمان روان بکار نمی‌آید. بدانهنگام بالای گز(؟) باندازهٔ نیزه‌ای می‌شود! ۱۳ - لت دویم را با لت نخست پیوند نیست.

۱۴ - لشگر جنگجوی بکار شکار نمی‌آید، چنانکه در رج پسین آمده است.

۱۵ - **یک:** بیاورد نادرست است زیرا که آنان خود به نخچیرگاه می‌روند. **دو:** سوار شمشیرزن را بجنگ می‌برند، نه بشکار!

همه زیردستان، به پیش سپاه   برفتند و هر جای کندند چاه
بدان، تا نهند از برِ چاه، چرخ   کشند آب؛ از چاه، چندی بتَرخ*
پس لشکر اندر همی تاخت شاه   خود و ویژگان تا به نخچیرگاه[۱]

❋

بیابان سراسر؛ پر از گور دید   همان؛ بیشه از شیر، پر شور دید
چنین گفت ک :«اینجا شکار من است   کنون کشتن شیر کار من است[۲]
بخسپید، شادان‌دل و تندرست   که فردا بباید مرا شیر جست
کنون می گساریم تا چاک روز   چو رخشان شود هور گیتی‌فروز[۳]
نخستین به شمشیر شیر افکنیم   همان اژدهای دلیر افکنیم[۴]
چو این بیشه از شیر گردد تهی   خدنگ مرا گور گردد رهی»[۵]
ببود آن شب و بامداد پگاه   سوی بیشه رفتند شاه و سپاه
هم آنگاه بیرون خرامید شیر   دلاور شده خورده از گور سیر

❋

بیاران چنین گفت بهرام گرد   که: «تیر و کمان دارم و دستبرد
ولیکن به شمشیر یازم به شیر   بدان تا نخواند مرا نادلیر»
بپوشید تر کرده، پشمین قبای□   به اسپ نبرد اندر آورد پای
چو شیر، اژدها○ دید، بر پای خاست   ز بالا دو دست اندر آورد راست
همی خواست زد بر سر اسپ اوی   بزد پاشنه مرد نخچیرجوی[۶]
بزد بر سر شیر، شمشیر تیز   سبک جفت او، جُست راه گریز
ز سر تا میانش به دو نیم کرد   دل نره شیران پر از بیم کرد[۷]
بیامد دگر شیر غران دلیر   همی جفت او بچه پرورد زیر[۸]

---

* - استخر، در خراسان هنوز استخرِ پیشِ کاریز را «تلخ» (= ترخ، سترخ) می‌نامند. چون در آن بیابان کاریز نبوده است، آب آن چاه‌ها را با چرخ می‌کشیده‌اند و به ترخ = تلخ = استخرهایی کنده بودند، می‌ریخته‌اند. تا آبخور اسبان باشد.

۱ - **یک:** شاه، را پیش سپاه باید تاختن. **دو:** خود و ویژگان نادرست است، و باکنش تاخت (یگانه) **هماهنگ** نیست.

۲ - **یک:** «**اینجا شکارگاه منست**». **دو:** «کنون» نادرخور است، زیرا که خود می‌گوید بخوابید تا فردا بشکار شیر رویم.

۳ - سخن درست، در رج پیشین آمده بود. چاک روز اگرچه سخنی سست است، دنباله می‌خواهد: «تا چاک روز پدیدار آید».

۴ - **یک:** سخن درست در رج پنجم پس از این آمده است. **دو:** اژدها در آن دشت نبود.

۵ - گور با خدنگ کشته نمی‌شود، و «رهی» نمی‌گردد!

□ - نمد را چون خیس کنند تیر بر آن کارگر نیست، و در کردستان هنوز جلیقه‌ها از این دست هست که بروز شکار، یا بهنگام تیراندازی می‌پوشند... دیگر ویژگی آن نیز، ایستایی در برابر چنگال جانوران، یا دندان ایشان است.

○ - اسپ بهرام

۶ - خواست زد کمبود دارد: «خواست زدن»، چون شیر از روبرو روی پای ایستد و دستها را بلند کند، چگونه بهرام می‌تواند، با پاشنهٔ پا که دور از آنست بر شیر بکوبد؟ سخن درست آنست که شیر ایستاده است، و چنانچه در رج پسین می‌آید، بهرام باشمشیر بر سر او می‌زند!

۷ - پیوند میان این رج بالت دویم از رج پیشین نیست.

۸ - لت دویم سخت نادرخور است.

بزد خنجری تیز بر گردنش — سر شیر نر کنده شد از تنش[1]
یکی گفت کـ :«ای شاه خورشیدچهر — نداری همی بر تن خویش مهر
همه بیشه شیرند با بچگان — همه بچگان شیر مادر مکان[2]
کنون باید آژیر بودن دلیر — که در مهرگان بچّه دارد به زیر[3]
سه فرسنگ بالای این بیشه است — بیک سال اگر شیرگیری بدست؛[4]
جهان هم نگردد ز شیران تهی — تو چندین چرا، رنج بر تن نهی؟[5]
چو بنشست بر تخت، شاه! از نخست — به پیمان جز از جنگ شیران نجُست
کنون شهریاری به ایران ترا است — به گور آمدی! جنگ شیران چرا است؟»

❋

بدو گفت شاه: «ای خردمند پیر — بشبگیر فردا؛ من و گور و تیر
سواران گردنکش اندر زمان — نکردند نامی به تیر و کمان[6]
اگر دادِ مردی بخواهیم داد — ز کوپال و شمشیر گیریم یاد»[7]
بدو گفت موبد که: «مرد سوار — نبیند چو تو گُرد، در کارزار
که چشم بد از فرّ تو دور باد — نشستِ تو در گلشن و سور باد»

❋

به پرده سرای آمد از بیشه، شاه — ابا موبد و پهلوان سپاه
همی خواند لشگر بر و آفرین — که: «بی تو مبادا کلاه و نگین»
به خرگاه شد چون سپه بازگشت — ابا رامش و بزم هنباز گشت[8]
یکی دانشی مرزبان پیشکار — بیاراست تخت از درِ شهریار[9]
نهادند کافور و مشک و گلاب — بگسترد مشک از بر جای خواب[10]
همه خیمه‌ها خوان زرّین نهاد — برِ کاسه آرایش چین نهاد[11]
بیاراست سالار، خوان از بره — همه خوردنی‌ها که بُد یکسره[12]

---

۱ - از فراز اسپ نمی‌توان با خنجر بر شیر زدن... آنهم چنانچه با یک خنجر سر شیر کنده شود! اگر افزاینده یکبار به بریدن سر گوسفند نگریسته بود می‌دانست که با یک زخم خنجر، سر بریده (و نه کنده) نمی‌شود.

۲ - **یک:** سخن نادرست: «سرتاسر بیشه پر از شیر است». **دو:** لت دویم نادرخور... زیرا که از بچهٔ شیر چرا یاد باید کردن.

۳ - **یک:** آژیر (= هُشیار)؟ یا دلیر؟ **دو:** لت دویم نادرخور است، زیرا که دو توله‌های شیر شش ماهه‌اند، و زیر مادر نمی‌خوابند!

۴ - **یک:** بالای بیشه، چه باشد؟ درازا؟ یا پهنا؟ **دو:** شیر را بدست نمی‌گیرند، که در همین داستان بهرام شیر را باشمشیر زد.

۵ - جهان هم نگردد... نادرست است، زیرا که سخن دربارهٔ آن بیشه بود.

٦ - سخن را هیچ گزارش نیست.

۷ - از کوپال و شمشیر یاد کردن را پیرزنان، در خوابگاه خویشِ نیز توانند کردن. کوپال و شمشیر را بایستی بکار گرفتن.

۸ - سپه باز نگشته بود.

۹ - پیشکار را دانشی نتوان نامیدن، و تخت بهرام از پیش آراسته بود.

۱۰ - و مشک و گلاب... همچنین.

۱۱ - خیمه را در گسترهٔ سخن فردوسی جای نیست.

۱۲ - اگر «بره» بر خوان نهادند، پس چرا از همه خوردنیها، سخن می‌رود. **دو:** که بُد نیز نادرخور است و چنین می‌نماید با آنچه که در

←

چو نان خورده شد شاه بهرام گور   بفرمود جامی بزرگ از بلور
که آرد پریچهرهٔ[*] میگسار   نهد بر کف دادگر شهریار

*

چنین گفت ک :«ان، پادشاه اردشیر؛   که برنا شد از بخت او، مرد پیر
سرِ مایه او بود و، ما کهتریم   اگر کهتری را، خود، اندر خورَیم
برزم و ببزم و به‌رای و به خوان   جز او را جهاندار گیتی مخوان
بدانگه که اسکندر آمد ز روم   بایران و ویران شد این مرز و بوم
کجا، ناجوانمرد بود و درشت   که سی و شش از شهریاران بکشت
لب خسروان پر ز نفرین او است   همه روی گیتی، پر از کین او است
کجا، بر فریدون کنند آفرین   بر اویست[○] نفرین، ز جویای کین

*

مبادا جز از نیکویی در جهان   ز من، در میان کهان و مهان»
«بیارید گویا منادیگری   خوش‌آواز و از نامداران سری[1]
که گردد سراسر بگِردِ سپاه   همی بر خروشد به بیراه و راه
بگوید به برکوه و در شهر جز   که از گوهر و زرّ و دیبا و خز[2]
چنین تا بخاشاکِ ناچیزِ پست   بیازد کسی، ناسزاوار، دست[3]
بر اسپش نشانم، ز پس کرده روی   از ایدر کشان با دو پرخاشجوی[4]
دو پایش ببندند در زیر اسپ   فرستمش تا خان آذرگشسپ[5]
نیایش کند پیش آتش بخاک   پرستش کند پیش یزدان پاک[6]
بدانکس دهم چیزِ او را، که چیز   ازو بستد و، رنج او دید نیز[7]
اُگر اسپ در کشتزاری کند   ور آهنگ، بر میوه‌داری کند[8]
ز زندان نیابد بسالی رها   سوار سرافراز، گر بی‌بها[9]
همان رنج ما بس گزیده‌ست بهر   بیاییم و آزرده گردند شهر»[10]

→ دست بود، اما خوالیگران شاه همه خوردنیها را می‌پزند، و بدانچه که (بود) بس نمی‌کنند.   * - «**پرستنده**» نیز شاید!

○ - بر اسکندر.   **۱** - چاووشان (منادگیران) را نشاید که از نامداران ایران برتر باشند.

۲ - ابرکوه: ابرقوی امروز، و سخن ناهماهنگ است (به) بر کوه گفتن نشاید. لت دویم نیز نابسامان است.

۳ - دنبالهٔ همان سخن.   **۴** - این رج، بویژه لت دویم آن، میان رج‌های پیشین و پسین جدایی می‌افکند.

۵ - دنباله گفتار.   **٦** - **یک:** نیایش بخاک کرده؟؟ **دو:** یزدان پاک را پیشگاه نیست.

۷ - سه بار بکار بردن «او» در یک سخن، آنرا سست می‌نماید.

۸ - اسب در کشتزار کردن، نادرست است. در کشتزار «رها» کردن باید.

۹ - سخن باژگونه است! بایستی گفتن که یکسال بزندانش می‌افکنم.

۱۰ - نمونه‌ها گونه‌گون است و همهٔ نمونه‌ها را چونان این سخن، ره بجایی نیست. افزاینده را رای بر آن بوده است که بگوید تا همین
←

برفتند بازارگانانِ شهر — ز جز و ز برکوه، مردم، دو بهر[1]
بیابان چو بازار چین شد ز بار — بدان سو که بُد لشکر شهریار[2]

*

دگر روز چون تاج بفروخت هور — جهاندار شد سوی نخچیر گور[3]
کمان را به زه بر نهاده سپاه — پس لشکر اندر همی رفت شاه[4]
چنین گفت: «هر کاو کمان را بدست — بمالد، گشاید، باندازه شست[5]
نباید زدن تیر جُز بر سرون — که از سینه پیکانش آید برون»[6]
یکی پهلوان گفت ک: «ای شهریار — نگه کن بدین لشگر نامدار[7]
که با کیست زین‌گونه تیر و کمان — بداندیش گر مردِ نیکی‌گمان[8]
مگر باشد این از گشادِ برت — که جاوید بادا سرِ افسرت[9]
چو تو تیرگیری و شمشیر و گرز — ازان خسروی فرّ و بالای برز[10]
همه لشکر از شاه دارند شرم — ز تیر و کمان‌شان شود دست نرم»[11]
چنین داد پاسخ که: «این ایزدیست — کزو بگذری زور بهرام چیست»[12]
برانگیخت شبدیز بهرام گور — چو نزدیک شد با یکی نره گور[13]

← اندازه که دست‌ورزان و کشاورزان از برای ما رنج بر خود می‌نهند، بس است، و نباید که از آمدن، بشهرشان آزرده گردند! کودک دبستانی نیز چنین نمی‌نویسد.

۱ - دو بهر، از چند بهر؟

۲ - از فرآورده‌های ایرانی، بیابان چون بازار چین نتواند شدن.

۳ - دنباله سخن.

۴ - باز، شاه را پس لشگریان راهی نخچیر کردند!، و چنین می‌نماید که افزایندگان را از شیوهٔ شکار شاهان آگاهی نبوده است.
یک روز یا چند روز پیش از شکار، گروهی که بآنان جَرگه نام داده‌اند، بخش گسترده‌ای از کوه و دشت را در میان می‌گرفتند [واژهٔ پریوار پهلوی برابر با محاصرهٔ تازی است که در زبان فارسی فراموش شده است] آنان با آوای بوق و تبیره، و بانگ و خروش به پیش می‌رفتند و پریوار را تنگ‌تر می‌کردند و جانوران از ترس بانگ آنان، بمیان پریوار می‌رفتند، و این راهپیمایان چندان به پیش می‌رفتند، تا جانورانی که در یک گسترهٔ بزرگ می‌زیستند، همگی در یک دشت کوچک گرد آیند... آنگاه، شاه کشورگشای بهر سو که می‌نگریست جانوران را نزدیک خویش می‌دید، و می‌توانست که هرچه بیشتر جانوران را بکشد و اندرون تیره و خونریز خویش را خرم سازد!!
در این پریوار؛ چندکس از شاهزادگان و نزدیکان و سرداران بزرگ همراه شاه بودند، و دیگران را نبایستی شکار کردن!
بایستی بدین سخن سخت نگریستن که شکار در ایران باستان از گناهان بشمار می‌رفت، و تنها آن کسان که بیکار بودند می‌توانستند باندازهٔ روزی خویش شکار کنند، اما پادشاهان در اینکار آزاد بودند، چنانکه در داستانهای پیشین یاد شده است.
اما پیدا است که بهرام گور، چون پهلوان بود، از آغاز جوانی خود بشکار می‌رفته است و جرگه برای وی نمی‌بسته‌اند، چنانکه در یکی از این شکارها گم شد، و هیچکس گم شدن ویرا ندید!

۵ - شست را باندازه گشادن را روی نیست. چون شست را اندکی از روی انگشتان خم شده بردارند، تیر رها می‌شود.

۶ - **یک:** لت دویم را پیوند «چنانکه» باید. **دو:** شاید بودن که گوری پیش آید، هیچ تیر در جهان نیست که به سرون (کپل) گور درون رود، و از سینهٔ او برون آید! تا آنجا که بز کوهی و میش دشتی نیز چنین‌اند. تیر، باندازه درازای یک دست مشت کرده است، اندکی بیشتر چنانکه پرِ آن بگوش رسد!

۷ - لشگریان همه نامدار نیستند.

۸ - **یک:** چنانکه پیشتر گفته شد، چنین تیر در جهان پیدا نمی‌شود. **دو:** بداندیش «دشمن» را گویند و دشمن در سپاه بهرام نبوده است.

۹ - لت نخست بی‌پیوند... مگر چنین کمان... و کمان از آن گشادِ بر نیست، که خود بایستی سخت باشد!

۱۰ - تیر و شمشیر و گرز (بدست) گرفتنی است.

۱۱ - لت دویم بی‌گزارش است.

۱۲ - لت دویم بی‌پیوند است.

۱۳ - اسپ شبدیز از آن خسروپرویز بوده است.

چو آمدش هنگامِ بگشادِ شست / برِ گور را با سرونش ببست[1]
هم آنگاه گور اندر آمد بسر / برفتند گردان زرّین‌کمر[2]
شگفت اندران زخم او ماندند / یکایک بر او آفرین خواندند[3]
که کس پرّ و پیکان تیرش ندید / به بالای آن گور شد ناپدید[4]
سواران جنگی و مردان کین / سراسر بر او خواندند آفرین[5]
بدو پهلوان گفت کـ:«ای شهریار / مبیناد چشمت بد روزگار[6]
سواری تو و ما همه بر خریم / هم از خروران در هنر کمتریم»[7]
بدو گفت شاه: «این نه تیر من است / که پیروزگر دستگیر من است[8]
که را پشت و یاور جهاندار نیست / ازو خوارتر در جهان خوار نیست»[9]
بر انگیخت آن بارکش را ز جای / تو گفتی شد آن باره پرّان همای[10]
یکی گور پیش آمدش ماده بود / بچه پیش ازو رفته او مانده بود[11]
یکی تیغ زد بر میانش سوار / به دو نیم شد گور ناپایدار[12]
رسیدند نزدیک او مهتران / سرافراز و شمشیرزن کهتران[13]
چو آن زخم دیدند بر ماده گور / خردمند گفت: «اینت شمشیر و زور[14]
مبیناد چشم بد این شاه را / نماند بجز بر فلک ماه را[15]
سرِ مهتران جهان زیر اوست / فلک زیر پیکان و شمشیر اوست»[16]

---

۱ - **یک:** هنگام گشادن شست! **دو:** بهرام، خود نیز چنانکه افزایندگان گفته بودند نکرد، زیرا که تیر را بر کپل گور زد، و از پهلوی او بیرون است. **سه:** ببست نیز ناکارآمد است، چون تیر، بر یک جانور خورده است.

۲ - دنبالهٔ گفتار.

۳ - اندر (= اندرون) زخم او ماندن؟!

۴ - سخن دروغ، زیرا که چون تیر از پهلوی گور بدر آید پیکان آن دیده می‌شود، و از آنسوی، پر همواره بیرون می‌ماند، از آنجا که پهنای آن بیش از پهنای پیکان و تیر است... و تیرانداز نیک، آنستکه پیکان را از شکم نخچیر بگذراند، چنانکه دیده شود.

۵ - کینه‌وران، آنجا نبودند، که همگان ببهرام مهر می‌ورزیدند.

۶ - دنبالهٔ سخن.

۷ - «خرور» در سخن فارسی پیشینه ندارد.

۸ - تیر از آن او بود، تیراندازی او را شاید چنین گفتن.

۹ - در لت دویم، «خوار» دویُم نادرخور است: «کس» نیست.

۱۰ - **یک:** اسپ را بارکش خواندن درست نیست زیرا که خر بارکش است. **دو:** تو گفتی.

۱۱ - **یک:** سخن را پیوند درست نیست: «یکی ماده گوری به پیش آمدش». **دو:** ماده را با مانده پساوا نیست.

۱۲ - **یک:** «سوار» پایان سخن نادرخور است، زیرا که پیدا است بهرام اسپ را برانگیخته بود و شمشیر بدو زده بود. **دو:** گور ناپایدار نیز سخت نادرخور است، زیرا که همه جانوران و مردمان و گیاهان نیز در جهان ناپایداراند.

۱۳ - **یک:** لت دویم سست و نادرخور می‌نماید، زیرا که کهتران را سرافراز و شمشیرزن خوانده‌اند، و مهتران را نه! و اگر سرافراز و شمشیرزن را به مهتران لت نخست بازگردانیم، کهتران را پیوند «و» باید.

۱۴ - **یک:** پیش از این از گور ماده یاد شده بود، و بس می‌نمود که گفته شود، «چو» آن زخم را «دیدند». **دو:** کدام خردمند؟... مهتران و کهتران رفته بودند، که اگر همگان خردمند بوده‌اند بایستی «خردمندان» آید و اگر یک خردمند همراه آنان رفته بود می‌بایستی نامش را یاد کنند.

۱۵ - **یک:** لت نخست نادرست است: «بد چشم، این شاه را بیند» یا «چشم شاه را چشم نزنند». **دو:** لت دویم را نیز پیوند «که» باید.

۱۶ - لت نخست نادرخور است.

سپاه از پس اندر همی تاختند / بیابان ز گوران بپرداختند[1]

*

یکی مرد بر گرد لشکر بگشت / که: «یک تن مباد اندرین پهن دشت[2]
که گوری فروشد به بازارگان / بدیشان دهند این همه رایگان»
ز برکوی با نامداران جز / ببردند بسیار دیبا و خز
بپذرفت و فرمود تا باژ و ساو / نخواهند اگر چندشان بود تاو
ازان شهرها هر که درویش بود / اُگر نانش از کوشش خویش بود
ز بخشیدن او توانگر شدند / بسی نیز با تخت و افسر شدند
به شهر اندر آمد ز نخچیرگاه / به یک هفته بُد شادمان با سپاه
برفتی خوش آواز گوینده‌ای / خردمند و درویش جوینده‌ای
بگفتی که: «ای دادخواهندگان / به یزدان پناهید از بندگان
کسی کاو بخفته‌ست با رنج ما / اُگر نیستش بهره از گنج ما
به میدان خرامید تا شهریار / مگر بر شما نو کند روزگار
دگر هر که پیر است وبیکار وسست / همان کاو جوان است و ناتندرست
اُگر وام دارد کسی زین گروه / شده‌ست از بد وام‌خواهان ستوه
اُگر بی‌پدر کودکان‌اند نیز / ازان کس که دارد بخواهند چیز
بود مام کودک نهفته نیاز / بدو بر گشایم درِ گنج باز
اُگر مایه‌داری توانگر بمرد / بدین مرز ازو کودکان ماند خرد
گنهکار دارد بدان چیز رای / ندارد به دل شرم و بیم خدای
سخن زین نشان کس مدارید باز / که از رازداران منم بی‌نیاز
توانگر کنم مرد درویش را / به دین آورم جان بدکیش را
بتوزیم فام کسی کش درم / نباشد دل خویش دارد به غم
دگر هر که دارد نهفته نیاز / همی دارد از تنگی خویش راز
مر او را ازان کار بی‌غم کنم / فزون شادی و اندهش کم کنم
گر از کارداران بود رنج نیز / که او از پدرمرده‌ای خواست چیز
کنم زنده بر دار بیداد را / که آزرد او مرد آزاد را»
گشادند زان پس درِ گنج باز / توانگر شد آن کس که بودش نیاز

---

۱ - «همی تاختند» در رج نخست را با «بپرداختند» در رج دویم همخوان نیست.

۲ - از اینجا بیست و پنج رج، برداشت از بخش کردن گنج (جمشید) و پادافره ستمگران... است. که چند بار در داستانهای بهرام گور آمده است.

*

ز نخچیرگه سوی بغداد رفت / خرد یافته با دلی شاد رفت[۱]
برفتند گردنکشان پیش اوی / ز بیگانه و آنکه بُد خویش اوی[۲]
بفرمود تا باز گردد سپاه / بیامد به کاخ دلارای شاه[۳]
شبستان زرّین بیاراستند / پرستندگان رود و می خواستند[۴]
بتان چامه و چنگ برساختند / ز بیگانه ایوان بپرداختند[۵]
ز رود و می و بانگ چنگ و سرود / هوا را همی داد گفتی درود[۶]
به هر شب ز هر حجره یک دست‌بند / ببردند تا دل ندارد نژند[۷]
دو هفته همی بود دل شادمان / درِ گنج بگشاد روز و شبان[۸]
درم داد و آمد به شهر ستخر / به سر برنهاد آن کیان تاج فخر[۹]
شبستان خود را چو در باز کرد / بتان را ز گنج درم ساز کرد[۱۰]
به مشکوی زرّین هر آن کس که تاج / نبودش به زیر اندرون تخت آج[۱۱]
ازان شاه ایران فراوان ژکید / برآشفت و ز روزبه لب گزید[۱۲]
بدو گفت: «من باژ روم و خزر / بدیشان دهم چون بیاری به در[۱۳]
هم‌اکنون به خروار دینار خواه / ز گنج ری و اصفهان باژ خواه[۱۴]

---

۱ - **یک:** سخن چنین نشان می‌دهد که پیش از آن، بهرام را خرد نبوده است. **دو:** بغداد را بجای تیسفون آورده‌اند که در آنهنگام روستایی خرد، بیش نبود.

۲ - گردنکشان که بر پایهٔ افزوده‌ها همه با بهرام بودند.

۳ - کجا بازگردند؟ به نخچیرگاه؟ سپاهیان را نیز همه خانه در تیسفون بوده است.

۴ - **یک:** شبستان شاه همواره آراسته بوده است. **دو:** پرستندگان را نشاید رود و می خواستن! این بهرام است که باید فرمان دهد.

۵ - **یک:** چنگ را می توان بر ساختن [کوک کردن]، اما چامه را نمی‌توان چنین کردن. **دو:** در مشکوی شاه، هیچگاه بیگانه را راه نبوده است که اکنون ایوان از آنان پرداخته شود.

۶ - لت دویم نخست را «ز» نمی‌باید... اگر چنین شود. لت دویم با لت نخست پیوند می‌یابد.

۷ - هیچ گزارش بر این رج نیست.

۸ - **یک:** دل شادمان نادرست است! یا «شادمان»، یا «دلشاد». **دو:** لت دویم نیز نادرخور و سست است. نادرخور از آنکه، گنج در مشکوی نبوده است که آنرا بگشایند، و سست از آنکه کنش نادرخور بکار گرفته‌اند. در گنج را گشاده داشت.

۹ - از بغداد (= تیسفون!) باز او را به شهر استخر کشاندند، با سخن بی‌پیوند و ناخوشایندی که در لت دویم می‌آید.

۱۰ - **یک:** دو مشکوی در بغداد (تیسفون) بود! **دو:** مگر بهرام را می‌بایستی خود دروازهٔ مشکوی را بگشاید؟ **سه:** از گنج درم‌ساز کردن را گزارش نیست.

۱۱ - سخن سست... تاج بزیرش نبود!! افزاینده را رای بر آن بوده است که بگوید که هر آنکس که تاج بر سر نداشت، و بر تخت ننشسته بود...

۱۲ - **یک:** شاه را ژکیدن (= غرولُند) کردن، شایسته نبود... **دو:** روزبه را، راه در مشکوی نبود که با وی سخن گوید.

۱۳ - **یک:** باژ را به چه‌کس می‌دهد؟ ایشان کیانند؟ **دو:** از ایشان روی به روزبه می‌کند: «تا بیاری». **سه:** خالقی مطلق بجای تا بیاری بدو، «چون بیاری بدر» که آن نیز نادرست است.

۱۴ - **یک:** «دینارخواه» را با «باژخواه» پسآوا نیست. **دو:** مگر، شاه از گنج خویش در شهرهای دیگر باژ می‌ستاند؟

۳۲۰ پادشاهی بهرام گور

شبستان بر این گونه ویران بود — نه از اختر شاه ایران بود»[1]
ز هر کشوری باژ نو خواستند — زمین را به دیبا بیاراستند[2]
بر این گونه یک چند گیتی بخورد — به‌بزم و به رزم و به ننگ و نبرد[3]

رفتن بهرام از نخجیرگاه، بخانهٔ بازارگان و دژم و بازگشتن او

دگر هفته تنها به نخچیر شد — دژم بود و، با ترکش و تیر شد[4]
ز خورشید تابنده شد دشت، گرم — سپهبد ز نخچیر برگشت نرم[5]
سوی کاخ بازارگانی رسید — به هر سو نگه کرد و کس را ندید[6]
ببازارگان گفت: «ما را سپنج؛ — توان داد؟ کز ما، نبینی تو رنج!»[7]
چو بازارگانش فرود آورید — مر او را یکی خوابگه برگزید[8]
همی بود نالان ز درد شکم — ببازارگان داد لختی درم[9]
بدو گفت: «لختی پنیر کهن — ابا مغز بادام بریان بکن[10]
اگر خانگی مرغ، باشد روا است — کزین آرزوها دلم را هواست»[11]

*

نیاورد بازارگان آنچه گفت — نبُد مغز بادامش اندر نهفت[12]
چو تاریک شد میزبان رفت، نرم — یکی مرغ بریان بیاورد گرم[13]
بیاراست خوان، پیش بهرام برد — به بازارگان گفت، بهرام گرد؛[14]
که: «از تو پنیر کهن خواستم — زبان را بخواهش بیاراستم![15]

---

۱ - **یک:** لت نخست سست است. **دو:** و آنرا پیشوند «چون» باید... **سه:** شبستان زرین را آراسته بودند، پس ویران نبایستی بودن! **چهار:** اگر برخی بتان شبستان را تاج، یا تخت نبود، از پیش چنین بوده، پس بهرام را از آن آگاهی بوده است.

۲ - این همان بهرام است که باژ هفت ساله، و مانده باژ زمان یزدگرد را بخشیده بود، و افزایندگان از او چهره‌ای می‌سازند که برای شبستان خود، و کامرانی خود، باژِ نو، از ایرانیان می‌ستاند!

۳ - گیتی، «خوردنی» نیست «گذراندنی» است.

۴ - دُژم بودن را چه پیوند با ترکش و تیر است؟

۵ - سخن را پیوند «چو» در آغاز باید!

۶ - سوی کاخ رسیدن نادرست است: «بکاخ بازرگانی».

۷ - **یک:** در لت دویم «توانی دادن» باید. **دو:** «تو» نیز در لت دویم نادرخور است.

۸ - ...و نیز بازرگانش در این رج.

۹ - نالندگی از درد شکم را پیشتر می‌بایستی گفتن.

۱۰ - پنیر راکس با بادام بریان نکرده است.

۱۱ - پیوند لت نخست با رج پیشین درست نیست.

۱۲ - در این رج از نبودن مغز بادام سخن رفته است، و در رج سیوم پسین از نبودن پنیر!

۱۳ - رفت در لت نخست با آورد در لت دویم همخوان نیست.

۱۴ - پس از آوردن در رج پیشین بردن در این رج پیش از این سخن گذشت.

۱۵ - درباره این رج پیش از این سخن گذشت.

داستان افزودهٔ بازرگان ۳۲۱

نیاوردی و داده بودم درم — که نالنده بودم ز درد شکم»[1]
چنین داد پاسخ که: «ای بی‌خرد! — نداری خرد، کاو روان پرورد[2]
چو آوردم این مرغ بریان و گرم — فزون خواستن، نیست؛ «آیینِ شرم»
چو بشنید بهرام، زو، این سخُن — بشد آرزوی پنیر کهُن[3]
پشیمان شد از گفتِ خود، نان بخوَرد — بر او نیز یاد گذشته نکرد[4]
چو هنگامهٔ خواب بودش، بخفت — ببازارگان نیز، چیزی نگفت[5]
ز دریای جوشان چو خور بردمید — شد آن چادر قیرگون ناپدید[6]
همی گفت پرمایه بازارگان — بشاگرد، ک:«ای مردِ ناکاردان[7]
چرا مرغ، کارزَش نبُد یک درم — خریدی به افزون و کردی ستم[8]
گر ارزان خریدی ابا این سوار — نبودی مرا تیره شب کارزار[9]
خریدی مراو را به دانگی پنیر — بدی با من امروز چون آب و شیر»[10]
بدو گفت: «اگر این، نه کار من است — چنان دان که مرغ از شمار من است[11]
تو مهمان من باش با این سوار — بدین مرغ با من مکن کارزار»[12]
چو بهرام برخاست از خواب خوَش — بشد نزد آن بارهٔ دستکَش[13]
که زین برنهد تا به ایوان شود — کلاهش ز ایوان به کیوان شود[14]
چو شاگرد دیدش، ببهرام گفت — که: «امروز با من به بَد، باش جفت»[15]
بشد شاه و بنشست بر تخت اوی — شگفتی فرو ماند از بخت اوی[16]
جوان رفت و آورد خایه دویست — به استاد گفت: «ای گرامی مهایست[17]
یکی مرغ بریان با نان گرم — نبید کهن آر و بادام نرم»[18]

---

۱ – **یک:** پیوند درست با رج پیشین ندارد. **دو:** نالنده «بودم» نادرست است، و چنین می‌نماید که اکنون نالنده نیست.
۲ – آیین شرم که در رج پسین از آن یاد خواهد شد، چنان نیست که مهمان را بی‌خرد خوانند!
۳ – بشد در لت دویم را پیوند درست باید: «ازدلش بشد».
۴ – پشیمان شدن از سخن در این رج...
۵ – ...با چیزی نگفت در این رج همخوان نیست.
٦ – خورشید، از دریای جوشان بر نمی‌دمد.
۷ – «همی گفت» در این رج با «چو خور بر دمید» در رج پیشین همخوان نیست.
۸ – در لت نخست «مرغی را» باید.
۹ – لت نخست راکمبودست. اگر ارزان خریده بودی.
۱۰ – **یک:** نیز این رج را پیوند درست نیست: (اگر) دانگی پنیر مر او را خرید(ه بود)ی. **دو:** لت دویم نیز نادرخور است.
۱۱ – لت نخست بی‌گزارش است.
۱۲ – سخن زیبا است اما پیوسته بداستان است.
۱۳ – نزدِ (آن) باره نادرست است: «نزد بارهٔ خویش».
۱۴ – کلاه (= تاج) او در ایوان، بلندتر نمی‌شود، که تاج پادشاه نیک چه در ایوان چه در بیابان همواره بلند است.
۱۵ – بهرام در همان خانه بود و شاگرد نیز در همان خانه، و «چو دید» در این رج سزاوار نیست.
۱٦ – بخت شاگرد چگونه نمایان شد که بهرام را شگفتی فرو گیرد؟
۱۷ – خایه دویست نادرست است. دویست خایه (= خاگ: تخم مرغ) لت دویم نیز بی‌پیوند است.
۱۸ – پذیرایی شاگرد که در آینده می‌آید با مرغ و بره بود، که خود خریده بود.

۳۲۲ پادشاهی بهرام گور

بشد نزد بهرام گفت: «ای سوار   همی خایه کردی تو دی خواستار[1]
کنون آرزوها بیاریم گرم   هم از چند گونه خورش‌های نرم»[2]
بگفت این و زان پس به بازار شد   به ساز دگرگون خریدار شد[3]
شکر جُست و بادام و مرغ و بره   که آرایش خوان کند یکسره[4]
می و زعفران برد و مشک و گلاب   سوی خانه شد با دلی پرشتاب[5]
بیاورد خوان با خورش‌های نغز   جوان پُرمنش بود و پاکیزه‌مغز[6]
چو نان خورده شد جام پر می ببرد   نخستین به بهرام خسرو سپرد[7]
بدین‌گونه تا شاد و خرّم شدند   ز خردک به جام دمادم شدند[8]

*

چنین گفت با میزبان، شهریار   که: «بهرام ما را کند خواستار[9]
شما می گسارید و مستان شوید   مجنبید تا می پرستان شوید»[10]
بمالید پس باره را زین نهاد   سوی گلشن آمد ز می گشته شاد[11]
به بازارگان گفت: «چندین مکوش   از افزونی ای مرد ارزان‌فروش[12]
به دانگی مرا دوش بفروختی   همی چشم شاگرد را دوختی[13]
که: «مرغی خریدی فزون از بها!   نهادی مرا در دم اژدها[14]
بگفت این به بازارگان و برفت   سوی گاه شاهی خرامید و تفت[15]
چو خورشید بر تخت، بنمود تاج   جهانبان نشست از برِ تختِ آج[16]
بفرمود خسرو بسالار بار   که بازارگان را کند خواستار[17]
بیارند شاگرد با او بهم   یکی شاد ازیشان و دیگر دژم[18]

---

۱ – **یک:** همی کردی، نادرست است: «کردی». **دو:** بهرام پنیر کهن و مغز بادام خواسته بود نه خاگ = تخم مرغ.
۲ – **یک:** سخن در لت نخست چنان پست است که نیاز بگزارش ندارد. **دو:** خورش نرم چگونه باشد؟
۳ – «ساز دگرگون» راگزارش نیست.   ۴ – در بازار، «جُستن» بایسته نیست، «خریدن» باید.
۵ – مشک را برای پختن خوراک بکار بردن نشاید.
۶ – پس از پایان یافتن کار، لت دویم را نشاید آوردن! چنین گفتار را در آغاز بایستی آوردن.
۷ – پاژنام، بهرام خسرو نبود.   ۸ – لت دویم راگزارش نیست.
۹ – پیوند درست میان این رج با رج پیشین نیست: «چون»...
۱۰ – **یک:** مست شوید: می پرست همانست که مَی می‌گسارد، و از آغاز، تا پایان کار می پرست است، و در فرجام نمی‌توان او را می پرست نامیدن. **دو:** می پرستان نیز نادرست است.   ۱۱ – لت نخست بی‌پیوند است: «باره را بمالید».
۱۲ – پس از آمدن بگلشن، ببازارگان گفت؟ لت دویم نیز نادرخور و سست است.
۱۳ – لت دویم بی‌گزارش است.   ۱۴ – مرغ را شاگرد خریده بود، و لت دویم نیز سخت نادرخور است.
۱۵ – پیشتر رفته بود.   ۱۶ – خورشید را تخت نیست.   ۱۷ – پیوسته بگفتار
۱۸ – در رج پیشین سخن از بازرگان بود، نه شاگرد.

چو شاگرد و استاد رفتند زود ... به پیش شهنشاه ایران چو دود[1]
چو شاگرد را دید بنواختش ... بر مهتران شاد بنشاختش[2]
یکی بدره بردند نزدیک اوی ... که چون ماه شد جان تاریک اوی[3]
به بازارگان گفت: «تا زنده‌ای ... چنان دان که شاگرد را بنده‌ای[4]
همان نیز هر ماهیانی دو بار ... درم شست گنجی بر او بر شمار[5]
به چیز تو شاگرد، مهمان کند ... دل مردِ آزاده، خندان کند»[6]

*

بموبد چنین گفت زانپس که: «شاه ... چو کار جهان را ندارد نگاه؛[7]
چه داند؟ که مردم کدام است به! ... چگونه شناسد کهان را ز مه؟»[8]

رفتن بهرام بخانهٔ زن و مردِ روستایی

همی بود یک چند با مهتران ... میِ روشن و جام و رامشگران[9]
⇐ بهار آمد و شد جهان چون بهشت ... بخاک سیه بر، فلک؛ لاله کشت
همه بوم‌ها پر ز نخچیر گشت ... بجوی، آب‌ها، چون می و شیر گشت
گرازیدن گور و آهو به شخ ... کشیدند بر سبزه هر جای نخ*
همه جویباران پر از مشک دم ... بسان گل نارون می به خم[10]
بگفتند با شاه بهرام گور ... که: «شد دیرهنگام نخچیرِ گور»[11]

---

۱ – زود، و چو دود نادرخور است، زیرا که ایشان را بردند، و خود نرفته بودند.

۲ – آیین دربار شاهان چنین نبوده است که شاگرد یک بازرگان را کنار ایران بنشانند!

۳ – **یک:** بدرهٔ چه؟ بایستی گفتن بدرهٔ زر، یا سیم. **دو:** پاداش شاگرد بسیار برتر از یک (بدره) بوده است.

۴ – در ایران باستان برده‌داری روایی نداشته است.

۵ – سخن سخت سست است. درم شست گنجی راگزارش نیست... و چون بازرگان بندهٔ شاگرد شود، از کجا درم شست گنجی(؟)؛ در هر ماهیانی(؟) بدهد!

٦ – در لت نخست؛ روشن نیست که چه‌کس را مهمان کند!

۷ – **یک:** کدام موبد؟ اگر وزیر بهرام است که همواره با نام روزبه از او یاد شده. **دو:** کار جهان (نگاه داشتنی) نیست.

۸ – با (کهان) بایستی (مهان) آوردن.

۹ – لت دویم را با لت نخست پیوند نیست.

* – نخ کشیدن، رده (صف) برکشیدن است که در داستان بهرام و آسیابان گزارش کردم.

۱۰ – **یک:** مشک دُم را نشناختم. **دو:** نارون راگل نیست، و میوه‌ای که از آن آویزان می‌شود برنگ سبز است، و می را نشاید بدان همانند کردن.

۱۱ – نه بر آیین ایران باستان بوده است که در بهاران به نخچیر شوند!!... و سخن از دیر شدن هنگام نخچیر می‌رود!!

چنین داد پاسخ که: «مردی هزار   گزین کرد باید ز لشگر سوار»[1]
سوی تور شد شاه نخچیرجوی   جهان گشت یکسر پر از گفت‌وگوی[2]
ز گور و ز غُرم و ز آهو جهان   بپرداختند آن دلاور مهان[3]
سدیگر چو بفروخت خورشید تاج   زمین زرد شد کوه و دریا چو آج[4]
به نخچیر شد شهریار دلیر   یکی اژدها دید چون نرّه شیر[5]
به بالای او موی زیر سرش   دو پستان بسان زنان از برش[6]
کمان را به زه کرد و تیر خدنگ   بزد بر برِ اژدها بی‌درنگ[7]
دگر تیر زد بر میان سرش   فرو ریخت چون آب خون از برش[8]
فرود آمد و خنجری بر کشید   سراسر برِ اژدها بردرید[9]
یکی مرد برنا فرو برده بود   به خون و به زهر اندر افسرده بود[10]
بران مرد بسیار بگریست زار   اُزان زهر شد چشم بهرام تار[11]
اُزان جا بیامد به پرده‌سرای   می آورد و خوبان بربت‌سرای[12]
چو سی روز بگذشت ز اردیبهشت   شد از میوه، پالیزها چون بهشت○
چنان ساخت کاید به تور اندرون   پرستنده با او یکی رهنمون[13]
به شبگیر، هرمزدِ خرداد ماه   ازآن دشت سوی دهی رفت شاه*
ببیند که اندر جهان داد هست   بجوید دل مرد یزدان‌پرست[14]
همی راند شبدیز را نرم نرم   بر اینگونه تا روز برگشت گرم[15]

---

۱ – آنانکه در شکارگاه، جرگه می‌بستند، جز از لشگریان بوده‌اند.

۲ – هیچگاه بهرام گور بتوران نرفت، و این سخن در افزوده‌ها نیز دنبال نمی‌شود مگر در یک جا، آنهم بی‌دنباله.

۳ – دنبالهٔ گفتار افزوده.

۴ – پیشتر سخن از دو روز نرفته بود که اکنون ازسدیگر (روز) یاد شود.

۵ – مگر تاکنون به نخچیر نرفته بودند؟

۶ – **یک:** موی زیر سر چه باشد؟ **دو:** چون اژدها بگونهٔ شیر باشد، پستان زنان بدو نمی‌برازد! و اگر او، پستان داشته است چرا در رج پیشین از پیکرهٔ شیر ماننده‌اش سخن رفت؟

۷ – با کمان بزه کرده بشکار می‌رفتند!

۸ – تیر را بر سرش زد، و آب از برش فروریخت؟ پیوند درست میان این دو رج نیست زیرا که چون بر او تیر خورد، بایستی از ریختن خون (ازو) سخن رود.

۹ – اژدهای مرده را چرا باید پاره کردن؟

۱۰ – **یک:** مرد، برنا نمی‌شود، برنا کودک پنج ساله تا ده ساله است. **دو:** افسَرده را با مُرده پساوا نیست. **سه:** اَفسَرده در زبان پهلوی آپ سَرتَکْ خوانده می‌شود که آب سرد =یخ بوده باشد، افسَرده =یخ زده و دل افسرده، دل یخ زده وسرد وبی‌مهر و آزرواست و چون چنین آن مرد (برنا) میان خون و زهر گرم افسرده نتواند شدن.

۱۱ – **یک:** «یا بسیار بگریست» یا «زار بگریست»، و هر دو با هم سخن را سست می‌کند. **دو:** مگر زهر در چشم بهرام رفته بود.

۱۲ – با چشم تار شده، می و بربت؟...

○ – این رج بدنبال گفتار آمدن بهار می‌آید، و خود بخوبی نشان می‌دهد که چهارده رج افزوده میان یک سخن بهم پیوسته آمده است.

۱۳ – **یک:** تور اندرون چیست، بکشور توران. **دو:** آید؟ یا رَوَد؟

* – هرمز خردادماه، روز نخست از ماه خرداد است.

۱۴ – لت دویم سست و نادرخور است.

۱۵ – **یک:** همی راند، در رج پسین می‌آید. **دو:** شبدیز اسب خسروپرویز بوده است. **سه:** روز گرم شد و برگشت گرم سخنی نادرست است.

بهرام و خانهٔ روستایی ۳۲۵

همی راند پیچان و پویان براه ... به خواب و به آب، آرزومند؛ شاه؛
چنین تا به آباد جایی رسید ... بهامون، بنزدِ سرایی رسید
زنی دید بر کتف او بر، سبوی ... ز بهرام خسرو بپوشید روی
بدو گفت بهرام، کایدر، سپنج ... دهی؟ گر بباید گذشتن، برنج!
چنین گفت زن کـ :«ای نبرده سوار ... تو این خانه چون□ خانهٔ خویش دار»

٭

چو پاسخ شنید، اسپ در خانه راند ... زن میزبان، شوی را؛ پیش خواند
بدو گفت: «کاه آر و اسپش بمال ... چو شانه ندارم، بموی و دوال●
خود آمد بجایی که بودش نهفت ... ز پیش اندرون رفت و خانه برُفت
حصیری بگسترد و بالش نهاد ... به بهرام بر، آفرین کرد یاد[1]
سوی خانهٔ آب شد، آب برد ... همی در نهان شوی را برشمرد[2]
کـه: «این پیر و ابله بماند بجای ... هر آنگه که بیند کس اندر سرای[3]
نباشد چنین کار کار زنان ... منم لشکری‌دار دندان‌کنان»[4]
بشد شاه بهرام و رخ را بشست ... کزان اژدها بود ناتندرست[5]
بیامد نشست از برِ آن حصیر ... به در خانه بر‌پای بُد مرد پیر[6]
بیاورد خوانی و بنهاد راست ... بر او تره و سرکه و نان و ماست[7]

٭

بخورد اندکی نان و نالان بخفت ... بدستارِ چینی، رخ اندر نهفت[8]

□ - نمونه‌ها چنین آورده‌اند. اما چنین می‌نماید که اگر بجای چون «را» بیاید بگفتار فردوسی نزدیک‌تر می‌شود:
«تو این خانه را، خانهٔ خویش دار»

● - تن اسپ را با کشیدن شانه‌ای آهنین (همانند بُرس‌های فلزی امروز) بر روی گردن و کپل و ران، تیمار می‌دارند، و چون روستایی آن شانه را نداشت، می‌بایستی با پشم و کُرک و ریسمان او را تیمار کند. «ندارم» نیز در لت دویم نادرخور است و **«نباشد»** درست می‌نماید.

۱ - آفرین (یاد کردنی) نیست، (خواندنی) است.

۲ - **یک:** زن را بیرون در، کوزه‌ای بر دوش بود و آب را از چشمه آورده بود. **دو:** جایگاه انبار کردن آب، در شهرها بنام «آب انبار» خوانده می‌شد، نه «خانهٔ آب»، و در هیچ روستا، آب انبار، در خانه دیده نمی‌شود! یا روستا نزدیک به چشمه و کاریز است که همواره از آن آب پاک و تازه را با کوزه و دُل می‌برده‌اند، و یا روستا از آب بدور بوده است که یک آب انبار همگانی در میدان روستا می‌ساخته‌اند که همگان از آن آب بردارند، و چنین آب انبارها، هنوز در روستاهای کویری ایران بسیار دیده می‌شود. **سه:** اگر در نهان (در دل خود) شوی رابرشمرده (دشنام داده) بود، و کسی آنرا نشنیده بود، پس از آن یاد کردن نیز نادرست است...

۳ - ... و سخنان یاد شده در این رج نیز افزوده است.

۴ - رج دویم سخت نادرخور است.

۵ - دنبالهٔ داستان نادرست اژدها... باری اگر ناتندرست بود، چرا بیدرنگ با خوبان بربت‌نواز به می نوشی پرداخت؟

۶ - **یک:** داستان حصیر افزوده بود. **دو:** لت دویم نیز بی‌پیوند است.

۷ - **یک:** خوان را راست نهادن چگونه بود؟ **دو:** ماست را با سرکه نمی‌آورند.

۸ - **یک:** چه کس بخورد؟... بایستی نام بهرام بیاید؟ **دو:** چون ابریشم ایرانی برترین ابریشم‌ها است شاه ایران را نباید دستار چینی با خویش داشتن.

۳۲۶ پادشاهی بهرام گور

چو از خواب بیدار شد زن بشوی / همی گفت ک:«ای زشتِ ناشسته روی[1]
بره کشت باید ترا، کاین سوار / بزرگ است و از تخمهٔ نامدار●
که فرّ کیان دارد و نور ماه / نماند همی جز ببهرام شاه»[2]
چنین گفت با زن گرانمایه شوی / که: «چندین چرا؟ بایدت گفت‌وگوی!»[3]
نداری نمکسود و هیزم نه نان! / چه سازی تو برگ چنین میهمان؟»[4]
بره کشتی و خورد و رفت این سوار / تو شو، خر، به انبوهی اندر گذار[5]
زمستان و سرما و باد دمان / به پیش آیدت بیگمان ناگهان»[6]
همی گفت انباز و نشنید زن / که هم نیک پی بود و هم رایزن[7]
بره کشته شد هم بفرجام کار / بگفتار آن زن ز بهر سوار[8]
چو شد کشته، دیگی هریسه* بپخت / برِ آتش از هیزم نیم سُخت
بیاورد خوانی برِ شهریار / بر او، سرکه و ترّهٔ جویبار
یکی پاره بریان ببرد از بره / همان پخته چیزی که بُد یکسره[9]
چو بهرام دست از خورش‌ها بشست / همی بود بی‌خواب و ناتندرست[10]

❊

۱ – این دشنام زن نیز بدنبال همان برشمردن‌های افزوده است.

● – این سخن پیوسته بآن رج است که: بدو گفت کاه آر و، اسپش بمال...

۲ – نور ماه دارد؟: «چهره‌اش بماه مانده است».

۳ – **یک:** در گفتار افزوده «پیر و ابله» به گرانمایه شوی برمی‌گردد، باز آنکه یک مرد روستایی را نمی‌توان گرانمایه خواندن. **دو:** گفت‌وگویی پیش نیامده بود، زن بشوی خویش گفته بود که می‌باید بره‌ای کشتن!

۴ – نمکسود را امروز در بیشتر زبانهای ایرانی «قورمه» می‌نامند، و فراهم آوردن آن چنانست که نخست دنبهٔ گوسفند را ریز کرده در دیگ بهم می‌زنند تا روغن آن برآید. آنگاه گوشت را که به تکه‌های بزرگتر از یک لقمه بریده‌اند، اندرون آن می‌ریزند و با افزودن نمک بیشتر از آنچه که برای خوراک بایسته است چندان بهم می‌زنند، تا گوشت میان روغن پخته شود. پس از سرد شدن، در خیک یا دیگی می‌ریزند، و چون روغن بر خود ببندد، آنرا در جایگاهی خنک نگاه می‌دارند...، و در همهٔ هنگام زمستان، گوشت میان روغنِ بستهٔ نمکسوده می‌ماند، تا هرگاه که مهمان رسد، بتوانند از آن سود جسته مهمان را پذیرا باشند! اکنون، **یک:** خردادماه هنگام داشتن نمکسود نیست، زیرا که نمکسود با رسیدن نوروز خورده می‌شود. **دو:** خانواده‌ای که بره‌ای دارد که برای مهمان سرش را ببرند، بیگمان بهنگام پاییز نیز بره خواهند داشت، تا نمکسود فراهم کنند، و این سخن را در آغاز خردادماه، جای گفتن نیست. **سه:** بهار است، و، زن از شوی کشتن بره می‌خواهد، نه نمکسود. **چهار:** نمی‌توان باور کردن که خانهٔ روستایی را نان نباشد. **پنج:** زن، در اندیشهٔ (ساختنِ برگ میهمان) نیست، که از شوی خود می‌خواهد، بره‌ای بکشد.

۵ – **یک:** بره را زن نمی‌کشد که از مرد می‌خواهد کشتن! **دو:** لت دویم نیز بی‌گزارش است.

٦ – زمستان ناگهان پیش نمی‌آید و بهنگام خود می‌آید.

۷ – **یک:** «همی گفت» را با «نشنید» هماهنگی نیست. **دو:** لت دویم نیز نادرخور است.

۸ – ز بهر سوار، نادرست است: «از برای بهرام».

* – هریسه همانست که بگونهٔ تازی شدهٔ «حلیم» می‌شناسیم! در تاجیکستان آنرا هنوز بنام هریسه می‌خوانند.

۹ – **یک:** چون هریسه پزند، یک پاره بریدن از آن را گزارش نیست. **دو:** ببرد نادرست است: ببرید. **سه:** لت دویم سخت بی‌پیوند و گزارش است. **چهار:** پیدا است که این سخنان هنگامی بشاهنامه افزوده شده است، که افزاینده هریسه را (که بریده نمی‌شود) نمی‌شناخته، و نمی‌دانسته است که همان (حلیم) است. **پنج:** افزاینده «ببرد» را بجای «ببرید» بکار برده است.

۱۰ – این گفتار باژگونهٔ سخنان پسین است که بهرام برای می خوردن، بگفتار زن گوش می‌دهد!

چو شب کرد با آفتاب انجمن کدوی● می و سنجد آورد، زن
بدو گفت شاه: «ای زن کم‌سخن یکی داستان گوی با من کهن
بدان تا بگفتار تو مَی خوریم به مَی درد و اندوه را بشکریم
به تو داستان، نیز کردم یله○ ز بهرامت، آزادی است؟ ار گله؟»
زن کم‌سخن گفت: «آری نکو است هم آغاز هر کار و فرجام از اوست»[1]
بدو گفت بهرام ک: «این است و بس ازو دادجویی، نبینند کس»[2]

*

زن کم سخن گفت ک: «ای پاکرای بدین ده، فراوان کس است و سرای
همیشه گذار سواران بود ز دیوان و از کارداران بود
یکی نام دزدی نهد بر کسی که فرجام، ازآن، رنج یابد بسی
ز بهر درم، گرددش کینه کَش که ناخوش کند بر دلش روزِ خوَش
زن پاک‌تن را به آلودگی برد نام و آرد به بیهودگی
زیانی بود کان نیاید به گنج ز شاه جهاندار، این است رنج»
پر اندیشه شد زان سخن شهریار که بَد شد ورا نام، زان مایه کار
چنین گفت پس، شاهِ یزدان‌شناس که⊡: «از دادگر؛ کس، ندارد سپاس؛
درشتی کنم زین سپس ماه، چند که پیدا شود، داد و مهر، از گزند»
شب تیره ز اندیشه پیچان بخفت همه شب دلش با ستم بود جفت

*

بدانگه که خور چادری مشکبوی بدرّید و بر چرخ، بنمود روی
بیامد زن از خانه، با شوی گفت که: «هرکاره■ و آتش آر، از نهفت□
ز هر گونه تخم اندرافکن به آب نباید که بیند ورا آفتاب
کنون تا بدوشم من از گاو، شیر تو این کار هرکاره، آسان مگیر»
بیاورد گاو از چراگاه خویش فراوان گیا برد و بنهاد پیش[3]

● - پیشتر، در روستاها کدوی خشگ شدهٔ میان تهی، بجای شیشهٔ می، کاربرد داشت، و هنوز در خانهٔ ما کدوی کوچکی برای زردچوبه هست!

○ - یله: رها. داستان را بتو واگذاشتم.

۱ - آغاز و فرجام کارها با یزدان است نه بهرام.

۲ - «کس» را «نبیند» باید.

⊡ - همهٔ نمونه‌ها «که» آورده‌اند، و **«چو»** درست می‌نماید.

■ - هرکاره: دیگ سنگی

□ - آتش را از برای آنکه بیشتر پایدار ماند، زیر خاکستر پنهان می‌کنند و چون بخواهند، از آن سود ببرند، خاکستر را بیکسوی باز می‌کنند، و اندکی آتش از آن برمی‌گیرند، تا مایهٔ، آتش زدن چوبهای دیگر شود، و آتش آر، از نهفت، این رمز را بازمی‌گوید اما هرکاره (= دیگ سنگی) را از نهفت بیرون نمی‌کشند، و بدینروی گفتار فردوسی چنین می‌نماید:

«که هرکاره (با) آتش آر از نهفت»

۳ - بامداد است، و هنوز گاوان و گوسفندان را بچراگاه نفرستاده‌اند.

به پستانش بر، دست مالید و گفت　　:«بنام خداوند بی‌یار و جفت»

*

تهی بود پستان گاوش ز شیر　　دل میزبانِ جوان گشت پیر
چنین گفت با شوی کـ :«ای کدخدای　　دل شاه گیتی، دگر شد، به رای
ستمکاره شد شهریار جهان　　دلش دوش پیچان شد اندر نهان»[1]
بدو گفت شوی: «از چه؟ گویی همی!　　بفال بد اندر، چه؟ جویی همی!»

*

چنین گفت زن کـ :«ای گرانمایه شوی　　مرا بیهده نیست این گفت‌وگوی
چو بیدادگر شد، جهاندار شاه　　ز گردون نتابد، ببایست، ماه
به پستان‌ها در، شود شیر، خشک　　نبوید بنافه درون، نیز مشک
زنا و ربا آشکارا شود　　دل نرم چون سنگ خارا شود[2]
به دشت اندرون گرگ مردم خورد　　خردمند بگریزد از بی‌خرد[3]
شود خایه در زیر مرغان تباه　　هرآنگه که بیدادگر گشت شاه[4]
چراگاه این گاو، کمتر نبود　　هم آبشخورش نیز، بتر نبود[5]
به پستان چنین خشک شد شیر اوی　　دگرگونه شد رنگ و آژیر اوی»[6]

*

چو بهرامشاه این سخن‌ها شنود　　پشیمانی آمدْش، ز اندیشه، زود
بیزدان چنین گفت کـ :«ای کردگار　　توانا و دانندهٔ روزگار
اگر تاب گیرد دل من ز داد　　ازین پس مرا تخت شاهی مباد»

*

زن فرخِ پاکِ یزدان‌پرست　　دگر باره بر گاو مالید دست
بنام خداوند زردشت گفت　　که بیرون گذاری نهان از نهفت[7]
ز پستان گاوش بپالود شیر　　زن میزبان گفت کـ :«ای دستگیر!
تو بیداد، را کرده‌ای دادگر　　اُگرنه نبودی، ورا، این هنر»
ازآنپس چنین گفت با کدخدای　　که: «بیداد را، داد؛ شد باز جای

---

۱ - سخن، دوباره‌گویی لت دویم از رج پیشین است.　　۲ - «زنا» و «ربا» در گفتار فردوسی راه نمی‌یابد.
۳ - **یک:** گرگ، همواره گوسفندان را می‌خورد، و مردم را نمی‌درد. **دو:** خردمندان، همواره گریزان از بی‌خردان‌اند!!
۴ - خایه در گفتار فردوسی «خاک» است، و سخن لت دویم، در رج سیُوم پیش آمده بود.
۵ - چراگاهِ گاو بهتر نبوده است که اکنون شیر آن کم شود...
۶ - آژیر، (هوشیار) است، و دگرگونه شد هشیارِ اوی راگزارش نیست.
۷ - **یک:** هیچگاه در نوشته‌های پیشین با چنین نام از خداوند یاد نشده است. **دو:** لت دویم راگزارش نیست.

تو با خنده و رامشی باش، زین؛ / که بخشود بر ما، جهان‌آفرین»
به هرکاره چون شیربا پخته شد / زن و مرد زان کار پرداخته شد[1]
به نزدیک مهمان شد آن پاک‌رای / همی برد خوان از پسش کدخدای
نهاده بدو کاسهٔ شیربا / چه نیکو بدی گر بدی زیربا[2]
ازان شیربا شاه لختی بخَورد / چنین گفت پس با زن، آزادمرد؛[3]

*

که: «این تازیانه، به درگاه بر / بیاویز جایی که باشد گذر[4]
نگه کن یکی شاخ بر در بلند / نباید که از باد یابد گزند[5]
ازان‌پس ببین تا که آید ز راه / همی کن بدین تازیانه نگاه»[6]
خداوندِ خانه بپویید سخت / بیاویخت آن شیبِ○ شاه از درخت[7]
همی داشت آن را زمانی نگاه / پدید آمد از راه، بی‌مر، سپاه
هرآنکس که آن تازیانه بدید / ببهرام‌شاه، آفرین گسترید
پیاده همه پیشِ شیبِ دراز / برفتند و بردند، یک یک نماز
بزن، شوی گفت: «این‌بجزشاه‌نیست / چنین چهره، جز، در خورِ گاه نیست»
پر از شرم رفتند هر دو ز راه / پیاده دوان تا بنزدیک شاه
که: «شاها، بزرگا، ردا، بخردا / جهاندار و بر موبدان، موبدا
بدین خانه، درویش بُد میزبان / زنِ بی‌نوا، شوی پالیزبان؛
بران بندگی نیز پوزش نمود / همان شاه ما را پژوهش نمود[8]
که چون تو، بدین جای، مهمان رسید / بدین بی‌نوا میهن و مان رسید»[9]

*

بدو گفت بهرام ک:«ای روزبه / ترا دادم این مرز و این خوب ده
همیشه جز از میزبانی مکن / بر این باش و پالیزبانی مکن»

---

۱ - **یک:** چون هر گونه دانه، در هر کاره ریخته بودند، از آن آبگوشت، یا شوربا برمی‌آید نه شیربا! **دو:** زن و مرد راکنش «شدند» باید.

۲ - **یک:** باز سخن از شیربا می‌رود... **دو:** کار افزاینده بدانجا می‌رسد که خود، سخن خود را بی‌ارزش می‌کند، اما از برای پساوا... زیرا که «زیربا» در آشپزخانهٔ ایرانی پخته نمی‌شود! مگر «زیره با».

۳ - در لت نخست «شاه» در لت دویم آزادمرد سخن راست می‌کند.

۴ - از آویختن تازیانه در داستان بهرام ماهیار برگرفته شده است.

۵ - **یک:** بر در (= دروازه) شاخ بلند پیدا نمی‌شود. **دو:** تازیانه را از باد، گزند نمی‌رسد.

۶ - بیند که (چه‌کس از راه می‌رسد)؟ یا به تازیانه نگاه کند؟

○ - شیپ پهلوی، شیب فارسی؛ تازیانه.

۷ - بپویید سخت راگزارش نیست و ۱۰ رج دنبالهٔ همان داستان.

۸ - به کدام بندگی؟ از آن پوزش کرده بودند.

۹ - برگرفته از داستان بهرام و ماهیار گوهرفروش است:

که شاه جهانست مهمان تو / بدین بینوا میهن و مان نو

بگفت این و خندان بشد زان سرای — نشست از بر بارهٔ بادپای
بشد زان ده بی‌نوا شهریار — بیامد به ایوان گوهرنگار[1]

لشگرکشیدن خاقان چین
به
جنگ بهرام

بر این‌گونه یک چند گیتی بخورد — به رزم و به بزم و به ننگ و نبرد[2]
پس آگاهی آمد بهند و بروم — بترک و بچین و بآباد بوم*
که بهرام را دل ببازیست، بس! — کسی را؛ ز گیتی، نگیرد بکس!
طلایه نه و دیده‌بان نیز، نه — بمرز اندرون، پهلوان نیز، نه

*

به بازی همی بگذراند جهان — نداند همی آشکار و نهان[3]
چو خاقان چین این سخن‌ها شنید — ز چین و ختن، لشگری برگزید
درم داد و سر سوی ایران نهاد — کسی را نیامد ز بهرام، یاد
اُزانسوی قیصر، سپه برگرفت — همه کشورِ روم، لشگر گرفت[4]

*

بایران، چو آگاهی آمد ز روم — ز هند و ز چین و ز آباد بوم
که قیصر، سپه کرد و لشگر کشید — ز چین و ختن لشگر آمد پدید؛
به ایران هر آن کس که بُد پیشرو — ز پیران و از نامداران نو
همه پیش بهرام‌گور آمدند — پر از خشم و پیکار و شور آمدند
بگفتند با شاه، چندی درشت — که: «بخت فروزانْتْ، بنمود پشت
سرِ رزمجویان، برزم اندر است — ترا دل ببازی و بزم اندر است!
بچشم تو خوار است، گنج و سپاه — همان شهر ایران و، هم تخت و گاه»

*

چنین داد پاسخ، جهاندار شاه — بدان موبدانِ نماینده راه

---

1 – «بشد» را در این رج با «بشد» در رج پیشین همخوان نیست.
* – ایرانیان نیز همچون دیگران، از کار بهرام آگاه شدند.
4 – از روم بهنگام بهرام گور، سپاه ایران نیامد. سه رج.
2 – خوردن گیتی، چگونه باشد؟
3 – سخن از بازی در رج دویم پیش آمده بود.

که: «دادار گیهان مرا یاور است   که از دانش برتران برتر است
بنیروی آن پادشاه بزرگ   من، ایران نگه دارم از چنگ گرگ
به بخت و سپاه و بشمشیر و گنج   زکشور بگردانم این درد و رنج!»

*

همی کرد بازی بدان همنشان   وز او، پر ز خون، دیدهٔ سرکشان
همی گفت هر کس که:«زین پادشا   بپیچد دل مردم پارسا»

*

دلِ شاه بهرام بیدار بود   اُزان آگهی، پر ز تیمار بود
همه ساختی کار لشگر، نهان   ندانست رازش، کس؛ اندر جهان
همه شهر ایران ز کارش به بیم   از اندیشگان دل شده، بر دو نیم
همه گشته نومید زان شهریار   تن و کدخدایی گرفتند خوار[1]

*

پس آگاهی آمد، ببهرام شاه   که: «آمد ز چین اندر ایران سپاه»
جهاندار، گستهم را پیش خواند   ز خاقان چین، چند با او براند
کجا پهلوان بود و دستور بود   چو رزم آمدی پیش، رنجور بود[2]
دگر مهرپیروز بهزاد را   سیوم مهربرزین خرّاد را
چو بهرام پیروز بهرامیان   خزوران رهّام با اندیان[3]
یکی شاه گیلان یکی شاه ری   که بودند در رای هشیارپی[4]
دگر دادبرزین رزم‌آزمای   کجا زاولستان بدو بُد بپای[5]
بیاورد چون قارن برزمهر   دگر دادبرزین آژنگ‌چهر[6]
گزین کرد ز ایرانیان سی هزار*   خردمند و شایستهٔ کارزار

*

برادرْش را داد تخت و کلاه   که تا گنج و لشگر بدارد نگاه
خردمند نرسیِ آزادچهر   هم‌ش فرّ و دین بود هم داد و مهر[7]

---

۱ - لت دویم راگزارش نیست.   ۲ - دستورِ بهرام «روزبه» بود.

۳ - **یک:** «چو» بهرام نادرست است... **دو:** از خزوران نیز بگونهٔ خزروان در نبردهای هنگام نوذر یاد شده بود.

۴ - هشیار پی، را هیچگونه گزارش نیست.   ۵ - دادبرزین نامی ساختگی است.

٦ - **یک:** چون قارن نادرست است: قارنِ برزمهر. **دو:** دوباره نام دادبرزین می‌آید، این بار، او کسی دیگر است با نام شگفت آژنگ‌چهر که هیچگاه در فرهنگ ایران پیشینه نداشته است. اما، افزاینده را برای پساوای برزمهر نیاز بدان بوده است!

* - نمونه‌ها سی‌هزار آورده‌اند، اما پیدا است که سه هزار درست است زیراکه با سی‌هزار سوار، نمی‌توان پنهانی لشگر راندن.

۷ - لت دویم را پیوند «که» باید.

ازآن جایگه لشگر اندر کشید   سوی آذرآبادگان برکشید

*

چو از پارس لشکر فراوان نبرد   چنین بود رای بزرگان و خرد[1]
که از جنگ بگریخت بهرام‌شاه   اُزان سوی آذر کشیده‌ست راست[2]
چو بهرام رخ سوی دریا نهاد   رسولی ز قیصر بیامد چو باد[3]
به کاخیش نرسی فرود آورید   گرانمایه جایی چنانچون سزید[4]
نشستند با، رایزن بخردان   بنزدیک نرسی، همه موبدان
سراسر، سخن‌شان بُد از شهریار   که داد، او بباد، آن همه روزگار
سوی موبدان موبد آمد سپاه   به آگاه بودن ز بهرام شاه[5]
که بر ما همی رنج بپراکند   چرا هم ز لشکر نه گنج آگند[6]
بهر جای زر، برفشانَد همی   هم ارج جوانی نداند همی
پراکنده شد، شهری و لشگری   همی جست، هر کس ره مهتری
کنون زو نداریم ما، آگهی   بما بازگردد بدی ار بهی[7]
ازآنپس چو گفتارها شد کهن   بر این، برنهادند یکسر، سخن
که:«ز ایران یکی مردِ با آفرین   فرستند نزدیک خاقان چین
که: «بنشین ازین غارت و تاختن   ز هرگونه باید بر انداختن[8]
مگر بوم ایران بماند بجای   چو از خانه، آواره شد؛ کدخدای»

*

چنین گفت نرسی که: «این روی نیست   مر این آب را، در جهان جوی نیست[9]
سلیح است و گنج است و مردان مرد   کز آتش بخنجر برآرند گرد[10]
چو نومیدی آمد ز بهرام شاه   کجا، رفت، با خوارمایه سپاه[11]

---

۱ - **یک:** پایتخت ساسانیان در تیسفون بود، نه پارس. **دو:** بزرگان را «خردان» باید! **سه:** رأی تازی را در گفتار فردوسی راه نیست. **چهار:** خالقی مطلق: «نزد بزرگان و خرد» که آن را نیز پیوند درست نیست.
۲ - آذربایجان را بر بنیاد نیازِ آهنگ سخن به «آذر» برگردانده‌اند.
۳ - **یک:** بسوی آذربایجان رفته بود، نه بسوی دریا. **دو:** رسول بجای فرستاده.
۴ - «جای» راگرانمایه نشاید گفتن، پاژنام گرانمایه ویژهٔ مردمان است.
۵ - **یک:** سپاه نادرست است: «سپاهیان». **دو:** سپاهیان با بهرام رفته‌اند، و نشاید آنانرا در گفتار بنزد موبد موبدان کشانیدن.
۶ - سخن سخت درهم.
۷ - لت دویم را پیوند با لت نخست نیست.
۸ - **یک:** بنشین نادرست است: «دست بردار». **دو:** لت دویم بی‌گزارش است.
۹ - سخن برگرفته از شاهنامه است.
۱۰ - سلیح در کجا است؟ در تیسفون؟ یا نزد بهرام.
۱۱ - نومیدی آمد نادرست: «نومید شدیم».

گر اندیشهٔ بد کنی بد رسد — چه باید به شاهان چنین گشت بد»[۱]
شنیدند ایرانیان این سخن — یکی پاسخ کژ فگندند بن[۲]
که: «بهرام ز ایدر سپاهی ببرد — که ما را به غم دل بباید سپرد[۳]
چو خاقان بیاید به ایران به جنگ — نماند بر این بوم ما بوی و رنگ[۴]
سپاهی و نرسی نماند بجای — بکوبند بر خیره ما را به پای[۵]
یکی چاره سازیم تا جای ما — بماند ز تن نگسلد پای ما»[۶]
یکی موبدی بود نامش، همای — هنرمند و با دانش و پاکرای[۷]
ورا برگزیدند، ایرانیان — که آن چاره را، تنگ بندد؛ میان
نوشتند پس، نامه‌ای بنده‌وار — از ایران، بنزدیکِ آن شهریار
سرِ نامه گفتند: «ما بنده‌ایم — بفرمان و رایت سرافکنده‌ایم
ز چیزی که باشد به ایران زمین — فرستیم نزدیک خاقان چین
همان نیز با هدیه و باژ و ساو — که با جنگ توران نداریم تاو[۸]

*

بیامد از ایران، خجسته همای — خردمند و با دانش و پاکرای●
پیام بزرگان بخاقان بداد — دل شاه توران، بدان، گشت شاد
اُزان جَستن تیزِ بهرام شاه — کز ایران بشد، تازیان؛ بی سپاه!
به پیش گرانمایه خاقان بگفت — دل و جان خاقان چو گل برشکفت[۹]
بترکان چنین گفت خاقان چین — که: «ما بر نهادیم بر چرخ؛ زین!

*

که؟ آورد بی‌جنگ، ایران؛ بچنگ! — مگر ما، به رای و، به هوش و درنگ»
فرستاده را چیز بسیار داد — درم داد چینیّ و دینار داد[۱۰]
یکی پاسخ نامه بنوشت و گفت — که: «با جان پاکان خرد باد جفت
بدان باز، گشتیم همداستان — که گفت این فرستادهٔ راستان
چو من با سپاه اندر آیم بمرو — کنم روی کشور چو پرّ تذرو

---

۱ - **یک:** روی بهمگان بود و بخواننده بازگشت. **دو:** لت دویم نیز بی‌گزارش است.
۲ - سخن را پیوند «چون» باید.
۳ - لت دویم را پیوند درست با لت نخست نیست.
۴ - **یک:** خاقان بایران آمده بود. **دو:** این بوم نادرست است: «بر بوم ما» «کشور ما».
۵ - **یک:** بجز از سپاهیان و نرسی کسان دیگر نیز بودند! **دو:** زیر نئل ستور می‌کوبند، نه به پای!
۶ - جای ما بماند، نادرست است، چون جای همواره برجای است!: «کشور ما ویران نشود».
۷ - سخن درست در رج ششم پسین می‌آید.
۸ - «همان»، با «نیز» یک سخن را می‌رساند، هدیه، همان باژ و ساو است.
● - نمونه برابر شاهنامهٔ سپاهان
۹- این سخن در رج دویم پیشین گذشت.
۱۰ - **یک:** درم داد چینی نادرست است. **دو:** هنوز پاسخ نامه را ننوشته است، نشاید بفرستاده «چیز» دادن.

بـه‌رای و بـه‌داد و بـه‌رنگ و بـه‌بوی   ابـا آب، شـیر، انـدر آرم بـجوی
ببـاشیم تـا بـاژ ایـران رسد   همان هدیه و ساوِ شیران رسد
بـه مـرو آیـم و زاستر نگذرم   نـخواهـم کـه رنـج آیـد از لشگرم»

*

چو آسوده شد، سر به خوردن نهاد   کسی را نیامد ز بهرام، یاد
بـه‌مرو اندرون بـانگ چنگ و ربـاب   کسی را نبُد جـای آرام و خـواب [1]
سپاهش همه باره کرده یله   طلایه نه بر دشت و نه راحله [2]
شکار و می و مجلس و بانگ چنگ   شب و روز ایمن نشسته ز جنگ [3]
همی* باژ ایرانیان چشم داشت   ز دیر آمدن، دل پر از خشم داشت

تاختن بهرام بر لشگر خاقان
و
پیروز گشتن

اُزان روی، بهرام، بیدار بود   سپه را ز دشمن نگهدار بود
شب و روز، کارآگهان داشتی   سپه را ز دشمن نهان داشتی
چو آگاهی آمد به بهرامشاه   که خاقان به مرو است و چندان سپاه
بیاورد لشگر ز آذرگشسپ   همه بی‌بنه هر یکی با دو اسپ
قبا جوشن و ترگ رومی کلاه   شب و روز چون باد تازان به‌راه [4]
همی تاخت لشگر، چو از کوه؛ سیل   به آمل گذشت، از درِ اردبِیل
ز آمل بیامد بگرگان کشید   همی درد و رنج بزرگان کشید ○
ز گرگان بیامد بدشتِ نسا   یکی رهنمون؛ پیش، پر کیمیا
بکوه و بیابان و بیراه رفت   بروز و بشب، گاه و بیگاه رفت [5]
بروز اندرون دیده‌بان داشتی   بتیره‌شبان پاسبان داشتی
بدینسان بیامد به نزدیک مرو   نبودی بدان گونه، پرّان تذرو

---

۱ – پیوند «از» باید از بانگ چنگ و رباب.
۲ – **یک:** کرده در لت نخست نادرست است «کردند». **دو:** راحله را ندانستم چه پیوند با این سخن!
۳ – دوباره از بانگ چنگ یاد می‌شود.   * – نمونه‌ها چنین آورده‌اند، و پیدا است که «**سوی**» درست است.
۴ – **یک:** ایرانیان هیچگاه ترگ رومی بر سر ننهادند! **دو:** از تاختن در رج پسین یاد می‌شود.
○ – درد و رنج بزرگان سپاه را که شب و روز می‌تاختند، تیمار می‌داشت.   ۵ – سخن دربارهٔ روز و شب، در رج پسین می‌آید.

نبرد بهرام با خاقان

*

نوندی بیامد ز کارآگهان — که: «خاقان شب و روز، بی‌اندهان
بتدبیرِ نخچیر کشمیهن است — که دستورش اژگهن اهریمن است»●

*

چو بهرام بشنید، زان شاد شد — همه رنج‌ها، بردلش؛ باد شد
برآسود، روزی؛ بدان جایگاه — چو آسوده شد اسب و شاه و سپاه؛
به کشمیهن آمد بهنگام روز؛ — چو برزد سر از کوه، گیتی‌فروز؛
همه گوش پرنالهٔ بوق شد — همه چشم پررنگ منجوق شد [1]
دهاده برآمد ز نخچیرگاه — پرآواز شد گوش شاه و سپاه
بدرّید از آواز گوش هژبر — تو گفتی همی ژاله بارد ز ابر [2]
چو خاقان ز نخچیر بیدار شد — به دست خزوران گرفتار شد [3]
چنان شد ز خون خاک آوردگاه — که گفتی همی تیر بارد ز ماه [4]
چو سیسد تن از نامداران چین — گرفتند و بستند بر پشت زین [5]
چو خاقان چینی گرفتار شد — ازآن خواب، آنگاه بیدار شد [6]
سپهبد ز کشمیهن آمد به مرو — شد از تاختن چارپایان چو غرو [7]
به مرو اندر از چینیان، کس نماند — بکشتند و از جنگیان بس نماند
هر آن کس کزیشان گریزان برفت — پس اندر همی تاخت بهرام تفت [8]
بر این سان همی راند فرسنگ سی — پسِ پشت او قارن پارسی [9]
چو برگشت و آمد به نخچیرگاه — ببخشید چیز کسان بر سپاه [10]
ز پیروزیِ چین چو سر برفراخت؛ — همه کامکاری ز یزدان شناخت؛

● - نمونه‌ها؛ ل: از کهل. س، لن، پ، لن ۲: شب و روز، دستورش اهریمن است. ق: نه هنگامهٔ شورش خاطر است! س، ق، س ۲، لن، لی، ل ۳، پ، آ: انگرم آهرمنست (خالقی مطلق ۵۳۰-۶). پیدا است که سخن از شب و روز، در رج پیشین آمده بود، و دوباره نشاید آنرا بکار گرفتن، واژه‌های انگرم، و از کهل نیز در فرهنگ ایران شناخته نمی‌شوند. نخستین کس که این واژه را بگونهٔ «اژگهن» آورد، **علی رواقی** است که آنرا با آشگهان پهلوی (که برابر با تنبل و بیکارهٔ امروزیست) سنجید!

۱ - **یک:** همه گوش را کمبود است: «همه گوشها». **دو:** نیز چشم‌ها... **سه:** پر رنگ منجوق راگزارش نیست. این رج برداشت از لت دویم پسین است با سخنان نادرخور.

۲ - **یک:** هژبر اندر آن رزمگاه نبود که گوش بدرّد. **دو:** تو گفتی. **سه:** لت دویم برداشتی از لت دویم رج دویم پسین است.

۳ - از نخچیر بیدار شدن راگزارش نیست.

۴ - خاک خونین آوردگاه را چه همسانی با تیرباران از ماه؟

۵ - (چو) سیسد تن نادرست است.

٦ - سخن در لت دویم نیز سست است، زیرا «آنگاه» با «چو» در لت نخست یکی است.

۷ - چارپایان را «شدند» باید.

۸ - خرد نمی‌پذیرد که بهرام بتواند بدنبال یکایک گریزندگان بتازد!

۹ - **یک:** فرسنگ سی نادرست است: سی فرسنگ. **دو:** پیشتر در افزوده‌ها از «قارن برزمهر» یاد شده بود، و اکنون به «قارن پارسی» دیگرگون شد.

۱۰ - سخن به «قارن پارسی» بازمی‌گردد، بازآنکه افزاینده بهرام را خواهد گفتن!

کجا داد بر نیک و بد دستگاه   که دارندهٔ آفتاب است و ماه[1]

بیاسود در مرو بهرام گور   چو آسوده شد شاه و جنگی ستور[2]

ز تیزی روانش مدارا گزید   دلش رای رزم بخارا گزید[3]

به یک روز و یک شب به آموی شد   ز نخچیر و بازی جهانجوی شد[4]

بیامد ز آموی یک پاس شب   گذر کرد بر آب و ریگ فرب[5]

چو خورشید روی هوا کرد زرد   بینداخت پیراهن لاژورد[6]

زمانه شد از گرد چون پرّ چرغ   جهانجوی بگذشت بر مای و مرغ[7]

همه لشکر ترک بر هم زدند   به بوم و به دشت آتش اندر زدند[8]

ستاره همی دامن ماه جست   پدر بر پسر بر همی راه جست[9]

ز ترکان هر آن کس که بُد پیشرو   ز پیران و خنجرگزاران نو[10]

همه پیش بهرام رفتند خوار   پیاده پر از خونِ دل خاکسار[11]

که: «شاها ردا و بلنداخترا!   بر آزادگان جهان مهترا![12]

گر ایدونکه خاقان گنهکار گشت   ز عهد جهاندار بیزار گشت[13]

به دست گرفتار شد ناگهان   چو بشکست پیمان شاه جهان[14]

تو خون سر بی‌گناهان مریز   نه خوب آید از نامداران ستیز[15]

گر از ما همی باژ خواهی رواست   سر بی‌گناهان بریدن چراست؟[16]

همه مرد و زن بندگان توایم   به رزم اندر افکندگان توایم»[17]

---

۱ – لت دویم سست می‌نماید. **۲** – سواران نیاسودند، و تنها ستوران آسودند؟

۳ – آن چه «مدارا» بود که همراه آهنگ جنگ بخارا بود؟

۴ – **یک:** از مرو تا آموی را بیک روز و شب نتوان پیمودن. **دو:** با نخچیر و بازی کسی را جهانجوی نمی‌خوانند.

۵ – «از آموی یک پاش شب» را هیچ گزارش نیست.

۶ – **یک:** هوا را «را» باید: روی هوا را... **دو:** «زرد کردن» شایستهٔ خورشید نیست. **سه:** پس از آمدن خورشید، و زرد کردن روی هوا، پیراهن لاژورد (شب) را بیفکند؟ چنین کار با رسیدن سپیده‌دم آغاز می‌شود. **۷** – زمانه؟ یا زمین؟ «چُرغ» را با «مَرغ» پساوا نیست.

۸ – **یک:** ترک را «را» باید. **دو:** بوم و دشت یکی است.

۹ – **یک:** تازه بامداد شده، و خورشید روی هوا را زرد کرده است پس چگونه از ستاره و ماه سخن می‌رود؟ **دو:** «ستاره دامن ماه را جست» بی‌گزارش.

۱۰ – پیدا است که پیران و خنجرگذاران (= جوانان) نو را نمی‌توان در یک گروه نهادن، و از آنان با پیشرو یاد کردن.

۱۱ – پیاده و خاکسار را نمی‌توان با پر از خونِ دل همراه کردن: «پیاده و خاک رو و خونین دل».

۱۲ – **یک:** چون میان ردا و بلنداخترا پیوند «و» آمده است. میان شاها و ردا نیز این پیوند بایسته است. **دو:** «اَخترا» را با «مِهترا» پساوا نیست. **۱۳** – دنبالهٔ گفتار. **۱۴** – لت دویم دوباره گویی لت دویم رج پیشین است.

۱۵ – لت نخست از داستان سیندخت و سام برگرفته شده است:

«سر بیگناهان کابل چه کرد؟»

۱۶ – دوباره از سر بیگناهان یاد می‌شود، و نادرستی هر دو گفتار آنجا است که اگر بهرام سر بیگناهان را می‌برید، آنان چگونه بار یافتند، و با سرِ نبرده ببهرام پند نیز می‌دهند! **۱۷** – آنان که سخن می‌گفتند، در میدان رزم، افکنده نشدند.

نبرد بهرام با خاقان

دل شاه بهرام زیشان بسوخت	به دست خرد چشم خشمش بدوخت¹
ز خون ریختن دست گردان ببست	پر اندیشه شد شاه یزدان‌پرست²
چو مهر جهاندار پیوسته شد ۳۶،۰۴۵	دل مرد آشفته، آهسته شد؛³
بر شاه شد، مهتر مهتران	بپذرفت هر سال، باژ گران⁴
ازین کار، چون کام او شد روا	ابا باژ بستد ز توران نوا⁵
چو برگشت و آمد به شهر فرب	پر از رنگ رخسار و، پر خنده لب⁶
برآسود یک‌چند و لشگر نراند	ز چین مهتران را، همه؛ پیش خواند
برآورد میلی، ز سنگ و ز گچ ۳۶،۰۵۰	که کس را به ایران ز ترک و خلچ
نباشد گذر، جز بفرمان شاه	همان نیز جیهون، میانجی براه
به لشکر یکی مرد بد شمر نام	خردمند و با گوهر و رای و کام⁷
مر او را به توران زمین شاه کرد	سر تخت او افسر ماه کرد⁸
همان تاج زرّینش بر سر نهاد	همه شهر توران بدو گشت شاد⁹
چو شد کار توران زمین ساخته ۳۶،۰۵۵	دل شاه، ز اندیشه پرداخته
بفرمود تا پیش او شد دبیر	قلم خواست با مشک و چینی حریر
بنرسی یکی نامه فرمود شاه	ز پیکار توران و کار سپاه

*

سر نامه بود آفرین نهان	ازین بنده بر کردگار جهان¹⁰
خداوند پیروزی و دستگاه	خداوند بهرام و کیوان و ماه
خداوند گردنده چرخ بلند ۳۶،۰۶۰	خداوند ارمنده خاک نژند¹¹
بزرگی و خردی به پیمان او است	همه بودنی زیر فرمان او است¹²
نوشتم یکی نامه از مرز چین	بنزد برادر، به ایران‌زمین
بنزد بزرگان ایرانیان	نوشتم همین نامه بر پرنیان¹³

---

۱ - **یک:** زیشان نادرست است: «بر ایشان». **دو:** لت دویم نیز بی‌گزارش است.
۲ - دست گردان را بستن نادرست است: «دست بازداشت».
۳ - شایست از بهرام جوانمرد، با نام آشفته یاد کردن؟
۴ - مهتر مهتران که بود؟
۵ - از این کار یا از آن کار نادرست است: «بر این کار». اما در نمونه‌ها همان دو گونه یاد شده، آمده است.
۶ - پیشتر از ریگ فرب نزدیک آموی یاد شده بود، و اکنون «ریگ» به «شهر» گردید... که در رج آینده
۷ - این نام تازی نیز یکی از ریشخندهاست که افزایندگان، آورده‌اند.   ۸ - لت دویم نادرخور است.
۹ - دنبالهٔ گفتار.   ۱۰ - آفرین نهان را گزارش نیست.
۱۱ - ارمنده را هیچ گزارش نیست. افزایندگان آنرا بجای «آرمیده»، برابر «گردنده» ساخته و پرداخته‌اند.
۱۲ - خردی و بزرگی هر کس و البته بخودِ او است.
۱۳ - **یک:** بزرگان ایرانیان نادرست است: «بزرگان ایران». **دو:** لت دویم سخت سست است.

*

هر آن کس که او رزم خاقان ندید ازین جنگجویان بباید شنید [1]
سپه بود چندان که گفتی سپهر ز گردش به قیر اندر، اندوده چهر
همه مرز شد همچو دریای خون سرِ بختِ بیدادگر شد نگون
برزم اندرون او گرفتار شد اُز او چرخ گردنده بیزار شد
کنون بسته آوردمش بر هیون جگر خسته و دیدگان پر ز خون
همه گردن سرکشان گشت نرم زبان چرب و دل‌ها پر از خون گرم
پذیرفت باژ، آنکه بدخواه بود براه آمده است، آنکه بیراه بود
کنون از پس نامه، من با سپاه بیایم بکام دل نیکخواه

*

هیونان کفک‌افکن بادپای برفتند چون ابر غرّان ز جای
چو نامه بنزدیک نرسی رسید ز شادی دل پادشا بردمید [2]
بشد موبد موبدان پیش اوی هرآن‌کس که بود از یلان جنگجوی [3]
بشادی برآمد ز ایران خروش نهادند هر کس بآواز گوش [*]
[دل نامداران ز تشویر شاه همی بود پیچان، ز بهر گناه[○]]
به پوزش به نزدیک موبد شدند همه دل هراسان ز هربد شدند [4]
ک:«ز اندیشهٔ کژ و فرمان دیو ببرد دل از راه گیهان‌خدیو [5]
بدان مایه لشگر که برد، این گمان که یزدان گشاید درِ آسمان؟ [6]
شگفتی‌ست این کز گمان بگذرد هم از رای داننده مرد خرد [7]
چو پاسخ شود نامه بر خوب و زشت همین پوزش ما ببباید نوشت [8]
[که گر چند رفت از بزرگان گناه ببخشد مگر، نامبردار شاه»]

---

۱ – هشت رج افزوده که سست می‌نماید.   ۲ – نرسی پادشاه ایران نبود.
۳ – پیوند درست میان لت دویم با لت نخست نیست.   * – گوش بآوازِ رسیدن بهرام شدند.
○ – این رج با رج ششم پسین با دوباره‌گویی‌های پساوا و گفتار سست است، و چنین می‌نماید که هر دو رج، در یک رج اینچنین بوده است:

دل نامداران ایران ز شاه همی بود لرزان، ز بیم گناه

۴ – **یک:** چرا بایستشان بنزدیک موبد رفتن. **دو:** «موبَد» را با «هیربد» پساوا نیست. **سه:** چرا از هیربد (که پاژنام آموزگار دینی بوده است) هراسان شدند؟   ۵ – بیچاره هیربد، که هیچ گناه اندر آن کار (نامه نوشتن ایرانیان به خاقان) نداشت.
۶ – **یک:** چه کس لشگر برد؟ بایستی روشن باشد که: «بدان مایه لشگر که بهرام بردن». **دو:** لت دویم را پیوند درست با لت نخست نیست.
۷ – سخن درهمریختهٔ بی‌گزارش.
۸ – **یک:** «نامه پاسخ شود» نادرست است: «چون پاسخ نامه را نویسند»، یا «چون بنامه پاسخ دهند...». **دو:** بر خوب و زشت را نیز گزارش و پیوند نیست.

نبرد بهرام با خاقان ۳۳۹

بپذرفت نرسی که ایدون کنم □ — که کین از دل شاه بیرون کنم!

*

پس آن نامه را زود پاسخ نوشت — پدیدار کرد اندرو ● خوب و زشت
که: «ایرانیان از پی درد و رنج — همان از پی بوم و فرزند و گنج
گرفتند خاقان چین را پناه — بنومیدی از، نامبردار شاه
نه از دشمنی بُد، نه از درد و کین — نه بر شاه بوده است کس را گزین»

*

یکی مهتری، نام او؛ بُرزمهر — بدان رفتن راه، بگشاد چهر
بیامد بنزدیک شاه جهان — همه رازها برگشاد از نهان
ز گفتار او شاه خشنود گشت — چنین، آتش تیز، بی‌دود گشت
چغانی و چگلی و بلخی ردان — بخاریّ و زِ غرجگان موبدان [1]
برفتند با باژ و بَرسَم به دست — نیایش‌کنان پیش آتش‌پرست [2]
که: «ما شاه را یکسره بنده‌ایم — همان باژ را گردن افکنده‌ایم» [3]
همان نیز هر سال با باژ و ساو — به درگه شدی هرکه بودیش تاو [4]

*

چو شد ساخته کار آتشکده — همان جای نوروز و جشن سده [5]
بیامد سوی آذر آبادگان — خود و نامداران و آزادگان [6]
پرستندگان پیش آذر شدند — همه موبدان دست بر سر شدند [7]
پرستندگان را ببخشید چیز — وز آتشکده روی بنهاد تیز [8]
خرامان بیامد به شهر ستخر — که شاهنشهان را بدان بود فخر [9]
بَر آکنده از چرم گاوان و میش — که بر پشت پیلان همی راند پیش [10]

□ – ...چنان کنم که کین... ● – نمونه‌ها چنین آورده‌اند، اما پیدا است که **«اندر آن»** درست است.

۱ – یک: پس از پیروزی بهرام، این کسان کیستند، که چنین گفتار ناشایست از آنان یاد می‌شود؟ **دو:** چغانیان، بلخیان، بخاریان همه ایرانی بوده‌اند، که آنانرا کنار چگلی و غرچگان می‌نهند...

۲ – یک: و بنزد آتش‌پرستان می‌فرستند! **دو:** برسم را توان بدست گرفتن، اما «باژ» (خواندنی) است و نشاید آنرا بدست گرفتن!!

۳ – پیشتر در میدان نبرد چنین شده بود.

۴ – لت دویم نادرخور است... هنوز سال بر آن داستان نگذشته است که کنش «شدی» را بکار گیرند.

۵ – یک: در میان راه، چگونه کار آتشکده (ساخته) شد؟ **دو:** لت دویم نیز نادرست است: کاخ نوروز و کاخ سده.

٦ – یک: بیامد نادرست است: برفت. **دو:** خود و نامداران نادرست است. **سه:** وکنش بیامد برای گروه نادرخور!

۷ – یک: (خود و نامداران) پرستندگان بودند؟... **دو:** موبدان را چرا بایستی پس از پیروزی دست بر سر شدن؟

۸ – یک: پرستندگان، از (خود و نامداران) روی به موبدان آتشکده کرد. **دو:** روی بکجا تیز نهاد؟

۹ – یک: که بیدرنگ خرامان شد!... **دو:** پایتخت بهرام تیسفون بود، و افزایندگان همه جا فخر را برای پساوای استخر می‌آورند.

۱۰ – یک: «گاوان» را «میشان» باید. اما افزاینده را رای بر آن بوده است که از گاومیش یاد کند! **دو:** چه چیز را بر اکند؟ **سه:** لت دویم را

←

هزار و سد و شست قنطار بود — درم بود ازو نیز و دینار بود[1]
که بر پهلوی موبد پارسی — همی نام بردیش پیداوسی[2]
بیاورد پس مَشکهای ادیم — بگسترد و شادان بر او ریخت سیم[3]
به ره بر هر آن پل که ویران بدید — رباطی که از کاروانان شنید[4]
ز گیتی دگر هر که درویش بود — اُگر نانش از کوشش خویش بود[5]
سدیگر به کپّان بسختید سیم — زن بیوه و کودکان یتیم[6]
چهارم هر آن پیر کز کارکرد — فرو ماند و ز روز ننگ و نبرد[7]
به پنجم هر آن کس که بُد با نژاد — توانگر نکردی ازو هیچ یاد[8]
ششم هر که آمد ز راه دراز — همی داشت درویشیِ خویش راز[9]
بدیشان ببخشید چندین درم — نبُد شاه روزی ز بخشش دژم[10]
غنیمت همه بهر لشکر نهاد — نیامدش از آکندن گنج یاد[11]
بفرمود پس تاج خاقان چین — که پیش آورد مردم پاکدین[12]
گهرها که بود اندرو آزده — بکندند و دیوار آتشکده[13]
به زرّ و به گوهر بیاراستند — سرِ تخت آذر بپیراستند[14]

→ گزارش و پیوند نیست.

۱ - **یک:** نیز این رج را پیوند (که بر آنها) باید. **دو:** (قنطار) چه میزان است؟ میزان سنجش در ایران «من» و «خروار» بوده است. **سه:** لت دویم سخت نادرخور است.

۲ - افزاینده، (قنطار) را گزارش کرد و آن چنانست که تنها موبد پارسی(؟) نام آنرا می‌دانسته و (پیداوسی)اش خوانده است! چگونه شاید که یک میزان سنجش ایرانی را، ایرانیان ندانند، و تنها موبد پارسی آنرا بداند؟

۳ - مگر مشک را می توان از چیزی دیگر بجز، پوست جانوران (= ادیم تازی) فراهم آوردن؟ که اینجا از (مشکهای ادیم) نام می‌رود!

۴ - **یک:** «کاروانان» نادرست است: «کاروانیان». **دو:** سخن را پایان نیست.

۵ - **یک:** «دگر» در لت نخست ناکارآمد است. **دو:** همهٔ مردمان نان ازکوشش خویش می‌خورند.

٦ - «بسختید» نادرست است: «بسخت» یا «بسنجید»! اما در نمونه‌ها، همه چنین آمده است، مگر در ل ۲ و ب که ببخشید آورده‌اند که آن نیز نادرست است زیرا با «کپان» بایستی سنجیدن!

۷ - **یک:** فروماند نادرست است: «فرومانده بود». **دو:** روز ننگ و نبرد را چه پیوند با سخن است؟ افزاینده خواسته است بگوید: «سپاهی که ازجنگ وامانده بود».

۸ - **یک:** به پنجم نادرست است: «پنجمین». **دو:** لت دوم را پیوند «و» باید.

۹ - **یک:** آمد نادرست است: «آمده بود». **دو:** روشن نیست که هر کس که از راه دراز آید، درویش بوده باشد.

۱۰ - **یک:** در یک سخن از سنجیدن با کپان یاد شد، و در این گفتار از «چندین درم»! درست آنستکه «درم» آید! **دو:** لت دویم نیز سست می‌نماید و بجای روزی «هیچگاه» باید.

۱۱ - **یک:** اگر «غنیمت» را همه بهرلشگر نهاد، پس آن درم را که در راه بخشیده بود، از کجا آورده بود؟ **دو:** بهرام که بهنگام رفتن بخراسان، با خویش درم نبرده بود!

۱۲ - لت دویم درهم است: «را، پاکدینان» پیش آورند».

۱۳ - **یک:** لت نخست را پیوند درست نیست: «گوهرها که بر آن آزده بودند». **دو:** لت دویم را نیز در پایان «را» باید.

۱۴ - **یک:** روشن نیست که زر و گوهری را که با آن دیوار آتشکده را آراستند، همان گوهرِ تاج خاقان است. **دو:** گیریم که گوهرهای تاج را بکنند، و دیوار آتشکده را با آن آراستند. باری، زری که همراه گوهر است از کجا آمد؟... اگر زرِ تاج بود، بهتر نمی‌نمود؟ که آنرا با گوهرهایش بدیوار آویزند! **سه:** از آرایش دیوار آتشکده سخن رفت، و اینجا از سر تخت آذر یاد می‌شود! و تخت را «سر» نیست. **چهار:** و آتشکده را تخت نیست... یک آتشدان در میان آن است که همه گرد آن می‌ایستند!

وز آن جایگه شد سوی تیسفون — که نرسی در او* بود با رهنمون
پذیره شدندش همه مهتران — بزرگان ایران و گنداوران
چو نرسی بدید آن سرِ تاج شاه — درفش دل افروز و چندان سپاه
پیاده شد و برد پیشش نماز — بزرگان و هم موبد سرفراز

*

بفرمود بهرام تا بر نشست — همی راند، دستش گرفته بدست؛
بیامد، نشست از برِ تخت زر — بزرگان به پیش اندرون، با کمر[1]
ببخشید گنجی به مرد نیاز — درِ تنگ زندان گشادند باز[2]
زمانه پر از رامش وداد شد — دل غمگنان از غم آزاد شد
ز هر کشوری رنج و غم دور کرد — ز بهر بزرگان یکی سور کرد[3]
بدان سور هر کس که بشتافتی — همه خلعت مهتری یافتی[4]

نامهٔ بهرام به کارگزاران کشور
و
بخشیدن باژ

سیوم روز، بزمِ ردان ساختند — نویسنده را پیش بنشاختند
بمَی خوردن اندر، چو بگشاد چهر — یکی نامه بنوشت، شادان؛ بمهر
سر نامه کرد آفرین از نخست — بر آن؛ کاو، روان را بشادی بشست
خرد بر دل خویش پیرایه کرد — به رنج تن، از مردمی، مایه کرد
همه نیکوی‌ها ز یزدان شناخت — خرد جُست و با مرد دانا بساخت
بدانید ک:«ز داد جز نیکوی — نیاید نکوبد درِ بدخوی[5]
[هرآنکس، که از کارداران من — سرافراز و جنگی سواران من؛○]

---

* – «آن» درست می‌نماید.
1 – پیش را «اندرون» نیست.
2 – مرد نیاز راگزارش نیست: «مردمان نیازمند».
3 – سخن درست در رج پیشین آمده است.
4 – سور برای «بزرگان» بود، یا برای «هر کس»؟
5 – روی سخن بشنوندگان برگشت.

○ – این رج برج پسین پیوسته است، باژگونه است، و چنان می‌نماید که اگر کسی از کارداران بهرام گله‌مند (شاکی) باشد، او را بدار می‌کشند، یا بزندان می‌افکنند، یا پیکرش را بر خاک رها می‌کنند! نمونه‌ها نیز نزدیک بیکدیگر است، اندیشه مرا رهنمون می‌شود که گفتار فردوسی چنین بوده است:

اگر هیچ، از کارداران من — سرافراز جنگی سواران من؛
کسی نالد، او را بود چاه و دار! — اگر کشته بر خاک، افکنده خوار

[بنالد، نبیند بجز چاه و دار   اُگر کشته بر خاک، افکنده خوار]
بکوشید، تا رنج‌ها؛ کم کنید   دل غمگنان، شاد و بی‌غم کنید
که گیتی نپاید، نماند بکس   بی‌آزاری و داد جویید و بس
بدین گیتی اندر نشانه منم   سرِ راستی را بهانه منم
که چندان سپه کرد، آهنگ من   هم؛ آهنگ این نامدار انجمن
از ایدر برفتم به اندک سپاه   شدند آنکه بدخواه بُد، نیکخواه
یکی نامداری چو خاقان چین   جهاندار با تاج و تخت و نگین
به دست من اندر، گرفتار شد   سرِ بخت ترکان، نگونسار شد
مرا کرد پیروز، یزدان پاک   سر دشمنان اندر آمد بخاک
جز از بندگی پیشهٔ من مباد   جز از راست اندیشهٔ من مباد
نخواهم خراج از جهان، هفت سال   اگر زیردستی بود گر همال»
به هر کارداری و خودکامه‌ای   نوشتند بر پهلوی نامه‌ای[1]
که: «از زیردستان جز از رسم و داد   نرانید و از بد نگیرید یاد[2]
هرآنکس که درویش باشد بشهر   که از روز شادی نباشدْش بهر؛
فرستید نزدیک ما، نامشان   برآریم زان آرزو، کام‌شان
دگر هرکه هستند پهلونژاد   که گیرند از رفتنِ چیز، یاد[3]
هم از گنج ما بی‌نیازی دهید   خردمند را سرفرازی دهید[4]
کسی راکه فام است و، دستش تهی است   بهر کار، بی‌ارج و بی‌فرّهی است
هم از گنج ماشان، بتوزید فام   بدیوان‌هاشان، نویسید نام
ز یزدان بخواهید تا هم چنین   دل ما بدارد بآیین و دین

*

بدین مِهر ما، شادمانی کنید   اَبَر کهتران، مهربانی کنید
همان بندگان را مدارید خوار   که هستند هم، بندهٔ کردگار[5]
کسی کش بود مایهٔ سنگِ آن   دهد کودک خود، بفرهنگیان
بدانش روان را توانگر کنید   خرد را ز تن، بر سر، افسر کنید[6]

*

ز چیز کسان دور دارید دست   بی‌آزار باشید و یزدان پرست

---

۱ - سخن از نوشتن نامه، دوباره می‌آید.   ۲ - سخن سست و بی‌پیوند است.   ۳ - لت دویم سست است.
۴ - پهلونژاد را؟ یا خردمند را؟   ۵ - «همان» در لت نخست با «هم» در لت دویم ناهمخوان است.
۶ - خرد را با تن پیوند نیست.

بکوشید و پیمان ما مشکنید / پی و بیخ و پیوند بد، برکنید!
به یزدان پناهید و فرمان کنید / روان را به مهرش گروگان کنید
مجویید آزار همسایگان / هم آنِ بزرگانِ پرمایگان[۱]
هرآن‌کس که ناچیز بُد چیره گشت / وز اندازهٔ کهتری برگذشت[۲]
بزرگش مخوانید کان برتری / سبک باز گردد سوی کهتری[۳]
ز درویش چیزی مدارید باز / هر آن کس که هست از شما بی‌نیاز[۴]
به پاکان گرایید و نیکی کنید / دل و پشت خواهندگان مشکنید[۵]
هرآن چیز کان دور گشت از پسند / بدان چیز نزدیک باشد گزند[۶]
ز دارنده بر جان آن کس درود / که از مردمی باشدش تار و پود»

❊

چو اندر نوشتند چینی حریر / سر خامه را کرد مُشکین، دبیر
به عنوان برش، «شاه گیتی» نوشت؛ / «دل داد و دانندهٔ خوب و زشت
خداوند بخشایش و فرّ و زور / شهنشاه بخشنده بهرام گور!»
سوی مرزبانان و فرمانبران / خردمند و دانا و جنگی‌سران

❊

بهر سو نَوَند و سوار و هیون / همی رفت با نامهٔ رهنمون
ببردند نامه، به هر کشوری / به هر نامداریّ و هر مهتری
همی گفت هر کس که: «یزدان سپاس / که ما را، شهی هست، یزدان‌شناس
زن و مرد و کودک بهامون شدند / بهر کشور از خانه بیرون شدند[۷]
همی خواندند آفرین نهان / برآن دادگر شهریار جهان[۸]
ازآن‌پس به خوردن بیاراستند / می و رود و رامشگران خواستند[۹]
یکی نیمه از روز خوردن بُدی / دگر نیمه زو کار کردن بُدی[۱۰]

---

۱ - لت دویم نادرخور است.
۲ - از اندازهٔ کهتری برگذشتن راگزارش نیست: «از کهتری خود رابرتر کشید».
۳ - دنبالهٔ همان گفتار.
۴ - درویشان را بهرام، خود، از گنج، درم بخشیده بود.
۵ - در گفتار درست شاهنامه چنین آمده بود: «بیزدان پناهید و...»
۶ - دور از پسند که گشت؟ بسا چیزها، که نزد برخی خوار است و نزد دیگر پسندیده و ارجمند.
۷ - بهر کشور، نادرست است، زن و مرد و کودک بهامون رفتند...
۸ - تا آفرین نهان بخوانند؟ آفرین نهان را در خانه نیز توان خواندن.
۹ - بخوردن (آراستنی) نیست.
۱۰ - این رج برداشت از این گفتار شاهنامه در پایان روزگار بهرام است:

چنین داد پاسخ که: تا نیمروز / که بالا کشد تاج گیتی‌فروز
نباید برآسود از کشت و ورز / ز بی‌ارج مردم، مجویید، ارز

چنین نیز هر بامدادی، پگاه — خروشی بُدی نو، بدرگاه شاه[1]
که هرکس که دارد خورید و دهید — سپاسی ز خوردن بما بر، نهید[2]
کسی کش نیاز است آید به گنج — ستاند ز گنج درم، سخته پنج
به من تافته بادهٔ سالخورد — به رنگ گل نار و با رنگ زرد
جهانی برامش نهادند روی — پرآواز میخواره شد شهر و کوی
چنان شد که از بید و گُل، افسری — بدینارگان خواستندی سری[3]
یکی شاخ نرگس بتایی درم — خریدی کسی زان نگشتی دژم[4]
ز شادی جوان شد دل مرد پیر — به چشمه درون آب‌ها؛ گشت، شیر
جهانجوی کرد از جهاندار یاد — که یکسر جهان دید زانگونه شاد

خواستن فرستاده روم بدرگاه و پرسش و پاسخ

به نرسی چنین گفت یک روز شاه — که: «ز ایدر برو با نگین و کلاه[5]
خراسان ترا دادم، آباد کن — دل زیردستان، بما شاد کن[6]
نگر تا نباشی بجز دادگر — میاویز چنگ اندرین رهگذر[7]
پدر کرد بیداد و پیچید ازان — چو مردی برهنه ز باد خزان»[8]
بفرمود تا خلعتش ساختند — گرانمایه گنجی بپرداختند[9]
بدو گفت: «یزدان پناه تو باد — سرِ تختِ خورشید گاه تو باد»[10]
به رفتن دو هفته درنگ آمدش — تن‌آسان خراسان به چنگ آمدش[11]

---

۱ – خروشِ نو بودن نادرست است، خروش برآمدی.

۲ – از داستان کیقباد برگرفته شده است:

هر آنکس که دارد، خورید و دهید — سپاسی ز خوردن بمن برنهید
هر آنکس کجا بازماند، ز خوَرد — نیابد همی توشه از کارکرد
چراگاهشان بارگاه منست — چو آنکس که اندر سپاهِ منست

۳ – **یک:** سخن سخت گزافه می‌نماید، دینارگان نیز نادرست است: «بیک دینار». **دو:** لت دویم نیز بی‌پیوند است.

۴ – **یک:** خریدی در لت دویم نادرست است: «خریدند». **دو:** زو نگشتی دژم نیز بی پیوند است. از نرگس؟ یا از درم؟ یا از بهای نرگس؟

۵ – پیوند درست میان این رج با رج پسین دیده نمی‌شود: «از ایدر، بخراسان رو».

٦ –... و آن مرز را آباد کن.

۷ – لتِ دویم بی‌گزارش است.

۸ – کرد بیداد نادرست است: بیداد ورزید.

۹ – گرانمایه گنجی را به چه‌کس پرداختند؟ باید روشن شود که به نرسی داده‌اند.

۱۰ – لت دویم، سخت‌ترین گزافه است.

۱۱ – بدو هفته از تیسفون تا خراسان نشایستی رفتن که دست کم به دو ماه توان، چنان راه را پیمودن.

سخنان افزوده ۳۴۵

چو نرسی بشد هفته‌ای برگذشت / دل شاه ز اندیشه پردخته گشت[1]
بفرمود تا موبد موبدان / برفت و بیاورد چندی ردان[2]
بدو گفت: «شد کار قیصر دراز / رسولش همی دیر یابد جواز[3]
چه مرد است و اندر خرد تا کجاست / که دارد روان از خرد پشت راست»
بدو گفت موبد: «انوشه بَدی / جهاندار و با فرّهٔ ایزدی
یکی مرد پیر است با رای و شرم / سخن گفتنش چرب و آواز نرم
کسی کِش فلاطون بُده‌ست اوستاد / خردمند و با دانش و بانژاد
یکی برمنش بود کامد ز روم / کنون خیره گشت اندرین مرز و بوم
بپژمرد چون لاله در ماه دی / تنش خشک و رخساره همرنگ نی
همه کهترانش بکردار میش / که روز شکارش سگ آید به پیش
به کندیّ و تندی به ما ننگرید / وز این مرزکس را به کش نشمرید»
به موبد چنین گفت بهرام گور / که: «یزدان دهد فرّ و دیهیم و زور
مرا گر جهاندار پیروز کرد / شب تیره بر بخت من روز کرد
یکی قیصر روم و قیصرنژاد / فریدون ورا تاج بر سر نهاد
بزرگ است و زِ سلم دارد نژاد / ز شاهان فزونتر به رسم و به داد
کنون مردمی کرد و فرزانگی / چو خاقان نیامد به دیوانگی
ورا پیش خوانیم هنگام بار / سخن تا چه گوید که آید به کار
اُزان پس به خوبی فرستمش باز / ز مردم نی‌ام در جهان بی‌نیاز
یکی رزم جوید سپاه آورد / دگر بزم و زرّین کلاه آورد
مرا ارج ایشان بباید شناخت / بزرگ آنکه با نامداران بساخت»

---

۱ - پیشتر، نشان از اندیشه و دلتنگی در کار بهرام نبود، که اکنون دل از اندیشه بپردازد!

۲ - برفت، با بیاورد همساز نیست، با چندی از ردان بیامد.

۳ - افزاینده را یاد بسوی داستان افزودهٔ (رسول قیصر) کشیده شد، تا یکسد و هفت رج سخنان سست ناسنجیده بشاهنامه بیفزاید، چنانکه قیصر را شاگرد افلاتون در شمار آورند، و روم باستان را یونان بدانند، و فریدون تاج بر سر قیصر نهاده است، و دادِ سلم را ستایش کنند، و بزم(؟) و زرین کلاه از روم برای بهرام آورند، و فرستاده را چاکر چاکران بهرام خوانند، و میان او، و موبد موبدان پرسش و پاسخ دانشی روان می‌کنند،... چنانکه پرسش: چه چیز است که آنرا اندرون می‌خوانی، و چیست که بیرون خوانده می‌شود. زبر چیست و زیر چیست بیکران چیست و خوار(؟) کیست.

پاسخ: بیرون آسمان است، و اندرون هوا، زبر فرّ یزدان، بی‌کران خداوند، (باز) زبر بهشت است و زیر دوزخ، و بد، نافرمان بیزدان، و نامی، بکام می‌رسد، و پادشاه را بکام می‌رساند. یکی مهر، و دیگری (وفا) [افزایندهٔ سست سخن را آگاهی از آن نبوده است، مهر، پیمان و راستی پیمان، خود، (وفا) است]، (و جفا) و راستی، زیرکی، بردباری، رازداری... و خوار آنست که جهاندار، خوار داند، و چرخ و آسمان را خوارگیر (در افزوده: گیری)...

و در پایان گفتار دراز، فرستاده، خود ببهرام می‌گوید:

اگر باز خواهی ز قیصر، روا است! / که دستور تو بر جهان پادشا است!

بر او آفرین کرد موبد به مهر که: «شادان بَدی تا بگردد سپهر»

*

سپهبد فرستاده را پیش خواند بر آن نامور پیشگاهش نشاند
چو بشنید بیدار شاه جهان فرستاده را خواند پیش مهان
بیامد جهاندیده دانای پیر سخنگوی و با دانش و یادگیر
به‌کش کرده دست و سر افکنده پست بر تخت شاهی به زانو نشست
بپرسید بهرام و بنواختش بر تختِ پیروزه بنشاختش
بدو گفت که: «ایدر بماندی تو دیر ز دیدار این مرز ناگشته سیر
مرا رزم خاقان ز تو بازداشت به گیتی مرا همچو انباز داشت
کنون روزگار توام تازه شد ترا بودن ایدر بی‌اندازه شد
سخن هرچه گویی تو پاسخ دهیم وز آواز تو روز فرخ نهیم»
فرستادهٔ پیر کرد آفرین که: «بی تو مبادا زمان و زمین
هر آن پادشاهی که دارد خرد ز گفتِ خردمند رامش برد
به یزدان خردمند نزدیک‌تر بداندیش را روز تاریک‌تر
تو بر مهتران جهان مهتری که هم مهتر و شاه و هم بهتری
ترا دانش و هوش و داد است و فر بر آیین شاهان پیروزگر
همانت خرد هست و پاکیزه رای برِ هوشمندان تویی کدخدای
که جاوید بادی تن و جان درست مبیناد گردون میان تو سست
زبانت ترازوست و گفتن گهر گهر سخته هرگز که بیند به زر
اگر چه فرستادهٔ قیصرم همان چاکر شاه را چاکرم
درودی رسانم ز قیصر به شاه که جاوید باد این سرِ تاج و گاه
اُ دیگر که فرمود تا هفت چیز بپرسم ز دانندگان تو نیز»
بدو گفت شاه «این سخن‌ها بگوی سخنگوی را بیش‌تر آب روی»
بفرمود تا موبد موبدان بشد پیش با مهتران و ردان
بشد موبد و هر که دانا بُدند به هر دانشی بر توانا بُدند
سخنگوی بگشاد راز از نهفت سخن‌های قیصر به موبد بگفت
به موبد چنین گفت که: «ای رهنمون چه چیز آنکه خوانی همی اندرون
دگر آنکه بیرونش خوانی همی جز این نیز نامش ندانی همی
زَبَر چیست این مهتر و زیر چیست همان بی‌کرانه چه و خوار کیست
چه چیز آنکه نامش فراوان بود مر او را به هر جای فرمان بود»

چنین گفت موبد به فرزانه مرد / که: «مشتاب وز راه داشتن مگرد
مر این را که گفتی تو پاسخ یکی‌ست / سخن در درون و برون اندکی‌ست
برون آسمان و درونش هواست / زَبَر فرّ یزدان فرمانرواست
همان بی‌کران در جهان ایزد است / اگر تاب‌گیری به دانش بد است
زَبَر چون بهشت است و دوزخ به‌زیر / بَد آن‌راکه باشد به‌یزدان دلیر
دگر آنکه بسیار نامش بود / رونده به هر جای کامش بود
خرد دارد ای پیر بسیار نام / رساند خرد پادشا را به کام
یکی مهر خوانند و دیگر وفا / خرد دور شد درد ماند و جفا
زبان‌آوری راستی خواندش / بلنداختری زیرکی داندش
گهی بردبار و گهی رازدار / که باشد سخن نزد او پایدار
پراکنده این است نام خرد / از اندازه‌ها نام او بگذرد
تو چیزی مدان کز خرد برتر است / خرد بر همه نیکوی‌ها سر است
خرد جوید آکنده راز جهان / که چشم سرِ ما نبیند نهان
دگر آنکه دارد جهاندار خوار / به هر دانش از کردهٔ کردگار
ستاره‌ست رخشان ز چرخ بلند / که بینا شمارش ندانند که چند
بلند آسمان را که فرسنگ نیست / کسی را بدو راه و آهنگ نیست
همی خوارگیری شمار ورا / همان گردش روزگار ورا
کسی کاو ببیند ز پرتاب تیر / بماند شگفت اندرو تیزویر
ستاره همی بشمرد ز آسمان / ازین خوارتر چیست ای شادمان
من این دانم ار هست پاسخ جز این / فراخ است رای جهان آفرین»
سخن‌دان قیصر چو پاسخ شنید / زمین را ببوسید و فرمان گزید
به بهرام گفت: «ای جهاندار شاه / ز یزدان بر این بر فزونی مخواه
که گیتی سراسر به فرمان تست / سر سرکشان زیر پیمان تست
پسند بزرگان فرخ‌نژاد / ندارد جهان چون تو شاهی به یاد
همان نیز دستورت از موبدان / به دانش فزون است از بخردان
همه فیلسوفان ورا بنده‌اند / به دانایی او سر افکنده‌اند»
چو بهرام بشنید شادی نمود / به دلش اندرون روشنایی فزود
به موبد درم داد ده بدره نیز / همان جامه و اسپ و بسیار چیز
اُزان جا خرامان بیامد به در / خرد یافته موبد پرهنر
فرستاده قیصر نامدار / سوی خانه رفت از برِ شهریار

چو خورشید بر چرخ بنمود دست شهنشاه بر تخت زرّین نشست
فرستادهٔ قیصر آمد به در خرد یافته موبد پرگهر
به پیش شهنشاه رفتند شاد سخن‌ها ز هر گونه کردند یاد
فرستاده را موبد شاه گفت که: «ای مرد هشیار بی‌یار و جفت
ز گیتی زیانکارتر کار چیست؟ که بر کردهٔ او بباید گریست
چه دانی تو اندر جهان سودمند که از کردنش مرد گردد بلند؟»
فرستاده گفت: «آنکه دانا بود همیشه بزرگ و توانا بود
تن مرد نادان ز گِل خوارتر به هر نیکی‌ای ناسزاوارتر
ز نادان و دانا زدی داستان شنیدی مگر پاسخ راستان»
بدو گفت موبد که: «نیکو نگر بیندیش و ماهی به خشکی مبر»
فرستاده گفت: «ای پسندیده مرد سخن‌ها ز دانش توان یاد کرد
تو این گر دگرگونه دانی بگوی که از دانش افزون شود آبروی»
بدو گفت موبد که: «اندیشه کن کز اندیشه با زیب گردد سخن
ز گیتی هر آن کاو بی‌آزارتر چنان دان که مرگش زیانکارتر
به مرگ بدان شاد باشی رواست چو زاید بد و نیک تن مرگ راست
ازین سودمندی بود زان زیان خرد را میانجی کن اندر میان»
چو بشنید رومی پسند آمدش سخن‌های او سودمند آمدش
بخندید و بر شاه کرد آفرین بدو گفت: «فرخنده ایران زمین
که تخت شهنشاه بیند همی چو موبد بر او بر نشیند همی
به دانش جهان را بلند افسری به موبد ز هر مهتری برتری
اگر باژ خواهی ز قیصر رواست که دستور تو بر جهان پادشاست»
ز گفتار او شاد شد شهریار دلش تازه شد چون گل اندر بهار
برون شد فرستاده از پیش شاه شب آمد برآمد درفش سیاه
پدید آمد آن چادر مشکبوی به انبر بیالود خورشید روی
شکیبا نبُد گنبد تیزگرد سر خفته از خواب بیدار کرد
درفشی بزد چشمهٔ آفتاب سرِ شاه گیتی سبک شد ز خواب
درِ بار بگشاد سالار بار نشست از برِ تخت خود شهریار
بفرمود تا خلعت آراستند فرستاده را پیش او خواستند
ز سیمین و زرّین و اسپ و ستام ز دینار گنجی که بردند نام
ز دینار و گوهر ز مشک و ابیر فزون گشت ز اندیشهٔ تیزویر

گماشتن بهرام مرزبانان را
بر
استانها
(بازگشتن بشیوهٔ پادشاهی کیانی و اشکانی)

چو از کار رومی بپرداخت شاه — دلش گشت پیچان ز کار سپاه
بفرمود تا موبد رایزن — بشد با یکی نامدار انجمن
ببخشید روی زمین سربسر — اَبَر پهلوانان پرخاشخر
درم داد و اسپ و نگین و کلاه — گرانمایه را کشور و تاج و گاه
پر از راستی کرد یکسر جهان — وُز او شادمانه، کهان و مهان
هر آنکس که بیداد بُد، دور کرد — به نادادن چیز و گفتار سرد[1]

*

اُزان پس چنین گفت با موبدان — که: «ای پر هنر پاک‌دل بخردان
جهان را ز هر گونه دارید یاد؛ — ز کردار شاهان بیداد و داد[2]
بسی دست شاهان، ز بیداد و آز — تهی ماند و هم تن، ز آرام و ناز[3]
جهان از بداندیش پُر بیم بود — دلِ نیکمردان به دو نیم بود
همه دست برده به کار بدی — کسی را نبُد کوشش ایزدی
نبُد بر زن و زاده، کس پادشا — پر از غم، دل مردم پارسا
به هر جای گستردن دست دیو — بریده دل از بیم گیهان خدیو[4]
سر نیکوی‌ها و دست بدی! — در دانش و کوشش بخردی!
همه پاک در گردن پادشا است — که پیدا شود زو همه کژّ و راست

*

پدر گر به بیداد یازید دست — نبُد پاک و دانا و یزدان‌پرست؛
مدارید کردار او، بس شگفت — که روشن دلش، زنگ آهن گرفت
ببینید تا جمّ و کاووس شاه — چه؟ کردند کز دیو جستند راه
پدر همچنان راه ایشان بجُست — به آب خرد، جان تیره نشست

---

۱ - با «ندادن چیز» کس، دور نمی‌شود.
۲ - وابسته به رج پسین.
۳ - دست را آز نباشد.
۴ - لت دویم را با لت نخست پیوند نیست.

همه زیردستانش پیچان شدند	فراوان ز تُندیش بی‌جان شدند
کنون رفت و زو نام بد ماند و بس	همی آفرینی نیابد ز کس
ز ما باد بر جان او، آفرین؛	مباداکه پیچد روانش ز کین[1]

٭

کنون بر نشستم بر گاهِ اوی	به مینو کشد بی‌گمان راه اوی[2]
همی خواهم از کردگار جهان	که نیرو دهد آشکار و نهان
که با زیردستان مدارا کنیم	ز خاکِ سیه مشکِ سارا کنیم
که با خاک چون جفت گردد تنم	نگیرد ستمدیده‌ای دامنم

36325

٭

شما همچنین چادر راستی	بپوشید شسته دل از کاستی[3]
که جز مرگ را کس ز مادر نزاد	ز دهقان و تازیّ و رومی نژاد[4]
بکردار شیر است آهنگ اوی	نپیچد کسی گردن از چنگ اوی[5]
همان شیر درنده را بشکرد	به خواری تن اژدها بسپرد[6]
کجا آن سر تاج شاهنشهان	کجا آن بزرگانِ فرّخ مهان
کجا آن سوارانِ گردنکشان	کز ایشان نبینم به گیتی نشان
کجا آن پریچهرگانِ جهان	کز ایشان بُدی شاد، جان مهان
هر آن کس که رخ زیر چادر نهفت	چنان دان که گشته است، با خاک؛ جفت
همه دستِ پاکی و نیکی بریم	جهان را بکردار بد نشمریم

36330

36335

٭

به یزدان دارنده کاو داد فر	به تاج و به تخت و نژاد و گهر
که گر کارداری به یک مشت خاک	زیان جوید اندر بلند و مغاک
هم آنجا بسوزم به آتش تنش	کنم بر سرِ دار، پیراهنش
اُگر در، گذشته ز شب، چند پاس	بدزدد ز درویش، دزدی؛ پلاس
به تاوانش دیبا فرستم ز گنج	بشویم دل غمگنان را ز رنج
اُگر گوسفندی برند از رمه	بتیره شب و روزگار دمه

36340

---

1 - بر جانِ مرده آفرین نشاید خواندن.   2 - راه بمینو کشیده نمی‌شود، روان بجهان مینو می‌پیوندد.

3 - «چادر» در زبان‌های باستانی از ریشهٔ «چا» (= پنهان کردن) برمی‌آید که با پسوند «تَر» = چاتَر، پنهان کننده است، و چون کسی پنهان کنندهٔ راستی پوشد، دروغزن درشمار است، و چنین است ناآگاهی افزایندگان از زبان و فرهنگ ایران.

4 - چون سخن از «کس» می‌رود نبایستی تنها نام از دهقان و تازی و رومی آید، که همهٔ مردمان جهان را در بر می‌گیرد.

5 - یک: لت دویم نادرخور است: «که کس را توان سر پیچیدن از او نیست». دو: شیر...

6 - ... شیر درنده را پاره پاره می‌کند!

یکی اسپ پرمایه تاوان دهم مباداکه بر وی سپاسی نهم

*

چو با دشمنم کارزاری بود اُزان جنگ، خسته سواری بود*
فرستمش یک ساله زرّ و درم نداریم فرزند او را دژم
ز دادار دارنده یکسر سپاس که اویست جاوید، نیکی‌شناس
به آب و به آتش میازید دست مگر هیربد مرد آتش‌پرست[1]
مریزید هم خون گاوان ورز که ننگ است، از گاو کشتن به مرز[2]
ز پیری، اگر گاو؛ بیکار شد به چشم خداوند خود خوار شد
نباید ز بُن کشت گاو رهی که از مرز بیرون شود فرّهی
همه رای با مرد دانا زنید دل کودک بی‌پدر مشکنید
از اندیشهٔ دیو باشید دور گهِ جنگِ دشمن، مجویید سور
اگر خواهم از زیردستان خراج ز دارنده بیزارم و تخت آج[3]
اگر بدکنش بُد پدر یزدگرد به پاداش آن داد کردیم گرد[4]
همه دل ز کردار او خوش کنید به آزادی آهنگ آتش کنید[5]
ببخشد مگر کردگارش گناه ز دوزخ به مینو نمایدش راه[6]
کسی کاو جوان است شادی کنید دل مردمان جوان مشکنید[7]
به پیری به مستی میازید دست که همواره رسوا بود پیر مست[8]
گنهکارِ یزدان مباشید هیچ به پیری بِهْ آید به رفتن پسیچ[9]
چو خشنود گردد ز ما کردگار به هستی غم روز فردا مدار[10]
دل زیردستان به ما شاد باد سر سرکشان از غم آزاد باد»[11]
همه نامداران چو گفتار شاه شنیدند و کردند نیکو نگاه[12]

---

* – خسته فارسی برابر با (مجروح) تازیست. ۱ – یکباره بهرام شاهنشاه، موبد اندرزگوی شد!
۲ – سخن از کشتن گاو پیر در رج پسین می‌آید. ۳ – سخن دوباره است، زیرا که وی باژ را هفت ساله بخشیده بود.
۴ – این گفتار نیز دوباره است، و دادگرد کردن را نیزگزارش نباشد.
۵ – سخن را پیوند درست نیست... افزاینده را رای بر آن بوده است که آهنگ آتشکده‌ها کنید، و در آتشکده برای وی بخشش خداوند را بخواهید! ٦ – کردگارش گناه نادرست است: «گناهش را کردگار». ۷ – سخن سست!...
۸ – **یک:** به مستی دست نمی‌یازد، که به جام می دست یاخته می‌شود. **دو:** داوری لت دویم سخت نادرخور است، زیرا که پیران را آب روی و آزرم بیش از جوانان است.
۹ – **یک:** گنهکار، گنهکار است، نه گنهکارِ یزدان. **دو:** لت دویم نیز بی‌گزارش است! باز در این گفتار رای افزاینده بر آن بوده است که بگوید: «گناه مکنید تا بهنگام پیری، چون مرگ فرارسد، بآسانی و نیکی از جهان درگذرید.
۱۰ – سخن را در لت نخست روی به کردگار است، و در لت دویم به «تو». ۱۱ – برگرفته از سخنان اردشیر بابکان است.
۱۲ – شنیدن بس می‌نماید... در لت دویم نیز افزاینده خواسته بیفزاید که نیک بدان نگریستند!

همه دیده کردند پیشش پر آب	ازان شاه پر دانش و زودیاب[1]
خروشان بر او آفرین خواندند	ورا پادشاه زمین خواندند[2]

*

وزیر خردمند بر پای خاست	چنین گفت ک:«ای خسرو داد و راست[3]
جهان از بداندیش بی بیم گشت	وز این مرزها رنج و سختی گذشت[4]
مگر نامور شنگل از هندوان	که از داد پیچیده دارد روان[5]
ز هندوستان تا درِ مرز چین	ز دزدان پُر آشوب دارد زمین[6]
به ایران همی دست یازد به بد	بدین داستان کارسازی سزد[7]
تو شاهی و شنگل نگهبان هند	چرا باژ خواهد ز چین و ز سند[8]
بر اندیش و تدبیر آن بازجوی	نباید که ناخوبی آید به روی»[9]
چو بشنید شاه آن پر اندیشه شد	جهان پیش او چون یکی بیشه شد[10]
چنین گفت ک:«این کار من در نهان	بسازم نگویم به کس در جهان[11]
بتنها ببینم سپاه ورا	همان رسم شاهی و گاه ورا[12]
شوم پیش او چون فرستادگان	نگویم به ایران به آزادگان»[13]
بشد پاک دستور او با دبیر	جز او هر کسی آنکه بُد ناگزیر[14]
بگفتند هر گونه از بیش و کم	ببردند قرطاس و مشک و قلم[15]
یکی نامه بنوشت پر پند و رای	پر از دانش و آفرینِ خدای[16]
سرِ نامه کرد از نخست آفرین	ز یزدان بر آن کس که جست آفرین[17]

۱ - دیده پر آب کردن، آرایه‌ای زیبا برای سخن نیست: «گریستند». **دو:** لت دویم نیز اندکی سست می‌نماید و زودیاب را چه جای گفتن است. **۲** - دنبالهٔ گفتار.

۳ - برگرفته از بر تخت نشستن منوچهر است:

جهان پهلوان، سام، بر پای خاست — چنین گفت کای مهتر راد و راست

۴ - دنبالهٔ گفتار.

۵ - افزایندگان، باز برای شاه هندوستان، از نام شنگل باستانی، در داستان کاموس کشانی بهره‌ور می‌شوند، چنانکه گویی، در درازنای سه هزار سال، او، زنده بوده است، یا نام همگانی شاهان هندوستان شنگل بوده است.

۶ - گیریم که چنین بوده باشد، از مرز چین تا هندوستان را با ایران چه پیوند است؟

۷ - **یک:** تاکنون هیچگاه از دست یازی هندوستان بایران یاد نشده است. **دو:** لت دویم بی‌پیوند و بی‌گزارش است.

۸ - باژ از «رود سند» می‌خواهد؟!

۹ - **یک:** تدبیر (بازجستنی) نیست، (کردنی) است. **دو:** ناخوبی بروی چه کس آید؟

۱۰ - «آن» در لت نخست نادرخور است، و گفتار برگرفته از شاهنامه است. **۱۱** - این کار را «را» باید.

۱۲ - رسم شاهی در گفتار فردوسی نمی‌آید، و رسم گاه نیز نادرخور است. **۱۳** - در لت دویم دوبار «به» بکار رفته است.

۱۴ - لت دویم درهمریخته است. **۱۵** - سخن لت دویم دوباره بگونه‌ای دیگر می‌آید.

۱۶ - **یک:** «رای» آهنگ کاری کردن است و نامه را نمی‌توان پر از آن کردن! **دو:** نیز نامه، پر از دانش نمی‌شود.

۱۷ - نخست آفرین یزدان شاید، نه بر آن کسان که خواستار آفرین و کرنش دیگران‌اند!

خداوند هست و خداوند نیست / همه چیز جفت است و ایزد یکی ست[1]
ز چیزی کجا، او دهد بنده را / پرستنده و تاج‌دارنده را[2]
فزون از خرد نیست اندر جهان / فروزندهٔ کهتران و مهان[3]
هر آن کس که او شاد شد از خرد / جهان را بکردار بد نسپرد[4]
پشیمان نشد هر که نیکی گزید / که بَد، آبِ دانش نیارد مزید[5]
رهاند خرد مرد را از بلا / مبادا کسی در بلا مبتلا[6]
نخستین نشانِ خرد آن بود / که از بد همه ساله ترسان بود[7]
بداند تن خویش را در نهان / به چشم خرد جست راز جهان[8]
خرد افسرِ شهریاران بود / خرد زیور نامداران بود[9]
بداند بد و نیک، مردِ خرد / بکوشد به داد و بپیچد ز بد[10]
تو اندازهٔ خود ندانی همی / روان را به خون در نشانی همی[11]
اگر تاجدار زمانه منم / به خوبیّ و زشتی بهانه منم[12]
تو شاهی کُنی کی بود راستی / پدید آید از هر سوی کاستی[13]
نه آیین شاهان بود تاختن / چنین بسا بداندیشگان ساختن[14]
نیای تو ما را پرستنده بود / پدر پیش شاهان ما بنده بود[15]
کس از ما نبودند همداستان / که دیر آمدی باژ هندوستان[16]
نگه کن کنون روز خاقان چین / که از چین بیامد به ایران زمین[17]
به تاراج داد آنکه آورده بود / بپیچید زان بَد که خود کرده بود[18]

---

۱ – خداوند نیست را هیچ گزارش نیست.
۲ – وابسته برج پسین.
۳ – کهتران را «مهتران» باید.
۴ – سخن زیبا است اما وابسته بگفتار است.
۵ – **یک:** سخن اندکی پس و پیش است، «نیکان» از کردهٔ خویش پشیمان (نمی‌شوند). **دو:** لت دویم سخت نابهنجار می‌نماید.
۶ – دنباله سخن.
۷ – **یک:** لت دویم نادرخور است «که از بد دوری کند». **دو:** خرد را نشاید گفتن که «خردمند» باید «خردمند همواره...».
۸ – لت دویم را با لت نخست پیوند نیست، و سخن در هر دو لت سست و بی‌پیوند است.
۹ – از پیشگفتار شاهنامه برگرفته شده است.
۱۰ – **یک:** سخن درهم است، «نیک» در لت نخست، برابر با «داد» در لت دویم آمده است که همساز نیستند. **دو:** بدو نیک دانستن نادرست است: «بدی و نیکی را».
۱۱ – روان هیچگاه خونین نمی‌شود که خون ویژهٔ تن است.
۱۲ – دنبالهٔ گفتار.
۱۳ – لت نخست نیز بی‌پیوند است و لت دویم را با لت نخست پیوند درست نیست.
۱۴ – چنین، چه چیز را در نزدیکی نشان می‌دهد؟
۱۵ – چنین نیست، و از آنهنگام که هندیان از ایران بخاک تازه رفتند، هیچ کشاکش میان آنان و ایرانیان نبوده است، تا آنگاه محمود تاتار نژاد بیامد، و از راه ایران بهندوستان یورش برد! و از پس آن گاهِ نادر افشار تاتارنژاد رسید، و هندیان بی‌آزار از او ستم دیدند!
۱۶ – سخن سست و بی‌پیوند!
۱۷ – روز نادرست است: روزگارِ خاقان چین.
۱۸ – آنکه آورده بود، نادرست است: «مال و خواسته‌ای را که با خود آورده بود».

چنین هم همی بینم آیین تو — همان بخشش و فرّه دین تو[1]
مرا ساز جنگ است و هم خواسته — همان لشکر یک دل آراسته[2]
ترا با دلیران من پای نیست — به هند اندرون لشکرآرای نیست[3]
تو اندر گمانی ز نیروی خویش — همی پیش دریا بری جوی خویش[4]
فرستادم اینک فرستاده‌ای — سخنگوی و بادانش آزاده‌ای[5]
اگر باژ بفرست اگر جنگ را — به بی‌دانشی سخت کن تنگ را[6]
ز ما باد بر جان آن کس درود — که داد و خرد باشدش تار و پود[7]
چو خط از نسیم هوا گشت خشک — نوشتند و بر وی پراکند مشک[8]
به عنوانش بر نام بهرام کرد — که دادش سرِ هر بدی رام کرد[9]
که تاج کیان یافت از یزدگرد — به خرداد ماه اندرون روز اِرد[10]
سپهدارِ مرز و نگهدارِ بوم — ستانندهٔ باژ سقلاب و روم[11]
به نزدیک شنگل نگهبان هند — ز دریای قنّوج تا مرز سند[12]

*

چو بنهاد برنامه بر مُهر شاه — بر آراست بر ساز نخچیرگاه[13]
به لشکر ز کارش کس آگه نبود — جز از نامدارانش همره نبود[14]

---

۱ – **یک:** هم همی نادرست است. **دو:** بهرام را از بخشش (شنگل) چه آگاهی بوده است. **سه:** بخشش و فرّ (نه فرّه) و دین را چه پیوند با یکدیگر.
۲ – «هم خواسته»، را «هم ساز جنگ» باید.

۳ – **یک:** مگر (شنگل) آهنگ جنگ با ایران کرده بود که با دلیران ایرانش «پای» نباشد؟ **دو:** چگونه شاید اندیشیدن که در یک کشور بزرگ چون هندوستان، «لشگرآرای» نبوده باشد؟
۴ – جوی، خود بخود بسوی دریا می‌رود، و نیاز نیست که کسی آنرا ببرد!

۵ – دنبالهٔ گفتار.

۶ – سخن سخت درهمریخته است، و افزاینده را، رای بر آن بوده است که بگوید: «یا باژ بفرست یا برای نبرد تنگِ اسپ را ببیند...» و بی‌دانشی نیز در این میان سردرگم است، و چنین می‌نماید که اگر باژ نفرستی و بجنگ بیایی بی‌دانش هستی!!

۷ – سخن زیبا است اما پیوسته بداستان است.

۸ – **یک:** برنامه که در کاخ نوشته‌اند، (نسیم هوا) نمی‌وزد. **دو:** مشگ در «نفایه‌دان» (= دوات) بوده است که با آن نامه می‌نوشتند، نه آنکه پس از نوشته شدن مشگ بر آن پراکنند! **سه:** نوشتن؛ لوله کردن نامه است [از ریشهٔ پَتیش = پیچیدن و پیشوندِ نی؛ نی پَتیش] اما؛ افزاینده آنرا نیک درنیافته است، و چنین می‌نماید که بر روی نگاشته مشگ پراکنده‌اند. **سه:** چه کس مشگ پراکند؟ بهرام؟

۹ – **یک:** چه کس (عنوان) نامه را نوشت؟ بهرام؟ یا دبیر؟ **دو:** (عنوان) = دیباچه؛ (کردنی) نیست، نگاشتنی است. **سه:** در «دیباچه» تنها نام برده می‌شود، و افزودن لت دویم بر آن، نادرخور است.

۱۰ – **یک:** دنبالهٔ همان سخن. **دو:** خردادماه (اندرون) نادرست است.

۱۱ – **یک:** دنبالهٔ گفتار. **دو:** بهرام از سقلاب و روم باژ نستاند.

۱۲ – لت نخست پادشاهی شنگل را می‌نماید، و لت دویم مرز هندوستان را!

۱۳ – **یک:** مهر شاه، نادرست است: «مهر خود را نهاد». **دو:** سخن دوباره می‌آید که پیش‌تر، از خشگ شدنِ نامه در نسیم هوا، و پراکندن مشگ بر آن، یاد شده بود. **سه:** ساز نخچیر نه ساز نخچیرگاه. **چهار:** «بر» درگفتار لت دویم نادرخور است: «ساز نخچیر را آراست».

۱۴ – در لت نخست «نبود» را با «کس» هماوایی است، و در لت دویم، «نبودن با نامداران همخوان نیست.

بیامد بدین سان به هندوستان … گذشت از بر آب جادوستان[1]
چو نزدیک ایوان شنگل رسید … در پرده و بارگاهش بدید[2]
برآورده‌ای بود سر در هوا … به در بر فراوان سلیح و نوا[3]
سواران و پیلان به در بر بپای … خروشیدن زنگ با کرنای[4]
شگفتی بدان بارگه بر بماند … دلش را به اندیشه اندر نشاند[5]
چنین گفت با پرده‌داران اوی … پرستنده و پایکاران اوی[6]
که: «از نزد پیروز بهرام شاه … فرستاده آمد بدین بارگاه»[7]
هم اندر زمان رفت سالار بار … ز پرده درون تا برِ شهریار[8]
بفرمود تا پرده برداشتند … به ارجش ز درگاه بگذاشتند[9]
خرامان همی رفت بهرام گور … یکی خانه دید آسمانش بلور[10]
ازارش همه سیم و پیکرش زر … نشانده به هر جای چندی گهر[11]
نشسته به نزدیک او رهنمای … پس پشت او ایستاده بپای[12]
برادرش را دید بر زیرگاه … نهاده به سر بر ز گوهر کلاه[13]
چو آمد به نزدیک شنگل فراز … ورا دید با تاج بر تخت ناز[14]
همه پایهٔ تخت زرّ و بلور … نشسته بر او شاه با فرّ و زور[15]
برِ تخت شد شاه و بردش نماز … همی بود پیشش زمانی دراز[16]
چنین گفت: «زان کاو ز شاهان مه است … جهاندار بهرام یزدان‌پرست[17]
یکی نامه دارم برِ شاه هند … نوشته خطی پهلوی بر پرند»[18]

---

۱ – **یک:** بیامد نادرخور است: «برفت». **دو:** آب جادوستان، کدام آب باشد. **سه:** از آب گذشت؟ یا از برِ آب؟

۲ – پرده پرده است و «در» ندارد.

۳ – سخن در لت دویم سست می‌نماید، «نوا» بیرون بارگاه چگونه باشد؟

۴ – لت دویم را با لت نخست پیوند نیست.

۵ – (دل) را چگونه به اندیشه اندر، توان نشاندن؟ اندیشه از آن مغز است.

٦ – **یک:** سخن چنین می‌نماید که بهرام از مرز هندوستان گذشته و هیچکس از وی نپرسیده است که کیست و چکاره است و چرا بهندوستان اندر می‌شود! **دو:** پرده‌داران و پایکاران را «پرستندگان» باید.

۷ – سخن نادرست است: «فرستاده‌ای هستم از سوی بهرامشاه».

۸ – دنبالهٔ سخن.

۹ – به ارجش سخنی نادرست است: «با بزرگداشت».

۱۰ – **یک:** همی رفت نادرست است: «برفت». **دو:** چون پرده برداشته شود، شاه، روبرو بر تخت نشسته است! زیرا که شاهان پشت پرده با آرایه‌های بایسته می‌نشستند. پسان برای آنکسان که می‌بایستی به پیشگاهش روند پرده را می‌گشودند. **سه:** آسمان نادرست است: «آسمانه» (=سقف تازی).

۱۱ – پوشش سیم چگونه است؟ و پیکر زر از آن نادرست‌تر است.

۱۲ – **یک:** سخن چنین می‌نماید، که رهنمای، نزدیک خانه نشسته است! **دو:** و لت دویم نشسته به ایستاده می‌گردد!

۱۳ – برادر او را چگونه شناخت؟

۱۴ – مگر بهرام، نزدیک‌بین بوده است! که تا بنزدیک نیامده بود شنگل را ندیده بود.

۱۵ – **یک:** زر؟ یا بلور؟ **دو:** زورِ شنگلِ نشسته، چگونه پدیدار بود؟

۱٦ – پیشتر بنزدیک تخت رسیده بود.

۱۷ – ز شاهان مه است نادرست است: «بر شاهان مهتر است».

۱۸ – هِند را با پَرَند پساوا نیست.

۳۵۶ پادشاهی بهرام گور

چو آواز بهرام بشنید شاه / بفرمود زرّین یکی زیرگاه[1]
بران کرسیِ زرش بنشاندند / ز درگاه یارانش را خواندند[2]
چو بنشست بگشاد لب را ز بند / چنین گفت ک:«ای شهریار بلند[3]
زبان برگشایم چو فرمان دهی / که بی‌تو مبادا بهی و مهی»[4]
بدو گفت شنگل که: «برگوی هین / که گوینده یابد ز چرخ آفرین»[5]
چنین گفت ک:«ز شاهِ خسرونژاد / که چون او به گیتی ز مادر نزاد[6]
مِه است آن سرافراز بر روی دهر / که با داد او زهر شد پای‌زهر[7]
بزرگان همه باژدار وی‌اند / به نخچیر شیران شکار وی‌اند[8]
چو شمشیر خواهد به رزم اندرون / بیابان شود همچو دریا خون[9]
به بخشش چو ابری بود دُرّبار / بود پیش او گنج دینار خوار[10]
پیامی رسانم سوی شاه هند / همان پهلوی نامه‌ای بر پرند»[11]

*

چو بشنید شد نامه را خواستار / شگفتی بماند اندران نامدار[12]
چو آن نامه بر خواند مرد دبیر / رخ تاجور گشت همچون زریر[13]
بدو گفت ک:«ای مرد چیره‌سخن / به گفتار مشتاب و تندی مکن[14]
بزرگی نماید همی شاه تو / چنان هم نماید همی راه تو[15]
کسی باژ خواهد ز هندوستان / نباشم ز گوینده همداستان[16]
به لشکر همی گوید این گر به گنج / اُگر شهر و کشور سپردن به رنج[17]
کسی با ستاره نکوشد به جنگ / نه با آسمان جست کس نام و ننگ[18]

---

۱ – آواز بهرام نابجا است: «گفتار بهرام». ۲ – دنبالهٔ گفتار.
۳ – فرستادگان، پیام را ایستاده می‌گفتند، پسان؛ نامه را می‌دادند، آنگاه فرمان به نشستن‌شان داده می‌شد.
۴ – دنبالهٔ گفتار. ۵ – هین، واژه‌ای نادرخور است. ۶ – چرا شاه خسرونژاد؟ شاهنشاه ایران.
۷ – **یک:** آغاز سخن را پیوند بایسته باشد و کنش «است» در آن نادرخور است. **دو:** بر روی دهر ناشایست است: «در جهان».
۸ – باژدار نادرست است: «باژ دهنده»، «باژگزار». ۹ – بیابان دریای خون می‌شود؟ یا رزمگاه؟
۱۰ – دَرّبار سخن را بدآهنگ می‌کند. ۱۱ – هِند را با پَرَند پساوا نیست.
۱۲ – **یک:** شاهان فرمان می‌دهند، که فرستاده نامه را بدهد، و «خواستار» نمی‌شوند. **دو:** شگفتی بماند نیز نادرست است: «درشگفت شد».
۱۳ – نامه را «را» باید.
۱۴ – خود فرمان داده بود که فرستاده سخن گوید، و در سخنان یاد شده؛ شتاب و تندی نبود.
۱۵ – **یک:** بزرگی نماید سست است: «بزرگ می‌نماید». **دو:** لت دویم بی‌پیوند و بی‌گزارش است.
۱۶ – سخن را بندِ (= قید) اگر باید: «اگر باژ خواهد».
۱۷ – **یک:** افزاینده را رای بر آن بوده است که بگوید این باژ خواهی به نیروی او است؟ یا به بسیاری گنجش؟ **دو:** لت دویم بی‌گزارش است.
۱۸ – «نکوشد» در لت نخست، با «نجست» در لت دویم همزمان نیست.

هنر بهتر از گفتن نابکار — که گیرد ترا مرد داننده خوار[1]
نه مردی نه دانش نه کشور نه شهر — ز شاهی شما را زبان است بهر[2]
نهفته همه بوم گنج من است — نیاکان بدو هیچ نابرده دست[3]
دگر گنجِ برگستوان و زره — چو گنجور ما برگشاید گره[4]
به پیلانش باید کشیدن کلید — اُگر ژندهپیلش تواند کشید[5]
اُگر گیری از تیغ و جوشن شمار — ستاره شود پیش چشم تو خوار[6]
زمین بر نتابد سپاه مرا — همان ژندهپیلان و گاه مرا[7]
هزار ار به هندی زنی در هزار — بود کس که خواند مرا شهریار[8]
همان کوه و دریای گوهر مراست — به من دارد اکنون جهان پشت راست[9]
همان چشمهٔ انبر و اود و مشک — دگرگنج کافور ناگشته خشک[10]
دگر داروِی مردم دردمند — به روی زمین هر که گردد نژند[11]
همه بوم ما را بدین سان بر است — اگر زرّ و سیم است و گر گوهر است[12]
چو هشتاد شاهاند با تاج زر — به فرمان من تنگ بسته کمر[13]
همه بوم را گردْ دریاست راه — نیابد بدین خاک بر دیو گاه[14]
ز قنّوج تا مرز دریای چین — ز سقلاب تا پیش ایران زمین[15]
بزرگان همه زیردستِ مناند — به بیچارگی درپرست مناند[16]
به هند و به چین و ختن پاسبان — نرانند جز نام من بر زبان[17]

---

۱ - سخن از بهرام، روی بفرستاده کرد. ۲ - سخن بی‌پیوند است: «شما را نه مردیست...».
۳ - لت دویم را آغازگرِ «که» باید. ۴ - گره برگشودن نادرست است: بند از گنج بگشاید.
۵ - کلید نیز نادرخور است. کلید گنج‌های زره و برگستوان مرا باید با پیل کشیدن!
٦ - **یک:** کنش «گیری» برای شمار نادرخور است: گر تیغ ز جوشن مرا بشماری. **دو:** ستاره نیز نادرخور می‌نماید: «ستارگان آسمان».
۷ - دنبالهٔ گفتار. ۸ - هزار را به هزار زدن (ضرب کردن) چه به زبان هندی و چه بزبان پهلوی برابر میلیون فرانسوی می‌شود.
۹ - افزاینده می‌خواسته است بگوید کوههای هندوستان پر از کان گوهر است، و دریاهای ما پر از مروارید... و برترین مرواریدهای جهان باستان از دریای پارس بر می‌آمده است.
۱۰ - «انبر» و مُشکْ را از چشمه بر نمی‌آوردند، که نخستین را از جگرِ گونه‌ای نهنگ در دریای آفریقا بدست می‌آورند و دیگری را از ناف آهوی تتار... ۱۱ - سخن را پیوند بایسته نیست. ۱۲ - دوباره به زر و سیم و گوهر بازگشت.
۱۳ - «چو» در آغاز سخن نادرست است: «هشتاد شاه در هندوستان...».
۱۴ - سخن سست است: «گرد برگرد سرزمین ما را دریا گرفته است»... و این سخن نیز نادرست است، زیرا که دو دریا در دو سوی هند است، و بهرام خود از خشکی بهندوستان رفته است.
۱۵ - **یک:** قنّوج بخش بزرگ در میانهٔ هندوستان بوده است، و اگر از آنجا را تا دریای چین فرمانبر شنگل بدانیم نیمی از هندوستان از آن وی نخواهد بود. **دو:** مرز دریای چین، زرهِ فراخکرت (= اقیانوس آرام) است، و اگر تا بدانجا زیردست وی بوده باشند، پس کشور چین در جهان نبوده است. **سه:** سقلاب در اروپا بوده و هندوستان را بدانجا راه نبوده است. ١٦ - کدام بزرگان؟
۱۷ - سخن درهمریخته است: «پاسبانان، در هند و چین و ختن نام مرا بر زبان میرانند»، و در این سخن نیز مرز هندوستان، به بیرون از هندوستان کشیده شد!

۳۵۸ پادشاهی بهرام‌گور

همه تاج ما را ستاینده‌اند　　پرستندگی را فزاینده‌اند[1]
به مشکوی من دخت فغفور چین　　مرا خواند اندر جهان آفرین[2]
پسر دارم از وی یکی شیردل　　که بستاند از کُه به شمشیر دل[3]
ز هنگام کاووس تا کیقباد　　ازین بوم و بر کس نکرده‌ست یاد[4]
همان نامبردار سیسد هزار　　ز لشکر که خواند مرا شهریار[5]
ز پیوستگانم هزار و دویست　　کز ایشان کسی را به من راه نیست[6]
همه زاد بر زاد خویش من‌اند　　که در هند بر پای پیش من‌اند[7]
که در بیشه شیران به هنگام جنگ　　ز آورد ایشان بخاید دو چنگ[8]
گر آیین بُدی هیچ آزاده را　　که کشتی بتندی فرستاده را[9]
سرت را جدا کردمی از تنت　　شدی مویه گر بر تو پیراهنت»[10]

*

بدو گفت بهرام ک:«ای نامدار　　اگر مهتری کام کژّی مخار[11]
مرا شاه من گفت کاو را بگوی　　که: «گر بخردی راه کژّی مجوی[12]
ز درگه دو دانا پدیدار کن　　زبان‌آور و کامران بر سخن[13]
گر ایدون که زیشان به رای و خرد　　یکی بر یکی زانِ ما بگذرد[14]
مرا نیز با مرز تو کار نیست　　که نزدیک بخرد سخن خوار نیست[15]
اُ گرنه ز مردان جنگاوران　　کسی کاو گراید به گرز گران[16]
گزین کن ز هندوستان سد سوار　　که با یک تن از ما کند کارزار[17]
نخواهیم ما باژ از مرز تو　　چو پیدا شود مردی و ارز تو»[18]

---

۱ - **یک:** سخن به پاسبانان باز می‌گردد، که نادرست است. **دو:** پرستندگی نیز نادرخور است: «پرستش».
۲ - پیش از این کشور چین از آن او بشمار می‌رفت و با این سخن چین، کشوری دیگر، بیرون از مرز هندوستان است.
۳ - اگر کوه را دل باشد!
۴ - **یک:** سخن باژگونه است: «از کیقباد تا کاووس». **دو:** و چنین می‌نماید که پس از کاووس، چنین شده است.
۵ - **یک:** پیشتر چنین آمده بود که «زمین بر شتابد سپاه مرا» و اکنون سپاه وی کمتر شد، و به سیسدهزار رسید. **دو:** سخن در لت دویم چنین می‌نماید که دیگران ویرا شهریار نمی‌خوانند.
٦ - این سخن را چه روی است؟
۷ - پیوسته، خویش نیست، و کسی است که با یک‌کس از خویشان او زناشویی کرده است.
۸ - «شیران» در لت نخست را «بخایند» در لت دویم بایسته است.
۹ - **یک:** سخن سست و بی‌پیوند است: «اگر آزادگان راکشتن بیدرنگ فرستادگان بآیین بودن». **دو:** بهرام که هنوز سخنی نگفته است، تا بر او خشم گیرند.
۱۰ - دنبالهٔ گفتار.
۱۱ - فرستاده را نشاید که پادشاه کشوری را «نامدار» خواند.
۱۲ - سخن در لت دویم بازگویی لت دویم از رج پیشین است.
۱۳ - کامران بر سخن راگزارش نیست: «توانا بر سخن».
۱۴ - لت دویم سست و بی‌پیوند است: «اگر آن دو بر دو سخن سنج ما چیره شوند...».
۱۵ - دنبالهٔ گفتار.
١٦ - کسی در لت دویم... با
۱۷ - ...سد سوار در این رج همخوان نیست.
۱۸ - دنبالهٔ گفتار.

*

چو بشنید شنگل به بهرام گفت — که: «رای تو با مردمی نیست جفت[1]

زمانی فرود آی و بگشای بند — چه گویی سخن‌های ناسودمند»[2]

یکی خرّم ایوان بپرداختند — همه هرچه بایست بر ساختند[3]

بیاسود بهرام تا نیم‌روز — چو بر اوج شد تاج گیتی‌فروز[4]

چو در پیش شنگل نهادند خوان — یکی را بفرمود ک:«او را بخوان[5]

کز ایران فرستادهٔ خسرو است — سخنگوی و هم کامکار نو است[6]

کسی را که با اوست هم زین نشان — بیاور به خوان رسولان نشان»[7]

بشد تیز بهرام و بر خوان نشست — به نان دست بگشاد و لب را ببست[8]

چو نان خورده شد مجلس آراستند — نوازندهٔ رود و می خواستند[9]

همی بوی مشک آمد از خوردنی — همان زیر زربفت گستردنی[10]

بزرگان چو از باده خرّم شدند — ز تیمار نابوده بی‌غم شدند[11]

دو تن را بفرمود زورآزمای — به کشتی که دارند با دیو پای[12]

برفتند شایسته مردان کار — ببستندشان بر میان‌ها ازار[13]

همی کرد زور آن بر این این بر آن — گرازان و پیچان دو مرد گران[14]

چو برداشت بهرام جام بلور — به مغزش نبید اندر افکند شور[15]

به شنگل چنین گفت ک:«ای شهریار — بفرمای تا من ببندم ازار[16]

چو با زورمندان به کشتی شوم — نه اندر خرابی و مستی شوم»[17]

بخندید شنگل بدو گفت: «خیز — چو زیر آوری خون ایشان بریز»[18]

---

۱ - چنین پیشنهاد که از هندوستان دو دانا بخواهند، تا با دو دانای ایران گفت‌وگو کنند، چگونه با مردمی همراه نیست!

۲ - سوار، پیش از رسیدن بدرگاه از اسب فرود می‌آید، و چون به پیشگاه شاه می‌رود جامهٔ رزم بر تن ندارد که بگشودن بندش نیاز باشد.

۳ - از گفتار شاهنامه در داستان خاقان چین برگرفته شده است.

۴ - «چو» در آغاز لت دویم...

۵ - ...با «چو» در آغاز این رج همخوان نیست.

۶ - **یک:** مگر آن کس که بهرام را بخوان فرامی‌خواند، نمی‌داند که او فرستادهٔ ایران است؟ **دو:** هنوز که بهرام چندان سخن نگفته است، اما کامکاری او را از کجا دریافتند؟

۷ - **یک:** کسی نادرخور است: آنکسان که با وی‌اند. **دو:** رسول بگفتار فردوسی اندر نمی‌شود. **سه:** فرستاده یک کس است و «رسولان» نادرخور است.

۸ - تیز رفتن نیز شایستهٔ فرستادگان آگاه نیست.

۹ - برگرفته از شاهنامه است.

۱۰ - **یک:** پس از خوردن نان، بوی مُشک از خوردنی می‌آمد؟ **دو:** لت دویم نیز نادرخور است زیرا که روی پارچهٔ زربفت نمی‌توان نشستن.

۱۱ - چیزی را که «نابوده» باشد، چه تیمار است؟

۱۲ - **یک:** کشتی در میان تالار کاخ گوهرنگار، انجام نمی‌گیرد و میدان و دشت می‌خواهد. **دو:** «بفرمود» در لت نخست را با «دارند» در لت دویم هماهنگی نیست.

۱۳ - «ازار» بستن بکار کشتی گرفتن نمی‌آید.

۱۴ - گرازیدن راه رفتن است، و در میانهٔ کشتی نشاید راه رفتن.

۱۵ - پیشتر، از باده؛ خرم شده بودند.

۱۶ - دنبالهٔ گفتار.

۱۷ - کُشتی را با مَستی پساوا نیست، و اندر خرابی نشوم را گزارش نیست.

۱۸ - چو زیر آوری نادرست است: «چون ایشان را بزیر آوری».

چو بشنید بهرام بر پای خاست   به مردی خم آورد بالای راست[1]
کسی را که بگرفت زشان میان   چو شیری که یازد به گور ژیان[2]
همی بر زمین زد چنان کاستخوانش   شکست و بپالود رنگ رخانش[3]
بدو مانده بُد شنگل اندر شگفت   ازان برز بالا و آن زور و کفت[4]
به هندی همی نام یزدان بخواند   ورااز چهل مرد برتر نشاند[5]
چو گشتند مست از می خوشگوار   برفتند ز ایوان گوهرنگار[6]
چو گردون بپوشید چینی حریر   ز خوردن برآسود برنا و پیر[7]
چو زرّین شد آن چادر مشکبوی   فروزنده بر چرخ بنمود روی[8]
شهِ هندوان باره را بر نشست   به میدان خرامید چوگان به دست[9]
ببردند با شاه تیر و کمان   همی تاخت بر آرزو یک زمان[10]
به بهرام فرمود تا برنشست   کمان کیانی گرفته به دست[11]
به شنگل چنین گفت ک:«ای شهریار   چنان دان که هستند با من سوار[12]
همی تیر و چوگان کنند آرزوی   چو فرمان دهد شاه آزاده‌خوی»[13]
چنین گفت شنگل که: «تیر و کمان   ستون سواران بود بی‌گمان[14]
تو با شاخ و یالی بیفراز دست   به زه کن کمان را و بگشای شست»[15]
کمان را به زه کرد بهرام گرد   عنان را به اسپ تگاور سپرد[16]

---

۱ - بالای راست را خم دادن (= نماز بردن؛ تعظیم کردن) را زنان و کودکان نیز توانند.
۲ - کسی را که بگرفت نادرست است: «هر یک را که...».
۳ - رنگ از رخ نمی‌پالاید، که می‌رود، آنهم نه بدان زودی.
۴ - باز بایستهٔ سخن افزایندگان که کتف را برای نیاز پساوا به «کفت» برمی‌گردانند.
۵ - **یک:** نام یزدان خواندن، در دل است، و شنیده نمی‌شود که آنرا بشنوند. **دو:** لت دویم نیز بی‌گزارش است. پیدا است که فرستادهٔ یک کشور دیگر همچون ایران را که پایتخت جهان بود پیش از آن فرودست نشایستی نشاندن که اکنون فرادستِ چهل مرد دیگر بنشانند.
۶ - پیشتر مست شده بودند.
۷ - **یک:** پیدا نیست که شب را گوید، یا روز را. **دو:** برآسود نیز نادرخور است: «برآسودند». **سه:** برنا کودک پنج ساله تا ده ساله است، و جای در انجمن بزرگان ندارد. **پنج:** بس زودتر، از خوردن دست کشیده بودند تا به میخواری پردازند.
۸ - با این رج، روشن شد که پوشیدن حریر چینی، برآمدن شب بوده است، و حریر چینی را بسیاهی شب چه پیوند؟
۹ - **یک:** باره را برنشست نادرست است: «برنشست» [از آنجا که برنشستن در زبان فارسی سوار بر اسب شدن است]. **دو:** خرامیدن، ره پیمودن آهنگین مردمان است. و چون بر اسپ نشینند تاختن پیش نمی‌آید. ۱۰ - افزاینده خود از تاختن یاد می‌کند.
۱۱ - پس از آنکه بمیدان رسید بهرام را فرمان برنشستن می‌دهد؟
۱۲ - **یک:** با من سوار نادرست است: «سواران همراه من‌اند». **دو:** چنان دان نیز نادرخور است زیرا که سواران همراه وی با او بمیدان آمده بوده‌اند. ۱۳ - دنبالهٔ گفتار.
۱۴ - چگونه است که نیز ستون سواران نیست و تیرو کمان را چنین جایگاه است!
۱۵ - شاخ و یال برای مردمان، همواره در افزوده‌های بشاهنامه آمده است، و در سخن فردوسی برز و بالا می‌آید.
۱۶ - کمان را پیش از رفتن بمیدان بزه می‌کنند.

یکی تیر بگرفت و بگشاد شست   نشانه به یک چوبه برهم شکست[1]
گرفتند یکسر بر او آفرین   سواران میدان و مردان کین[2]
ز بهرام شنگل شد اندر گمان   که این فرّ و این برز و تیر و کمان[3]
نماند همی این فرستاده را   نه هندی نه ترک و نه آزاده را[4]
اگر خویش شاه است گر مهتر است   برادرش خوانم هم اندر خور است[5]
بخندید و بهرام را گفت شاه   که: «ای پر هنر با گهر پیشگاه[6]
برادر تویی شاه را بی‌گمان   بدین بخشش و زور و تیر و کمان[7]
که فرِّ کیان داری و زور شیر   نباشی مگر نامداری دلیر»[8]
بدو گفت بهرام ک: «ای شاه هند   فرستادگان را مکن ناپسند[9]
نه از تخمهٔ یزدگردم نه شاه   برادرش خوانیم باشد گناه[10]
از ایران یکی مرد بیگانه‌ام   نه دانش‌پژوهم نه فرزانه‌ام[11]
مرا باز گردان که دور است راه   نباید که یابد مرا خشمِ شاه»[12]
بدو گفت شنگل که: «تندی مکن   که با تو هنوز است ما را سخن[13]
نبایدت کردن به رفتن شتاب   که رفتن بزودی نباشد صواب[14]
برِ ما بباش و دل آرام گیر   چو پخته نخواهی می خام گیر»[15]
پس آنگاه دستور را پیش خواند   ز بهرام با او سخن چند راند[16]

---

۱ - **یک:** «تیر بگرفت» نادرست است: یکی تیر بر کمان نهاد. **دو:** نشانه (=بُرجاس) را از تخت می‌سازند، تا تیر در آن فرورود، و چیزی نیست که با یک زخم تیر بشکنند!

۲ - مردان کین در میدان کارزاراند، نه در میدان بازی.

۳ - دنبالهٔ سخن.

۴ - **یک:** چرا نماند؟ ماندن، همانند بودن است، و بهرام خود، بهرام بود و به خود می‌مانست! **دو:** لت دویم را نیز پیوند درست با لت نخست نیست.

۵ - **یک:** پیدا است که چون بخواهند کسی را بنزد شاهی چون شاه هندوستان بفرستند، از میان مهترانش برمی‌گزینند. **دو:** لت دویم نیز سست و بی‌پیوند است.

۶ - بهیچ روی، راست نمی‌نماید که شاهی در کشور خویش چون بخواهد با کسی سخن گوید، از پیشگاه وی یاد کند.

۷ - **یک:** از کجا پیدا است که برادر شاه را نیز زور بوده باشد؟ **دو:** بهرام که بخششی نکرده است تا از آن یاد شود.

۸ - **یک:** فر کیان، از چهرهٔ کس پیدا نیست... **دو:** زور شیر را دیروز نشان داده بود. **سه:** هم‌اکنون او را برادر شاه خوانده بود و بیدرنگ او را نامداری دلیر می‌نامد!

۹ - هِند را با پَسَند پساوا نیست و چگونه ناپسندش کرد که او را نامدار و دلیر و برادر شاه می‌خواند!

۱۰ - **یک:** نه شاه پایان لت نخست را کمبود است: «نه شاهم». **دو:** لت دویم نیز بی‌پیوند است.

۱۱ - **یک:** چگونه شاید که از ایران مردی بیگانه را بنزد پادشاه کشوری دیگر فرستند؟ **دو:** سخن از نژاد و تبار او بود نه از میزان دانش و فرزانگیش.

۱۲ - خشم شاه کسی را نمی‌یابد: «خشم شاه را برانگیزم»، «شاه بر من خشم گیرد».

۱۳ - لت دویم درهمریخته است، که ما را هنوز با تو سخن هست.

۱۴ - «صواب» نیز در آیین سخن فردوسی جای نیست.

۱۵ - در میدان، سوار بر اسپان سخن از می پخته و خام گفتن، خامی اندیشهٔ افزاینده را می‌رساند!

۱۶ - سخن چند راند نادرست است: «چندی سخن راند».

۳۶۲ پادشاهی بهرام گور

«گر این مرد بهرام را خویش نیست … گر از پهلوان نام او بیش نیست[1]
به خوبی بگویش که ایدر بایست … ز قنّوج رفتن ترا روی نیست[2]
چو گویی دهد او تن اندر فریب … گر از گفتِ من در دل آرد نهیب[3]
تو گویی مر او را نکوتر بود … تو آن گوی با وی که درخور بود[4]
بگویش بر آن رو که باشد صواب … که پیش شه هند بفزودی آب[5]
کنون گر بباشی به نزدیک اوی … نگه داری آن رای تاریک اوی[6]
هر آن جا که خوش‌تر ولایت تراست … سپهداری و باژ و ملکت تراست[7]
به جایی که باشد همیشه بهار … نسیم بهار آید از جویبار[8]
گهر هست و دینار و گنج درم … چو باشد درم دل نباشد به غم[9]
نوازنده شاهی که از مهر تو … بخندد چو بیند همی چهر تو[10]
به سالی دوبار است بار درخت … ز قنوج بر نگذرد نیکبخت[11]
چو این گفته باشی بپرسش ز نام … که از نام گردد دلم شادکام[12]
مگر رام گردد بدین مرز ما … فزون گردد از فرّ او ارز ما[13]
ورا زود سالار لشکر کنیم … بدین مرز با ارز ما سر کنیم»[14]
بیامد جهاندیده دستور شاه … بگفت این به بهرام و بنمود راه[15]
ز بهرام زان پس بپرسید نام … که بی‌نام پاسخ نبودی تمام[16]
چو بشنید بهرام رنگ رخش … دگر شد که تا چون دهد پاسخش[17]

---

۱ – لت دویم درهمریخته است: «اگر پهلوانی بیش نیست». **۲** – دنبالهٔ گفتار.

۳ – تن را اندر فریب دادن نابهنجارترین سخن است.

۴ – آنچه که درخور (شایسته) است همانست که خود شنگل بدو گفته بود!

۵ – **یک:** باز «صواب» را در شاهنامهٔ فردوسی ره نموده‌اند. **دو:** لت دویم سخنی باژگونه است: «که آبت نزد پادشاه هند افزوده شد».

۶ – پادشاه هند، رای خود را تاریک نتواند خواندن!

۷ – **یک:** خوشتر ولایت، سخنی سست است: «خوشترین شهرها را بتو می‌دهم». **دو:** سپهدار، را بایستی در پایتخت بودن نه در ولایت. **سه:** کارگزاران باژ، کسان دیگرند، و آنانرا با سپهدار کار نیست. **چهار:** «مملکت» نیز از آن واژه‌ها است که درپست‌ترین گفتار نیز نمی‌آید، و آنرا ره بشاهنامه گشوده‌اند!

۸ – هندوستان را دو بخش در سال است: زمستان و تابستان و نسیم بهار، یا نسیم گلان، از جویبار نمی‌آید. از کوهسار توانستی گفتن که آهنگ سخن را نیز برهم نمی‌ریخت.

۹ – درم راگنج هست، و گوهر و دینار را؛ نی! چون نام گنج آید، همه را در بر می‌گیرد.

۱۰ – سخن را پیوند بگفتار پیشین نیست. **۱۱** – و نیز این سخن را با آن گفتار.

۱۲ – فرستادگان را بایستی در آغاز نام خویش را بمرزداران گفتن، تا آنان داستان آمدنشان را بپادشاه گزارش کنند.

۱۳ – دنبالهٔ گفتار. **۱۴** – **یک:** پس آن شهر همیشه بهار چه شد؟ **دو:** لت دویم نیز درهم است.

۱۵ – راه ننمود، که پیام داد. **۱۶** – باز سخن از پرسیدن نام می‌رود که نادرخور است.

۱۷ – دنبالهٔ گفتار با سخنی سست.

به فرجام گفت: «ای سخنگوی مرد — مرا در دو کشور مکن روی زرد[1]
من از شاه ایران نپیچم به گنج — گر از نیستی چند باشم به رنج[2]
جز این باشد آرایش دین ما — همان گردش راه و آیین ما[3]
هر آنکس که پیچد سر از شاه خویش — به برخاستن گم کند راه خویش[4]
فزونی نجست آنکه بودش خرد — بد و نیک بر ما همی بگذرد[5]
خداوند گیتی فریدون کجاست — که پشتِ زمانه بدو بود راست[6]
کجا آن بزرگان خسرونژاد — جهاندار کیخسرو و کیقباد[7]
دگر آنکه دانی تو بهرام را — جهاندار پیروز خودکام را[8]
اگر من ز فرمان او بگذرم — به مردی سر آرد جهان بر سرم[9]
نماند بر و بوم هندوستان — به ایران کشد خاک جادوستان[10]
همان به که من باز گردم به در — ببیند مرا شاه پیروزگر[11]
گر از نام پرسیم برزوی نام — چنین خواندم شاه و هم باب و مام[12]
همه پاسخ من به شنگل رسان — که من دیر ماندم به شهر کسان»[13]
چو دستور بشنید پاسخ ببرد — شنیده سخن پیش او برشمرد[14]
ز پاسخ بر آژنگ شد روی شاه — چنین گفت: «اگر دور ماند ز راه[15]
یکی چاره سازم کنون من که روز — سر آید بدین مرد لشکرفروز»[16]

کشتن بهرام گور کرگ را در هندوستان

یکی کرگ بود اندران شهر شاه — ز بالای او بسته بر باد راه[17]

---

۱ - آنکس که با بهرام سخن گفته بود، دستور (= وزیر) شاه بود و نشاید که او را سخنگوی مرد خواندن.
۲ - نیستی، تباهی است و افزاینده خواسته است ناداری و تهیدستی را گفتن. ۳ - گردش راه چه باشد؟
۴ - به برخاستن در رج دویم راگزارش نیست. ۵ - کنش پیچد، و کند، در رج پیشین را با «نجست» در این رج **همخوانی** نیست.
٦ - سخن را پیوند بگفتار پیشین نیست. ۷ - جهاندار نادرست است و برای کیخسرو و کیقباد جهانداران بایسته است.
۸ - وزیر پادشاه هندوستان را چه آشنایی با بهرام است؟ ۹ - بمردی در لت دویم نادرخور است: «بپادافره».
۱۰ - شایسته نیست که بهرام در سخن گفتن با دستور پادشاه، هندوستان را جادوستان نامد! ۱۱ - دنبالهٔ گفتار.
۱۲ - **یک:** پر سیم نادرخور است. اگر نامم را خواهی. **دو:** سخن در لت دویم بدآهنگ است.
۱۳ - شهر کسان نیز نادرست است: «در کشور شما»، یا «در کشور هندوستان».
۱۴ - پیش چه کس؟ بایستی روشن باشد که پاسخ را بشنگل رسانده است. **دو:** برشمردن، دشنام دادن است.
۱۵ - دور ماند ز راه نادرخور است: «اگر فرمان مرا نپذیرد».
۱٦ - کنون نیز نابجا است زیرا که با «اگر» در رج پیشین، زمان آن؛ بهنگام نافرمانی بهرام می‌پیوندند، نه اکنون!
۱۷ - **یک:** کرگدن را در شهر شاه (= پایتخت) چکار؟ **دو:** آسمان را کمبود است. «از آسمانش». **سه:** مگر کرگدن را همانند اژدها دود و
←

ازان بیشه بگریختی شیر نر   هم از آسمان کرگس تیزپر[1]
یکایک همه هند زو پر خروش   از آواز او کر شدی تیزگوش[2]
به بهرام گفت: «ای پسندیده مرد   بر آید به دست تو این کارکرد[3]
به نزدیک آن کرگ باید شدن   همه چرم او را به تیر آزدن[4]
اگر زو تهی گردد این بوم و بر   به فرّ تو ای مرد پیروزگر[5]
یکی دست باشدت نزدیک من   چه نزدیک این نامدار انجمن[6]
که جاوید در کشور هندوان   بود زنده نام تو تا جاودان»[7]
بدو گفت بهرام پاکیزه‌رای   که: «با من بباید یکی رهنمای[8]
چو بینم به نیروی یزدان تنش   ببینی به خون غرقه پیراهنش»[9]
بدو داد شنگل یکی رهنمای   که او را نشیمن بدانست و جای[10]
همی رفت با نیکدل رهنمون   بدان بیشهٔ کرگ ریزنده خون[11]
همی گفت چندی ز آرام اوی   ز بالا و پهنا و اندام اوی[12]
چو بنمود و برگشت، بهرام رفت   خرامان بدان بیشهٔ کرگ تفت[13]
پس پشت او چند ایرانیان   به پیکار آن کرگ بسته میان[14]
چو از دور دیدند خرطوم اوی   ز هنگش همی پست شد بوم اوی[15]
بدو هر کسی گفت: «شاها مکُن   ز مردی همی بگذرد این سخُن[16]

← دم است؟ که کرکسان را از آسمان آنجا بگریزاند!

۱ – سخن نادرست... چگونه شاید که همهٔ هندیان از یک کرگدن که در یک بیشه می‌زیست در خروش باشند؟

۲ – اگر تیزگوشان کر شوند، دور نیست! آوازِ سخت، کندگوشان را بایستی کر کند!   ۳ – دنبالهٔ گفتار.

۴ – چرم او را در تیر فرونشاندن!؟ افزاینده خواسته است بگوید که با تیر، پوستش را پاره کنی، اما چندانش از نخچیر آگاهی نبوده است، که پوست کرگ را (که از آن سپر می‌ساختند) تیر، سوراخ نتواند کردن، شکارگران تیر را به چشم یا دهان، یا بینی او می‌زدند!

۵ – سخن بازگونه است. افزاینده را رای بر آن بوده است که بگوید. اگر تو او را بکشی (و این بوم و بر از وی تهی گردد!)... اما نتوانسته است، و گفته است که اگر از آن کرگدن، بوم و بر تهی شود!؟!

۶ – یکی دست باشد را هیچ گزارش نیست، و لت دویم را نیز پیوند درست با لت نخست نیست.   ۷ – دنبالهٔ سخن.

۸ – «رای» را که آهنگِ کردنِ کاریست نمی‌توان پاکیزه خواندن، نیکرای کسی است که همواره آهنگ بکارهای نیک می‌کند.

۹ – کرگدن را پیراهن نیست که بخون غرقه شود.

۱۰ – لت دویم نادرخور است و «او» که بهرام را می‌نماید در لت نخست، با «او» در لت دویم که کرگدن را نشان می‌دهد، همخوان نیست.

۱۱ – همی رفت نادرخور است: «برفت».

۱۲ – همی گفت در این رج نیز نابجا است: «رهنمای، از جایگاه و بالا و اندام او با بهرام سخن گفت».

۱۳ – **یک:** چو بنمود را کمبود است چون کنام، یا بیشه، او را بنمود. **دو:** خرامان؟ یا تفت؟

۱۴ – چند ایرانیان نادرست است: چند تن از ایرانیان.

۱۵ – **یک:** زهی ناآگاهی افزایندگان که کرگدن را خرتوم نیست... **دو:** بیشه بود، و (بومِ او) نشاید. **سه:** اگر همچنین از سنگینی او بوم هر دم پست شود، پس تاکنون او را می‌باید، در یک چاه جُستن!

۱۶ – لت دویم نادرست است، سخن نبود، و نخچیر بود: «چنین کار را با مردی و نیرو نتوان از پیش بردن».

نکرده‌ست کس جنگ با کوه و سنگ / اُگرچه دلیر است خسرو به چنگ[1]
به شنگل چنین گوی کاین راه نیست / بدین جنگ دستوری شاه نیست»[2]
چنین داد پاسخ که: «یزدان پاک / مرا گر به هندوستان داد خاک[3]
به جای دگر مرگ من چون بود / که اندیشه ز اندازه بیرون بود»[4]
کمان را به زه کرد مرد جوان / تو گفتی همی خوار گیرد روان[5]
بیامد دوان تا به نزدیک گرگ / پر از خشم سر دل نهاده به مرگ[6]
کمان کیانی گرفته به چنگ / ز ترکش برآورد تیر خدنگ[7]
همی تیر بارید همچون تگرگ / بر این همنشان تا غمی گشت گرگ[8]
چو دانست کاو را سرآمد زمان / برآهیخت خنجر به جای کمان[9]
سر گرگ را راست ببرید و گفت: / «به نام خداوند بی‌یار و جفت[10]
که او داد چندین مرا فرّ و زور / به فرمان او تابد از چرخ هور»[11]
بفرمود تا گاو و گردون برند / سر گرگ زان بیشه بیرون برند[12]
ببردند چون دید شنگل ز دور / به دیبا بیاراست ایوان سور[13]
چو بر تخت بنشست پرمایه شاه / نشاندند بهرام را پیش گاه[14]
همی کرد هرکس بر او آفرین / بزرگان هند و سواران چین[15]
برفتند هر مهتری با نثار / به بهرام گفتند ک:«ای نامدار[16]
کسی را سزای تو کردار نیست / بکردار تو راه دیدار نیست»[17]

---

۱ - پیدا است که آن کرگدن بوده است، و کوه و سنگ نبوده!

۲ - «کاین راه نیست» راکمبود است: «کاین را، راه نیست». ۳ - خاک نادرخور است، «دخمه»، «گور»...

۴ - لت دویم راگزارش نیست.

۵ - **یک:** کمان را برای شکار آهو، بزه کرده بمیدان می‌برند... پس چگونه شایستی که برای نبرد با کرگ با کمان آزاد رفتن؟ **دو:** تو گفتی... **سه:** خوارگیرد روان نیز نادرست است. مرگ یا جان را خوار می‌دارد.

۶ - **یک:** مگر بر اسب سوار نبود که دوان آید؟... **دو:** برای شکار خشم چرا؟ مگر کرگدن بدو سخنی گفته است که خشمش را برانگیزد؟

۷ - کمان، کیانی نیست و پیشتر از کمان سخن رفته بود.

۸ - **یک:** تیر بر کجا بارید؟ **دو:** بر این همنشان، نادرخور است. **سه:** کرگدن غمگین نمی‌شود.

۹ - سخن درست چنین باید بودن، بجای کمان، خنجر بدست گرفت.

۱۰ - سر راکج نشاید بریدن، که از راست سخن می‌رود.

۱۱ - پیوند میان لت دویم با لت نخست دیده نمی‌شود.

۱۲ - گزافهٔ سخت که برای بردن سر یک کرگدن، گردونه بایستی. این رج را از داستان افزودهٔ کشته شدن، گرگ بر دست اسفندیار برگرفته‌اند.

۱۳ - **یک:** لت نخست را پیوند درست با رج پیشین نیست...: «سر کرگ را نزد شنگل بردند». **دو:** بدین زودی مگر شاید که ایوان را بیارایند؟ ۱۴ - دنبالهٔ گفتار. ۱۵ - پیشتر از سواران چین، یاد نشده بود.

۱۶ - هر مهتر را برفتند نشاید: «برفت».

۱۷ - **یک:** سخن سست است: «سزاوار کاری که کردی...». **دو:** لت دویم نیز نادرخور و بی‌پیوند است.

ازو شادمان شنگل و دل به غم		گهی تازه روی و زمانی دژم[1]

کشتن بهرام اژدها را

یکی اژدها بود بر خشک و آب		به دریا بدی گاه بر آفتاب[2]
همی در کشیدی به دم ژنده‌پیل		اُز او خاستی موج دریای نیل[3]
چنین گفت شنگل به یاران خویش		بدان تیزهش رازداران خویش[4]
که: «من زین فرستادهٔ شیرمرد		گهی شادمانم گهی پر ز درد[5]
مرا پشت بودی گر ایدر بُدی		به قنوّج بر کشوری سر بُدی[6]
گر از نزد ما سوی ایران شود		ز بهرام قنوّج ویران شود[7]
چو کهتر چنین باشد و مهتر اوی		نماند بر این بوم ما رنگ و بوی[8]
همه شب همی کار او ساختم		یکی چارهٔ دیگر انداختم[9]
فرستمش فردا برِ اژدها		کزو بی‌گمانی نیابد رها[10]
نباشم نکوهیدهٔ کار اوی		چو با اژدها خود شود جنگجوی»[11]
بگفت این و بهرام را پیش خواند		بسی داستان دلیران براند[12]
بدو گفت: «یزدانِ پاک‌آفرین		ترا ایدر آورد ز ایران زمین[13]
که هندوستان را بشویی ز بد		چنان کز ره نامداران سزد[14]
یکی کار پیش است با درد و رنج		به آغاز رنج و به فرجام گنج[15]

---

۱ - چگونه دلِ شادمان غمگین می‌شود؟
۲ - **یک:** لت دویم را پیوند درست نیست... **دو:** خشک و آب نیز نادرخور است: «در زمین و دریا».
۳ - آبخیز (= موج) نیل در دریای هند؟!
۴ - «به» در لت نخست با به در بدان (= به آن) در لت دویم سخن را سست می‌کند.
۵ - سخن پیشین دوباره می‌آید.		۶ - لت دویم بی‌گزارش و پیوند است.
۷ - اگر او با دلگرمی از هندوستان بایران رود، چرا چنین شود؟
۸ - «بر [این] بوم ما» در لت دویم نادرخور است. شگفت آنکه افزاینده می‌توانست گفتن «نماند بهندوستان رنگ بوی» اما افزایندگان را چندان خودبینی و سردرگمی و سربهوایی بوده است که همین اندازه نمی‌اندیشیده‌اند.
۹ - کار بهرام هنوز ساخته نشده است.
۱۰ - **یک:** پس از سخن چنین بر می‌آید که هنوز شب است و فردا نیامده است، و بر این بنیاد رج پیشین نادرست می‌شود که در آن سخن از «همه شب» رفته بود. **دو:** بی‌گمانی نادرست است: بیگمان.
۱۱ - لت نخست نادرست است: «از مرگ او بر من نکوهش نباشد».		۱۲ - لت دویم را پیوند با لت نخست نیست.
۱۳ - یزدان آفرینندهٔ جهان است و نمی‌توان او را «پاک‌آفرین» خواندن... شایستی گفتن: «جان‌آفرین».
۱۴ - لت دویم برگرفته از شاهنامه است.		۱۵ - همچنین این رج از داستان شاپور دویم گرفته شده است.

داستان افزوده بهرام در هند

چو این کرده باشی زمانی مپای — به خشنودیِ من برو بازِ جای»[1]
به شنگل چنین پاسخ آورد شاه — که: «از رای تو بگذرم نیست راه[2]
ز فرمان تو نگذرم یک زمان — مگر بد بود گردش آسمان»[3]
بدو گفت شنگل که: «چندین بلاست — بدین بوم ما در یکی اژدهاست[4]
به خشکیّ و دریا همی بگذرد — نهنگ دمآهنج را بشکرد[5]
توانی مگر چارهای ساختن — ازو کشور هند پرداختن[6]
به ایران بری باژ هندوستان — همه مرز باشند همداستان[7]
همان هدیهٔ هند با باژ نیز — ز اود و ز انبر ز هر گونه چیز»[8]
بدو گفت بهرام که: «ای پادشا — به هند اندرون شاه و فرمانروا[9]
به فرمان دارنده، یزدان پاک — پی اژدها را ببرّم ز خاک[10]
ندانم که او را نشیمن کجاست — بباید نمودن به من راه راست»[11]
فرستاد شنگل یکی راهجوی — که آن اژدها را نماید بدوی[12]
همی رفت با نامور سی سوار — از ایران سواران خنجرگزار[13]
همی تاخت تا پیش دریا رسید — به تاریکی آن اژدها را بدید[14]
بزرگان ایران خروشان شدند — اُزان اژدها نیز جوشان شدند[15]
به بهرام گفتند که: «ای شهریار — تو این را چو آن گرگ پیشین مدار»[16]
به ایرانیان گفت بهرام گرد — که: «جان را به دادار باید سپرد[17]
مرا گر زمانه بدین اژدهاست — به مردی فزونی نگیرد نه کاست»[18]
کمان را به زه کرد و بگزید تیر — که پیکانش را داده بُد زهر و شیر[19]

---

۱ - یک کرده باشی نادرست است: «چون اینکار را بانجام رسانی». **دو:** زمانی مپای، نادرخور است... «درنگ مکن».

۲ - لت دویم نادرست است: «که از رای تو گذشتن آیین من نیست». ۳ - گردش آسمان همواره بر یکسان است.

۴ - چندین بلا است، پیش از نام بردن از اژدها نادرخور است: «...یکی اژدها است که از او ستم بسیار می‌رسد».

۵ - نهنگ را «دم آهنج» نشاید نامیدن، و آن اژدها است که دم آهنج است. ٦ - دنبالهٔ گفتار.

۷ - هندوستان را با همداستان پساوا نیست. ۸ - همان و نیز را در یک سخن نشاید آوردن.

۹ - لت دویم نابجا است زیرا که روشن است که او پادشاه هندوستان است. ۱۰ - دنبالهٔ گفتار.

۱۱ - پیدا است که بایستی او را به جایگاه اژدها رهنمون شوند. ۱۲ - راهجوی نادرخور است: «رهنمای».

۱۳ - سی سوار را «همی رفتند» باید.

۱۴ - **یک:** همی تاخت نادرست است: «تاخت». **دو:** چرا در تاریکی؟ آنان بهنگام روز رفته بودند.

۱۵ - نیز در لت دویم نادرخور است.

١٦ - چون سخن از «گرگ پیشین» می‌رود، چنین می‌نماید که این نیز کرگی دیگر است!

۱۷ - لت دویم سست است.

۱۸ - **یک:** زمانه بدین اژدها است نادرست است. اگر زمانهٔ (=اجل) من بر دست این اژدها است. **دو:** زمانه (=اجل) را فزونی و کاستی نیست، در یکدم فرامی‌رسد!

۱۹ - **یک:** همواره افزایندگان خانه‌نشین و ناآگاه از میدان کمان را در هنگامهٔ کار بزه می‌کنند! **دو:** زهر را شاید، و شیر را در این میانه چه

←

بران اژدها تیرباران گرفت — چپ و راست جنگ سواران گرفت[1]
به پولاد پیکان دهانش بدوخت — همی خار زان زهر او برفروخت[2]
دگر چارچوبه بزد بر سرش — فروریخت با زهر خون از برش[3]
تنِ اژدها گشت زان تیر سست — همی خاک را خون و زهرش بشست[4]
یکی تیغ زهرآبگون برکشید — به تندی دل اژدها بر درید[5]
به تیغ و تبرزین بزد گردنش — به خاک اندر افکند بی‌جان تنش[6]
به گردون سرش سوی شنگل کشید — چو شاه آن سر اژدها را بدید[7]
برآمد ز هندوستان آفرین — ز دادار بر بوم ایران زمین[8]
که زاید بران خاک چونین سوار — که با اژدها سازد او کارزار[9]
بدین برز بالا و این شاخ و یال — نباشد جز از شهریارش همال[10]

دادن شنگل دختر خویش را به بهرام

همان شاه شنگل دلی پر ز درد — همی داشت از کار او روی زرد[11]
شب آمد بیاورد فرزانه را — همان مردم خویش و بیگانه را[12]
چنین گفت ک: «این مردِ بهرامشاه — بدین زور و این شاخ و این دستگاه[13]
نباشد همی ایدر از هیچ روی — ز هر گونه آمیختم رنگ و بوی
گر از نزد ما او به ایران رود — به نزدیک شاه دلیران شود

→ باید؟

۱ – سخن از شاهنامه برگرفته شده است.

۲ – چون دهانش دوخته شده بود، و اژدها در دریا بود. خار چگونه از زهر او برافروخت؟

۳ – **یک:** چهار تیر، نه چارچوبه!... **دو:** از شمار تیر با چوبه یاد می‌شود، اما بایستی گفتن: چهارچوبه تیر.

۴ – چون چارچوبه تیر بر او زده بود با تیر پیشین پنج چوبه می‌شود، و نشاید گفتن «زان تیر».

۵ – بتندی نادرست است: «بیدرنگ».

٦ – با تیغ؟ یا با تبرزین؟

۷ – **یک:** سرش را «را» باید. **دو:** لت دویم آن سر نادرست: «سر اژدها».

۸ – **یک:** شنگل بدید، و ازسرتاسر هندوستان آفرین برآمد؟ **دو:** از مردم هندوستان؟ یا از دادار؟

۹ – **یک:** زاید بر آن خاک نادرست است: «که آن سرزمین را چونین سوار است». **دو:** «او» در لت دویم نادرخور است.

۱۰ – آنان شهریار را ندیده بودند، تا بتوانند درباره همسانی وی با شهریار داوری کنند.

۱۱ – **یک:** همان و همی در یک سخن، آنرا سست می‌کند. **دو:** دلی پر ز درد داشت؟ یا روی زرد؟

۱۲ – **یک:** شاهان، شب را در مشکوی می‌گذراندند، وبس می‌نمود که با فرزانه (= وزیر) بتنهایی سخن گوید. **دو:** بیاورد نادرست است و می‌بایستی فرمان دهد تا بیاید. **سه:** لت دویم همه چیز را برهم ریخت زیرا که اگر بیگانگان نیز در رایزنی انباز بودند، که راز بیدرنگ فاش می‌شود.

۱۳ – **یک:** دستگاهِ او را (که در ایران بوده است) ندیده بودند. **دو:** مردِ بهرامشاه نادرست است: «فرستادهٔ بهرامشاه».

داستان افزوده بهرام در هند ۳۶۹

سپاه مرا سست خوانند به کار / به هندوستان نیست گوید سوار
سرافراز گردد مگر دشمنم / فرستاده را سر ز تن برکنم[۱]
نهانش همی کرد خواهم تباه / چه بینید این را چه دانید راه؟»[۲]
بدو گفت فرزانه که: «ای شهریار / دلت را بدین گونه رنجه مدار[۳]
فرستادهٔ شهریاران کشی / به کژّی برد راه و بی‌دانشی[۴]
کس اندیشه زین‌گونه هرگز نکرد / به راه چنین رای هرگز مگرد[۵]
بَرِ مهتران زشت‌نامی بود / سپهبد به مردم گرامی بود[۶]
پس آنگه بیاید ز ایران سپاه / یکی تاجداری چو بهرامشاه[۷]
نماند ز ما کس بدین جا درست / ز نیکی نباید ترا دست شست[۸]
رهانندهٔ ماست از اژدها / نه کشتن بود رنج او را بها[۹]
بدین بوم ما اژدها کشت و گرگ / به تن زندگانی فزایش نه مرگ»[۱۰]
چو بشنید شنگل سخن تیره شد / ز گفتار فرزانگان خیره شد[۱۱]
ببود آن شب و بامداد پگاه / فرستاد کس نزد بهرام شاه[۱۲]
به تنها تن خویش بی‌انجمن / نه دستور بُد پیش و نه رایزن[۱۳]
به بهرام گفت: «ای دلارای مرد / توانگر شدی گرد بیشی مگرد[۱۴]
به تو داد خواهم همی دخترم / ز گفتار و کردار باشد برم[۱۵]
چو این کرده باشم برِ من بایست / کز ایدر گذشتن ترا روی نیست[۱۶]
ترا بر سپه کامکاری دهم / به هندوستان شهریاری دهم»[۱۷]
فرو ماند بهرام و اندیشه کرد / ز تخت و نژاد و ز ننگ و نبرد[۱۸]
ابا خویشتن گفت که: «این جنگ نیست / ز پیوند شنگل مرا ننگ نیست[۱۹]
اُ دیگر که جان بر سر آرم بدین / ببینم مگر خاک ایران زمین[۲۰]

---

۱ – چهار رج سست و بی‌گزارش که بیشتر به سخن گفتن و بازی کودکان مانَد.
۲ – لت دویم را در آغاز «چگونه» باید، و در میان لت «و» چه دانید؟
۳ – برگرفته از شاهنامه است.
۴ – سخن را در آغاز «اگر» باید.
۵ – رای را «راه» نیست آهنگ انجام کاری کردن است.
۶ – لت دویم را پیوند با لت نخست نیست.
۷ – دنبالهٔ گفتار.
۸ – بجای درست، «زنده» باید.
۹ – چون سخن به بهرام بازمی‌گردد، در آغاز، «فرستاده»، یا «او» باید.
۱۰ – **یک:** سخن دوباره... **دو:** کس را توان افزودن زندگی دیگران نیست.
۱۱ – یک فرزانه سخن گفته بود، نه فرزانگان!
۱۲ – دنبالهٔ سخن.
۱۳ – همچنین
۱۴ – مرد را «دلارای» نمی‌خوانند.
۱۵ – لت دویم را گزارش نیست.
۱۶ – دنبالهٔ گفتار
۱۷ – لت دویم نادرخور است، زیرا که خود، شهریار هندوستان بود.
۱۸ – لت دویم درهمریخته است و گزارش ندارد.
۱۹ – سخن درهم است.
۲۰ – جان بر سر آوردن سخنی نادرست است.

۳۷۰ پادشاهی بهرام گور

که ایدر بدین‌سان بماندیم دیر	بر آویخت با دام روباه شیر»[1]
چنین داد پاسخ که: «فرمان کنم	ز گفتارت آرایش جان کنم[2]
تو از هر سه دختر یکی برگزین	که چون بینمش خوانمش آفرین»[3]
ز گفتار او شاد شد شاه هند	بیاراست ایوان به چینی پرند[4]
سه دختر بیامد چو خرّم بهار	به آرایش و بوی و رنگ و نگار[5]
به بهرام گور آن زمان گفت: «رو	بیارای دل را به دیدار نو»[6]
بشد تیز بهرام و او را بدید	ازان ماهرویان یکی برگزید[7]
چو خرّم بهاری سپینود نام	همه شرم و ناز و همه رای و کام[8]
بدو داد شنگل سپینود را	چو سرو سهی شمع بی‌دود را[9]
یکی گنج پرمایه‌تر برگزید	بدان ماهرخ داد شنگل کلید[10]
بیاورد یاران بهرام را	سواران بازیب و با نام را[11]
درم داد و دینار و هرگونه چیز	همان انبر و اود و کافور نیز[12]
بیاراست ایوان گوهرنگار	ز قنّوج هرکس که بُد نامدار[13]
خرامان بدان بزمگاه آمدند	به شادی همه نزد شاه آمدند[14]
ببودند یک هفته با می به دست	همه شاد و خرّم به جای نشست[15]
سپینود با شاه بهرام گور	چو می‌بود روشن به جام بلور[16]

*

چو زین آگهی شد به فغفور چین	که با فرّ مردی ز ایران زمین[17]

---

۱ – دیر نبوده است، و اگر بداستان نگریسته شود، چند روز بیشتر از آمدن بهرام بهندوستان نگذشته است.

۲ – سخن برگرفته از داستان زال و رودابه است.

۳ – **یک:** از (هر) سه دختر نادرست است: از سه دخترت. **دو:** یکی برگزین با گفتار پسین همساز نیست: «آنرا برگزین... که».

۴ – هِند را با پَرَند پساوا نیست.

۵ – سه دختر بیامد نادرست است: «دختران آمدند».

۶ – «دیدار نو» راگزارش نیست.

۷ – سخن باژگونه است. نخست بایستی (یکی) را برگزینند، پسانگاه از (او) سخن رود.

۸ – «رای» را همه دارند، و کام را همه خواهند، و آندو را نشاید از خوبیهای یک دختر برشمردن.

۹ – شمع بی‌دود!! نیاز افزاینده به پساوا!!

۱۰ – **یک:** برگزیدن گنج از روی اندیشه نادرست است، برگزیدن کاریست که با دیدن چند چیز در کنار هم انجام می‌گیرد. **دو:** باید روشن شود که: «کلید آن گنج را».

۱۱ – هنوز نام بهرام را بدرستی نمی‌دانند چگونه یارانش را (با نام) توانند خواندن؟

۱۲ – هرگونه چیز چه باشد؟ سواران را اود و انبر و کافور به چه کار می‌آید؟

۱۳ – لت دویم را آغازگرِ «و» باید!

۱۴ – دنبالهٔ گفتار

۱۵ – هیچکس را یارای آن نیست که یکهفته می در دست گیرد: «یک هفته جشن و سور و می...».

۱۶ – بهرام را به جام بلور همانند کردن، نمی‌زیبد.

۱۷ – لت دویم بدآهنگ است.

به نزدیک شنگل فرستاده بود　　همانا ز ایران تهم‌زاده بود[1]
بدو داد شنگل یکی دخترش　　که بر ماه ساید همی افسرش[2]
یکی نامه نزدیک بهرام شاه　　نوشت آن جهاندار با دستگاه[3]
به عنوان بر از شهریار جهان　　سر نامداران و شاه مهان[4]
به نزد فرستادهٔ پارسی　　که آمد به قنّوج با یار سی[5]
دگر گفت که: «آمد به ما آگهی　　ز تو نامور مرد با فرّهی[6]
خردمندی و مردی و رای تو　　فشرده به هر جای بر پای تو[7]
کجا گرگ و آن نامور اژدها　　ز شمشیر تیزت نیامد رها[8]
به تو داد دختر که پیوند ماست　　که هندوستان خاک او را بهاست[9]
سرِ خویش را بردی اندر هوا　　به پیوند این شاه فرمانروا[10]
به ایران بزرگی‌ست این شاه را　　کجا کهترش افسر ماه را[11]
به دستوریِ شاه در بر گرفت　　به قنّوج شد یار دیگر گرفت[12]
کنون رنج بردار و ایدر بپای　　بدین مرز چندان که باید بپای[13]
به دیدار تو چشم روشن کنیم　　روان را ز رای تو جوشن کنیم[14]
چو خواهی که ز ایدر شوی باز جای　　زمانی نگویم برِ من بپای[15]
برو شاد با خلعت و خواسته　　خود و نامدارانت آراسته[16]
ترا آمدن پیش من ننگ نیست　　چو با شاه ایران مرا جنگ نیست[17]
مکن سستی از آمدن هیچ رای　　چو خواهی که برگردی ایدر مپای»[18]

---

۱ – **یک:** «بود»، در لت نخست نادرست است. **دو:** لت دویم را نیز پیوند بایسته با لت نخست نیست.
۲ – سخن را آغازگرِ «و» باید، و «بدو داده است».
۳ – آن جهاندار در لت دویم نادرخور است زیرا که پیشتر از فغفور چین نام برده شده بود.
۴ – چینیان خود را شهریار جهان نمی‌خوانند، و این پاژنام شاه ایران بود، که در کشور میانین جهان فرمان می‌راند.
۵ – **یک:** در لت دویم «آمده است» باید. **دو:** یار سی نادرست است: «سی یار».
٦ – در نامه نشاید، از «دگر گفتن» یاد کرد.
۷ – **یک:** لت نخست را پایان نیست... **دو:** و چنین می‌نماید که «رای و مردی بهرام فشرده است»!
۸ – **یک:** اژدها را نامور نتوان خواندن. **دو:** برای دو جانور کنش «نیامد» نادرخور است.
۹ – بجای پیوند، «پیوسته» باید.
۱۰ – سرت بآسمان رسید...
۱۱ – سخن سخت درهم است... افزاینده را رای بر آن بوده است که بگوید: «شاه ایران بس بزرگ است که کهتری چون تو دارد که افسر ماه هستی!!»
۱۲ – سخن بی‌پیوند بی‌گزارش.
۱۳ – دنبالهٔ گفتار
۱۴ – هیچگاه (رایِ) کسی جوشن روان دیگری نتواند شدن.
۱۵ – زمانی نگویم درست نیست: «هیچ نگویمت».
١٦ – «برو» را با «خود و نامدار» هماهنگ نیست: بروید.
۱۷ – سخن نادرخور است، زیرا که بهرام نگفته است که از رفتن بچین ننگم می‌آید.
۱۸ – **یک:** «رای، سستی کردن» نادرست است. **دو:** لت دویم سخن دوباره است.

چو نامه بیامد به بهرام گور / به دلش اندر افتاد زان نامه شور[1]
نویسنده بر خواند و پاسخ نوشت / به پالیز کین بر درختی بکشت[2]
سرِ نامه گفت: «آنچه گفتی رسید / دو چشم تو جز کشور چین ندید[3]
به عنوان بر از پادشاه جهان / نوشتی سر افراز و تاج مهان[4]
جز آن بُد که گفتی سراسر سخن / بزرگیّ نو را نخوانم کهن[5]
شهنشاه بهرام گور است و بس / چنو در زمانه ندانیم کس[6]
به مردی و دانش به فرّ و نژاد / چنو پادشا کس ندارد به یاد[7]
جهاندار پیروزگر خواندش / ز شاهان سرافرازتر خواندش[8]
دگر آنکه گفتی که من کرده‌ام / به هندوستان رنج‌ها برده‌ام[9]
همان اختر شاه بهرام بود / که با فرّ و اورند و با نام بود[10]
هنر نیز ز ایرانیان است و بس / ندارند کرگ ژیان را به کس[11]
همه یکدلانند و یزدان‌شناس / به نیکی ندارند ز اختر سپاس[12]
دگر آنکه دختر به من داد شاه / به مردی گرفتم چنین پیشگاه[13]
یکی پادشا بود شنگل بزرگ / به مردی همی راند از میش گرگ[14]
چو با من سزا دید پیوند خویش / به من داد شایسته فرزند خویش[15]
دگر آنکه گفتی که خیز ایدر آی / به نیکی بباشم ترا رهنمای[16]

---

۱ – نامه، خود نمی‌آید...: «نامه بیهرام رسید».

۲ – **یک:** برخواند، نادرست است. نامه را خواند... **دو:** نویسنده خود از پیش خود پاسخ نوشت؟ **سه:** بپالیز (بر) کشتن نادرست است زیرا که درخت را می‌کارند.

۳ – **یک:** گفت در این رج به نویسنده در رج پیشین بازمی‌گردد. **دو:** لت دویم را با لت نخست پیوند درست نیست. **سه:** تو بجز از کشور چین را (ندیده‌ای).

۴ – **یک:** عنوان روی بخواننده دارد، نه بنویسنده! **دو:** افزایندهٔ همان سخن افزودهٔ خود را اینجا نادرست می‌نماید.

۵ – سراسر سخن او فراخواندن بهرام بچین بود، و سخن دیگری جز آن نگفته بود.

٦ – چون خودِ بهرام؟ یا شاهیِ وی؟ ۷ – دوباره واژهٔ چنو آورده شد!

۸ – خداوند که را پیروزگر نخوانده است.

۹ – **یک:** سخن بی‌پیوند است از آنچه من کرده‌ام یاد کردی. **دو:** لت دویم نیز همچنین رنج‌هایی (که).

۱۰ – **یک:** پیوند درست با سخن پیشین ندارد، چنان کارها... ببخت شاه بهرام انجام پذیرفت. **دو:** کنش بود برای بهرام نادرخور است زیرا که او هنوز زنده است.

۱۱ – **یک:** اگر (از اختر بهرام) بوده است، پس دیگر ایرانیان را هنر نیست! **دو:** در برخی نمونه‌ها بجای کرگ، شیر آورده‌اند.

۱۲ – لت دویم بی‌پیوند است: در کارهای نیک که انجام می‌دهند سپاسگزار از اختر (بخت) نیستند، و این گفتار، روبروی آن سخن ایستاده است که همهٔ کارهای خویش را از اخترِ بهرام در شمار آورده بود!

۱۳ – لت دویم درهمریخته است: «با مردی و پهلوانی دختر شاه را گرفتم» یا «شاه، دختر خویش را برای پهلوانی من بمن داد».

۱۴ – کنش «بود» برای شنگل که زنده است، نادرخور است. ۱۵ – سخن دوباره ١٦ – دنبالهٔ گفتار

مرا شاه ایران فرستد به هند — به چین آیم از بهر چینی پرند[۱]
نباشد ز من بنده همداستان — که رانم بدین گونه بر داستان[۲]
دگر آنکه گفتی که با خواسته — به ایران فرستمت آراسته[۳]
مرا کرد یزدان ازان بی‌نیاز — به چیز کسان دست کردن دراز[۴]
ز بهرام دارم به بخشش سپاس — نیایش کنم روز و شب در سه پاس[۵]
چهارم سخن گر ستودی مرا — هنر ز آنچه برتر فزودی مرا[۶]
پذیرفتم این از تو ای شاه چین — بگوییم با شاه ایران زمین[۷]
ز یزدان ترا باد چندان درود — که آن را ندانند فلک تار و پود»[۸]
بران نامه بنهاد مُهر نگین — فرستاد پاسخ سوی شاه چین[۹]
چو بهرام با دخت شنگل بساخت — زن او را همی شاه گیتی شناخت[۱۰]
شب و روز گریان بُد از مهر اوی — نهاده دو چشم اندران چهر اوی[۱۱]
چو از مهرشان شنگل آگاه شد — ز بدها گمانیش کوتاه شد[۱۲]
نشستند یک روز شادان بهم — همی رفت هرگونه از بیش و کم[۱۳]
سپینود را گفت بهرام شاه — که: «دانم که هستی مرا نیکخواه[۱۴]
یکی راز خواهم همی با تو گفت — چنان کن که ماند سخن در نهفت[۱۵]
همی رفت خواهم ز هندوستان — تو باشی بدین کار همداستان[۱۶]
به تنها بگویم ترا یک سخن — نباید که داند کس از انجمن[۱۷]
به ایران مرا کار زین بهتر است — همم کردگار جهان یاور است[۱۸]
به رفتن گر ایدون که رای آیدت — به خوبی خرد رهنمای آیدت[۱۹]

---

۱ - **یک:** فرستد نادرست است بهندوستان (فرستاد)! **دو:** هِند را با پَرَند پساوا نیست.
۲ - **یک:** این گفتار را پیوند با گفتار رج پیشین نیست. **دو:** سخن از داستان راندن نیست سخن از رفتن به چین است!
۳ - دنبالهٔ گفتار
۴ - دست دراز کردن نادرست است، که آن (چیز) را پیشکش می‌کردند.
۵ - سه پاس نیایش بسوی خداوند است؟ یا بسوی بهرام.
۶ - **یک:** تاکنون پنج پاره سخن گفته است، و این ششمین است. **دو:** لت دویم بی‌پیوند است.
۷ - بگوییم نادرست است: «بگویم».
۸ - «درود» را تار و پود نیست.
۹ - «مهر» بسنده می‌نماید، اما افزاینده را برای پساوای چین، مهرِ نگین بایسته می‌نمود.
۱۰ - سخن بی‌پیوند است.
۱۱ - دور چشمه اندر آن چهر نیز نادرست است: «شب و روز بدو می‌نگریست».
۱۲ - گمانیش نادرست است: «گمانش».
۱۳ - **یک:** لت دویم بی‌پیوند است. **دو:** همی رفت، درخور گفتار نیست. **سه:** هر گونه از چه؟ **چهار:** کم را چه جایِ یاد کردن است؟
۱۴ - دنبالهٔ گفتار.
۱۵ - تاکنون گمان بر آن می‌رفت که شنگل و بهرام با هم نشسته‌اند، و این رج بهرام و سپینود را با هم نشان می‌دهد... که در آن بهرام را رای بر آنست که راز خویش را با سپینود در میان نهد.
۱۶ - سخن را پیوند درست نیست...: «اگر من از هندوستان بروم، تو...».
۱۷ - سخُن را با انجمَن پساوا نیست.
۱۸ - «زین» را کمبود است: «از کاری که بهندوستان دارم».
۱۹ - دنبالهٔ گفتار

پادشاهی بهرام گور

۳۶۷۴۰
به هر جای نام تو بانو بود / پدر پیش تخت به زانو بود[1]
سپینود گفت: «ای سرافراز مرد / تو بر خیره از راه دانش مگرد[2]
بهین زنان جهان آن بود / کزو شوی همواره خندان بود[3]
اگر پاک جانم ز پیمان تو / بپیچد نه بیزارم از جان تو[4]
بدو گفت بهرام «پس چاره کن / ازین راز مگشای بر کس سخن»[5]

۳۶۷۴۵
سپینود گفت: «ای سزاوار تخت / بسازم اگر باشدم یار بخت[6]
یکی جشنگاه است ز ایدر نه دور / که سازد پدرم اندران بیشه سور[7]
که دارند فرخ مر آن جای را / ستایند جای بت‌آرای را[8]
بود تا بدان بیشه فرسنگ بیست / که پیش بت اندر بباید گریست[9]
بدان جای نخچیر گوران بود / به قنّوج در اود سوزان بود[10]

۳۶۷۵۰
شود شاه و لشکر بدان جایگاه / که بی‌ره نماید بران بیشه راه[11]
اگر رفت خواهی بدان چاره رو / همیشه کهن باش و سال تو نو[12]
ز امروز بشکیب تا نیم روز / چو پیدا شود تاج گیتی‌فروز[13]
چو از شهر بیرون رود شهریار / به رفتن بیارای و بر ساز کار»[14]
ز گفتار او گشت بهرام شاد / نخفت اندر اندیشه تا بامداد[15]

۳۶۷۵۵
چو بنمود خورشید بر چرخ دست / شب تیره بار غریبان ببست[16]
نشست از بر باره بهرام گور / همی راند با ساز نخچیر گور[17]
به زن گفت: «بر ساز و با کس مگوی / نهادیم هر دو سو راه روی»[18]
هر آن کس که بودند ایرانیان / به رفتن ببستند با او میان[19]

---

1 - بهر جای نادرخور است: بایران. 2 - سخن سپینود در لت دویم...
3 - در این لت باژگونه می‌شود.
4 - یک: سخن سخت سست و درهم است. دو: آنرا با این گفتار سعدی برابر نهید: «بخدا، اگر بمیرم که دل از تو برنگیرم».
5 - دنبالهٔ داستان   6 - همچنین   7 - یک: سور را نمی‌سازند. دو: «پدرم» نادرست است.
8 - که در آغاز این رج با که در آغاز لت دویم از رج پسین همخوان نیست.
9 - یک: فرسنگ بیست نادرست است: بیست فرسنگ. دو: نادرخورترین سخن در لت دویم.
10 - یک: لت نخست درهم‌ریخته است: «که در آنجا گور فراوان است»... دو: لت دویم همانند لت دویم از رج پیشین.
11 - یک: «لشگر» نادرست: «لشگریان». دو: شاه و لشگریان را کنش «شوند» باید.
12 - لت دویم نادرخور است، زیرا که سال همواره «نو» نمی‌ماند.
13 - یک: «از» در آغاز لت نخست نادرخور است، «امروز تا نیمروز بشکیب». دو: در نیمروز، تاج گیتی‌فروز پیدا نمی‌شود که نیمی از آسمان را پیموده است.
14 - دنبالهٔ داستان   15 - اندر اندیشه نادرست است: «از اندیشه».
16 - لت دویم بی‌گزارش است.   17 - همی راند، نادرست است: «براند».
18 - یک: پس از راندن، بزن گفت؟ دو: گیریم که لت نخست نادرست نباشد، مگر دختر که خود رهنمای بهرام بوده و با وی همراه بوده است در نمی‌یابد که روی براه نهاده‌اند!   19 - لت نخست نادرست است: «ایرانیان همراه بهرام».

بیامد چو نزدیک دریا رسید   به ره بار بازارگانان بدید[1]
که بازارگانان ایران بُدند   به آب و به خشکی دلیران بُدند[2]
چو بازارگان روی بهرام دید   شهنشاه لب را به دندان گزید[3]
نفرمود بردن به پیشش نماز   ز نادان سخن را همی داشت راز[4]
به بازارگان گفت: «لب را ببند   کزین سودمندی و هم با گزند[5]
گر این راز در هند پیدا شود   ز خون خاک ایران چو دریا شود[6]
گشاده بران کار کاو لب ببست   زبان بسته باید گشاده دو دست[7]
زبان شما را به سوگند سخت   ببندیم تا باز یابیم بخت[8]
بگویید کز پاک یزدان خدای   بریدیم و بستیم با دیو رای،[9]
اگر هرگز از رای بهرام شاه   بپیچیم و داریم بد را نگاه»[10]
چو سوگند شد خورده و ساخته   دل شاه زان رنج پرداخته[11]
بدیشان چنین گفت پس شهریار   که: «نزد شما از من این زینهار[12]
بدارید و با جان برابر کنید   چو خواهید کز پندم افسر کنید[13]
گر از من شود تخت پرداخته   سپاه آید از هر سوی ساخته[14]
نه بازارگان ماند ایدر نه شاه   نه دهقان نه لشکر نه تخت و کلاه»[15]
چو زان گونه دیدند گفتار اوی   برفتند یکسر پر از آب روی[16]
که: «جان بزرگان فدای تو باد   جوانی و شاهی روای تو باد[17]
اگر هیچ راز تو پیدا شود   ز خون کشور ما چو دریا شود[18]

---

۱ - **یک:** در گفتار سپینود یادی از دریا نشده بود که آنان بسوی نخچیرگاه می‌رفتند! **دو:** بار بازرگانان دیده نمی‌شود، و کاروان آنان دیده می‌شود.

۲ - **یک:** افزاینده بدین سخن رسید، اما «که» نابجا در آغاز افزود! **دو:** بازرگان را نشاید دلیر بودن که آنان همواره همراه با کاروان خود مردی چند دلیر می‌بردند. **سه:** دلیر آب و خشکی را چه گزارش است؟

۳ - بازرگانان، به بازرگان گردید، زیرا که افزاینده را توان آن نبود که بازرگانان را در این لت بگنجاند.

۴ - **یک:** مگر کسی برای نماز بردن بدیگری، او را می‌خواهد؟... اما افزاینده را رای بر آن بوده است که بگوید. بفرمود که بدو نماز نبرند. **دو:** کدام نادان نزد آنان بود؟ بهرام با سپینود و سواران ایرانی به نخچیر می‌رفت!

۵ - لت دویم بی‌پیوند و بی‌گزارش است.

۶ - هنوز رازی را با بازرگان در میان ننهاده است که از آشکار (نه پیدا) شدنش بیم باشد!

۷ - لت نخست سخت پریشان و بی‌گزارش است. ۸ - پیوند با رج پیشین ندارد.

۹ - این چه پیمان سست که آنانرا پیوند به دیو می‌دهد؟ ۱۰ - بد را نگاه داشتن چگونه است.

۱۱ - سوگند ساخته نمی‌شود. ۱۲ - زینهار خواستن برای جان باشد، و سخنان پسین چنین نمی‌نماید.

۱۳ - **یک:** زینهار با جان برابر نمی‌شود. **دو:** از پند افسر کردن نیز سخت نادرست است.

۱۴ - او که هنوز به تخت خود نرسیده است که از آن جدا شود. ۱۵ - لت دویم نه دهقان در آن دشت بود.

۱۶ - **یک:** گفتار دیدنی نیست. **دو:** تاکنون بازرگان یکی بود اکنون کنش رفتند بکار گرفته شد.

۱۷ - سخن را پیوند با رج پیشین نیست. ۱۸ - سخنی را که بگونه‌ای دیگر بهرام به آنان گفته بود اکنون از آنان می‌شنود!

که یارد بدین گونه اندیشه کرد — مگر بخت را گوید از ره بگرد»[1]
چو بشنید شاه آن گرفت آفرین — بران نامداران با فرّ و دین[2]
همی رفت پیچان به ایوان خویش — به یزدان سپرده تن و جان خویش[3]
بدان گه که بهرام شد سوی راه — چنین گفت با زن که: «ای نیکخواه[4]
ابا مادر خویشتن چاره ساز — چنان کاو درستی نداندت راز[5]
که چون شاه شنگل سوی جشنگاه — شود خواستار آید از نزد شاه[6]
بگوید که برزوی شد دردمند — پذیردش پوزش شه هوشمند»[7]
زن این بند بنهاد با مادرش — چو بشنید پس مادر از دخترش[8]
همی بود تا تازه شد جشنگاه — گرانمایگان بر گرفتند راه[9]
چو برساخت شنگل که آید به دشت — زنش گفت: «برزوی بیمار گشت[10]
به پوزش همی گوید ای شهریار — تو دل را به من هیچ رنجه مدار[11]
چو ناتندرستی بود جشنگاه — دژم باشد و داند این مایه شاه»[12]
به زن گفت شنگل که: «این خود مباد — که بیمار باشد کند جشن یاد»[13]
ز قنّوج شبگیر شنگل برفت — ابا هندوان روی بنهاد و تفت[14]

*

چو شب تیره شد شاه بهرام گفت — که: «آمد گه رفتن ای نیک جفت»[15]
بیامد سپینود را بر نشاند — همی پهلوی نام یزدان بخواند[16]

---

۱ – نه سخن را پیوند با گفتار پیشین است، و نه بخت راکس تواند که ره بگرد!

۲ – آنان بازرگان بودند نه نامدارِ با فرّودین.

۳ – **یک:** پریشانتر از اندیشهٔ افزایندگان نشاید که گفتارشان بدیوانگان ماند! **دو:** بهرام با سپینود و سواران ایران به نخچیر می‌رفت که از آنجا بایران گریزند... در راه دریا بازرگانان ایرانی را دید، و بکاخ خویش بازگشت!!؟

۴ – پریشانتر از پریشان... که بهرام با سپینود رهسپار شده بود، و چنین سخنان...

۵ – میان آنان نرفته بود!

٦ – از سوی شاه، خواستار بسوی بهرام بیاید...

۷ – که بگوید برزوی (=بهرام) دردمند شد!!

۸ – سخن سخت بی‌بند و پیوند است.

۹ – جشنگاه را تازه و کهنه شدن نیست، جشنگاه همواره جشنگاه است، و راه نیز (گرفتنی) نیست و (رفتنی) است.

۱۰ – سخنان پیشین در این رج دگرگون گشت... و مادر سپینوی به شنگل می‌گوید...

۱۱ – همی گوید، نادرخور است: «گفت» یا «گوید».

۱۲ – **یک:** جشنگاه به ناتندرستی بازمی‌گردد ← جشنگاه ناتندرست باشد! **دو:** لت دویم را نیز پیوند درست با لت نخست نیست، و دژم به جشنگاه بازمی‌گردد ← جشنگاه دژم باشد! **سه:** این مایه چه را می‌رساند افزایندهٔ خام گفتار را رای بر آن بوده است که بگوید. برزوی گفته است که من ناتندرستم، و آمدنم به جشنگاه روا نیست.

۱۳ – لت دویم، چه کس بیمار باشد؟ بایستی روشن گردد که چون بهرام بیمار است، بجشنگاه نیاید.

۱۴ – قنوج بخشی بزرگ از هندوستان است که بیرون رفتن از آن را یکماه زمان باید.

۱۵ – سخن سست نیست اما پیوسته بداستان است.

۱٦ – چنانچه شنگل بهندی نام یزدان را خوانده بود! بهرام را نیز بایستی که نام پهلوی یزدان را بخواند!

بپوشید خفتان و خود بر نشست   کمندی به فتراک و گرزی به دست[1]
همی راند تا پیش دریا رسید   چو ایرانیان را همه خفته دید[2]
برانگیخت کشتی و زورق بساخت   به زورق سپینود را در نشاخت[3]
به خشکی رسیدند چون روز گشت   جهان‌پهلوان گیتی‌افروز گشت[4]

❋

سواری ز قنّوج تازان برفت   به آگاهیِ رفتن شاه تفت[5]
که: «برزوی و ایرانیان رفته‌اند   همان دختر شاه را برده‌اند»[6]
شنید این سخن شنگل از نیکخواه   چو آتش بیامد ز نخچیرگاه[7]
همه لشکر خویش را بر نشاند   پسِ شاه بهرام لشکر براند[8]
بدین گونه تا پیش دریا رسید   سپینود و بهرام یل را بدید[9]
غمی گشت و بگذاشت دریا به خشم   ازان سوی دریا چو بر کرد چشم[10]
بدیدش سپینود و بهرام را   مران مرد بی‌باک خودکام را[11]
به دختر چنین گفت ک:«ای بدنژاد   که چون تو ز تخم بزرگان مباد[12]
تو با این فریبنده مرد دلیر   ز دریا گذشتی بکردار شیر[13]
که بی‌آگهی من به ایران شوی   ز مینوی خرّم به ویران شوی[14]
ببینی کنون زخم ژوپین من   چو ناگاه رفتی ز بالین من»[15]
بدو گفت بهرام ک:«ای بدنشان   چرا تاختی باره چون بیهشان[16]

---

۱ - **یک:** پس از برنشاندن سپینود، خفتان پوشید؟ **دو:** گرز را در راه نشاید بدست گرفتن!   ۲ - دوباره بدریا رسید!

۳ - **یک:** کشتی را نشاید برانگیختن، کشتیبانان را شاید برانگیختن تا بادبان‌ها را بکشند و کشتی را براه اندازند. **دو:** زورق را نیز نتوان ساختن، زیرا که بدست درگران و آهنگران ساخته می‌شود.   ۴ - بهرام جهان پهلوان نبود، و شاهنشاه بود...

۵ - بهرام و یاران، از دریا گریختند، و برای آگاه کردن از قنّوج، سواری می‌رود؟

٦ - رفته را با برده پساوا نیست.

۷ - نیکخواه را برای پساوای نخچیرگاه آورده‌اند، وگرنه بس می‌نمود که شنگل «شنیده باشد».

۸ - **یک:** همه لشگر هندوستان را برنشاندن، چندان زمان خواهد! **دو:** دوبار نام لشگر را در یک گفتار آوردن نادرست است.

۹ - آشفتگی و نادانی افزاینده را مرزی نیست: **یک:** آگاهی ازگریز بهرام و سپینود از دریا، به قنوج رسید. **دو:** سواری به نخچیرگاه رفت و شنگل را آگاه کرد. **سه:** شنگل سپاه خویش را بدرگاه فراخواند... و آنانرا برنشاند! سپاهیان از قنوج تا دریابار رفتند... و هنوز کشتی بهرام کنار دریا بود، و نرفته بود!!!؟ باز آنکه در رج پنجم پیشین آنانرا بخشکیِ آنسوی دریا نیز رسانده بود!...

۱۰ - ... **یک:** باز بیاد آورد که آنانرا از دریا گذرانده است، و شنگل را نیز از دریا گذراند. **دو:** «بر کرد چشم» را هیچ گزارش نیست، دوباره آنانرا در آنسوی دریا بدید!!   ۱۱ - «بدیدش سپینود و بهرام را» نیز نادرست است.

۱۲ - دنبالهٔ داستان   ۱۳ - لت دویم نادرخور است، زیرا که از دریا با کشتی گذشته بود، نه بکردار شیر!

۱۴ - سخن در لت نخست بدآهنگ است.

۱۵ - **یک:** سخن بازگونه است، و لت دویم را بایستی نخست آوردن. **دو:** سپینود، بر بالین شنگل نبود که چندی زن بهرام بوده است.

۱٦ - **یک:** پیدا است که از آیین ایران بدور است که کسی پدر زن خویش را بدنشان خوانَد. **دو:** باره را تاخته است نه چون بیهشان که نیاز پساوای بدنشان بوده است. **سه:** شنگل از دریا گذشته بود و بخشکی رسیده بود، و بر باره سوار نبود.

مرا آزمودی گهِ کارزار　　چنانم که با باده و میگسار[1]
تو دانی که از هندوان سد هزار　　بود پیش من کمتر از یک سوار[2]
چو من باشم و نامور یار سی　　زره‌دار با خنجر پارسی[3]
پر از خون کنم کشور هندوان　　نمانم که باشد کسی با روان»[4]
بدانست شنگل که او راست گفت　　دلیری و گردی نشاید نهفت[5]
بدو گفت شنگل که: «فرزند را　　بیفکندم و خویش و پیوند را[6]
ز دیده گرامی‌ترت داشتم　　به سر بر همی افسرت داشتم[7]
ترا دادم آن را که خود خواستی　　مرا راستی بُد ترا کاستی[8]
جفا برگزیدی به جای وفا　　وفا را جفا کی پسندی سزا[9]
چه گویم ترا کان که فرزند بود　　به اندیشهٔ من خردمند بود[10]
کنون چون دلاور سواری شده‌ست　　گمانم که او شهریاری شده‌ست[11]
دل پارسی با وفا کی بود　　چو آری کند رای او نی بود[12]
چنان بچهٔ شیر بودی درست　　که از خون دل دایگانش بشست[13]
چو دندان برآورد و شد تیزچنگ　　به پروردگار آمدش رای جنگ»[14]
بدو گفت بهرام «چون دانی‌ام　　بداندیش و بدساز چون خوانی‌ام[15]
به رفتن نباشد مرا سرزنش　　نخوانی مرا بددل و بدکنش[16]
شهنشاه ایران و توران منم　　سپهدار و پشت دلیران منم[17]
ازین پس سزای تو نیکی کنم　　سر بدسگالت ز تن برکنم[18]

---

۱ - آزمودی، نادرست است: آزموده‌ای.

۲ - **یک:** «تو» در سخن نابکار است، زیرا که در رج پیشین نیز روی سخن به شنگل بوده است. **دو:** سدهزار کس را با کنش «بوَد» نتوان آوردن.

۳ - **یک:** یار سی نادرست است: سی یار. **دو:** از خنجر پارسی، دیگر، هیچگاه در افزوده‌ها نیز نیامده است. افزایندگان از خنجر کابلی و خنجر هندوان یاد می‌کرده‌اند، اما این تنگنای پساوا افزاینده را وادار به آوردن خنجر پارسی کرده است.

۴ - سخن در لت دویم سخت نادرست است.　　**۵ - یک:** راست گفت، نادرخور است: «راست گوید». **دو:** گُردی را «را» باید.

۶ - **یک:** گفتار شنگل را باید با «من» آغاز شدن: «من فرزند را...». **دو:** چگونه فرزند و خویش و پیوند را بیفکند؟ که خود دختر خویش را بدو داده بود.　　**۷** - سخن درست است اما پیوسته بگفتار...

۸ - بهرام خود نخواسته بود... بهرام را نیز کاستی نبود، که کرگ و اژدها را در هندوستان کشته بود.　　**۹** - دنباله سخن.

۱۰ - بهرام، فرزند وی نبود، خود خردمند بود، نه باندیشهٔ او!

۱۱ - **یک:** «چون دلاور» نادرخور است: «دلاور». **دو:** بهرام پیش از آمدن بهندوستان سوار و دلاور و پهلوان بوده است.

۱۲ - **یک:** وفا... آری کنی نادرست است: «آری بگویی». **دو:** رای در این سخن نادرخورست: «پاسخ وی».

۱۳ - بهرام را دایه‌ای در هندوستان نبود، و خود، چون شیر بهندوستان آمده بود.

۱۴ - به پروردگار نادرخور است: «با پروردگارش».　　**۱۵** - دنبالهٔ داستان.

۱۶ - برفتن نادرخور است: «از رفتنِ من».　　**۱۷** - بهرام، شاه توران نبوده است.

۱۸ - کُنم را کَنم پساوا نیست.

به ایران به جای پدر دارمت | هم از باژ کشور نیازارمت[1]
همان دخترت شمع خاور بود | سر بانوان را چو افسر بود»[2]
ز گفتار او ماند شنگل شگفت | ز سر شارهٔ هندوی برگرفت[3]
بزد اسپ و از پیش چندان سپاه | بیامد به پوزش به نزدیک شاه[4]
شهنشاه را شاد در بر گرفت | ازان گفته‌ها پوزش اندر گرفت[5]
به دیدار بهرام شد شادکام | بیاراست خوان و بیاورد جام[6]
برآورد بهرام، راز از نهفت | سخن‌های ایرانیان باز گفت[7]
که کردار چون بود و اندیشه چون | که بودم بدین داستان رهنمون[8]
میی چند خوردند و برخاستند | زبان را به پوزش بیاراستند[9]
دو شاه دلارای یزدان‌پرست | وفا را پسودند بر دست دست[10]
که: «ز این پس دل از راستی نشکنیم | همی بیخ کژّی ز بن برکنیم[11]
وفادار باشیم تا جاودان | سخن بشنویم از لب بخردان»[12]
سپینود را نیز پدرود کرد | تنِ خویش تار و برش پود کرد[13]
سبک پشت بر یکدگر گاشتند | دل کینه بر خاک بگذاشتند[14]
یکی سوی خشک و یکی سوی آب | برفتند شادان دل و پرشتاب[15]

*

چو آگاهی آمد به ایران که شاه | بیامد ز قنّوج خود با سپاه[16]
ببستند آذین به راه و به شهر | همی هر کس از کار برداشت بهر[17]

---

۱ - سخن بازگونه و اندیشهٔ سست افزاینده که پس از (کَندن) سر، او را بجای پدر داشتن، چگونه شاید؟

۲ - خاور در زبان فارسی برابر (= غروب) تازی است، و خاستگاه خورشید، خورآسان (= خورآیان) است.

۳ - پادشاه را تاج بود، نه شاره (شال).

۴ - **یک:** شنگل با کشتی آمده بود، نه با اسپ! **دو:** «بزد اسپ» نیز نادرخور است، زیرا که آن سخنان از نزدیک میان آندو رفته بود، و برای رسیدن به بهرام اسپ را نشایستی زدن، و تاختن!

۵ - پوزش (اندرگرفتنی) نیست، (آشکارکردنی) است. ۶ - دنبالهٔ گفتار. ۷ - دنبالهٔ گفتار.

۸ - کس او را رهنمون بدین کار (رفتن بهندوستان) رهنمون نبود، که خود، آهنگِ چنین کار را کرده بود.

۹ - میی چند، نادرخور است، «چند جام»، «جامی چند».

۱۰ - **یک:** دلارای را دربارهٔ مردان نشاید بکار بردن، این دخترکان و زنان‌اند که دلارای‌اند. **دو:** پیدا است که هندیان یزدانپرست نبوده‌اند، و نیستند! **دو:** «وفا» نه! پیمان! و برای بستن پیمان دست را بدست نمی‌پساوند، که با یکدگر دست می‌دهند.

۱۱ - راستی را «دل» نیست... پیمان را شکستن، شاید. ۱۲ - چند بار؟ ۱۳ - دنبالهٔ گفتار

۱۴ - سبک (= بتیزی) نشاید گفتن که پدرود کردن پدر و دختر، بآرامی و درنگ، و بازپس‌نگری انجام می‌گیرد.

۱۵ - **یک:** سوی خشک نادرست است: «سوی خشکی». **دو:** سوی خشکی نیز در این داستان نادرخور است یکی بسوی دریا رفت، و دیگری روی براه نهاد.

۱۶ - **یک:** «خود» نادرست است: «با سپاه بیامد». **دو:** اما بهرام، با خویش سپاه نبرده بود، که سی مرد همراه او بودند!

۱۷ - آمدن بهرام و پذیره شدن او را، با بهره گرفتن از کار چه پیوند است.

درم ریختند از کران تا کران — هم از مشک و دینار و هم زعفران[۱]
چو آگاه شد پور او یزدگرد — سپاه پراکنده را کرد گرد[۲]
چو نرسیّ و چون موبد موبدان — پذیره شدندش همه بخردان[۳]
چو بهرام را دید فرزند اوی — بیامد بمالید بر خاک روی[۴]
برادرش نرسی و موبد همان — پر از گرد رخسار و دل شادمان[۵]
چنان هم بیامد به ایوان خویش — به یزدان سپرده تن و جان خویش[۶]
بیاسود چون گشت گیتی سیاه — بکردار سیمین سپر گشت ماه[۷]
چو پیراهن شب بدرّید روز — پدید آمد آن شمع گیتی‌فروز[۸]
شهنشاه بر تخت زرّین نشست — درِ بار بگشاد و لب را ببست[۹]
برفتند هر کس که بُد مهتری — خردمند و در پادشاهی سری[۱۰]
جهاندار بر تخت برپای خاست — بیاراست پاکیزه گفتار راست[۱۱]
نخست از جهان آفرین یاد کرد — ز فام خرد گردن آزاد کرد[۱۲]
چنین گفت ک:«ز کردگار جهان — شناسندهٔ آشکار و نهان
بترسید و او را ستایش کنید — شب تیره پیشش نیایش کنید
که او داد پیروزی و دستگاه — خداوند تابنده خورشید و ماه
هر آن کس که خواهد که یابد بهشت — نگردد به گِرد بد و کار زشت
چو داد و دهش باشد و راستی — بپیچد دل از کژّی و کاستی
ز ماکس مباشید زین پس به بیم — اگر کوه زر دارد و گنج سیم
ز دل‌ها همه بیم بیرون کنید — نیایش به دارای بی‌چون کنید
کشاورز گر مرد دهقان نژاد — بکوشید با ما به هنگام داد

---

۱ - **یک:** از کران تا کران ایران چگونه توان درم ریختن. **دو:** افزایندگان، دست از ریختن مشگ و زعفران برنمی‌دارند.

۲ - سپهسالاری ایران با نرسی برادر کوچکتر بهرام بود.

۳ - چو... در آغاز سخن نادرخور است.

۴ - چون دید... همان زمان، می‌بایستی چهره بر خاک مالد، نه؛ بیاید و پس از آن.

۵ - **یک:** موبد همان نادرست است. **دو:** چرا با رخسارهٔ پر گرد؟... افزاینده خواسته است بگوید که آنان نیز رخ بر زمین مالیدند،... اما اگر چنین باشد رخ خاک آلوده می‌شود، نه پر از گرد.

۶ - لت دویم سخت سست است.

۷ - **یک:** گیتی سیاه گشت نیز نادرخور است، و فردوسی زیباترین آرایه‌های سخن را برای روز شدنِ شب، و شب شدن روز بکار گرفته است. **دو:** چون ماه، بسان سپری سیمین درآید، شب چهاردهم ماه است و شب در چنان شب سیاه نمی‌نماید.

۸ - بیدرنگ بامداد شد!

۹ - سخن از شاهنامه، داستان کیخسرو برگرفته شده است.

۱۰ - **یک:** چون «آیین بار» باشد، همگان می توانند بار یابند، نه تنها مهتران. **دو:** هر کس که بد مهتری نیز نادرخور است، و لت دویم از آن نادرخورتر.

۱۱ - **یک:** بهرام که لب را بسته بود، چرا برای سخن گفتن بر پای خاست؟ **دو:** لت دویم نادرست است، گفتار پاکیزهٔ راست چگونه است؟

۱۲ - افزایندگان از اینجا بیست و یک رج گفتار آورده‌اند که کم و بیش برگرفته از گفتارهای پیشین بهرام گور است با سخنی سست و بی‌پیوند، و گاهگاه نادرخور که خوانندهٔ گرامی را به سنجش گفتارهای او با این سخنان فرامی‌خوانم.

داستان افزوده بهرام در هند ۳۸۱

هر آن را که ما تاج دادیم و تخت   ز یزدان شناسید و ز داد و بخت
نکوشم به آکندن گنج من   نخواهم پراکنده کرد انجمن
یکی گنج خواهم نهادن ز داد   که باشد روانم پس از مرگ شاد
بر این نیز گر خواست یزدان بود   دل روشن از بخت خندان بود
بر این نیکوی‌ها فزایش کنیم   سوی نیکبختی نمایش کنیم
گر از لشکر و کارداران من   ز خویشان و جنگی سواران من
کسی رنج بگزید و با من نگفت   همی دارد آن کژّی اندر نهفت
ورا از تن خویش باشد بزه   بزه کی گزیند کسی بی مزه
منم پیش یزدان ازو دادخواه   که در چادر ابر بنهفت ماه
شما را مگر دیگر است آرزوی   که هر کس دگرگونه بباشد به خوی
بگویید گستاخ با من سخن   مگر نو کنم آرزوی کهن
همه گوش دارید و فرمان کنید   ازین پند آرایش جان کنید

*

بگفت این و بنشست بر تخت داد   کلاه کیانی به سر بر نهاد[1]
بزرگان بر او خواندند آفرین   که: «بی تو مبادا کلاه و نگین[2]
چو دانا بود شاه پیروز بخت   بنازد بدو کشور و تاج و تخت[3]
ترا مردی و دانش و فرّهی   فزون آمد از تخت شاهنشهی[4]
بزرگی و هم دانش و هم نژاد   چو تو شاه گیتی ندارد به یاد[5]
کنون آفرین بر تو شد ناگزیر   ز ما هر که هستیم برنا و پیر[6]
هم آزادیِ تو به یزدان کنیم   دگر پیش آزادمردان کنیم[7]
بر این تخت ارزانیان است شاه   به داد و به پیروزی و دستگاه[8]
همه مردگان را برآری ز خاک   به داد و به بخشش به گفتار پاک[9]
خداوندِ دارنده یار تو باد   سرِ اختر اندر کنار تو باد»[10]

---

۱ – مگر بهنگام سخن گفتن کلاه کیانی را از سر گرفته بود، که اکنون بسر برنهد؟

۲ – برگرفته از شاهنامه است، و افزایندگان، آنرا‌شش بار در گفته‌های خویش آورده‌اند.

۳ – سخن در رج پیشین بپایان رسیده بود، و این رج را پیوند با آن نیست.   ۴ – همچنین

۵ – سخن درهمریخته است، و دو لت رابیکدیگر پیوند نیز نیست.

۶ – سخن سست و بی‌پیوند! و برنا کودک پنج ساله تا ده ساله است.

۷ – آزادی‌کس را بیزدان کردن، گزارش نیست، لت دویم را همچنین.

۸ – ارزانیان، درماندگان (= مستحقان) تازی است، و افزاینده خواسته است بگوید که تخت، ارزانی شاه است (= درخور شاه است).

۹ –گزافهٔ سخت در لت نخست.   ۱۰ – سر اختر (= ستاره) در کنار کسی نشاید بودن.

برفتند با رامش از پیش تخت　　بزرگان فرزانهٔ نیکبخت[1]
نشست آن زمان شاه و لشکر بر اسپ　　بیامد سوی خان آذرگشسپ[2]
بسی زرّ و گوهر به درویش داد　　نیاز آنکه بنهفت ازو، بیش داد[3]
پرستندهٔ آتش زردهشت　　همی رفت با باژ و بَرسَم به مشت[4]
سپینود را پیش او برد شاه　　بیاموختش دین و آیین و راه[5]
بشستش به دین بِهْ و آب پاک　　ازو دور شد گرد و زنگار و خاک[6]
درِ تنگ زندان‌ها باز کرد　　به هر سو درم دادن آغاز کرد[7]

✻

پس آگاه شد شنگل از کار شاه　　ز دختر که شد شاه را پیشگاه[8]
به دیدار ایران بدش آرزوی　　برِ دختر و شاه آزاده خوی[9]
فرستاد هندی فرستاده‌ای　　سخنگوی مردیّ و آزاده‌ای[10]
یکی عهد نو خواست از شهریار　　که دارد به خان اندرون یادگار[11]
بنوّی جهاندار عهدی نوشت　　چو خورشید تابان به باغ بهشت[12]
یکی پهلوی‌نامه از خطّ شاه　　فرستاده آورد و بنمود راه[13]
فرستاده چون نزد شنگل رسید　　سپهدار قنّوج خطّش بدید[14]
ز هندوستان ساز رفتن گرفت　　ز خویشان چینی نهفتن گرفت[15]
بیامد به درگاه او پنج شاه　　که آیند با رای شنگل به راه[16]

---

۱ – بار همگانی بود، نه ویژهٔ بزرگان.　**۲** – شاه ولشگر راکنش «بنشستند» باید، و در لت دویم نیز «برفتند».
۳ – لت دویم نادرخور است، و افزاینده را رای بر آن بوده است که بگوید: «به آنان که درویشی خویش را آشکار نمی‌کردند، بیشتر داد». اما، چنین کسان را چگونه می‌شناختند؟
۴ – **یک:** آتش زردهشت(؟) درست نیست، زیرا که از زمان باستان، ایرانیان که در سرما می‌زیستند، آتشکده داشتند. **دو:** برسم به مشت نادرخور است برسم بدست. **سه:** اما افزایندهٔ ناآگاه، باژ را نیز در مشت پرستندگان جای داد، باز آنکه باژ ستایش یزدان، زیر لب خواندن است.　**۵** – آموزش دین را بیرون آتشکده نیز توانستند دادن.
۶ – **یک:** با دین چگونه کس را توان شستن؟... افزاینده را گمان بسوی (غسل تعمید مسیحیان) کشیده شده است. **دو:** مگر سپینود چنان پلید و چرکین بود که گردو و زنگار وخاک بر سر و تن داشت؟　**۷** – درم را پیش از این بدرویشان داده بود.
۸ – **یک:** دختر نادرست است: «دخترش». **دو:** دختر او را جای در مشکوی شاه است، نه در پیشگاه‌شان.
۹ – **یک:** لت نخست نادرست است: «دیدار ایران را آرزو کرد». **دو:** لت دویم را نیز پیوند بایسته با لت نخست نیست.
۱۰ – «هندی فرستاده» نیز همچون بهندی نام یزدان را خواندن است: «فرستاده‌ای بایران گسیل داشت».
۱۱ – **یک:** عهد، همان پیمان بود که در خشگی ناشناختهٔ پیشین میان آندو، با دست دادن گذشته بود. **دو:** لت دویم نیز نادرخور است.
۱۲ – در آمدن فرستاده، و پذیره و پذیرایی او، از خواندن نامهٔ شنگل یاد نمی‌شود، و بیدرنگ عهد را می‌نویسند؟
۱۳ – لت نخست بی‌پیوند و نادرست است، و همین سخن در رج پیشین بگونه‌ای دیگر آمده بود.
۱۴ – سپهدار قنوج دوباره‌گویی نام شنگل در لت نخست است.
۱۵ – لت دویم را پیوند بایسته با لت نخست نیست...: «آهنگ ایران کردن را از چینیان...»
۱۶ – **یک:** پنج شاه را «بیامدند» باید. **دو:** تاکنون از شنگل با پیشوند «رای» یاد نشده بود، اما آهنگ گفتار افزاینده را ناگزیر بافزودن آن

←

یکی شاه کابل دگر هند شاه … دگر شاه سندل بشد با سپاه[1]
دگر شاه مندل که بُد نامدار … همان نیز جندل که بُد کامگار[2]
ابا ژنده‌پیلان و زنگ و درای … یکی چتر هندی به سر بر بپای[3]
همه نامجوی و همه نامدار … همه پاک با توغ و با گوشوار[4]
همه ویژه با گوهر و سیم و زر … یکی چتر هندی ز طاووس نر[5]
به دیبا بیاراسته پشت پیل … همی تافت آن لشکر از چند میل[6]
ابا هدیهٔ شاه و چندان نثار … که دینار شد خوار بر شهریار[7]
همی راند منزل به منزل سپاه … چو زان آگهی یافت بهرام شاه[8]
بزرگان ز هر شهر برخاستند … پذیره شدن را بیاراستند[9]
بیامد شهنشاه تا نهروان … خردمند و بیدار و روشن روان[10]
دو شاه گرانمایه و نیک ساز … رسیدند پس یک به دیگر فراز[11]
به نزدیکی اندر فرود آمدند … که با پوزش و با درود آمدند[12]
گرفتند مر یکدگر را به بر … دو شاه سرافراز با تاج و فر[13]
پیاده شده لشکر از هر دو روی … جهانی سراسر پر از گفت‌وگوی[14]
دو شاه و دو لشکر رسیده بهم … همی رفت هر گونه از بیش و کم[15]
به زین برنشستند هر دو سوار … همان پرهنر لشکر نامدار[16]
به ایوان‌ها تخت زرّین نهاد … بر او جامهٔ خسروآیین نهاد[17]

→ کرد.

۱ - شاه کابل ایرانی بوده است، و شاه سندل را نشناختیم...

۲ - همچنین شاه مندل (؟) را...! ۳ - دنباله سخن. ۴ - «نامجوی»، نشاید «نامدار» خواندن...

۵ - **یک:** «ویژه» در این گفتار، نادرخور است. **دو:** افزاینده بدین زودی از یاد برد که بر سر آنان چتر هندی بپای کرده بود. **سه:** از تاووس نیز نشاید چتر ساختن، اما اگر از پر تاووس باشد، آنرا توان جلوگیری از ریزش باران نیست.

٦ - **یک:** دربارهٔ پیلان پیشتر سخن رفته بود، و افزاینده دوباره بدان بازگشت. **دو:** آن لشگر نیز نادرست است زیرا که هر یک از نامبردگان با سپاه خویش آمده بودند.

۷ - **یک:** هدیهٔ کدام شاه؟ آن شش پادشاه، یا بهرامشاه؟ اگر چنین است، بایستی یاد کرده شود: «با هدیه‌ای که برای بهرامشاه می‌بردند! **دو:** همچنین دربارهٔ دینار. ۸ - بهرام آگهی یافت...

۹ - ... و بزرگان هر شهر برخاستند؟

۱۰ - **یک:** دربارهٔ خردمندی بهرام پیش از این سخن بسیار رفته است، شایسته نمی‌نماید از او بخردمندی و بیداری یاد کنند. **دو:** روشنروان نیز برابر با «زنده» است و مرده را توان رفتن نیست تا بپذیرهٔ کسی رود.

۱۱ - سخن از شش تن از شاهان هند، و بهرامشاه بود، نه از دو شاه.

۱۲ - **یک:** نزدیکی اندر (= اندرون) نادرست است. **دو:** پیوند «که» در آغاز لت دویم نادرخور است. **سه:** همچنین واژهٔ «پوزش» در کنار درود. ۱۳ - دنبالهٔ گفتار... باز از دو شاه سخن می‌رود. ۱۴ - لشگریان را پیش از شاهان بایستی فرود آمدن.

۱۵ - **یک:** باز... دو شاه. **دو:** کم راگزارش چه باشد؟

۱٦ - **یک:** سخن را پیوند درست با رج پیشین نیست. **دو:** چون کسی بر زین برنشیند، باری «سوار» است. و دوباره از آن یاد نشاید کردن.

۱۷ - پس از آمدن مهان تخت زرین نهادن سزاوار نیست. و چنین کارها پیش از آمدن آنان می‌بایستی انجام گیرد.

به یک تیر پرتاب بر خوان نهاد ❊ بر او برّه و مرغ بریان نهاد[1]
می آورد و برخواند رامشگران ❊ همه جام پر از کران تا کران[2]
چو نان خورده شد مجلس شاهوار ❊ بیاراست پر بوی و رنگ و نگار[3]
پرستندگان ایستاده بپای ❊ بهشتی شده کاخ و گاه و سرای[4]
همه آلت می سراسر بلور ❊ طبقهای زرّین ز مشک و بخور[5]
ز زر افسری بر سر میگسار ❊ به پای اندرون کفش گوهرنگار[6]
فرو ماند زان کاخ شنگل شگفت ❊ به می خوردن اندیشه اندر گرفت[7]
که تا این بهشت است یا بوستان ❊ همی بوی مشک آید از دوستان[8]
چنین گفت با شاه ایران بهراز ❊ که: «با دخترم راه دیدار ساز»[9]
بفرمود تا خادمان سپاه ❊ پدر را گذارند نزدیک ماه[10]
همی رفت با خادمان نامدار ❊ سرای دگر دید چون نوبهار[11]
چو دخترش را دید بر تخت آج ❊ نشسته به آرام با فرّ و تاج[12]
بیامد پدر بر سرش بوسه داد ❊ رخان را به رخسار او برنهاد[13]
پدر زار بگریست از مهر اوی ❊ همان بر پدر دختر ماهروی[14]
همی دست بر سود شنگل به دست ❊ ازان کاخ و ایوان و جای نشست[15]

---

۱ - **یک:** سخن نادرخور! مگر خوان را در بیابان نهاده بودند که درازای خوان در آن یک تیر پرتاب رسد! خوان را در تالار کاخ می‌نهادند، و اندازه‌اش باندازه همان تالار بود. **دو:** خوراک شاهان نیز بسا بیش از مرغ و بره است!

۲ - بهرام خود می آوردا... لت دویم را نیز پیوند درست با لت نخست نیست.

۳ - **یک:** مگر آنچنان خوان و پذیرایی، (شاهوار) نبوده است؟ که اکنون شاهوارش توان نامیدن! **دو:** شاهوار را به تاج و جامهٔ شاه توان گفتن نه به (مجلس)، که آنرا شاهانه بایستی نامیدن.

۴ - بهشتی شده نیز نادرخور است: کاخ و گاه و سرای بسان بهشت بود.

۵ - **یک:** همه و سراسر یکی است. **دو:** مشک را در تبق نمی‌آورند که در آتش می‌سوزانند. **سه:** «بخور» (= بخار) را چگونه در تبق جای توان دادن؟

٦ - **یک:** مگر یک میگسار در آن مهمانی بزرگ بود که از یک افسر یاد شود؟ **دو:** به پای اندرون نیز نادرست است زیرا که پای را اندرون نیست.

۷ - **یک:** سخن درهمریخته است شنگل از زیبایی آن کاخ در شگفت شد. **دو:** لت دویم نیز نادرخور است زیرا که اندیشه را اندر (اندرون) نمی‌توان گرفتن: «باندیشه اندر شد».

۸ - لت دویم را پیوند با لت نخست نیست.

۹ - «دیدار» در گفتار فردوسی؛ چهره است:

«بدینسان زنی داشت، پرمایه شاه ❊ ببالای سرو و بدیدار ماه»

و بر این بنیاد، راه دیدارساز سخت نادرست است.

۱۰ - (خادمان) سپاه را به کاخ و مهمانی و انجمن می و رامش چکار؟

۱۱ - سخن دوباره

۱۲ - ...داوری درست نمی‌نماید، زیرا که دختر را باید، پیش پای پدر برخاستن و نماز بدو بردن.

۱۳ - بر سرش بوسه داد (زد) یا بر رخانش؟

۱۴ - نام بردن پدر در آغاز این رج نادرخورست، و آنرا پیوند «و» باید.

۱۵ - دست بر سود بدست در گفتار فارسی نیامده است: «دست بر هم مالیدن».

سپینود را گفت: «اینت بهشت — برستی ز کاخ بت‌آرای زشت»[1]
همان هدیه‌ها را که آورده بود — اگر بدره و تاج و گر برده بود[2]
بدو داد با هدیهٔ شهریار — شد آن خرّم ایوان چو باغ بهار[3]
اُزان جایگه شد به نزدیک شاه — همی کرد مرد اندر ایوان نگاه[4]
بزرگان چو خرّم شدند از نبید — پرستار او خوابگاهی گزید[5]
سوی خوابگه رفتن آراستند — ز هر گونه‌ای جامه‌ها خواستند[6]
چو پیدا شد این چادر مشک رنگ — ستاره بر او بر چو پشت پلنگ[7]
بکردند میخوارگان خواب خوش — همه ناز را دست کرده به کش[8]
چنین تا پدید آمد آن زرد جام — که خورشید خوانی مر او را به نام[9]
بینداخت آن چادر لاژورد — بگسترد بر دشت یاقوت زرد[10]
به نخچیر شد شاه بهرام گرد — شهنشاه هندوستان را ببرد[11]
چو از دشت نخچیر باز آمدند — خجسته‌پی و بزم‌ساز آمدند[12]
چنین هم به گوی و به نخچیر و سور — زمانی نبودی ز بهرام دور[13]

*

بیامد ز میدان چو تیر از کمان — بر دختر خویش رفت آن زمان[14]
قلم خواست از ترک و قرطاس خواست — ز مشک سیه سوده انقاس خواست[15]
سر عهد کرد آفرین از نخست — بر آن کاو جهان از نژندی بشست[16]

---

۱ – **یک:** «اینت» سخت نادرخور است. **دو:** از کاخ (هندوستان) برست؟ یا از بت‌آرای زشت؟

۲ – **یک:** اگر و گر در لت دویم نادرخور است. **دو:** بدره نیز کیسه است، و بایستی روشن شود که «بدرهٔ زر»، یا سیم بوده است.

۳ – **یک:** چنین کار را کارگزاران انجام می‌دهند، نه پادشاه! **دو:** هدیهٔ شهریار چیست؟ که بسخن افزوده شده است! اگر هدیهٔ بهرام است که آیین پیش کشیدن آن چنین بوده است که یکروز پس از فرود آمدن همه را در میدانی بنمایش می‌گذاشتند، و پس از دیدن شاه، گنجوران آنها را بگنج می‌بردند!

۴ – لت دویم سخت نادرخور است.

۵ – **یک:** افزاینده دوباره به انجمن رامش بازگشت! **دو:** خوابگاه مهمانان نیز از پیش برگزیده بوده است.

٦ – **یک:** رفتن آراستنی نیست. **دو:** جامه‌ها نیز از پیش در خوابگاه فراهم شده بود.

۷ – **یک:** شب شدن در گفتار فردوسی بدین‌گونه نمی‌آید. **دو:** ستاره چون پشت پلنگ بود؟ یا آسمان از ستاره‌ها به پشت پلنگ مانند شد؟

۸ – سخن کودکانه است، برای ناز دست بکَش (بغل) کردن چگونه است؟

۹ – روز شدن در گفتار کودکان نیز با چنین واژه‌ها نمی‌آید!

۱۰ – گفتار فردوسی است، که با آن گفتار ناساز همراهش کرده‌اند.

۱۱ – گفتار کودکانه است، مگر آیین رفتن شاهان چنین بی‌آیین بوده است که گوییا، شاه دست شاهی دیگر راگرفته او را همراه خود می‌برد!

۱۲ – خجسته پی (= خجسته بنیاد) را نشاید با بزمساز همراه کردن، زیراکه این یک با همین روز پیوند دارد، و آن یک به همهٔ زندگانی پیوسته است.

۱۳ – دنبالهٔ همان سخنان.

۱۴ – آن زمان پایان سخن نادرخور است.

۱۵ – کدام ترک؟ مگر ترکان در آنزمان بهندوستان رسیده بودند؟

١٦ – **یک:** سخن از پیمان (= عهد) نرفته است که بیدرنگ از «سرِ آن» یاد شود. **دو:** در جهان بسا نژندی‌ها و ناپاکیها هست که هنوز زدوده ←

۳۸۶ پادشاهی بهرام گور

بگسترد هم پاکی و راستی / سوی دیو شد کژّی و کاستی[1]
سپینود را جفت بهرام‌شاه / سپردم بدین نامور پیشگاه[2]
شهنشاه تا جاودان زنده باد / بزرگان همه پیش او بنده باد[3]
چو من بگذرم زین سپنجی سرای / به قنّوج بهرام‌شاه است رای[4]
ز فرمان این تاجور مگذرید / تن مرده را سوی آتش برید[5]
سپارید گنجم به بهرام‌شاه / همان کشور و تاج و گاه و سپاه[6]
سپینود را داد منشور هند / نوشته خطی هندوی بر پرند[7]
به ایران همی بود شنگل دو ماه / فرستاد پس مهتری نزد شاه[8]
به دستوریِ بازگشتن به جای / خود و نامداران فرخنده‌رای[9]
بدان شد شهنشاه همداستان / که او بازگردد به هندوستان[10]
ز چیزی که باشد به ایران زمین / بفرمود تا کرد موبد گزین[11]
ز دینار و ز گوهر شاهوار / ز تیغ و ز خود و کمر بی‌شمار[12]
ز دیبا و از جامهٔ ناپسود / که آن را شمار و کرانه نبود[13]
به اندازه یارانش را هم چنین / بیاراست اسپان به دیبای چین[14]
گسی کردشان شاد و خشنود شاه / سه منزل همی راند با او به راه[15]
نبُد هم بدین هدیه همداستان / علف داد تا مرز هندوستان[16]

← نشده است.

۱ – **یک:** دیو کژی و کاستی را پدید می‌آورد، نه آنکه کژی‌ها و ناپاکی بسوی او رود! **دو:** هندیان در آنزمان و این‌زمان «دیو» را نام خدا می‌دانند.

۲ – **یک:** چون «را» در لت نخست آید، «سپردم» در لت دویم نادرخور است: «سپینود را بزنی بهرامشاه دادم». **دو:** سپینود را ببهرام داد؟ یا به پیشگاه نامور؟ **سه:** سپینود، در هندوستان به بهرام داده بود.

۳ – بزرگان راکنش «بنده باد» نادرخور است.

۴ – نه چنین شد، و هیچیک از نامه‌های باستان چنین نیاورده‌اند.

۵ – **یک:** سخن بسوی هندیان بازگشت. **دو:** تن مرده نیز نادرخور است: «پیکر مرا پس از مرگ».

۶ – چون بهرامشاه، شاه هندوستان شود، بیگمان لشگر وگنج و کاخ و ایوانش بدو می‌رسد!

۷ – **یک:** هِند را با پَرَند پساوا نیست. **دو:** منشور هند را ببهرام داد؟ یا به سپینود؟

۸ – همی بود، نادرست است: «دو ماه در ایران بود».

۹ – **یک:** چون کنش بود، در رج پیشین آید، بایستی رفته باشد، باز آنکه هنوز در ایران است. **دو:** خود و نامداران نادرست است.

۱۰ – چون بهرام (بدان) همداستان شد، لت دویم ناکارآمد می‌شود.

۱۱ – موبدان را خویشکاری نیایش و آموزش و... بوده است، نه فراهم آوردن چیز(ی).

۱۲ – چون ز (= از) در آغاز رج پیشین آمده است. در این رج «ز» نابجا است.

۱۳ – همچنین.

۱۴ – در ایران اسپان را بدیبای چین می‌آرایند، تا هندیان که بچین نزدیکترند، آنها را با خود برند؟

۱۵ – همی راند، نادرخور است: «براند».

۱۶ – سخن سست است. **یک:** پیدا است که آنان در مرز ایران ره می‌سپارند بایستی خوراکشان و آخور اسپان هم از ایران بدانان رسد. **دو:** شاه را نشاید که علف دهد. **سه:** آخور اسپان را نمی‌توان در همهٔ راه با خویش بردن!

*

چو باز آمد از راه بهرام شاه / به آرام بنشست بر پیشگاه[1]
ز مرگ و ز روز بد اندیشه کرد / دلش گشت پردرد و رخساره زرد[2]
بفرمود تا پیش او شد دبیر / سرافراز موبد که بودش وزیر[3]
همی خواست تا گنج‌ها بنگرد / زر و گوهر و جامه‌ها بشمرد[4]
که با او ستاره‌شمر گفته بود / ز گفتار ایشان برآشفته بود[5]
که باشد ترا زندگانی سه بیست / چهارم به مرگت بباید گریست[6]
همی گفت شادی کنم بیست سال / که دارم به رفتن به گیتی همال[7]
دگر بیست از داد و بخشش جهان / کنم راست با آشکار و نهان[8]
نمانم که ویران شود گوشه‌ای / بیابد ز من هر کسی توشه‌ای[9]
سیوم بیست بر پیش یزدان بپای / بباشم مگر باشدم رهنمای»[10]
ستاره‌شمر شست و سه سال گفت / شمار سه سالش بُد اندر نهفت[11]
ز گفت ستاره‌شمر جست گنج / اُ گرنه نبودش خود از گنج رنج[12]
خنک مرد بی‌رنج و پرهیزگار / بویژه کسی کاو بود شهریار[13]
چو گنجور بشنید شد پیش گنج / به کار شمردن همی برد رنج[14]
به سختی چنان روزگاری ببرد / همه پیش دستور او برشمرد[15]
چو دستور او برگرفت آن شمار / پر اندیشه آمد برِ شهریار[16]
بدو گفت: «تا بیست و سه سال نیز / همانا نیازت نیاید به چیز[17]
ز خورد و ز بخشش گرفتم شمار / درم‌های این لشکر نامدار[18]

---

۱ – دنبالهٔ گفتار **۲** – تازه داماد را چگونه اندیشه مرگ پیش می‌آید؟
۳ – دبیر؟ یا موبد؟ یا وزیر؟ **۴** – همی خواست نادرخور است: «خواست».
۵ – لت دویم میان لت نخست و دنبالهٔ گفتار در رج پسین جدایی می‌افکند.
٦ – از این گفتار چنین برمی‌آید که از شست سالگی، تا هشتاد سالگی (چهارمین بیست سال) می‌باید چشم براه مرگ بوده باشد!
۷ – **یک:** شادی کنم؟ برای آنکس که دلش از مرگ پردرد بوده است. **دو:** لت دویم را گزارش نیست.
۸ – باز سخن از کار و امید می‌رود، نه از ناامیدی. **۹** – همچنین!
۱۰ – سخنان بهرام، و کردار وی در پادشاهی نشان از دادگری او می‌دهد، و رهنوردی براهی که یزدان می‌خواهد... پادشاه را پادشاهی خوب و داد و دهش و تیمار مردمان شاید نه، ایستادن (بر پیش یزدان). خداوند را پیشگاه نیست.
۱۱ – **یک:** بهمین زودی شست سال به شست و سه سال گردید! **دو:** لت دویم را نیز گزارش نیست زیرا که اگر بر بنیاد سخن لت نخست: «گفته بود» چگونه آنرا پنهان کرد؟ **۱۲** – سخن را هیچ گزارش و پیوند نیست. **۱۳** – دنبالهٔ گفتار.
۱۴ – **یک:** «بشنید» را در لت نخست با «همی‌برد» در لت دویم همخوان نیست. **دو:** گنجور را به (پیش گنج) چکار است، که او را باید به گنج اندرون شدن! **۱۵** – سخن سست و بی‌بنیاد. **۱٦** – دستور (او) نادرست است: دستور.
۱۷ – نیز پایان لت نخست نادرخور است: «تا بیست و سه سال».
۱۸ – **یک:** از خوردن آینده و بخشش آینده چگونه توان شمار گرفتن؟ **دو:** لت دویم را نیز پیوند (دستمزد) لشگریان باید، و سخن نیز سخت سست است!

فرستاده‌ای نیز کاید برت	ز شاهان و ز نامور کشورت [1]
بدین سال گنج تو آراسته‌ست	که پرزرّ و سیم است و پرخواسته‌ست» [2]
چو بشنید بهرام و اندیشه کرد	ز دانش غم نارسیده نخورد [3]
بدو گفت: «کوتاه شد داوری	که گیتی سه روز است چون بنگری [4]
چو دی رفت و فردا نیامد هنوز	نباشیم، ز اندیشه امروز، کوز [5]
چو بخشیدنی باشد و تاج و تخت	نخواهم ز گیتی ازین بیش رخت» [6]
بفرمود پس تا خراج جهان	نخواهند نیز از کهان و مهان [7]
به هر شهر مردی پدیدار کرد	سر خفته از خواب بیدار کرد [8]
بدان تا نجویند پیکار نیز	نیاید ز پیکار افگار نیز [9]
ز گنج آنچه بایست‌شان خوردنی	ز پوشیدنی گر ز گستردنی [10]
بدین پرخرد موبدان داد و گفت	که: «نیک و بد از من نباید نهفت [11]
میان سخن‌ها میانجی بوید	نخواهند چیزی کرانجی بوید [12]
مرا از بِهْ و بتّر آگه کنید	ز بدها گمانیم کوته کنید» [13]
پراکنده شد موبد اندر جهان	نماند ایچ نیک و بد اندر نهان [14]
بران پرخرد کارها بسته شد	ز هر کشوری نامه پیوسته شد [15]
که: «از داد و بیکاری و خواسته	خرد شد به مغز اندرون کاسته [16]
ز بس جنگ و خون ریختن در جهان	جوانان ندانند ارج مهان [17]
دل آکنده گردد جوان را بچیز	نبیند هم از شاه و موبد بنیز [18]

۱ – **یک:** افزاینده را رای بر آن بوده است که بگوید هزینهٔ پذیرایی از فرستادگان شاهان! **دو:** از شاهان؟ یا از کشور نامورت؟

۲ – بدینسال نادرست است، زیرا بر بنیاد گفتهٔ او بایستی تا بدانسال (پایان بیست و سه سال).

۳ – دانش را با نخ نارسیده پیوند نیست. ۴ – با داوری رج پسین گیتی دو روز است...

۵ – ...دیروز و امروز! زیرا که فردا نیامده است، و شاید بودن که نیاید. ۶ – رخت پایان سخن را گزارش نیست.

۷ – دنباله سخن. ۸ – پیشتر برای هر شهر مرزبانی برگزیده بود.

۹ – نیز پایان لت نخست نادرخور است و لت دویم بی‌گزارش است. ۱۰ – خوردنی را در گنج نمی‌نهند.

۱۱ – مرزبانان موبد نبودند.

۱۲ – **یک:** میان سخنان چه کسان؟ **دو:** لت دویم بیشتر به دشنام بخوانندگان می‌ماند. که هر واژهٔ نادرخور را برای پساوا می‌آورند.

۱۳ – **یک:** «به» را «بد»، و «بدتر» را «بهتر» باید. **دو:** «گمانیم» نادرست است: «گمانم» که آن نیز نادرست است گمان مرا.

۱۴ – موبد نادرست است زیرا که اگر مرزبانان را موبد در شمار آوریم، «موبدان» بایستی.

۱۵ – **یک:** افزاینده سخن را واژگون می‌گوید که همه کارها بر او گشاده شد!! **دو:** باز سخن کژ باژگونه که افزاینده می‌گوید که از بس خون ریخت از خون ریختن بیزار شد!؟

۱۶ – افزایندهٔ سست گفتار... نرم نرم سخن را از بهرام بر مردمان می‌کشاند... که از دادگری شاه و فراوانی خواسته و بیکاری مردمان،... خرد مردمان کم شد!

۱۷ – **یک:** بهنگام فراوانی و دادگری مردمان چرا بایستی جنگیدن و خون ریختن؟ **دو:** گفتار لت دویم، از گذشته، بزمان روان (= حال) گردید. ۱۸ – سخن سست نادرخور بی‌گزارش، در زمانِ روان.

رامش بهنگام بهرام گور ۳۸۹

بر این گونه چون نامه پیوسته شد — ز خون ریختن شاه دل خسته شد[۱]
بهر کشوری، کارداری گزید — پر از داد و دانش چنانچون سزید[۲]
هم از گنج بُد پوشش و خوردشان — ز پوشیدن و باز گستردشان[۳]
که شش ماه دیوان بیاراستی — اُزان زیردستان درم خواستی[۴]
نهادی بران سیم نام خراج — بدیوان ستانده با فرّ و تاج[۵]
به شش ماه بستد به شش باز داد — نبودی ستانده زان سیم شاد[۶]
بدان چاره تا مرد بیکار، خون — نریزد نباشد به بد رهنمون[۷]
اُزان پس نوشتند کارآگهان — که از داد و از ایمنی در جهان[۸]
که هر کش درم بُد خراجش نبود — به سرش اندرون داوری‌ها فزود[۹]
ز پُرّی به کژّی نهادند روی — پر از رنج گشتند و پرخاشجوی[۱۰]
چو آن نامه برخواند بهرام گور — به دلش اندر افتد زان کار شور[۱۱]
ز هر کشوری مرزبانی گزید — پر از داد، دلشان چنانچون سزید[۱۲]
به درگاه یک ساله روزی بداد — ز یزدان نیکی دهش کرد یاد[۱۳]
بفرمود کان را که ریزند خون — گر آرند کژّی به کار اندرون[۱۴]
برانند فرمان یزدان بر اوی — بدان تا شود هر کسی چاره‌جوی[۱۵]

❊

⇐ برآمد بر این بر بسی روزگار — یکی نامه فرمود پس، شهریار

---

۱ - سخن رج چهارم پیش، بگونه‌ای دیگر آمده است.

۲ - **یک:** «بهر کشوری» نادرست است: «برای هر کشور». **دو:** پیشتر کاردار برگزیده بود: «بهر شهر، مردی پدیدار کرد»!

۳ - **یک:** پیدا است که کارداران رای بایستی از گنج مزد پرداختن! **دو:** «ز» آغازین لت دویم نادرخور است. **سه:** «باز گستردشان» را گزارش نیست.

۴ - اگر هزینهٔ آنان از گنج پرداخته می‌شد، چرا بایستی در هر سال شش ماه از مردمان درم خواهند؟

۵ - لت دویم را بهیچ روی گزارش نیست.

۶ - **یک:** افزاینده با اندیشهٔ خوانندگان بازی می‌کند! و با سخنان سست می‌خواهد بگوید که شش ماه باژ (خراج) می‌گرفت و در شش ماههٔ دویم سال آن درم را بمردمان باز پس می‌داد!! **دو:** و روشن نیست که ستانندهٔ لت دویم کیست. آیا مرزبانان‌اند که درم را درشش ماهه نخست می‌گیرند، یا مردمان اند که در شش ماهه دویم درم را از مرزبان می‌ستانند. **سه:** «نبودی» برای یک کس کاربرد دارد، باز آنکه مرزبانان بسیار بودند،... و مردمان نیز!

۷ - **یک:** مرد بیکار را چرا بایستی خون ریختن؟ **دو:** و این چه چارهٔ از روی نادانی و پریشانی اندیشه است.

۸ - این سخن بگونه درست در گفتار پسین می‌آید.

۹ - «که» آغاز این رج با «که» آغاز لت دویم از رج پیشین همخوانی ندارد.

۱۰ - مردمان پرخاشجوی نگشتند، و چنانکه در گفتار شاهنامه، می‌آید بیکاره شدند.

۱۱ - برخواندن درست نیست: «خواند» «بخواند».

۱۲ - **یک:** پیشتر مرزبانان را برگزیده بود. **دو:** مرزبانی (= یک مرزبان) را با «دلشان» در لت دویم همخوانی نیست.

۱۳ - او که بر بنیاد گفتارهای افزایندگان بیست و سه ساله روزی داده بود!

۱۴ - آن (در کان = که آن) را با «ریزند» همخوانی نیست.

۱۵ - دنبالهٔ گفتار

سوی راستگویان و کارآگهان / کجا او پراکنده بُد در جهان
که: «اندر جهان چیست؟ ناسودمند / که آرد بدین پادشاهی گزند،
نوشتند پاسخ که: «از داد شاه / نگردد کسی، گِردِ آیین و راه
بشد، رای و اندیشهٔ کشت و ورز / به هر سو گیارست و بیکار، مرز[1]
پراکنده بینیم، گاوان کار / گیا رُسته هر جای، در کشتزار
چنین داد پاسخ که: «تا نیم روز / که بالا کشد تاجِ گیتی فروز
نباید بر آسود، از کشت و ورز / ز بی‌ارز مردم، مجویید ارز
که بیکار مردم ز بی دانشی‌ست / به بی‌دانشان بر بباید گریست[2]
ورا داد باید دو و چار دانگ / چو شد گرسنه تا نیاید به بانگ[3]
کسی کاو ندارد بر و تخم و گاو / تو با او به تندی و زُفتی مکاو[4]
به خوبی نوا کن مر او را به گنج / کس از نیستی تا نیاید به رنج[5]
گر ایدون که باشد زیان از هوا / نباشد کسی بر هوا پادشا[6]
چو جایی بپوشد زمین را ملخ / برد سبزیِ کشتمندان به شخ[7]
تو از گنج تاوان او باز ده / به کشور ز فرموده آواز ده[8]
اُگر بر زمین گورگاهی بود / اُگر نابرومند راهی بود[9]
که ناکشته باشد به گرد جهان / زمین فرومایگان و مهان[10]
کسی کاو بدین پایکار من است / اُگر ویژه پروردگار من است[11]
کنم زنده در گور جایی که هست / مبادش نشیمن مبادش نشست»[12]

---

۱ – سخن درست در رج پسین می‌آید. ۲ – بیکار مردم را با «ز بی‌دانشی» پیوند نیست: «بیکاری مردم ز بیدانشی است».

۳ – **یک:** افزایندهٔ خام گفتار، چون نتوانسته است از شش دانگ نام برد «دو و چار» را بکار گرفت! **دو:** تا نیاید ببانگ نیز سخنی سخت نادرخور است. **سه:** گزارش کارآگهان چنان بود که مردمان از آسایش و فراخی روزی که دارند، بکار نمی‌پردازند... و سخنی از آشوب و غوغا در میان نبود. آنگاه اگر به بیکاران روزی شش دانگ نیز بدهند، به بیکاری می‌افزاید.

۴ – «تو» در لت دویم، که را می‌نماید؟

۵ – **یک:** دوباره گداپروری!! **دو:** «کس» آغازین در لت دویم پیوندی نادرخور است: «تا».

٦ – زیان از هوا نادرخور است. زیان از ملخ، باران و آبخیز، سرما، توفان،...

۷ – افزاینده پی برد که بایستی «زیان از هوا» راگزارش کند، و به ملخ پرداخت، اما ملخ سبزی را به شخ (سنگ بزرگ) نمی‌برد، و گندم (نه سبزی) را در جا می‌خورد.

۸ – **یک:** «تو» کیست؟ **دو:** سخن سست است: «فرمان مرا بآگاهی مردمان برسان».

۹ – **یک:** ایرانیان باستان گورگاه(؟) نداشته‌اند، و درگذشتگان را در دخمه می‌نهادند. **دو:** سخن یاوه! که راه را میوه نیست که از راه بی‌میوه (نابرومند) یاد شود.

۱۰ – ...**یک:** دنبالهٔ همان سخن. **دو:** لت دویم را با سخن پیشین و باگفتار پسین، پیوند نیست.

۱۱ – پروردگار بهرام منذر بود.

۱۲ – **یک:** سخن بی‌پیوند است... اما افزاینده را رای بر آن بوده است که بگوید... «اگر کسی در (راه‌ها) کشاورزی نکند او را در همان جا زنده بگور می‌کنم!!؟ **دو:** لت دویم نیز بی‌پیوند است.

نهادند برنامه‌بر مُهر شاه   هیونی برافکند هر سو به راه[۱]

گماردن بهرام لوریان را
به
رامشگری مردمان

ازآنپس بهر سو یکی نامه کرد   به جایی که درویش بُد جامه کرد[۲]
بپرسیدشان گفت: «با رنج کیست؟   بهر جای، درویش و بی‌گنج کیست؟
ز کار جهان یکسر آگه کنید   دلم را سوی روشنی ره کنید»[۳]
بیامدْش پاسخ ز هر کشوری   زِ هر نامداریّ و هر مهتری
که: «آباد بینیم روی زمین   بهر جای، پیوسته شد آفرین
مگر مرد درویش، کز شهریار   بنالد همی، وز بدِ روزگار
که چون، مَی گسارد توانگر، همی؛   بسر بر، ز گُل دارد افسر همی
بر آواز رامشگران مَی خورند   چو ما مردمان را، بکس نشمرند
تهیدست، بی رود و گُل مَی خورد   شهنشاه؛ از این در، یکی بنگرد!
بخندید زان نامه بسیار؛ شاه   هیونی برافکند پویان براه
به نزدیک شنگل فرستاد کس   چنین گفت ک :«ای شاه فریادرس[۴]
ازآن* لوریان برگزین ده هزار   نر و ماده، بر زخمِ بَربَت، سوار●
به ایران فرستش که رامشگری   کند پیش هر کهتری بهتری[۵]
چو برخواند آن نامه شنگل تمام   گزین کرد زان لوریانِ بنام[۶]
به ایران فرستاد نزدیک شاه   چنان کان بود در خور نیکخواه[۷]
چو لوری بیامد به درگاه شاه   بفرمود تا برگشادند راه[۸]

---

۱ - پایان گفتارهای نادرخور.
۲ - جامه کرد نادرست است: «جامه پوشانیدشان».
۳ - در لت نخست پیوند «مرا» باید.
۴ - لت دویم را پیوند شایسته نیست: «بفریاد من برس».
* - کدام لوریان؟ اگر بیگمان باشیم که داستان شنگل و نام شنگل افزوده بشاهنامه است، پس با کنار نهادن رجِ پیشین بدنبال «هیونی برافکند پویان براه» می‌باید «**که از**» بوده باشد، و در همهٔ نمونه‌ها آمده است «از آن».
● - مرد و زن، هر دو توانا به نواختن رود باشند.
۵ - **یک:** «فرستش» با لوریان همخوان نیست. **دو:** لت دویم نیز سست می‌نماید.
٦ - **یک:** برخواندن، نادرست است: «بخواند». **دو:** لوریانِ بنام نیز نادرخور است.
۷ - که آن (کان) در لت دویم، نابجا است و یگانه است و با لوریانش همخوانی نیست.
۸ - **یک:** لوری نابجا است: «لوریان». **دو:** لوریان را چرا باید بدرگاه شاه بردن؟ **سه:** برای لوری راه را نمی‌گشایند، اینکار برای
←

به هر یک یکی گاو داد و خری … ز لوری همی ساخت برزیگری[1]
همان نیز خروار گندم هزار … بدیشان سپرد آنکه بُد پایکار[2]
بدان تا بورزد به گاو و به خر … ز گندم کند تخم و آرد به بر[3]
کند پیش درویش رامشگری … ورا، رایگانی کند کهتری!
بشد لوری و گاو و گندم بخوَرد … بیامد سرِ سال، رخساره زرد![4]
بدو گفت شاه: «این نه کار تو بود … پراکندن تخم و کشت و درود[5]
خری ماند اکنون بنه برنهید … بسازید رود و بریشم دهید»[6]
کنون لوری از پاک گفتار اوی … همی گردد، اندر جهان؛ چاره‌جوی
سگ و کبک بفزود بر گفتِ شاه … شب و روز پویان به دزدی به راه[7]

سپری شدنِ روزگار بهرام*

براینسان همی خورد، شست و سه سال … کس اندر زمانه نبودش همال
سر سال در پیش او شد دبیر … خردمند موبد که بودش وزیر؛
که: «شد گنجِ شاهِ بزرگان تهی! … کنون آمدم تا چه فرمان دهی!
هر آن کس که دارد روانش خرد … به مال کسان از بنه ننگرد»
چنین پاسخ آورد ک:«این خود مساز … که هستیم زین ساختن بی‌نیاز
جهان را بدان باز هِل، کافرید … وز، او آمد این آفرینش، پدید
همی بگذرد چرخ و یزدان بجای … بنیکی ترا و مرا رهنمای»
بخفت آن شب و بامدادِ پگاه … بیامد به درگاه بیمر سپاه

→ پادشاهان، سرداران و فرستادگان بزرگ انجام می‌شد.

۱ - **یک:** سخن در لت نخست ناهموار است یا «گاوی و خری» یا «یک خر و یک گاو». **دو:** و گفتار لت دویم با خرد همراه نیست! زیرا که اگر لوریان برزگر شوند چگونه برای درویشان توانستندی رامشگری کردن؟

۲ - **یک:** هزار خروار گندم (=سیسد هزار کیلو) بیک لوری دادن گزافه‌ایست که تنها در سخن افزایندگان می‌آید. **دو:** همه لوری بودند، و پایکار و ناپایکار میانشان نبود!

۳ - گندم را بکس نشاید سپردن. گندم دادنی است.

۴ - **یک:** داستان گندم افزوده بود، و این سخن نیز افزوده است. **دو:** لوری نادرست است: «لوریان».

۵ - یک لوری نبوده است تا بتوان «بدو گفت» آوردن.

۶ - «تو» در رج پیشین، به شما (برنهید، دهید) بازگشت.

۷ - **یک:** پس از پایان یافتن داستان سگ و کبک بفزود؟ **دو:** دزدی؟ یا رامشگری؟

* - پایان روزگار بهرام و چگونگی مرگ وی بر کس آشکار نشد و چنانکه می‌گویند، بهنگام نخچیر در باتلاقی فرورفته است، و این بخش نیز با آنکه یکی دو جای، سخن انگیزاننده دارد، از آنجاکه پیوند آن گسیخته است، افزوده بشاهنامه است.

گروهی که بایست کردند گرد / بر شاه شد پور او یزدگرد
به پیش بزرگان بدو داد تاج / همان توغ با افسر و تخت آج
پرستیدن ایزد آمدش رای / بینداخت تاج و بپردخت جای
گرفتش ز کردار گیتی شتاب / چو شب تیره شد کرد آهنگ خواب
چو بنمود پشت آفتاب، از نشیب / دل موبد شاه شد پر نهیب
که شاه جهان برنخیزد همی / مگر از کرانی گریزد همی
بیامد به نزد پدر یزدگرد / چو دیدش کف اندر دهانش فسرد
ورا دید پژمرده رنگ رخان / به دیبای زربفت بر، داده جان
چنین بود تا بود و این بود روز / تو دل را به آز و فزونی مسوز
بترسد دل سنگ و آهن ز مرگ / هم ایدر ترا ساختن نیست برگ
بی‌آزاری و مردمی بایدت / گذشته چو خواهی که نگزایدت
همی نو کنم بخشش و داد اوی / مباداکه گیرد به بد یاد اوی
ورا دخمه‌ای ساختند شاهوار / ابا مرگ او خلق شد سوکوار
کنون پر سخن مغزم اندیشه کرد / بگوییم جهان جستن یزدگرد

پادشاهی یزدگرد بهرام هجده سال بود

چو شد پادشا بر جهان یزدگرد / سپاه پراکنده را گِرد کرد*
نشستند با موبدان و ردان / بزرگان و سالاروش بخردان[1]
جهانجوی بر تخت زرّین نشست / در رنج و دست بدی را ببست[2]
نخستین چنین گفت ک:«ان کز گناه / برآسود، شد؛ ایمن از کینه‌خواه
هرآنکس که دل تیره دارد ز رشک / مرآن درد را دور باشد پزشک[3]
که رشک آورد آز و گُرم و گداز / دژآگاه دیوی بود دیرساز[4]

---

* - از آنجا که در شیوهٔ نویسندگی در زمان باستان گ را نیز بگونهٔ ک می‌نوشتند، در شاهنامه‌های امروز همه جا «کرد گرد» آمده است. و در زمان فردوسی یزدگرد را با آوای «زبر» (= یزدگَرد) نیز می‌آورده‌اند. چونان؛ دَستکَرت = دَستکَرد = دستگَرد = دستگِرد = دستجِرد... و بر این بنیاد هر دو گونهٔ «گِرد کرد» و «کرد گِرد» درست می‌نماید.

۱ - سالاروش بخردان نادرست و چون از بزرگان یاد شود، همان سالاران‌اند، نه سالاروشان(!).

۲ - با نشستن روی تخت در رنج و دست بدی بسته نمی‌شود.

۳ - پزشگ را با رَشگ پساوا نیست.

۴ - **یک:** نه چنین است، و آز رشگ می‌آورد، و گرم و گداز را بدان پیوند نیست. **دو:** «دیرساز» لت دویم نیز برای پساوای گداز آمده است، و خود گزارشی ندارد! **سه:** دژآگاه دیو در لت دویم برگرفته از شاهنامه است، از گفتارهای بزرگمهر:

دژآگاه دیوی، پرآژنگ چهر / نه بخشایش آرد، بکس بر، نه مهر

هر آن چیز کآنت نیاید پسند / دل دوست و دشمن بر آن بر مبند[1]
مدارا خرد را برابر بود / خرد بر سر دانش افسر بود[2]
به جای کسی گر تو نیکی کنی / مزن بر سرش تا دلش نشکنی[3]
چو نیکی کنش باشی و بردبار / نباشی به چشم خردمند خوار[4]
اگر بخت پیروز، یاری دهد؛ / مرا بر جهان کامکاری دهد؛
یکی دفتری سازم از راستی / که بندد، درِ کژّی و کاستی»

*

همی داشت؛ یک چند، گیتی به داد / زمانه بدو شاد و او نیز شاد
بهر سو فرستاد، بی‌مر، سپاه / همی داشت گیتی ز دشمن نگاه

*

ده و هشت، بگذشت سال از برش / -به پالیز چون تیره گشت افسرش؛-
بزرگان و دانندگان را بخواند / برِ تخت زرشان، بزانو نشاند
چنین گفت ک :«این چرخِ ناپایدار / نه پرورده داند نه پروردگار
بتاج گرانمایگان ننگرد / شکاری که پیش آیدش، بشکرد
کنون روز، بر من، سر آید همی / بنیرو، شکست، اندر آید همی
سپردم به هرمز کلاه و نگین / همه لشگر و گنج ایرانزمین
همه گوش دارید و فرمان کنید / ز پیمان او رامش جان کنید
اگر چند پیروزِ با فرّ و یال / ز هرمز فزون است چندی بسال
ز هرمز همی بینم آهستگی / خردمندی و داد و شایستگی»

*

بگفت این و یک هفته زان پس بزیست / برفت و بر او، تخت، چندی گریست[5]
اگر سد بمانی و گر بیست و پنج / ببایدت رفتن ز جای سپنج[6]
هر آن چیز، کآید همی در شمار / سزد گر نخوانی ورا پایدار[7]

---

۱ - **یک:** روی سخن به «تو» برگشت. **دو:** لت دویم بدآهنگ است.

۲ - **یک:** نه چنین است، و خرد و مدارا رابیکدیگر پیوند نیست، بسا کسان که بردباری و سازش (مدارا) هست و خرد نیست. **دو:** داوری لت دویم نیز نه بر آیین گفتار فردوسی است:

چنان دان هر آنکس که دارد خرد / بدانش، روان را همی پرورد

۳ - سخن کودکانه. نیکی را بر سر کسی نمی‌زنند: «به رُخ می‌کشند». ۴ - سخن درباره بردباری و نیکی دوباره می‌آید.

۵ - تخت را پروای گریستن بر مرگ کسان نیست.

۶ - سنجش نادرخور... سد سال را با هزار سال، یا یکسال می‌توان سنجیدن نه با بیست و پنج، اما افزاینده را پساوای سپنج بایسته می‌نمود... ۷ - گفتار زیبا و درست است، اما پیوسته بگفتار افزودهٔ پیشین است.

پادشاهی هرمز یک سال بود

چو هرمز برآمد به تخت پدر بسر بر، نهاد آن کیی تاج زر[۱]
چو پیروز را ویژه گفتی ز خشم همی آب رشک اندر آمد به چشم[۲]
سوی شاه هیتال شد ناگهان ابا لشگر و گنج و چندی مهان
چغانی شهی بُد فغانیش نام جهانجوی با لشکر و گنج و کام
فغانیش را گفت ک:«ای نیکخواه دو فرزند بودیم زیبای گاه
پدر تاج شاهی به کهتر سپرد چو بیدادگر بُد سپرد و بمرد
چو لشکر دهی مرمرا گنج هست سلیح و بزرگیّ و نیروی دست»
فغانی بدو گفت ک:«آری رواست جهاندار هم بر پدر پادشاست
به پیمان سپارم سپاهی ترا نمایم سوی داد راهی ترا
که باشد مرا ترمذ و ویسه کرد که خود عهد این دارم از یزدگرد»
بدو گفت پیروز ک:«آری رواست فزون زان به تو پادشاهی سزاست»
بدو داد شمشیرزن سی هزار ز هیتالیان لشکری نامداری
سپاهی بیاورد پیروز شاه که از گرد تاریک شد چرخ ماه
برآویخت با هرمز شهریار فراوان ببوده‌ست‌شان کارزار
سرانجام هرمز گرفتار شد همه تاج‌ها پیش او خوار شد
چو پیروز روی برادر بدید دلش مهر و پیوند او برگزید
بفرمود تا بارگی برنشست بشد تیز و بپسود رویش به دست
فرستاد بازش به ایوان خویش بدو خوانده بُد عهد و پیمان خویش

---

۱ – (آن) کیی تاج زر نادرست. یا تاج زر یا تاج کیان، و (آن) نیز نادرخور است، زیرا که خواننده تاج را ندیده است تا بگونه شناسا (= معرفه) از آن یاد شود.

۲ – از اینجا ۱۷ رج سخت نادرخور دربارهٔ پادشاهی هرمز آمده است که با گنج و لشگر بسوی چغانی شهی که فغانیش نام بود رفت، و با زبان الکن از او یاری خواست، شاه چغانی بدو، سی هزار سپاهی شمشیرزن از هیتالیان(؟) داد، تا در برابر تِرمِذ و ویسه‌گرد را که از زمان یزدگرد پدر بهرام عهد آنرا دارد(؟!) بدو بخشد. و پیروز با سپاه خویش او راشکست داد و «همه تاج‌ها (؟) پیش او خوار شد» و پیروز، او را با مهر بایوان خودش فرستاد، و در این هفده رج [بجز از «چو پیروز روی برادربدید /دلش مهر و پیوند او برگزید»]، یک رج یا یک لت درخور خواندن نیست.

پادشاهی پیروز بیست و هفت سال بود

بیامد به تخت کیی برنشست چنانچون بود شاه یزدان‌پرست
نخستین چنین گفت با مهتران که: «ای پرهنر پاک دل سروران
همی خواهم از داور بی‌نیاز که باشد مرا زندگانی دراز
که کِهْ را به کِهْ دارم و مه به مه فراوان‌خرد باشم، روز به!
سرِ مردمی بردباری بود سبکسر همیشه بخواری بود[1]
ستون خرد داد و بخشایش است درِ بخشش او را چو آرایش است[2]
زبان چرب و گویندگی فرّ اوست دلیری و مردانگی پرّ اوست[3]
هرآن نامور کاو ندارد خرد ز تخت بزرگی کجا برخورد[4]
خردمند هم نیز جاوید نیست فری برتر از فرّ جمشید نیست[5]
چو تاجش به ماه اندر آمد بمرد نشستِ کیی دیگری را سپرد[6]
نماند بر این خاک، جاوید، کس ز هر بد به یزدان پناهید و بس»

❋

همی بود یک سال با داد و پند خردمند و از هر بدی بیگزند
دگر سال روی هوا خشک شد ز تَنگی، بجوی، آب چون مشک شد[*]
سدیگر همان و چهارم همان ز خشکی نبُد هیچکس شادمان
هوا را دهان خشک چون خاک شد بجوی اندرون، آب، تریاک شد[7]
ز بس مردن مردم و چارپای پیی را ندیدند بر خاک، جای

❋

---

۱ – باز، افزاینده از بردباری سخن می‌گوید، و سبکسر را همواره خوار می‌شمرد، باز آنکه بسا سبکسران جهان تا بوده‌اند در آسایش زیسته‌اند! **۲** – **یک:** در لت دویم «او» کیست؟ **دو:** از بخشایش در لت نخست سخن رفته بود.

۳ – **یک:** زبان چرب نادرست است: «زبانِ چرب» که آهنگ سخن را برهم می‌ریزد. **دو:** «فرّ» دهشی یزدانی است و نشاید که گویندگی را «فر» در شمار آوریم... هنوز از «او» یاد می‌شود، و روشن نیست که او کیست؟

۴ – نه چنین است، و در جهان بسا بی‌خردان از تخت شاهی برخورده‌اند. **۵** – فری برتر از فرّ جمشید (نبود)...

٦ – **یک:** تاجش بماه اندر (= اندرون) آمد نادرست است. تاجش بماه رسید. **دو:** جمشید از کیان نبود، و «تخت» را نشاید نشست کیی خواندن. * – آب، چون مشک کمیاب شد.

۷ – **یک:** سخن درست در رج دویم پیش آمده بود. **دو:** و اگر آب، تریاک شده باشد که پادزهر و درمان است افزاینده از آنجا که پی نبرده بود که «آب چون مشک شد» را چه گزارش است، با خویش اندیشید، که آنرا چون تریاک نیز بخواند.

خشکسالی ۳۹۷

شهنشاه ایران چو دید آن شگفت   خراج و گزیت از جهان برگرفت
به هر سو که انبار بودش نهان   ببخشید بر کهتران و مهان
خروشی برآمد ز درگاه شاه   که: «ای نامداران با دستگاه
غله هرچه دارید، پیدا* کنید   ز دینارِ پیروز گنج آکنید!
هر آن کس که دارد نهانی غله   اُگر گاو و گر گوسفند و گله[۱]
به نرخی فروشد که او را هوا است   که از خوردنی جانور بی‌نواست»[۲]
به هر کارداری و خودکامه‌ای   فرستاد تازان یکی نامه‌ای[۳]
که: «انبارها برگشایند باز   به گیتی، برآنکس، که هستش نیاز[۴]
کسی کاو بمیرد به نایافتِ نان   ز برنا و از پیرمرد و زنان[۵]
بریزم ز تن خون انباردار   کجا کار یزدان گرفته‌ست خوار»[۶]
بفرمود تا خانه بگذاشتند   بدشت آمد و دست برداشتند[۷]
همی به آسمان اندر آمد خروش   ز بس مویه و درد و زاری و جوش[۸]
ز کوه و بیابان و ز دشت و غار   ز یزدان همی خواستی زینهار[۹]

*

بر این گونه تا هفت سال، از جهان   ندیدند سبزی، کهان و مهان
به هشتم بیامد مهِ فرودین   برآمد یکی ابرِ با آفرین
همی درّ ببارید، بر خاکِ خشک   همی آمد از بوستان بوی مشک
شده ژاله بر گل چو مُل در قدح   همی تافت از ابر قوس و قزح[۱۰]
زمانه برست از بدِ بدگمان   به هر جای برزه نهاده کمان[۱۱]

*

چو پیروز ازآن روزِ تنگی برست   بآرام، بر تخت شاهی نشست؛

---

* – پیدا کنید: آشکار کنید.

۱ – گندم را می‌توان در انبار پنهان کردن و گاو و گوسفند و گله را نشاید نهفتن.

۲ – **یک:** سخن درست در رج دویم پیش آمده بود. **دو:** لت دویم را پیوند درست نیست. چگونه جانور از خوردنی بینوا می‌شود؟ افزاینده را رای بر آن بوده است که بگوید: «از کمبود خوردنی».

۳ – چون به بنه‌داران (بُنداران) فرمان فروش غله را داد، بیگمان کارداران او نیز از این فرمان سر نمی‌پیچیدند.

۴ – برگشایند باز نادرست است: «بگشایند» لت دویم نیز نادرخور است: «بروی نیازمندان».

۵ – **یک:** لت نخست سست است: «اگر کسی از بی‌نانی بمیرد». **دو:** زنان را مرد(ان) و برنا(یان) باید.

٦ – انباردار را چه گناه که انبار از آن (بنداران) است.

۷ – چه کسان خانه بگذاشتند؟

۸ – در لت دویم خروش از مویه و زاری و جوش بآسمان می‌رود، اما از درد، نه!

۹ – چه کس خواستی؟ اگر مردمان بوده‌اند که «خواستند» باید.

۱۰ – «شده» نادرخور است: «شد»، و قوس و قزح نیز در آسمان سخن بلند فردوسی بگونهٔ رنگین کمان پدیدار می‌شود.

۱۱ – **یک:** بدگمانِ دشمن راگویند، و زمانه چگونه از بدِ دشمن برست؟ **دو:** لت دویم نیز بی‌پیوند و بی‌گزارش است.

یکی شارستان کرد پیروزرام   بفرمود کاو را نهادند نام[1]
جهاندار گوینده گفت این ری است   که آرام شاهان فرخ پی است[2]
دگر کرد بادان پیروز نام   خنیده به هر جایش آرام و کام[3]
که اکنونش خوانی همی اردبیل   که قیصر بدو دارد از داد میل[4]
چو این بومها یکسر آباد کرد   دل مردم پرخرد شاد کرد؛[5]
درم داد و با لشگر* نامدار   سوی جنگ جستن برآراست کار
بدان جنگ، هرمزد بُد پیشرو   همی رفت با کارسازان نو
قباد از پس پشت پیروزشاه   همی راند چون باد، لشگر براه
که پیروز را پاک فرزند بود   خردمند شاخی برومند بود
بلاش از برِ تخت بنشست شاد   که کهتر پسر بود با فرّ و داد
یکی پارسی بود بس نامدار   ورا سوفزا خواندی شهریار[6]
بفرمود پیروز ک :«ایدر بباش   چو دستور شایسته نزد بلاش»[7]
سپه را سوی جنگ ترکان کشید   همی تاج و تخت کیی را سزید[8]
همی راند با لشکر و گنج و ساز   که پیکار سازند با خوشنواز[9]
نشانی که بهرام یل کرده بود   ز پستی بلندی برآورده بود[10]
نبشته یکی عهد شاهنشهان   که از ترک و ایرانیان در جهان[11]
کسی زین نشان هیچ برنگذرد   کزان رود برتر زمین نشمرد[12]

---

۱ - پس از آنکه آن شهر پیروزنام خوانده شد، فرمان بنامگذاریش داد؟

۲ - **یک:** جهاندار گوینده، کیست؟ **دو:** گفت نیز نادرخور است: گوید. **سه:** اما ری از کهنترین شهرهای ایرانی است که نام آن در وندیداد نیز «بگونهٔ رَگَ» آمده است. **چهار:** آرام شاهان نادرست است: آرامگه شاهان! **پنج:** اما هیچیک از شاهان ایران در ری نزیستند، و تنها افراسیاب بود که بهنگام پیروز شدن بر نوذر آنجا را بپایتختی برگزید!

۳ - **یک:** دگر کرد را کمبود است شهری دیگر کرد (= ساخت). **دو:** خنیده، نیکنام است و (نیکنام بهر جای آن آرام و کام)، چه گزارش دارد؟

۴ - **یک:** بادان پیروز(؟) را اردبیل خواندن نیز از همان دست سخنان است! **دو:** از اردبیل بهنگام کیخسرو کیانی در شاهنامه یاد شده است، و نشاید که ساختن آنرا به پیروز ساسانی پیوند دارد. **سه:** لت دویم، نادرخورترین سخنان است، و روشن نیست که قیصر (از داد) چرا میل بدان دارد؟

۵ - «ساختن شهر»، «آباد کردن بوم» نیست.

* - **«لشکری»** درست‌تر می‌نماید.

٦ - **یک:** بس نامدار چگونه است؟ نامدار، نامدار است و بسیاری و کمی‌اش نیست. **دو:** چون نام کسی سوفزا باشد، نشاید گفتن که شهریار ورا سوفزا می‌خواند.

۷ - بفرمود را کمبود است: «او را بفرمود»، «بفرمودش».

۸ - لت دویم را هیچ پیوند با لت نخست نیست.

۹ - **یک:** همی راند، نادرست است: «براند». **دو:** سازند در لت دویم نیز نادرخور است: «کند». **سه:** پیکار (ساختنی) نیست.

۱۰ - لت دویم نادرخور است... گفتار فردوسی چنین بود:

برآورد میلی، ز سنگ و ز گچ   که کس را بایران ز ترک و خلج
نباشد گذر، جز بفرمان شاه   [illegible]

نبرد با هپتالیان

۳۷۱۸۰	چو پیروز شیراوژن آنجا رسید // نشان کردن شاه ایران بدید¹
	چنین گفت یکسر به گردنکشان² // که: «از پیش ترکان بر این همنشان
	مناره برآرم به شمشیر و گنج // ز هیتال تا کس نباشد به رنج³
	چو باشد مناره به پیش ترک⸲ // بزرگان به پیش من آرند چک⁴
	بگویم که آن کرد بهرام گور // به مردیّ و دانایی و فرّ و زور⁵
۳۷۱۸۵	نمانم به جایی پی خوشنواز // به هیتال و ترک از نشیب و فراز»⁶
	چو بشنید فرزندِ خاقان، که شاه // ز جیهون گذر کرد خود، با سپاه؛
	همی بشکند عهد بهرام گور // بمردی همی نازد و فرّ و زور؛
	دبیر جهاندیده را خوشنواز // بفرمود تا شد بر او فراز⁷
	یکی نامه بنوشت با آفرین // ز دادار، بر شهریار زمین
۳۷۱۹۰	چنین گفت که: «ز عهدِ شاهان داد // بگردی°، نخوانمت خسرونژاد
	نه این بود عهد نیاکان تو // گزیده جهاندار و پاکان تو⁸
	چو پیمان آزادگان بشکنی! // نشان بزرگی به خاک افکنی؛
	مرا با تو* پیمان بباید شکست // بناچار، بردن، بشمشیر دست»

*

	به نامه ز هر کارش آگاه کرد // بسی هدیه با نامه همراه کرد⁹
۳۷۱۹۵	سواری سراینده و سرفراز // همی رفت با نامهٔ خوشنواز¹⁰
	چو آن نامه بر□خواند پیروز شاه // برآشفت، بر نامور پیشگاه
	فرستاده را گفت: «برخیز و رو // بنزدیک آن مردِ بیمایه شو
	بگویش که: «تا پیش رود برک⸲ // شما را فرستاد، بهرام، چک¹¹

---

۱ - نشان کردن نادرخور است: «نشان شاه ایران». ۲ - یکسر نابجا است: بگردنکشان گفت.

۳ - نه گفتار نخست درخور نگرش است، و نه لَتِ دویم را بدان پیوند است.

۴ - یک: سخن نادرخور است زیرا که یک: بهرام میل را کنار رود جیهون برآورده بود، نه رود ترک. دو: افزاینده، برای فراهم کردن پساوای «چک» لت دویم، نامی ساخته است که در جهان نیست. سه: بگمان نزدیک می‌خواسته است از رود «اترک» نام بَرَد که برای نیاز پساوا به تَرک دگرگونش کرد. چهار: چون آن میل را کنار رود اترک برآورند. خاک ایران کمتر از زمان بهرام می‌شود! پنج: بزرگان هیتال برای گذشتن از آن میل می‌بایستی که چک از پیروز ستانند، نه آنکه چک بنزد او آورند!

۵ - یک: دروغ آشکار که میل بهرام کنار جیهون ساخته شد! دو: بنام بهرام از مرز ایران بکاهند؟!

۶ - خوشنواز پادشاه هیتال بوده است نه «ترک از نشیب و فراز». ۷ - سخن درهمریخته است.

○ - نمونه‌ها همه چنین آورده‌اند اما «چوگردی» درست می‌نماید. ۸ - سخن دوباره است.

* - نمونه‌ها چنین آورده‌اند، اما سخن فردوسی چنین می‌نماید: «مرا نیز پیمان بباید شکست».

۹ - سخت نادرخور است که کسی، دشمن را از «هر کار...» آگاه کند... و پیشکشی نیز از برای او بفرستد.

۱۰ - □ - بنامه را خواند درست می‌نماید.

کنون تا لب رود جیحون ترا است بلندی و پستی و هامون تراست[1]
من اینک* سپاهی بیارم گران سرافراز گردان جنگاوران
نمانم مگر سایهٔ خوشنواز که باشد، بروی زمین بر، دراز!»

*

فرستاده آمد بکردار گرد شنیده سخن‌ها همه یاد کرد
همی گفت یک چند با خوشنواز ازان شاه گردنکش و دیرساز[2]
چو گفتار بشنید و نامه بخواند سپاه پراکنده را برنشاند
بیاورد لشگر بدشت نبرد همان عهد را، بر سر نیزه کرد
که بستد نیایش ز بهرامشاه که جیحون میانجی‌ست ما را براه[3]

*

یکی مرد بینادل و چرب‌گوی ز لشکر گزین کرد با آبروی
بدو گفت: «نزدیک پیروز رو به چربی سخن‌گوی و پاسخ شنو
بگویش که: «عهد نیای ترا بلنداختر و رهنمای ترا
همی بر سر نیزه پیش سپاه بیارم چو خورشید تابان براه
بدان، تا هر آنکس که دارد خرد به منشور آن دادگر بنگرد
مرا آفرین، بر تو نفرین بود همان نام تو شاهِ بیدین بود
نه یزدان پسندد نه یزدانپرست نه اندر جهان مردم زیردست؛
که بیداد جوید کسی در جهان بپیچد سر از عهد شاهنشهان
به داد و به مردی، چو بهرام شاه کسی نیز ننهاد بر سر، کلاه
بر این بر، جهاندار یزدان گوا است که او را گوا خواستن ناسزا است
که بیدادجویی همی جنگ من چنین با سپه کردن آهنگ من
نباشی تو زین جنگ پیروزگر نیابی تو از اختر نیک، بر
ازین پس نخواهم فرستاد کس بدین جنگ، یزدان، مرا؛ یار بس»

*

فرستاده با نامه آمد چو گرد سخن‌ها به پیروز بر، یاد کرد[4]

→ .... که کس را به ایران ز ترک و خلج
نباشد گذر، جز بفرمان شاه همان نیز جیحون میانجی براه

۱ – بلندی و پستی و هامونِ کدام سرزمین؟ * – «اینک»: نشان دادن چیزی در نزدیکی است، و بجای آن «**اکنون**» باید.

۲ – **یک:** فرستاده را «همی گفت یکچند را نشاید، و یکباره‌اش بایستی پیام را رساند. **دو:** گردنکش و دیرساز را گزارش نیست.

۳ – که در آغاز این رج با که در آغاز لت دویم از رج پیشین همخوان نیست. ۴ – پیام بود نه نامه...

چو برخواند آن نامهٔ خوشنواز　　پر از خشم شد شاه گردنفراز[1]
فرستاده را گفت: «چندین سَخُن　　نگوید جهاندیده مردِ کَهُن
گر از چاچ، یک پی نهد نزد رود　　به نوک سنانش فرستم درود»

❋

فرستاده آمد برِ خوشنواز　　فراوان سخن گفت با او به راز
که: «نزدیک پیروز، ترس خدای　　ندیدم، نبودش کسی؛ رهنمای
همه شورش و جنگ جوید همی　　بفرمان یزدان نپوید همی»

❋

چو بشنید زو این سخن، خوشنواز　　بیزدان پناهید و بردش نماز
چنین گفت که:«ای داور داد و پاک　　تویی آفرینندهٔ هور و خاک
تو دانی که پیروزِ بیدادگر　　ز بهرام، برتر ندارد هنر
پی او ز روی زمین برگسل　　مه نیروش بادا، مه دانش، مه دل!
سخن‌های بیداد گوید همی　　بزرگی به شمشیر جوید همی»[2]
بگِردِ سپه بر، یکی کَنده کرد　　سرش را بپوشید و آکنده کرد
کمندی فرو برد بالای اوی　　همان سی ارش کرد، پهنای اوی[3]
چو این کرده شد نام یزدان بخواند　　ز پیش سمرقند لشگر براند[4]
از آن‌روی، سرگشته پیروز شاه　　همی راند چون باد، لشگر براه[5]
اُ زین روی پربیم دل، خوشنواز　　چنین تا برِ کنده آمد فراز[6]

❋

برآمد ز هر دو سپه بوق و کوس　　هوا شد ز گرد سپاه آبنوس
چنان تیرباران بُد از هردو روی　　که چون آب، خون؛ اندر آمد بجوی
چو نزدیکی کنده شد خوشنواز　　همی گفت با داورِ پاک، راز
اُ زان روی چون باد، پیروزشاه　　همی تاخت با خوارمایه سپاه

---

۱ - ... که (بر) خواننده شود!　　۲ - سخن‌های بیداد نادرست است: «به بیداد سخن می‌گوید».

۳ - **یک:** چون کنده (= خندق) را کرد (= ساخت) پس از آن نشاید گفتن که باندازه یک کمند ژرفا (نه بالا)ی آن بود. **دو:** اگر یک کمند را بیست یا سی گز درازا باشد، ژرفای کنده را چرا باید بدین اندازه بودن؟ مگر چاه کنده بودند؟ **سه:** پهنای سی ارشی نیز نادرخور است. کنده را دو گز ژرفا و سه یا چهار گز پهنا بس است که سواران دشمن در آن افتند، و بیرون شدن نتوانند!

۴ - **یک:** «این کرده شد» نادرخور است: چون کار کنده بپایان رسید! **دو:** نام یزدان را پیشتر خوانده بود.

۵ - سرگشته پیروز شاه را روی نباشد، زیرا که با آهنگ رزم پیش می‌رود، برخی نمونه‌ها «چون باد پیروز شاه» آورده‌اند، که با «همی راند چون باد» لت دویم همخوانی ندارد، برخی نمونه‌ها لت دویم را «همی راند با گرز و رومی کلاه» آورده‌اند، و ایرانیان هیچگاه کلاهخود رومی بر سر نمی‌نهادند.　　۶ - چرا خشنواز را دل پر بیم باشد که پیشِ سپاه خود کنده ساخته است.

چو آمد به نزدیکیِ خوشنواز   سپهدار توران ازو گشت باز*
عنان را بپیچید و بنمود پشت   پسِ او، سپاه اندر آمد، درشت
برانگیخت پس باره، پیروزشاه   همی راند پرخشم، تا پیشِ راه
به کَنده در افتاد، با چند مرد   بزرگان و شیران روز نبرد
چو نرسی برادرش و فرّخ قباد   بزرگان و شاهان فرّخ نژاد[1]
بر این سان نگون شد سر هفت شاه   همه نامداران زرّین کلاه[2]
اُزان جایگه، شاددل، خوشنواز   بنزدیکی کنده آمد فراز
برآورد زان کنده هر کس که زیست   همان خاک بر بخت ایشان گریست
شکسته سر و پشت پیروزشاه   شه نامداران با تاج و گاه[3]
ز شاهان نبُد زنده جز کیقباد   شد آن لشگر و پادشاهی بباد!
همی راند، با کام دل خوشنواز   سرافراز با لشگر رزمساز[4]
به تاراج داده سپاه و بنه   نه کس میسره دید و نه میمنه[5]
ز ایرانیان، چند، بردند اسیر   چه افکنده بر خاک و خسته به تیر[6]
نباید که باشد جهانجوی زُفت   دل زُفت با خاک تیره‌ست جفت[7]
چنین آمد این چرخ ناپایدار   چه با زیردست و چه با شهریار[8]
بپیچاند آن را که خود پرورد   اگر تو شوی پاسبان خرد[9]
نماند بر این خاک جاوید کس   ترا توشه از راستی باد و بس[10]
چو بگذشت برکَنده بر، خوشنواز   سپاهش شد از خواسته بی‌نیاز[11]
به آهن ببستند پای قباد   ز تخت و نژادش نکردند یاد[12]

*

چو آگاهی آمد به ایرانسپاه   ازآن کنده و رزم پیروزشاه

* - در همهٔ نمونه‌ها «تُرکان» آمده است که بتوران گرداندم، بنگرید بنامهٔ سپاهبد ایران «سوفزای» به خوشنواز که می‌گوید «نماند به هپتالیان تاج و گاه» و نیز در همان نامه می‌نویسد: «بمرو آورم خاک تورانزمین»

۱ - **یک:** چو در آغاز گفتار نادرست است، لت دویم را پیوند با لت نخست نیست. **دو:** مگر چند شاه در آن سپاه بود؟

۲ - **یک:** همان سخن. **دو:** باز لت دویم را پیوند با گفتار لت نخست نیست.

۳ - لت نخست راکنش بایسته نیست، و لت دویم را پیوند نیست.

۴ - **یک:** همی راند نادرست است: براند... **دو:** و لشگریان او رزم نکرده پیروز شدند.

۵ - بُنه را با میمَنه پساوا نیست.

۶ - **یک:** لت نخست را پیوند بایسته نیست چند مرد؟ **دو:** گفتار چنین می‌نماید که آنانکه بر خاک افتاده بودند نیز به بند افتاده بودند.

۷ - دل نرم نیز با خاک تیره جفت خواهد بودن.

۸ - چرخ آمد نادرست است، چرخ همواره می‌چرخد.

۹ - لت دویم را هیچ پیوند با لت نخست نیست.

۱۰ - «بر این خاک» سست است: در جهان، بر زمین.

۱۱ - از «کنده» بدین آسانی نمی‌توان گذشتن، مگر آنکه از آنسویش بگذرند.

۱۲ - این رج گفتار فردوسی است، بدان هنگام که ایرانیان قباد را بپادافره کشتن سوفزای به بند می‌کشند.

خروشی برآمد ز کشور به درد — ازآن شهریاران آزادمرد
چو اندر جهان این سخن گشت فاش — فرود آمد از تخت زرّین بلاش[1]
همه گوشت بازو به دندان بکند — همی ریخت بر تخت خاک نژند[2]
سپاهی و شهری ز ایران به‌درد — زن و مرد و کودک همی مویه کرد[3]
همه کنده‌موی و همه خسته‌روی — همه شاه‌جوی و همه راه‌جوی[4]
که تا چون گریزند ز ایران زمین — گر آیند لشکر ازان دشت کین[5]

پادشاهی بلاشِ پیروز چهار سال بود

چو بنشست با سوگ، ماهی بلاش — سرش پر ز گرد و رخش پُرخراش[6]
سپاه آمد و موبد موبدان — هر آن‌کس که بود از رد و بخردان[7]
فراوان بگفتند با او ز پند — سخن‌ها که بودی ورا سودمند[8]
برآن تخت شاهیش بنشاندند — بسی زرّ و گوهر برافشاندند[9]
چو بنشست بر گاه، گفت: «ای ردان — بجویید رای و دل بخردان[10]
شما را بزرگی است نزدیکِ من — چو روشن شود رای تاریک من[11]
بگیتی هر آن‌کس که نیکی کند — بکوشید تا نام او نشکند[12]
هر آن‌کس کجا باشد او بدسگال — که خواهد همی کار خود را همال[13]
نخستین به پندش توانگر کنم — چو نپذیرد از خونش افسر کنم[14]
هر آن گه که زین لشکر دین‌پرست — بنالد برِ ما یکی زیردست[15]

---

۱ - آگاهی آمده بود، و فاش شدن همانست. ۲ - سخن سست.
۳ - این رج نیز از داستان سوگ ایرانیان از کشته شدن سوفزای برگرفته شده است.
۴ - راهجوی را در این میانه چه گزارش است؟ ۵ - لشگر لت دویم را «آید» باید.
۶ - در میان دربار، سر پر از گرد چگونه شاید.
۷ - **یک:** سپاه را بدربار شاهی راه نیست، مگر سپهبدان را... **دو:** بخردان را در لت دویم «ردان» باید.
۸ - ز پند، نادرست است: «پند»... و پند (گفتنی) نیست (دادنی) است. ۹ - آن تخت شاهی نادرست است: «بر تخت شاهی».
۱۰ - دل بخردان را چگونه توان جُستن؟
۱۱ - **یک:** لت نخست نادرخور است شما را نزد من آب روی یا آزرم (=احترام) هست. **دو:** لت دویم را نیز پیوند بایسته با لت نخست نیست... چرا رای او تاریک بود؟... رای آهنگ انجام کاری کردن است، و تاریک و روشن نمی‌شود. ۱۲ - نام شکستنی نیست.
۱۳ - آنکس که در کار، همال و یار خواهد، بدسگال نیست.
۱۴ - **یک:** که او را پند دهند... و با پند نمی‌توان کس را توانگر کردن. **دو:** افسر خونین، بگوینده بازمی‌گردد: از خون او افسر بر سر کنم!!
۱۵ - **یک:** کدام لشگر؟ **دو:** دین‌پرست واژه‌ای نادرخور است.

دل مرد بیدادگر بشکنم / همه بیخ و شاخش ز بن برکنم[1]
مباشید گستاخ با پادشا / بویژه کسی کاو بود پارسا[2]
که او گاه زهر است و گه پای زهر / مجویید از زهر تریاک بهر[3]
ز گیتی تو خوشنودی شاه جوی / مشو پیش تختش مگر تازه‌روی[4]
چو خشم آورد شاه پوزش گزین / همی خوان به بیداد و داد آفرین[5]
هر آن گه که گویی که دانا شدم / به هر دانشی بر توانا شدم[6]
چنان دان که نادان‌تری آن زمان / مشو بر تن خویش بر بدگمان[7]
اگر کار بندید پند مرا / سخن گفتن سودمند مرا[8]
ز شاهان داننده یابید گنج / کسی را ز دانش ندیدم به رنج»[9]
بر او مهتران آفرین خواندند / ز دانایی او فرو ماندند[10]
برفتند خشنود ز ایوان اوی / به یزدان سپرده تن و جان اوی[11]

*

بدانگه که پیروز شد، سوی جنگ / یکی پهلوان جُست، با رای و سنگ
که باشد نگهبان تخت و کلاه / بلاش جوان را بود نیکخواه
بدان کار، شایسته بُد سوفزای / یکی نامور بود، پاکیزه‌رای
جهاندیده از شهر شیراز بود / سپهبددل و گردن‌افراز بود[12]
هم او مرزبان بُد بزاوُلِستان / به بُست و به غزنین و کاوُلستان
چو آگاهی آمد سوی سوفزای / ز پیروزِ بی‌رای و بی‌رهنمای
ز مژگان سرشکش برخ بر، چکید / همه جامهٔ پهلوی بردرید[13]
ز سر برگرفتند گردان کلاه / به ماتم نشستند با سوگِ شاه[14]
همی گفت بر کینهٔ شهریار / بلاش جوان چون بود خواستار[15]
بدانست کان کار بی سود شد / سرِ تاج شاهی پر از دود شد[16]
سپاه پراکنده را گرد کرد / بزد کوس و از دشت برخاست گرد

---

۱ - با بیخ و شاخ برکندن او دل او نیز کنده می‌شود، نه شکسته!
۲ - پارسایان را خود گستاخی نیست.
۳ - اگر گاهگاه پادزهر است، پس تریاک است، زیرا که تریاک، خود، پادزهر است.
۴ - سخن به «تو» برگشت.
۵ - آفرین بر بیداد شاه خواندن، کاریست بس نکوهیده.
۶ - بر دانش توانا نشاید شدن.
۷ - بدگمان، دشمن است، وکس دشمن تن خویش نمی‌شود.
۸ - دنبالهٔ گفتار
۹ - از او، یا از شاهان داننده؟
۱۰ - سخنان یاد شده «دانش» در شمار نمی‌آید.
۱۱ - لت دویم سخت نادرخور است.
۱۲ - **یک:** سوفزای سیستانی بود... **دو:** سپهبد دل راگزارش نیست.
۱۳ - چنان پهلوان را که فرزند رستم درشمار بود، نشاید چون دخترکان گریستن و جامه بر خود دریدن!
۱۴ - ماتم تازی، همان سوگ فارسی است.
۱۵ - بر کینه خواستار بودن نادرست است.
۱۶ - سخن بی‌پیوند وسست در هر دولت.

فراز آمدش، تیغزن، سد هزار ‌‌ ‌ همه جنگجوی ازدرِ کارزار[1]
درم داد و آن لشگر آباد کرد ‌ ‌ دل مردم کینه‌ور شاد کرد[2]
فرستاده‌ای خواند شیرین زبان ‌ ‌ خردمند و بیدار و روشن‌روان
یکی نامه بنوشت پر داغ و درد ‌ ‌ دو دیده پر از آب و رخساره زرد[3]
به نامه درون پندها یاد داد ‌ ‌ ز جمشید و کیخسرو و کیقباد[4]
اُزان پس فرستاد نزد بلاش ‌ ‌ که: «شاها تو از مرگ غمگین مباش
که این روز، هر کس بخواهد چشید ‌ ‌ شکیبایی و نام باید گزید
ز باد آمده، بازگردد به دَم ‌ ‌ یکی داد خوانَدْش و دیگر ستم
کنون من به دستوریِ شهریار ‌ ‌ شوم کینِ پیروز را خواستار
کز این کینه و خون پیروز شاه ‌ ‌ بنالد ز چرخ روان هور و ماه»[5]
فرستاده زین روی برداشت پای ‌ ‌ اُزان سوی گریان بشد باز جای[6]

*

بیاراست لشگر چو پرّ تذرو ‌ ‌ بیامد ز زاولستان سوی مرو
یکی مرد بگزید، بیداردل ‌ ‌ که آهسته دارد بگفتار، دل[7]
نویسندهٔ نامه را گفت: «خیز ‌ ‌ که آمد سرِ خامه را رستخیز
یکی نامه بنویس زی خوشنواز ‌ ‌ که: «ای بی‌خرد، روبهِ دیوساز
گنهکار کردی بیزدان، تنت ‌ ‌ شود مویه‌گر، بر تو، پیراهنت
به شاه آنکه تو کردی ای بی‌وفا ‌ ‌ ببینی کنون زور تیغ جفا[8]
بکُشتی شهنشاه را بیگناه ‌ ‌ نبیره‌ی جهاندار بهرام‌شاه
یکی کین نو ساختی در جهان ‌ ‌ که آن کینه هرگز نگردد نهان[9]
چرا پیش او چون یکی چاپلوس ‌ ‌ نرفتی چو برخاست آوای کوس[10]

---

۱ - یکسد هزار تیغزن گزافه است. ۲ - **یک:** لشگر را «را» باید... **دو:** مردم کینه‌ور نادرخور است.
۳ - **یک:** نامه پر از داغ و درد نمی‌شود... اگر سوفزای را داغ و درد بود، نشاید که پر داغ و درد آوردن زیرا که «پر» بنامه بازمی‌گردد. **دو:** دیدهٔ پر آب و رخسار زرد را نیز نمی‌توان در نامه نشان دادن.
۴ - **یک:** پند را یاد نتوان دادن... **دو:** نمونه‌های دیگر: پندها کرد یاد... و پند دادنی است و نشاید یاد کردنِ آن. **سه:** لت دویمرا بالت نخست پیوند نیست. ۵ - سخن رودرروی گفتار پیشین ایستاده است که گفت غمگین مباش که چنین روز را هر کس می‌چشد!
۶ - سخن نادرخور ۷ - سخن را درلت دویم پیوند و گزارش درست نیست.
۸ - **یک:** لت نخست نادرست است: «کاری که با شاه کردی». **دو:** با چنین سخن، سوفزای، خویش را جفاکار می‌خواند.
۹ - «کین» درلت نخست و «کینه» درلت دویم ناهمخوان‌اند.
۱۰ - **یک:** «چاپلوس» واژه‌ای تازه است. **دو:** چاپلوسی برای مرد درخور نیست. **سه:** آوای کوس در تیسفون برخاسته بود، و او را از آن آگاهی نبود.

نیای تو زین خاندان زنده بود ... پدر، پیش بهرام پاینده بود[1]
من اینک بمرو آمدم کینه‌خواه ... نماند* به هیتالیان تاج و گاه
اسیران و آن خواسته، هرچه هست ... کزان رزمگاه آمده استت بدست؛
همه باز خواهم بشمشیر کین ... به مرو آورم خاک توران‌زمین
نمانم جهان را، بفرزند تو ... نه بر دوده و خویش و پیوند تو
بفرمان یزدان ببرّم سرت ... ز خون، همچو دریا کنم؛ کشورت
نه کین باشد این چند گویم دراز ... که از کین پیروز با خوشنواز[2]
شود زیر خاک پی من تباه ... به یزدان روانش بود دادخواه»[3]

*

فرستاده با نامهٔ سوفزای ... بیامد چو شیر دلاور ز جای
بر آشفته آمد، برِ خوشنواز ... بشد پیش تخت و ببردش نماز[4]
بدو داد پس نامهٔ سوفزای ... همی بود یک چند پیشش بپای[5]
نویسندهٔ نامه را داد و گفت ... که: «پنهان بگوی آنچه نرم است و زفت»[6]
به مهتر چنین گفت مرد دبیر ... که: «این نامه پرگرز و تیغ است و تیر»
شکسته شد آن مرد جنگ‌آزمای ... ازآن پرسخن نامهٔ سوفزای
هم اندر زمان زود● پاسخ نبشت ... سخن هر چه بود اندرو خوب و زشت؛
نخستین چنین گفت که: «ز کردگار ... بترسیم و از گردش روزگار[7]
هرآنکس که بوده‌ست یزدان‌پرست ... نیاورد در عهد شاهان شکست[8]
فرستادمش نامهٔ پندمند ... دگر، عهدِ آن شهریار بلند[9]
بر او خوار بود آنچه گفتم سخن ... هم اندیشهٔ روزگار کهن[10]

---

۱ - **یک:** زندگی مردمان با خداوند است، نه از یک خاندان. **دو:** «پدر» را در لت دویم کمبود است: «پدرت». **سه:** افزاینده خواسته است بگوید که پدرت پیش بهرام می‌ایستاد.

* - همهٔ نمونه‌ها، «نماند» آورده است، و پیدا است که **«نمانم»** درست است.

۲ - در لت نخست «نه کین باشد»، و در لت دویم «از کین پیروز»... سخن پریشان است.

۳ - **یک:** زیر پا تباه شدن شاید... زیر خاک پا سخنی نادرست است. **دو:** لت دویم بی‌پیوند است.

۴ - آورندهٔ نامه را چرا برآشفتن باید؟... و برآشفته را چرا نماز بردن شاید؟

۵ - و پیش تخت ایستادنش را چه روی بود؟

٦ - **یک:** افزاینده را رای بر آن بوده است که بگوید: «نامه را بدبیر داد»... **دو:** لت دویم سخن نرم را چرا پنهان گفتن؟ باری مرد دبیر نامه را می‌خواند، و نمی‌گوید.

● - «اندر زمان»، و «زود» یکی است؛ چنین می‌نماید:

مر آن نامه را زود پاسخ نوشت

۷ - بترسیم نادرست است: بایستی ترسیدن!...

۸ - «بوده است» را با «نیاورد» همخوانی نیست.

۹ - **یک:** فرستادمش به پیروز باز می‌گردد: بسویش نامه فرستادم... **دو:** عهد (پیمان نامهٔ) بهرامشاه را بسوی پیروز نفرستاده بود که آنرا بر سر نیزه کردا!

۱۰ - لت دویم را پیوند با لت نخست نیست.

چو او کینه‌ور گشت و من چاره‌جوی — سپه را چو، روی اندر آمد، بروی [1]
به پیروز بر، اختر آشفته شد — نه بر کام من، شاه تو کشته شد! [2]
چو بشکست پیمان شاهانِ داد — نبود از جوانیش یک روز شاد [3]
نیامد پسند جهان آفرین — تو گویی که بگرفت پایش زمین [4]
هر آنکس که عهد نیا بشکند — سر راستی را به پای افکند [5]
چو پیروز باشد، به دشت نبرد — شکسته، به کنده درون پر ز گرد [6]
گر آیی تو ایدر هم آراسته‌ست — نه گنج و نه از لشگرم کاسته‌ست» [7]

*

فرستاده با نامه، تازان ز جای — بیک هفته آمد سوی سوفزای [8]
چو برخواند آن نامه را پهلوان — بدشنام بگشاد، گویا زبان [9]
ز میدان خروشیدن گاودم — شنیدند و آوای رویینه خم [10]
به کشمیهن آورد چندان سپاه — که بر چرخ، خورشید، گم کرد راه [11]
بر این همنشان رود بگذاشتند — همه راه را خانه پنداشتند [12]
چو آگاهی آمد سوی خوشنواز — بدشت آمد و جنگ را کرد ساز [13]
به پیکند شد رزمگاهی گزید — که چرخ روان روی هامون ندید [14]
وز این روی پر کینه دل سوفزای — بکردار باد اندر آمد ز جای [15]
چو شب تیره شد پهلوان سپاه — به پیلان آسوده بربست راه [16]
طلایه همی گشت بر هر دو سوی — جهان شد پر آواز پرخاشجوی [17]
غوِ پاسبانان و بانگ جرس — همی آمد از دور و بر پیش و پس [18]

---

۱ - «چو» آغازین با «چو» در لت دویم همخوان نیست. **۲** - «شاه تو» نادرست است: شاه ایران.

۳ - گفتار لت دویم نادرست است زیرا که خوشنواز در همهٔ هنگام جوانی پیروز همراه وی نبوده است، تا چنین داوری کند.

۴ - تو گویی... زمین پایش رانگرفت که با اسپ باندرون کنده فروافتاد! **۵** - لت دویم را گفتار، نادرخور و سست است.

۶ - سخن را پیوند با گفتار پیشین نیست. **۷** - **یک:** چه چیز آراسته است؟ **دو:** «از لشگر» را «از گنج» باید.

۸ - تازان ز جای... نادرست است: «از نزد خوشنواز».

۹ - **یک:** پهلوان بزرگ ایران را دشنام دادن نشایستی. **دو:** گویا زبان نیز نادرست است. چون زبانرا بدشنام می‌گشایند!

۱۰ - شنیدند نادرست است: «برآمد».

۱۱ - در گفتار پیشین سپاه سوفزای در مرو بود، پس چرا بایستی آنرا به کشمیهن بردن. **۱۲** - دنبالهٔ گفتار.

۱۳ - بیگمان، سوفزای اگر آمادهٔ جنگ شده بود می‌بایستی همان هنگام آمادهٔ جنگ شود، نه پس از آنکه ایرانیان از رودگذشتند!

۱۴ - و سپاه را بایستی به پذیرهٔ سپاه دشمن رفتن، نه بگوشه‌ای خزیدن و برای خویش رزمگاه گزیدن.

۱۵ - سخن در لت دویم چنین می‌نماید که سوفزای تازه براه افتاده است.

۱۶ - پیلان راکه همهٔ راه را با سوفزای بوده‌اند، چگونه شاید، آسوده بودن.

۱۷ - آواز پیش‌آهنگان (طلایه) با آوای پرخاشجویان یکسان نیست.

۱۸ - **یک:** دوباره از آواز پرخاشجوی به غریو پاسبانان بازگشت. **دو:** لت دویم را سخن سخت سست است.

چنین تا پدید آمد از میغ، شید   در و دشت شد چون بلور سپید[1]
دو لشگر همی جنگ را ساختند   درفش بزرگی برافراختند[2]
از آواز گردان پر خاشخر   بدرّید مر اژدها را جگر[3]
هوا دام کرگس شد از پرّ تیر   زمین شد ز خون سران آبگیر[4]
ز هر سو ز مردان تلی کشته بود   که را از جهان روز برگشته بود[5]
بجنبید بر قلبگه سوفزای   یکایک سپاه اندر آمد ز جای[6]
اُزان روی با تیغ کین خوشنواز   بجنبید و آمد به تنگی فراز[7]
یکی تیغ زد بر سرش سوفزای   سپاه اندرآمد به تندی ز جای[8]
بجست از کف تیغزن خوشنواز   به شیب اندر انداخت اسپ از فراز[9]
بدید آنکه شد روزگارش درشت   عنان را بپیچید و بنمود پشت[10]
چو بادِ دمان، از پسش سوفزای   همی تاخت با نیزهٔ سرگرای[11]
بسی کرد زان نامداران اسیر   بسی کشته شد هم به پیکان و تیر[12]
همی تاخت تا پیش آن دژ رسید   به ره بر، بسی کشته و خسته دید[13]
ببالا نگه کرد پس خوشنواز   سپه را به هامون نشیب و فراز[14]
همه دشت پر کشته و خواسته   شده دشت چون چرخ آراسته[15]

---

۱ - یک: پیشتر گفته نشده بود که هوا را ابر گرفته بود، که اکنون خورشید از میان آن پدیدار شود! **دو:** دشت، هیچگاه همانند «بلور سپید» نمی‌شود.

۲ - یک: جنگ را همی ساختند، نادرست است: «آمادهٔ نبرد شدند». **دو:** لت دویم نیز نادرخور است، زیرا که پیدا است که درفش در میدان جنگ پیش از آغاز نبرد، و در بیابان بهنگام نبرد به آوردگاه همواره درفش برافراشته.

۳ - دنبالهٔ گفتار

۴ - یک: تیر را بدام نشاید همانند کردن! **دو:** تنها سران (سرداران) کشته شدند؟ که از خونشان آبگیر پدید آید؟ **سه:** آبگیر یا آبدان (= آبزن) برکهٔ آب است، و برکهٔ خون را نشاید آبگیر خواندن.

۵ - «کُشته» را با «گَشته» پساوا نیست.

۶ - پس از آنکه از کشتگان بهر سوی، تل پدید آمد، و زمین برکهٔ خون شد، تازه سردار سپاه از قلبگه می‌جنبد؟

۷ - پسوند فراز، سوی بالا را نشان می‌دهد، و نادرست است: «بهم رسیدند». «بنزدیک هم رسیدند».

۸ - یک: لت دویم نادرخور است، و سپاه در یک جای گرد نیامده بود که اکنون با یک تیغ سوفزای «بتندی از جای آید». **دو:** سخن نیز ناهموار است.

۹ - یک: سخن پیشین از زدن تیغ بر سر خشنواز داستان گفت، و چون تیغ بر سرش خورده بود، این سخن نادرست است که او بجست!... **دو:** گیریم که تیغ بر سر او خورد، و او بجست، اما «از کف جَستن» نادرست است: «از تیغش بجست». **سه:** اسپ را از فراز به شیب انداختن بر زمین زدن او است: راه‌گریز را پیش گرفت».

۱۰ - پس از آنکه اسپ را از فراز بشیب اندر انداخت، تازه عنان را پیچید؟

۱۱ - یک: همی تاخت نادرست است: «بتاخت». **دو:** هم اکنون شمشیر در دست سوفزای بود، چگونه نیز بدست آورد؟ **سه:** نیزه تنها در آغاز یورش دو سپاه، یا دو هماورد، کاربرد دارد و پس از آن بایستی نیزه را افکندن و شمشیر بدست گرفتن!

۱۲ - یک: با نیزه نمی‌توان کسی را اسیر کردن، تنها می‌توان یورش بردن! **دو:** چون نیزه در یک یورش بشکم یا سینهٔ کسی فرو رود، نمی‌توان آنرا بیرون کشیدن و دوباره بکار بردن! پس نشاید از نامداران بسیار که با نیزهٔ او به بند کشیده شده بودند(؟) سخن گفتن. **سه:** افزاینده، با سخن سست لت دویم، تیر و کمان را نیز بدست سوفزای داده است تا او همراه با نیزه از تیر و کمان نیز بهره بَرَد(؟).

۱۳ - کدام دژ؟... افزاینده خود گفته بود که خوشنواز در پیکند رزمگاهی برگزید، و رزمگاه در دشت است.

۱۴ - سخن پریشان و درهم

۱۵ - گفتار راکنش «دید» بایسته است.

پیام پهلوان ۴۰۹

سلیح و کمرها و اسپ و رهی   ستام و سنان و کلاه مهی[1]
همی برد هرکس بر سوفزای   تلی گشته چون کوه البرز جای[2]
ببخشید یکسر همه بر سپاه   نکرد اندر آن چیز ترکان نگاه[3]
به لشکر چنین گفت ک:«امروز کار   به کام دل ما بُد از روزگار[4]
چو خورشید بنماید از چرخ دست   بر این دشت خیره نباید نشست[5]
به کین شهنشاه ایران شویم   بر این دز بکردار شیران شویم»[6]
بر این همنشان تا ز خمّ سپهر   پدید آمد آن زیور تاج مهر[7]
تبیره برآمد ز پرده‌سرای   نشست از بر باره بر، سوفزای[8]
فرستاده‌ای آمد از خوشنواز   به نزدیک سالار گردنفراز[9]
⇐ که: «از جنگ و پیکار و خون ریختن   نباشد جز از رنج و آویختن
دو مردِ خردمندِ نیکو گمان   بدوزخ فرستیم، هر دو، روان
اگر بازجویی ز راهِ ردی   بدانی که آن کار، بُد، ایزدی
نه بر باد، شد، کشته پیروز شاه   کز اختر سرآمد بدو سال و ماه[10]
گنهکار شد زانکه بشکست عهد   گزین کرد حنظل بینداخت شهد[11]
کنون بودنی بود و بر ما گذشت   خنک آنکه گِردِ گذشته نگشت
اسیران و آن خواسته هرچه بود   ز سیم و زر و گوهر ناپسود[12]
ز اسپ و سلیح و ز تاج و ز تخت   که آن روز بگذاشت پیروزبخت[13]
فرستم همه نزد سالار شاه   سراپرده و گنج و پیل و سپاه

۱ - **یک:** سلیح و اسپ و رهی راکمر باید نه کمرها!! **دو:** بر روی همین سخن اندکی درنگ بایسته است: گیریم که کسان بسیار کشته شدند، چه‌کس راپس از فروافتادن کشتگان پروای آن هست که پیاده شود و کمرهای آنان را بگشاید، و کنار جنگ‌افزارها و اسپ و رهی! بر زمین ریزد. **سه:** مگر سپاهیان همه شاه بوده‌اند که کلاه مهی نیز در دشت پراکنده باشد؟ **چهار:** «رهی» را در میدان نبرد جای نیست که او را باید در کشتزار و خانه بکارهای ویژهٔ خویش پرداختن.

۲ - **یک:** در گفتار پیشین خوشنواز چنان چیزها را دیده بود، و در این گفتار (هرکس) آنرا بنزد سوفزای می‌برد! **دو:** آیا خرد می‌پذیرد که در میدان و هنگامهٔ نبرد، که هنوز سرنوشت کارزار روشن نیست، ایرانیان بگردآوری کمر و جنگ‌افزار و اسپ و رهی پردازند؟ **سه:** کوه البرز جای را نیز گزارش نیست.

۳ - «همه» در لت نخست کمبود دارد: «همه را».

۴ - دنبالهٔ گفتار

۵ - هنوز شب نشده بود و بر بنیاد گفتارهای افزاینده به نیمروز نیز نرسیده بودند... جنبش سوفزای، و جنبش خوشنواز از روبرو... بهم رسیدن آنان، شمشیر زدن سوفزای... گریختن سوفزای از دشت نبرد، چندان زمان نمی‌برد، که آنانرا به شب رساند.

۶ - کدام دژ؟ بر دژ نیز نشاید رفتن به اندرون دژ شاید شدن.

۷ - «مهر» (= فروغ سپیده دمان) خود زیور تاج خورشید است، نه باژگونهٔ آن.

۸ - دنبالهٔ گفتار

۹ - همچنین

۱۰ - «از اختر» نادرست است: «از گردش اختران».

۱۱ - شهد، انداختنی نیست.

۱۲ - گوهر ناپسود را ارزش نگهداری در گنج نیست. این رج برگرفته از سخن سوفزای است در نامه‌ایکه به خوشنواز نوشت:

«اسیران و آن خواسته، هرچه هست   کز آن رزمگاه آمدستت بدست»

۱۳ - چون از خواسته هرچه هست سخن رود، گفتار این رج نادرخور می‌نماید.

چو پیروزگر سوی ایران شوی / بنزدیک شاه دلیران شوی
نباشد مرا سوی ایران پسیچ / تو از عهد بهرام، گردن مپیچ
شهنشاه، گیتی ببخشید راست / مرا ترک و چین است و، ایران ترا است»[1]

*

چو بشنید پیغام او سوفزای / بیاورد لشگر به پرده‌سرای
فرستاده را گفت: «پیش سپاه / بگوی آنچه بشنیدی از رزمخواه»
بیامد فرستادهٔ خوشنواز / بگفت آنچه بود آشکارا و راز[2]
چنین گفت لشگر که: «فرمان ترا است / بدین آشتی رای و پیمان ترا است[3]
بایران نداند کسی از تو، به / بما بر، تویی شاه و سالار و مه»[4]
چنین گفت با سرکشان؛ سوفزای / که: «امروز ما را جز این نیست رای
کز ایشان، ازین پس، نجوییم جنگ / بایران بریم این* سپه بیدرنگ
که در دست ایشان بود کیقباد / چو فرزند پیروز خسرونژاد[5]
همان موبد موبدان اردشیر / ز لشگر بزرگان برنا و پیر[6]
اگر جنگ سازیم با خوشنواز / شود کار بی‌سود بر ما دراز[7]
کُشد آنکه دارد از ایران اسیر / قباد جهانجوی چون اردشیر[8]
اگر نیستی در میانه قباد / ز موبد نکردی دل و مغز یاد[9]
گر او را ز ترکان بد آید به روی / نماند به ایران جز از گفت و گوی[10]
یکی ننگ باشد که تا رستخیز / بماند میان دلیران ستیز[11]
فرستاده را نغز پاسخ دهیم / در این آشتی رای فرخ نهیم[12]
مگر باز بینیم روی قباد / که بی او سرِ پادشاهی مباد[13]
همان موبد پاک‌دل اردشیر / کسی را که بینید برنا و پیر»[14]

---

۱ - ایران از آنِ سوفزای نبود. ۲ - رازی در میان نبود، و گفتار خوشنواز آشکار بود.
۳ - هنوز سوفزای از آنان چیزی نپرسیده است که چنین پاسخ گویند. ۴ - سوفزای شاه نبود.
* - «این سپه» نادرست است در برخی نمونه‌ها بجای «این» در لت دویم «آن» آمده که نادرست‌تر است. اندیشه ره می‌نماید که گفتار فردوسی چنین بوده است: **«بایران گذارم سپه، بیدرنگ»** گذارم = بگذرانم.
۵ - «که» آغاز این رج با که (=کز) آغاز رج پیشین ناهمخوان است.
۶ - **یک:** تاکنون نامی از اردشیر موبد موبدان نیامده بود. **دو:** باری پایگاه موبد موبدان در تیسفون بود، نه در میدان جنگ! **سه:** برنا، کودک پنج تا ده ساله است، باری «بزرگان برنا» نادرست‌ترین آمیزه است. ۷ - افزاینده پیشتر جنگ با خوشنواز را (ساخته؟) بود.
۸ - **یک:** آنکه نادرست است «آنانکه». **دو:** ... چون اردشیر نیز نادرخور است.
۹ - **یک:** اگر نیستی نیز نادرست است: «اگر نبودی». **دو:** سخن بی‌بنیاد و بی‌پیوند و سست.
۱۰ - **یک:** آنان ترک نبودند که هپتال یا هیتال بودند... **دو:** گفت‌وگوی در لت دویم را نیز گزارش نیست.
۱۱ - لت دویم را هیچ پیوند با لت نخست نیست. ۱۲ - سخن را پیوند «همان به که» باید.
۱۳ - «سرِ پادشاهی» را گزارش نیست. ۱۴ - پیوند میان لت دویم با لت نخست نیست.

پیروزی سوفزای ۴۱۱

فرستاده را خواند پس؛ پهلوان — سخن گفت با او بشیرین زبان
چنین گفت ک :«این ایزدی بود و بس — جهان، بد سگالد، نگوید بکس!
بزرگان ایران که هستند اسیر — قباد است با نامدار اردشیر
دگر آنکه دارند بر پای، بند — فرستید سوی منش، ارجمند [1]
دگر خواسته هر چه دارید نیز — ز دینار و ز تاج و هر گونه چیز [2]
یکایک فرستید نزدیک من — به پیش بزرگان این انجمن
بتاراج و کشتن نیازیم دست — که ما بی‌نیازیم و یزدانپرست!
ز جیهون به روز دهم بگذریم — اُزان پس پیی خاک را نسپریم [3]
همه هرچه گفتم ترا گوش دار — چو رفتی یکایک بر او بر شمار» [4]

❋

فرستاده، هم در زمان، گشت باز — بیامد گرازان بر خوشنواز
بگفت آنچه بشنید و زو گشت شاد — همانگاه برداشت، بند؛ از قباد

❋

همان خواسته سربسر گرد کرد — کجا یافت از خاک و دشت نبرد [5]
همان تخت با تاج پیروز شاه — چو چیز پراگندهٔ آن سپاه [6]
فرستاد یکسر سوی سوفزای — به دست یکی مرد پاکیزه رای
چو لشگر بدیدند روی قباد — ز دیدار او انجمن گشت شاد [7]
بزرگان همه خیمه بگذاشتند — همه دست بر آسمان داشتند [8]
که پور شهنشاه را بی‌گزند — بدیدند با هر که بُد ارجمند [9]
هم آنگه فرو هشت پرده‌سرای — سپهبد به اسپ اندر آورد پای
ز جیهون گذر کرد پیروز و شاد — ابا نامور موبد و کیقباد

❋

چو آگاهی آمد بایرانزمین — ازآن نیک‌پی مهترِ بآفرین

---

۱ - **یک:** «دارند» لت نخست با او (= ش در منش) همخوان نیست. **دو:** «هر که» در لت نخست نادرست است: «آنان را که». **سه:** در لت دویم نیز «فرستیدشان» باید!

۲ - هر چه خواسته دارید...؟ همهٔ خواستهٔ هیتالیان راگوید.

۳ - لت دویم راگزارش نیست.

۴ - برشمردن، دشنام دادن است.

۵ - **یک:** همان آغازین سخن نادرخور است... **دو:** از خاک و دشت نبرد نیز...

۶ - **یک:** تخت و تاج پیروز شاه بهمراه وی در کنده نیفتاده بود... **دو:** چو در آغاز لت دویم نیز نادرخور است.

۷ - «ز دیدار او» در لت دویم با «بدید روی قباد» همخوان نیست، و «دیدار» در سخن فارسی چهره است:

بر اینسان زنی داشت، پر مایه شاه — ببالای سرو و بدیدار ماه

۸ - خیمه را در گفتار فردوسی جای نیست. دست داشتند نیز نادرست است: «برداشتند».

۹ - لت دویم سست می‌نماید.

همان جنگ و پیکار با خوشنواز   ز رای چنان مرد نیرنگساز[1]
همان موبد موبدان اردشیر   اسیران که بودند برنا و پیر[2]
که از جنگ برگشت پیروز و شاد   گشاده شد از بند، پای قباد
بیاورد و اکنون ز جیهون گذشت   ز ایران سپاه است بر کوه و دشت[3]
خروشی از ایران برآمد که گوش   تو گفتی همی کر شود زان خروش[4]
بزرگان فرزانه برخاستند   پذیره شدن را بیاراستند
بلاش؛ آن زمان تخت زرّین، نهاد   که تا بر نشیند بر او○، کیقباد
چو آمد به شهر اندرون سوفزای   بزرگان برفتند یکسر ز جای
پذیره شدن را بیاراست شاه   همی رفت با آنکه بودش سپاه[5]
بلاش آن زمان دید روی قباد   رها گشته از بند پیروز و شاد[6]
مر او را سبک، شاه، در برگرفت   ز هیتال و چین دست بر سر گرفت[7]
ز راه اندر ایوانِ شاه آمدند   گشاده‌دل و نیکخواه آمدند
بفرمود تا خوان بیاراستند   می و رود و رامشگران خواستند
همی بود جشنی نه بر آرزوی   ز تیمار پیروزِ آزاده‌خوی[8]
همه، چامه‌گو؛ سوفزا را ستود   به بربت همی رزم توران سرود
مهان را همه، چشم بر سوفزای؛   ازو گشته شاد و، بدو داده رای
همه شهر ایران بدو گشت باز   کسی را که بد کینهٔ خوشنواز[9]
بدان پهلوان دل همی شاد کرد   روان را ز اندیشه آزاد کرد[10]
ببد سوفزای از جهان بی‌همال   همی رفت زین‌گونه تا چار سال[11]
نبودی جز آن چیز، کاو خواستی   جهان را به رای خود، آراستی[12]

---

۱ - لت دویم نادرخور و بی‌پیوند است.   **۲** - «موبد موبدان» در این رج به «نیرنگساز» رج پیشین پیوند می‌خورد.

۳ - بیاورد آغازین نادرست است.   **۴** - «برآمد» را در لت نخست با «شود» در لت دویم همخوانی نیست.

○ - نمونه‌ها «بر او» آورده‌اند، و پیدا است که **«بر آن»** درست است.

۵ - **یک:** بلاش، شاه نبود. **دو:** لت دویم نادرست است: «سپاهی که همراهش بود».

۶ - لت نخست نادرخور است: «چون بلاش روی قباد را دید».

۷ - **یک:** هنوز بلاش را شاه می‌خوانند... **دو:** پس از رهایی قباد، دست بر سر گرفت؟

۸ - سخن سست نیست، اما با رج پسین همخوان نیست.

۹ - **یک:** در ایوان شاهی و میانه بزم شهر ایران چگونه بدو (بازگشت). **دو:** لت دویم را نیز پیوند با لت نخست نیست.

۱۰ - **یک:** لت نخست را پیوند «را» باید «دل را» همی شاد کرد نیز نادرست است: «دل پهلوان بدان شاد بود». **دو:** اندیشه از آن مغز است نه از آن روان!

۱۱ - **یک:** از جهان نادرست است: «در جهان». **دو:** لت دویم نیز نادرخور است، زیرا که هنوز قباد بر تخت ننشسته، چگونه چهار سال بر سوفزای گذشت؟   **۱۲** - دنبالهٔ همان سخن.

چو فرمان او گشت در شهر فاش ‌‌ ‌ بخوبی بپرداخت گاه از بلاش[1]
بدو گفت: «شاهی نرانی همی ‌‌ ‌ بدان را ز نیکان ندانی همی[2]
همی پادشاهی به بازی کنی ‌‌ ‌ ز پرّی و ز بی نیازی کنی[3]
قباد از تو در کار داناتر است ‌‌ ‌ بدین پادشاهی تواناتر است[4]
به ایوان خویش اندر آمد بلاش ‌‌ ‌ نیارست گفتن که ایدر مباش[5]
همی گفت بی‌رنج تخت این بود ‌‌ ‌ که بی‌کوشش و درد و نفرین بود[6]

---

۱ - فاش گشتن فرمان نادرخور است و بلاش، خود، از تخت بزیر آمد، تا قباد بر آن نشیند!
۲ - سخن سخت سست است.
۳ - **یک:** هنوز قباد بر تخت ننشسته است! **دو:** لت دویم نیز سخت نادرخور است.
۴ - افزاینده گفتار شاهنامه را فراموش کرده است که او برای قباد از تخت فرود آمده است.
۵ - لت دویم راگزارش نیست. ‌ ‌ ۶ - دنبالهٔ گفتار

پادشاهی قباد چهل و سه سال بود

چو بر تخت بنشست فرّخ قباد ‌ ‌ ‌ کلاه بزرگی، بسر بر، نهاد
سوی تیسفون شد ز شهر صطخر ‌ ‌ ‌ که آزادگان را بدو بود فخر[1]
چو بر تخت پیروز بنشست گفت ‌ ‌ ‌ که: «از من مدارید چیزی نهفت[2]
شما را سوی من گشاده‌ست راه ‌ ‌ ‌ به روز سپید و شبان سیاه[3]
بزرگ، آن کسی، کاو بگفتار راست ‌ ‌ ‌ زبان را بیاراست و کژّی نخواست[4]
چو بخشایش آرد به خشم اندرون ‌ ‌ ‌ سر راستان خواندش رهنمون[5]
نهد تخت خشنودی اندر جهان ‌ ‌ ‌ بیابد به داد آفرینِ مهان[6]
دل خویش را دور دارد ز کین ‌ ‌ ‌ مهان و کهانش کنند آفرین[7]
هر آنگه که شد پادشا کژّ گوی ‌ ‌ ‌ ز کژّی شود شاه پیگارجوی[8]
سخن را بباید شنید از نخست ‌ ‌ ‌ چو دانا شوی پاسخ آری درست[9]
چو داننده مردم بود آزور ‌ ‌ ‌ همی دانش او نیاید به بر[10]
هر آنگه که دانا بود پرشتاب ‌ ‌ ‌ چه دانش مر او را چه بر سبزه آب[11]
چنان هم که باید دل لشکری ‌ ‌ ‌ همه در نکوهش کند کهتری[12]
توانگر کجا سخت باشد به چیز ‌ ‌ ‌ فرومایه‌تر شد ز درویش نیز[13]
چو درویش نادان کند مهتری ‌ ‌ ‌ به دیوانگی ماند این داوری[14]
چو عیب تن خویش داند کسی ‌ ‌ ‌ ز عیب کسان بر نخواند بسی[15]

---

۱ – صطخر و فخر...! **۲** – دوباره بر تخت نشست؟
۳ – چنین نمی‌شود که هرکس بخواهد، شبانگاهان نیز بتواند، بدیدار کسان رود، چه رسد بدربار شاه.
۴ – لت دویم بدآهنگ است.
۵ – **یک:** خشم را اندرون نیست: «چو بخشایش آرد بهنگام خشم». **دو:** سرِ راستان، کیست؟
۶ – تخت خشنودی راگزارش نیست.
۷ – **یک:** میان این رج با رج پیشین پیوند «و» باید... **دو:** شاید که آنرا برج پیشین پیوند ندهیم، اما پیوند آن با لت دویم را «اگر» باید... «اگر دل خویش را...». **۸** – دوبار نام بردن از شاه و پادشاه در یک گفتار درست نیست.
۹ – در لت دویم؛ افزاینده را رای بر آن بوده است که بگوید، پس از شنیدن سخن کسان، و آگاه شدن از آن، پاسخ دهی... و اگر بجای «دانا»ی نادرخور «آگه» آورده بود، سخن، سامان می‌یافت. **۱۰** – نه چنین است، و دانش را با آز پیوند نیست.
۱۱ – لت دویم سخت نادرخور است... نمونه‌های دیگر: «در سر شراب»، «سیری از آب» که نادرست می‌نمایند.
۱۲ – سخن راگزارش نیست. **۱۳** – «باشد» در لت نخست را با «شد» در لت دویم همخوانی نیست.
۱۴ – سخن سخت زیبا و ژرف است، اما پیوسته بگفتار است. **۱۵** – لت دویم را آغازگرِ «نباید» باید.

بازگشت پهلوان ۴۱۵

ستون خرد بردباری بود / چو تندی کند تن به خواری بود[1]
چو خرسند گشتی به دادِ خدای / توانگر شدی یک دل و پاک رای[2]
گر آزاد داری تنت را ز رنج / تن مرد بی‌رنج بهتر ز گنج[3]
هر آن کس که بخشش کند با کسی / بمیرد تنش نام ماند بسی[4]
همه سربسر دستِ نیکی برید / جهان جهان را به بد مسپرید»[5]
همه مهتران آفرین خواندند / زبرجد به تاجش برافشاندند[6]
جوان بود سالش سه پنج و یکی / ز شاهی ورا بهره بود اندکی[7]
همی راند کار جهان سوفزای / قباد اندر ایران نبُد کدخدای[8]
همه کار او پهلوان راندی / کسی را برِ شاه ننشاندی[9]
نه موبد بُد او را نه فرمانروای / جهان بُد به دستوری سوفزای[10]
چنین بود تا بیست و سه ساله گشت / به جام اندرون باده چون ژاله گشت[11]
⇐ بیامد برِ تاجور، سوفزای / بدستوریِ بازگشتن بجای
سپهبد بشد، و لشگرش ساز کرد / بزد کوس و آهنگ شیراز کرد[12]
همی رفت شادان سوی شهر خویش / ز هر کام برداشته بهر خویش[13]
همه پارس او را شده چون رهی / همه بود جز نامِ شاهنشهی

*

بدان بُد، که من شاه؛ بنشاندم / بشاهی بر او آفرین خواندم؛
گر از من کسی زشت گوید بدوی / ورا سرد گوید، بِرانَد ز روی
همی باژ جستی ز هر کشوری / ز هر نامداریّ و هر مهتری

---

۱ – چه‌کس تندی کند؟
۲ – روی گفتار از «او» به «تو» بازگشت! **دو:** «گشتی» در لت نخست را با «شدی» در لت دویم همخوانی نیست.
۳ – پند نادرست، که: مردم را بایستی رنج کشیدن و سختی روزگار بردن و بر ناهمواری‌ها پیروز شدن! مردم تن‌پرور را در هیچ فرهنگ جهان نستوده‌اند. **۴** – لت دویم سخت نادرخور است.
۵ – جهان در اندیشهٔ نیاکان گیهان، از ریشهٔ «گی» اوستایی (= جان، زندگی) برگرفته شده است، نه از ریشه جهیدن و جستن!
٦ – باز از زبرجد بتاج افشاندن بزرگان سخن میرود. زبرجد را شاید که بزیر پای شاه ریختن.
۷ – نادرخورترین شیوهٔ شمارش!! لت دویم نیز سست می‌نماید.
۸ – سخن سست می‌نماید:
دل و جان دستور باشد به رنج / از اندیشهٔ کدخدایی و گنج
۹ – کار او را «را» باید... «کار او را»، «کار پادشاهی را»، «کار کشور را». **۱۰** – مگر شاهان را فرمانروای باید؟
۱۱ – لت دویم راگزارش و پیوند با لت نخست نیست، و برگرفته از سخن فردوسی است در «بازی در آوردن گُردیه برای خسروپرویز:
همه دشت و هامون پر از لاله گشت / بجوی اندرون، آب چون ژاله گشت
۱۲ – جایگاه سوفزای شیراز نبوده و زابلستان بود.
۱۳ – **یک:** همی رفت نادرست است: برفت، یا برون رفت. **دو:** اما کام «چیز» نیست که بهری از آنرا بتوان برداشتن.

چو آگاهی آمد بسوی قباد ز شیراز، وز کارِ بیداد و داد[1]

همی گفت هرکس که: «جز نام، شاه ندارد، ز ایران ز گنج و سپاه[2]

نه فرمانش باشد نه‌چیز و، نه‌رای جهان شد همه بندهٔ سوفزای»[3]

برانگیختن بدخواهان دربار قباد را بر سوفزای

هر آن کس که بُد رازدار قباد بر او بر، سخن‌ها همی کرد یاد

که: «از پادشاهی بنامی بَسَند چرا؟ کردی؛ ای شهریار بلند!

ز گنج تو آکنده‌تر گنجِ او ببباید گسست از جهان رنجِ او!

همه پارس چون بندهٔ او شدند بزرگان پرستندهٔ او شدند»[4]

ز گفتار، بد شد، دلِ کیقباد ز رنجش به دل در، نکرد ایچ یاد[5]

چنین گفت: «گر من فرستم سپاه سرِ او بگردد، شود رزمخواه؛

چو من دشمنی کرده باشم به گنج ازو دید باید بسی درد و رنج[6]

کند هرکسی، یاد؛ کردار اوی نهانی ندانند بازار اوی*

ندارم، از ایران، یکی رزمخواه کز ایدر شود پیش او با سپاه»

*

بدو گفت فرزانه: «مندیش زین؛ که، او شهریاری بود بآفرین![7]

ترا بندگان‌اند و سالار هست که سایند، بر چرخ گردنده؛ دست

چو شاپور رازی بجنبد ز جای بدرّد دلِ بدکنش سوفزای»

*

شنید این سخن شاه و نیرو گرفت هنرها بشست از دل، آهو گرفت

---

۱ – شیراز!... بیگمان چنان پهلوان را «بیداد» نبوده است.

۲ – همه ایرانیان رهی او شده بودند، و هرکس را نشایستی از او ببدی یاد کردن!

۳ – دنبالهٔ همان گفتار... که نادرست است، و سخن درست در رج پسین می‌آید.

۴ – «شدند» نادرخور است: «شده‌اند». ۵ – سخن سست.

٦ – **یک:** بندِ «چو» در این رج با بندِ «اگر» در رج پیشین همخوانی ندارد. **دو:** کنش «کرده باشم» نیز نادرخور است: «کنم». **سه:** بگنج دشمنی نشاید کردن. * – آنچه که در بازار (آشکار) نشان می‌دهد می‌بینند و نهان او را نمی‌دانند.

۷ – از اینجا هفده رج نادرخور افزوده شده است که شاپور رازی از نژاد انوشه‌روان مهرک نوشزاد در شمار می‌آورند که اردشیر آن دودمان را بباد داده بود، پاسخ رج پیشین از سوی شاپور رازی در رج ۳۷۵۲۰ می‌آید.

بدخواهی قباد ۴۱۷

همانگه جهاندیده‌ای - کیقباد … بفرمود- تا بر نشیند چو باد[1]
بنزدیک شاپور رازی شود … بر آوازِ نخچیر و بازی شود[2]
هم اندر زمان برنشاند ورا … ز ری سوی درگاه خواند ورا[3]

❊

دو اسپه، فرستاده، آمد به ری … چو بادِ خزانی، بفرمان کی[4]
چو دیدش، بپرسید، سالارِ بسار … وز او بستد آن نامهٔ شهریار[5]
بیامد بشاپور رازی سپرد … سوار سرافراز را پیش برد[6]
بر او خواند، آن نامهٔ کیقباد … بخندید شاپور مهرک‌نژاد[7]
که جز سوفزا، دشمن اندر جهان … ورا نیست در آشکار و نهان[8]
ز هر جای فرمانبران را بخواند … سوی تیسفون، تیز، لشگر براند[9]

❊

چو آورد لشگر بنزدیک شاه … هم اندر زمان، برگشادند راه
چو دیدش جهاندار، بنواختش … برِ تخت پیروزه بنشاختش
بدو گفت: «زین تاج بی‌بهره‌ام … به بیهوده، اندر جهان، شَهره‌ام
همه سوفزا را است، بهر از مهی … همی نام دارم ز شاهنشهی
ازین داد و بیداد، در گردنم … بفرجام، روزی بپیچد تنم!»[10]
به ایران برادر بُدی کدخدای … به استی ز بیدادگر سوفزای»[11]

❊

بدو گفت شاپور ک:«ای شهریار … دلت را بدین کار رنجه مدار
ترا نام و فرّ و نژاد است و پشت … یکی نامه باید، نوشتن؛ درشت
بگویی که: «از تخت شاهنشهی … مرا بهره رنج است و گنجِ تَهی
تویی بازخواه و منم با گناه … نخواهم که خوانی مرا نیز شاه
فرستادم اینک یکی پهلوان؛ … ز کردار تو چند؟ باشم نوان
چو، نامه بدین گونه باشد بدوی … چو من، دشمن و، لشگری جنگجوی؛

---

۱ - سخن را پیوند شایسته نیست.
۲ - چون فرستاده‌ای را «چون باد» برنشانند، شایسته می‌نماید که بازی‌کنان و نخچیرگیران برود!
۳ - این سخن را با رج پیشین پیوند «تا» یا «که» باید.
۴ - باد خزانی...
۵ - لت نخست ناهماهنگ است.
۶ - **یک:** «بیامد» نادرخور است. **دو:** سالار بار را در همان کاخ جای بوده است.
۷ - وابسته بگفتار پسین.
۸ - ورا نیست نادرخور است: «او را نبود».
۹ - وابسته بگفتار.
۱۰ - **یک:** از کدام داد و بیداد؟... بایستی افزودن بیدادی که سوفزای دارد! **دو:** دو بند زمان «فرجام» و «روزی» (= یکروز) در یک سخن درست نیست.
۱۱ - «اگر برادرم بود» باید.

نمانم که بر هم زند نیز، چشم نگویم سخن پیش او، جز بخشم!»

بند برنهادن
و کشتن
پهلوان ایران!!

نویسندهٔ نامه را خواندند بنزدیک شاپور بنشاندند
بگفت آن سخن‌ها که با شاه گفت شد آن کلک بیجاده، با قار؛ جفت
چو بر نامه بر، مُهر، بنهاد شاه بیاورد شاپور، لشگر؛ براه

*

گزین کرد پس هر که بُد نامدار پراکنده از لشکر شهریار [1]
خود و نامداران پرخاشجوی سوی شهر شیراز بنهاد روی [2]
چو آگاه شد زان سخن سوفزای همانگه بیاورد، لشگر ز جای
پذیره شدش با سپاهی گران گزیده سواران جوشنوران
رسیدند پس، یک بدیگر فراز فرود آمدند آن دو گردنفراز
چو بنشست شاپور با سوفزای فراوان زدند از بد و نیک رای [3]
بدو داد پس نامهٔ شهریار سخن رفت، هر گونه؛ دشخوار و خوار

*

چو بر خواند، آن نامه را، پهلوان بپژمرد و شد کند و تیره روان [4]
چو آن نامه برخواند*، شاپور گفت که: «اکنون سخن را نشاید نهفت
ترا بند؛ فرمود، شاه جهان فراوان بنالید، پیش مهان
برآنسان که بر خوانده‌ای نامه را تو دانی شهنشاه خودکامه را» [5]

*

چنین داد پاسخ بدو پهلوان که: «داند مرا شهریار جهان!
بدان رنج و سختی که بردم ز شاه برفتم ز زاولستان با سپاه

---

۱ – پیوسته برج پسین.
۲ – «خود و نامداران» نادرست است و نامداران راکنش «نهادند» بایسته است.
۳ – با هم ننشستند، و شاپور بهنگام پذیره، نامهٔ قباد را به سوفزای داد.
۴ – از خواندن نامه، در رج پسین یاد می‌شود.
* – نمونهٔ دیگر «او خواند» اما سخن فردوسی چنین می‌نماید:
«چو آن نامه را خواند»
۵ – چند بار از برخواندن نامه یاد می‌شود؟ و لت دویم را هیچ پیوند با خواندن نامه نیست.

کشتن پهلوان سوفزای ۴۱۹

بمَردی رهانیدم او را ز بند — نماندم که آید برویش گزند
مرا داستان بود نزدیک شاه — همان نزد گردان ایران سپاه[۱]
گر ایدونکه بند است پاداش من — ترا ره نمودن، بپرخاش من؛
نخواهم زمان از تو، پایم ببند — که باشد مرا بند او سودمند![۲]
ز یزدان و از لشگرش نیست شرم — که من چند پالوده‌ام خون گرم[۳]
بدانگه کجا شاه در بند بود — بیزدان مرا سخت سوگند بود[۴]
که دستم نبیند مگر دستِ تیغ — به جنگ آفتاب اندر آرم به میغ[۵]
مگر سر دهم گر سر خوشنواز — به مردی ز تخت اندر آرم به گاز[۶]
کنونم که فرمود بندم، سزا است — سخن‌های ناسودمندم روا است[۷]
ز فرمان او هیچ گونه مگرد — چو پیرایه دان، بند، بر پایِ مرد!»

*

چو بشنید شاپور، پایش ببست — بزد نای رویین و خود بر نشست
بیاوردش از پارس* پیش قباد — قباد از گذشته نکرد ایچ یاد
بفرمود کاو را بزندان برند — بنزدیک نا هوشمندان برند

*

به شیراز فرمود تا هر چه بود — ز مردان و گنج وز کشت و درود[۸]
بیارند یکسر سوی تیسفون — سپارد بگنجور او، رهنمون[۹]
چو یک هفته بگذشت هرگونه رای — همی راند، با موبد از سوفزای
چنین گفت پس شاه را، رهنمون — که: «یارند با او، همه؛ تیسفون!
همه لشگر و زیردستان ما — ز دهقان و از دیرستان ما![۱۰]
گر او اندر ایران بماند، درست — ز شاهی، بباید ترا دست شست!
بد اندیشِ شاه جهان، کشته به! — سرِ بختِ بدخواه برگشته به!»[۱۱]

---

۱ - داستان بود، نادرخور است.
۲ - سخن درست فردوسی از بند، در رج ششم پس از این می‌آید.
۳ - سخن برگرفته از گفتار پیران سپهدار توران است که با رستم گفت:
ز نیمه‌شب و، دیده‌ام نیست شرم — که چندین بپالوده‌ام خون گرم
۴ - **یک:** جای گفتار دربارهٔ زمان در بند بودن قباد نیست زیرا که سوفزای فرموده بود: «بمردی رهانیدم او را ز بند». **دو:** لت دویم نیز سست می‌نماید.
۵ - **یک:** دست تیغ نادرست است: دستهٔ تیغ. **دو:** آنگاه دست را توان دیدن نیست. **سه:** آفتاب را به ابر اندر آوردن نادرخور است: «پس ابر».
۶ - پس آن چه سوگند بود؟ که سوفزای بپیروی از خرد با خوشنواز بجنگید و آشتی را پذیرفت!
۷ - سخن درست در رج پسین آمده است.
* - **«بیاوردش از راه»** درست‌تر می‌نماید.
۸ - کشت را...
۹ - ...چگونه توان از شیراز به تیسفون بردن؟
۱۰ - چون در رج پیشین از همه تیسفونیان یاد شد، این گفتار افزوده است.
۱۱ - کُشته را با گشته پساوا نیست.

*

چو بشنید مهتر ز موبد سَخُن   نیاورد یاد، او؛ ز کار کَهُن
بفرمود پس تاش، بیجان کنند   بر او بر، دل و دیده پیچان کنند*
بکردند پس پهلوان را تباه   شد آن گُردِ فرزانه و نیکخواه![1]

خیزش ایرانیان

بند برنهادن قباد را
و
نشاندن برادرش جاماسب بر تخت

چو آگاهی آمد بایرانیان   که آن پیلتن را سرآمد زمان
خروشی برآمد، از ایران بدرد   زن و مرد و کودک همی مویه کرد[2]
بر آشفت ایران و برخاست گرد   همی هر کسی کرد، سازِ نبرد
همی گفت هر کس که: «تخت قباد؛   اگر سوفزا شد، بایران مباد»
سپاهی و شهری همه شد یکی   نبردند نام قباد اندکی[3]

*

برفتند یکسر، بایوان شاه   ز بدگوی، پُر درد و فریادخواه
کسی را که بر شاه بدگوی بود   بر اندیشهٔ بد، بلاجوی بود؛
گرفتند و بردند از ایوان، کِشان   ز جاماسپ جستند، چندی نشان
که کهتر برادر بُد و سرفراز   قبادش همی پروریدی به ناز[4]
ورا برگزیدند و بنشاندند   بشاهی، بر او؛ آفرین خواندند
بآهن ببستند پای قباد   ز فرّ و نژادش نکردند یاد!
چنین است رسم سرای کهن   سرش هیچ پیدا نبینی ز بن[5]

---

* - درود بر روان جاویدان آن پهلوان آزادمرد باد!

۱ - بیجان کردن رج پیشین، سخن را بپایان رساند... اما افزاینده نیز با افزودن این گفتار اندوه خویش را از کشته شدن سوفزای نشان داده است.   ۲ -کنش «کرد» پایان گفتار برای زن و مرد و کودک نادرخور است: «کردند».

۳ - **یک:** کنش شد نادرخور است: «شدند». **دو:** نام را اندکی نبردن چگونه است. یا نام می‌برند، یا نمی‌برند!

۴ - **یک:** پیدا است که جاماسپ برادر کهتر بود، و دوباره گویی در کار نیست. **دو:** لت دویم سخنی سست است، زیرا که پیدا است که با ناز پروردن را «پرستاری چون مادر باید، و برادر را توان آن نیست بویژه آنکه پادشاه باشد.

۵ - افزایندهٔ خام گفتار در چنین رویداد که جنبشی مردمی بود، و «داد» بر آن روان بود، این سخن را بسود قباد گناهکار افزوده است.

جاماسپ ۴۲۱

*

یکی پور بُد، سوفزا را، گُزین ... خردمند و پاکیزه و بآفرین
جوانی بی‌آزار و، زرمهر نام ... که از مهر او بُد، پدر، شادکام؛
ببردند، بسته بدو، شاه را ... بدانگونه بُد؛ رای، بدخواه را
که آن مهربان، کینهٔ سوفزای ... بخواهد بدرد، از جهان کدخدای!

*

بی‌آزار زرمهرِ یزدان‌پرست ... نسودی ببد، با جهاندار، دست
پرستش همی کرد پیش قباد ... اُزان بَد، نکرد ایچ، بر شاه، یاد
جهاندار، ازو ماند اندر شگفت ... ز کردار او مردمی برگرفت
همی کرد پوزش که: «بدخواه من ... پر آشوب کرد اختر و ماه من
گر ایدونکه یابم رهایی ز بند ... ترا باشم از هر بدی سودمند
ز دل؛ پاک، بردارم آزار تو ... کنم چشم؛ روشن، بدیدار تو»

*

بدو گفت زرمهر که: «ای شهریار ... زبان را بدین باره رنجه مدار
پدر، گر نکرد آنچه بایست کرد ... ز مرگش پسر گُرم و تیمار خورد[1]
ترا من بسان یکی بنده‌ام ... به پیش تو اندر، پرستنده‌ام[2]
چو خواهی[*] بسوگند پیمان کنم ... که هرگز وفای ترا نشکنم»

*

ازو ایمنی یافت جانِ قباد ... ز گفتارِ آن پُر خرد، گشت شاد
اُزان پس بدو راز بگشاد و گفت ... که: «اندیشه از تو نخواهم نهفت
گشاده است بر پنج کس، راز من ... جز این نشنود، یک تن، آواز من[●]
همان؛ تاج و تخت، از تو دارم سپاس ... بوَم جاودانه، ترا حقشناس»[3]

*

چو بشنید زرمهرِ پاکیزه رای ... سبک، بند را برگشادش ز پای
فرستاد و آن پنج تن را بخواند ... همه رازها پیش ایشان براند
شب تیره از شهر بیرون شدند ... ز دیدار دشمن، به هامون شدند
سوی شهر هیتال کردند روی ... ز اندیشگان خسته و راهجوی[4]

---

۱ - چگونه، پسری بی‌آزار و پرمهر را شاید چنین گفتن! پدر روانشاد او آنچه را که بایست کرد.
۲ - پیش‌اندر...
* - همهٔ نمونه‌ها «چو گویی»، سپاهان: چو خواهی.
● - راز مرا بجز از آن پنج کس نگویی.
۳ - روشن نیست که او در آینده بتاج و تخت بازمیگردد.
۴ - بسوی اهواز رفته بودند.

بر اینگونه، سرگشته، آن هفت مرد   باهواز رفتند تازان، چو گرد

*

رسیدند پویان به پرمایه ده   به ده در یکی نامبردار، مِه
بدان خان دهقان فرود آمدند   ببودند و یک هفته دم بر زدند

*

یکی دختری داشت دهقان چو ماه   ز مُشک سیه بر سرش بر، کلاه
جهانجوی چون روی دختر بدید   ز مغز جوان، شد خرد ناپدید
همانگه بیامد به زرمهر گفت   که: «با تو سخن دارم اندر نهفت!
برو راز من پیش دهقان بگوی   مگر جفت من گردد این خوبروی»

*

بشد تیز و رازش بدهقان بگفت   که○: «این دخترت را کسی نیست جفت
یکی پاک انبازش آمد بجای   که گردی بر اهواز بر، کدخدای»
گرانمایه دهقان بزرمهر گفت   که: «این دختر خوب را نیست جفت
اگر شاید این مرد، فرمان ترا است   مر این را بدان ده که او را هوا است»[1]
بیامد خردمند، نزد قباد   چنین گفت ک:«این ماه جفت تو باد
پسندیدی و ناگهان دیدی‌اش   بدان سان که دیدی پسندیدی‌اش»[2]
قباد آن پریروی را پیش خواند   ابا مرد دهقان بزانو نشاند
ابا او یک انگشتری بود و بس   که ارزَش، به گیتی ندانست کس
بدو داد و گفت: «این نگین را بدار   بود روز، کاین را بود خواستار»

بازگشتن قباد از هیتال
و
باز بر تخت نشستن

بدان ده، یکی هفته از بهرِ ماه   همی بود و هشتم بیامد براه
برِ شاه هیتالیان شد قباد   گذشته سخن‌ها برو کرد یاد
بگفت آنچه کردند ایرانیان   بدی را ببستند یک یک میان[3]

○ - نمونه‌ها «که» آورده‌اند، اما پیدا است که «گو» درست است... اگر جفت ندارد. انبازی برایش بدیدار شد.

۱ - سخن پریشان است و گزارشی بر آن نیست. ۲ - سخن پریشان‌تر ۳ - دوباره گویی رج پیشین است.

*

بدو گفت شاه: «از بد خوشنواز   همانا بدین روزت آمد نیاز
به پیمان سپارم ترا لشگری   ازآن هر یکی بر سران افسری[1]
که گر باز یابی تو گنج و کلاه   چغانی که باشد؟ که یازد به گاه!»[2]
چو کردند عهد آن دو گردنفراز   در گنجِ زرّ و درم کرد باز[3]
بشاه جهاندار دادش رمه   سلیح سواران و لشگر همه[4]
بدو داد، شمشیرزن، سی هزار   همه نامداران گُرد و سوار

*

ز هیتالیان سوی اهواز شد   سراسر جهان زو پر آواز شد
چو نزدیکی خان دهقان رسید   همه‌کوی، مردم، پراکنده دید
یکی مژده بردند نزد قباد   که: «این پور بر شاه فرخنده باد
پسر زاد جفت تو در شب یکی   که از ماه پیدا نبود اندکی»[5]
چو بشنید، در خانه شد، شادکام   همانگاه کسری‌ش کردند نام[6]
ز دهقان بپرسید زان پس قباد   که: «ای نیکبخت از که داری نژاد؟»[7]
بدو گفت ک: «ـز آفریدون گرد   که از تخم ضحاک شاهی ببرد[8]
پدرم این چنین گفت و من این چنین   که بر آفریدون کنیم آفرین»[9]
ز گفتار او شادتر شد قباد   ز روزی که تاج کیی برنهاد[10]
عماری بسیچید و آمد براه   نشسته بدو اندرون، جفتِ شاه
بیاورد لشگر سوی تیسفون   دل از درد ایرانیان پر ز خون

*

به ایران همه سالخورده ردان   نشستند با نامور بخردان
که: «این کار، گردد بما بر، دراز   میان دو شاه و دو گردنفراز

---

۱ - لت دویم را هیچ گزارش نیست.
۲ - لت دویم این رج را نیز همچنین!... و این سخن آشفته را پیوند بداستان افزوده و دروغ چغانی و فغانیش... داده‌اند.
۳ - یکی از آنان را که قباد بود می‌بایستی پیمان بستن!   ۴ - سخن درست، با رج پسین می‌آید.
۵ - **یک:** پیدا نبد (اندکی) نادرخور است. **دو:** کنش «بود» نیز نابجا است: «همانند ماه است».
۶ - **یک:** همانگه نادرخور است، زیرا که بهنگام اندر شدن بخانه نشاید نام بر فرزند نهادن! «کسری» گونهٔ تازی شدهٔ خسرو است، و پسان بجای خسرو، چنین خواندندش.   ۷ - پیدا است که دهقانان ایران همه ایرانی بوده‌اند.
۸ - باز پیدا است که فردوسی هیچگاه آفریدون (تازی شدهٔ فریدون) را بکار نگرفته است.
۹ - چون پدر کسی نژاد خود را بفریدون رساند، نشاید که فرزند اینچنین گوید.
۱۰ - تاج کیی (را) بر (سر) نهاد.

ز روم و ز چین لشگر آید کنون   بریزند زین مرز بسیار خون[1]
بباید خرامید سوی قباد   مگر کان سخن‌ها نگیرد بیاد
بیاریم جاماسپ ده ساله را   که با درّ همتا کنند ژاله را[2]
مگرمان ز تاراج و خون ریختن   بیکسو گراییم، و ز آویختن!»
برفتند یکسر سوی کیقباد   بگفتند ک :«ای شاه خسرونژاد[3]
گر از تو دل مردمان خسته شد   بشوخی دل و دیده‌ها شسته شد[4]
کنون کام رانی بدان که‌ت هواست   که شاه جهان بر جهان پادشاست»[5]
پیاده همه پیش او در، دوان   برفتند پر خاک و تیره روان

✻

گناه بزرگان ببخشید شاه   ز خون ریختن؛ کرد پوزش، سپاه
ببخشود جاماسپ را همچنین   بزرگان بر او خواندند آفرین
بیامد به تخت کیی بر نشست   ورا گشت جاماسپ، مهترپرست
بر اینگونه تا گشت کسری بزرگ   یکی کودکی شد دلیر و سترگ[6]
بفرهنگیان داد، فرزند را   چنان تازه شاخ برومند را
همه کار ایران و توران بساخت   بگردون کلاه مهی برفراخت

✻

أ زان پس بیاورد لشگر بروم   شد آن باره او را چو یک مهره موم[7]
همه بوم و بر آتش اندر زدند   همه رومیان دست بر سر زدند[8]
همی کرد زان بوم و بر خارستان   ازو خواست زنهار دو شارستان[9]
یکی مندیاو گر فارقین   بیاموخت شان زند و بنهاد دین[10]

---

۱ - **یک:** «کنون» نشاید، زیرا تا آگاهی بروم و چین رود، و آنان لشگر آرایند، و بایران آیند، یکسال زمان می‌برد. **دو:** نام بردن از چین نیز نادرخور است، زیرا که قباد بالشگر هیتالیان از همانسو می‌آید!

۲ - **یک:** جاماسپ را کجا بیاورند؟ **دو:** لت دویم سخت نادرخور است.

۳ - سخن از رفتن در رج سیُوم پس از این می‌آید.

۴ - خَسته را با شُسته پساوا نیست، و سخن نیز بی‌گزارش است.

۵ - کام رانی نادرست است: «کام بران».

۶ - «سترگ لجوج باشد و بی‌آزرم و شرم»: لغت فرس اسدی توسی.

۷ - **یک:** لشگر را بروم «برون» باید! **دو:** مگر روم را «باره» بوده است.

۸ - سخن را پیوند «را» باید: «همه بوم و بر را»، و باید روشن شود که: «بوم و بر روم را».

۹ - **یک:** همی کرد، نادرست است «آن بوم و بر را خارستان کرد». **دو:** گیریم که بوم را خارستان کرد، بر (= میوه) چگونه شاید خارستان کردن؟ **سه:** شهرستان را توان زنهار خواستن نیست، مردمان آن شهرستان‌ها می‌بایستی چنین کنند.

۱۰ - **یک:** نامهای ساختگی! **دو:** دین (نهادنی) نیست... **سه:** چنین کار کار موبد است، نه پادشاه. **چهار:** ایرانیان هیچگاه در همهٔ روزگاران دین خود را با جنگ بسرزمین‌های دیگر نبرده‌اند:

نباشند شاهان ما دین‌فروش   بفرمان دارنده، دارند گوش

سخنان خرّاد برزین با قیصر روم

نهاد اندران مرز آتشکده — بزرگی به نوروز و جشن سده[1]
مداین پی افکند جای کیان — پراکند بسیار سود و زیان[2]
از اهواز تا پارس یک شارستان — بکرد و برآورد بیمارستان[3]
اران خواند آن شارستان را قباد — که تازی کنون نام حلوان نهاد[4]
گشادند هر جای رودی ز آب — زمین شد پر از جای آرام و خواب[5]

داستان مزدک
با
قباد

بیامد یکی مرد، مزدک؛ بنام — سخنگوی و با دانش و رای و کام
گرانمایه مردیّ و دانش فروش — قباد دلاور بدو داد گوش[6]
بنزد جهاندار، دستور گشت — نگهبان آن گنج و گنجور گشت
ز خشکی خورش تنگ شد بر جهان — میان کهان و میان مهان[7]

*

ز روی هوا ابر شد ناپدید — به ایران کسی برف و باران ندید
مهان جهان* بر درِ کیقباد — همی هر کسی، آب و نان؛ کرد یاد
بدیشان چنین گفت مزدک که: «شاه — نماید شما را به امّید، راه»
دوان اندر آمد برِ شهریار — چنین گفت ک:«ای شاه پرهیزگار○
بگیتی سخن پرسم از تو یکی — گر ایدونکه پاسخ دهی، اندکی»●
قباد سراینده گفتش: «بگوی — بمن تازه کن؛ در سخن، آبروی»
بدو گفت: «آن کس که مارش گزید — امید از تن و جان بخواهد برید؛

۱ – دنبالهٔ همان گفتار با سخنان سست!
۲ – تیسفون را اشکانیان برای پایتختی ایران برگزیده بودند. **دو:** سود را پراکندن شاید، و زیان پراکندن را نباید.
۳ – چنین شارسان بزرگ را سراغ نداریم، و سخنِ افزاینده بگفتار دیوانگان مانده است!
۴ – ارّان بخش بزرگی از ایران بالای رود ارس است که امروز کشور آذربایجانش خوانند!
۵ – زمین را «جای آرام» شدن شاید، و «پر از آرام و خواب» بودن نشاید. ٦ – دانش (فروختنی) نیست (آموختنی) است.
۷ – **یک:** بر جهان تنگ شدن را روی نباشد، «بر جهانیان». **دو:** لت دویم نیز نادرخور می‌نماید. **سه:** «میان» در آن نادرخور است.
* – مهان جهان نادرست می‌نماید: **«مهان و کهان؛»**
○ – همهٔ نمونه‌ها «نامور شهریار» آورده‌اند که با «برِ شهریار» لت نخست پساوای درست ندارد، نمونهٔ ژول مُل بدینگونه آورده است.
● – پاسخ گزیده و سخن اندک گویی

یکی دیگری را بود پادزهر — گزیده، نیابد ز تریاک، بهر؛
سزای چنین مرد گویی که چیست — که تریاک دارد درم سنگ بیست»[1]
چنین داد پاسخ ورا شهریار — که: «خونیست، آن مرد تریاک دار

❋

به خون گزیده ببایدش کشت — به درگاه چون دشمن آمد به مشت»[2]
چو بشنید برخاست از پیش شاه — بیامد بنزدیک فریادخواه
بدیشان چنین گفت ک: «ز شهریار — سخن کردم از هر دری خواستار
بباشید تا بامداد پگاه — نمایم شما را سوی داد، راه»
برفتند و شبگیر باز آمدند — شخوده رخ و پرگداز آمدند
چو مزدک ز دور آن گرُه را بدید — ز درگه سوی شاه ایران دوید
چنین گفت ک: «ای شاه پیروزبخت — سخنگوی و بیدار و زیبای تخت
سخن گفتم و پاسخش دادی‌ام — بپاسخ درِ بسته بگشادی‌ام
گر ایدونکه دستور باشد، کنون — بگوید سخن، پیش تو رهنمون»
بدو گفت: «بر گوی و لب را مبند — که گفتار، باشد مرا، سودمند»

❋

چنین گفت ک: «ای نامور شهریار — کسی را ببندی، به بند، استوار
خورش بازگیری از او تا بمرد — به بیچارگی جان بیزدان سپُرد
مکافات آنکس که نان داشت او — مر این بسته را خوار بگذاشت او؛
چه باشد بگوید مرا پادشا — که این مرد دانا بُد و پارسا»
چنین داد پاسخ که: «می‌کَن بُنش — که خونی است ناکرده، بر گردنش»

❋

چو بشنید مزدک زمین بوس داد — خرامان بیامد ز پیش قباد
بدرگاه او شد به انبوه گفت — که: «جایی که گندم بود در نهفت؛
دهید آن بتاراج، در کوی و شهر — بدان، تا یکایک بیابید بهر»
دویدند، هر کس که بد؛ گرسنه — به تاراج گندم شدند از بُنه

❋

۱ – **یک:** داشتن تریاک (پادزهر) در رج پیشین آمده بود و اندازهٔ آن را گفتن نادرخور است! شاید بودن که کسی یکسد درم سنگ تریاک داشته باشد. **دو:** درم سنگ بیست نیز نادرست است: «بیست درم سنگ».

۲ – **یک:** لت دویم سخن از دشمن نرفته بود، سخن از ندادن تریاک به مار گزیده بود. **دو:** «دشمن آمد بمشت» نیز نادرخور است، و بدنبال این رج ۱۴ رج ناپیوسته بداستان افزوده‌اند، باز آنکه دنبالهٔ سخن در رج ۳۷۶۹۰ می‌آید.

داستان مزدک ۴۲۷

چه انبار شهری چه آنِ قباد ‌‌ ز یک دانه گندم نبودند شاد[1]
چو دیدند، رفتند، کارآگهان ‌‌ بنزدیک بیدار شاهِ جهان
که: «تاراج کردند انبارِ شاه ‌‌ بمزدک همی، باز گردد گناه»
قباد آن سخنگوی را پیش خواند ‌‌ ز تاراج انبار چندی براند
چنین داد پاسخ که:«انوشه بَوی ‌‌ خرد را بگفتار، توشه بَوی
سخن هر چه بشنیدم از شهریار ‌‌ بگفتم ببازاریان، خوار خوار!
بشاه جهان گفتم از مار و زهر ‌‌ اُ زانکس که تریاک دارد بشهر؛
بدین بنده پاسخ چنین داد شاه ‌‌ که تریاکدار است مردِ گناه
اگر خونِ آن مرد تریاک‌دار ‌‌ بریزد کسی، نیست با او شمار!
چو شد گرسنه*، نان بود پادزهر ‌‌ بسیری نخواهد ز تریاک بهر
اگر دادگر باشی ای شهریار ‌‌ به انبار، گندم؛ نیاید بکار
شکم گرسنه، چند مردم؟ بمرد ‌‌ که انبار را، سود، جانش نبرد»[2]
ز گفتار او تنگدل○ شد قباد ‌‌ بشد تیز، مغزش؛ ز گفتارِ داد
اُ زان پس بپرسید و پاسخ شنید ‌‌ دل و جان او، پر ز گفتار دید

*

ز چیزی که گفتند پیغمبران ‌‌ همان دادگر موبدان و ردان[3]
به گفتار مزدک همه کژ گشت ‌‌ سخن‌هاش ز اندازه اندر گذشت[4]
بر او انجمن شد فراوان سپاه ‌‌ بسی کس به بی‌راهی آمد ز راه[5]
همی گفت: «هر کاو توانگر بود ‌‌ تهیدست با او برابر بود
نباید که باشد کسی برفزود ‌‌ توانگر بود تار و، درویش پود
جهان، راست باید که باشد، بچیز ‌‌ توانگر، فزونی، چرا؟ جست نیز!
زن و خانه و چیز بخشیده نیست ‌‌ تهیدست کس، با توانگر یکیست□

---

۱ - لت دویم نادرخور می‌نماید.

* - همه نمونه‌ها «چو شد گرسنه» آورده‌اند. اندیشهٔ من چنین می‌نماید که «**بِرگزشنه**» باشد.

۲ - **یک**: «از گرسنه» دوباره سخن می‌رود. **دو**: لت دویم راگزارش نیست.

○ - نمونه‌ها «تنگدل» آورده‌اند اما «**شاددل**» درست می‌نماید، که با گفتار لت دویم نیز همخوان است.

۳ - پیغمبران را با ردان پساوا نیست.

۴ - سخن پیوسته برج پیشین است، و سخن را نباید از اندازه درگذشتن، از آنجا که اندازهٔ سخن همانست که بر زبان می‌رود.

۵ - مزدک را با سپاه کار نبود.

□ - **یک**: زن و خانه و مال میان توانگران و تهیدستان یکسان بخش نشده است. **دو**: برخی نمونه‌ها «بخشیدنیست» آورده‌اند، که چنین گزارش می‌شود: زن و خانه و چیز را باید میان مردمان بخش کردن! اما در اندیشهٔ من گفتار نخست از شاهنامه است، زیرا در زمان گفت‌وگوی مزدک با قباد، هنوز چیزی بخش نشده بود. نمونهٔ دیگر در شاهنامه؛ گفتار رستم است با گیو، در داستانِ بیژن و منیژه: «که این ←

من این را کنم راست با دین پاک — شود ویژه، پیدا، بلند از مغاک [۱]
هر آن کس که او جز بر این دین بود — ز یزدان و از مَنْشْ نفرین بود» [۲]
ببد هر که درویش با او یکی — اگر مرد بودند اگر کودکی [۳]
ازین بستدی چیز و دادی بدان — در او خیره مانده، همه موبدان! [۴]
چو بشنید در دین او شد قباد — ز گیتی به گفتار او بود شاد [۵]
ورا شاه بنشاند بر دستِ راست — ندانست لشکر که موبد کجاست [۶]
برِ او شد آن کس که درویش بود — اُگر نانش از کوششِ خویش بود [۷]
بگردِ جهان تازه شد دین او — نیارست جستن کسی کین او [۸]
توانگر همی سر ز نیکی نکاشت — سپردی به درویش چیزی که داشت [۹]

*

چنان بُد که یک روز مزدک پگاه — ز خانه بیامد بنزدیک شاه [۱۰]
چنین گفت ک:«ز دین‌پرستان ما — همان پاک‌دل زیردستان ما [۱۱]
فراوان ز گیتی، سران، بر درند — فرود آور مشان؛ اُگر بگذرند» [۱۲]
ز مزدک شنید این سخن‌ها قباد — به سالار فرمود تا بار داد [۱۳]
چنین گفت مزدک به پرمایه شاه — که: «این جای تنگ است و چندان سپاه [۱۴]
همانا نگنجند در پیش شاه — به هامون خرامد کندشان نگاه» [۱۵]
بفرمود تا تخت بیرون برند — ز ایوان شاهی بهامون برند [۱۶]
به دشت آمد از مزدکی سدهزار — برفتند شادان برِ شهریار [۱۷]

→ خانه، زان خانه بخشیده نیست»: خانهٔ من از خانهٔ تو جدا نیست.

۱ – سخن، باژگونهٔ رج پیشین است که پستی و بلندی را میان مردمان روا ندانسته است.

۲ – از گفتار منوچهر برگرفته شده است؛ بهنگام بر تخت نشستن.

۳ – سخن بی‌پیوند است، و «ببُد» نادرخور! «ببودند».

۴ – هنوز گفتار مزدک با قباد بپایان نرسیده است، افزایندگان کار را آغاز کردند!

۵ – قباد پیشتر از این گفتار مزدک را شنیده بود، و دنبالهٔ گفتار در سخنان آینده خواهد آمدن!

۶ – لشگریان را به دربار راه نبود، و تنها سپهبدان به پیشگاه شاه می‌آمدند... و خود، مزدک پیش از آن دستور شاه شده بود.

۷ – کسیکه نان را ازکوشش خویش بدست می‌آورد، درویش نیست.

۸ – مزدک، دین نیاورده بود، و چنانکه در سخنان آینده خواهیم دیدن، اندیشهٔ او بر آن بود که کیش زرتشت را بجای نخست بازآوَرَد.

۹ – اگر توانگر(ان) خود چنین کردند، پس جایی برای همیستاری و رودررویی انوشیروان و موبدان با مزدک نبود!

۱۰ – وابسته بگفتارِ پسین

۱۱ – «دین‌پرست» واژه‌ای نادرست است، زیرا که دین، راه را نشان می‌دهد و راه پرستیدنی نیست.

۱۲ – **یک:** آگاهی بما نرسیده است که سران گیتی بدین مزدکی اندر شده باشند. **دو:** لت دویم از شاهنامه برگرفته شده است.

۱۳ – کدام سخن‌ها؟ مزدک یک سخن بیش نگفته بود.

۱۴ – وابسته به رج پسین.

۱۵ – اگر آنان در کاخ شاهی جای نمی‌گرفتند، چرا بر در کاخشان آورده بود؟

۱۶ – برای (نگاه کردن) تخت نمی‌بایست! سوار بر اسب می‌توانست از پیش آنان گذشتن، و آنانرا دیدن.

۱۷ – **یک:** «از مزدکی» نادرست است. **دو:** و «آمد» برای یکسدهزار کس، نادرخور! «آمدند». **سه:** شهریار بدیدن آنان رفته بود، نه «آنان

←

چنین گفت مزدک به شاه زمین … که: «ای برتر از دانش و آفرین[۱]
چنان دان که کسری نه بر دین ما است … ز دین سرکشیدن ورا کی سزا است؟[۲]
یکی خطّ دستش بباید ستد … که سر باز گرداند از راه بد[۳]
بپیچانَد از راستی، پنج چیز … که دانا، بر آن پنج؛ نفزود نیز[*]
کجا رشک و کین است و خشم و نیاز … به پنجم که گردد بر او چیره آز
تو چون چیره باشی بر این پنج دیو … پدید آیدت، راهِ گیهان خدیو[۴]
ازین پنج، ما را زن و خواسته‌ست … که دین بهی، در جهان کاسته‌ست[۵]
زن و خواسته، باید، اندر میان … چو دین بهی را نخواهی زیان[●]
کز این دو بود، رشگ و آز و نیاز … که با خشم و کین اندر آید براز!
همی دیو پیچد سر بخردان … بباید نهاد این دو اندر میان»[۶]

❊

چو این گفته شد، دست کسری گرفت … بدو مانده بُد، شاه ایران شگفت
ازو، نامور، دست بستد بخشم … بتندی ز مزدک، بتابید چشم
بمزدک چنین گفت خندان، قباد … که: «از دین کسری چه داری به یاد؟»[۷]

❊

چنین گفت مزدک که: «این راه راست … نهانی ندارد، نه بر دینِ ماست»[۸]
هم آنگه ز کسری بپرسید شاه … که: «از دینِ به، بگذری، چیست؟ راه»
بدو گفت کسری: «چو یابم زمان … بگویم که کژّ است یکسر، گمان
چو پیدا شود کژّی و کاستی … درفشان شود پیش تو، راستی»
بدو گفت مزدک: «زمان چند؟ روز … همی خواهی از شاه گیتی فروز!»

← بر شهریار».

۱ -برتر از دانش و آفرین خداوند است و بس.

۲ - مزدک دین نیاورده بود، و در رج دویم پس از این، روشن خواهد شدن.

۳ - با دادن دستخط، کس ناچار به رویگردان شدن نمی‌شود.

* - دانا در این سخن، همانا زرتشت است، زیراکه پنج چیز نام برده در این گفتار، همان پنج دیو یاد شده در گاثاهای زرتشت است، و از این سخنان چنین بر می آید که مزدک را رای بر آن بود که اندیشهٔ زرتشت را که در درازنای زمان و دستکاری موبدان، بگونه‌ای دیگر درآمده بود، دوباره زنده گرداند، اما سازمان موبدان زمان ساسانیان؛نیرومندتر از آن بود که ویرا آزاد گذارند، تا چنین کاری انجام پذیرد!

۴ - سخن از «تو» در میان نبود، این گفتار فرمانی است جهانی.

۵ - زن و خواسته در میان آن پنج دیو نبود.

● - پافشاری مزدک بر روی دین بهی (=کیش زرتشتی) خود نشان می دهد که آن مرد بزرگ، دین‌آور نبوده است. زن و خواسته در میان باشد را، گزارش چنین است که دارایی و زن میان همهٔ مردمان بخش شود.

٦ - **یک:** گفتار راستی چنین بود: «بپیچاند از راستی پنج چیز» و سخن از دیو نرفته بود. **دو:** سخن را پیوند «را» باید: «این دو را».

۷ - بیاد داشتن نادرخور است: «چه میدانی؟».

۸ - سخن از دین بهی می‌رود، نه از دین ما! و چنانکه در گفتار پسین دیده می‌شود، قباد از اینکه دست را از مزدک کشیده بود، از او می‌پرسد چون از دین به (بهی) می تابی، راهت چیست؟

وراگفت کسری «زمان؛ پنج ماه — ششم را همه بازگویم بشاه»
بر این بر نهادند و گشتند باز — به ایوان بشد شاه گردنفراز[1]

رای زدن موبدان با کسری
دربارهٔ
مزدک

فرستاد کسری، بهر جای، کس — که داننده‌ای دید و فریادرس؛
کس آمد سوی خرّهٔ اردشیر — که آنجا بُد از داد هرمزد پیر[2]
ز اصطخر مهرآذر پارسی — بیامد به درگاه با یار سی[3]

*

نشستند دانش پژوهان بهم — سخن رفت هرگونه از بیش و کم
به کسری سپردند یکسر سخن — خردمند دانندگانِ کهن
چو بشنید کسری، بنزد قباد — بیامد، ز مزدک، سخن کرد یاد
که: «اکنون فراز آمد آن روزگار — که دین بهی را کنم خواستار
گر ایدونکه او را بود راستی — شود دین زردشت بر کاستی؛
پذیرم من آن پاک دین ورا — به جان برگزینم گزین ورا
چو راه فریدون شود نادرست — عزیر مسیحی و هم زند و است[4]
سخن گفتن مزدک آید بجای — نباید به گیتی جز او رهنمای[5]
ور ایدونکه او کژ بگوید همی؛ — رهِ پاکْ یزدان، نجوید همی؛
به من ده ورا و آنکه در دین اوست — مبادا یکی را بتن مغز و پوست»
گوا کرد زرمهر و خُرّاد را — فرایین و بندوی و بهزاد را
وز آنجایگه شد به ایوان خویش — نگه داشت، آن؛ راست پیمان خویش

1 – «گشتند باز»، و «بایوان بشد» یک سخن است.
2 – می‌بایستی بسوی تیسفون روند! لت دویم نیز سخت بی‌پیوند و سست است.
3 – یار سی نادرست است: «سی یار».
4 – **یک:** راه فریدون کیش مهر بود، و مزدک را دربارهٔ آن، سخنی نبود. **دو:** عزیر مسیحی را با زند و اُست(؟) چه پیوند، و هر دو را با کیش مهر چه پیوستگی است.
5 – سخن درست فردوسی، در رج دویم پیش از این آمده بود، و این رج دوباره‌گویی سستِ آن گفتار است.

کشته شدن مزدک و مزدکیان

با رای

خسرو و موبدان

بشبگیر، چون شید، بنمود تاج   زمین شد بکردار دریای آج
همی راند فرزند شاه جهان   سخنگوی با موبدان و ردان[1]
بآیین، بایوان شاه آمدند   سخنگوی و جوینده راه آمدند
دلارای مزدک○، سوی کیقباد   بیامد، سخن را، در اندر گشاد*

❋

چنین گفت موبد به پیش گروه   به مزدک که: «ای مرد دانش پژوه
یکی دین نو ساختی، پر زیان   نهادی زن و خواسته در میان
چه داند پسر، که‌ش، که؟ باشد پدر!   پدر همچنین، چون؟ شناسد پسر!
چو مردم برابر بود در جهان   نباشند پیدا کهان و مهان؛
کسی کاو مُرد جای و چیزش کراست؟   که شد کارجوینده، با شاه راست[2]
جهان زین سخن، پاک ویران شود   نباید که این بد؛ به ایران شود
همه کدخدای‌اند و مزدور کیست؟   همه گنج دارند و گنجور کیست؟
ز دین آوران این سخن کس نگفت   تو دیوانگی داشتی در نهفت
همه مردمان را، بدوزخ بری   همی کار بد را، ببد نشمری»

❋

چو بشنید گفتار موبد قباد   برآشفت و اندر سخن داد داد[3]
گرانمایه کسری ورا یار گشت   دل مرد بیدین پر آزار گشت
پر آواز گشت انجمن سربسر   که مزدک مبادا، بر تاجور
همی دارد او، دین یزدان تباه   مباد اندرین نامور بارگاه

❋

---

۱ - همی راند، نادرست است، و در رج پسین سخن درست آمده است.

○ - بنداری چنین آورده است: «فاتفق انهُ ذات یوم دَخَل علی کیقباد» و بر این بنیاد می‌توان سخن را چنین دانستن: **«یکی روز مزدک»**.

* - سخنی زیبا؛ که آیین گفتار در انجمن‌های ایران باستان را بازمی‌نماید. این گفتار در زمان ما چنین شده است: «مجلس را افتتاح کرد!»

۲ - «مُرَد» نادرست است، زمان‌کنش نیز در دولت ناهمخوان است.

۳ - قباد را سخنی نبود، و بر این برنهاده بودند که خسرو (کسری) و موبدان سخن گویند... چنانکه اندر سخن داد داد را در این رج، هیچ دنباله نیست.

ازآن دیـــن، جـــهاندار، بـیزار شد	ز کـــرده، سـرش پُـر ز تـیمار شد
بکسری سـپردش هـمان گـاه، شاه	ابـا هـر کَش او داشت آن دیـن و راه
بدو گفت: «هر کاو بـر ایـن دیـن اوست	مـبادا یکـی را بـتن مـغز و پوست»

*

بـــران راه بُـــد، نـامور، سـه هـزار	بـــفرزند گـــفت آن زمـــان شـــهریار
که: «با این سران، هر چه خواهی بکـن	وزین پس ز مـزدک، مگـردان سـخن!»

*

بـه درگـاه کسـری یکـی بـاغ بـود	کــه دیـــوار او بـــرتر از راغ بـــود
هـمی گـرد بـر گـرد او کـنده کـرد	مـــر آن مـــردمان را پـراکـنده کـرد
بکِشـــتندشان هـــم بســانِ درخت	زبَـر، پـای و؛ سـر، زیـر؛ آکـنده سخت
به مزدک چنین گـفت کسـری کـه: «رو	بـــه درگـــاه بـــاغ گـــرانـــمایه شـو
درخـتان بـبینی کـه آن، کس نـدید*	نـــه از کـــاردانـــان پـیشین شـنید»
بشـــد مـــزدک از بـــاغ و بگشـــاد در	کـــه بـینـد مگـــر بـــر چـمن بـــارور
چو دید آنـچنان، از سـرش رفت هـوش	بـــرآمـــد بـــناکـــام زو یـک خـــروش
یکـــی دار فـــرمود؛ کسـری، بـلند	فـــرو هشت○ از دار، پـــیچان کـمند
نگـــونبخت را زنـــده بـــر دار کـرد	ســـر مـــرد بـــددین نگـــونسار کـرد

*

ازآنــــپس بکشــــتش بــباران تــیر	تـــو گـــر بـــاهشی راه مـــزدک مگـیر![1]
بـــزرگان شـــدند ایـمن از خـواسـته	زن و زاده و بـــــاغِ آراســـــته
هـمی بـود؛ بـا شـرم، چـندی قباد	ز نـــفرینِ مـــزدک هـمی کـرد یـاد
بـــه درویش بـــخشید بسـیار چـیز	بـــر آتشکـــده خـــلعت افکـــند نـیز[2]
ز کســـری چـــنان شـــاد شـد شـهریار	کـــه شـــاخش هـــمی گـــوهر آورد بـــار[3]
ازآن پس هـــمه رای بـــا او زدی	ســـخن هـــر چـــه گـفتی ازو بشـندی[4]

---

* - لت نخست را نمونه‌های دیگر چنین است: «آنک هر کس ندید» «نگه کن که آن کس»، که اندکی بی‌پیوند می‌نمایند. و من چنین می‌اندیشم:

«درختان ببین، کان دگر کس ندید»

○ - نمونه‌ها «هشت» آورده‌اند، اما درست **«هشته»** است.

۱ - **یک:** آن روانشاد را ویژه سرنگونسار نکردند، تا زمانی بیشتر جان کَنَد و بیش رنج برد. **دو:** روی سخن بخواننده بازمی‌گردد، و نامردمی افزاینده اینجا است که چنین سخن را از زبان فردوسی بخواننده می‌سراید!!

۲ - **یک:** بدرویش نادرخور است: بدرویشان! **دو:** خلعت بر آتشکده افکندن را نیز گزارش نیست.

۳ - **یک:** گفتار فردوسی چنانست که شرمگین بود، و افزاینده ویرا شادمان می‌نماید. **دو:** لت دویم نیز نادرخور است.

۴ - بشنَدی را در زبان فارسی کاربرد نیست.

سپری شدن روزگار قباد

ز شاهیش چون سال شد بر چهل — غم روز مرگ اندر آمد به دل[1]
یکی نامه بنوشت پس بر حریر — بر آن خطّ شایسته خود بد دبیر[2]
نخست آفرین کرد بر دادگر — که دارد ازو دین و هم زو هنر[3]
بباشد همه بی‌گمان هر چه گفت — چه بر آشکار و چه اندر نهفت[4]
سر پادشاهیش راکس ندید — نشد خوار هر کس که اورا گزید[5]
هر آن کس که ببیند خطّ قباد — بجز پند کسری مگیرید یاد[6]
به کسری سپردم سزاوار تخت — پس از مرگ ما او بود نیکبخت[7]
که یزدان ازین پور خشنود باد — دل بدسگالش پر از دود باد[8]
ز گفتار او هیچ مپراگنید — بدو شاد باشید و گنج آگنید[9]
بران نامه بر مُهر زرّین نهاد — برِ موبد رام برزین نهاد[10]
به هشتاد شد سالیان قباد — نبد روز پیری هم از مرگ، شاد[11]
بمُرد و جهان مُردری ماند از اوی — شد از چهر و بیناییش، رنگ و بوی
تنش را، بدیبا بیاراستند — گل و مشک و کافور و مَی خواستند
یکی دخمه کردند شاهنشهی — یکی تخت زرین و تاج مهی
نهادند بر تختِ زر شاه را — ببستند تا جاودان، راه را
چو موبد، بپرداخت از سوگِ شاه — نهاد آن کیی نامه بر پیشگاه[12]
بران انجمن نامه برخواندند — ولیعهد را شاد بنشاندند[13]
چو کسری نشست از بر گاه نو — همی خواندندی ورا شاه نو
بشاهی بر او آفرین خواندند — به سر برش، گوهر برافشاندند

---

۱ - گفتار افزودهٔ آینده، از مرگ قباد، در هشتاد سالگی سخن می‌گوید، و افزایندگان زمان وی را بخواست خود کم می‌کنند.

۲ - **یک:** نامه را دبیران می‌نوشتند، اما افزاینده با گفتار سست و نادرخور لت دویم چنین می‌نمایاند که وی خود دبیر بوده است. **دو:** بر کدام خط شایسته؟

۳ - لت دویم سست و بی‌پیوند است.

۴ - خداوند چیزی را نگفته است، فرمان وی است که بر همهٔ جهان روان است جاودان! و آشکار.

۵ - سخن سست!

۶ - اندرز (= وصیت) شاهان را بمردمان نشان نمی‌دادند!

۷ - دنبالهٔ گفتار

۸ - «دل بدسگالش» نشاید: زیرا که چنین می‌نماید که دل او بدسگال است!: «دل بدسگالان او».

۹ - سخن سست و بی‌بنیاد.

۱۰ - نامه را در برِ کسی نمی‌نهند که بدست او می‌سپارند.

۱۱ - سالیان.

۱۲ - افزاینده، نامهٔ دروغین را فراموش نکرده است، اما «کیی نامه» راگزارش نیست.

۱۳ - بر کدام انجمن؟ «ولیعهد» نیز در گفتار فردوسی راه ندارد.

ورا نام کردند نوشیروان	که بختش جوان بود و دولت جوان
به سر شد کنون داستان قباد	ز کسری کنم زین سپس نام یاد[1]
همش داد بود و همش رای و نام	به داد و دهش یافته نام و کام[2]

*

الا ای دلارای سرو بلند	چه بودت که گشتی چنین مستمند[3]
بدان شادمانی و آن فرّ و زیب	چرا شد دل روشنت پر نهیب[4]
چنین گفت پرسنده را سروبن	که شادان بُدم تا نبودم کهن[5]
چنین سست گشتم ز نیروی شست	بپرهیز و با او مساو ایچ دست[6]
دم اژدها دارد و چنگ شیر	بخاید کسی را که آرد به زیر[7]
هم‌آواز رعد است و هم‌زور گرگ	به یک‌دست رنج و به یک دست مرگ[8]
ز سرو دلارای چنبر کند	سمن برگ را رنگ عنبر کند[9]
گل ارغوان را کند زعفران	پس زعفران رنج‌های گران[10]
شود بسته بی‌بند پای نوند	اُز او خوار گردد تن ارجمند[11]
مرا درّ خوشاب سستی گرفت	همان سرو آزاد پستی گرفت[12]
خروشان شد آن نرگسان دژم	همان سرو آزاده شد پشت خم[13]

---

۱ – (نام یاد) می‌کند؟ یا بایستی داستان پادشاهی وی را بگوید؟

۲ – این رج را پیوند (که) باید، تا به رج پیشین بپیوندد.

۳ – اگر کسی خود را بلند سروِ دلارای بنامد، نشاید که هم در زمان او را مستمند خوانَد!

۴ – دل روشن فردوسی، هنوز بر دلها و جانهای ما روشنی می‌افکند.

۵ – **یک:** با این سخن روشن می‌شود که گفتار را روی بدرخت سرو بوده است، و درخت سرو را هیچگاه مستمندی پیش نمی‌آید. **دو:** نه چنین است، و درختان سرو چند هزار ساله دیده‌ایم که همچنان شاداب‌اند.

۶ – **یک:** این سخن از فردوسی نیست که شست سالگی خویش را چنین می‌نماید:

چو بگذشت مرد از برِ سالِ شست	برد سر بکیوان، چو شد نیم مست!

دو: مگر کس را توانِ آن هست که از شست سالگی بپرهیزد؟

۷ – دم اژدها و چنگ شیر را توان خاییدن نیست، و این دندان است که میخاید!

۸ – **یک:** شست سالگی را نشاید با غرش تندر، همخوان دانستن. **دو:** لت دویم سخت سست است: «بیکدستش».

۹ – **یک:** سرو را آزاد از آن خوانده‌اند که هیچگاه بالای راستش چنبری نمی‌شود. **دو:** لت دویم را پیوند درست نیست: «همرنگِ» یا «برنگ»، اما چون برگ یاسمن خشک گردد زرد می‌شود نه «انبرین».

۱۰ – مرد را هرچه سال بالاتر رود، رویش سرخ‌تر می‌شود! از گفتار آرزو، دختر ماهیار گوهرفروش به پدرش:

زبان چرب‌گوی و، دل آزرمجوی	چو کافور، گردِ گلِ سرخ، موی
تویی چون فریدون آزاده‌خویِ	منم چون پرستار و، نام، آزروی

۱۱ – دنبالهٔ همان سخن.

۱۲ – **یک:** درّ خوشاب (= دندان) سستی نمی‌پذیرد که می‌ریزد، اما نه در شست سالگی. **دو:** سُستی را با پَستی پساوا نیست.

۱۳ – **یک:** نرگس (چشم) خروشان نمی‌شود! **دو:** دوباره از خمیدن سرو آزاد سخن می‌رود!!

دل شـــاد و بــی‌غم پـــر از درد گشت　　　چـــنین روز مـــا نـــاجوانـــمرد گشت[۱]
چـــل و هشت بُـــد عـــهد نـــوشیروان　　　تـــو بـــر شست رفـــتی نـماني جـوان[۲]

۱ - باز این سخن را با گفتار فردوسی بسنجید:

شبِ اورمزد آمد از ماهِ دَی　　　ز گفتن بیاسای و بردار مَی

شب اورمزد نخستین شب ماه دی، شب چله و زایش دوبارهٔ مهر و خورشید است که از هنگام روایی کیش مهر، نزد ایرانیان گرامی بوده و هست! که فردوسی نیز، آن جشن را شادمانه می‌گذراند.

باید نگریستن که گفتار یاد شده بهنگام پادشاهی خسروپرویز، چند سال پس از این هنگام سروده شده است و فردوسی بدانهنگام از شست سالگی نیز گذشته بود.　**۲** - **یک:** چهل و هشت را «سال» باید. **دو:** مویه‌گری پایان‌ناپذیر...

پادشاهی خسروقبادان

چهل و هشت سال بود

چو کسری نشست از بر تخت آج — به سر بر نهاد آن دل‌افروز تاج[۱]
بزرگان گیتی شدند انجمن — چو بنشست سالار با رایزن؛
سرِ نامداران زبان* برگشاد — ز دادار نیکی‌دهش کرد یاد
چنین گفت: «کز کردگار سپهر — دل ما پر از آفرین باد و مهر
کزویست نیک و، بدو، نام و کام○ — ازو مُستمندیم و زو، شادکام
ازویست فرمان و زویست مهر — به فرمان اویست بر چرخ مهر[۲]
ز رای و ز فرمان او نگذریم — نفس جز بفرمان او نشمریم[۳]
به تخت مهی بر، هر آن کس که داد — کند، در دل او باشد از داد شاد[۴]
هر آن کس که اندیشهٔ بد کند — بفرجام؛ بد با تن خود کند
ز ما هر چه خواهند پاسخ دهیم — به خواهشگران، روز، فرّخ نهیم●
از اندیشهٔ دل کس آگاه نیست — به تنگی دل اندر مرا راه نیست[۵]
اگر پادشا را بود پیشه داد — بود بی‌گمان هر کس از داد شاد[۶]
از امروز کاری به فردا ممان — که داند که فردا چه گردد زمان[۷]
گلستان که امروز باشد ببار — تو فردا چنی گل نیاید به کار[۸]
بدان‌گه که یابی تن زورمند — ز بیماری اندیش و دردد و گزند[۹]

---

۱ - پیشتر سخن از برنشستن او بر گاهِ نو یاد شده است.
* - آغاز انجمن با «**سخن برگشاد**» همراه است.
○ - این لت را بایستی چنین دریافتن: نیکی از او است، و نام و کام نیز به او یا بخواست او است.
۲ - «فرمان» را با «مهر» نشاید سنجیدن. برخی نمونه‌ها، در لت نخست: بدویست زور، و در لت دویم: تا بد از چرخ هور... که باز فرمان را با زور همتراز آورده‌اند!
۳ - دو بار بکار بردن «او» در یک گفتار، آنرا سست می‌نماید...
۴ - ...و نیز یکبار بکار بردن «آن» بهمراه «او»...!
● - اگر خواهشگری بدرگاه بیاید روز ما را فرّخ کرده است.
۵ - دل را اندیشه نیست. اندیشه در سر است، و لت دویم نیز بی‌پیوند و بی‌گزارش است.
۶ - لت دویم را پیوند باید. بیگمان همه از دادگری وی شاد می‌شوند.
۷ - لت دویم: «فردا، چرخ چگونه می‌گردد»، «یا زمان چگونه می‌گذرد».
۸ - گلستان، هیچگاه به بار (= میوه) نمی‌نشیند، و لت دویم بی‌پیوند و سست است.
۹ - تن زورمند، (یافتنی) نیست! داشتنی است.

پس زندگی یاد کن روز مرگ — چنانیم با مرگ چون باد و برگ[1]
هر آنگه که در کار سستی کنی — همه رای ناتندرستی کنی[2]
چو چیره شود بر دل مرد رشک — یکی دردمندی بود بی‌پزشک[3]
دل مرد بیکار و بسیارگوی — ندارد به نزد کسان آبروی[4]
وگر بر خرد چیره گردد هوا — نخواهد به دیوانگی بر گوا[5]
به کژی ترا راه نزدیک‌تر — سوی راستی راه باریک‌تر[6]
به کاری کزو پیشدستی کنی — به آید که کندی و سستی کنی![7]
وگر جفت گردد زبان با دروغ — نگیرد ز بخت سپهری فروغ[8]
سخن گفتن کژ ز بیچارگی‌ست — به بیچارگان بر بباید گریست[9]
چو برخیزد از خواب شاه از نخست — ز دشمن بود ایمن و تندرست[10]
خردمند و ز خوردنی بی‌نیاز — فزونی بر این رنج و درد است و آز[11]
وگر شاه با داد و بخشایش است — جهان پر ز خوبی و آسایش است[12]
وگر کژی آرد به داد اندرون — کبستش بود خوردن و آب خون[13]
هر آن کس که هست اندرین انجمن — شنید این برآورده آواز من[14]
بدانید و سرتاسر آگاه بید — همه ساله با بخت همراه بید[15]
که ما تاجداری به سر برده‌ایم — به داد و خرد رای پرورده‌ایم[16]
ولیکن ز دستور باید شنید — بد و نیک بی او نیاید پدید[17]

---

۱ - **یک:** روز مرگ، یاد کردن را سودی نیست... پیش از مرگ باید یاد کردن. **دو:** کدام برگ؟ برگ خشک را باید گفتن، وگرنه برگ سبز راشش ماه زندگی در میان باد هست.

۲ - **یک:** رای ناتندرست در سخن فارسی پیشینه ندارد. «رای درست»، «و رای نادرست». **دو:** دَستی را با سُستی پساوا نیست.

۳ - رَشک را با پزِشک پساوا نیست.

۴ - دل را آبروی نباید، که آبروی ویژهٔ مردم است.

۵ - لت نخست را پیوندِ تو باید «اگر بر خرد تو...»، و لت دویم را هیچ گزارش نیست.

۶ - **یک:** سخن را پیوند با رج پیشین نیست. **دو:** «نزدیک» همیستارِ «دور» است، نه باریک، به کژی نزدیک شدن را گزارش نیست، چون کژی با روان کسان همراه شاید بودن، نه دور، نه نزدیک.

۷ - **یک:** از که؟ از کار؟ اگر چنین است، بایستی گفتن: «چو در کارها پیشدستی کنی». **دو:** دوباره «دَستی» را با «سُستی» پساوا داده‌اند.

۸ - **یک:** دروغ بر زبان جفت نمی‌شود، که بر زبان می‌رود. **دو:** بخت سپهری چیست؟

۹ - سخن گفتن کژ نیز نادرست است: دروغ گفتن.

۱۰ - تندرستی شاه و گدا نمی‌شناسد.

۱۱ - خردمند را پیوند نیست: «خردمند باشد» و چگونه توان بی‌نیاز از خوردنی بود؟

۱۲ - پیشتر از دادِ شاه سخن رفته بود... وکنش «است» نیز نادرخور است «با داد و بخشایش باشد».

۱۳ - **یک:** کژی بداد (اندرون) نمی‌شود،... آن بیداد است. **دو:** لت دویم سخت سست و نادرست است زیرا که بسا بیدادگران جهان تا پایان زمان خود از آسایش برخوردار بوده‌اند.

۱۴ - در لت دویم افزاینده می‌خواسته است بگوید، اگر آواز مرا شنیده است...

۱۵ - «بدانید» با لت پیشین پیوند نمی‌خورد: «بداند».

۱۶ - چگونه در روز آغازین پادشاهی می‌توان از بسر بردن پادشاهی سخن راندن؟

۱۷ - سخن راگزارش نیست.

هر آن‌کس که آید بدین بارگاه — به بایسته کاری نیابند راه[1]
نباشم ز دستور همداستان — که بر من بپوشد چنین داستان[2]
بسته درگاه بر کارداران من — ز لشکر نبرده سواران من[3]
چو روزی بدیشان نداریم تنگ — نگه کرد باید به نام و به ننگ[4]
همه مردمی باید و راستی — نباید به کار اندرون کاستی[5]
هر آن‌کس که باشد از ایرانیان — ببندد بدین بارگه بر میان[6]
بیابد ز ما گنج و گفتار نرم — چو باشد پرستنده با رای و شرم[7]
چو بیداد جوید یکی زیردست — نباشد خردمند و خسروپرست[8]
مکافات یابد بدان بد که کرد — نباید غم ناجوانمرد خورد[9]
شما دل به فرمان یزدان پاک — بدارید و ز ما مدارید باک[10]
که اویست بر پادشا پادشا — جهاندار و پیروز و فرمانروا[11]
فروزندهٔ تاج و خورشید و ماه — نماینده ما را سوی داد راه[12]
جهاندار بر داوران داور است — ز اندیشهٔ هر کسی برتر است[13]
مکان و زمان آفرید و سپهر — بیاراست جان و دل ما به مهر[14]
شما را دل از مهر ما برفروخت — دل و چشم دشمن به ما بر بدوخت[15]
شما رای و فرمان یزدان کنید — به چیزی که پیمان دهد آن کنید[16]
نگهدار تاج است و تخت بلند — ترا بر پرستش بود یارمند[17]
همه تندرستی به فرمان اوست — همه نیکوی زیر پیمان اوست[18]

---

۱ – «آید» را در لت نخست با «نیابند» در لت دویم همخوانی نیست.

۲ – **یک:** پیوند ناهنجار دارد: «با دستور همداستان نیستم»... **دو:** لت دویم نیز سست است و چنین داستان نادرخور.

۳ – سخنی بایستی چنین باشد: کارداران من در درگاه، و سواران من در سپاه...

۴ – لت دویم بی‌پیوند است...: [آنان را] باید که پاسبان نام باشند، و دور از ننگ. **۵** – وابسته بگفتار.

۶ – سخنی سست است، و همانست که پیش از این در رج چهارم آمده بود.

۷ – بیابد آغازین برای گفتار نرم نادرخور است: «بشنود آواز نرم». **۸** – بیداد جوید؟ یا بیداد کند!

۹ – دنبالهٔ همان گفتار **۱۰** – دل بفرمان داشتن درست نیست گوش بفرمان داشتن، باید!

۱۱ – دنبالهٔ گفتار

۱۲ – چون در لت نخست «فروزندهٔ» آمده است، آیین گفتار درست آنست که د ر لت دوُیم نیز «نمایندهٔ» آید.

۱۳ – «از اندیشهٔ هر کسی» سخن را سست می‌کند. برای آنکس که گفت:

ز نام و نشان و گمان برتر است — نگارندهٔ بر شده گوهر است

۱۴ – شایسته است گوییم که خداوند جهان را آفرید. اما «زمان» و «سپهر» هر دو در فرهنگ ایرانی، خود آفریده‌اند، و پیشتر در این باره سخن رفته است. **۱۵** – لت دویم راگزارش نیست.

۱۶ – **یک:** رایِ یزدان کردن سخت نادرست است. **دو:** خداوند پیمان نمی‌دهد.

۱۷ – **یک:** پیوند «که او» بایسته است. **دو:** سخن از شما، به تو بازگشت! **۱۸** – دنبالهٔ گفتار

سخنان افزوده ۴۳۹

ز خاشاک تا هفت چرخ بلند   همان آتش و آب و خاک نژند[1]
به هستیِ یزدان گوایی دهند   روان ترا آشنایی دهند[2]
ستایش همه زیر فرمان اوست   پرستش همه زیر پیمان اوست»[3]
چو نوشیروان این سخن برگرفت   جهانی ازو مانده اندر شگفت[4]
همه یکسر از جای برخاستند   بر او آفرین نو آراستند[5]

*

شهنشاه دانندگان را بخواند   سخن‌های گیتی سراسر براند[6]
جهان را ببخشید بر چار بهر   اُز او نامزد کرد آباد شهر[7]
نخستین خراسان ازو یاد کرد   دل نامداران بدو شاد کرد[8]
دگر بهره زان بُد قم و اصفهان   نهاد بزرگان و جای مهان[9]
اُز این بهره بود آذرآبادگان   که بخشش نهادند آزادگان[10]
وز ارمینیه تا درِ اردبیل   بپیمود بینادل و بوم گیل[11]
سیوم پارس و اهواز و مرز خزر   ز خاور ورا بود تا باختر[12]
چهارم عراق آمد و بوم روم   چنین پادشاهی و آباد بوم[13]
وز این مرزها هرکه درویش بود   نیازش به رنج تن خویش بود[14]
ببخشید آکنده گنجی برین   جهانی بر او خواندند آفرین[15]
ز شاهان هرآن کس که بُد پیش ازوی   اگر کم بدش گاه اگر بیش ازوی[16]
نه جستند بهره ز کشت و درود   نه کس دست را سوی رُسته پسود[17]

---

۱ - خاک نژند نیست، و یکی از چهار گوهر است، و نزد ایرانیان بس گرامی!

۲ - برگرفته از شاهنامه است از داستان کاموس کشانی.

۳ - ستایش زیر فرمان خداوند نیست ستایش مردمان روی بخداوند دارد.

۴ - سخن برگرفتنی نیست، گفتنی است.

۵ - پایان گفتار

۶ - سخن‌های گیتی راگزارش نیست.

۷ - لت دویم راگزارش نیست.

۸ - **یک:** ازو یادکرد سخت نادرخور است: «نخست از خراسان یاد کرد». **دو:** «او» در لت نخست و او (بدو) در لت دویم نادرست است: «آن».

۹ - دگر بهره از چه؟ بخش دیگر ایران را بایستی گفتن!

۱۰ - **یک:** سخن را پیوند با رج پیشین نیست: آذر آبادگان نیز از این بخش بود... **دو:** لت دویم نیز بی‌گزارش است.

۱۱ - شاه سخن می‌گوید؟ یا بینادل پیماید؟

۱۲ - **یک:** مرز خزر هزار فرسنگ از پارس بدور بود، و سخن نیز بدآهنگ است. **دو:** افزاینده خاور و باختر را نمی‌شناسد، و گمان می‌برد که خاور (= خراسان) است و باختر را بجای «خوروَران» آورده است، و در این باره در پیشگفتار سخن بایسته گذشت.

۱۳ - «عراق آمد» را چه گزارش است، و لت دویم را چه پیوند؟

۱۴ - آنان را که با رنج، تن خویش می‌خورند، درویش نشاید نامیدن.

۱۵ - **یک:** برین بلند است، و بی‌گزارش: «گنجی بالایی؟» **دو:** این لت را یا پیوند «آنان» بایسته است یا ببخشیدشان.

۱۶ - در جهان باستان، کدام شاه را، گاه بیش (بلندتر!) از گاه شاه ایران بوده است؟

۱۷ - شاهان را چکار با کشت و درود؟ دست را سوی چیزی توان یازید یا دراز کرد، و نشاید سوی رسته پسود!

سه یک بود یا چار یک بهر شاه — قباد آمد و دیگر آورد راه[1]
ز ده یک بر آن بُد که کمتر کند — بکوشد که کهتر چو مهتر کند[2]
زمانه ندادش بران بر درنگ — به دریا بس ایمن مشو بر نهنگ[3]
به کسری رسید آن سزاوار تاج — ببخشید بر جای ده یک خراج[4]
شدند انجمن بخردان و ردان — بزرگان و بیداردل موبدان[5]
همه پادشاهان شدند انجمن — زمین را ببخشید و برزد رسن[6]
گزیتی نهادند بر یک درم — گر ایدونکه دهقان نباشد دژم[7]
کسی را کجا تخم گر چارپای — به هنگام ورزَش نبودی بجای[8]
ز گنج شهنشاه برداشتی — اُگرنه زمین خوار بگذاشتی[9]
به ناکِشته اندر نبودی سخن — پراکنده شد رسم‌های کهن[10]
گزیت رزِ بارور شش درم — به خرماستان بر همین بُد رقم[11]
ز زیتون و جوز و ز هر میوه‌دار — که در مهرگان شاخ بودی به بار[12]
ز ده بن درم یک رسیدی به گنج — نبودی جز این تا سر سال رنج
وز این خوردنی‌های خرداد ماه — نکردی به کار اندرون کس نگاه[13]

---

۱ - **یک:** کدامیک؟ سه یک، یا چهار یک؟ افزاینده، سخت از رویدادهای ایران و جهان باستان بدور بوده است. سه یک، سی و سه درسد، و چهار یک بیست و پنج درسد از درآمد است، و هیچگاه هیچ پادشاه زورگوی، از مردم کشور خویش چنین باژی نخواسته است، مگر تاراجگران جهان، که از دیگر کشورها بیش از این نیز می‌ستدند. **دو:** اگر قباد راه را دیگر کرد...

۲ - نشاید گفتن که بر آن بود!

۳ - سخن از قباد به خواننده و شنونده بازگشت.

۴ - **یک:** پیوند «چون» در آغاز سخن بایسته است. **دو:** از لت دویم نیز چیزی برنمی‌آید. آیا کسری خراج را بخشید؟ که چنین نیست. **سه:** بر جای نیز نادرخور است، زیرا که «استوار شدن بر جای» را نشان می‌دهد و افزاینده خواسته است «بجای» گوید و نتوانسته است!

۵ - دنبالهٔ گفتار

۶ - **یک:** دوباره انجمن شدند... **دو:** رسن برزدن، و بخش کردن زمین، در انجمن بزرگان انجام نمی‌گیرد، که در روستاها چنین می‌شود.

۷ - گزیت گونه‌ای باژ بوده است که بر انیرانیان می‌نهادند، چنانکه آنان هر سال می‌بایستی باندازه‌ای که از پیش نهاده بودند، به دیوان باژ و ساو بپردازد،... و آنراسرگزیت می‌نامیدند، که بر سران (=کسان) بخش می‌شد، و هر سه (= یک کس) باندازهٔ خود آنرامی‌پرداخت! چون اسلام بایران آمد، خلیفگان، آنرا بگونهٔ تازی (جزیه) درآوردند، و بر سر ایرانیان نهادند، چنانکه در داستانِ «آمدن شاه بهرام ورجاوند» که بدبیرهٔ پهلوی برجای آمده است از آن یاد شده است [= متن‌های پهلوی، گردآورنده دستور جاماسپ جی -منوچهرجی جاماسپ اسانا، با مقدمه‌ای از بهرام گور انکلساریا و دیباچه از ماهیار نوابی بنیاد فرهنگ ایران، شماره ۱۱۲، رویه‌های ۱۶۱-۱۶۰] و بر این بنیاد، هیچگاه نشایستی که گزیت بر یکدرم نهند، که اندازهٔ آن نیز روشن نباشد!

۸ - کسی را... در این رج

۹ - ...**یک:** با برداشتی در این رج همخوانی نیست...: «کسیرا که تخم نبود، از گنج شاهنشاهش تخم می‌دادند». **دو:** لت دویم را پیوند بایسته نیست.

۱۰ - **یک:** «به» (بزمین ناکشته) و «اندر» همخوان نیستند. **دو:** از لت دویم نیز چیزی برنمی‌آید.

۱۱ - **یک:** بر یک درخت مو؟ اگر چنین است درختان را کوچک و بزرگ است، و نشاید که بر همهٔ آنها یکسان باژ (نه‌گزیت) نهادن. **دو:** یک خرماستان را با هر اندازنده زمین، باژ یکسان بود؟ خرد نمی‌پذیرد.

۱۲ - دو رج: با چنان سخنان از دَه بُن (= درخت) [بن هیچگاه بتنهایی بجای درخت بکار نرفته است، مگر آنکه گویند خرمابُن، جوزبُن، سروبُن»] یک درم می‌گرفتند پس گزیت؟ شش درمی بر انگور چگونه بود؟

۱۳ - «این» در لت نخست نادرخور است: «از میوه‌های خردادماه».

کسی کِش درم بود و دهقان نبود ندیدی غم رنج و کشت و درود[۱]
بر اندازه از ده درم تا چهار به سالی ازو بستدی کاردار[۲]
کسی بر کدیور نکردی ستم به سالی به سه بهره بود این درم[۳]
گزارنده بودی به دیوان شاه ازین باژ بهری به هر چار ماه[۴]
دبیر و پرستندهٔ شهریار نبودی به دیوان کسی زین شمار[۵]
گزیت و خراج آنچه بُد نام برد به سه روزنامه به موبد سپرد[۶]
یکی آنکه بر دست گنجور بود نگهبان آن نامه دستور بود[۷]
دگر تا فرستد به هر کشوری به هر نامداریّ و هر مهتری[۸]
سه دیگر که نزدیک موبد برند گزیت و سر باژها بشمرند[۹]
به فرمان او بود کاری که بود ز باژ و خراج و ز کشت و درود[۱۰]
پراکند کارآگهان در جهان که تا نیک و بد، زو؛ نماند نهان
همه روی گیتی پر از داد کرد به هر جای، ویرانی آباد کرد
بخفتند بر دشت خرد و بزرگ به آبشخور آمد همی میش و گرگ

*

یکی نامه فرمود بر پهلوی پسند آیدت چون ز من بشنوی[۱۱]
نخستین سرِ نامه کرد از مهست شهنشاه کسریّ یزدان‌پرست[۱۲]
به بهرام روز و به خرداد شهر که یزدانش داد از جهان تاج بهر[۱۳]
برومند شاخ از درخت قباد که تاج بزرگی به سر بر نهاد[۱۴]

---

۱ – دنباله گفتار. ۲ – ده درم؟ یا چهار درم؟

۳ – این درم پایان لت دویم نادرخور است... افزاینده خواسته است بگوید که در سال سه بار باژ می‌گرفتند، و نتوانسته است سخن را نیک بیاراید.

۴ – **یک:** پس در این رج سخن را بگمان خویش آراست، و دوباره گفت، اما این گفتار نیز پریشان است. **دو:** چه کس گزارنده بود؟ دوک «از این باژ» چه باشد؟ به دیوان شاه نمی‌دادند، و در رج دویم پیش از این از «کاردار» سخن رفته است.

۵ – افزاینده می‌خواسته بگوید که دبیران و کارگزاران درگاه شاهی باژ نمی‌دادند!

۶ – در سه روزنامه بموبد سپرد. ۷ – ...اما یکی از آنها در دست گنجور بود... و نگهبان آن دستور (= وزیر) بود!

۸ – ...دیگری را به هر کشوری(؟) فرستاد، بنزد همهٔ مهتران و نامداران!

۹ – سیُوم نامه را بموبد سپرد، و افزاینده فراموش کرده است که از آغاز هر سه را بموبد سپرده بود!! و سخن از این پریشان‌تر؟

۱۰ – **یک:** کاری که بود نادرخور است: «همهٔ کارها». **دو:** «ز» در لت دویم نابجا است: «باژ و (خراج) و کشاورزی».

۱۱ – **یک:** پیدا است که نامه‌ها در زمان اشکانیان و ساسانیان همه بدبیرهٔ پهلوی نوشته می‌شد. **دو:** سخن از مردمان، به خواننده و شنونده بازگشت.

۱۲ – واژهٔ مهست، در زبان اوستایی «مَزیشتَ» (= بزرگترین) خوانده می‌شود، که در زبان پهلوی بگونه «مهیست» درآمد، که اگر آنرا خواهیم بزبان فارسی گفتن، بگونهٔ «مَهِست» در می‌آید که با واژهٔ «پَرَست» پساوا ندارد.

۱۳ – «شهر» واژه‌ای تازیست برابر با ماه (= سی روز یکماه)، و چگونه شاید که خردادماه را بگونهٔ خرداد شهر آرند؟! از آنجا که افزاینده را نیاز به پساوای «بهر» بوده است. ۱۴ – شاخ میوه‌دار... که تاج بر سر می‌نهد!

سوی کارداران باژ و خراج پرستنده شایستهٔ فرّ و تاج[1]
بی‌اندازه از ما شما را درود هنر با نژاد این بود برفزود[2]
نخستین سخن چون گشایش کنیم جهان‌آفرین را ستایش کنیم[3]
خردمند و بینادل آن را شناس که دارد ز دادار گیهان سپاس[4]
بداند که هست او ز ما بی‌نیاز به نزدیک او آشکار است راز[5]
کسی را کجا سرفرازی دهد نخستین ورا بی‌نیازی دهد[6]
مرا داد فرمود و خود داور است ز هر برتری جاودان برتر است[7]
به یزدان سزد ملک و مهتر یکی‌ست کسی را جز از بندگی کار نیست[8]
ز مغز زمین تا به چرخ بلند ز افلاک تا تیره خاک نژند[9]
پی مور بر هستی او گواست که ما بندگانیم و او پادشاست[10]
نفرمود ما را جز از راستی که دیو آورد کژّی و کاستی[11]
اگر بهر من زین سرای سپنج نبودی جز از باغ و ایوان و گنج[12]
نجستی دل من بجز داد و مهر گشادن به هر کار بیدار چهر[13]
کنون روی بوم زمین سر بسر ز خاور برو تا درِ باختر[14]
به شاهی مرا داد یزدان پاک ز خورشید تابنده تا تیره‌خاک[15]
نباید که جز داد و مهر آوریم اُگر چین به کاری به چهر آوریم[16]
شبان بداندیش و دشت بزرگ همی گوسفندان بماند به گرگ[17]

---

۱ - **یک:** چون «باژ» آید «خراج» تازی را نشاید افزودن. **دو:** لت دویم بدآهنگ است.
۲ - **یک:** شما را درود نادرست است: «بر شما درود باد». **دو:** لت دویم سخت پریشان و بی‌گزارش است.
۳ - «نخستین سخن»، همان «نخستین سر نامه» در گفتار پیشین است. ۴ - سخن را روی بخواننده یا شنونده گردید.
۵ - دو بار «او» آوردن در یک سخن، برای خداوند، که در رج پیشین با نام «دادار گیهان» یاد شده بود، نادرخور است.
٦ - «نخستین» در لت دویم نادرخور است: «نخست». ۷ - «برتر» از «برتر» نادرست است.
۸ - **یک:** بیزدان سزد، نادرست است: «(یزدان را) شاهی سزد». **دو:** «کسی را» در لت دویم نیز نادرخور است: «همگان را».
۹ - **یک:** تاکنون هیچکس، از «مغز زمین» سخن نگفته است! **دو:** افزاینده سخن را باژگون کرد، و با سخن بازی کرد.
۱۰ - چون از ژرفای زمین تا چرخ بلند یاد شد، «پی مور» نیز پدیده‌ایست در همین گستره.
۱۱ - لت دویم را پیوند درست نیست. ۱۲ - ...دیگر از جهان چه می‌خواهد؟
۱۳ - **یک:** سخن را پیوندِ خرد نیست زیرا که او همهٔ چیزهای نام برده شده را دارد، و اکنون نیز نبایستی بجز از داد و مهر داشته باشد. **دو:** از چهرهٔ بیدار کس سخن نگفته است: «جان بیدار» «روان بیدار»...
۱۴ - **یک:** بوم، همان زمین است! **دو:** افزاینده خاور را از باختر نمی‌شناسد. **سه:** «برو» روی به چه‌کس دارد؟ **چهار:** باختر (= شمال تازی، و خورواران یا مغرب تازی) را «در» نباشد.
۱۵ - **یک:** چنین نیست و چین و روم و هندوستان و کشورهای افریقا در آن زمان شناخته شده بودند! **دو:** پادشاهی از خورشید، تا تیره خاک ویژهٔ خداوند است. ١٦ - دادَ و مهر، (آوردنی) نیستند (ورزیدنی)اند.
۱۷ - «شبان بداندیش» سخت نادرست است، زیراکه شبان را شاید سستی نمودن و بخواب رفتن اما، هیچگاه شبان را، دربارهٔ گوسپندان خویش، بداندیش (= دشمن) نشاید نامیدن.

سخنان افزوده ۴۴۳

نباید که بر زیردستان ما / ز دهقان و ز درپرستان ما[۱]
به خشکی به خاک و به کشتی برآب / به رخشنده روز و به هنگام خواب[۲]
ز بازارگانان ترّ و ز خشک / درم دارد و درّ خوشاب و مشک[۳]
که تابنده خور جز به داد و به مهر / نتابد بر ایشان ز خمّ سپهر[۴]
بر این گونه رفت از نژاد و گهر / پسر تاج یابد همی از پدر[۵]
بجز داد و خوبی نبُد در جهان / یکی بود با آشکارا نهان[۶]
نهادیم بر روی گیتی خراج / درخت گزیت از پی تخت آج[۷]
چو این نامه آرند نزد شما / که فرخنده باد اورمزد شما[۸]
کسی کاو بر این یک درم بگذرد / به بیداد بر یک نفس بشمرد[۹]
به یزدان که او داد دیهیم و فر / که من خود میانش ببرّم به ار[۱۰]
بر این نیز پادافره کردگار / نباید که چشم بد آید به کار[۱۱]
همین نامه و رسم بنهید پیش / مگردید ازین فرّخ آیین خویش[۱۲]
به هر چارماهی یکی بهر از این / بخواهید با داد و با آفرین[۱۳]
به جایی که باشد زیان ملخ / اُگر تفّ خورشید تابد به شخ[۱۴]
اُگر برف و بادِ سپهر بلند / بدان کشتمندان رساند گزند[۱۵]
همان گر نبارد به نوروز نم / ز خشکی شود دشت خرّم دژم[۱۶]

---

۱ - زیردستان و درپرستان را، «دهقانان» باید.

۲ - **یک:** در این رج همه جا بجای به، «یا» باید: بخشکی یا بر آب، در روز یا شب! **دو:** خشکی و خاک، یکی است.

۳ - **یک:** بازرگان تر و خشک را در زبان فارسی پیشینه نیست. افزاینده خواسته است بگوید؛ آن بازرگان که بر دریا می‌روند، و آنانکه بر خشکی می‌گذرند! **دو:** لت دویم سخت نادرخور است زیرا که بازرگانان را تنها مروارید و مشک نیست و هزاران دستاورد را با خویش از کشوری بکشوری یا از شهری بشهری می‌برند.

۴ - خورشید را، داد و مهر... بر همهٔ جهان است، نه تنها بر بازرگانان ترّ و خشک!

۵ - لت نخست بی‌پیوند و بی‌گزارش است، و سخن لت دویم را پیوند به گفتار نیست.

۶ - همچنین این سخن!

۷ - **یک:** این سخن رودرروی آن گفتارهای سست دربارهٔ کم کردن باژ، ایستاده است. **دو:** درخت گزیت را نیز گزارشی نیست. اما از گفتار لت دویم چنین برمی‌آید که برای استواری دستگاه شاهی بر مردمان گزیت نهادیم.

۸ - اورمزد، نام روز نخستین ماه نزد ایرانیان بس گرامی بوده است، و اینچنین؛ برای خشنودی کسان می‌گفته‌اند که هر روزت اورمزد باد، اما فرخنده باد اورمزد شما را بکار بردن نادرست است، چون بر بنیاد آیین پیشین روز اورمزد، خود فرخنده بوده است.

۹ - لت نخست راگزارش و پیوند نیست.

۱۰ - دنبالهٔ گفتار.

۱۱ - سخن درهم و آشفته است.

۱۲ - اگر «رسم» همین نامه است، پس آیین خویش (= خودشان) بکار نمی‌آید.

۱۳ - چه بهر؟ کدام بهر؟... افزاینده بیاد گفتار افزودهٔ پیشین افتاد که هر سال سه بار باژ ستانند.

۱۴ - تف خورشید، تنها به شخ (= تخته سنگ) نمی‌تابد!

۱۵ - برف وباد، از سپهر بلند نمی‌آید که از آسمان می‌وزد و می‌ریزد.

۱۶ - تنها در نوروز باران بایسته نیست... بارانِ بآیین، تا روز چهارم خردادماه (= ششم خردادماه باستانی می‌بارد!)

مخواهید باژ اندران بوم و رُست / که ابر بهاران به باران نشست[1]
ز تخم پراکنده و مزدِ رنج / ببخشید کارندگان را ز گنج[2]
زمینی که آن را خداوند نیست / بمرد و ورا خویش و پیوند نیست[3]
نباید که آن بوم ویران بود / که در سایهٔ شاه ایران بود[4]
که بدگو بر این کار ننگ آورد / که چونین بهانه به چنگ آورد[5]
ز گنج آنچه باید مدارید باز / که کرده‌ست یزدان مرا بی‌نیاز[6]
چو ویران بود بوم در برّ من / نتابد در او سایهٔ فرّ من[7]
کسی را که باشد بر این مایه کار / اگر گیرد این کار دشخوار خوار[8]
کنم زنده بر دار جایی که هست / اگر سرفراز است اُگر زیردست[9]
بزرگان که شاهان پیشین بُدند / از این کار بر دیگر آیین بدند[10]
بد و نیک با کارداران بدی / جهان پیش اسپ سواران بدی[11]
خرد را همه خیره بفریفتند / به افزونی گنج نشکیفتند[12]
مرا گنج داد است و دهقان سپاه / نخواهم به دینار کردن نگاه[13]
شمار جهان باز جستن به داد / نگه داشتن ارجِ مردِ نژاد[14]
گرامی‌تر از جان بدخواه من / که جوید همی کشور و گاه من[15]
سپهبد که مردم فروشد بزر / نیابد بدین بارگه بر گذر[16]
کسی را کند ارج این بارگاه / که با داد و مهر است و با رسم و راه[17]

---

۱ - لت دویم، دوباره‌گوییِ سستِ رج پیشین است.

۲ - پیوند درست ندارد. افزاینده رای بر آن بوده است که بگوید بهای تخمِ پراکنده را از دست کشاورز رفته است، و مزد رنجی را که برای کاشتن تخم برده است از گنج بپردازید... اما این گفتارها را روی بگنجور است، باز آنکه پیشتر بمردمان روی داشت!

۳ - از سخن چنین برمی‌آید که: زمین بمُرد!! باز آنکه افزاینده می‌خواسته است بگوید که اگر کشاورزی (بمیرد) و بازمانده‌ای نباشدش...

۴ - زمین او از آن شاه است.

۵ - سخن بی‌پیوند... بدگو کیست؟ بهانه چیست؟

۶ - چه را باز ندارند؟ بدگو را؟ یا از بدگو؟

۷ - **یک:** «برّ» نادرست است، و بوم را در بر (= میوه) جای نیست! **دو:** بر بوم بایستی آفتاب تابد، نه سایه! سخن از تابش سایه هیچگاه در زبان بکار نرفته است.

۸ - بر این مایه کار راگزارش نیست.

۹ - جایی که هست نادرست است: «در همان زمین».

۱۰ - پیوند درست در لت دویم نیست...: «آیین آنان دیگر بود».

۱۱ - (بد و نیکِ) چه‌کس، بایستی روشن شود بد و نیکی که در کار کشاورزان دیده می‌شود!

۱۲ - **یک:** خرد نمی‌پذیرد که پادشاهی که شاهی را از نیاکان خود یافته است، بآنان دشنام دهد. **دو:** لت دویم نیز بی‌پیوند است: «برای فزودن بگنج ناشکیب بودند» باری گنج آنان به همین پادشاه رسیده است!!

۱۳ - پس اگر چنین است آن باژ (وگزیت) تازه را چه‌کس بر مردمان و کشاورزان نهاد؟ و اگر «داد» گنج او است...

۱۴ - ...چرا بشمار جهان را جستن؟

۱۵ - سخن بی‌پیوند است. افزاینده رای بر آن بوده است که بگوید: مردمان نژاده را که در رج پیشین از آنان یاد شده بود... گرامی‌تر از بدخواهان من بدارید!

۱۶ - این سخن را هیچ پیوند با گفتار پیشین نیست.

۱۷ - ارج (کردنی) نیست، (گذاشتنی)، و (داشتنی) است. افزایندهٔ خام سخن خواسته است بگوید: «کسی ارج این بارگاه را نگاه می‌دارد

←

چو بیدادِدل کارداران من / به دیوان موبد شوند انجمن[1]
پدید آید از گفت یک تن دروغ / ازان پس نگیرد بر ما فروغ[2]
به بیدادگر بر مرا مهر نیست / پلنگ و جفاپیشه مردم یکی‌ست[3]
هر آن کس که او راه یزدن بجست / به آب خرد جان تیره بشست[4]
بدین بارگاهش بلندی بود / برِ موبدان ارجمندی بود[5]
به نزدیکِ یزدان ز تخمی که کشت / بیابد به پاداش خرم بهشت[6]
که ما بی‌نیازیم از این خواسته / که گردد به نفرین روان کاسته[7]
که را گوشت درویش باشد خورش / ز چرمش بود بی‌گمان پرورش[8]
پلنگی به از شهریاری چنین / که نه شرم دارد نه آیینِ دین[9]
گشاده‌ست بر ما درِ راستی / چه گوییم خیره درِ کاستی[10]
نهانی بد و داد دادن به روی / بدان تا رسد نزد ما گفت‌وگوی[11]
به نزدیکِ یزدان بود ناپسند / نباشد بدین بارگه ارجمند[12]
ز یزدان و از ما بدان کس درود / که از داد و مهرش بود تار و پود[13]
اگر دادگر باشدی شهریار / بماند به گیتی بسی پایدار[14]
که جاوید هر کس کنند آفرین / بران شاه کآباد دارد زمین[15]
ز شاهان که با تخت و افسر بدند / به گنج و به لشکر توانگر بدند[16]
نبُد دادگرتر ز نوشیروان / که بادا همیشه روانش جوان[17]

→ که...».

۱ - دیوان کدام موبد؟... کارِ کشاورزان ایران، در دیوان کسی بنام «واستریوشان سردار» رسیدگی می‌شده است!

۲ - سخن را پیوند بایسته با رج پیشین نیست. ۳ - لت دویم را، «در دید من» یا «نزد من» باید.

۴ - افزاینده، بنیاد را بر این نهاده است که جان همگان تیره است، و چنین نیست، جان روشن است.

۵ - لت نخست را پیوند درست نیست: «در این درگاه پایگاه بلند دارد».

۶ - **یک:** این رج را با رج پیشین، پیوند «و» باید تا به رج پیشین پیوسته شود. **دو:** کِشت نیز نادرست است: «کشته است».

۷ - **یک:** از کدام خواسته؟ از پادشاهی که «یزدان‌جویان» را است؟ **دو:** لت دویم را نیز هیچ پیوند با گفتار نیست.

۸ - مگر گوشت درویشان خوردنی است، و چرم چه باشد که در این سخن بکار گرفته شده است؟

۹ - **یک:** چگونه شهریار را گوید؟ از دیگران بود، نه از شهریاران! **دو:** در لت دویم نیز کنش «دارد» نادرخور است.

۱۰ - راستی با کاستی روبرو نیست که با دروغ همیستار است.

۱۱ - لت نخست رودرروی رج پیشین ایستاده است، ولت دویمرا نیز پیوند با آن نیست.

۱۲ - چه چیز نزد یزدان ناپسند است؟... سخنان درهم.

۱۳ - **یک:** چنین‌کس بایستی خود را چون تار داند، که داد و مهر پود آن باشد... **دو:** چون کسی را هم تار و هم پود مهر و داد باشد، خود در میانه نتواند بودن. ۱۴ - دنبالهٔ گفتار

۱۵ - **یک:** هرکس «بر او کند»... **دو:** شاهی که دادگر باشد؟ یا شاهی که آباد دارد زمین؟

۱۶ - سخن از انوشروان، بزبان افزاینده گذشت. ۱۷ - روان را «شاد» باید بودن نه «جوان».

نه زو پرهنرتر به فرزانگی / به تخت و به داد و به مردانگی[1]

❊

ورا موبدی بود بابک بنام / هشیوار و دانا دل و شادکام
بدو داده دیوان عرض و سپاه / بفرمود تا پیش درگاه شاه
بیاراست جایی بلند و فراخ / سرش برتر از تیغ درگاه کاخ[2]
بگسترد فرشی بر او شاهوار / نشستند هرکس که بود او بکار
⇐ ز دیوان بابک بر آمد خروش / نهادند یکسر بر آواز گوش
که: «ای نامداران جنگ آزمای / سراسر باسپ اندر آرید پای
خرامید یکسر بدرگاه شاه / بسر بر، نهاده ز آهن کلاه
زره‌دار، با گرزهٔ گاوسار / کسی کاو درم خواهد از شهریار[3]

❊

بیامد به ایوان بابک سپاه / هوا شد ز گرد سواران سیاه
چو بابک سپه را همه بنگرید / درفش و سرِ تاج کسری ندید○
از ایوان، باسپ اندر آورد پای / بفرمودشان بازگشتن بجای

❊

بر این نیز بگذشت گردان سپهر / چو خورشید تابنده بنمود چهر؛
خروشی بر آمد ز درگاه شاه / که: «ای گرزداران ایرانسپاه
همه با سلیح و کمان و کمند / بدیوان بابک شوید ارجمند»
برفتند با نیزه و خود و گبر / همی گَرد لشکر بر آمد به ابر
نگه کرد بابک به گِرد سپاه / چو پیدا نبد فرّ و اورند شاه
چنین گفت که:«امروز با مهر و داد / همه بازگردید پیروز و شاد»

❊

بروزِ سدیگر برآمد خروش / که: «ای نامداران با فرّ و هوش
مبادا که از لشگری، یک سوار / ابا ترگ و با جوشن کارزار؛
نیاید، بر این بارگه نگذرد / بدیوان، اَرِزْ، نام او نشمرد*

---

۱ - فرزانگی خود بتنهایی باید نه همراه با (پر هنری)!

۲ - این سه رج از فردوسی نمی‌نماید، زیراکه «عَرَض» در آن بگونه عَرْضْ درآمده است، اما از سویی کارارتش را به موبدان نمی‌سپرده‌اند، و ایرانیان بر روی فرش نمی‌نشسته‌اند، تا آنجاکه دیدیم شاگرد بازرگان را نیز تخت بود است. و بهرام بر آن نشته است، و چگونه شاید اندیشیدن که کاخی برتر از کاخ شاه به ایوان فرمانده‌ارتش ویژه شود!

۳ - همهٔ سپاهیان راگرز در دست نبود. از آنمیان؛ پادگان، نیزه‌داران، سپرواران...

○ - بابک، کسری را میان سپاهیان ندید.

* - برابر با شاهنامه سپاهان، در دیگر نمونه‌ها، سخن آشفته است.

آرایش سپاه

هـر آن کس کـه باشد بتاج ارجمند — بـفرّ و بـزرگیّ و تـخت بـلند [1]
بـدانـد کـه بـر عـرض آزرم نـیست — سـخن بـر محابا و بـا شـرم نـیست [2]
شـهنشاه کـسری چـو بگشاد گـوش — ز دیـوان بـابک بـر آمـد خـروش [3]
بـخندید کـسری و مـغفر بـخواست — درفش بـزرگی بـرافـراشت راست [4]
بـدیوان بـابک خـرامید، شـاه — نـهاده ز آهـن، بسـر بـر، کـلاه
فـرو هشت از تـرگ رومـی زره — زره بـر زره بـر فـراوان گـره [5]
یکـی گـرزهٔ گـاوپیکر بـچنگ — زده بـر کـمرگاه، تـیر خـدنگ
بـبازو کـمان و بـزین بـر، کـمند — مـیان را، بـزرّین کـمر، کـرده بـند
بـرانگـیخت اسپ و بـیفشارد ران — بگـردن بـرآورد، گـرز گـران
عـنان را چپ و راست لختـی پسود — سـلیح و سـواری ببـابک نـمود

*

نگـه کـرد بـابک پسـند آمـدش — شـهنشاه را فـرمند آمـدش [6]
بـدو گـفت: «شـاها انـوشه بَـوی — روان را بـه فـرهنگ تـوشه بَـوی
بـیاراسـتی روی کشـور، بـه داد — ازیـن‌گونه؛ داد، از تـو داریـم یـاد
دلیری بُد از بنده این گفت و گوی — سـزد گـرد نـپیچی تـو از داد، روی
عـنان را یکـی بـاز پیچی؟ بـراست! — چـنان کـز، هـنرمندی تـو سزاست!»

*

دگـر بـاره کسـری بـرانگیخت اسپ — چپ و راست، بـرسان آذرگشسپ
نگـه کـرد بـابک، ازو خـیره مـاند — جـهان‌آفرین را فـراوان بـخوانـد
سـواری هـزار و گـوی دو هـزار — نـبودی کـسی را گـذر بـر چـهار [7]
درم، بـر فـزون کـرد، روزیّ شـاه — بـدیوان خـروش آمـد از بـارگاه
کـه:«اسپ سـرِ جـنگجویان بـیار — سـوار جـهان نـامور شـهریار»
فـراوان بـخندید نـوشیروان — کـه دولت جـوان بـود و خسـرو جـوان

*

چـو بـرخاست بـابک ز دیـوان شـاه — بـیامد بـرِ نـامور پـیشگاه
بـدو گـفت کـ:«ای شـهریار بـزرگ! — گـر امـروز، مـن بـنده، گشـتم سـترگ؛

---

۱ - لت نخست بی‌پیوند است. ۲ - آزرم، (احترام تازی) است، و چرا آزرم از میان برود.
۳ - خروش پیشتر از دیوان بابک برخاسته بود، نه پس از آنکه کسری شنید، خروش بلند شد.
۴ - درفش را شاهان برنمی‌افراشتند که خویشکاری درفشداران برافراشتن درفش بود.
۵ - **یک**: شاهنشاه ایران را شایسته نبود که زره رومی پوشد! **دو**: لت دویم نیز بی‌گزارش است. ۶ - لت دویم سست است.
۷ - این گفتار را هیچ گزارش نیست.

۴۴۸ کسری

همه در دلم راستی بود و داد — درشتی نگیرد ز من شاه، یاد
درشتی نمایم چو باشم درست — انوشه کسی کاو درستی بجست»[1]
بدو گفت شاه: «ای هشیوار مرد — تو هرگز ز راه درستی مگرد
تن خویش را چون محابا کنی — دل راستی را همی بشکنی[2]
بدین، ارزِ تو نزد من، بیش گشت — دلم سوی اندیشهٔ خویش گشت
که ما در صف کارزار و نبرد — چگونه بر آریم، ز آورد، گرد»
چنین داد پاسخ به پرمایه شاه — که: «چون تو نبیند نگین و کلاه
چو دست و عنان تو ای شهریار — بر ایوان ندیده‌ست، پیکر نگار[3]
بکام تو بادا سپهر بلند — دلت شاد بادا تنت بی‌گزند»

*

به موبد چنین گفت نوشیروان — که: «با دادِ ما پیر گردد جوان[4]
به گیتی نباید که از شهریار — بماند جز از راستی یادگار[5]
چرا باید این گنج و این روز رنج — روان بستن اندر سرای سپنج[6]
چو ایدر نخواهی همی آرمید — بباید چرید و بباید چمید[7]
پر اندیشه بودم ز کار جهان — سخن را همی داشتم در نهان[8]
که با تاج شاهی مرا دشمن است — همه گرد بر گرد اهریمن است[9]
به دل گفتم: «آرم ز هر سو سپاه — بخواهم ز هر کشوری رزمخواه[10]
نگردد سپاه انجمن جز به گنج — به بی‌مردی آید هم از گنج رنج[11]
اگر بد به درویش خواهد رسید — ازین آرزو دل بباید برید»[12]
همی راندم با دل خویش راز — چو اندیشه پیش خرد شد دراز[13]
سوی پهلوانان و سوی ردان — هم از پند بیداردل بخردان[14]
نبشتم به هر کشوری نامه‌ای — به هر نامداریّ و خودکامه‌ای[15]

---

۱ – سخن درست پیشین با گفتاری سست، دوباره می‌آید. ۲ – سخن سست بی‌گزارش
۳ – سخن در رج پیشین بگونه‌ای سست‌تر بازگفته می‌شود. ۴ – موبد کیست؟ ۵ – دنبالهٔ گفتار
۶ – این گنج و این روز رنج راگزارش نیست. ۷ – نه چنین است، و هم ایدر می‌آرامیم. ۸ – کدام سخن را؟
۹ – **یک:** دشمنِ تاج؟ یا دشمنِ من (کسری)؟ **دو:** لت دویم را نیز پیوند من باید: «گرد بر گردِ من».
۱۰ – اگر گرد برگرد او دشمن و اهریمن است، چگونه تواند که از هر سو سپاه فراخواندن؟
۱۱ – لت دویم سخت پریشان است... افزاینده را رای بر آن بوده است که بگوید: بی‌گنج، سپاه فراهم نمی‌شود، و بی‌سپاه، گنج برجای نمی‌ماند! ۱۲ – سخن بی‌گزارش است.
۱۳ – با دل خویش راز راندن چگونه باشد؟ و اندیشه را پیش خرد، دراز شدن!!
۱۴ – لت دویم بی‌گزارش است.
۱۵ – اگر داستان، رازگونه بوده است، چرا بهمهٔ نامداران نامه نوشت؟ و اگر همه از آن آگاه شده بودند، (موبد) نزدیک او راچرا ناآگاه

←

که هر کس که دارید هوش و خرد همی کهتری را پسر پرورد[1]
به میدان فرستید با ساز جنگ بجویند نزدیکِ ما نام و ننگ[2]
نباید که اندر فراز و نشیب ندانند چنگ و عنان و رکیب،[3]
به گرز و به شمشیر و تیر و کمان ندانند پیچید با بدگمان[4]
جوان بی‌هنر سخت ناخوش بود اگر چند فرزند آرش بود[5]
عرض شد ز در سوی هر کشوری درم برد نزدیکِ هر مهتری[6]
چهل روز بودی درم را درنگ برفتند از شهر با ساز جنگ[7]
ز دیوان چو دینار برداشتند بدان خرمی روز بگذاشتند[8]
کنون لاجرم روی گیتی به مرد بیاراستم تا کی آید نبرد[9]
مرا ساز و لشکر ز شاهان پیش فزون است و هم دولت و رای بیش»[10]
سخن‌ها چو بشنید موبد ز شاه بسی آفرین خواند بر تاج و گاه[11]

*

چو خورشید؛ بنمود، تابنده چهر درِ باغ بگشاد، گَردان سپهر
پدید آمد آن تودهٔ شنبلید دو زلف شب تیره شد ناپدید
نشست از برِ تخت نوشیروان خجسته، دل‌افروز؛ شاه جوان
جهانی به درگاه بنهاد روی هر آن کس که بُد بر زمین راه‌جوی[12]
خروشی بر آمد ز درگاه شاه که: «هر کس که جوید سوی داد راه
بیاید به درگاه نوشیروان لب شاه خندان و دولت جوان»

*

به آواز گفت آن زمان شهریار که: «جز پاک یزدان مجویید یار
که دارنده اوست و هم رهنمای همو دست گیرد به هر دو سرای[13]
مترسید هرگز ز تخت و کلاه گشاده است بر هر کس این بارگاه

← بودن، که اکنون آگاهش می‌سازد!
۱ – **یک:** هر کس را «دارد» باید. **دو:** لت دویم نیز بی‌گزارش است.
۲ – نام را شاید جستن، اما ننگ را نباید جستن!
۳ – لت دویم نادرخور است.
۴ – همچنین
۵ – اگرچه بجای اگرچند
۶ – **یک:** ارز، «از در» راگزارش نیست. **دو:** چه کس درم برد؟
۷ – سخن سخت ناساز و سست است! چگونه درم را چهل روز درنگ بود؟
۸ – سخن درهمریختهٔ بی‌پیوند!
۹ – لاجرم را؛ بیگمان، در گفتار فردوسی راه نیست.
۱۰ – رای، آهنگ کاری کردن است، و کم و بیش ندارد.
۱۱ – سخنان یاد شده را چه جای آفرین خواندن است.
۱۲ – هرانکس را که در جهان راهجوی بوده است، راه بدرگاه شاه نبود چه بسا راهجویان که سدها فرسنگ بدور از پایتخت ره می‌نوردیده‌اند.
۱۳ – در لت دویم بایستی روشن گردد که دستِ که را می‌گیرد.

هر آن کس که آید به روز و به شب / ز گفتار بسته مدارید لب[1]
اگر مَی گساریم با انجمن / گر آهسته باشیم با رایزن
به چوگان و بر دشت نخچیرگاه / برِ ما، شما را گشاده است راه
به خواب و به بیداری و رنج و ناز / ازین بارگه کس مگردید باز[2]
مخسپید یک تن ز من تافته / مگر آرزوها همه یافته
بدان گه شود شاد و روشن، دلم / که رنج * ستمدیدگان بگسلم
مبادا که○ از کارداران من / گر از لشکر و پیشکاران من
بخسپد کسی با دلی دردمند / که از درد او بر من آید گزند
سخن‌ها اگر چه بود در نهان / بپرسد ز من کردگار جهان
ز باژ و خراج آن کجا مانده است / که موبد به دیوان ما رانده است[3]
نخواهند نیز از شما زرّ و سیم / مخسپید زین پس ز من دل به بیم»[4]
بر آمد ز ایوان یکی آفرین / بجوشید تا بنده روی زمین[5]
که: «نوشیروان باد با فرّهی / همه ساله با تخت شاهنشهی[6]
مبادا ز تو تخت پردخت و گاه / مه این نامور خسروانی کلاه[7]
برفتند با شادی و خرّمی / چو باغ ارم گشت روی زمی[8]
ز گیتی ندیدی کسی را دژم / ز ابر اندر آمد بهنگام نم[9]
جهان شد بکردار خرّم بهشت / ز باران هوا بر زمین لاله کشت[10]
در و دشت و پالیز شد چون چراغ / چو خورشید شد باغ و چون ماه راغ[11]
پس آگاهی آمد به روم و به هند / که شد روی ایران چو رومی پرند[12]

---

۱ - «هرآنکس» را در لت نخست با «مدارید» در لت دویم همخوانی نیست.

۲ - چه‌کس را یارای آنست؛ هنگام خواب و نازِ پادشاه بخوابگاه او اندر شدن!

***** - نمونه‌ها چنین‌اند، و سخن درست چنین می‌نماید: «**که رنج (از) ستمدیدگان بگسلم**».

○ - نمونه‌ها چنین آورده‌اند، و سخن چنین گزارش می‌شود که کارداران یا لشگریانِ من دردمند نباشند اما روی سخن بمردمان است و بایستی «کس» بیاید: مبادا کسی، یا مبادا که هیچکس، از رنج کارداران و لشگریان من، با دل دردمند بخوابد! «**مبادا کس، از کارداران من**».

۳ - کمبود باژ و (خراج!) را موبد بدیوان شاه نمی‌توانستی (راندن)!

۴ - سخن را با رج پیشین پیوند نیست. **۵** - لت دویم نادرخور است. **۶** - پیوسته بگفتار پیشین

۷ - لت نخست راگرهی سخت است، کلاه «نامور» نتواند بودن.

۸ - از شادی مردمان، زمین چون بهشت (= ارم تازی) نمی‌شود. **۹** - چه‌کس ندید؟

۱۰ - لت نخست دوباره‌گویی سخن پیشین است. و لت دویم، **یک:** دوباره‌گویی ز ابر اندر آمده است. **دو:** از باران بر زمین همه چیز می‌روید، نه تنها لاله، که زمان رویدنش پیرامون نوروز است! **سه:** از باران لاله کِشت؟ یا هوا لاله کشت؟

۱۱ - **یک:** نشاید همه جا را چون چراغ شدن، میوه‌ها و گل‌ها را می‌توان به چراغ همانند کردن. **دو:** در لت نخست به چراغ همانند شدند، و در لت دویم بخورشید... و سخن بیمایهٔ یاوه چنین باشد.

۱۲ - **یک:** آگاهی «رفت» باید. **دو:** «هند» را با «پَرَند» پساوا نیست.

زمین را بکردار تابنده ماه	به داد و به لشکر بیاراست شاه¹
کسی آن سپه را نداند شمار	به گیتی مگر نامور شهریار²
۳۸۱۱۰ همه با دل شاد و با ساز جنگ	همه گیتی‌افروز با نام و ننگ³
دل شاه هر کشوری خیره گشت	ز نوشیروان رای‌شان تیره گشت⁴
فرستاده آمد ز هند و ز چین	همه شاه را خواندند آفرین⁵
ندیدند با خویشتن تاو او	سبک شد به دل باژ با ساو او⁶
همه کهتری را بیاراستند	بسی بدره و برده‌ها خواستند⁷
۳۸۱۱۵ به زرّین عمود و به زرّین کلاه	فرستادگان بر گرفتند راه⁸
به درگاه شاه جهان آمدند	چه با ساو و باژ مهان آمدند⁹
بهشتی بُد آراسته بارگاه	زبس برده و بدره و بارخواه¹⁰

کشیدن انوشیروان
سپاه را به گرگان

بر این نیز بگذشت چندی سپهر	همی رفت با شاه ایران، بمهر
خردمند کسری چنان کرد رای	کزان* مرز لختی بجنبد ز جای
۳۸۱۲۰ بگردد یکی گرد خرّم جهان	گشاده کند، رازهای نهان
بزد کوس و از جای، لشگر براند	همی ماه و خورشید، زو خیره ماند
زبس پیکر و گوهر و سیم و زر	کمرهای زرّین و زرّین سپر،¹¹
تو گفتی بکان اندرون، زر نماند	همان درّ خوشاب و گوهر نماند¹²
تن آسان بسوی خراسان کشید	سپه را بآیینِ ساسان کشید¹³

---

۱ - دوباره زمین خورشیدسان، را چون ماه می‌خوانند! ۲ - کدام سپاه را؟! ۳ - دنبالهٔ گفتار
۴ - هر کشوری نادرخور است: «همهٔ کشورها». ۵ - دنبالهٔ همان گفتار
۶ - سخن در لت دویم سست است.
۷ - بدره، کیسه است، و بایستی روشن شود که بدرهٔ زر یا بدرهٔ سیم.
۸ - این رج را پیوند درست با سخن پیشین نیست.
۹ - «چه» در آغاز لت دویم نادرخور است، و باژ و ساو و مهان نیز... زیرا که باژ و ساو آن کشورها بوده است.
۱۰ - با برده و بدره، بارگاه چون بهشت نمی‌شود.
* - نمونه‌ها چنین‌اند، اما گفتار فردوسی چنین می‌نماید:
«که در مرز، لختی بجنبد ز جای»
۱۱ - پیکر را چه گزارش است؟ ۱۲ - یک: تو گفتی... دو: گوهر مروارید را جای در کانِ زر نیست.
۱۳ - یک: ره بسوی گرگان کشیده بود. دو: ساسان ساختگی اردشیر، هیچگاه سپاه بجایی نکشیده بود.

بهر بوم آباد کاو برگذشت — سراپرده و خیمه‌ها زد به دشت [1]
چو برخاستی نالهٔ کرنای — منادیگری پیش کردی بپای [2]
که: «ای زیردستان شاه جهان — که دارد گزندی ز ما در نهان [3]
مخسپید ناایمن از شهریار — مدارید ز اندیشه دل نابکار» [4]

*

ازین‌گونه* لشگر بگرگان کشید — همی تاج و تخت بزرگان کشید
چنان دان که کمّی نباشد ز داد — هنر باید از شاه و رای و نژاد [5]
ز گرگان بساریّ و آمل شدند — بهنگامِ آوای بلبل شدند
در و دشت یکسر، همه بیشه بود — دل شاه ایران پراندیشه بود
ز هامون بکوهی برآمد بلند — یکی باره‌ای؛ برنشسته، سمند
سوی کوه و آن بیشه‌ها بنگرید — گل و سنبل و آب و نخچیر دید
چنین گفت که:«ای داورِ کردگار — جهاندار و پیروز و پروردگار
تویی آفرینندهٔ هور و ماه — گشاینده و، هم نماینده راه
جهان آفریدی بدین خرّمی — که از آسمان نیست پیدا، زمی!
کسی کاو جز از تو پرستد همی — روان را بدوزخ فرستد همی
ازیرا، فریدون یزدان‌پرست — بدین جای بر ساخت، جایِ نشست»

*

بدو گفت گوینده که:«ای دادگر — گر ایدر، ز ترکان● نبودی گذر؛
ازین مایه‌ور جای و این فرّهی — دل ما، ز رامش نبودی تهی!

---

۱ - یک: سخن سست است، و خیمه را در گسترهٔ سخن فردوسی جای نیست. **دو:** این پیدا است که در چنان رهنوردی بایستی جای بجای ایستادن و پرده‌سرای برافراشتن.

۲ - برای آگاه شدن مردمان از فرمان شاه نخست تبیره کوس و نای می‌نواختند، تا مردمان گرد آیند و فرمان را چاووشان می‌خواندند. پس برای خواندن فرمان بایسته بود که کوس و نای بنوازند، و نه باژگونهٔ آن.

۳ - دنبالهٔ گفتار

۴ - سخن را بگفتار رج پیش پیوسته نیست.

* - «بر این گونه» یا «**بدینگونه**» درست می‌نماید.

۵ - این گفتار وابسته به رج‌های پیشین و پسین نیست.

● - پیداست که ترکان بهنگام ساسانیان بمرزهای ایران و چین نزدیک شدند، نام ترک در شاهنامه پیدا می‌شود و... اگرچه نویسندگان و دستگاه موبدان ساسانی، از انوشیروان، پهلوانی بزرگ ساخته‌اند، اما می‌باید پذیرفتن که در پایان هنگام ساسانی چون هر دو شاهنشاهی ایران و چین را، سستی فراگرفت، راه ترکان به آسیای میانه گشوده گشت، ویژه آنکه چینیان دیوار را، برگرد کشور خویش کشیدند، اما انوشیروان، خود بخشی بزرگ از کشور را با کشیدن دیواری در دشت گرگان بآنان پیشکش کرد... ویرانه‌های این دیوار بنام «سدّ سکندر» از زیر خاک بدر آمده است.

دیگر سستی و نابخردی که کسری کرد، آن بود که هپتالیان آریایی را که همچون دیواری استوار، میان مرزهای ایران و ترکان می‌زیستند بیاری همان ترکان از میان برداشت، تا راهشان بایران گشاده شود، و با زن خواستن کسری از ترکان، آنانرا بدرون ایران فراخواند، تا یکهزار و پانسد سال پس از خود، تاراج و غارت و تازش آنان را برای ایرانیان به ارمغان آوَرَد!

کشیدن سپاه به گرگان ۴۵۳

نیاریم گردن برافراختن / ز بس کشتن و غارت و تاختن
نماند ز بسیار و اندک، بجای / ز پرّنده و مردم و چارپای

❋

گزندی که آید بایرانسپاه / ز کشور بکشور، جز این نیست راه[1]
بسی پیش از این کوشش و رزم بود / گذر، ترک را، راهِ خوارزم بود[2]
کنون چون ز دهقان و آزادگان / بر این بوم و بر پارسازادگان[3]
نکاهد همی رنج کافزایش است / به ما برکنون جای بخشایش است[4]
نباشد بگیتی چنین جای و شهر / گر از داد تو ما بیابیم بهر[5]
همان آفریدون یزدانپرست / به بد بر سوی ما نیازید دست[6]
اگر شاه بیند به رای بلند؛ / بما بر، کند؛ راهِ دشمن؛ به بند!»

❋

سرشک از دو دیده ببارید شاه / چو بشنید گفتار فریادخواه[7]
بدستور گفت آنزمان شهریار؛ / که: «پیش آمد این کارِ دشخوار، خوار
نشاید کزین پس چمیم و چریم / أ گر تاج را خویشتن پروریم[8]
جهاندار نپسندد از ما ستم / که باشیم شادان و دهقان دژم[9]
چنین کوه و این دشت‌های فراخ / همه ازدرِ باغ و میدان و کاخ[10]
پر از گاو و نخچیر و آب روان / ز دیدن همی خیره گردد روان[11]
نمانیم؛ کاین بوم، ویران کنند / همی غارت از شهر ایران کنند
ز شاهیَ و ز روی فرزانگی / نشاید چنین هم ز مردانگی[12]
نخوانند بر ما کسی آفرین / که ویران بود بوم ایران زمین»[13]
به دستور فرمود ک:«ز هند و روم / کجا نام باشد به آباد بوم[14]

---

۱ - **یک:** سخن از گزند به مردمان بود نه بسپاه ایران. **دو:** لت دویم را پیوند با لت نخست نیست.
۲ - گذر ترک را «بر» باید.
۳ - گذر «بر این بوم» شاید، و بر این «بر» نشاید.
۴ - لت نخست را پیوند درست نیست: «از رنج ما کاسته نشد، که رو بافزایش دارد».
۵ - داد، را با زیبایی شهر و (جای) چه پیوند؟
۶ - **یک:** آفریدون... **دو:** پایتخت فریدون، خود در همین جای بود، و او را چرا بایستی بمردمانِ مرز خویش دست یازیدن به بد؟
۷ - سرشک از «دیده» درست است، نه «دو دیده».
۸ - خویشتن را برای تاج پروردن چگونه باشد؟ و اگر چنین است هرکس که پرورده‌تر (فربه‌تر) باشد شایستهٔ تاج شاهی است.
۹ - لت دویم را پیوند درست با لت نخست نیست.
۱۰ - «دشت‌ها» را «کوه‌ها» باید.
۱۱ - لت دویم را پیوند درست نیست...: «که از دیدنِ آن...»
۱۲ - سخن سخت سست است.
۱۳ - کسی را «نخواند» باید.
۱۴ - لت دویم راگزارش نیست.

ز هر کشوری مردم ژرف‌بین — که استاد یابی، بر این، برگزین[1]
یکی باره از آب برکش بلند — برش پهن و بالای او ده کمند[2]
به سنگ و به گچ باید از قعر آب — برآورده تا چشمهٔ آفتاب[3]
همانا کزین‌گونه سازیم بند — ز دشمن، بایران نیاید گزند[4]
نباید که آید یکی زین به رنج — بده هر چه خواهند و بگشای گنج[5]
یکی پیر موبد، بدان کار کرد — بیابان همه، پاک، دیوار کرد*
دری برنهادند ز آهن بزرگ — رمه یکسر ایمن شد از بیم گرگ[6]
همه؛ روی کشور، نگهبان نشاند — چو ایمن شد، از دشت؛ لشگر براند

رفتن کسری
بسوی الانان
براه دریا

ز دریا، براه الانان کشید — یکی مرز ویران و بیکار دید
به آزادگان گفت: «ننگ است این — که ویران بود، بوم ایرانزمین
نشاید که باشیم همداستان — که دشمن، زند زین نشان؛ داستان»

*

ز لشگر فرستاده‌ای برگزید — سخنگوی و دانا، چنانچون سزید
بدو گفت: «شبگیر ز ایدر بپوی — بدین مرزبانان کشور بگوی
شنیدم ز گفتار کاراگهان — سخن هر چه رفت آشکار و نهان
که گفتید: «ما را ز کسری چه باک! — چه ایران؛ برِ ما، چه یک مشت خاک
بیابان فراخ است و کوهش بلند — سپاه ازدرِ تیر و گرز و کمند[7]
همه جنگجویان بیگانه‌ایم — سپاه و سپهبد، نه زین خانه‌ایم[8]

---

۱ - برین در لت دویم نادرخور است: «در این کار» «بدین کار».
۲ - اگر کمند را بیست گز در شمار آوریم، بالای آن دیوار دویست گز خواهد بودن!... گزافه، سخت.
۳ - **یک:** دوباره از آب سخن می‌رود. **دو:** چون بالای آن ده کمند بوده باشد، تا چشمهٔ آفتاب نمی‌رسد!
۴ - لت نخست بی‌پیوند ماست: «اگر چنین دیوار را بکشیم...». ۵ - لت نخست سخت سست است.
* - نمونه‌ها همه: «همه پیش دیوار کرد»، شاهنامه سپاهان: «همه پاک، دیوار کرد».
٦ - برای چنان دیوار دراز تنها یک در؟ ۷ - بیابان نادرست است: «بیابانهای ما فراخ‌اند» نیز کوههای ما بلند.
۸ - اگر از آن خانه نبودند، چرا آنجا می‌زیستند؟

بردن سپاه به آلان

کنون ما بنزد شما آمدیم ‌‌‌‌‌‌ سراپرده و گاه و خیمه زدیم[1]
در و غار، جای کمین شماست ‌‌‌‌‌‌ بر و بوم و کوه و زمین شماست»![2]
فرستاده آمد بگفت این سخن ‌‌‌‌‌‌ که سالار ایران چه افکند بن[3]
سپاه الانی شدند انجمن ‌‌‌‌‌‌ بزرگان فرزانه و رایزن[4]
سپاهی که‌شان تاختن پیشه بود ‌‌‌‌‌‌ ز آزادمردی کم‌اندیشه بود[5]
ز ایشان بدی شهر ایران به بیم ‌‌‌‌‌‌ نماندی به‌کس جامه و زرّ و سیم[6]
زن و مرد با کودک و چارپای ‌‌‌‌‌‌ به هامون رسیدی نماندی بجای[7]

*

فرستاده؛ پیغام شاه جهان ‌‌‌‌‌‌ بدیشان بگفت آشکار و نهان[8]
رخ نامداران، ازآن تیره گشت ‌‌‌‌‌‌ دل از نام نوشیروان، خیره گشت
بزرگان آن مرز و گنداوران ‌‌‌‌‌‌ برفتند با باژ و ساو گران
همه جامه و برده و سیم و زر ‌‌‌‌‌‌ گرانمایه اسپان بسیار مر[9]
از ایشان هر آن‌کس که پیران بُدند ‌‌‌‌‌‌ سخنگوی و دانش‌پذیران بُدند[10]
همه پیش نوشیروان آمدند ‌‌‌‌‌‌ ز کار گذشته نوان آمدند[○]

*

چو پیش سراپردهٔ شهریار ‌‌‌‌‌‌ رسیدند با هدیه و با نثار
خروشان و غلتان به خاک اندرون ‌‌‌‌‌‌ همه دیده پرخاک و دل پر ز خون[11]
خرد چون بود با دلاور به راز ‌‌‌‌‌‌ به شرم و به پوزش نیاید نیاز[12]
بر ایشان ببخشود، بیدار شاه ‌‌‌‌‌‌ ببخشید یکسر، گذشته گناه!
بفرمود تا هر چه ویران شده‌است ‌‌‌‌‌‌ کنام پلنگان و شیران شده است[13]

---

۱ - لت دویم سخت سست و نادرست است. ۲ - دوباره‌گویی ۳ - فرستاده، در رج پنجم پس از این آشکار می‌شود.
۴ - سپاه انجمن شد؟ یا بزرگان فرزانه؟
۵ - **یک:** سپاه آغازین این رج با سپاه رج پیشین همخوانی ندارد. **دو:** «که‌شان» در لت نخست، با «بود» در لت دویم همخوان نیست.
۶ - **یک:** پیشتر از چنین داستان یاد نشده بود. **دو:** لت دویم نیز نادرست و بی‌پیوند است.
۷ - افزاینده را رای بر آن بوده است که بگوید: چون آنان بدشت‌های ایران می‌آمدند، زن و مرد و کودک و چارپایان را با خود می‌بردند... یا می‌کشتند!
۸ - پیام را آشکارا بایستی گفتن، نه آشکار و نهان.
۹ - سخن درست در رج پیشین آمده بود. ۱۰ - پیر دانشمند و فرزانه شاید گفتن، و آن جوان است که «دانش‌پذیر» است.
○ - «نوان» (= نالان).
۱۱ - خاک اندرون نیز نادرست است، زیراکس را توان آن نیست که باندرون خاک رود.
۱۲ - خرد را با کسی راز نیست... آشکار است.
۱۳ - از گفتار فردوسی برگرفته شده است:
دریغ است ایران که ویران شود ‌‌‌‌‌‌ کنام پلنگان و شیران شود

کسری

یکـی شـارسـتانی بـرآرنـد زود	بـدو انـدرون جـایِ کشت و درود ¹
یکـی بـاره‌ای، گـردش انـدر، بـلند	بـدان، تـا ز دشمن نـیابـد گـزند ²
بـگـفـتـد بـا نـامـور شـهـریـار	که: «مـا بـندگانـیم بـا گـوشـوار ³
بـرآریـم ازیـن سـان کـه فـرمود شـاه	یکـی بـاره و نـامـور جـایـگاه» ⁴

۳۸۲۰۰
از آن جـایـگه شـاه لشکر بـرانـد	بـه هـندوستان رفت و چـنـدی بـمانـد ⁵
بـه فـرمان همـه پـیش او آمـدنـد	بـه جان هـر کسی چـاره‌جو آمـدنـد ⁶
ز دریـای هـنـدوسـتان تـا دو مـیـل	درم بـود بـا هـدیـه و اسـپ و پـیـل ⁷
بـزرگـان هـمـه پـیش شـاه آمـدنـد	زدوده دل و نـیکخواه آمـدنـد ⁸
بـپـرسـید کسری و بـنواخـتـشـان	بـرانـدازه بـر پـایـگه سـاخـتشان ⁹

۳۸۲۰۵
بـه دل شـاد بـرگشت زان جـایـگاه	جهانی پر از اسـپ و پـیل و سـپاه ¹⁰

❋

بـه راه انـدر آگـاهـی آمـد بـه شـاه	کـه: «گشت از بـلوچـی جهانـی سـیاه ¹¹
زبـس کشـتـن و غـارت و تـاخـتـن	زمـین را بـه آب انـدر انـداخـتن ¹²
ز گـیلان تـبـاهـی فـزون است ازیـن	ز نـفـریـن پـراکـنـده شـد آفـریـن ¹³
دل شـاه نـوشـیـروان شـد غـمـی	بـرآمـیخـت انـدوه بـا خـرمـی ¹⁴

۳۸۲۱۰
بـه ایـرانـیان گـفت: «الانـان و هـند	شـد از بـیم شـمشیر ما چـون پـرنـد ¹⁵
بـسـنده نـبـاشـیم بـا شـهـر خـویش	همـی شـیر جـویـیم پـیچان ز میش» ¹⁶
بـدو گـفت گـویـنده کـ:«ای شـهـریـار	بـه پـالـیز گل نـیست بـی‌زخـم خـار ¹⁷
هـمـان مـرز تـا بـود بـا رنـج بـود	ز بـهـر پـراکـنـدن گـنـج بـود ¹⁸

---

۱ – در میان شهر، جای برای کشاورزی نمی‌توان ویژه کردن.

۲ – سخن را پیوند شایسته نیست: «یکی باره... برآرند».   ۳ – «ما بندگان (تو)ایم».

۴ – جای ناساخته را نمی‌توان «نامور» نامیدن.

۵ – افزاینده با اندیشهٔ خوانندگان بازی کرده است، که اینچنین سخن نادرخور می‌گوید، از ازان (= بالای رود ارس، که امروز جمهوری آذربایجان نامیده می‌شود) چگونه بدین آسانی توان به هندوستان شدن؟

۶ – اگر فرمان داد، و همگان بنزد او آمدند، چرا چاره‌جویی برای جان در میان باشد؟   ۷ – دنبالهٔ گفتار

۸ – سخن دوباره   ۹ – دنبالهٔ گفتار

۱۰ – یک: بدل شاد نادرست است: «با دل شاد» یا «با دلی شاد». دو: لت دویم را نیز پیوند نیست.

۱۱ – بلوچی نادرست است: بلوچ.   ۱۲ – زمین را چگونه توان بآب اندر انداختن؟ سخن را نیز پایان نیست.

۱۳ – لت دویم را گزارش نیست.   ۱۴ – اندوه و غم یکیست.

۱۵ – یک: هِند را با پَرَند پساوا نیست. دو: بر بنیاد گفتارهای افزاینده، وی در الانان و هند شمشیر بکار نبرده بود.

۱۶ – یک: سخن را پیوند با رج پیشین نیست. دو: لت دویم نادرخور و بی‌گزارش است.

۱۷ – یک: «گوینده» کیست؟ دو: افزاینده پالیز (= کشتزار) را باغ پنداشته است.

۱۸ – یک: کدام مرز؟ دو: چگونه مرز برای پراکندن گنج است؟ شاهان از سرزمین‌ها باز می‌ستاندند و گنج را می‌آکندند!

سخنان افزوده 457

ز کار بلوچ ارجمند اردشیر / بکوشید با کاردانان پیر[1]
نبُد سودمندی به افسون و رنگ / نه از بند و ز رنج و پیگار و جنگ[2]
اگر چند بُد این سخن ناگزیر / بپوشید بر خویشتن اردشیر[3]
ز گفتار دهقان برآشفت شاه / به سوی بلوچ اندر آمد ز راه[4]
چو آمد به نزدیک آن مرز و کوه / بگردید گرد اندرش با گروه[5]
بران گونه گرد اندر آمد سپاه / که بستند ز انبوه بر باد راه[6]
همه دامن کوه تا روی شخ / سپه بود بر سان مور و مخ[7]
منادیگری گرد لشکر بگشت / خروش آمد از غار و ز کوه و دشت[8]
که: «از کوچگه هر که یابید خرد / اُگر تیغ دارند مردان گرد[9]
اُگر انجمن باشد از اندکی / نباید که یابد رهایی یکی»[10]
چو آگاه شد لشکر از خشم شاه / سوار و پیاده ببستند راه[11]
از ایشان فراوان و اندک نماند / زن و مرد جنگی و کودک نماند[12]
سراسر به شمشیر بگذاشتند / ستم کردن و رنج برداشتند[13]
ببود ایمن از رنج شاه جهان / بلوچی نماند آشکار و نهان[14]
چنان بُد که بر کوه ایشان گله / بدی بی نگهبان و کرده یله[15]

---

۱ - ز کار بلوچ نادرست است. «از کار کوشیدن؟»

۲ - در کارنامه اردشیر بابکان یکبار از بلوچان یاد شده است که یاریگر اردشیر بوده‌اند.

۳ - کدام سخن؟ و مگر کسی را توان آن هست که سخنی را (بر) خویشتن بپوشد؟

۴ - **یک:** «گوینده» دهقان، گشت، و شاه در کار جنگ با سپهداران سگالش می‌کرد، نه با دهقانان. **دو:** بسوی بلوچ آمد، نادرست است. بسوی بلوچستان!

۵ - مگر بلوچستان را تنها یک مرز بوده و هست؟ که بتوان بر گردِ آن گردیدن!

۶ - دوباره از گرد اندر آمدن سخن می‌رود.

۷ - از گفتار لت نخست چنین بر می‌آید که شخ، کوهسر (= قلّه) است، باز آنکه شخ تخته سنگ بزرگ است و شاید که در دشت نیز بوده باشد.

۸ - خروش از چاووش (= منادیگر) برآمد؟ یا از غار و کوه و دشت؟

۹ - **یک:** کوچگه کجا باشد؟ اگر پرده‌سرای باشد که جایگاه تابستانی یا زمستانی آنان است، و اگر در راه کوچ بوده باشند که آنجا راه است! **دو:** لت دویم را نیز پیوند درست با لت نخست نیست.

۱۰ - انجمن از اندکی نیز نادرست است.

۱۱ - از خشم شاه آگاه شدند؟ یا از فرمان شاه؟

۱۲ - چون در لت دویم همگی کشته شدند، فراوان و اندک لت نخست نادرست است.

۱۳ - **یک:** لت نخست را پیوند «آنانرا» باید. **دو:** بشمشیر بگذاشتند (بگذراندند) چگونه باشد؟ **سه:** لت دویم نیز نادرخور است. ستم آنان، و رنجی که از آنان به مردمان می‌رسید، بپایان رسید؟

۱۴ - **یک:** شاه جهان رنج نکشیده بود، که سپاهیان آنکار را بپایان رساندند. **دو:** لت دویم دروغ آشکار که بلوچان گرامی هنوز هستند، و اگر (همه) از دم تیغ انوشیروان گذشته بودند، امروز نیز نبایستی بلوچ در جهان مانده باشد... این نبرد نیز مانندهٔ رفتن انوشیروان به هند، دروغی آشکار است که افزایندگان بشاهنامه اندر کرده‌اند.

۱۵ - کرده یله پایان لت دویم نادرست است، و چنین می‌نماید که چوپان بود، اما گله را یله (رها) کرده بود، باز آنکه بر بنیاد گفتار پیشین همه چوپانان کشته شده بودند، و گله یله (مانده بود).

شبان هم نبودی پسِ گوسفند — به هامون و بر تیغِ کوه بلند[1]
همه رخت‌ها خوار بگذاشتند — در و کوه را خانه پنداشتند[2]

*

⇐ اُز آن جایگه سوی گیلان کشید — چو رنج آمد از گیل و دیلم، پدید
ز دریا؛ سپه بود، تا تیغ کوه — هوا پر درفش و، زمین پر گروه
پراکند، بر گردِ گیلان، سپاه — بشد روشنایی ز خورشید و ماه
چنین گفت ک :«ایدر ز خرد و بزرگ — نباید که ماند یکی میش و گرگ»[3]
چنان شد ز کشته همه بوم و رُست — که از خون همه روی کشور بشست[4]
ز بس کشتن و غارت و سوختن — خروش آمد و نالهٔ مرد و زن[5]
ز کشته به هر سو یکی توده بود — گیاها به مغز سر آلوده بود[6]
ز گیلان، هر آن کس که جنگی بُدند — هشیوار و بارای و سنگی بُدند
ببستند یکسر، همه دست خویش — زنان از پس و، کودکِ خرد، پیش
خروشان برِ شهریار آمدند — دریده بر و خاکسار آمدند
شدند اندران بارگاه انجمن — همه دست‌ها بسته و خسته تن[7]
که: «ما بازگشتیم ازآن بد کنش — مگر شاه گردد ز ما خوش‌منش[8]
اگر شاه را دل ز گیلان بخست — ببرّیم سرها ز تن‌ها به دست[9]
دل شاه خشنود گردد مگر — چو بیند بریده یکی توده سر»[10]
چو چندان خروش آمد از بارگاه — اُزان گونه، آواز، بشنید شاه[11]
بر ایشان ببخشود، شاه جهان — گذشته، شد اندر دل او نهان
نوا خواست از گیل و دیلم، دو سد — کزان پس نگیرد کسی، راهِ بد[12]
یکی پهلوان نزد ایشان بماند — چو بایسته شد کار، لشگر براند

۱ - **یک:** «شبان هم» نیز نادرخور است: «شبان». **دو:** گله گوسفند را توان رفتن به تیغ کوه بلند نیست بزان می‌توانند از شخ‌های کوچک ببالا رفته خوراک خورند، اماگوسفند تنها در زمین بچرا می‌پردازد.

۲ - **یک:** روشن نیست که «رخت» چیست. **دو:** در (= خانه) و با کوه یکسان نیست در را خانه پنداشتند خود نادرستی را آشکار می‌کند. **سه:** افزاینده گفتار پیشین خویش را پس گرفت که همهٔ بلوچان کشته شده بودند! -درود به بلوچستان-

۳ - میش و گرگ؟ یا مردمان؟

۴ - بوم در لت نخست همان کشور در لت دویم است.

۵ - پس از کشتار، خروش از مرد و زن برآمد؟

۶ - لت دویم نادرخور است... مگر سرکشتگان رامی‌شکستند و مغز را بیرون می‌کشیدند؟

۷ - **یک:** انوشیروان با سپاه رفته بود و در بارگاه نبود. **دو:** پیشتر از دستهای بسته یاد شد!

۸ - بدکنش به یک کس بازمی‌گردد بویژه آنکه با «آن» همراه است. باز آنکه افزاینده را رای بر آن بوده است که بگوید کنش بد.

۹ - **یک:** لت دویم سست است! **دو:** سرهایمان را با دستهای خود ببریم!! و چنین کار از کسی برنمی‌آید.

۱۰ - ...با همان کار ناشدنی، از سرها توده نیز بسازند!؟ چون کسی سر خود را برید، چگونه تواند که آنرا روی تودهٔ دیگر سرها بگذارد؟

۱۱ - سخن سست می‌نماید.

۱۲ - انوشیروان در بارگاه نبود.

کشیدن سپاه به گیلان ۴۵۹

*

ز گیلان براهِ مداین کشید   شمار و کران سپه را ندید[1]
به ره بر، یکی لشگر بیکران   پدید آمد از دشتِ نیزه‌وران[2]
سواری بیامد بکردار گرد   که در لشکر گشن بُد پایمرد[3]
پیاده شد از اسپ و بگشاد لب   چنین گفت ک :«این منذر است از عرب[4]
بیامد که بیند، مگر، شاه را   ببوسد همی خاکِ درگاه را»[5]
شهنشاه گفتا: «گر آید روا است   چنان دان که این خانهٔ ما، ورا است»[6]
فرستاده آمد زمین بوس داد   برفت و شنیده همه کرد یاد[7]
چو بشنید منذر، که خسرو چه گفت   برخساره، خاکِ زمین را برُفت[8]
هم آنگه بیامد بنزدیک شاه   همه مهتران برگشادند راه[9]
بپرسید زو شاه و شادی نمود   ز دیدار او روشنایی فزود[10]
جهاندیده منذر، زبان برگشاد   ز روم و ز قیصر بسی کرد یاد[11]
بدو گفت: «اگر شاه ایران تویی   نگهدار پشت دلیران تویی؛[12]
چرا رومیان شهریاری کنند؟   بدشت سواران سواری کنند![13]
اگر شاه بر تخت قیصر بود   سزد کاو سرافراز و مهتر بود[14]
چو دستور باشد گرانمایه شاه   نبیند ز ما نیز فریادخواه[15]
سواران دشتی چو رومی سوار   بیابند، جوشن، نیاید به کار»
ز گفتار منذر بر آشفت شاه   که قیصر همی برفرازد کلاه[16]

---

۱ - **یک:** در شاهنامه همواره تیسفون آمده است. **دو:** خود، کران سپه خویش را ندید؟ **سه:** شمار سپه دیدنی نیست.

۲ - **یک:** از دشت نیزه‌وران (تازیکستان) لشگر بیکران برنمی‌خیزد. **دو:** چون از گیلان بسوی تیسفون روند، راه از قزوین و همدان و کرمانشان می‌گذرد، نه از کنار مرز تازیکستان.

۳ - پایمرد لشگر را نشاید از سپاه جدا شدن، زیرا که چنین کار را فرستادگان بانجام می‌رسانند.

۴ - **یک:** دنبالهٔ سخن را، بایستی چنین بودن: از پیشروان سپاه خواهش کرد که او را بنزد شهنشاه برند، و چون بنزد وی رسید... **دو:** این منذِر است نادرست است: کاین سپاه مُنذِر است. **سه:** منذر که مرزدار ایران بود، نمی‌توانست بی‌دستوری و همرایی شاهنشاه، جایگاه خویش را برای دیدار شاه، واهلد.

۵ - درگاه شاه در تیسفون بود.

۶ - لت دویم سست است، و چون پادشاهی چنین سخن گوید، از گفتارش چنان برمی‌آید که کشور من از آنِ او است.

۷ - فرستاده پیشتر آمده بود!! لت دویم نیز بی‌پیوند است!

۸ - **یک:** «چه گفته است» یا «گفتار خسرو را شنید» یا پیام وی را... **دو:** خاکِ زمین نادرست است: «زمین را ببوسید...» «رخسار بر زمین نهاد».

۹ - همانگه سخن را سست می‌کند: «بیدرنگ».

۱۰ - سخن لت دویم بی‌پیوند و نادرخور است.

۱۱ - بسی کرد یاد نادرخور است. از کردار قیصر یاد کرد.

۱۲ - دلیران نگهبان پشت شاه ایران‌اند، نه باژگونهٔ آن.

۱۳ - **یک:** رومیان در کشور خویش شهریار بوده‌اند... **دو:** سواری؟ یا شهریاری؟

۱۴ - سخن را هیچ گزارش نیست.

۱۵ - دو رج سخن درهمریخته.

۱۶ - پیوند «که» در آغاز لت دویم نادرخور است: «چون شنید که قیصر...».

ز لشگر، زبان‌آوری برگزید / که گفتار ایشان بداند شنید[1]
بدو گفت: «ز ایدر برو، تا بروم / میاسای هیچ، اندر آباد بوم[2]
به قیصر بگو: «گر نداری خرد / ز رای تو، مغز تو، کیفر برد[3]
اگر شیر جنگی بتازد به گور / کنامش کند شیر در دشت گور[4]
ز منذر تو گر، داد یابی، بس است! / که او را نشست از بر هر کس است
چپ خویش، پیدا کن از دستِ راست! / چو پیدا کنی، مرز جویی، رواست[5]
چو بخشندهٔ بوم و کشور منم / بگیتی سرافراز و مهتر منم[6]
همه آن کنم کار، کز من سزد / نمانم که بادی بدو بر وزد[7]
تو با تازیان دست یازی به کین / یکی در نهان خویشتن را ببین[8]
اُ دیگر که آن پادشاهی مرا است / درِ گاو تا پشت ماهی مراست[9]
اگر من سپاهی فرستم به روم / ترا تیغ پولاد گردد چو موم»[10]

*

فرستاده از نزد نوشیروان / بیامد بکردار باد دمان[11]
برِ قیصر آمد پیامش بداد / بپیچید بی‌مایه قیصر ز داد[12]
نداد ایچ پاسخ ورا جز فریب / همی دور دید از بلندی نشیب[13]
چنین گفت ک:«ز منذر کم‌خرد / سخن باور آن کن که اندر خورد[14]
اگر خیره منذر بنالد همی / بر این گونه رنجش ببالد همی[15]
ور ایدونکه از دشت نیزه‌وران / ببالد کسی از کران تا کران[16]
زمین آنکه بالاست پهنا کنیم / اُزان دشت بی آب دریا کنیم»[17]

---

۱ - بداند شنید نادرست است، و فرستاده راگفتن و شنیدن، هر دو بایسته است.

۲ - سخن منذر چنین بود که سواران رومی به تازیکستان یورش آورده‌اند... اما اکنون از رفتن فرستاده به روم سخن می‌رود!

۳ - **یک:** فرستادگان را هیچگاه نشاید چنین سخن گفتن! **دو:** کیفر به قیصر می‌رسد، یا به مغز او؟

۴ - سخن سخت نادرخور و بی‌پیوند و بنیاد است.

۵ - **یک:** یا چپ و راست، یا دست چپ و دست راست. **دو:** لت دویم نیز نادرخور است.

۶ - پادشاهان هیچگاه سرزمین و کشور خویش را نمی‌بخشیدند، مگر آنکه در نبرد شکست خورند، و ناچار بدادن بخشی از سرزمین خود شوند.

۷ - باد به چه‌کس وزد، یا نوزد؟

۸ - خویش را در نهان دیدن را چه پیوند با جنگ تازیان؟

۹ - (برج) گاو را «در» نباشد!... افزایندهٔ سست گفتار، چون از برج گاو (اردیبهشت ماه) (تا) برج ماهی (آغاز اسفند) یاد می‌کند، خود پی نبرده است که از دو ماه یا برج چشم‌پوشی کرده است و از دوازده بُرج به ده برج بس کرده است!

۱۰ - سپاهی نادرست است: «سپاه فرستم». ۱۱ - بیامد نادرست است چون او را بسوی روم بایستی (رفتن).

۱۲ - دنبالهٔ گفتار ۱۳ - فریب، پاسخ نیست...: در پاسخ فریب بکار بست.

۱۴ - سخن را باژگونه آورده‌اند... سخن منذر را باور مکن. ۱۵ - سخن بی‌گزارش و سست.

۱۶ - ببالد، بزرگ شود، بالاگیرد! و درسرتاسر جهان کودکان می‌بالند و بزرگ می‌شوند.

۱۷ - **یک:** «زمین آنکه» نادرخور است. **دو:** بالای کاخ را می‌توان با ویران کردنِ آن، پهن کردن، اما زمین را بالا نیست که بتوانند آنرا

←

داستان افزوده نبرد با روم ۴۶۱

فرستاده بشنید و آمد چو گرد شنیده سخن‌ها همه یاد کرد[1]
برآشفت کسری به دستور گفت که: «با مغز قیصر خرد نیست جفت
من او را نمایم که فرمان که راست جهان جستن و جنگ و پیمان که راست[2]
ز بیشیّ و از گردن افراختن اُز این کشتن و غارت و تاختن[3]
پشیمانی آنگه خورد مرد مست که شب زیر آتش کند هر دو دست»[4]
بفرمود تا برکشیدند نای سپاه اندر آمد ز هر سو ز جای[5]
ز درگاه برخاست آوای کوس زمین قیرگون شد هوا آبنوس[6]
گزین کرد زان لشکر نامدار سواران شمشیرزن سی هزار[7]
به منذر سپرد آن سپاه گران بفرمود که: «از دشت نیزه‌وران[8]
سپاهی بر از جنگجویان به روم که آتش بر آرند زان مرز و بوم[9]
که گر چند من شهریار توام بر این کینه بر، مایه‌دار توام[10]
فرستاده‌ای ما کنون چرب‌گوی فرستیم با نامه‌ای نزد اوی[11]
مگر خود نیاید ترا زان گزند به روم و به قیصر تو ما را پسند»[12]

*

نویسنده‌ای خواست از بارگاه به قیصر یکی نامه فرمود شاه[13]
ز نوشین‌روان شاه فرخ نژاد جهانگیر و زنده کن کیقباد[14]
به نزدیک قیصر سرافراز روم نگهبان آن مرز و آباد بوم[15]
سرِ نامه کرد آفرین از نخست گرانمایگی جز به یزدان نجست[16]
خداوند گردنده خورشید و ماه کزویست پیروزی و دستگاه[17]

← پهن کنند.   ۱ – دنبالهٔ گفتار   ۲ – جهان جستن و جنگ همیستار پیمان است.

۳ – بیشی را کمبود است: بیشی‌خواهی. **دو:** سه بار «از» در یک سخن آنرا سست می‌کند.

۴ – لت دویم، بازی با واژه است، و از آن، هیچ برنمی‌آید.

۵ – «سپاه اندر (= اندرون) آمده از جای» پریشان است.   ۶ – نای و کوس را همزمان می‌زنند!

۷ – دنباله گفتار.   ۸ – سپاه گران را (را)... باید.   ۹ – دوباره گویی «سپاه» نادرست است.

۱۰ – گر چند را بجای «اگرچه» بکار گرفته‌اند، و سخن را هیچ گزارش نیست.

۱۱ – **یک:** «فرستاده‌ای ما» نادرست است... **دو:** چون نخستین فرستاده با دشنام بسوی قیصر روم رفته بود اکنون که سپاه آهنگ روم دارد، چرا بایستی فرستاده‌ای چربگوی بروم فرستند؟   ۱۲ – سخن پریشان.

۱۳ – نوشروان میان راهِ گیلان به تیسفون است و نمی‌توان از بارگاه، نویسنده(ای) بخواهد، چون برای رفتن پیام و آمدن نویسنده، زمانی دراز می‌گذرد.   ۱۴ – لت دویم بدآهنگ است.   ۱۵ – آبادبوم پاژنام ایران بوده است.

۱۶ – پس از دو رج نوشتار (سرِ نامه) را آغاز کردن نشاید، و سخن نیز ره بجایی نمی‌برد، آفرین (بر آنکس که) را باید.

۱۷ – این سخن را با گفتار فردوسی بسنجیم:

خداوند گیهان و گردان سپهر   فروزندهٔ ماه و ناهید و مهر

که بیرون شد از راه گردان سپهر — اگر جنگ جوید اُگر داد و مهر[1]
تو گر قیصری روم را مهتری — مکن بیش با تازیان داوری[2]
وگر میش جویی ز چنگال گرگ — گمانی بود کژ و رنجی بزرگ[3]
وگر سوی منذر فرستی سپاه — نمانم به تو لشکر و تاج و گاه[4]
وگر زیردستی بود برمنش — به شمشیر یابد ز من سرزنش[5]
تو زان مرز یک رش مپیمای پای — چو خواهی که پیمان بماند بجای[6]
اُگر بگذری زین سخن، بگذرم — سرِ گاه تو زیر پی بسپَرم[7]
درود خداوند دیهیم و زور — بدان کاو نجوید به بیداد شور[8]
نهادند بر نامه‌بر مُهر شاه — سواری گزیدند زان بارگاه[9]
چنان چون ببایست چیره‌زبان — جهاندیده و گرد و روشن روان[10]

*

فرستاده با نامهٔ شهریار — بیامد برِ قیصرِ نامدار[11]
بر او آفرین کرد و نامه بداد — همان رای کسری بر او کرد یاد[12]
سخن‌هاش بشنید و نامه بخواند — بپیچید و اندر شگفتی بماند[13]
ز گفتار کسری سرافراز مرد — بُرو، پُر ز چین کرد و رخساره زرد[14]
نویسنده را خواند و پاسخ نوشت — پدیدار کرد اندرو خوب و زشت[15]
سرِ خامه چون کرد رنگین به قار — نخست آفرین کرد بر کردگار[16]
نگارندهٔ برکشیده سپهر — کزویست پرخاش و آرام و مهر[17]
به گیتی یکی را کند تاجور — وز او به یکی پیش او با کمر[18]

۱ – **یک:** چه‌کس بیرون شد؟ **دو:** راه گردان سپهر چگونه و کجا است. **سه:** لت دویم را چه پیوند با این سخن؟
۲ – **یک:** «اگر» در کار نیست، پیدا است که قیصر است. **دو:** داوری نکرده است. **سه:** «بیش» نیز نادرخور است: «بیشتر».
۳ – **یک:** سخن بی‌پیوند آغازین است: «اگر خواهی که». **دو:** با این سخن، نوشروان، خویش را «گرگ» در شمار آورده است.
۴ – منذر خود با سپاه ایران بسوی روم می‌رود! **۵** – بایستی روشن شود که زیردست کیست!
۶ – **یک:** یک رش پای را (بیرون منه) باید، وگرنه هرکس که در سرزمین خویش گام برمی‌دارد، راه می‌پیماید. **دو:** کدام پیمان؟
۷ – چند بار؟ **۸** – هیچگاه از خداوند «زور» یاد نشده است. **۹** – دربارگاه نبودند و میان راه بودند.
۱۰ – فرستاده را نشاید «گُرد» بودن. **۱۱** – دنبالهٔ گفتار
۱۲ – «رای» کسری نادرست است: «گفتار کسری» اما نوشروان پیام نداده بود که نامه نوشته بود.
۱۳ – **یک:** سخن‌هاش به سخنان فرستاده بازمی‌گردد... افزاینده می‌بایستی گفتن پیام کسری را بشنید. **دو:** نامه را نیز دبیران می‌خواندند.
۱۴ – ابروان را پرچین کردن، همان سخن رج پیشین است.
۱۵ – سخن با شتاب سروده شده است: «دبیری را بخواند»، «دبیری فرزانه را بخواند».
۱۶ – «نویسنده نامه» در آغاز، باید!
۱۷ – **یک:** «برکشید سپهر» سخنی نادرخور است: سپهر بلند. **دو:** پرخاش نیز از سوی خداوند نیست، آفرینش خداوند، با زیبایی و راستی همراه است. **۱۸** – لت دویم بی‌پیوند است: کسی از او بهتر را پیش وی کمربسته می‌دارد.

داستان افزوده نبرد با روم

اگر خود سپهر روان زانِ تست — سرِ مشتری زیر فرمان تست[1]
به دیوان نگه کن که رومی‌نژاد — به تخم کیان باژ هرگز نداد[2]
تو گر شهریاری نه من کهترم — همان با سرِ افسر و لشکرم[3]
چه بایست پذرفت چندین فسوس — ز بیم پی پیل و آوای کوس[4]
بخواهم کنون از شما باژ و ساو — که دارد به پرخاش با روم تاو؟[5]
به تاراج بردند یک چند چیز — گذشت آن ستم برنگیریم نیز[6]
ز دشت سواران نیزه‌وران — برآریم گرد از کران تا کران[7]
نه خورشید نوشیروان آفرید — اُگر بستد از چرخ گردان کلید[8]
که کس را نخواند همی از مهان — همه کام او باید اندر جهان[9]
فرستاده را هیچ پاسخ نداد — به تندی ز کسری نیامدش یاد[10]
چو قهر از بر نامه بنهاد گفت — که: «با تو صلیب و مسیح‌ست جفت»[11]
فرستاده با او نزد هیچ دم — دژم دید پاسخ، بیامد دژم[12]

*

بیامد برِ شهر ایران چو گرد — سخن‌های قیصر همه یاد کرد[13]
چو برخواند آن نامه را شهریار — برآشفت با گردش روزگار[14]
همه موبدان و ردان را بخواند — ازان نامه چندی سخن‌ها براند[15]
سه روز اندران بود با رایزن — چه با پهلوانان لشکرشکن[16]

---

۱ – ستارهٔ مشتری را سر نباشد، و فردوسی نامهای تازی ستارگان را بکار نمی‌گیرد.

۲ – **یک:** رومی نژاد، یا کشور روم؟ **دو:** سخن نیز نادرست است، زیرا که دستکم پیکرهٔ والریانوس را که برابر شاپور زانو بر زمین زده است دیده‌ایم.

۳ – سرِ افسر راگزارش نیست.

۴ – فسوس، ریشخند است، و سهم و ترس نیست.

۵ – پیوند بایسته میان دو لت نیست.

٦ – **یک:** یک چند چیز، روشن نمی‌کند که برده‌اند؟ کی برده‌اند؟ از کجا برده‌اند؟ بکجا برده‌اند؟ **دو:** لت دویم نیز نادرخور و پریشان است.

۷ – سخن با ایران بود، و بدشت نیزه‌وران انجامید.

۸ – افزاینده در لت دویم. نوشروان را خواهد گفتن اما سخن به خورشید بازمی‌گردد.

۹ – افزاینده خواسته است بگوید کسی مرا در جهان مه (= بزرگ) نمی‌داند!!

۱۰ – **یک:** همین سخنان پاسخ بود. **دو:** نه چنین است و نامه به کسری بود و نام وی را نیز در آن برده بود.

۱۱ – **یک:** (از) بر نامه برمی‌گیرند، و نمی‌نهند. **دو:** اگر روی سخن به فرستاده بوده است، گزارش آن چنین است که ترا همچون مسیح بر چلیپا کشند!

۱۲ – پاسخ دژم نمی‌شود: «پاسخ سخت»، «پاسخ درشت».

۱۳ – **یک:** بسوی شهر ایران باید آمدن، نه بآغوش ایران! **دو:** افزاینده بدین زودی فراموش کرد که گفته است: «فرستاده را هیچ پاسخ نداد».

۱۴ – باگردش روزگار برآشفت، یا از پاسخ قیصر؟

۱۵ – چندی سخن‌ها نادرست است.

۱٦ – **یک:** اندر آن بود نادرخور است. در انجمن (مهیستان)، سه روزسگالش کردند. **دو:** (چه) با پهلوانان در لت دویم را (چه) با رایزنان باید.

چهارم بران راست شد رای شاه — که راند سوی جنگ قیصر سپاه[۱]
برآمد ز در نالهٔ گاودم — خروشیدن نای و رویینه‌خم[۲]
به آرام اندر نبودش درنگ — همی از پی راستی جُست جنگ[۳]
سپه برگرفت و بُنه برنهاد — ز یزدان نیکی دهش کرد یاد[۴]
یکی گرد برشد که گفتی سپهر — به دریای قیراندر اندود چهر[۵]
بپوشید روی زمین را به نیل — هوا یکسر از پرنیان گشت لئل[۶]
نه‌بُد بر زمین پشّه را جایگاه — نه اندر هوا باد را ماند راه[۷]
ز جوش سواران و ز گرد پیل — زمین شد بکردار دریای نیل[۸]
جهاندار با کاویانی درفش — همی رفت با تاج و زرّینه کفش[۹]
همی برشد آوازشان بر دو میل — به پیش سپاه اندرون کوس و پیل[۱۰]
پس پشت و پیش اندر آزادگان — همی رفت تا آذرآبادگان[۱۱]
چو چشمش برآمد به آذرگشسپ — پیاده شد از دور و بگذاشت اسپ[۱۲]
ز دستور پاکیزه برسَم بجست — دو رخ را به آب دو دیده بشست[۱۳]
به باژ اندر آمد به آتشکده — نهاده به درگاه جشن سده[۱۴]
بفرمود تا نامهٔ زند و است — به آواز برخواند موبد درست[۱۵]
رد و هیربد پیش غلتان به خاک — همه دامن کرته‌ها کرده چاک[۱۶]

---

۱ - **یک:** (روز) چهارم باید... **دو:** پیش از آن آهنگ نبرد با قیصر را کرده و سپاه ایران را بمنذر سپرده بود.

۲ - **یک:** هنوز ایرانیان در بیابان‌اند نه در (دربار). **دو:** نای را خروش هست، اما از رویینه‌خم «بانگ برمی‌خیزد».

۳ - **یک:** آرامش و درنگ هر دو یکی است. **دو:** لت دویم را با لت نخست هیچ پیوند نیست، و «آرام» را نشاید، برابر با «راستی» آوردن!

۴ - سپه (برگرفتنی) نیست (برنشاندنی) است.

۵ - آن چه دریا است که از سپهر بزرگتر است؟

۶ - **یک:** پوشیدن زمین با نئل سخنی کودکانه است. **دو:** چنانکه (درفش‌های پرنیانی) همه سرخرنگ نبوده‌اند که آسمان را برنگ لئل درآورند...: «ز بس گونه گون، پرنیانی درفش...».

۷ - پشه روی زمین نمی‌نشیند که جایگاهش باشد، یا نباشد، و باد را نیز نیاز به «راه» نیست و در همه سوی می‌وزد!

۸ - **یک:** جوش سوار، رنگ ندارد، و (سواران) را (پیلان) باید. **دو:** چون گرد از پای پیلان برخیزد، بآسمان می‌رود، و در رج سیُوم پیش هوا برنگ لئل بود، و اکنون همرنگ نیل گردید!

۹ - شاه، هیچگاه درفش را بدست خویش نمی‌برد.

۱۰ - **یک:** برشد، بلند شدن را می‌رساند، و چون بر آسمان بلند شود اندازه و میل در آسمان در کار نیست. **دو:** پیش سپاه را (اندرون) نیست.

۱۱ - **یک:** پشت و پیش، رودرروی یکدیگراند، و پیش را (اندرون) نیست. **دو:** همی‌رفت نادرخور است بسوی آذربایجان رفت.

۱۲ - چشم (برنمی‌آید) چشم (می‌افتد).

۱۳ - از دستور برسم (جُستن) نادرخور است: (گرفت).

۱۴ - **یک:** (باژ) گفتاری است که آنرا می‌خوانند، و نمی‌توان: (به باژ اندر (= اندرون) به آتشکده رفتن!) **دو:** نادرخورترین گفتار در لت دویم... از سخن چنین برمی‌آید به باژ (اندرون) بآتشکده رفت، و جشن سده را در درگاه آتشکده نهاد!!؟!

۱۵ - اوستا را نشاید «اُست» خواندن، که همواره در گفتار افزایندگان بهمین سان می‌آید.

۱۶ - **یک:** «رد» در زبان پهلوی «رَت» و در اوستا؛ «رَتُو»، بزرگ و سردار، و پادشاه است و همتراز موبدان نبوده است. **دو:** هیربد، در زبان پهلوی، هیرپَت و در اوستا اَئِثرَ پَئِتی، آموزگار بوده است، و هیربدان را کار در فرهنگستان‌ها بوده است، نه در آتشکده. **سه:** غلتیدن بر روی خاک هیچگاه در آیین ایرانیان نبوده است. **چهار:** کرته، در زبان پهلوی «کرتَک» (تازی شده (قرطق)، همانست که فروافتادن میانوند

←

بــــزرگان بـــر او گـــوهر افشـــاندند   بـــه زمـــزم هـــمی آفـرین خـوانـدند[1]
چـــو نـــزدیکتر شـــد نـیایش گـرفت   جـــــهان‌آفرین را ســـتایش گـرفت[2]
ازو خـــــواست پـیروزی و دســـتگاه   نـــمودن دلش را ســـوی داد راه[3]
پـــــرستندگان را بـــبخشید چـــیز   بـــه جـایی کـه درویش دیـدند نـیز[4]
یکــــی خـــیمه زد پـــیش آتشکـــده   کشـــیدند لشکــر ز هـــر ســو رده[5]
دبـــیر خـــردمند را پـــیش خـــوانـد   ســخن‌های بـایسته بـا او بـرانـد[6]
یکــــی نــامه فـرمود بـــا آفـرین   ســـوی مـــرزبانان ایـــران زمـین[7]
کــه: «تــرسنده بــاشید و بـیدار بـید   ســپه را ز دشـــمن نگـــهدار بـید[8]
کــنارنگ بـــا پـــهلوان هـر کــه هست   هـــمه داد جـــویید بـــا زیـــردست[9]
بـــداریـــد چـــندان کـــه بـاید سپاه   بـــدان تـــا نـیابد بـــداندیش راه[10]
درفش مـــــرا تـــــا نـــبیند کســی   نـــباید کـــه ایـــمن بـــخسپد بسـی»[11]

❊

از آتشکـــده چـــون بشـــد ســوی روم   پـــراکـــنده شـد زو خـبر گـرد بـوم[12]
بـــه پـــیش آمـــد آنکس کـــه فـرمان گـزید   دگـــر زان بـــر و بـــوم شـد نـاپدید[13]

← (ر) بگونهٔ «کت» فرانسوی و انگلیسی درآمده است، و جامهٔ موبدان یک روپوش سپید است که از جلو چاک نیز دارد، و با دگمه بسته می‌شود... سستی اندیشهٔ افزایندگان رابنگرید که در آتشکده کلاه سپید، از آن بر سر می‌نهادند که موی از سر بر زمین یا آتش نریزد که پلیدی را بزمین یا آب، آتش ریختن در اندیشهٔ ایرانی گناه بوده است، و در این سخن دامن کرته‌ها را چاک می‌کنند تا بخشی از تن آنان، نموده شود، باز آنکه ایرانیان تنهاگردی رخ، وکف و پشت دستشان نمایان بود، و نمایان کردن تن را نیز زشت می‌شمردند!

۱ – **یک:** سخن چنین می‌نماید که بزرگان بر دامن چاک شدهٔ رد و هیربد گوهر افشاندند!! **دو:** آفرین را نیز هیچگاه بزمزم (زمزمه) نمی‌خواندند زیرا که زمزمه تنها بهنگام خوردن خوراک بود که آرام آرام ستایش یزدان می‌کردند.

۲ – پس چنین کارها همه از دور بوده است؟   ۳ – لت دویم سست است.

۴ – در میان آتشکده درویش را (نیز) چگونه دیدند؟   ۵ – خیمه را در گسترهٔ سخن فردوسی جای نیست.

۶ – سخن برگرفته از گفتار فردوسی است.

۷ – چون در لت دویم از رج پیشین از سخنان بایسته که با دبیره رانده بود، یاد شد. لت نخست این رج دوباره‌گویی است.

۸ – بیدار بید بجای بیدار باشید نادرست است. درگفتار فردوسی کنش بود، در همهٔ گونه‌ها بخوبی گردش می‌کند (=صرف می‌شود):

بَوَم	بَویم
بَوی	بَوید
بَود	بَوند

و گونهٔ «بوید» در سخن فردوسی بگونهٔ «بید» دیده نمی‌شود.

۹ – **یک:** سخن را در لت نخست پیوند درست نیست. **دو:** پهلوان و کنارنگ را نشاید از زیردستان داد جستن، که بر آنان داد را بایستی روا داشتن!   ۱۰ – لت دویم را پیوند نیست: «بدان، تا راه دشمنان بکشور گشوده نشود».

۱۱ – درفش نوشروان در پایتخت (و اکنون در میانهٔ سپاه) است، و چگونه ایرانیان را در مرزهای دور توان دیدن درفش وی بوده است؟

۱۲ – (زو) در لت دویم نابجا است.

۱۳ – **یک:** آنکس در لت نخست نادرخور است (آنانکه) فرمان گزید(ند) پیش آمد(ند). **دو:** در لت دویم نیز دیگر(ان)... شد(ند).

جهاندیده با هدیه و با نثار فراوان بیامد بر شهریار[۱]
به هر بوم و بر کاو فرود آمدی ز هر سو پیام و درود آمدی[۲]
ز گیتی به هر سو که لشکر کشید جز از بزم و شادی نیامد پدید[۳]
چنان بُد که هر شب ز گردان هزار به بزم آمدندی برِ شهریار[۴]
چو نزدیک شد رزم را ساز کرد سپه را درم دادن آغاز کرد[۵]
سپهدار شیروی بهرام بود که در جنگ با رای و آرام بود[۶]
چپ لشکرش را به فرهاد داد بسی پندها بر دلش کرد یاد[۷]
چو اِستاد پیروز بر میمنه گشسپ جهانجوی پیش بنه[۸]
به قلب اندر اورند مهران بپای که در کینه گه داشتی دل بجای[۹]
طلایه به هرمزد خرّاد داد بسی گفت با او ز بیداد و داد[۱۰]
به هر سوی رفتند کارآگهان بدان تا نماند سخن در نهان[۱۱]
ز لشکر جهاندیدگان را بخواند بسی پند و اندرز نیکو براند[۱۲]
چنین گفت ک:«ین لشکر بی‌کران ز بی‌مایگان و ز پرمایگان[۱۳]
اگر یک تن از راه من بگذرند دم خویش بی رای من بشمرند[۱۴]
به درویش مردم رسانند رنج وگر بر بزرگان که دارند گنج[۱۵]
وگر کشتمندی بکوبد به پای وگر پیش لشکر بجنبد ز جای[۱۶]
ور آهنگ بر میوه‌داری کند وگر ناپسندیده کاری کند[۱۷]
به یزدان که او داد دیهیم و زور خداوند کیوان و بهرام و هور[۱۸]

---

۱ – فراوان لت دویم را جهاندیدگان در لت نخست باید.
۲ – (کاو) نادرخور است، دنبالهٔ داستان است، و نیاز به آوردن او نیست.
۳ – **یک:** لشگر را بهر سو نکشید که روی بسوی روم داشت! **دو:** لت دویم نیز نادرخور است بزم و شادی پدید نمی‌آید.
۴ – **یک:** ز گردان هزار را کمبود است: «ز گردان هزار مرد». **دو:** پس جشن و رامش روان بوده است. نه رفتن بمیدان جنگ!
۵ – درم دادن به سپاهیان پیش از براه افتادن روی می‌داد، تا سپاهیان آنرا به زن و فرزندان خود رسانند و بسوی میدان جنگ روند.
۶ – سپهدار را بتنهایی کمبود است «سپهدار او».
۷ – پند را بر دل کسی یاد نمی‌کنند که (می‌گویند)، یا (می‌رانند).
۸ – **یک:** چو در آغاز سخن نادرخور است. **دو:** میمَنه را با بُنه پساوا نیست.
۹ – اورند نامی نیست که ایرانیان بر فرزندان نهند! اورند، فرمانروایی نیک در کشور است همیستار با سیاست.
۱۰ – پیش آهنگان (طلایه) را خویشکاری دیدن و آگاهی رساندن بوده است و با بیداد و دادشان کاری نبود.
۱۱ – لت دویم را کمبود است: «تا هیچ سخن پنهان نماند».
۱۲ – **یک:** پند نیکو راندن را گزارش نیست پند داد! **دو:** اندرز (وصیت) تازی است، و نوشروان را مرگ فرانرسیده بود که اندرز (یاد کند)!
۱۳ – «ز» را بجای آنکه در لت دویم، دو بار بکار برده‌اند، یکبار در لت نخست بایستی: «کزین لشگر».
۱۴ – **یک:** همه از یک راه می‌روند! **دو:** دم (=نفس) را چگونه با رای (= آهنگ نوشروان برای انجام کارها) بشمرند!
۱۵ – کدام سپاهی را یارای آن بود که رنج بزرگان رساند؟
۱۶ – «بگذرند» در گفتار پیشین را با «بکوبد» در این رج همخوانی نیست.
۱۷ – همچنین «کند» در این رج.
۱۸ – چون بنام یزدان سوگند یاد شد، لت دویم ناکارآمد است.

که در پی میانش ببرّم به تیغ اُگر داستان را برآید به میغ[1]
به پیش سپه در طلایه منم جهانجوی و در قلب مایه منم[2]
نگهبان پیل و سپاه و بنه گهی بر میان گاه بر میمنه[3]
به خشکی روم گر به دریای آب نجویم به رزم اندر آرام و خواب»[4]
منادیگری نام او رشنواد گرفت آن سخن‌های کسری به یاد[5]
بیامد دوان گرد لشکر بگشت به هر خیمه و خرگهی برگذشت[6]
خروشید ک :«ای بی‌کرانه سپاه چنین است فرمان بیدار شاه[7]
که: «گر جز به داد و به مهر و خرد کسی سوی خاک سیه بنگرد[8]
بران تیره خاکش بریزند خون چو آید ز فرمان یزدان برون»[9]
به بانگ منادی نشد شاه رام به روز سپید و شب تیره‌فام[10]
همی گرد لشکر بگشتی به راه همی داشتی نیک و بد را نگاه[11]
ز کار جهان آگهی داشتی بد و نیک را خوار نگذاشتی[12]
ز لشکر کسی کاو بمُردی به راه ورا دخمه کسردی بدان جایگاه[13]
اگر باز ماندی ازو سیم و زر کلاه و کمان و کمند و کمر[14]
بد و نیک با مرده بودی به خاک نبودی به از مردم اندر مغاک[15]
جهانی بدو مانده اندر شگفت که نوشیروان آن بزرگی گرفت[16]

---

۱ – **یک:** (در پی) چگونه میانش بریده می‌شود؟ **دو:** سخن در لت دویم سخت نادرخور است. افزایندهٔ خام گفتار خواسته است بگوید اگر تا به ابر برآید، میانش را می‌برّم!!

۲ – شاه هیچگاه پیش‌آهنگ نبوده است، و لت دویم نیز بی‌پیوند و سست است.

۳ – همچنین... و میمَنه را با بُنه پساوا نیست.

۴ – سخن را آغازگرِ «اگر» باید.

۵ – **یک:** چاووشان (منادیگران) مردان بلند بانگ بوده‌اند، و نام از آنان در میان نبود. **دو:** بیاد گرفت در لت دویم نیز نادرخور است: «بشنید».

٦ – **یک:** چگونه توان اندیشیدن که در سپاهی که همگان سواراند، چاووش پیاده و دوان باشد؟ **دو:** خیمه را نیز در گفتار فردوسی جای نیست.

۷ – اگر به هر پرده‌سرای گذشته باشد، خروشیدنش روا نیست!

۸ – نگریستن به خاک (نه خاک سیاه) را خرد و داد نباید.

۹ – **یک:** باز سخن از خاک تیره می‌رود، و خاک سیاه و تیره نیست. **دو:** ایرانیان درگذشتگان را در دخمهٔ سنگی می‌نهادند تا خونش بر خاک نریزد... پس چگونه خون چنین کسان را بر خاک شایستی ریختن؟

۱۰ – رام شدن چگونه است؟ ببانگ چاووشان خرسند (= قانع) نشد... سخنان یاوهٔ افزایندگان را مرزی نیست.

۱۱ – ...چگونه توان اندیشیدن که شاه پیرامون لشگر بگردد؟

۱۲ – پس کارآگهان را برای چه پیرامون جهان پراکنده بود؟

۱۳ – دخمه را در همان جایگاه مردن نشایستی ساختن که دخمه‌ها را در کوهستانها می‌ساختند.

۱۴ – در این هیچ گمان نیست که درگذشته را جامه و جنگ‌افزار و اندکی سیم (= پول) بوده است، و «اگر» در آغاز سخن ناکارآمد است.

۱۵ – **یک:** و چنین چیزها نه بد بود و نه نیک! **دو:** بار مرده بودی بخاک نیز سخنی نادرست است با مرده بخاک می‌کردند. **سه:** باری ایرانیان مرده را بخاک نمی‌کردند، در دخمه می‌نهادند!

۱٦ – سخن سست است و بی‌پیوند.

به هر جایگاهی که جنگ آمدی   ورا رای و هوش و درنگ آمدی[1]
فرستاده‌ای خواستی راستگوی   که رفتی بر دشمن چاره‌جوی[2]
اگر یافتندی سوی داد راه   نکردی ستم خود خردمند شاه[3]
اگر جنگ جستی به جنگ آمدی   به خشم دلاور نهنگ آمدی[4]
به تاراج دادی همه بوم و رُست   جهان را به داد و به شمشیر جُست[5]
بکردار خورشید بُد رای شاه   که بر ترّ و خشکی بتابد به راه[6]
ندارد ز کس روشنایی دریغ   چو بگذارد از چرخ گردنده میغ[7]
همش خاک و هم ریگ و هم رنگ و بوی   همش درّ خوشاب و هم آب جوی[8]
فروغ و بلندی نبودش ز کس   دل‌افروز و بخشنده او بود و بس[9]
شهنشاه را مایه این بود و فر   جهان را همی داشت در زیر پر[10]
ورا جنگ و بخشش چو بازی بدی   ازیرا چنان بی‌نیازی بدی[11]
اگر شیر و پیل آمدندیش پیش   نه برداشتی جنگ یک روز بیش[12]
سپاهی که با خود و خفتان جنگ   به پیش سپاه آمدی بی‌درنگ[13]
اگر کشته بودیّ و گر بسته زار   به زندان پیروزگر شهریار[14]

*

چنین تا بیامد بران شارستان   که شوراب بُد نام آن کارستان[15]
برآورده‌ای دید سر بر هوا   پر از مردم و ساز جنگ و نوا[16]
ز خارا پی افکنده در قعر آب   کشیده سرِ باره اندر سحاب[17]

---

۱ - **یک:** هنوز در راه‌اند، و به روم یا سپاه روم نرسیده‌اند که جنگی پیش آید. **دو:** رای و هوش و درنگ (آمدنی) نیست، هوش هر کس با خود او است. **سه:** درنگ نیز (کردنی) است، همچنین رای!

۲ - **یک:** از کجا پیدا است که دشمن چاره‌جوی است؟ **دو:** هنوز جنگ آغاز نشده است.

۳ - **یک:** (دشمن) راکنش (یافتندی) نادرخور است اگر یافتی! **دو:** «راه سوی داد» چگونه باشد؟ و آن خود (رفتنی) است نه یافتنی...

۴ - **یک:** بجنگ آمدی نادرخور است: «با وی می‌جنگید». **دو:** سخن چنین می‌نماید که آن دشمن نهنگ دلاور بوده است نه نوشروان.

۵ - **یک:** همه بوم و رست کجا را؟ باید روشن شود که بوم او را... **دو:** و ایرانیان سوختن و بریدن درختان را گناهی بزرگ می‌دانستند.

۶ - **یک:** خشکی را «تری» باید. **دو:** خورشید تنها به (راه) نمی‌تابد.

۷ - سخن را در این رج بویژه در لت دویم هیچ پیوند و گزارش نیست.

۸ - **یک:** خورشید به «بوی» نمی‌تابد! **دو:** مروارید را با آب جوی سنجش نشاید.

۹ - لت نخست بی‌گزارش است: فروغش از کس نبود؟

۱۰ - مایه را نیز با فرّ نتوان سنجیدن!

۱۱ - لت دویم را پیوند بایسته نیست: «زیرا که بی‌نیاز بود».

۱۲ - لت دویم راگزارش و پیوند نیست.

۱۳ - سپاه را در این رج...

۱۴ - **یک:** با کشته بودی در این رج همخوانی نیست... **دو:** مگر در میان راه زندان نیز داشتند؟ باری سپاه را چگونه بسته بزندان می‌افکندند؟

۱۵ - شارستان (=شهرستان) یا کارُستان (= میدان جنگ)؟

۱۶ - از بیرون باره چگونه مردمان آنجا را دید و از ساز و نوای آنان چگونه آگاه شد؟

۱۷ - **یک:** پس باره در میان دریا بوده است، نه بر روی زمین. **دو:** چه کس سر باره را کشیده؟

به گرد حصار اندر آمد سپاه — ندیدند جایی به درگاه راه[1]
بر او ساخت از چار سو منجنیق — به پای آمد آن بارهٔ جاثلیق[2]
برآمد ز هر سویِ دژ رستخیز — ندیدند جایی گذارِ گریز[3]
چو خورشید تابان ز گنبد بگشت — شد آن بارهٔ دژ بکردار دشت[4]
خروش سواران و گرد سپاه — ابا دود و آتش برآمد به ماه[5]
همه حصن بی‌تن سر و پای بود — تن بی‌سران‌شان دگر جای بود[6]
غو زینهاری و جوش زنان — برآمد چو زخم تبیره‌زنان[7]
از ایشان هر آن‌کس که پرمایه بود — به گنج و به مردی گرانپایه بود[8]
ببستند بر پیل و کردند بار — خروش آمد و نالهٔ زینهار[9]
نبخشود بر کس به هنگام رزم — نه بر گنج دینار بر گاه بزم[10]

*

ازان جایگه لشکر اندر کشید — به ره‌بر دزی دیگر آمد پدید[11]
که دربندِ او گنج قیصر بدی — نگهدار آن دز توانگر بدی[12]
که آرایش روم بُد نام اوی — ز کسری برآمد به فرجام اوی[13]
بدان دز نگه کرد بیدار شاه — هنوز اندرو نارسیده سپاه[14]
بفرمود تا تیرباران کنند — هوا چون تگرگ بهاران کنند[15]
یکی تاجور خود به لشکر نماند — بران بوم و بر خار و خاور نماند[16]

---

۱ - کدام سپاه آمد. بایستی روشن شود که سپاه نوشروان پیرامون دژ راگرفت.
۲ - بارهٔ جاثلیق (=کاتولیک) چگونه باره‌ای باشد؟
۳ - ارگ بارهٔ دژ فروریخته بود، از همه سوی راه‌گریز پدیدار بود.
۴ - باره پیشتر فروریخته بود. لت نخست نیز از شاهنامه برگرفته شده است. **۵** - نیمروز و ماه در آسمان؟
۶ - **یک:** (حصنی) در کار نبود که همه بر روی هم ریخته، و چون کف دست شده بود. **دو:** مگر کسانی بودند که تن‌کشتگان را برگرفته بدیگر جای برند؟ **۷** - اگر همه کشته شده بودند، و جوش زنان و غریو زنهارخواهان از کجا آمد؟
۸ - لت نخست را «را» باید (هرانکس را)... تا. **۹** - بدین رج پیوسته شود، دوباره نالهٔ زینهار!
۱۰ - لت دویم نادرخور است: بهنگام بزم برگنج دینار نبخشود؟
۱۱ - بایستی روشن شود که لشگر بکدام سوی کشید... اندر (= اندرون) کشید نیز نادرست است.
۱۲ - **یک:** گنج شاهان را دور از پایتخت جای نبود، آنهم در «دربند». **دو:** لت دویم نیز نادرخور است.
۱۳ - **یک:** نام فارسی دری بر شهر رومی باستان! **دو:** لت دویم نیز بی‌پیوند است. افزاینده خواسته است بگوید که فرجام (آن) (بر دست) کسری بود.
۱۴ - بالشگر که (اندر کشیده) بود بدانجا رسیده بود. پس چگونه است که هنوز سپاه بدانجا نرسیده بود؟ و اگر چنین بود، چه‌کس بدان دژ تیرباران کرد؟
۱۵ - هوا را در لت دویم «را» باید. سخن نیز از شاهنامه برگرفته شده است:

بر او بر، یکی تیرباران گرفت — هوا را چو ابر بهاران گرفت

۱۶ - **یک:** سخن چنین می‌نماید که تاجوران لشگر نوشروان همگی کشته شدند، و بجز از وی چه کس تاجور بوده است؟ **دو:** سخن
←

همه گنج قیصر به تاراج داد   سپه را همه بدره و تاج داد[1]
برآورد زان شارستان رستخیز   همه برگرفتند راه گریز[2]
خروش آمد از کودک و مرد و زن   همه پیرو برنا شدند انجمن[3]
به پیش گرانمایه شاه آمدند   غریوان و فریادخواه آمدند[4]
که: «دستور و فرمان و گنج آنِ تست   به روم اندرون رزم و رنج آنِ تست[5]
به جان ویژه زنهارخواه توایم   پرستار فرّ کلاه توایم»[6]
بفرمود پس تا نکشتند نیز   بر ایشان ببخشود بسیار چیز[7]
اُزان جایگه لشکر اندر کشید   از آرایش روم برتر کشید[8]
نوندی ز گفتار کارآگهان   بیامد به نزدیک شاه جهان[9]
که: «قیصر سپاهی فرستاد پیش   ازان نامداران و گردان خویش[10]
به پیش اندرون پهلوانی سترگ   به جنگ اندرون هر یکی همچو گرگ[11]
به رومی‌ش خوانند فرفوریوس   سواری سرافراز با بوق و کوس»[12]
چو این گفته شد پیش بیدار شاه   پدید آمد از دور گرد سپاه[13]
بخندید زان شهریار جهان   بدو گفت که: «این نیست از ما نهان[14]
کجا جنگ را پیش ازین ساختیم   ز اندیشه هر گونه پرداختیم»[15]
کیِ تاجور بر لب آورد کف   بفرمود تا برکشیدند صف[16]
سپاهی بیامد به پیش سپاه   بشد بسته از گرد بر باد راه[17]

← بی‌خردانه که خار را نمی‌توان با خاور سنجیدن!

۱ - سپاهیان را تاج نشاید، اما افزایندگان همواره این بخشش را می‌کنند!   ۲ - دنباله گفتار.

۳ - پس از آنکه همه بگریز رفتند خروش آمد؟ لت دویم نیز سست است: «همه پیران و جوانان و کودکان!»

۴ - دنبالهٔ سخن   ۵ - رزم را شاید گفتن که از آن تست، اما رنج را نشاید.

۶ - **یک:** فرّ از آن کلاه نیست. **دو:** فر را پرستار نشاید، که آن، دهشی ایزدی است.

۷ - **یک:** لت نخست نادرست است: «بفرمود تا دست از کشتار بکشند». **دو:** بسیار چیز چیست؟ آنان خود گفته بودند که گنج آن تست، و اکنون (چیز) نیز از نوشروان ستانند؟   ۸ - برتر کشیدن، بسوی آسمان رفتن است.

۹ - سخن سخت نادرخور است: «نوندی از سوی کارآگهان».

۱۰ - سپاه، از نامداران و گردان قیصر نتواند بودن، چراکه سپاهیان را باید جنگیدن و با هر سپاه چند تن از نامداران و بزرگان نیز همراهند.

۱۱ - پیش را (اندرون) نیست، لت دویم را با لت نخست همخوان نیست: «یک» پهلوان با «هر یکی» در لت دویم!

۱۲ - **یک:** چون نام کسی «فرفوریوس» بوده باشد چه برومی چه به پهلوی، چه بتازی؛ فرفوریوس است. **دو:** چون یک سوار، بالشگر روم بمیدان می‌آید، چه جای یاد کردن از بوق و کوس (او) است؟

۱۳ - **یک:** پیش بیدار شاه گفته شد، سخت نادرخور است! **دو:** کار آن کارآگهان، با چنان ناآگاهی همراه بوده است، که بیدرنگ پس از گزارش آنان، سپاه دشمن نیز پدیدار می‌شود!   ۱۴ - این رج را...

۱۵ - **یک:** با این رج پیوند بایسته نیست. **دو:** ساختیم نیز نادرخور است: ساخته‌ایم. **سه:** اندیشه نیز پرداختنی نیست.

۱۶ - هنوز جنگ آغاز نشده، کف بر لب آوردن نشان از ترسیدن است.

۱۷ - لت دویم را پیوند «که» باید، وگرد، نه؛ که سنگ را نیز توان بستن راه بر باد نیست.

شده نامور لشکری انجمن   یلان سرافراز شمشیرزن[1]
همه جنگ را تنگ بسته میان   بزرگان و فرزانگان و کیان[2]
به خون آب داده همه تیغ را   بدان تیغ برنده مر میغ را[3]
سپه را نبُد بیش‌تر زان درنگ   که نخچیر گیرد دلاور پلنگ[4]
به هر سو ز رومی تلی کشته بود   اُگر خسته از جنگ برگشته بود[5]
بشد خسته از جنگ فرفوریوس   دریده درفش و نگونسار کوس[6]
سواران ایران بسان پلنگ   به هامون کجا غرمش آید به چنگ،[7]
پسِ رومیان در همی تاختند   در و دشت از ایشان بپرداختند[8]

*

چنان هم همی رفت با ساز جنگ   همه نیزه و گرز و خنجر به چنگ[9]
سپه را به هامون چو اندرکشید   بر آورده‌ای دیگر آمد پدید[10]
دزی بود با لشکر و بوق و کوس   کجا خواندندیش فالینیوس[11]
سرِ باره برتر ز پرّ عقاب   یکی کنده‌ای گردش اندر پرآب[12]
یکی شارستان گردش اندر فراخ   پر ایوان و پالیز و میدان و کاخ[13]

---

۱ - سخن را با رج پیشین پیوند شایسته نیست.

۲ - سپاهیان همه از بزرگان نبوده‌اند، و فرزانگان (= دانایان) را جای، در میدان نبرد نیست، و کیان نیز بهنگام ساسانیان نبوده‌اند!

۳ - شمشیر را بخون آب دادن از بی‌خردی است! شمشیر را به زهر آب دادن، شاید! و چنان‌شمشیر را نیز سه چهار بار زدن، زهر هست، و پسان زهر آن پاک می‌شود. شمشیر را آب می‌دهند، از برای آنکه تیز و برنده باشد.

۴ - «سپه را» نادرخور است، دو سپاه را.

۵ - **یک:** گزافهٔ افزایندگان... که تنها رومیان را می‌کشند! **دو:** از جنگ برگشتگان را میان آنان نشایستی بودن زیرا که آنان بدیگر سوی می‌گریزند.

۶ - از جنگ خسته نادرست است: «در جنگ خسته». چون خودِ او خسته (= مجروح) شد، چرا بیدرنگ درفش او نیز دریده شده باشد؟... دریده درفش و نگونسار کوس، داستان سپاهی است که شکست خورده و سردارشان کشته شده، و آنان بسوی شهر خویش بازمی‌گردند، و کوس را نگونسار کرده، درفش را بنشانهٔ سوگ از هم می‌درند!

۷ - «سواران ایران» در لت نخست با «غُرمش» در لت دویم همخوان نیست.

۸ - **یک:** (پس) رومیان در (= اندرون) نادرست است. **دو:** همی تاختند در لت نخست را با بپرداختند در لت دویم هماهنگی نیست.

۹ - **یک:** چه کس می‌رفت؟ بایستی روشن شود که سپاهیان ایران می‌رفتند. **دو:** بهنگام رفتن دستها را می‌باید آزاد نگاهداشتن... اما چگونه شاید که سپاهیان نیزه و گرز و خنجر را با هم بچنگ گیرند؟

۱۰ - **یک:** «چون سپاه را...». **دو:** مگر آنان پیش از آن در کوهستان بوده‌اند که اکنون بهامون آمدند؟

۱۱ - نام‌های شناخته نشده.

۱۲ - **یک:** از پرّ شاهین، بر تر نادرست است، زیرا که پر شاهین را شاید در دشت نیز افتادن. **دو:** گزافهٔ سخت، که افزایندگان، خواننده را بی‌خرد انگاشته‌اند! مگر دیواری بلندتر از پرواز شاهین در جهان می‌توان بر آوردن؟... پرواز شاهینان برفراز کوهستانهای بلند است. **سه:** لت دویم را با لت نخست پیوند بایسته نیست. **چهار:** گرد (= پیرامون)، اندر (= اندرون) ندارد.

۱۳ - ایوان و کاخ و میدان را اندرون باره می‌سازند، تا دشمن را بدان دسترسی نباشد.

ز رومی سپاهی بزرگ اندر اوی   همه نامداران پرخاشجوی[۱]
دو فرسنگ پیش اندرون بود شاه   سیه گشت گیتی ز گرد سپاه[۲]
خروشی برآمد ز فالینوس   کزان تیره اندک شد آواز کوس[۳]
بدان شارستان در نگه کرد شاه   همی هر زمانی فزون شد سپاه[۴]
ز دروازه‌ها جنگ برساختند   همه تیر و قاروره انداختند[۵]
چو خورشیده تابنده برگشت زرد   ز گردنده یک بهره شد لاژورد[۶]
ازان بارهٔ دز نماند اندکی   همه شارستان با زمی شد یکی[۷]
خروشی برآمد ز درگاه شاه   که: «ای نامداران ایران سپاه![۸]
همه پاک زین شهر بیرون شوید   به تاریکی اندر به هامون شوید[۹]
اگر هیچ بانگ زن و مرد پیر   اُگر غارت و شورش و دار و گیر[۱۰]
به گوش من آید به تاریک شب   که بگشاید از رنج یک مرد لب[۱۱]
هم اندر زمان آنکه فریاد ازوست   پر از کاه بینند آگنده پوست[۱۲]

*

چو برزد ز خرچنگ تیغ آفتاب   بفرسود رنج و بپالود خواب[۱۳]
تبیره برآمد ز درگاه شاه   گرانمایگان برگرفتند راه[۱۴]
ازان دزّ و آن شارستان مرد و زن   به درگاه کسری شدند انجمن[۱۵]

---

۱ - یک: مگر میان آنجا نیز دیده می‌شد؟ **دو:** اندر اوی نیز نادرخور است: «اندر آن». **سه:** کنش «بود» بایسته است.

۲ - یک: پیش را «اندرون» نیست. **دو:** افزاینده خواسته است بگوید که، سپاه ایران را دو فرسنگ راه بدان دژ بود! **سه:** «روشن نمی‌نماید که از «گرد سپاهیان ایران...».

۳ - لت دویم نادرخور است. آوای کوس اندک (نمی‌شود)،... افزاینده را می‌بایستی گفتن: «خروشی رساتر از آوای کوس».

۴ - از دو فرسنگی، چگونه شاید بدان سارشان (= اندرون) نگاه کردن؟ **دو:** هر زمانی نادرست است: «هر زمان». **سه:** کدام سپاه فزون شد؟

۵ - فرمانده آن دژ را همچون افزاینده خرد نبوده است که بجای آنکه از فراز بارو و برج‌ها قاروره افکنند، دروازه‌ها را گشوده، و چنین کنند.

٦ - یک: برگشت زرد، برای خورشید همواره زرد (زرین) نابجا است... **دو:** و چون خورشید زرد (برگشته) باشد، چرا یک بهره از آسمانِ گردان لاژورد(ین) شود؟

۷ - سخن سخت سست و بی‌گزارش است.

۸ - برگرفته از شاهنامه است.

۹ - چون از بارهٔ دژ، اندکی نمانده باشد، آنجا را شهر نشاید خواندن که ویرانه‌ای بوده است.

۱۰ - افزایندگان که می‌خواهند از نوشروان یک پادشاه دادگر بسازند، چرا شهر را بر سر آنان ویران کردند؟ مگر در شهری که همهٔ بارو و شهر درهم کوبیده شده است، زن و مرد پیر برجای مانند؟

۱۱ - زن و مرد پیر، به یک (مرد) دگر گشت.

۱۲ - یک: آنکه در لت نخست کمبود دارد: «آنرا که». **دو:** میان تاریکی چگونه گنهکار را بازمی‌شناسند؟ **سه:** در زمان نشاید، از برای آنکه پس از کشتن، زمانی دراز برای پوست کندن، می‌باید.

۱۳ - رنجِ فرسوده چگونه باشد؟

۱۴ - باز شاه را بکاخ و ایوان بردند...

۱۵ - یک: ...و برای دژ و شهر ایران، مرد و زن فراهم کردند. **دو:** لت نخست نیز بدآهنگ است.

که ایدر ز جنگی سواری نماند بدین شارستان نامداری نماند[1]
همه کشته و خسته شد بی‌گناه گه آمد که بخشایش آید ز شاه[2]
زن و کودک خرد و برنا و پیر نه خوب آید از داد یزدان اسیر[3]
چنان شد دز و باره و شارستان کزان پس ندیدند جز خارستان[4]
چو قیصر گنهکار شد ما کِه‌ایم به فالینیوس اندرون بر چه‌ایم»[5]
بران رومیان بر ببخشود شاه گنهکار شد رسته و بی‌گناه[6]
بسی خواسته پیش ایشان بماند اُزان جایگه تیز لشکر براند[7]
هر آن کس که بود ازدرِ کارزار ببستند بر پیل و کردند بار[8]

*

به انطاکیه در خبر شد ز شاه که با پیل و لشکر بیامد به راه[9]
سپاهی بدان شهر شد بی‌کران دلیران رومیّ و گنداوران[10]
سه روز اندران شاه را شد درنگ بدان تا نباشد به بیداد جنگ[11]
چهارم سپاه اندر آمد چو کوه دلیران ایران گروها گروه[12]
برفتند یکسر سواران روم ز بهر زن و کودک و گنج و بوم[13]
به شهر اندر آمد سراسر سپاه پیی را نبُد بر زمین نیز راه[14]
سه جنگ گران کرده شد در سه روز چهارم چو بفروخت گیتی‌فروز[15]
گشاده شد آن مرز آباد بوم سواری ندیدند جنگی به روم[16]

---

۱ – سخن را «گفتند» یا «بشاه» گفتند» باید.

۲ – **یک:** «همه» را «شدند» باید. **دو:** مگر در شب دوشین بخشایش نوشروان بگوش آن نرسیده بود؟

۳ – سخن سست است، و نوشروان نیز بر بنیاد گفتار افزایندگان کسی را به بند نکشید. ۴ – چه کسان ندیدند؟

۵ – افزاینده خواسته است بگوید: «ما گنهکار نیستیم». **دو:** اندرون و بر (= بالا) با یکدیگر نشاید آوردن.

۶ – گنهکاران را چرا؟ ۷ – خواستهٔ خودشان را از سوی نوشروان بخودشان بخشیدند!!

۸ – مردان کارزاری را چرا بر پیل بستند، از ایشان می‌توانستند در نبردهای آینده بهره برند.

۹ – **یک:** سپاه را نتوان از «راه» بجایی بردن که چنین کار را زمانِ بسیار باید، سپاه از دشت می‌رود. **دو:** آگاهی که به انتاکیه می‌رود چنین نبایستی بودن، زیرا که آنان نوشروان را شاه خویش نمی‌دانستند: «به انتاکیه آگاهی رفت که سپاه ایران».

۱۰ – سخن بی‌پیوند است: «از دلیران رومی سپاهی گران بدان شهر رفت».

۱۱ – اندر آن نادرست است: «در جنگ درنگ کرد».

۱۲ – در آن سه روز چه گذشت که بروز چهارم نبرد ایرانیان از روی «داد» آغاز شد؟

۱۳ – سواران روم در شهر بودند (رج سیوم پیش).

۱۴ – همان سخن... چگونه شهری که سپاهیان ایران پیرامون آنرا گرفته‌اند، دروازه‌های خود را بروی سپاهیان روم گشود، و ایرانیان بدان اندر نشدند؟ ۱۵ – این رج از پادشاهی فریدون برگرفته شده است.

۱۶ – **یک:** شهر بود، نه مرز! (مرز) آباد (بوم) نیز نادرست است. **دو:** سواران روم که بتازگی بشهر رفته بودند! **سه:** آنجا یک شهر از روم بود نه کشور روم!

بزرگان که با تخت و افسر بُدند هم آن‌کس که گنجور قیصر بُدند[1]
به شاه جهاندار دادند گنج به چنگ آمدش گنج چون دید رنج[2]
اسیران و آن گنج قیصر به راه به سوی مداین فرستاد شاه[3]
وزیشان هر آن‌کس که جنگی بُدند نهادند بر پشت پیلان به بند[4]
زمین دید رخشان‌تر از چرخ ماه بگردید بر گرد آن شهر شاه[5]
ز بس باغ و میدان و آب روان همی تازه شد، پیر گشته، جوان[6]
چنین گفت با موبدان شهریار که: «انطاکیه‌ست این اگر نوبهار[7]
کسی کاو ندیده‌ست خرّم بهشت ز مشک اندرو خاک وز زرّ خشت[8]
درختش ز یاقوت و آبش گلاب زمینش سپهر آسمان آفتاب[9]
نگه کرد باید بدین تازه‌بوم که آباد بادا همه مرز روم»[10]
یکی شهر فرمود نوشیروان بدو اندرون آب‌های روان[11]
بکردار انطاکیه چون چراغ پر از گلشن و کاخ و میدان و باغ[12]
بزرگان روشن‌دل و شادکام ورا زیب‌خسرو نهادند نام[13]
شد آن زیب خسرو چو خرّم بهار بهشتی پر از رنگ و بوی و نگار[14]
اسیران کزان شهرها بسته بود به بند گران دست و پا خسته بود[15]
بفرمود تا بند برداشتند بدان شهرها خوار بگذاشتند[16]
چنین گفت ک:«این نو برآورده جای هم‌ش گلشن و بوستان و سرای[17]
بکردیم تا هر کسی را به کام یکی جای باشد سزاوار نام»[18]

۱ - **یک:** اگر سواری جنگی در آنجا نبود، بزرگان با تخت و افسر در آن‌شهر چه می‌کردند؟ **دو:** هم آنکس راکنش «بود» باید.
۲ - در لت نخست کننده (فاعل) گنجور(ان)اند، و در دنبالهٔ سخن انوشیروان!
۳ - **یک:** (آن)گنج نادرست است، و نیاز به آن ندارد. **دو:** براه فرستاد، یا بسوی مداین؟ **سه:** در گفتار فردوسی تیسفون می‌آید نه مداین.
۴ - از (اسیران) در رج پیشین یاد شده بود.
۵ - رخشان‌تر از ماه را شاید بگونهٔ یک گزافهٔ سخت پذیرفتن، اما چرخ ماه (= مدار ماه) رخشان نیست که این از آن، رخشان‌تر باشد.
۶ - در لت دویم کنش «می‌شد» درست است.
۷ - وابسته به رج پیشین.
۸ - لت دویم بدآهنگ و نادرست است.
۹ - **یک:** درخت یاقوت را چه میوه است؟ **دو:** آسمانی که همه آفتاب باشد، مردمان را از تفّ گرما می‌سوزاند.
۱۰ - مردی که شهرهای روم را ویران کرده است، و در نامهٔ خویش نیز چنین گفته بود، چگونه می‌تواند برای شهرهای روم چنین آرزو کند!
۱۱ - این شهر را در روم بساخت؟
۱۲ - انتاکیه را بگونه‌ای دیگر نمایانده بود، نه بگونهٔ چراغ!
۱۳ - نام شهر را انوشیروان می‌نهد، یا بزرگان فرزانهٔ شادکام!
۱۴ - چون چراغ بود، و به «خرم بهار» گردید.
۱۵ - **یک:** اسیر و بسته هر دو یکی است. **دو:** دست و پایشان باید، نه دست و پا.
۱۶ - باید روشن شود که بند (از آنان) برداشته‌اند.
۱۷ - **یک:** پایان لت نخست را «را» باید. **دو:** گلشن و بوستان هر دو یکی است.
۱۸ - سزاوار نام راگزارش نیست.

ببخشید بر هر کسی خواسته   زمین چون بهشتی شد آراسته[1]
ز بس برزن و کوی و بازارگاه   تو گفتی نمانده‌ست بر خاک راه[2]

*

بیامد یکی پرسخن کفشگر   چنین گفت ک:«ای شاه بیدادگر[3]
به فالینیوس اندرون خان من   یکی تود بُد پیش ایوان من[4]
ازین زیب خسرو مرا سود نیست   که بر پیش درگاه من تود نیست»[5]
بفرمود تا بر درِ شوربخت   بکشتند شاداب چندی درخت[6]
یکی مرد ترساگزین کرد شاه   بدو داد فرمان و گنج و کلاه[7]
بدو گفت ک:«ای زیب خسرو تراست   غریبان و این خانهٔ نو تراست[8]
بسان درخت برومند باش   پدر باش گاهی چو فرزند باش[9]
به بخشش بیارای و زُفتی مکن   براندازه باید ز هر در سخن»[10]
ز انطاکیه شاه لشکر براند   جهاندیده ترسا نگهبان نشاند[11]

*

پس آگاهی آورد فرفوریوس   بگفت آنچه آمد به فالینیوس[12]
به قیصر چنین گفت ک:«آمد سپاه   جهاندار کسری ابا پیل و گاه[13]
سپاه است چندان که دریا و کوه   همی گردد از گردِ اسپان ستوه»[14]
بپیچید قیصر ز گفتار خویش   بزرگان فرزانه را خواند پیش[15]

---

۱ - شهر چون چراغ بود، و در رج پنجم پیش از این از چراغ به بهشت گردیده بود.

۲ - برزن و کوی و بازارگاه همه راه دارند!   **۳** - وابسته به رج پسین.

۴ - در لت نخست «خان من» نادرست است: «در خان من».   **۵** - در لت دویم بر (= بالا) با پیش همخوان نیست.

۶ - چرا شوربخت؟... کسی که می‌تواند شاه را بیدادگر خواند، شوربختش نتوان نامیدن.

۷ - افزاینده فراموش کرده است که پیشتر «زند و اُست»(؟) بدست مردمان شکست خورده داده بود، و اینجا از یک ترسا بنام فرمانروا یاد می‌کند.   **۸** - لت دویم نادرخور است.

۹ - لت نخست راگزارش نیست، و لت دویم سخت پریشان و سست است.   **۱۰** - لت دویم را با لت نخست پیوند نیست.

۱۱ - لت دویم دوباره‌گویی است و ترسا را نیز «را» باید.

۱۲ - **یک:** داستانهای دروغ افزاینده دنباله دارد، و نوشروان، را آهنگ نبرد قیصر است. اما در همین زمان اندک، شهر زیب خسرو(؟) در ایران ساخته شد و داستانهای گذشته، در ایران گذشت، و در یک مژه زدن، نوشروان دوباره در روم پدیدار شد! **دو:** فرفوریوس با یارانش در گفتار پیشین افزاینده کشته شده بودند:

بشد خسته از جنگ فرفوریوس   دریده درفش و نگونسار کوس
سواران ایران بسان پلنگ   به هامون کجا غُرمش آید بجنگ
پسِ رومیان در همی تاختند   در و دشت از ایشان بپرداختند!

سه: «آگاهی آورد» در لت نخست، با بگفت در لت دویم همخوان نیست...

۱۳ - **یک:**... نیز «گفت» در این رج. **دو:** کسری با پیل آمده بود اما از گاه او پیش ازین سخن نرفته بود.

۱۴ - در لت دویم اسپان (ایشان) باید.   **۱۵** - قیصر که سخنی نگفته بود.

ز نوشیروان شد دلش پر هراس / همی رای زد روز و شب در سه پاس [1]
بدو گفت موبد که: «این رای نیست / که با رزم کسری ترا پای نیست [2]
برآرند ازین مرز آباد خاک / شود گردهٔ قیصر اندر مغاک [3]
زوان سراینده و رای سست / جز از رنج بر پادشاهی نجست» [4]
چو بشنید قیصر دلش خیره گشت / ز نوشیروان رای او تیره گشت [5]
گزین کرد زان فیلسوفان روم / سخنگوی با دانش و پاک بوم [6]
به‌جای آمد از موبدان شست مرد / به کسری شدن نامزدشان بکرد [7]
پیامی فرستاد نزدیک شاه / گرانمایگان برگرفتند راه [8]
چو مهراس داننده‌شان پیشرو / گوی در خرد پیر و سالار نو [9]
ز هر چیز گنجی به پیش اندرون / شمارش گذر کرده بر چند و چون [10]
بسی لابه و پند و نیکو سخن / پشیمان ز گفتارهای کهن [11]
فرستاد با باژ و ساو گران / گروگان ز خویشان و گنداوران [12]
چو مهراس گفتار قیصر شنید / پدید آمد آن بند بد را کلید [13]
رسیدند نزدیک نوشیروان / چو الماس کرده زبان با روان [14]
چو مهراس نزدیک کسری رسید / به رومی یکی آفرین گسترید [15]
تو گفتی ز تیزیٔ و از راستی / ستاره برآرد همی زآستی [16]
به کسری چنین گفت ک: «ای شهریار / جهان را بدین ارجمندی مدار [17]
به رومی تو اکنون و ایران تهی‌ست / همه مرز بی‌ارز و بی‌فرّهی‌ست [18]

---

۱ - سه پاس لت دویم برای فراهم آوردن پساوای هراس آمده است، وگرنه رای زدن با بزرگان را یک پاس بس است و سه پاس نشاید.

۲ - **یک:** بزرگان فرزانه به موبد گردیدند، وکیش رومیان در آنزمان عیسوی بود و موبد نداشتند. **دو:** هنوز کسری سخن نگفته است که پاسخ آن چنین باشد.

۳ - **یک:** از مرز آباد خاک برآوردن پیشینه ندارد. «دود» شاید گفتن که از آتش زدن شهر برمی‌خیزد. **دو:** اگر کردهٔ قیصر، شهر باشد، در مغاک فرو نمی‌رود، دستِ بلند آنکه آنرا ویران و با خاک یکسان می‌کنند.

۴ - سخن را پیوند با گفتار پیشین نیست.

۵ - دنباله گفتار.

۶ - پاک بوم را با سخنگوی و با دانش پیوند نیست.

۷ - **یک:** پیشتر گزین کرده بود، و در این رج شست مرد بجای آمد! **دو:** سخن سخت سست است! آنانرا نامزد رفتن بنزد کسری کرد.

۸ - چون سخن از «پیامی» می‌رود، بیدرنگ می‌بایستی پیام راگفتن که چه بوده است.

۹ - **یک:** چو در آغاز سخن نادرست است. **دو:** مهراس نامی رومی نیست... که پهلوی و فارسی نیز نیست. **سه:** سالار نو را گزارش نیست.

۱۰ - **یک:** پیش را (اندرون)، نیست. **دو:** شمارِ چه چیز؟ **سه:** از چند شاید گذر کردن، اما از چون نشاید.

۱۱ - سخن چنین می‌نماید که لابه و پند و سخن نیز (پیش اندرون) آنان بوده است که...

۱۲ - **یک:** در این رج بسوی نوشروان «فرستاد»! **دو:** لت دویم را نیز پیوند «با» بایسته است.

۱۳ - آنان را فرستاده بود، و پس از رفتن مهراس گفتار قیصر را شنید؟

۱۴ - لت دویم را هیچ گزارش نیست.

۱۵ - «به رومی» نادرست است: «بزبان رومی».

۱۶ - **یک:** تو گفتی... **دو:** سخن گزافه است، و گفتار، از آستین بیرون نمی‌آید که بر زبان روان می‌شود.

۱۷ - لت دویم سخت سست است.

۱۸ - مرز کجا؟ مرز ایران، یا مرز روم؟ یا هر دو؟ بایستی روشن شود.

داستان افزوده نبرد با روم ۴۷۷

هر آن گه که قیصر نباشد به روم — نسنجد به یک پشه این مرز و بوم[1]

همه سودمندی ز مردم بود — چو او گم شود مردمی گم بود[2]

گر این رستخیز از پی خواسته‌ست — که آزرم و دانش بدو کاسته‌ست[3]

بیاوردم اکنون همه گنجِ روم — که روشن روان بهتر از گنج و بوم»[4]

چو بشنید زو این سخن شهریار — دلش گشت خرّم چو باغ بهار[5]

پذیرفت زو هرچه آورده بود — اگر بدرهٔ زرّ و گر برده بود[6]

فرستادگان را ستایش گرفت — بران نیکوی‌ها فزایش گرفت[7]

بدو گفت ک :«ای مرد روشن خرد — نبرده کسی کاو خرد پرورد[8]

اگر زرّ گردد همه خاک روم — تو سنگی‌تری زان سرافراز بوم»[9]

نهادند بر روم بر باژ و ساو — بر آگنده دینار ده چرم گاو[10]

أزان جایگه نالهٔ گاودم — شنیدند و آواز رویینه خم[11]

جهاندار بیدار لشکر براند — به شام آمد و روزگاری بماند[12]

بیاورد چندان سلیح و سپاه — همان برده و بدره و تاج و گاه[13]

که پشت زمی را همی داد خم — ز پیلان وز گنج‌های درم[14]

ازان مرز چون رفتن آمدش رای — به شیروی بهرام بسپرد جای[15]

بدو گفت ک :«این باژ قیصر بخواه — مکن هیچ سستی به روز و به ماه»[16]

ببوسید شیروی روی زمین — همی خواند بر شهریار آفرین[17]

---

۱ – گزافهٔ نادرخور که یک کشور را ارزش باندازه یک پشه نباشد!!

۲ – **یک:** اگر سودمندی بمردمان یک کشور است، ایرانیان همگی در کشور بودند. **دو:** لت دویم نیز بی‌گزارش است.

۳ – آزرم را شاید گفتن اما دانش بر جای خویش است.

۴ – همه گنج روم را نشاید بردن! لت دویم را نیز پیوند درست نیست.

۵ – دنبالهٔ گفتار

٦ – تنها زر و بدره نفرستاده بودند:

ز هر چیز، گنجی به پیش اندرون(؟) — شمارش گذر کرده بر چند و چون

۷ – **یک:** شاه را نشاید فرستادگان را ستودن! **دو:** بر کدام نیکوی‌ها؟

۸ – **یک:** مرد روشنروان شاید گفتن و روشن خرد نشاید، زیرا که خرد روشنتر و برتر از همه چیز است.

۹ – **یک:** لت نخست بدآهنگ است. **دو:** مگر همهٔ رومیان را دیده بود که چنین داوری کرد؟ **سه:** مگر مهراس چه گفته بود که از او سنگی‌تر نباشد!

۱۰ – سنجش درستی نیست زیرا که شاید بودن که از گاوان کوچکتر چرم برگیرند!، و بدانهنگام سنگ «کش و من» در همه جای جهان بوده است... در نامه‌های سومری چند هزار سال پیش از میزان سنجش «منو» یاد شده است که هم نام «من» ایران بوده است.

۱۱ – شنیدند؟ یا برآمد؟

۱۲ – روزگاری نادرخور است چون از آن هیچ برنمی‌آید.

۱۳ – دریوزه گری افزایندگان

۱۴ – گنج‌های درم چگونه است؟ که با پیل سنجیده می‌شود.

۱۵ – از روم بشام آمده بود، و باز در رزم دیده می‌شود!

۱٦ – لت دویم نادرخور است. افزاینده خواسته است بگوید، باژ را در زمان خویش از آنان بخواه.

۱۷ – دنبالهٔ داستان

که: «بیداردل باش و پیروزبخت مگرداد زرد این کیانی درخت»[1]
تبیره برآمد ز درگاه شاه سوی اردن آمد درفش و سپاه[2]
جهاندار کسری چو خورشید بود جهان را ازو بیم و امّید بود[3]
بر این سان رود آفتاب سپهر به یک دست شمشیر و یک دست مهر[4]
نه بخشایش آرد به هنگام خشم نه خشم آیدش روز بخشش به چشم[5]
چنین بود آن شاه خسرونژاد بیاراسته بُد جهان را به داد[6]

برون آمدن نوشزاد
بر
پدر خویش

⇐ اگر شاه بینی، اگر زیردست اُگر پاکدل مرد یزدان‌پرست؛
چنان دان که چاره نباشد ز جفت ز پوشیدن و خورد و جای نهفت
اگر پارسا باشد و رایزن یکی گنج باشد پُر آکنده، زن
بویژه که باشد ببالا، بلند فروهشته تا پای، مشکین کمند
خردمند و با دانش و ناز و شرم سخن گفتنِ خوب و آوایِ نرم

*

بر اینسان زنی داشت، پرمایه شاه ببالایِ سرو و بدیدارِ ماه
بدین مسیحا بُد آن ماهروی ز دیدار او، شهر، پر گفت‌وگوی
یکی کودک آمدْش، خورشید چهر ز ناهید تابنده‌تر بر سپهر
ورا نامور، خواندی؛ نوشزاد نَجَستی ز ناز، از برش، تندباد
ببالید برسان سرو سهی هنرمند و زیبای شاهنشهی

*

چو دوزخ بدانست و راه بهشت غُزیر و مسیح و ره زردهشت[7]

۱ – آفرین است، و با آرزو همراه نمی‌شود. ۲ – دنباله گفتار
۳ – ستایش افزاینده دربارهٔ کسری.
۴ – **یک:** آفتاب در سپهر نیست، و در چرخ چهارم است. **دو:** هیچکس شمشیر در دست آفتاب ندیده است، و مهر را نیز جای در دست نیست. ۵ – آفتاب را بر کسی خشم نیست، و بخشش او همیشگی است.
۶ – افزاینده، نخست کسری را بخورشید مانند کرد، و اینجا نیز...
۷ – چون دوزخ را بدانست(؟) بهشت را نیز بایستی دانستن(!) نه راه بهشت را.

خیزش نوشزاد ۴۷۹

نیامد همی زند و اُستش درست　　دو رخ را به آبِ مسیحا بشست [1]
ز دین پدر، کیش مادر گرفت　　زمانه، بدو مانده اندر شگفت!
چنان تنگدل گشت از او شهریار　　که از گُل نیامد جز از خار، بار [*]
درِ کاخ و فرخنده ایوان او　　ببستند و کردند زندان او

*

نشستنگهش گندشاپور بود　　ز ایران و ز باختر دور بود [2]
بسی بسته و پرگزندان بُدند　　برین بهره با او به زندان بُدند [3]
بدان گه که باز آمد از روم شاه　　بنالید زان جنبش و رنج راه [4]
چنان شد ز سستی که از تن بماند　　ز ناتندرستی به اردن بماند [5]
کسی برد زی نوشزاد آگهی　　که: «تیره شد آن فرّ شاهنشهی
جهانی پرآشوب گردد کنون　　بیارند هر سو ببد رهنمون [6]
جهاندارِ بیدار؛ کسری، بمرد　　زمان و زمین دیگری را سپرد»
ز مرگ پدر شاد شد نوشزاد　　که هرگز ورا نام نوشین مباد! [7]
بر این داستان زد یکی مرد پیر　　که: «گر شادی از مرگ هرگز ممیر [8]
پسر کاو ز راه پدر بگذرد　　ستمگاره خوانیمش ار بی‌خرد [9]
اگر بیخ حنظل بود ترّ و خشک　　نشاید که بار آورد شاخ مشک [10]
چرا گشت باید همی زان سرشت　　که پالیزبانش ز اول بکشت [11]
اگر میل یابد همی سوی خاک　　ببرّد ز خورشید و ز باد و خاک [12]
نه زو بار باید که یابد نه برگ　　ز خاکش بود زندگانی و مرگ» [13]
یکی داستان کردم از نوشزاد　　نگه کن مگر سر نپیچی ز داد [14]

---

۱ - زند و اُست!! آب مسیحا نیز چگونه آب است که دو رخ را با آن توان شستن!
* - میوهٔ گل، خار است: فرزند آن گلچهره، دشمنِ آیین پدر گردید.
۲ - چگونه گندیشاپور از ایران و باختر (شمال) دور بود؟
۳ - **یک:** پر گزندان را «بستگان» باید. **دو:** لت دویم را نیز گزارش نیست.
۴ - داستان رفتن نوشروان به روم افزوده بود.
۵ - تَن را با اُردُن پساوا نیست.
٦ - لت دویم راگزارش نیست، و این رج میان سخنان پیشین و پسین جدایی افکنده است.
۷ - لت دویم نادرخور است.
۸ - **یک:** مرد پیر داستان را از پیشینیان می‌زند، نه از خود. **دو:** سخن در لت دویم نیز سست است و بی‌گزارش.
۹ - این داستان را بداستان شاد شدن از مرگ پدر پیوند نیست.
۱۰ - **یک:** ترّ و خشک را در لت نخست گزارش نیست، و پیدا است که از بیخِ (هَنزَل) شاخ دیگر نمی‌روید. **دو:** مُشک از شاخ درخت برنمی‌آید، که در ناف آهوان نهفته است.
۱۱ - پالیزبان سرشت را نمی‌کارد. سرشت در تخم گیاه است.
۱۲ - سخن آشفته و بی‌گزارش است.
۱۳ - همچنین...
۱۴ - سخن روی به خواننده کرد.

اگر چرخ را گوش صدری بدی — همانا که صدریش کسری بدی[1]
پسر سر چرا پیچد از راه اوی — نشستِ که جوید اَبَر گاه اوی[2]
ز من بشنو این داستان سربسر — بگویم ترا ای پسر در به در[3]
چو گفتار دهقان بیاراستم — بدین خویشتن را نشان خواستم[4]
که ماند ز من یادگاری چُنین — بدان آفرین کاو کند آفرین[5]
پس از مرگ بر من که گوینده‌ام — بدین، نامِ جاوید جوینده‌ام[6]

*

چنین گفت گویندهٔ پارسی — که بگذشت سال از برش چارسی[7]
که: «هرکس که بر دادگر دشمن است — نه مردم نژاد است کآهرمن است[8]
هم از نوشزاد آمد این داستان — که یاد آمد از گفتهٔ باستان[9]
چو بشنید فرزند کسری که تخت — بپردخت زان خسروانی درخت[10]
درِ کاخ، بگشاد؛ فرزند شاه — بر او انجمن شد فراوان سپاه
کسی کاو ز بند خرد جَسته بود — بزندانِ نوشیروان بسته بود[11]
ازآن بندیان، بندها برگرفت — همه شهر ازو دست بر سر گرفت[12]
بشهر اندرون هر که ترسا بُدند — اگر جاثلیق ار سکوبا بُدند[13]
بسی انجمن کرد بر خویشتن — سواران گردنکِش تیغزن[14]
فراز آمدندش تنی سی‌هزار — همه نیزه‌دارانِ خنجرگزار

---

۱ - این رج بگونه‌ای چند آمده است، و همه بی‌گزارش و پیوندانِد.

۲ - **یک:** «راه اوی» پایان لت نخست نادرست است: «از راه پدر». **دو:** لت دویم را نیز پیوند با لت نخست نیست.

۳ - از کجا که خواننده پسر باشد؟ دختران ایران نیز شاهنامه می‌خوانند.

۴ - دهقان را در لت نخست «را» باید، و بدین را در لت دویم «کار» باید: «با این کار» نشان خواستم نیز در پایان لت دویم بی‌گزارش است.

۵ - شاهنامه هنوز بپایان نرسیده است که بتوان از آن با «یادگاری چنین» یاد کردن. لت دویم نیز برداشتی کودکانه از گفتار فردوسی است:

هر آنکس که دارد هُش و رای و دین — پس از مرگ بر من کند آفرین!

۶ - افزاینده پس از مرگ را در این رج آورد.

۷ - **یک:** که بگذشت در لت دویم نادرست است: «که بگذشته است». **دو:** این گویندهٔ پارسی که یکسد و بیست سال بر اوگذشته است کیست که نامش نمی‌آید؟

۸ - **یک:** افزاینده خواسته است بگوید هرانکس که دشمن خداوند است... **دو:** لت دویم نیز نادرست است که بسا از مردمان جهان خداوند را نمی‌شناسند، و از نژاد اهریمن نیز نیستند.

۹ - دوبار «آمد» در یک سخن آنرا سست می‌کند.

۱۰ - آگهی از مرگ به نوشزاد رسیده بود.

۱۱ - «او» (کاو) در این رج...

۱۲ - **یک:**...با «بندیان» در این رج همخوان نیست. **دو:** لت دویم نیز نادرست است. شهر که دست بر سر نمی‌گیرد و اگر شهریان دست بر سر گرفتند بایستی «همه مردمان» آید، همراه با «گرفتند».

۱۳ - ترسایان را نشاید که یا جاثلیق (=کاتولیک) یا سکوبا (اسقف) بوده باشند.

۱۴ - «بسی» در این رج با «هر که» در رج پیشین همخوان نیست.

یکی نامه بنوشت نزدیک خویش   ز قیصر چو آیین تاریک خویش[۱]
که بر گندشاپور مهتر تویی   هم آواز و همی‌کیش قیصر تویی[۲]
همه شهر ازو پرگنهکار شد   سرِ بختِ برگشته بیدار شد[۳]

*

خبر زین به شهر مداین رسید   ازآن کآمد از پور کسری پدید[۴]
نگهبان مرز مداین ز راه   سواری برافکند نزدیک شاه[۵]
سخن هرچه بشنید با او بگفت   چنین آگهی کی بود در نهفت[۶]
بگفت آنچه بشنید و نامه بداد   سخن‌ها که پیدا شد از نوشزاد[۷]
ازو شاه بشنید و نامه بخواند   غمین گشت زان کار و خیره بماند[۸]
جهاندار با موبد سرفراز   نشست و سخن رفت چندی، براز
چو گشت آن سخن بر دلش جایگیر   بفرمود تا نزد او شد دبیر[۹]
یکی نامه بنوشت با داغ و درد   پر آژنگ رخ، لب؛ پر از باد سرد*
نخستین برآن آفرین گسترید   که چرخ و زمان○ و زمین آفرید
نگارندهٔ هور و کیوان و ماه   فروزندهٔ تاج و دیهیم و گاه
ز خاشاکِ ناچیز تا شیر و پیل   ز گردِ پیِ مور، تا رود نیل
همه زیر فرمان یزدان بود   اُگر در دم سنگ و سندان بود[۱۰]
نه فرمان او را کرانه پدید   نه زو پادشاهی، بخواهد برید
بدانستم این نامهٔ ناپسند   که آمد ز فرزند، چندین گزند[۱۱]

---

۱ – **یک:** نامه نوشتن به خویش کار دیوانگان است. اما افزاینده را، رای بر آن بوده است تا بگوید که نامه‌ای به پدر مادرش (= خویش خود) نوشت. **دو:** لت دویم را نیز هیچ گزارش نیست.

۲ – گندشاپور نادرست است: «گندیشاپور»... و خویشِ او، هماواز و همکیش قیصر شد!!

۳ – سخن بی‌گزارش و پیوند   ۴ – دنباله گفتار.

۵ – مداین نام تازی تیسفون است، و «مرز مداین» راگزارش نیست، از آنجا که تیسفون مرز نبود و شهر بود.

٦ – **یک:** با چه کس گفت؟ اگر با سوارِ یاد شده است، پس از آنکه رفته بود، با او بگفت؟ **دو:** لت دویم سست است!

۷ – **یک:** بایستی روشن شود که چه کس گفت! سوار بگفت. **دو:** سخن پیدا شدن نیز نادرست است.

۸ – سخنان سست بدنبال هم!

۹ – سخن را بر دل جایگیر شدن، چگونه باشد. سخن بر دلش نشست، اما گفتار سرکشی پسر از پدر، بر دل کسی نمی‌نشیند.

* – نمونه‌ها چنین آورده‌اند، و پیدا است که نامه را با آژنگِ رخ و بادِ لب نمی‌نویسند! و روشن نیست که این نامه بسوی چه کس نوشته شده است. تنها در پایان داستان است که از «رام بُرزین» فرمانده سپاه انوشیروان؛ یاد می‌شود و بیگمان لت دویم در این رج، بدینگونه بوده است:

«سوی رام بُرزین بدشت نبرد»

○ – بارها در این باره سخن رفت که ایرانیان، زمان را، خودآفریده می‌دانستند و بر این بنیاد بایستی سخن چنین بوده باشد، که **«چرخ روان و...»**.   **۱۰** – سخن سست، میان رج‌های پیشین و پسین جدایی می‌افکند.

۱۱ – **یک:** نامهٔ ناپسند را دانستن چگونه باشد؟ نامه را که گزارش کار نوشزاد بوده است چه گناه که آنرا ناپسند خوانند؟ **دو:** هنوز از ←

اُزان پر گناهان زندان شکن که گشتند با نوشزاد انجمن[1]
چُنین روز اگر چشم دارد کسی؛ سزد، گر نماند بگیتی، بسی![2]
که جز مرگ راکس ز مادر نزاد ز کسری بر آغاز تا نوشزاد[3]
رهانیست از چنگ و منقار مرگ پسی پشه و مور با پیل و کرگ[4]

*

زمین گر گشاده کند راز خویش نماید سرانجام و آغاز خویش
کنارش پر از تاجداران بود برش پر ز خون سواران بود
پر از مرد دانا بود، دامنش پر از خوبرخ، چاکِ پیراهنش
چه افسر نهی بر سرت بر چه ترگ بدو بگذرد زخم پیکان مرگ[5]
گروهی که یارند با نوشزاد که جز مرگ کسری نگیرند یاد[6]
اگر خود گذر یابی از روز بد به مرگ کسی شاد باشی سزد[7]
اُ دیگر که از مرگ شاهانِ داد نگیرد کسی یاد جز بدنژاد[8]
سر نوشزاد از خرد بازگشت چنین دیو با او هم‌آواز گشت[9]
نباشد بر او پایدار این سخن برافراخت چون خواست آمد به بن[10]
نبایست کاو نزد ما دستگاه بدین آگهی خیره کردی تباه[11]
اگر تخت گشتی ز خسرو تهی همو بود زیبای شاهنشهی[12]
چنین بود خود در خور کیش اوی سزاوار جان بداندیش اوی[13]
ازین بر دل اندیشه و باک نیست اگر کیش فرزند ما پاک نیست[14]
وز این کس که با او بهم ساختند وز آزرم ما دل بپرداختند[15]

→ نوشزاد گزندی به نوشروان نرسیده است. **۱** - آن پر گناهان را پیوند، با نامه نبود. **۲** - چنین روز را «را» باید.

۳ - لت دویم سست است.

۴ - **یک:** رها نیست نادرست است: «رهایی نیست». **دو:** مرگ جان جانوران را می‌گیرد، و چه بسا یک دندان، یا ناخن، یا استخوان جانور درگذشته‌ای هزاران سال پس از او، درست بماند، و بر این بنیاد نمی‌توان پی پشه و مور را با پیل وکرگدن، در یک ترازو نهادن. **سه:** پیوند «با» در لت دویم نادرخور است: «(از) پی... (تا) پیل...».

۵ - زخم (= ضربهٔ) پیکان از تاج و ترگ نمی‌گذرد،... آن خودِ پیکان است که شاید از چیزی گذشتن.

۶ - دربارهٔ یاران نوشزاد، در آینده سخن می آید «وز آن مرزبانان و ایرانیان».

۷ - گفتار در لت دویم رودرروی سخن لت نخست است.

۸ - یاد کردن از مرگ کسی، جز از جنگیدن و کشتن او است. **۹** - از خرد «دور شدن» باید.

۱۰ - سخن را هیچ گزارش نیست. **۱۱** - همچنین...

۱۲ - افزاینده خواسته است بگوید که اگر من بمیرم، تخت شاهی از آنِ او است.

۱۳ - چنین بود نادرخور است: «چنین است» اما در همهٔ نمونه‌ها چنین آمده است.

۱۴ - چرا بایستی چنین گفتن؟ اگر از کیش او باکی نیست چرا در گفتار پیشین نه اینچنین یاد شد؟

۱۵ - این کس را «ساخت» باید.

وزان خواسته کاو تبه کرد نیز — همی بر دل ما نسنجد به چیز[1]
بداندیش و بیکار و بدگوهرند — بدین زیردستی نه اندرخورند[2]
ازین دست خوارست بر ما سخن — ز کردار ایشان تو دل بد مکن[3]
مرا بیم و باک از جهانداور است — که از دانش برتران برتر است[4]
نباید که شد جان ما ناسپاس — به نزدیک یزدان نیکی‌شناس[5]
مرا داد پیروزی و فرهی — فزونیّ و دیهیم شاهنشهی[6]
سزای دهش گر نیایش بدی — مرا بر فزونی فزایش بدی[7]
گر از پشت من رفت یک قطره آب — به جای دگر یافته جای خواب[8]
چو بیدار شد دشمن آمد مرا — بترسم که رنج از من آمد مرا[9]
وگر گاه خشم جهاندار نیست — مرا از چنین کار تیمار نیست[10]
وزان کس که با او شدند انجمن — همه زار و خوارند بر چشم من[11]
وزان نامه کز قیصر آمد بدوی — همی آب تیره درآمد به جوی[12]
ازان کاو هم آواز و هم‌کیش اوست — گمانید قیصر به تن خویش اوست[13]
کسی را که کوتاه باشد خرد — به دینِ نیاکان خود ننگرد[14]
گر آن بی‌خرد سر بپیچد ز داد — به دشنام او لب نباید گشاد[15]
که دشنام او ویژه دشنام ماست — کجا از پی و خون و اندام ماست[16]
تو لشکر بیارای و برساز جنگ — مدارا کن اندر میان، با، درنگ
ور ایدون که تنگ اندر آید سخن — به جنگ اندرون هیچ تندی مکن[17]
گرفتنش بهتر ز کشتن بود — مگرش از گنه بازگشتن بود[18]
از آبی کزو سرو آزاد رُست — سزد گرد نباید بدو خاک شست[19]

---

۱ - سخن را پیوند درست نیست: «آن خواسته را که...». ۲ - سخن به «خواسته» در رج پیشین بازمی‌گردد!
۳ - لت نخست را پیوند درست نیست: «چنین کارها». ۴ - سخن زیبا است، اما پیوسته بداستان است.
۵ - سخن نادرست است: «نباید که شود...». ۶ - سخن را در آغاز پیوند «که» باید.
۷ - سخن بی‌گزارش است... سزای دهش خداوند، سپاس از سوی من است.
۸ - «آب» انوشیروان در زهدان زنش فرزند شد، و بجای دیگر نرفته است که بخوابد!!
۹ - **یک:** دشمن آمد مرا، نادرست است: «دشمن من شد». **دو:** لت دویم نیز بی‌پیوند است.
۱۰ - سخن بی‌پیوند است: اگر خداوند بر اینکار خشم نگیرد! و خدا را در اندیشهٔ ایرانی خشم نمی‌گیرد، زیرا که «دیو خشم» یکی از یاران اهریمن است. ۱۱ - سخن سه باره دربارهٔ یاران نوشزاد. ۱۲ - آب تیره بکدام جوی درآمد؟
۱۳ - گمانید نادرست است: «گمان برد که»... و جای گمان نبود، زیرا که قیصر نیای مادری وی بود.
۱۴ - او نیز بدین نیاکان مادر خویش گروش یافت.
۱۵ - «اگر» و «سر بپیچد» نادرخور است: «چون او از داد سر بپیچد!» ۱۶ - لت دویم سست است.
۱۷ - **یک:** «تنگ اندر آید سخن» را در میدان نبرد، چگونه بایستی گزارش کردن؟ **دو:** لت دویم بازگویی لت دویم از رج پیشین است.
۱۸ - دنبالهٔ گفتار ۱۹ - سخن سخت سست است.

اگر خوار گیرد تنِ ارجمند / به پستی نهد روی، سروِ بلند
سرش برگراید ز بالین ناز / مدار ایچ ازو، گرز و شمشیر؛ باز
گرامی که خواری کند آرزوی / نشاید جدا کرد او را ز خوی [1]
یکی ارجمندی بود گشته خوار / چو با شاه گیتی کند کارزار [2]
تو از کشتن او مدار ایچ باک / چو خون سر خویش گیرد به خاک [3]
سوی کیش قیصر گراید همی / ز دیهیم ما سر بتابد همی [4]
عزیزی بود زار و خوار و نژند / گزیده به شاهی ز چرخ بلند [5]
بدین داستان زد یکی مهرنوش / پرستار با هوش و پشمینه‌پوش [6]
که: «هر کاو به مرگ پدر گشت شاد / ورا رامش و زندگانی مباد [7]
تو از تیرگی روشنایی مجوی / که با آتش آب اندر آید به جوی [8]
نه آسانی‌ای دید بی‌رنج کس / رَوِشنِ زمانه برین است و بس [9]
تو با چرخ گردان مکن دوستی / که گه مغز اویِ و گه پوستی [10]
چه جویی ز کردار او رنگ و بوی / بخواهد ربودن چو بنمود روی [11]
بدان گه بود بیم رنج و گزند / که گردون گردان بر آرد بلند [12]
سپاهی که هستند با نوشزاد / کجا سر بپیچند چندین ز داد [13]
تو آن را جز از باد و بازی مدان / گزافه‌ی زنان بود و رایِ بدان [14]
هر آن کس که ترساست از لشکرش / همی از پی کیش پیچد سرش [15]
چنین ست کیش مسیحا که دم / زنی تیز و گردد کسی زو دژم [16]
نه پروای رای مسیحا بود / به فرجام خصمش چلیپا بود [17]

---

۱ - سخن سست **۲** - لت دویم را بجای «چو» آغازگر «که» باید.

۳ - **یک:** سخن درست در رج سیوم پیش از این آمده است. **دو:** لت دویم نیز درهمریخته است: افزاینده را، رای بر آن بوده است که بگوید، که خودش می‌خواهد که خونش بر خاک ریزد!

۴ - «کیش قیصر» را نشاید رودرروی «دیهیم ما» آوردن.

۵ - **یک:** عزیز (=گرامی) را نشاید خوار و زار و نژند خواندن. **دو:** لت دویم بی‌گزارش و پیوند است.

۶ - مهرنوش، شناخته نشد که کیست!

۷ - لت نخست نادرخور است: یا «بریختن خون پدر همداستان شد» یا «خون پدر را بریخت»...

۸ - لت دویم نادرست است که آتش هیچگاه بجوی نمی‌رود، چه با آب چه بی‌آب.

۹ - چون سخن با یک «نه» آغاز شود. بخش دویم آن را نیز، «نه» باید! چونان «نه ترا خواهم و نه او را».

۱۰ - **یک:** دوستی با چرخ گردان را چه به نبرد پدر و پسر؟ **دو:** با چرخ گردان نمی‌توان دوست شدن. **سه:** مغز همواره مغز است و پوست همواره پوست. **۱۱** - **یک:** رنگ و بوی و همه چیز از چرخ گردان است. **دو:** لت دویم را پیوند درست نیست.

۱۲ - گردون گردان چه چیز را برآرد بلند؟

۱۳ - درباره همراهان نوشزاد در سخنان آینده داوری درست می‌آید: «وز آن مرزبانان...».

۱۴ - **یک:** «آنرا» در لت نخست به چه چیز برمی‌گردد؟ **دو:** لت دویم بدآهنگ است. **۱۵** - وابسته به رج پسین.

۱۶ - سخن بی‌پیوند و بی‌گزارش است. **۱۷** - همچنین...

دگر هر که هست از پراکندگان / بدآموز و بدخواه و ز بندگان[1]
از ایشان یکی برتری رای نیست / دمِ باد با رای ایشان یکیست[2]
به جنگ ار گرفته شود نوشزاد / بر او زین سخن‌ها مکن هیچ یاد[3]
که پوشیده‌رویان او در نهان / سر آرند بر خویشتن بر زمان[4]
هم ایوان او ساز زندان اوی / ابا آنکه بردند فرمان اوی[5]
درِ گنج یکسر بر او بر مبند / اُگر چه چنین خوار شد ارجمند[6]
ز پوشیده‌رویان و از خوردنی / ز افگندنی هم ز گستردنی[7]
بر او هیچ تنگی نباید به چیز / نباید که چیزی نیابد بنیز[8]
اُزان مرزبانان و ایرانیان / هر آن کس که بستند با او میان
چو پیروز گردی مپیچان سخن / میانشان بخنجر، بدو نیم کن
هر آن کس که او دشمن پادشاست / به کام نهنگش سپاری رواست[9]
جز آن هر که ما را به دل دشمن است / ز تخم جفاپیشه آهرمن است[10]
ز ما نیکوی‌ها نگیرند یاد / ترا آزمایش بس از نوشزاد[11]
ز نظاره هرکس که دشنام داد / زبانش بجنبید بر نوشزاد[12]
بران ویژه دشنام ما خواستند / به هنگام بد گفتن آراستند[13]
مباش اندرین نیز همداستان / که بدخواه راند چنین داستان[14]
گر او بی‌هنر شد هم از پشتِ ماست / دل ما بر این راستی بر گواست[15]
زبان کسی کاو، ببد، کرد یاد / وز او بود بیداد بر نوشزاد
همه داغ کن بر سر انجمن / مبادش زبان و مبادش دهن[16]

---

۱ - پراکندگان را «هستند» باید. **۲** - نه لت نخست راگزارش هست، و نه لت دویم را با لت نخست پیوند!

۳ - بجنگ ارگرفته شود نادرست است: «اگر بیند افتد». **۴** - دنبالهٔ گفتار

۵ - آنکه را در لت دویم «برد» باید، نه «بردند».

۶ - این گفتارها، همه رودرروی آن سخن است که: «مدار ایچ از اوگرز و شمشیر، باز». **۷** - همچنین

۸ - «بنیز» پایان سخن نادرست است. **۹** - لت دویم را آغازگرِ «اگر» باید.

۱۰ - **یک:** آهرمن! **دو:** اهریمن را تخم و زاد و رود نیست.

۱۱ - لت نخست درهم است: «نیکی‌های ما را فراموش کنند».

۱۲ - **یک:** نظّاره نادرست است: نظارگان. **دو:** مگر میدان جنگ جایگاه تماشا است که گروهی تماشاگر داشته باشند! **سه:** بجنبید نادرست است: «بجنبَد». **۱۳** - دنبالهٔ همان گفتار

۱۴ - همداستان را با چنین داستان پساوا نیست، و از گفتار نیز چیزی برنمی‌آید!

۱۵ - گفتار را پیوند بداستان نیست.

۱۶ - افزاینده دوباره بسخن گفته شده بازگشت، و فراموش کرده بود، که آنانرا بپادافره نیز برساند. اما این سخن و چنین داوری سخت سست است زیرا که گیریم که دو لشگر را با یکدیگر جنگ درگرفت، و گروهی اینسوی و آنسوی، دشنام به نوشزاد می‌دهند... چه کس را پروای آن هست که در میدان نبرد به همنبرد ننگرد و رو بسوی نگرندگان کند، تا دریابد که از میان آنان چه کسان دشنام داده‌اند!!... و پس از پیروز شدن بر سپاه نوشزاد، آنانرا یکی پس از دیگری گرفته، زبانشان را داغ نهد! داوری کودکانه‌تر از این در جهان شنیده نشده است.

کسی کاو بجوید همی روزگار / که تا سست گردد تن شهریار[1]
بکار آورد کژّی و دشمنی / بداندیشی و کیش اهریمنی[2]
بدین پادشاهی نباشد روا است / که فرّ و سرِ افسر و چهر ماست»[3]
نهادند بر نامه بر، مُهر شاه / فرستاده برگشت پویان به راه[4]

❋

چو از ره سوی رام برزین رسید / بگفت آنچه از شاه کسری شنید[5]
چو آن گفته شد نامهٔ او بداد / به فرمان که فرمود با نوشزاد[6]
سپه کردن و جنگ را ساختن / وز آزرم او مغز پرداختن[7]
چو آن نامه برخواند، مردِ کهن / شنید از فرستاده چندی سخن
بدانگه که خیزد خروش خروس / ز درگاه برخاست آوای کوس
سپاهی بزرگ از مداین برفت / بشد رام برزین سوی جنگ، تفت[8]

❋

پس آگاهی آمد سوی نوشزاد / سپاه انجمن کرد و روزی بداد[9]
همه جاثلیقان و بطریق روم / که بودند زان مرز آباد بوم[10]
سپهدار شمّاس پیش اندرون / سپاهی همه دست شسته به خون[11]
برآمد خروش از درِ نوشزاد / بجنبید لشگر چو دریا ز باد
بهامون کشیدند یکسر ز شهر / پر از جنگ سر، دل پر از کین و زهر
چو گرد سپه، رام برزین بدید / بزد نای رویین و صف برکشید[12]
ز گرد سواران جوشنوران / گراییدن گرزهای گران[13]
دل سنگ خارا همی بر درید / کسی روی خورشید تابان ندید[14]

---

۱ - سخن سست است، و افزاینده خواسته است بگوید آن کسان را که چشم به پیری و سستی شهریار دارند...».

۲ - چشم داشتن، با بکار گرفتن کژی نیست، تنها چشم دوختن بچنان روزگار است.

۳ - لت دویم روشن نمی‌کند که چه کس؟ چه چیز؟ فرّ و سر و افسر و چهر او است.

۴ - فرستاده از کجا برگشت؟ فرستاده از سوی نوشروان بسوی رام‌برزین میرود!

۵ - چه کس به رام برزین رسید؟

۶ - **یک:** «آن» در این رج با آن (آنچه) در رج پیشین همخوان نیست. **دو:** لت دویم نیز بی‌پیوند است.

۷ - سپه کردن نادرست است.

۸ - «برفت» در لت نخست با «بشد» در لت دویم همخوان نیست.

۹ - میدان جنگ جای روزی دادن نیست.

۱۰ - **یک:** جاثلیقان (کاتولیکان) و بطریق روم، در ایران چه می‌کردند؟ **دو:** باری دیناران را توان جنگ نیست تا بمیدان روند! **سه:** آباد بوم پاژنام ایران بود.

۱۱ - «پیش» را (اندرون) نیست.

۱۲ - لت نخست را پیوند «را» باید: «چو رام‌برزین گرد سپه (را) بدید».

۱۳ - **یک:** سوارانِ جوشنور باید. **دو:** از گراییدن گرز، گرد برنمی‌خیزد...

۱۴ - **یک:** ...و از گرد دل سنگ خارا نمی‌دَرَد! **دو:** لت دویم نیز نادرخور است: «خورشید پس پردهٔ گرد پنهان شد» خورشید دیده

←

خیزش نوشزاد

بقلبِ سپاه اندرون، نوشزاد   یکی ترگ رومی بسر بر، نهاد
سپاهی بد از جاثلیقان روم   که پیدا نبُد از پی نعل بوم [1]
تو گفتی مگر خاک جوشان شده‌ست   هوا بر سرِ او خروشان شده‌ست [2]

*

زره‌دار گُردی بیامد دلیر   کجا نام او بود پیروز شیر
خروشید ک:«ای نامور نوشزاد   سرت را که؟ پیچید چونین، ز داد!
بگشتی ز دین گیومرثی   هم از راه هوشنگ و طهمورثی [3]
مسیح فریبنده خود کشته شد   چو از دین یزدان سرش گشته شد [4]
ز دین‌آوران، دین آنکس مجوی   کجا، کار خود را، ندانست روی
اگر فرّ یزدان بر او تافتی   جهود اندر و، راه، کی؟ یافتی
پدرت آن جهاندار آزادمرد   شنیدی که با روم و قیصر چه کرد [5]
تو با او کنون جنگ سازی همی   سرت بآسمان برفرازی همی [6]
بدین چهر چون ماه و، این فرّ و برز   بدین یال و کتف و، بدین دست و گرز
نبینم خرد؛ هیچ، نزدیک تو   چنین خیره شد جان تاریک تو!
دریغ آن سرِ تاج و نام و نژاد   که اکنون همی داد خواهی، بباد!
تو با شاه کسری بسنده نه‌ای   اُگر پیل و شیر دمنده نه‌ای
چو دست و عنان تو ای شهریار   به ایوان شاهان ندیدم نگار [7]
چو پای و رکیب تو و یال تو   چنین شورش و دست و کوپال تو [8]
نگارندهٔ چین نگاری ندید   زمانه چو تو شهریاری ندید [9]
جوانی، دل شاه کسری مسوز   مکن تیره این آب گیتی‌فروز [10]
پیاده شو از باره، زنهار خواه   به خاک افکن این گرز و، رومی کلاه
اگر، دور از ایدر، یکی بادِ سرد   نشاند بروی تو بر، تیره گرد
دل شهریار از تو بریان شود   ز روی تو خورشید گریان شود
بگیتی همه تخم زفتی مکار   ستیزه نه خوب آید از شهریار

→ نمی‌شد.

۱ - **یک:** باز از جاثلیقان (=کاتولیکان) روم سخن می‌رود! **دو:** لت دویم را نیز پیوند بایسته نیست.

۲ - تو گفتی... از خاک نمی‌توان با «او» یاد کردن.

۳ - کیومرث را دین نبود.

۴ - کُشته را باگَشته پساوا نیست.

۵ - یادکرد از داستان دروغین نبرد نوشروان با قیصر.

٦ - لت دویم را پیوند «را» باید: «سرت را بآسمان».

۷ - سخن برگرفته از شاهنامه است.

۸ - **یک:** چون در رج پیشین، سخن از دست و عنان نوشزاد رفت، افزاینده پای و رکیب را نیز بدان افزود! **دو:** شورش را نشاید در شمارِ پای و رکیب و کوپال آوردن.

۹ - **یک:** سخن درست همان بود که «بایوان شاهان ندیدم نگار». **دو:** هنوز وی بشهریاری نرسیده است.

۱۰ - **یک:** «جوانی» را پیوند درست نیست... «تو هنوز جوانی». **دو:** آب گیتی‌فروز چگونه است؟

گر از رای من، سر بیکسو بری　　بلندی گزینی و گندآوری
بسی پند پیروز یاد آیدت　　سخن‌های بدگوی، باد آیدت»

＊

چنین داد پاسخ ورا نوشزاد　　که: «ای پیر فرتوتِ سر پُر ز باد
ز لشگر مرا زینهاری مخواه　　-سرافرازِ گُردان و فرزند شاه!-
مرا دین کسری نباید همی　　دلم سوی مادر گراید همی
که دین مسیحاست آیین او　　نگردم من از فرّه و دین اوی[1]
مسیحای دیندار اگر کشته شد　　نه فرّ جهاندار ازو گشته شد[2]
سوی پاک یزدان شد آن جانِ پاک　　بلندی ندید اندرین تیره خاک[3]

＊

اگر من شوم کشته زان باک نیست　　کجا زهر مرگ است و تریاک نیست»[4]
بگفت این سخن پیش پیروزِ پیر　　بپوشید روی هوا را بتیر
برفتند گردان لشگر ز جای　　خروش آمد از کوس و از کرّنای
چپِ لشگرِ شاهِ ایران ببرد　　به پیشِ سپه در، نماند ایچ گُرد
فراوان ز گُردانِ لشگر بکشت　　ازآن کار، شد، رام برزین درشت!
بفرمود تا تیرباران کنند　　هوا چون تگرگ بهاران کنند

＊

به گرد اندرون، خسته شد نوشزاد　　بسی کرد از پند پیروز یاد
بیامد به قلب سپه پر ز درد　　تن از تیر، خسته رخ از درد، زرد
چنین گفت پیش دلیران روم　　که: «جنگ پدر زار و خوارست و شوم»[5]
بنالید و گریان، سُقُف＊ را بخواند　　سخن هرچه بودش بدل در، براند
بدو گفت که: «این روزگار دژم　　ز من، بر من آورد، چندین ستم
کنون چون بخاک اندر آید سرم　　سواری برافکن برِ مادرم
بگویش که: «شد زین جهان نوشزاد　　سرآمد بدو روزِ بیداد و داد
تو از من مگر دل نداری برنج　　که این است رسم سرای سپنج[6]

---

۱ - سخن درست در رج پیشین گذشت و دین را نیز فرّه نباشد.　　۲ - کُشته را باگَشته پساوا نیست.
۳ - دنبالهٔ گفتار.　　۴ - **یک:** «زان» در لت نخست نابجای است. **دو:** لت دویم راگزارش نیست.
۵ - سخن درست در رج پسین می‌آید.
＊ - نمونه‌ها بر روال سخن افزایندگان اینجا نیز اُسقف را «سُقُف» آورده‌اند، باز آنکه در رج شانزدهم پسین بگونهٔ «اُسقف» آمده است و چنین می‌نماید که گفتار فردوسی اینچنین بوده است: «**بنالید و اُسقف، برِ خویش خواند**».
۶ - رسم دور از شیوهٔ گفتار فردوسی است.

مرا بهره این بود ازین تیره روز | دلم چون بُدی شاد و گیتی‌فروز[1]
نزاید جز از مرگ را جانوَر | اگر مرگ دانی غم من مخور[2]
سر من ز کُشتن پر از دود نیست | پدر بتّر از من که خشنود نیست[3]
مکن دخمه و تخت و رنج دراز | به رسم مسیحا، یکی گور ساز
نه کافور باید نه مشگ و ابیر | که من زین جهان کشته گشتم، بتیر!»
بگفت این و لب را بهم بر نهاد | شد آن نامور، شیردل، نوشزاد!

*

چو آگاه شد لشگر از مرگ شاه | پراکنده گشتند زان رزمگاه
چو بشنید کاو کشته شد، پهلوان | غریوان ببالین او شد دوان
ازآن رزمگه کس نکشتند نیز | نبودند شاد و نبردند چیز
ورا کشته دیدند و افکنده خوار | سکوبای رومی سرش بر کنار[4]
همه رزمگه گشته زو، پر خروش | دل رام برزین، پر از درد و جوش؛
ز اسقف بپرسید کـ:«ـز نوشزاد | از اندرز شاهان، چه؟ داری به یاد!»

*

چنین داد پاسخ که: «جز مادرش | برهنه نباید که بیند برش
تن خویش چون دید خسته بتیر | ستودان نفرمود و مشک و ابیر
به رسم مسیحا کنون مادرش | کفن سازد و گور و هم چادرش
کنون جان او با مسیحا یکیست | همان است کاین کشته، بر، دار نیست»

*

مسیحی به شهر اندرون هر که بود | نبُد هیچ ترسای رخ ناشخود[5]
خروش آمد از شهر و از مرد و زن | که بودند یکسر شدند انجمن[6]
تن شهریار دلیر و جوان | دل و دیدهٔ شاه نوشیروان؛
بتابوتش از جای برداشتند | سه فرسنگ بر دست بگذاشتند

*

چو آگاه شد، زان سخن، مادرش | بخاک اندر آمد، سرِ افسرش
ز پرده، برهنه؛ بیامد براه | بر او انجمن گشته بازارگاه

---

۱ - **یک:** از این تیره‌روز نادرست است: «از جهان». **دو:** لت دویم را نیز پیوند درست نیست. ۲ - لت دویم همچنین...
۳ - **یک:** ز کشتن نادرست است: «کشته شدن». آنگاه مگر سر پر از دود می‌شود؟ **دو:** لت دویم بی‌پیوند و بی‌گزارش است.
۴ - لت دویم بی‌پایان است: «سرش را بر کنار گرفته بود».
۵ - **یک:** در بیابان بودند نه در شهر. **دو:** «مسیحی» در لت نخست، همان «ترسا» در لت دویم است.
۶ - لت دویم بی‌پیوند و بی‌گزارش است.

سراپرده‌ای گردش اندر زدند — جهانی همه خاک بر سر زدند
بخاکش سپردند و، شد نوشزاد! — ز باد آمد و ناگهان شد بباد!
همه گندشاپور گریان شدند — ز درد دل شاه بریان شدند[1]
چه پیچی همه خیره در بند آز — چو دانی که ایدر نمانی دراز[2]
گذر جوی و چندین جهان را مجوی — گلش زهر دارد به سیری مبوی
مگردان سر از دین و ز راستی — که خشم خدای آورد کاستی
چو این بشنوی دل ز غم بازکش — مزن بر لبت بر ز تیمار تش
گرت هست جامِ میِ‌زرد خواه — به دل خرّمی را مدان از گناه
نشاط و طرب جوی مُستی مکن — گزافه مپرداز مغز سخن

داستان بزرگمهر بوختکان
با
نوشیروان

نگر خواب را بیهده نشمری — یکی بهره دانی ز پیغمبری[3]
بویژه که شاه جهان بیندش — روان درخشنده بگزیندش[4]
ستاره زند رای با چرخ و ماه — سخن‌ها پراگنده کرده به راه[5]
روان‌های روشن ببیند به خواب — همه بودنی‌ها چو آتش بر آب[6]
شبی خفته بُد شاه نوشیروان — خردمند و بیدار و دولت جوان
چُنان دید در خواب، کز پیش تخت — برُستی یکی خسروانی درخت
شهنشاه را، دل بیاراستی — می و رود و رامشگران خواستی
برِ او، بران گاهِ آرام و ناز — نشستی یکی تیزدندان گراز؛

*

چو بنشست، می خوردن آراستی — می، از جامِ نوشیروان خواستی[7]

---

۱ - بیشتر سخن از خروش مردمان رفته بود.

۲ - روی سخن بخواننده برگشت با همان پندهای همیشگی... و در پایان بسوی می زرد و خرّمی روی می‌کنند!

۳ - **یک:** هنوز سخن را، روی بخواننده است. **دو:** خواب را بدان نیز می‌بینند.

۴ - ستایش بیجای شاه، لت دویم را نیز پیوند نیست.

۵ - نه لت نخست را، گزارش است، و نه لت دویم را، پیوند.

۶ - **یک:** (روان‌ها) را «بینند» باید. **دو:** لت دویم را نیز گزارش نیست.

۷ - مگر گراز را پروای می خوردن هست؟

چو خورشید بر زد سر از برج گاو○   ز هر سو برآمد خروش چکاو
نشست از بَرِ تخت، کسری، دژم   ازآن دیده، گشته دلش پر ز غم
گزارندهٔ خواب را خواندند   ردان را ابر گاه بنشاندند
بگفت آن کجا دید، در خواب؛ شاه   بدان موبدان نماینده راه
گزارندهٔ خواب پاسخ نداد   کزان داستانش نُبد هیچ، یاد

*

به نادانی آن کس که خستو شود   ز فام نکوهیده یکسو شود[1]
ز داننده چون شاه، پاسخ نیافت   پر اندیشه دل، سوی چاره شتافت
فرستاد بر هر سویی مهتری   که تا باز جوید ز هر کشوری؛
یکی بدره با هر یکی یار کرد   به برگشتن امّید بسیار کرد[2]
به هر بدره‌ای بُد درم ده هزار   بدان تا کند در جهان خواستار[3]
گزارندهٔ خواب، دانا کسی   بهر دانشی، راه جسته بسی؛
که بگزارد این خواب شاه جهان   نهفته برآرد، ز بندِ نهان!
یکی بدره آکنده او را دهند   سپاسی به شاه جهان بر نهند[4]
به هر سو بشد موبدی کاردان   سواری هشیوار و بسیاردان[5]

*

یکی از ردان، نامش آزاد سرو   ز درگاه کسری بیامد بمرو
بیامد همه گرد مرو، یکسر بجست   یکی موبدی دید با زند و اُست[6]
همی کودکان را بیاموخت زند   به تندی و خشم و به بانگ بلند□
یکی کودکی مهتر اندر برش   پژوهندهٔ زند و اُستا سرش[7]
همی خواندندیش بوزرجمهر   نهاده بران دفتر از مهر چهر[8]
عنان را بپیچید موبد ز راه   بیامد، بپرسید ازو، خواب شاه
نویسنده گفت: «این، نه کار من است   ز هر دانشی، زند، یار من است»

○ - اورمزد و اردیبهشت؛ روز نخستین اردیبهشت

۱ - سخن سست بی‌گزارش

۲ - **یک:** بدره را یاد کردن نشاید. **دو:** امید (کردنی) نیست، (دادنی) است.

۳ - ده هزار دینار در یک کیسه!!؟!

۴ - پیوند درست میان رج پیشین و این رج نیست.

۵ - موبدان را به «سواری» نمی‌ستایند، که آنان، خود، سوار نبوده‌اند.

۶ - **یک:** «بیامد» در این رج را با «بیامد» در رج پیشین همخوان نیست. **دو:** زند و اُست!؟

□ - چنین پیدا است که افزایندگان واژهٔ آغازین این رج را که «یکی» بوده باشد بر سر رج افزودهٔ پسین آورده‌اند، و گفتار فردوسی چنین بوده است: **«یکی، کودکان را می آموخت زند»**.

۷ - **یک:** کودک را چگونه شاید مهتر خواندن؟ **دو:** و کودک را اندر بر (= در آغوش) موبد، نشاید نشستن! **سه:** سرش پژوهنده؟ سخنی سخت نادرخور است.

۸ - بر کدام دفتر

*

ز موبد چو بشنید بوزرجمهر / بدو داد گوش و، برافروخت چهر
به استاد گفت: «این، شکار من است / گزاریدن خواب، کار من است»
یکی بانگ بر زد بر او مردِ اُست / که: «تو دفتر خویش کردی درست؟»[1]
فرستاده گفت: «ای خردمند مرد / مگر داند او گرد دانا مگرد»[2]
غمی شد ز بوزرجمهر اوستاد / «بگوی آنچه داری» بدو گفت: «یاد»[3]
«نگویم من این» گفت: «جز پیش شاه / بدانگه که بنشاندَم پیشِ گاه»

*

بدادش فرستاده اسپ و درم / دگر هرچه بایستش از بیش و کم
برفتند هر دو، برابر، ز مرو / خرامان، چو زیر گل اندر، تذرو
چنان، هم، گرازان و گویان ز شاه / ز فرمان و از فرّ و از تاج و گاه[4]
رسیدند جایی کجا آب بود / چو هنگامهٔ خوردن و خواب بود[5]
به زیر درختی فرود آمدند / چو چیزی بخوردند و دم بر زدند،[6]
بخفت اندران سایه بوزرجمهر / یکی چادر از خفته اندر کشید[7]
هنوز این گرانمایه بیدار بود / که با او براه اندرون یار بود[8]
نگه کرد و پیسه یکی مار دید / که آن چادر از خفته اندرکشید[9]
ز سر تا به پایش ببویید سخت / شد از پیش او نرم سوی درخت[10]
چو مار سیه بر سرِ دار شد / سر کودک از خواب بیدار شد[11]
چو آن اژدها شورش او شنید / بران شاخ باریک شد ناپدید[12]
فرستاده اندر شگفتی بماند / فراوان بر او نام یزدان بخواند[13]
به دل گفت کین کودک هوشمند / به جایی رسد در بزرگی بلند[14]

---

۱ – مردِ اُست نادرخورترین سخن است: «موبد، هیربد، آموزگار، استاد...». ۲ – گرد دانا مگرد پایان لت دویم را گزارش نیست.
۳ – **یک:** غمی نادرست است: «غمین» اما همهٔ نمونه‌ها چنین‌اند. **دو:** و اگر در لت دویم از او می‌خواهد که بگوید غمین شدن نابجا است. ۴ – از خرامان، در رج پیشین یاد شده بود. ۵ – هنگامه نادرست: هنگام.
۶ – بزیر درخت، (فرود آمدن) را نشاید: «فرود آمدند، و در سایهٔ درختی جای گزیدند».
۷ – لت دویم را گزارش نیست. ۸ – این گرانمایه نادرست است.
۹ – لت دویم را پیوند «را» باید: «آن چادر را». ۱۰ – بوییدن را سخت و سست نیست.
۱۱ – افزاینده «سرِ دار» را برای پساوای «بیدار» آورده است و بس! و گرما ؟؟ بسوراخ خویش می‌خزد و سرِ دارش کاری نیست.
۱۲ – **یک:** مار به اژدها دگرگون شد. **دو:** بیدار شدن کودک را شورش نشاید خواندن. **سه:** اژدها چگونه (بر) شاخهٔ باریک ناپدید شد؟ **چهار:** (آن) شاخ نادرخور است، زیرا که چنان می‌نماید که خواننده شاخ را می‌شناسد. ۱۳ – دنبالهٔ گفتار
۱۴ – در بزرگی بلند، اندکی سست می‌نماید.

بزرگمهر، دانای ایران ۴۹۳

اُزان بیشه پویان به راه آمدند ‌ ‌ ‌ خرامان به نزدیک شاه آمدند [1]
فرستاده از پیشِ کودک برفت ‌ ‌ ‌ برِ تخت کسری خرامید و تفت؛
بدو گفت که: «ای شاه نوشیروان ‌ ‌ ‌ تویی، خفته بیدار و، دولت جوان *
برفتم ز درگاه شاها به مرو ‌ ‌ ‌ بگشتم چو اندر گلستان، تذرو [2]
ز فرهنگیان کودکی یافتم ‌ ‌ ‌ بیاوردم و تیز بشتافتم»

*

بگفت آن سخن کز لب او شنید ‌ ‌ ‌ ز مار سیاه آن شگفتی که دید [3]
جهاندار کسری، ورا پیش خواند ‌ ‌ ‌ اُزان خواب، چندی سخن‌ها، براند
چو بشنید دانا، ز نوشیروان؛ ‌ ‌ ‌ سرش پر سخن گشت و، گویا، زبان
چنین داد پاسخ که: «در خان تو ‌ ‌ ‌ میان بتان شبستان تو
یکی مرد برنا است،● کز خویشتن ‌ ‌ ‌ به آرایشِ○ جامه، کرده‌است، زن!
ز بیگانه پردخته کن جایگاه ‌ ‌ ‌ بر این رای ما تا نیابند راه [4]
بفرمای تا پیش تو بگذرند ‌ ‌ ‌ پی خویشتن بر زمین بسپرند [5]
بپرسیم زان ناسزای دلیر ‌ ‌ ‌ که چون اندر آمد به بالین شیر» [6]

*

ز بیگانه ایوانْش پردخت کرد ‌ ‌ ‌ درِ کاخ شاهنشهی سخت کرد
بتان شبستان آن شهریار ‌ ‌ ‌ برفتند پر بوی و رنگ و نگار [7]
سمن بوی خوبان با ناز و شرم ‌ ‌ ‌ همه پیش کسری برفتند نرم
ندیدند از آنسان، کسی در میان ‌ ‌ ‌ برآشفت کسری، چو شیر ژیان

*

گزارنده گفت: «این، نه اندر خوَر است ‌ ‌ ‌ غلامی میان زنان اندر است»

---

۱ - **یک:** سوار بر اسب بودند، نه پیاده که پویان شوند. **دو:** افزایندهٔ ناآگاه، راه دراز مرو به تیسفون را در یک روز بپیمود. **سه:** براه افتادند. **چهار:** بزیر درختی فرود آمدند. **پنج:** برخاستند و از آن بیشه نزدیک شاه آمدند!

* - همهٔ نمونه‌ها چنین آورده‌اند، اما پیدا است که در سخن فردوسی **«بختت جوان»** بوده است.

۲ - هیچکس؛ خویش را به تذرو خرامان همانند نمی‌کند.

۳ - **یک:** بزرگمهر سخنی با وی نگفته بود. **دو:** لت دویم سخن بی‌پیوند است.

● - «برنا» از پنج ساله تا ده ساله باشد، و «مرد برنا» درست نیست، و اندیشهٔ من چنین می‌نماید که: **«یکی مرد باشد، که از خویشتن»**.

○ - همچنین **«به آرایش (و) جامه»**.

۴ - **یک:** کدام جایگاه را. **دو:** لت دویم نیز بی‌گزارش است. **سه:** کودک را نباید پروای آن باشد که بشاه فرمان دهد.

۵ - لت دویم سخت نادرخور است.

٦ - باز، کودک را با شاه همتراز کردند.

۷ - سخن درست در رج پسین می‌آید.

برهنه، دگربار، بگذارشان   بژرفی نگهدار، بازارشان*
شمن گفت: «رفتن بافزون کنید   رخ از چادر شرم بیرون کنید»[1]
دگر باره بر پیش بگذاشتند   همی خواب را خیره پنداشتند[2]
غلامی پدید آمد اندر میان   ببالای سرو و، بچهر کیان
تنش لرز لرزان، بکردارِ بید   دل از جان شیرین شده نا امید!
کنیزک بدان حجره هفتاد بود   که هر یک به تن سرو آزاد بود[3]

❊

یکی، دخترِ مهتر چاج بود   ببالای سرو و به بر، آج بود
غلامی سمن پیکر و مشکبوی   به خان پدر، مهربان بُد بدوی
بسان یکی بنده در پیش اوی   بهر جا که رفتی، بدی خویشِ اوی
بپرسید زو، گفت کـ:«ـین مرد کیست؟   کسی کاو چنین بنده پرورد کیست؟
چنین برگزیدی دلیر و جوان   میان شبستان نوشیروان»[4]
چنین گفت زن کـ:«ـین ز من کهتر است   جوان است و با من ز یک مادر است
چنین جامه پوشید، کز شرمِ شاه   نیارست کردن، برویش نگاه●
برادر گر از تو بپوشید روی   ز شرمِ تو بود آن بهانه مجوی»[5]
چو بشنید این گفته نوشیروان   شگفت آمدش کار هر دو جوان[6]

❊

برآشفت و زان پس بدژخیم گفت   که: «این هر دو را، خاک باید نهفت»○
کُشنده؛ ببرد آن دو تن را دوان   پس پردهٔ شاه نوشیروان
بر آویختشان در شبستان شاه   نگونسار و پر خون و تن پر گناه

❊

* – این رج در شاهنامه سپاهان و خاورشناسی و چند نمونهٔ دیگر بهمین گونه آمده است، و من می‌اندیشم که درست چنین بوده باشد: **بژرفی نگه‌کن به بازارشان** (بازار، از اَباچری فارسی باستان و «واچار» پهلوی برابر آشکارا است. در زبان فارسی نیز بهمین روی کاربرد دارد. از عطار نیشابور است: «چنان کاندر درون هستید، در بازار بنمایید».

1 – **یک:** شمن کیست؟ **دو:** رفتن چگونه بافزون می‌شود؟ **سه:** آنان را برهنه کرده‌اند، و از چادر شرم سخن می‌رود.

2 – **یک:** لت نخست را کمبود است: «دگرباره آنانرا». **دو:** لت دویم نیز نادرخور است، زیرا که از برای همان خواب آنان را برهنه از پیش می‌گذرانند!   3 – **یک:** شمارش نادرست: هفتاد کنیزک. **دو:** در یک حجره هفتاد کنیزک؟!

4 – سخن بی‌پیوند است.   ● – برویِ انوشیروان

5 – **یک:** برادر را کمبود است: «برادرم». **دو:** لت دویم سست است و چنان زنِ گناهکار را چندان گستاخی نشاید بودن که بشاه بگوید بهانه مجوی، و سخن از شرم در رج پیشین آمده بود.

6 – سخن درست شگفت آمدن نیست، و برآشفتن است که در رج پسین می‌آید.

○ – باید خاک، پنهانگاه این دو باشد.

بزرگمهر، دانای ایران ۴۹۵

گزارندهٔ خواب را بدره داد — ز اسپ و ز پوشیدنی بهره داد[1]
فرو ماند از دانش او شگفت — ز گفتارش اندازه‌ها برگرفت[2]
نوشتند نامش به دیوان شاه — بر موبدان نماینده راه[3]
فروزنده شد نام بوزرجمهر — بدو روی بنمود گردان سپهر
همه روز، روزش بیفزود بخت — سرانجام، تا بر نشاندش به تخت●
دل شاه کسری پر از داد بود — به دانش دل و مغزش آباد بود[4]
به درگاه بر موبدان داشتی — ز هر دانشی بخردان داشتی[5]
همیشه سخنگوی هفتاد مرد — به درگاه بودی به خواب و به خورد[6]
هر آن گه که پردخته گشتی ز کار — ز داد و دهش وز می و میگسار[7]
ز هر موبدی نو سخن خواستی — دلش را به دانش بیاراستی[8]
بدان گاه نو بود بوزرجمهر — سراینده و زیرک و خوبچهر[9]
چنان بد کزان موبدان و ردان — ستاره‌شناسان و هم بخردان[10]
همی دانش آموخت و اندر گذشت — اُزان فیلسوفان سرش برگذشت[11]

---

۱ – **یک:** بدره نادرست است: بدرهٔ زر، یا سیم؟ **دو:** لت دویم نیز نادرخور است. از اسب بهره دادن چگونه باشد؟

۲ – **یک:** یا «فروماند از دانش او» یا «شگفت زده شده» و فروماند شگفت نادرست است. **دو:** از گفتار او؟ یا از خوابگزاری وی؟

۳ – برِ موبدان نادرست است. نامش را در دیوان موبدان نوشتند... اما روشن نیست که چه‌کس فرمان بنوشتن نام او داد!

● – در این گفتار «فزون بود» در شاهنامهٔ سپاهان «بیفزود بخت» و دو نمونهٔ دیگر از چاپ مسکو چنین آمده است. اندیشه من چنین داوری میکند: **«همه روز، روزیش بفزود (و) بخت»** همواره روزی (مزد) او را بیشتر کرد (و) بخت او افزون شد. یا همه روز، بخت او، روزیش را افزون میکرد. بیشتر کارگزاران دربار شاهان نزد شاه می‌ایستادند و تنها بزرگان کشور را تخت بود که می‌نشستند، و بزرگمهر جوان، بس زود نزد شاه بر تخت نشست.

۴ – **یک:** سخن را هیچ پیوند با داستان نیست. **دو:** و دانش را با دل کاری نیست. **سه:** دل و مغز آباد نیز سخنی است که در زبان فارسی پیشینه ندارد.

۵ – لت دویم نادرست است.

٦ – **یک:** سخنگوی هفتاد، نادرست است هفتاد مرد سخنگوی. **دو:** هفتاد را «بودی» نشاید «بودند» باید. **سه:** گیریم که آنان هنگام خوراک با انوشیروان بودند، اما بهنگام خواب چگونه؟

۷ – مرد، از کار پرداخته نمی‌شود، که بکار می‌پردازد، و کار را بپایان می‌رساند! **دو:** پس از میگساری...

۸ – **یک:** هنگام خواب فرامی‌رسد، و شنیدن را نشاید. **دو:** دل را با دانش کار نیست! افزاینده این لت را از گفتار فردوسی برگرفته است:

چنان دان هر آنکس که دارد خرد — روانرا بدانش همی پرورد

۹ – از پیش پیدا بود که بزرگمهر کودک بوده است.

۱۰ – وابسته به رج پسین.

۱۱ – اندر گذشتن، مردن باشد... از آنان بگذشت.

بزم نخستین بزرگمهر
با
شهریار و دانایان

چنان بد که بنشست روزی به خوان / بفرمود که: «ان بخردان را بخوان؛
که باشند دانا و دانش‌پذیر / سراینده و باهش و یادگیر»
برفتند بیداردل موبدان / ز هر دانشی؛ راز جسته ردان
چو نان خورده شد جام می خواستند / بمَی جان روشن بیاراستند
بدانندگان شاهِ بیدار گفت / که: «دانش؛ گشاده کنید از نهفت
هرآن‌کس که دارد به دل دانشی / بگوید مرا زو بود رامشی»[1]
ازیشان هر آن‌کس که دانا بُدند / به گفتن دلیر و توانا بُدند[2]
زبان بر گشادند بر شهریار / کجا، بود، داننده را خواستار[3]
چو بوزرجمهر آن سخن‌ها شنید / به دانش نگه کردنِ شاه، دید؛
یکی آفرین کرد و بر پای خاست / چنین گفت که: «ای داور پاک و راست
زمین بندهٔ تاج و تخت تو باد / فلک روشن از رویِ بخت تو باد
گر ایدونکه فرمان دهی بنده را؛ / که بگشاید از بند، گوینده را
بگویم، اگر چند بیمایه‌ام / به دانش در، از کمترین پایه‌ام
نکوهش نباشد که دانا زبان / گشاده کند نزد نوشیروان»[4]
نگه کرد کسری، بداننده گفت / که: «دانش چرا؟ باید اندر نهفت!»
جوان بر زبان پادشایی نمود / ز گفتار او روشنایی فزود[5]
چنین گفت: «روشن‌روان، آن کسی / که کوتاه گوید، بمعنی بسی
کسی را که مغزش بود پرشتاب* / فراوان سخن باشد و دیریاب
چو گفتار بیهوده بسیار گشت / سخنگوی در مردمی خوار گشت[6]

---

۱ - **یک:** دانش در دل نیست، و سخن درست در رج پیشین گذشت. **دو:** لت دویم را نیز پیوند بایسته نیست.

۲ - پیشتر چنین آمده بود که آنان همگان دانا بوده‌اند.

۳ - **یک:** زبان برگشادن، دشنام دادن است. **دو:** لت دویم نادرخور است، زیراکه نوشروان خود از آنان خواسته بود که سخن گویند.

۴ - در رج پیشین خود را درکمترین پایهٔ دانش نمایاند، و در این رج شایسته نیست که خویش را دانا بنامد!

۵ - سخن سست، و بی‌پیوند.

* - این لت را بدو گونه می‌توان بازنمودن: «کسیراکه مغزی بود پرشتاب» یا «**هرآنکس که مغزش بود پرشتاب**» اما در همهٔ نمونه‌ها سخن چنین است.

۶ - **یک:** بسیار گشت نادرست است: «بسیار گردد». **دو:** سخنگویی را با مردمی پیوند نیست، بسا کسان که گنگ باشند و، در مردمی برتر از دیگران.

هنر جوی و تیمارِ بیشی مخوَر — که گیتی سپنج است و ما برگذر[۱]
همه روشنی‌های تو راستیست — ز تاریّ و کژّی بباید گریست[۲]
دل هر کسی بندهٔ آرزوست — وز او هر یکی را دگرگونه خوست[۳]
سرِ راستی دانش ایزد است — چو دانستی‌اش زو نترسی بد است[۴]
خردمند و دانا و روشن‌روان — تنش، زین جهان است و جان، زان جهان
هر آن کس که در کار پیشی کند — همه رای و آهنگ بیشی کند
به نایافت، رنجه مکن خویشتن — که تیمار جان باشد و رنج تن
ز نیرو بود مرد را، راستی — ز سستی دروغ آید و کاستی
ز دانش چو جان ترا مایه نیست — به از خامشی هیچ پیرایه نیست
چو بر دانش خویش، مِهر آوری — خرد را ز تو، بگسلد داوری
توانگر بود هر که را آز نیست — خُنُک بنده، کِه‌ش آز، انباز نیست
مدارا، خرد را برادر بود — خرد بر سرِ جان، چو افسر بود
چو دانا، ترا؛ دشمنِ جان بود — به از دوستْ مردی که نادان بود
توانگر شد آن کس که خشنود گشت — بد و آز و تیمار او سود گشت[۵]
به آموختن، گر فروتر شوی — سخن را، ز دانندگان بشنوی
بگفتار، گر خیره شد رای مرد — نگردد کسی خیره، همتای مرد[۶]
هر آن کس که دانش فرامش کند — زبان را به گفتار خامش کند[۷]
چو داری به دست اندرون خواسته — زر و سیم و اسپان آراسته؛
هزینه چنان کن که بایدْتْ کرد — نشاید فشاند و، نباید فشَرد
خردمند کز دشمنان دور گشت — تن دشمن او را چو مزدور گشت[۸]
چو داد از تنِ خویشتن داد مرد — چنان دان که پیروز شد در نبرد[۹]
مگو آن سخن کاندرو سود نیست — کزان آتشت بهره جز دود نیست

---

۱ – روی سخن به نوروان است و شایسته نمی‌نماید که یک جوان به وی فرمان دهد.

۲ – **یک:** سخن در لت دویم بی‌گزارش است و باژگونه است: از راستی، روشنی خیزد. **دو:** لت دویم نیز سست می‌نماید.

۳ – **یک:** دل را نشاید بندهٔ آرزو خواندن!: «هر کس را در دل آرزویی است». **دو:** لت دویم نیز بی‌گزارش است.

۴ – **یک:** تاکنون کس را پروای آن نبوده است که از دانش خداوند سخن گوید! **دو:** لت دویم نیز سخت نادرخور است.

۵ – **یک:** دربارهٔ توانگری در رج سیوم پیش از این سخن رفت. **دو:** لت دویم نیز پریشان و بی‌گزارش است.

۶ – **یک:** رای، آهنگ کاری کردن است، و با گفتار خیره (= بیهوده) نمی‌شود. **دو:** لت دویم را نیز گزارش نیست.

۷ – **یک:** دانش فراموش کردنی نیست، شاید که سخنی یا داستانی را فراموش کردن، اما دانش را نشاید مگر آنکه بیماری فراموشی پیش آید و همه چیز را از یاد ببرد. **دو:** افزاینده را، رای بر آن بوده است که بگوید، چون سخنی را فراموش کردی بهتر آنست که خاموش شوی.

۸ – سخن را پیوند درست نیست و «تن» چگونه مزدور کسی تواند شدن؟

۹ – تن خویشتن آمیزه‌ای درست نیست، و دادِ تن را با پیروزی در نبرد پیوند نیست.

میندیش ازآن، کان نشاید بُدن[1] / نداند کس، آهن، به آب آزدن!
فروتن بود، شه که دانا بود / بدانش بزرگ و توانا بود
هر آن کس که او کردهٔ کردگار / بداند، گذشت از بدِ روزگار
پرستیدن داور افزون کند / ز دل، کاوش دیو بیرون کند
بپرهیزد از هر چه ناکردنی است / نیازارد آن را که نازردنی است
به یزدان گراید بفرجام کار / که روزی ده اویست و، پروردگار»

*

ازآن نغز گفتار بوزرجمهر / حکیمان همه تازه کردند چهر○
یکی انجمن ماند اندر شگفت / که مرد جوان آن بزرگی گرفت[2]
جهاندار کسری در او خیره ماند / سرافرازِ روزی‌دهان* را بخواند
بفرمود تا نام او سر کنند / بدانگه که آغاز دفتر کنند
میان مهان، بختِ بوزرجمهر / چو خورشیدِ تابنده شد بر سپهر

*

ز پیش شهنشاه برخاستند / بر او آفرینی نو، آراستند[3]
به پرسش گرفتند زو آنچه گفت / که مغز و دلش با خرد بود جفت[4]
زبان تیز بگشاد مرد جوان / که پاکیزه دل بود و روشن‌روان
چنین گفت ک :«ز خسرو دادگر / نپیچید باید، باندیشه، سر
کجا چون شبان است و ما گوسفند / اُگر ما زمین او سپهر بلند
نشاید گذشتن ز پیمان اوی / نه پیچیدن از رای و فرمان اوی
به شادیش باید که باشیم شاد / چو داد زمانه بخواهیم داد
هنرهاش، گستردن اندر جهان / همه راز او، داشتن در نهان
مشو با گرامیش کردن، دلیر / کز آتش بترسد دل نرّه شیر
اگر کوه فرمانش دارد سبک / دلش خیره خوانیم و مغزش تنک
همه بد ز شاه است و نیکی ز شاه / کزو بند و چاه است و، زو تاج و گاه
سر تاجور فرّ یزدان بود / خردمند ازو شاد و خندان بود

---

۱ – درباره کاری که ناکردنی است در رج چهارم پس از این سخن آمده است و لت دویم این رج را نیز با لت نخست پیوند نیست.
○ – حکیم را در گفتار فردوسی راه نیست و اندیشه بگفتار فردوسی چنین می‌نماید: «**همه موبدان، تازه کردند چهر**».
۲ – گفتاری سست است، که درستِ آن در رج پیشین گذشت!　　* – سردارِ دیوان دستمزدهای کشور
۳ – **یک:** سخن از بزرگمهر بود، و در این رج به همگان پیوست. **دو:** آفرین نیز (آراستنی) نیست، (خواندنی) است.
۴ – این بخش تا پایان افزوده است، زیرا که انجمن بپایان رسیده بود، تا آنجا که نام بزرگمهر را نیز در سر دفتر دیوان نوشتند. و اینکار بیرون از دربار انجام می‌پذیرد. دودیگر آنکه یکی از گفتارهای بزرگمهر در آینده، دربارهٔ شاه و درباریان است.

از اهریمن است آن کزو شاد نیست — دل و مغزش از دانش آباد نیست»
شنیدند گفتار مرد جوان — فرو بست فرتوت را زو زبان
پراگنده گشتند زان انجمن — پر از آفرین روز و شب‌شان دهن

دودیگر بزم بزرگمهر با شهریار

دگر هفته، روشندل شهریار — همی بود، داننده را خواستار[1]
دل از کار گیتی، به یکسو کشید — کجا، خواست، گفتار دانا شنید[2]
کسی کاو سرافراز درگاه بود — بدانندگی درخورِ شاه بود؛[3]
برفتند دانندگان سخن — جوان و جهاندیده مرد کهن[4]
سرافراز، بوزرجمهرِ جوان — بشد با حکیمان روشنروان[5]
حکیمان داننده و هوشمند — رسیدند نزدیک تخت بلند[6]
نهادند رخ سوی بوزرجمهر — که کسری همی زو برافروخت چهر[7]
ازیشان یکی بود فرزانه‌تر — بپرسید از او از قضا و قدر[8]
که: «انجام و فرجام چونین سخن — چگونه‌ست و این بر چه آید به بن؟»[9]
چنین داد پاسخ که: «جوینده مرد — دوان و شب و روز، با کارکرد[10]
بود راهِ روزی، بر او تار و تنگ — بجوی اندرون، آبِ او، با درنگ[11]
یکی بی‌هنر، خفته بر تختِ بخت — همی گُل فشاند، بر او بر، درخت[12]

---

۱ – **یک:** «روشندل شهریار» نادرست است. **دو:** همی بود، در لت دویم نیز: «خواستار شد؟»
۲ – **یک:** دل را از کار گیتی بیکسو نشاید کشیدن، که دست از کار باید برداشتن. **دو:** لت دویم سست است: «می‌خواست».
۳ – کسی که او را... ۴ – ...«برفت» باید. ۵ – «حکیمان» را در گفتار فردوسی راه نیست. ٦ – سخن دوباره
۷ – «رخ نهادن» بر خاک، یا بر رخ دلدار شاید: «چشم به بزرگمهر دوختند»، «رخ بسوی بزرگمهر کردند».
۸ – قدر در گفتار فردوسی بگونه «بودنی» یا «بوش» می‌آید.
۹ – بوش، یا بودنی. سخن نیست، لت دویم نیز نادرخور است زیرا که بودنی به بن (نمی‌آید)!
۱۰ – گفتار بی‌سرآغاز، است: «(باشد که) مردی جویند»... سخن بزرگمهر در شاهنامه در این باره چنین آمده است:

یکی مرد بینی تو با دستگاه — کلاهش رسیده به ابرِ سیاه
که او دست چپ را نداند ز راست — ز بخشش فزونی ندارد نه کاست
یکی گردشِ آسمان بلند — ستاره بگوید که چونست و چند
فلک رهنمونش بسختی بود — همه بهر او شوربختی بود

۱۱ – **یک:** راه روزی سخنی است که دیگر شنیده نشده است، و راه را تنگ بودن بگفتار پیوند می‌دهد، اما تار بودن آن، نه! **دو:** «بجوی او» درست‌تر می‌نماید، از آنجا که چون از اندرون یاد شود. جوی از آنِ همگان است.
۱۲ – تختِ بخت را نیز پیشینه در زبان فارسی نیست.

چنین است رسم قضا و قدر ... ز بخشش نیابی بکوشش گذر[1]
جهاندار دانا و پروردگار ... چنین آفرید اختر روزگار»[2]
دگر گفت ک :«ان چیز کافزون‌تر است؛ ... کدام است و: «بیشی که را درخور است؟»[3]
چنین گفت ک :«ان کس که داننده‌تر ... بنیکی که رادانش آید به بر»[4]
دگر گفت ک :«ز ما چه نیکوتر است ... ز گیتی که را نیکوی درخور است؟»[5]
چنین داد پاسخ که: «آهستگی ... کریمیّ و خوبیّ و شایستگی[6]
فزون‌تر بکردن سر خویش پست ... ببخشد نه از بهر پاداش دست[7]
بکوشد بجوید به گرد جهان ... خرامد بهنگام با همرهان»[8]
دگر گفت ک :«اندر خردمند مرد ... هنر چیست؟ هنگام ننگ و نبرد!»[9]
چنین گفت ک :«ان کس که آهوی خویش ... ببیند بگرداند آیین و کیش»[10]
بپرسید دیگر که: «در زیستن ... چه سازی که کمتر بود رنج تن؟»[11]
چنین داد پاسخ که: «گر با خرد ... دلش بردبار است، رامش برد[12]
به داد و ستد در، کند راستی ... ببندد درِ کژّی و کاستی[13]
ببخشد گنه چون شود کامگار ... نباشد سرش تیز و نابردبار»[14]

---

۱ - **یک:** رسم و قدر را در گفتار فردوسی راه نیست. **دو:** لت دویم از فردوسی است:

بکوشش، ز بخشش نباشد گذر

در این لت، چنانکه افزاینده آورده است، روی سخن از «او» به «تو» بازمی‌گردد.

۲ - اختر روزگار را نیز گزارش نیست.

۳ - افزاینده را، رای بر آن بوده است که بگوید، آن چیست که فزونی آن نیک است.

۴ - **یک:** سخن را با رج پیشین پیوند درست نیست... پرسش چنانکه افزاینده آورده بود، چنین است آن چیز که افزونتر است، کدام است؟، و پاسخ از «چیز» به «کس» روی می‌کند! **دو:** لت دویم را نیز گزارش نیست.

۵ - دوپرسش در یک گفتار آمده است. ۶ - که پاسخ به نخستینِ آنها روی دارد.

۷ - در گفتار سست لت نخست افزاینده خواسته است بگوید: فروتنی!!، و در لت دویم، پاداش دست را گزارش نیست.

۸ - سخن سست بی‌گزارش

۹ - مرد خردمند، را با نبرد چکار؟ آنان جنگاورنند که بمیدان جنگ می‌روند، اما ننگ را افزایندگان همواره همراه با «نبرد»، یا «نام» می‌آورند که نادرخور است.

۱۰ - در میدان نبرد چه جای دیدن آهوی خویش است؟ آیین وکیش را برگرداندن نیز از خرد نیست. گفتار درست فردوسی را در این باره بخوانیم:

بپرسید از او، گفت آهسته کیست ... که بر تیز مردم بباید گریست
چنین داد پاسخ، که از عیب‌جوی ... نگر، تا که پیچد، سر از گفت‌وگوی
بنزدیک او شرم و آهستگیست ... خردمندی و رای و شایستگیست

گفتار فردوسی که چنین گزارش می‌شود «چون آهوی (عیب) کسی را بدو یادآور شوند، نباید که باگوینده از در پرخاش برآید، آنرا بپذیرد و خاموشی گزیند...» افزاینده چنین دریافته است آهوی خویش را دیده، کیش و آیین خویش را دگرگون سازد.

۱۱ - چه سازی نادرخور است: «در زندگی چگونه رفتار می‌کنی». ۱۲ - پرسش درباره زیستن و آسایش تن است...

۱۳ - و پاسخ دربارهٔ خرد و بردباری... و این درست نمی‌نماید، زیراکه شاید خردمندی بردبار را آسایش در زندگی نباشد.

۱۴ - ...داد و ستد و راستی‌ورزی را نیز شاید که آسایش تن بهمراه نباشد.

بپرسید دیگر که: «از انجمن   نگهبان کدام است بر خویشتن؟»[1]
چنین گفت ک: «آن کز پسِ آرزوی   نرفت از کریمیّ و از نیک خوی[2]
دگر کاو بسستی نشد پیشِ کار   چو دید او فزونی بد روزگار»[3]
دگر گفت ک: «از بخشش نیکخوی   کدام است نیکوتر از هر دو سوی؟»[4]
کجا در دو گیتیش بار آورد   بسالی، دو بارش بهار آورد!»[5]
چنین گفت ک: «آن کس که با خواسته   به بخشش کند جانش آراسته[6]
اُگر بر ستاننده آرد سپاس   نه بخشنده بازارگانی شناس»[7]
دگر گفت: «بر مرد، پیرایه چیست؟   اُزان نیکویی‌ها، گرانمایه چیست؟»[8]
چنین داد پاسخ که: «بخشنده مرد   کجا نیکویی، با سزاوار کرد؛[9]
ببالد بکردار سرو بلند   چو بالید هرگز نباشد نژند[10]
وگر ناسزا را پسایی به مشک   نبوید، نروید گل از خارِ خشک[11]
سخن پرسی از گنگ گر مرد کر   به بار آید و رای ناید به بر»[12]
یکی گفت ک: «اندر سرای سپنج   نباشد، خردمند، بی درد و رنج[13]
چه سازیم تا نام نیک آوریم   در آغاز، فرجام نیک آوریم»[14]
بدو گفت: «شو دور باش از گناه   جهان را همه چون تن خویش خواه[15]
هر آن چیز کانت نیاید پسند   تن دوست و دشمن بدان بر، مبند»[16]
دگر گفت: «کوشش ز اندیشه بیش   چه گویی؟ کزین دو کدام است پیش!»[17]

---

۱ - افزاینده خود در آغاز سخن از بردباری یاد کرد، و در پایان از نابردباری... دوباره‌گویی است.

۲ - **یک:** «دیگر» نادرخور است: «دیگری». **دو:** «از انجمن» نادرخور است: «از مردمان».

۳ - **یک:** کسی پیشِ کار نمی‌رود، که بکار می‌پردازد! **دو:** لت دویم نیز بی‌پیوند است.

۴ - دگر... بخشش از یکسوی است، نه از دو سوی!

۵ - **یک:** بخششی که برای بارآوری (سوددهی) انجام‌گیرد، خود، بخشش نیست. **دو:** لت دویم نیز نادرخور است.

٦ - سخن درهمریخته و سست است...

۷ - افزاینده خود، با زبان خود، باژگونهٔ سخنی را می‌گوید که در رج دویم پیشین آورده بود.

۸ - **یک:** دگر... یک پیرایه نادرست است، زیرا که پیرایش (= ویرایش) زیباتر کردن چیزی است با کم کردن از آن، و آرایش: زیباتر کردن چیزی است با افزودن بر آن. بدینروی «آرایه» را که بدان چیز یاکس افزوده می‌شود، توان گفتن، اما پیرایه را در زبان فارسی روی نباشد. **دو:** از کدام نیکویی‌ها؟

۹ - سخن اندکی سست است، اما درست است.

۱۰ - چه‌کس ببالد؟

۱۱ - **یک:** آن گفتار بپایان رسید، اما افزاینده را هنوز رای افزودن است،... پسودن (=لمس کردن) است، و ناسزاوار را چگونه به مشک توان پسود(لمس کرد)؟ **دو:** وگل از خار می‌روید.

۱۲ - **یک:** چه‌کس سخن پرسید؟ **دو:** لت دویم نیز بی‌گزارش است.

۱۳ - خردمند را...

۱۴ - خود نام نیک هست، و چه ساختن برای او ناکارآمد است.

۱۵ - دور بودن از گناه، در آغاز (آغاز زندگی) نشاید، زیرا که کودک خود دور از گناه هست آن فرجام زندگیست که نشان می‌دهد گنهکار بوده است، یا بیگناه.

۱٦ - سخن سخت سست است.

۱۷ - افزاینده نتوانسته است که گفتار را، نیک بیاراید... و از آنجا که در لت دویم از دو چیز یاد کرده است در لت نخست نیز می‌بایستی از

←

چنین داد پاسخ که: «اندر خرد   جز اندیشه، چیزی نه اندر خورد[1]
بکوشی چو در پیش کار آیدت   چو خواهی که رنجی به بار آیدت»[2]
«سزای ستایش» دگر گفت: «کیست   اُگر بر نکوهیده باید گریست؟»[3]
چنین گفت ک:«ان کاو بیزدان پاک   فزون دارد امّید و هم بیم و باک»[4]
دگر گفت ک:«ای مرد روشن خرد   ز گردون چه بر سر همی بگذرد؛[5]
کدام است خرّم‌تر، از روزگار   ازین بر شده چرخ ناپایدار؟»[6]
سخنگوی پاسخ چنین داد باز   که: «هرکس که گشت ایمن و بی‌نیاز[7]
بخوبی، زمانه ورا، داد داد   سزد گر نگیری جز از داد یاد»[8]
بپرسید دیگر که: «دانش کدام   بگیتی، که باشیم، زو شادکام؟»[9]
چنین گفت ک:«ان کاو بود بردبار   به نزدیک او مرد بی‌شرم خوار»[10]
دگر گفت ک:«ان کو نجوید گزند   ز خوها کدامش بود سودمند؟»[11]
بگفت: «آنکه مغزش نجوشد ز خشم   بخوابد بخشم از گنهکار چشم»[12]
دگر گفت ک:«ان چیست ای هوشمند   که آید خردمند را، آن، پسند؟»[13]
چنین گفت ک:«ان کاو بود پر خرد   ندارد غم آن، کزو بگذرد[14]
وگر ارجمندی سپارد بخاک   نبندد دل اندر غم و درد، پاک[15]
دگر کاو ز نادیدنی‌ها امید   چنان بگسلد دل، چو از باد، بید»[16]

→ کوشش، و اندیشه یاد کند، و بپرسد که کدام از ایندو را بیشتر می‌باید بودن.

۱ - اندر خرد نادرخور است: «با خرد» اما پیدا است که سخن سخت نادرست و باژگونه است زیرا که هیچکس بی‌کوشش ره بجایی نمی‌برد.   **۲** - سخن بی‌پیوند و بی‌گزارش.   **۳** - هیچ پیوند میان لت نخست با لت دویم نیست.

۴ - آنکس را که بیزدان امید بسیار (نه فزون) است، اگر نیکوکار نیز باشد، چرا بیم و باکش از خداوند باشد؟

۵ - **یک:** پاژنام «روشن خرد» را نیز در زبان فارسی پیشینه نیست، زیرا که خرد، خود روشن است. **دو:** ز گردون نادرست است: گردون چگونه... اما هیچکس نمی‌داند، که یکدم پس از این، گردون را چگونه گردش است.

۶ - **یک:** خرم‌تر از روزگار؟ یا از گردون؟ **دو:** «چرخ» در لت دویم همان «گردون» رج پیشین است و دوباره از آن یاد شده است.

۷ - دنبالهٔ گفتار

۸ - لت نخست همانست که در رج پیشین گذشت، و در لت دویم نشاید که بر داد زمانه داوری کردن این دو رج برگرفته از گفتار بزرگمهر است:

چو با بی‌نیازی بود تندرست   نباید جز از کام دل، چیز جُست

۹ - دیگر... دانش کدام را کمبود است: کدام دانش است.

۱۰ - **یک:** بردباری را دانش نشاید شمردن. و تاکنون، سه بار از بردباری سخن رفته است. **دو:** لت دویم را نیز پیوند درست نیست.

۱۱ - «ز خوها» نادرست است: «کدام خوی».   **۱۲** - بخوابد را در لت دویم بجای «بخواباند» آورده‌اند.

۱۳ - «آن» در لت نخست، با «آن» در لت دویم ناهمخوان است.

۱۴ - **یک:** «پُر خرد» آمیزه‌ای نادرست است. «کم خرد» شاید گفتن. اما پر خرد، همان «خردمند است. **دو:** غم (داشتنی) نیست، (خوردنی) و بر خود هموار کردنی است.   **۱۵** - دل بغم بستن و بدرد بستن نادرست است، و «دل» را نیز «را» باید.

۱۶ - بید را چرا باید از باد امید نباشد؟

دگر گفت: «بد چیست بر پادشا؟ کزو تیره گردد دل پارسا!»[1]
چنین داد پاسخ که: «بر شهریار؛ خردمند گوید که آهو چهار[2]
یکی آنکه ترسد ز دشمن بجنگ دودیگر که دارد دل از بخشش، تنگ[3]
دگر آنکه رای خردمند مرد بیکسو نهد روز جنگ و نبرد[4]
چهارم که باشد سرش پر شتاب بجوید بکار اندر، آرام و خواب»[5]
بپرسید دیگر که: «بی‌عیب کیست؟ نکوهیدن؛ آزادگان را به چیست؟»[6]
چنین گفت کین را ببخشیم راست که جان و خرد در سخن پادشاست[7]
گرانمایگان را فسون و دروغ به کژی و بیداد جستن فروغ[8]
میانه بود مرد گندآوری نکوهشگر و سر پر از داوری[9]
منش پستی و کام بر پادشا به بیهوده خستن دل پارسا
زبان راندن و دیده بی آب شرم گزیدن خروش اندر آواز نرم
خردمند مردم که دارد روا خرد دور کردن ز بهر هوا»
بپرسید دیگر یکی هوشمند که: «اندر جهان چیست آن بی‌گزند؟»
چنین داد پاسخ که: «او از نخست درِ پاک یزدان بدانست جست
کزویت سپاس و بدویت پناه خداوند روز و شب و هور و ماه
دل خویش را آشکار و نهان سپردن به فرمان شاه جهان
تن خویشتن پروریدن به ناز بر او سخت بستن در رنج و آز
نگه داشتن مردم خویش را گسستن تن از رنج درویش را
سپردن به فرهنگ فرزندِ خُرد که گیتی به نادان نشاید سپرد
چو فرمان پذیرنده باشد پسر نوازنده باید که باید پدر»
بپرسید دیگر که: «فرزند راست به نزد پدر جایگاهش کجاست؟»

---

1 - دنبالهٔ گفتار ۲ - **یک:** خردمند کیست؟ **دو:** پرسنده از «بد» پرسید، و پاسخگو از «آهو» سخن می‌گوید!

۳ - بخش در لت دویم نادرست است: «بخشش»... و از بخشش، دل تنگ داشتن نادرخور است زیرا آنکس که بخشش می‌کند، بیگمان با دل شاد چنین کرده است.

۴ - رای آهنگ کاری کردن است، و رای مرد خردمند را نمی‌توان بیکسو نهادن. سخن درست آن است «بهنگام جنگ با خردمندان رای نزنند». ۵ - پرشتاب را چگونه بهنگام کار آرام و خواب جُستن شاید؟

۶ - دیگر... چون کسی را آهو (عیب) نباشد، نکوهیدن(سرزنش) را چه پیوند با او است؟

۷ - **یک:** کین بخشیدنی نیست کینه را فراموش کردن باید. **دو:** لت دویم نیز سخت نادرخور است.

۸ - پرسش دربارهٔ (بی‌عیبی) بود، و پاسخ دربارهٔ آهو (عیب) کسان می‌رود!

۹ - مرد گندآوری نادرست است مرد گندآور... آنگاه چنین مرد چگونه «میانه» است؟ آنگاه مرد میانه را چگونه نکوهشگری شاید... از اینجا بیست و پنج رج سخنان نادرخور دیگر افزوده‌اند، و از آنجا که این دیدار بزرگمهر با نوشروان همه افزوده است، ازگزارش این بخش چشم پوشیده، داوری را بخوانندهٔ پاکنهاد وامی‌گذارم!

چنین داد پاسخ که: «نزد پدر گرامی چو جان است فرخ پسر
پس از مرگ نامش بماند بجای ازیرا پسر خواندش رهنمای»
بپرسید دیگر که: «از خواسته که دانی که دارد دل آراسته؟»
چنین داد پاسخ که: «مردم به چیز گرامی‌ست و ز چیز خوارست نیز
نخست آنکه یابی بدو آرزوی ز هستیش پیدا کنی نیک‌خوی
اُگر چون بباید نیاری بکار همان سنگ و هم گوهر شاهوار»
دگر گفت: «با تاج و نام بلند که را خوانی از خسروان سودمند؟»
چنین داد پاسخ ک: «زان شهریار که ایمن بود مرد پرهیزگار
وز آواز او، بد، هراسان بود زمین زیر تختش تن‌آسان بود»
دگر گفت: «مردم، توانگر بچیست؟ بگیتی پر از رنج و درویش کیست؟»
چنین گفت: «آن‌کس که هستش بسند به بخش خداوندِ چرخ بلند
کسی را کجا بخت، انباز نیست بدی در جهان بتّر از آز نیست»
ازو نامداران فرو ماندند همه همزبان آفرین خواندند

دیگر بزم بزرگمهر
با
شهریار

⇐ چو یک هفته بگذشت، هشتم پگاه نشست از برِ تخت، پیروز شاه
بخواند آن کسی را که دانا بدند به گفتار و دانش توانا بدند[1]
بگفتند هر گونه‌ای هر کسی همانا پسندش نیامد بسی[2]
چنین گفت کسری به بوزرجمهر که: «از چادر شرم بگشای چهر»

*

سخنگوی دانا، زبان برگشاد ز هر گونه دانش همی کرد یاد[3]
نخست آفرین کرد بر شهریار که: «پیروز بادا سرِ تاجدار»

---

۱ - «آنکسی» را در لت نخست کنشِ «بود» باید. ۲ - نیز... هر کسی را در لت نخست «بگفت» باید.
۳ - **یک:** زبان برگشادن، دشنام دادن است. **دو:** لت دویم نیز سست می‌نماید، و نادرخور است زیرا که گفتار پسین بزرگمهر «دانش» نیست، و آیین زندگانیست.

دگر گفت: «مردم نگردد بلند / مگر سر بپیچد ز راه گزند*
چو باید که دانش بیفزایدت / سخن یافتن را، خرد بایدت[1]
درِ نام جستن دلیری بود / زمانه ز بددل بسیری بود
اُگر تخت جویی، هنر بایدت / چو سبزی بود، شاخ و بر بایدت
چو پرسند، پرسندگان از هنر / نشاید که پاسخ دهی از گهر
گهر بی‌هنر، ناپسند است و خوار / بر این، داستان زد، یکی هوشیار
که گر گل نبوید ز رنگش مگوی / کز آتش نجوید کسی آب جوی
توانگر ببخشش بود، شهریار / بگنج نهفته، نه‌ای پایدار
به گفتار خوب ار هنر خواستی / بکردار پیدا کنی راستی[2]
فروتر○ بود، هر که دارد خرد / سپهرش همی در خرد پرورد
چنین هم بود مردم شاددل / ز کژیش خون گردد آزاد دل[3]
خرد در جهان چون درخت وفاست / وز او بار جستن دل پادشاست[4]
چو خرسند باشی تن آسان شوی / چو آز آوری، زو هراسان شوی[5]
مکن نیکمردی به جای کسی / که پاداش نیکی نیابی بسی[6]
گشاده دلان را، بُوَد بخت؛ یار / انوشه کسی کاو بُوَد بردبار
هر آنکس که جوید همی برتری / هنرها بباید، بدین داوری
یکی، رای و فرهنگ باید، نخست / دویم، آزمایش□ بباید درست
سیوم یار باید بهنگام کار / ز نیک و ز بد، برگرفتن شمار
چهارم که مانی بجا، کام را⧈ / ببینی از آغاز فرجام را
به پنجم اگر زورمندی بود / بتن کوشش آری، بلندی بود

---

* – همهٔ نمونه‌ها چنین است، و؛ «**مگر آنکه پیچد ز راه‌گزند**» درست می‌نماید.

۱ – در لت نخست بجای چو باید، «چو خواهی» درست می‌نماید، اما لت دویم را پیوند با لت نخست نیست و گزارش نیز ندارد.

۲ – روی سخن به «تو» بازگشت.

○ – در نمونه‌ها، فروتر، فزونی، برفتن آمده است (شاهنامه مسکو ۱۲۷–۸) اما هیچیک درست نمی‌نماید، درست آنستکه آنرا «**فروتن**» بخوانیم، از آنجا که فروتنی: اَدَرتنیه در زبان پهلوی یکی از برترینِ ویژگیهای ایرانیان آزاده در شمار بوده است، و خود واژهٔ «ایر» فروتن است، و «ایران» کشور فروتنان است.

۳ – چرا از مردم شاددل، آزاردل خون گردد؟... سخن نیز سست است.

۴ – خرد را بدرخت (وفا) همانند کردن، هیچ گزارش ندارد، و لت دویم خود بی‌پیوند و بی‌گزارش است.

۵ – **یک:** لت دویم، از چه کس هراسان باید شدن؟ **دو:** «آز» نیز آوردنی نیست، ورزیدنی است.

۶ – سخن در رج پیشین و این رج روی به «تو» آورده است.

□ – آزمایش، رنج بردن در کار است: آزمایش روزگار! رنج آزمای، مهر آزمای؛ کسی که از مهر، رنج می‌برد (= عاشق).

⧈ – نمونه‌های در دست، همه «کام را» و «**گام را**» درست می‌نماید: چهارم آنکه گام در جای بایسته پیش نهی!

وز این هر دری جفت گردد سخن ‌‌ هنر خیره بی‌آزمایش مکن[1]
ازان پس چو یارت بود نیکساز ‌‌ بر او بر به هنگامت آید نیاز[2]
چو کوشش نباشد، تن زورمند ‌‌ نیارد سر آرزوها به بند![3]
چو کوشش ز اندازه اندر گذشت ‌‌ چنان دان که کوشنده نومید گشت
خوی مرد دانا بگوییم پنج ‌‌ کزان عادت او خود نباشد به رنج[4]
چو نادان که عادت کند هفت چیز ‌‌ اُزان هفت چیزش به رنج‌ست نیز[5]
نخست آنکه هر کس که دارد خرد ‌‌ ندارد غم آن کزو بگذرد[6]
نه شادان کند دل به نایافته ‌‌ نه گر بگذرد زو شود تافته[7]
چو از رنج و ز بدتن آسان شود ‌‌ ز نابودنی‌ها هراسان شود[8]
چو سختی‌ش پیش آید از هر شمار ‌‌ شود پیش و سستی نیارد به کار[9]
ز نادان که گفتیم هفت است راه ‌‌ یکی آنکه خشم آورد بی‌گناه[10]
گشاده کند گنج بر ناسزای ‌‌ نه زو مزد یابد به هر دو سرای[11]
سدیگر به یزدان بود ناسپاس ‌‌ تن خویش را در نهان ناشناس[12]
چهارم که با هر کسی راز خویش ‌‌ بگوید برافرازد آواز خویش[13]
به پنجم به گفتار ناسودمند ‌‌ تن خویش دارد به درد و گزند[14]
ششم گردد ایمن ز ناستوار ‌‌ همی پرنیان جوید از رنج خار[15]
به هفتم که بستیهد اندر دروغ ‌‌ به بی‌شرمی اندر بجوید فروغ[16]
چنان دان تو ای شهریار بلند ‌‌ که از وی نبیند کسی جز گزند[17]

---

۱ - سخن سست و بی‌گزارش است. **۲** - دربارهٔ یار بهنگام کار، پیشتر سخن رفت.

۳ - سر آرزوها را ببند نشاید آوردن، به آرزو باید رسیدن.

۴ - **یک:** سخن بدآهنگ است، و گوینده «ما» بکار می‌برد. **دو:** عادت را در سخن فردوسی راه نیست.

۵ - در رج پیشین از «خوی مرد دانا» سخن رفت، و بیدرنگ از (عادت) نادان!

۶ - نادان، به «خردمند» دگرگشت! **۷** - لت دویم، دوباره‌گویی رج پیشین است. **۸** - رنج را «بدی» باید.

۹ - «از هر شمار» نادرخور است: «هرگونه سختی».

۱۰ - **یک:** گفتیم نادرخور است. **دو:** پس از چندین گفتار، افزاینده بیاد «نادان» افتاد! **سه:** هفت راه، چه را خواهد گفتن! **چهار:** بسیار باشد که دانایان نیز بر بیگناهان خشم گیرند.

۱۱ - دوباره‌گویی سخن افزودهٔ پیشین است:

وگر ناسزا را پسایی بمشک ‌‌ نبوید، نروید گل از خار خشک

۱۲ - **یک:** سدیگر را «آنکه» باید. **دو:** لت دویم نیز نادرخور و بی‌پیوند است.

۱۳ - آواز برافراختنی نیست. **۱۴** - (به) پنجم (به) نادرخور است.

۱۵ - **یک:** (به) نااستوار درست است، اما همهٔ نمونه چنین‌اند. **دو:** از رنج خار گفتار نادرست است. نمونهٔ دیگر «خاربار» که آن نیز در زبان فارسی پیشینه ندارد.

۱۶ - هفتمین آهوی مرد نادان، در دروغ پافشاری کردن است؟ یا در بیشتری فروغ جستن؟ اینچنین شمار آهو به هشت می‌رسد.

۱۷ - از چه کس؟

چو بر انجمن مردخامش بود / ازان خامشی دل به رامش بود[1]
سپردن به دانای داننده گوش / به تن توشه یابد، به دل رای و هوش[2]
شنیده سخن‌ها فرامش مکن / که تاج است بر تخت شاهی سخن[3]
چو خواهی که دانسته آید به بر / به گفتار بگشای بند از هنر[4]
چو گسترد خواهی به هر جای نام / زبان برکشی همچو تیغ از نیام[5]
چو با مردِ دانات باشد نشست / زبردست گردد سر زیردست[6]
ز دانش بود جان و دل را فروغ / نگر تا نگردی به گرد دروغ[7]
سخنگوی چون برگشاید سَخُن / بمان تا بگوید، تو تندی مکن
زبان را، چو با دل بود راستی / ببندد ز هر سو درِ کاستی
ز بی‌کار گویان تو دانا شوی / نگویی ازان سان کزو بشنوی[8]
ز دانش درِ بی‌نیازی مجوی / اُگر چند ازو، سختی آید بروی!
همیشه دل شاه نوشیروان / مبادا ز آموختن ناتوان[9]

*

بپرسید پس، موبدی تیزمغز / که: «اندر جهان چیست؟ کردار نغز
کجا، مرد را روشنایی دهد / ز رنج زمانه رهایی دهد!»
چنین داد پاسخ که: «هر کاو خرد / بیابد، ز هر دو جهان برخورد»
بدو گفت: «گر نیستش بخردی! / -خرد، خلعتی روشن است، ایزدی-»
چنین داد پاسخ که: «دانش؛ به است / چو دانا بود، بر مِهان بر، مِه است»
بدو گفت: «گر راه دانش نجست! / بدین آب، هرگز روان را نشست»؛
[چنین داد پاسخ که: «با مرد گُرد / سرِ خویش را خوار باید شمرد*]
[اگر تاو دارد بروزِ نبرد؛ / سرِ بدسگال، اندر آرد بگرد؛]
گرامی بود بر دل پادشا / بود جاودان شاد و فرمانروا»[10]

---

۱ – خامُش را با رامِش پساوا نیست.

۲ – به تن نادرست است. برای تن... و برای دل... اگر هوش و رای از آن دل باشند که نیستند.

۳ – **یک**: بزرگمهر جوان را آن پایگاه نیست که بپادشاه فرمان دهد. **دو**: و سخن تاج پادشاهی نیست.

۴ – لت نخست بی‌گزارش است، و هنر در لت دویم وابسته بگفتار نیست.

۵ – لت دویم را آغازگرِ «می‌باید» باید.

۶ – روشن نمی‌نماید که زبردست کیست و زیردست کیست؟

۷ – «دانش» را نشاید همیستار «دروغ» خواندن.

۸ – سخن سخت پریشان و بی‌گزارش است.

۹ – دل را کار، آموختن نیست.

* – در اندیشه من این رج و رج پسین، هر دو در گفتار فردوسی یک رج بوده است، که افزایندهٔ بازیگوش آنرا از هم گسسته است:

چنین داد پاسخ: بروز نبرد / سر بدسگال اندر آرد بگرد

۱۰ – **یک**: گرامی بودن را «بر دل» پیوند نیست. **دو**: چنین کس که از خرد و، دانش بهره نیست چگونه جاودان؛ شاد و فرمانروا خواهد بودن.

بدو گفت: «گر، نیستش بهره؛ زین / نه دانش پژوهد، نه آیین و دین»
چنین داد پاسخ که: «آن به که مرگ / نهد بر سر او، یکی تیره ترگ»

*

دگر گفت ک :«ـز بارِ آن میوه‌دار / که دانا بکارد بباغ بهار[1]
چه سازیم؟ تا هر کسی برخوَریم! / اُگر سایهٔ او به پی بسپریم!»[2]

*

چنین داد پاسخ که: «هر کاو، زبان / ز بد، بسته دارد، نرنجد روان[3]
کسی را ندرّد، بگفتار، پوست / بود بر دل انجمن نیز دوست[4]
همه کار دشوارش آسان شود / ورا دشمن و دوست یکسان شود»[5]
دگر گفت ک :«ـسان کاو، ز راه گزند / بگردد، بزرگی بود ارجمند»[6]
جنین داد پاسخ که: «کردار بد / بسان درختی‌ست با بار بد[7]
اگر نرم گوید زبان کسی / درشتی، به گوشش نیاید بسی[8]
بدان، کز زبانست، گوشش برنج / چو رنجش نخواهی، سخن را بسنج[9]

*

همان کم سخن مرد خسروپرست / جز از پیشِ گاهش نشاید نشست[10]
دگر از بدی‌های ناآمده / گریزد چو از دام مرغ و دده[11]
سدیگر که بر بد توانا بود / بپرهیزد ار ویژه دانا بود[12]
نیازد به کاری که ناکردنی‌ست / نیازارد آن را که نازردنی‌ست[13]

---

۱ – پایانِ افتادگیِ شاهنامهٔ سپاهان. **یک:** دگر گفت... نادرخور است: دگری، دیگری! **دو:** درخت میوه را هیچگاه در بهاران نمی‌کارند که پیش از بهار کاشته می‌شود. **سه:** درختی که دانایان می‌کارند، درخت دانش است، و در باغ کاشته نمی‌شود.

۲ – **یک:** هر کسی را «برخورد» باید! **دو:** سخن نادرخور است: «یا زیر سایهٔ آن بیاساییم».

۳ – برخوردن از میوهٔ درخت دانش را پیوند، با این سخنان...

۴ – ...نیست، و سخن در لت دویم نیز نادرخور است. کسی (بر دلِ) کسی دوست نمی‌شود، که با دیگری، یا دیگران دوست می‌گردد.

۵ – **یک:** سخن را پیوند درست با رج پیشین نیست: «چنین کس...». **دو:** چگونه شاید پذیرفتن که نزد کسی؛ دشمن با دوست یکسان است؟

٦ – دگر گفت... **یک:** ز راه گزند، نادرخور است: «از گزند». **دو:** بگردد همچنین: «دور شود». **سه:** و روشن نیست که چون کسی از گزند بدور باشد، بزرگی ارجمند نیز باشد!

۷ – درخت با بارِ بد را در این رج...

۸ – **یک:** ...با، گفتار نرم در این رج پیوند نیست. **دو:** لت دویم نیز نادرخور است: «درشت نشنود».

۹ – **یک:** گوشش برنج نادرخور است: «گوش رنج می‌برد». **دو:** «کسی» در رج پیشین با «تو» در این لت همخوان نیست.

۱۰ – زبان نرم و کم سخنی را چه پیوند با پیش خسرو نشستن؟

۱۱ – **یک:** از بدی‌های ناآمده کس آگاه نیست تا از آن بگریزند. **دو:** مرغ پرواز می‌کند، و دد، می‌گریزد.

۱۲ – **یک:** لت نخست نادرست است: «از بد یا بدی بپرهیز». **دو:** افزاینده پی برد که توانا بود نادرخور است، بپرهیزد را بدنبال آن آورد، که باز ناشایست می‌نماید.

۱۳ – «نازردنی» پایان لت دویم نادرخور است: «آنرا که نباید آزردن».

بزرگمهر، دانای ایران

نماند که نیکی بر او بگذرد   پیِ روزِ ناآمده نشمرد[1]
به دشمن ز نخچیر آژیرتر   بر او دوست همواره چون تیر پر[2]
ز شادی که فرجام او غم بود   خردمند را از وی کم بود[3]
تن آسانی و کاهلی دور کن   بکوش و ز رنج تنت سور کن[4]
که ایدر ترا سود بی‌رنج نیست   چنان هم که بی پاسبان گنج نیست[5]
ازین باره گفتار بسیار گشت   دل مردم خفته بیدار گشت[6]
جهان زنده بادا به نوشیروان   همیشه جهاندار و دولت جوان»[7]
بر او خواندند آفرین موبدان   کنارنگ و بیداردل بخردان[8]
ستودند شاه جهان را بسی   برفتند با خرمی هر کسی[9]

*

دو هفته برین نیز بگذشت، شاه؛   بپردخت روزی ز کار سپاه
بفرمود تا موبدان و ردان   به ایوان خرامند با بخردان
ز شاهیّ و از داد و، گندآوری   ز آغاز و فرجام نیک‌اختری[10]
سخن کرد زین موبدان خواستار   به پرسش گرفت آنچه آید به کار[11]
به بوزرجمهر آن زمان شاه گفت   که: «رخشنده گوهر بر آر از نهفت»

*

یکی آفرین کرد بوزرجمهر   که: «ای شاه روشندل و خوبچهر
چنان دان که اندر جهان نیز شاه   یکی چون تو ننهاد، بر سر، کلاه؛
به داد و به دانش به تاج و به تخت   بفرّ و بچهر و به رای و ببخت!

---

۱ – ماندن و گذشتن نیکی در دست مردمان نیست، و لت دویم از گفتار فردوسی برگرفته شده است:

خردمند مردم، چرا غم خورد   پیِ روزِ ناآمده، بشمرد

۲ – **یک:** سخن سست است. و اگر نخچیر، آژیر باشد که بدام نمی‌افتد! **دو:** لت دویم، سست‌تر از لت نخست است.

۳ – میان لت دویم با لت نخست پیوند بایسته نیست، و لت دویم را خود، گزارش نیست.

۴ – **یک:** در لت نخست: «(از خود) دور کن» باید. **دو:** سخن لت دویم نیز سست است: ازکوشش و رنجی که بر خود می‌نهی بهره‌ور شو! گفتار لت دویم از شاهنامه برگرفته است در داستان کیقباد:

تن آسانی از داد و رنج منست   کجا آب و خاکست، گنج منست

۵ – نه چنین است، و بسا بی‌رنجان جهان که در همهٔ زمان خویش جز سود نبرده‌اند، و بسا گنج‌ها که در زمین بی‌پاسبان، **نهفته‌اند**.

٦ – از این باره نادرست است: «در این باره»، اما در این باره را زمانی شاید گفتن که سخن تنها دربارهٔ یک چیز روان باشد، نه از برای چندین گفتار پریشان که بشاهنامه افزوده‌اند.

۷ – افزاینده از پیش خود بستایش نوشیروان پرداخته است، زیرا که اگر این ستایش از سوی بزرگمهر بود می‌بایستی پیش از رج پیشین می‌آمد، که پیوسته بهمان گفتار افزوده است.

۸ – موبدان و بخردان را «کنارنگان» باید!

۹ – هر کسی را «برفت» باید.

۱۰ – دربارهٔ فرجام و آغاز نیک اختری چگونه سخن توان راندن؟

۱۱ – از بزرگمهر خواست که سخن گوید.

*

چو پرهیزگاری کند شهریار — چه نیکوست پرهیز با تاجدار[1]
ز یزدان شناسد همه خوب و زشت — به پاداش نیکی بجوید بهشت[2]
زبان راستگوی و، دل آزرمجوی — همیشه جهان را بدو، آبروی
هرآنکس که باشد ورا رایزن — سبک باشد، اندر دلِ انجمن[3]
سخنگوی و روشندل و دادده — کهان را، به که دارد و، مه به مه[4]
کسی کاو بود شاه را، زیردست — نباید که یابد بجایی شکست[5]
بدان گه شود تاج خسرو بلند — که دانا بود نزد او ارجمند
بنادان اگر هیچ رای آورد — سرِ بختِ خود، زیر پای آورد
نگه داشتن، کارِ درگاه را — بزهر آزدن، کامِ بدخواه را[6]
چو دارد ز هر دانشی آگهی — بماند جهاندار با فرّهی[7]
نباید که خسپد کسی دردمند — که آید مگر شاه را زو گزند[8]
کسی کاو به پادافره اندرخوَر است — کجا بدنژادست و بدگوهر است[9]
کند شاه، دور از میان گروه — بی‌آزار، تا زو، نگردد ستوه[10]
هر آن کس که باشد بزندان شاه — گنهکار گر مردم بیگناه[11]
به فرمان یزدان بباید گشاد — به زند و به اُست آنچه کرده‌ست یاد[12]
چو خسرو بفرهنگ، دارد سپاه* — بر آساید از دردِ فریادخواه
چو آژیر باشی ز دشمن به رای — بداندیش را دل برآید ز جای
همه رخنهٔ پادشاهی بمَرد — بداری، به هنگام، پیش از نبرد○
به چیزی که گردد نکوهیده شاه — نکوهش بود نیز بر فرّ و گاه[13]

---

۱ – لت دویم را با لت نخست پیوند درست نیست، و دو بار در یک سخن، پرهیز بکار گرفته‌اند.

۲ – خداوند سرآغاز زشتی نیست و آفرینش او همواره زیبا و نیک است.

۳ – **یک:** این رج میان سخنان پیشین و پسین جدایی می‌افکند. **دو:** لت دویم نیز سخت سبک است! و دربارهٔ رایزنان دانا گفتار بلند فردوسی در رج سیُوم پس از این می آید.

۴ – **یک:** سخنگوی در این رج همان راستگوی رج دویم پیش است. **دو:** کهان را «مهان» باید.

۵ – شکست همواره در راه مردمان هست.

۶ – سخن باژگونهٔ گفتار پیشین است.

۷ – همه چیز را همگان دانند: بزرگمهر

۸ – کار ناشدنی، که درد همواره در جهان هست... اما افزاینده را، رای بر آن بوده است که بگوید:

نباید که از شاه، کس دردمند — بخسپد، کزو شاه یابد گزند

۹ – پادافره ویژه بدنژادان نیست.

۱۰ – او (زو) را جای در پایان گفتار نیست: «او را از مردمان دور بدارد».

۱۱ – چرا بیگناه در زندان شاه باشد؟

۱۲ – زند و اُست!!

* – سپاهیان را با فرهنگ همراه کند.

○ – رخنه و شکاف راکه در کشور پدید آید، بایستی پیش از نبرد بر دست سپاهیان بستن!

۱۳ – سخن سست است: «اگر شاه را در کاری نکوهش کنند...».

ازو دور گشتن به رغم هوا / خرد را بران رای کردن گوا[1]
فزودن به فرزند بر مهر خویش / چو در آب دیدن بود، چهر خویش[2]
هر آن گه که یازد به بدکار دست / دل شاه بچّه نباید شکست[3]
چو بر بدکنش، دست گردد دراز / بخون، جز، بفرمانِ یزدان میاز
وگر دشمنی یابی اندر دلش / چو خو باشد از بوستان بگسلش[4]
که گر دیر ماند بنیرو شود / وز او باغ شاهی پر آهو شود[5]
چو باشد جهانجوی با فرّ و هوش / نباید که دارد به بدگوی، گوش
ز دستور بدگوهر و گفتِ بد / تباهی بدیهیم شاهی رسد
نباید شنیدن ز نادان سخن / چو بدگوید از داد فرمان مکن[6]
همه راستی باید آراستن / نباید که دیو آورد کاستن[7]
چو این گفته‌ها بشنود پارسا / خرد را کند بر دلش پادشا[8]
کند آفرین تاج بر شهریار / شود تخت شاهی بر او پایدار[9]
بنازد بدو تاج شاهیّ و تخت / بداندیش نومید گردد ز بخت[10]
چو برگردد این چرخ ناپایدار / ازو نام نیکو بود یادگار[11]
بماناد، تا روز باشد، جوان / هنریافته جان نوشیروان»
ز گفتار او انجمن خیره شد / همه رای دانندگان تیره شد[12]
چو نوشیروان آن سخن‌ها شنود / به روزیش چندانکه بُد برفزود[13]
اُزان پندها دیده پر آب کرد / دهانش پر از درّ خوشاب کرد[14]
یکی انجمن لب پر از آفرین / برفتند از ایوانِ شاهِ زمین[15]

۱ - **یک:** این رج دنبالهٔ لت نخست از رج پیشین است و لت دویم میان آنها جدایی افکنده است. **دو:** خرد را گواه ساختن نادرخور است خرد را بکار گرفتن باید.
۲ - **یک:** مهر بر فرزند، خدا داده است، وکم و بسیار نمی‌شود. **دو:** لت دویم نیز نادرخور است.
۳ - **یک:** بدکار نادرخور است: «کار بد». **دو:** اگر چنین کند، ویرا به بدکاری برمی‌انگیزد.
۴ - از اندرونِ کسان، آگاه نتوان شدن!
۵ - در بدی بنیرو بوده که بدی کرده است.
۶ - سخن پریشان که در دو رج پیش گفتار بآیین آن گذشت.
۷ - راستی، همیستار کاهش نیست.
۸ - سخن را روی بپارسایان نیست که با شاهان است.
۹ - تاج را توان اندیشیدن و نیک را از بد دیدن نیست.
۱۰ - دوباره از بینش تاج و تخت سخن می‌رود!
۱۱ - چرخ هرگز برنمی‌گردد، که شاید روزگار بر کسی برگردد.
۱۲ - رای، آهنگ کاری کردن است، و تیره نمی‌شود.
۱۳ - دریوزه‌گری افزایندگان با سخنان سست...
۱۴ - ...که هنوز پایان نیافته است، و نیاز به مروارید نیز بدان افزوده می‌شود.
۱۵ - ایوانِ شاه زمین سخنی سست است.

بر این نیز بگذشت یک هفته روز ‌‌ ‌ بهشتم، چو بفروخت، گیتی‌فروز[1]
بینداخت آن چادر لاژورد ‌ ‌ بیاراست گیتی به دیبای زرد[2]
شهنشاه بنشست با موبدان ‌ ‌ جهاندیده و کارکرده ردان[3]
سرِ موبدِ موبدان اردشیر ‌ ‌ چو شاپور و چون یزدگرد دبیر[4]
ستاره شناسان و جویندگان ‌ ‌ خردمند و بیدار گویندگان[5]
سراینده بوزرجمهرِ جوان ‌ ‌ بیامد برِ شاه نوشیروان[6]
به دانندگان گفت شاه جهان ‌ ‌ که: «با کیست؟ این دانش، اندر نهان!»[7]
کزو دین یزدان بنیرو شود ‌ ‌ همان تخت شاهی بی آهو شود»[8]
چو بشنید زو موبد موبدان ‌ ‌ زبان برگشاد از میانِ ردان[9]
چنین داد پاسخ که: «از داد شاه ‌ ‌ درفشان شود فرّ و دیهیم و گاه[10]
چو با داد، بگشاید از گنج، بند ‌ ‌ بماند پس از مرگ نامش بلند
دگر کاو بشوید؛ زبان، از دروغ ‌ ‌ نجوید ز کژّی بگیتی فروغ
سپهبد چو با داد و بخشایش است ‌ ‌ ز تاجش زمانه پرآسایش است[11]
اُ دیگر که از کهتر پرگناه ‌ ‌ چو پوزش کند، باز بخشدش شاه[12]
به پنجم جهاندار نیکوسخن ‌ ‌ -که نامش نگردد به گیتی کهن-[13]
همه راست گوید سخن کمّ و بیش ‌ ‌ نگردد به هر کار ز آیینِ خویش[14]
ششم بر پرستندهٔ تخت خویش ‌ ‌ چنان مهر دارد که بر بخت خویش[15]

---

۱ - «یکهفته روز» در زبان فارسی شنیده نشده است، اما افزایندگان را سرِ بازی با اندیشهٔ خوانندگان است، و بزودی یکهفته ماه نیز خواهند آورد. ۲ - سخن از شاهنامه برگرفته شده است. ۳ - کارکرده ردان را نشاید گفتن: «کاردیده ردان».

۴ - **یک:** موبد موبدان، خود، سرِ موبدان است و نشاید که سر را نیز بدو بیفزاییم! **دو:** چو... نادرخور است.

۵ - جویندگان و بیدارگویندگان چه کسانند؟ ٦ - بیامد برِ شاه؟ یا در انجمن بود؟

۷ - سخن وابسته برج پسین است... دانشی که...

۸ - ...دین یزدان از آن بنیرو شود دانش دین است، و آنرا با تخت شاهی پیوند نیست.

۹ - موبدان در ردهٔ ردان نبودند.

۱۰ - **یک:** دیهیم و گاه را شاید درخشان شدن، اما فرّ، فرّ است و دهشی یزدانی است، که خود بخود بایستی درفشان باشد. **دو:** و دادورزی شاه... آن دانش نیست که پرسیده شد! ۱۱ - از داد، وبخشش در رج دویم پیشین یاد شد!

۱۲ - پیوند «از» در لت نخست نادرخور است، یا (از) کهتر پرگناه بگذرد، یاکهتر پر گناه (را) ببخشد.

۱۳ - **یک:** پیشتر از «چهارم» یاد نشده بود که پنجم بیاید! شاهنامه خاورشناسی مسکو، آنرا دریافته بجای به پنجم‌سدیگر آورده‌است، اما چون هنگام ششم رسد (رج دویم پسین) بجای آن چهارم آورده است که آهنگ سخن را برهم می‌ریزد. **دو:** یکبار دیگر از سخنگویی شاه در افزوده‌ها یاد شده بود (سخنگوی و روشندل و داد ده!). **سه:** لت دویم نیز دوباره‌گویی «بماند پس از مرگ نامش بلند» است.

۱۴ - راستگویی شاه نیز در گفتار درست شاهنامه آمده است:

زبان راستگوی و، دل آزرمجوی ‌ ‌ همیشه جهان را بدو آبروی

۱۵ - نشاید چنین بودن، هیچکس را برکس دیگر مهر بیش از خود نیست، مگر «فرزند» را، یا برفراز درخش و آتش و سوزشِ مهر، «دلدار» را.

به هفتم سخن هر که دانا بود / زبانش به گفتن توانا بود[1]
نگردد دلش سیر ز آموختن / از اندیشگان مغز را سوختن[2]
به آزادی‌ست از خرد، هر کسی / چنانچون ننالد ز اختر بسی
دلت مگسل ای شاه راد از خرد / خرد نام و فرجام را پرورد[3]
منش پست و کم دانش، آن کس که گفت: / «منم! که‌م بدانش کسی نیست جفت»
چنین گفت پس یزدگرد دبیر / که: «ای شاه دانا و دانش‌پذیر[4]
اَبَر شاه زشت است خون ریختن / به اندک سخن دل برآهیختن[5]
همان چون سبکسر بود شهریار / بداندیش دست اندر آرد به کار[6]
همان با خردمند گیرد ستیز / کند دل ز نادانی خویش تیز[7]
دل شاه گیتی چو پر آز گشت / روان ورا دیو انباز گشت[8]
ور ایدون که حاکم بود تیزمغز / نباید ز گفتار او کار نغز[9]
دگر کارزاری که هنگام جنگ / بترسد ز جان و نترسد ز ننگ[10]
توانگر که باشد دلش تنگ و زفت / شکاف زمین بهتر او را نهفت[11]
چو بر مرد درویش گنداوری / نه کهتر نه زیبندهٔ مهتری[12]
چو کژّی کند پیر ناخوش بود / پس از مرگ جانش پر آتش بود[13]
چو کاهل بود مردِ برنا به کار / ازو سیر گردد دل روزگار[14]
نماند ز ناتندرستی جوان / مبادش توان و مبادش روان»[15]
چو بوزرجمهر این سخن‌های نغز / شنید و، بدانش بیاراست مغز[16]
چنین گفت با شاه خورشیدچهر / که: «بادا بکام تو، روشن سپهر[17]
چنان دان هر آنکس که دارد خرد / بدانش روان را همی پرورد

۱ – چند بار است که از «سخنگویی» سخن می‌رود!
۲ – گفتار لت نخست بگونهٔ درست در رج سیُوم پسین می‌آید، و گفتار لت دویم خام و بی‌گزارش است.
۳ – سخن بگونهٔ نادرست در رج پیشین گذشت. **۴** – آیین دربار شاهان چنان نبوده است که بی‌دستوری شاه سخن گوید.
۵ – چنین سخن چنان می‌نماید که نوشروان در همان دم فرمان کشتن کسی را داده بوده است!
۶ – «همان» آغازین نادرخور است، و «دست بکار اندر آوردن» راگزارش نیست.
۷ – **یک:** «همان» آغازین همچنان... **دو:** خردمند راکمبود است: «خردمندان». **سه:** دل از نادانی «تیز» نشاید شدن، که کُند می‌شود.
۸ – «گشت» نادرخور است و با بندِ «چو» همخوان نیست: «چون گردد».
۹ – **یک:** شاه به (حاکم تازی) گردید! **دو:** از گفتارها یا از کردار او؟
۱۰ – این سخن را چه پیوند با گفتار است؟
۱۱ – همین سخن نادرخور را باید در شکاف زمین فروکردن!!
۱۲ – سخن بی‌سروپای آشفته
۱۳ – چرا باکژی (بدخویی) روان کسی شایستهٔ آتش باشد؟
۱۴ – برنا، کودک پنج تا ده ساله است... و روزگار را دل نیست که ازکسی سیر گردد.
۱۵ – سخن پریشان بی‌سروپای
۱۶ – مغز او پیش بدانش آراسته بود.
۱۷ – دنبالهٔ گفتار

نکوهیده ده کار بر ده گروه نکوهیده‌تر نزد دانش‌پژوه[1]
یکی آنکه حاکم بود با دروغ نگیرد بر مرد دانا فروغ[2]
سپهبد که باشد نگهبان گنج سپاهی که او سر بپیچد ز رنج[3]
دگر دانشومند کاو از بزه نترسد چو چیزی بود بامزه[4]
پزشکی که باشد به تن دردمند ز بیمار چون باز دارد گزند[5]
چو درویش مردم که یازد به چیز که آن چیز گفتن نیرزد بنیز[6]
همان سفله کز هر کس آرام و خواب ز دریا دریغ آیدش روشن آب[7]
وگر باد نوشین به تو بر جهد سپاسی ازان بر سرت بر نهد[8]
به هفتم خردمند کاید به خشم به چیز کسان بر گمارد دو چشم[9]
به هشتم به نادان نماینده راه سپردن به کاهل کسی کارگاه[10]
همان بی‌خرد کاو نیابد خرد پشیمان شود هم ز گفتار بد[11]
دل مردم بی‌خرد آرزوی برین گونه آویزد ای نیکخوی[12]
چو آتش که گوگرد یابد خورش گرش در نیستان بود پرورش[13]
دل شاه نوشیروان زنده باد سران جهان پیش او بنده باد»[14]

*

برین نیز بگذشت یک هفته ماه نشست از بر تخت پیروزه شاه[15]
به یک دست موبد که بودش وزیر به دست دگر یزدگرد دبیر[16]
همان گرد بر گرد او موبدان سخنگو چو بوزرجمهر جوان[17]
به بوزرجمهر آن زمان گفت شاه که: «ای مرد پر دانش و نیکخواه[18]

---

۱ – چون نکوهیده باشد، نزد همه کس نکوهیده است، نه تنها دانش‌پژوهان (= دانش آموزان).

۲ – **یک:** دوباره از (حاکم تازی) یاد می‌شود. **دو:** لت دویم را پیوند بایسته با لت نخست نیست: «اگر پادشاه دروغگو باشد، نزدیک دانایان...».

۳ – سپهبد را «ی» باید، «سپهبدی که...».

۴ – **یک:** از بزه نشاید ترسیدن، باید کفاره گرفتن! **دو:** لت دویم نادرخور...

۵ – سخن زیبا است اما؛ **یک:** بگفتار پیوند ندارد... «دیگر پزشکی که...». **دو:** بسا پزشکان که دردمند هستند، و درد در تن همگان شاید بودن.

٦ – سخن درهم است، و بنیز پایانی نادرست.

۷ – سخن آشفته و بی‌پیوند

۸ – دنبالهٔ همان گفتار

۹ – خشم را چه پیوند با چشم دوختن بچیز کسان؟

۱۰ – **یک:** نماینده راه نادرست است راه نمون (رهنمایی کردن). **دو:** لت دویم را نیز پیوند بایسته نیست نادان را با تن‌پرور (= کاهل) نشاید، یگانه دانستن.

۱۱ – خرد، یافتنی نیست، و لت دویم را پیوند با لت نخست نیست.

۱۲ – سخنان پریشان بدنبالِ هم. ای نیکخوی نیز برای پساوا آمده است، وگرنه روی سخن افزاینده بشاه بود.

۱۳ – افزاینده خواست بگوید که دل مردم بی‌خرد، (چنان به) آرزو (می آویزد) که آتش بگوگرد... اما آتش بگوگرد نمی‌آویزد، که از آن برمی‌خیزد!

۱۴ – سران جهان راکنشِ «باد» نشاید.

۱۵ – **«هفته ماه!»** نیز بدنبال هفته روز آمد!

٦۱ – لت نخست را سخن، سست است.

۱۷ – «چو» در لت دویم نادرخور است.

۱۸ – پر دانش واژه‌ای نادرخور است: «دانشمند».

سخن‌ها که جان را بود سودمند — همی مرد بی‌ارز گردد بلند[1]
ازو گنج گویا نگیرد کمی — شنودن بود مرد را خرمی»[2]
چنین گفت موبد به بوزرجمهر — که: «ای نامورتر، ز گردان‌سپهر[3]
چه دانی که بیشیش بگزایدت — چو کمّی بود زور بفزایدت»[4]
چنین داد پاسخ که: «کمتر خوری — تن آسان شوی هم روان پروری[5]
ز کردار نیکو چو بیشی کنی — همی بر هماورد پیشی کنی»[6]
چنین گفت پس یزدگرد دبیر — که: «ای مرد گوینده و یادگیر[7]
سه آهو کدامند با دل به راز — که دارند و هستند زان بی‌نیاز؟»[8]
چنین داد پاسخ که: «باری نخست — دل از عیب جستن ببایدت شست[9]
بی‌آهو کسی نیست اندر جهان — چه در آشکار و چه اندر نهان[10]
چو مهتر بود بر تو رشک آوری — چو کهتر بود زو سرشک آوری[11]
سدیگر سخن‌چین و دوروی مرد — بدان، تا برانگیزد از آب، گرد[12]
چو گوینده‌ای کاو، نه بر جایگاه — سخن گفت و زو دور شد فرّ و جاه[13]
همان کاو سخن سر بسر نشنود — نداند به گفتار و هم نگرود[14]
به چیزی ندارد خردمند چشم — کزو باز ماند بپیچد ز خشم»[15]
بپرسید پس موبد موبدان — که: «ای برتر از دانش بخردان[16]
کسی نیست بی‌آرزو در جهان — اگر آشکار است و گر، در نهان[17]
همان آرزو را پدید است راه — که پیدا کند مرد را، دستگاه[18]

---

۱ – لت دویم را با لت نخست پیوند بایسته نیست...: «که از آن...».
۲ – سخن را در هر دو لت پیوند بایسته نیست.
۳ – **یک:** شاه از بزرگمهر سخن، خواسته بود، و چه جای پرسش موبد است؟ **دو:** کدام موبد است؟
۴ – سخن را گزارش نیست.
۵ – **یک:** لت نخست را پیوند «اگر» در میانه باید... اگر کمتر خوری. **دو:** لت دویم نیز «هم» در آغاز باید تا با «هم» میانین همتراز گردد: «هم تن آسان شدی، هم روان پروری».
٦ – **یک:** ز کردار نیکی نادرست است: «در کار نیک». **دو:** کدام هماورد؟ کردار نیک برای پیوستن بنیکی است نه از برای نبرد.
۷ – دنبالهٔ گفتار
۸ – **یک:** آهو (= عیب) را راز با دل نیست. **دو:** لت دویم بی‌پیوند و بی‌گزارش است.
۹ – پرسش درباره «آهو» است، و پاسخ دربارهٔ «چشم پوشیدن از آهو!»
۱۰ – آشکار و نهان به «کس» لت نخست بازمی‌گردد، باز آنکه افزاینده آنرا پیوسته بآهو آورده است.
۱۱ – رَشک را با سرِشک پساوا نیست، و این سخن سست را نیز پیوند به «کس» رج پیشین است نه به آهو.
۱۲ – از دودیگر سخنی نرفته، به‌سدیگر رسیدیم.
۱۳ – فرّ و جاه بهمین سادگی ازکس دور نمی‌شود، سخن را نیز پیوند با گفتار پیشین نیست.
۱۴ – سخن بی‌گزارش
۱۵ – **یک:** چشم (داشتنی) نیست (دوختنی) است. **دو:** لت دویم را نیز پیوند «که چون» باید.
۱٦ – نشاید که کسی برتر از دانش در شمار آوردن.
۱۷ – در این گفتار نیز آشکار و نهان به «کسی» بازمی‌گردد، باز آنکه افزاینده، «آرزو» را خواست گفتن.
۱۸ – لت دویم نادرخور و بی‌پیوند است.

کدامین ره آید ترا سودمند   کدام است با درد و رنج و گزند؟»[1]

*

چنین داد پاسخ که: «راه از دو سوست   گذشتن ترا، تا کدام آرزوست[2]
ز گیتی یکی بازگشتن به خاک   که راهی دراز است با بیم و باک[3]
خرد باشدت زین سخن رهنمون   بدین پرسش اندر چرا نیّ و چون[4]
خرد مرد را خلعت ایزدیست   سزاوار خلعت نگه کن که کیست[5]
تنومند را کاو خرد یار نیست   به گیتی کس او را خریدار نیست[6]
نباشد خرد جان نباشد رواست   خرد جان پاک است و ایزد گواست[7]
چو بنیاد مردی بیاموخت مرد   سرافراز گردد به ننگ و نبرد[8]
ز دانش نخستین به یزدان گرای   که او هست و باشد همیشه بجای[9]
بدو بگروی کام دل یافتی   رسیدی به جایی که بشتافتی[10]
دگر دانش آن است کز خوردنی   فراز آری از روی آوردنی[11]
به خورد و به پوشش به یزدان گرای   بدین، دار فرمان یزدان بجای[12]
گر آیدت روزی به چیزی نیاز   به دشت و به گنج و به پیلان مناز[13]

---

۱ - ترا سودمند، نادرست است: «کدامین ره از دید تو بهتر است».

۲ - «گذشتن» به «راه» بازمی‌گردد، باز آنکه بایستی به «کس» پیوند خورد.

۳ - **یک:** بازگشتن بخاک را باآرزو پیوند نیست. **دو:** راه بازگشتن بخاک دراز نیست، و بیک دم پیوسته است.

۴ - **یک:** بازگشتن بخاک، «سخن» نیست. **دو:** خرد رهنمون است، و لت دویم را پیوند با لت نخست نیست.

۵ - لت دویم نادرخور است، زیرا که اگر خرد داده ایزد است، پرسنده را چه؟ که چه‌کس سزاوارِ آنست!

۶ - چرا یکباره از خرد، بسوی تنومند رفتن؟

۷ - **یک:** سخن را در آغاز پیوند «اگر» باید. اگر خرد نباشد... که خود نادرخور است، زیرا که خرد هست و در مغز مردمان روانست. **دو:** بسا جانداران را که خرد نیست و جان هست. **سه:** «خرد» جان نیست، و با جان همراه است. **چهار:** ایزد را گواه‌گرفتن!:

گواه من اندر جهان ایزد است   گوا خواستن دادگر را بد است

گفتار پیران ویسه با رستم

۸ - سخن را هیچ پیوند بگفتار پیشین نیست، و نیز با هیچ رشته و بند، به آرزو پیوسته نتواند شد.

۹ - سخن از آرزو بود، نه از دانش! و گرایش به یزدان از شمارِ دانش نیست.

۱۰ - **یک:** سخن را در آغاز پیوند «اگر» باید: «اگر بدو بگردی». **دو:** یافتی نادرخور است: زیرا که کام دل یافتنی نیست. به کام دل رسیدن باید...: «اگر بدو بگردی بکام دل می‌رسی». **سه:** لت دویم نیز کودکانه و سست است. بجایی که بشتافتی را چه گزارش است: «بجایی می‌رسی که برای رسیدن بدان شناخته بودی».

۱۱ - این گفتار سست بی‌پیوند برگرفته از سخن بزرگمهر است:

چو زین بگذری سفله آنرا شناس   که از پاک یزدان ندارد سپاس
دریغ آیدش بهرهٔ تن ز تن   شود، ز آرزوها، ببندد دهن

۱۲ - گرایش بیزدان خوردن و پوشیدن نیست. اندیشهٔ ایرانیان باستان بر آن بوده است که آنکو به یزدان «گروش» (= ایمان، یا اعتقاد) دارد، می‌باید که به تن و روان خویش آزار نرساند پس می‌باید که نخست بهرهٔ تن را بتن برساند، و آنراگرسنه و تشنه ندارد!

۱۳ - موبد موبدان را چه نازش به‌گنج و پیلان؟

هم از پیشه‌ها آن گزین کاندر اوی   ز نامش نگردد نهان آبروی[1]
همان دوستی با کسی کن بلند   که باشد به سختی ترا سودمند[2]
تو در انجمن خامشی برگزین   چو خواهی که یکسر کنند آفرین![3]
چو گویی همان گوی کآموختی   به آموختن در جگر سوختی[4]
سخن سنج و دینار گنجی مسنج   که بر دانشی‌مرد خوار است گنج[5]
روان در سخن گفتن آژیر کن   کمان کن خرد را سخن تیر کن[6]
چو رزم آیدت پیش هشیار باش   تنت را ز دشمن نگهدار باش[7]
چو بدخواه پیش تو صف برکشید   ترا رای و آرام باید گزید[8]
برابر چو بینی کسی همنبرد   نباید که گردد ترا روی زرد[9]
تو پیروزی ار پیشدستی کنی   سرت پست گردد چو سستی کنی[10]
بدان گه که اسپ افکنی هوش دار   سلیح هماورد را گوش دار[11]
گر او تیز گردد تو زو برمگرد   هشیوار یاران گزین در نبرد[12]
چو دانی که با او نتابی مکوش   به برگشتن از رزم باز آر هوش[13]
چنین هم نگه دار تن در خورش   نباید که بگزایدت پرورش[14]
بخور آن چنان کان بنگزایدت   به بیشی خورش تن بنفزایدت[15]
مکن درخورش خویش را چارسوی   چنان خور که نیزت کند آرزوی[16]

---

۱ - آبروی (نهان) نمی‌شود، که (می‌رود) یا (می‌ریزد).

۲ - دوستی بلند کردن را در زبان فارسی پیشینه نیست.

۳ - یکباره از کارهای جهانی به خاموشی در انجمن بازگشت، و اگر سخنی برای گفتن هست چرا بایستی در انجمن خاموش بودن؟

۴ - **یک:** کنش آموختی نادرخور است: آموخته‌ای! **دو:** اگر چنین باشد، هیچگاه کاروان دانش را به پیش رفتن نشاید. مردم خردمند را باید که همواره بر آموخته‌های پیشین بیفزایند! **سه:** کنش سوختی نیز همچنان نابجا است: «سوخته‌ای».

۵ - دینار گنجی راگزارش نیست، دینار، دینار است.

٦ - **یک:** سخن گفتن را با «روان» پیوند نیست که به خرد و دانش پیوسته است، و خرد و دانش، همواره آژیر (= هشیار) است. **دو:** لت دویم نیز نادرخور است. و اگر بایستی چنین داستان زدن بهتر آن بود که بگویند، دانش را چون کمان کن، و تا سخنی که از آن برمی‌آید، چون تیر بر نشانه نشیند.

۷ - هیچگاه برای موبدان موبد رزم پیش نمی‌آید.

۸ - **یک:** کنش «کشید» نادرست است چون بدخواه صف برکشد». **دو:** رای، آهنگ کاری را کردن است و با آرام (آرامش) همراه نیست. گاه شاید بودن که رای به شتاب درباره کاری بوده باشد!

۹ - سخن کودکانه!

۱۰ - پیشدَستی را با سُستی پساوا نیست، و بسیار باشد که آنکه پیشدستی کند، شکست را برای خویش خریده باشد.

۱۱ - اسپ افکندن را چه گزارش باشد، و گوش داشتن به جنگ‌افزار را چه روی است؟

۱۲ - دو کس، رو در روی یکدیگر ایستاده نبرد می‌کنند، پس چه جای گزیدن یاران است؟

۱۳ - پیشتر گفته شد که پیشدستی کن... لت دویم نیز سست و بی‌پیوند است.

۱۴ - یکباره از نبرد، به خوردن گرایید!! و پرورش تن کسیرا نمی‌گزد.

۱۵ - **یک:** دوباره با گفتار نادرست از «گزیدن» سخن می‌رود. **دو:** لت دویم سخت نادرخور است. افزاینده خواسته است بگوید: «با خوردنِ بسیار خویش را فربه مکن».

١٦ - افزایندهٔ تیره روز، چون دانست که در رج پیشین سخنش رسا نیست، خواست که آنرا گزارش کند، و خویش را چارسوی کرد!!؟

ز مــی نـیز هـم شـادمانی گـزین — کـه مست از کسـی نشـنود آفـرین[1]
چـو یـزدان پسـندی پسـندیده‌ای — جهان چون تـن است و تـو چـون دیـده‌ای[2]
بسـی از جـهان‌آفرین یـاد کـن — پـرستش بـر ایـن یـاد بـنیاد کـن[3]
بـه ژرفـی نگـه دار هـنگام را — بـه روز و بـه شب گـاه آرام را[4]
چـو دانـی کـه هستی سرشته ز خـاک — فـرامش مکـن راه یـزدان پـاک[5]
پـرستش ز خـورد ایـچ کـمتر مکن — تـو نـو بـاش گـر هست گیتی کـهن[6]
بـه نـیکی‌گرای و غـنیمت شـناس — هـمه ز آفـریننده دار ایـن سپاس[7]
مگـرد ایـچ گـونه بـه گـرد بـدی — بـه نـیکی گـرایی اگـر بـخردی[8]
سـتوده‌تر آن کس بـود در جـهان — کـه نـیکش بـود آشکـار و نـهان[9]
هـوا را مـبر پـیش رای و خـرد — کـزان پس خـرد سوی تـو نـنگرد[10]
چـو خـواهـی کـه رنـج تـو آیـد بـه بر — ز آمـوزگاران مـبر تـاب سـر[11]
دبـیری بـیاموز فـرزند را — چـو هستی بـود خـویش و پـیوند را[12]
دبـیری رسـاند جـوان را بـه تـخت — کـند نـاسزا را سـزاوار بـخت[13]
⇐ دبـیری‌ست از پـیشه‌ها ارجـمند — کـزو مـرد افکـنده گـردد بـلند
چـو بـا آلت و رای بـاشد دبـیر — نشـیند بـرِ پـادشا نـاگـزیر[14]
تـن خـویش آژیـر دارد ز رنـج — بـیابد بـی‌انـدازه از شـاه گـنج[15]

---

۱ – سخن از فردوسی است.

۲ – **یک:** یزدان را پسندیدن، روا نیست، یزدان را شناختن باید. **دو:** لت دویم نادرخور است.

۳ – **یک:** بسی نادرخور است: «بهر کار». **دو:** بر این یاد بنیاد کن را نیز گزارش نیست.

۴ – **یک:** هنگام را نگه‌داشتن گزارش نیست، و بژرفی نگهداشتن همچنین. **دو:** اگر شب گاه آرامش (نه آرام) باشد، روز را چرا باید نام بردن؟

۵ – سخن سخت نادرخور است، و در باور ایرانیان، همه چیز از خاک و باد و آب و آتش سرشته شده‌اند، نه از خاک، و راهِ یزدان چه باشد که نبایستی آنرا فراموش کردن؟

۶ – **یک:** سست‌ترین سخن است که نیایش (=پرستش؟) را با خوردن بسنجند! **دو:** «تو نو باش» را چه گزارش است؟ پیدا است که هر جاندار، در جهان کهن، نو است!

۷ – **یک:** چه را باید (غنیمت شناختن(!) و (غنیمت) شناختنی نیست (داشتنی) است. **دو:** «این سپاس» پایان لت دویم نیز نادرخور است.

۸ – «مگرد» در لت نخست با «گرایی» در لت دویم همخوان نیست. ۹ – لت دویم سست است.

۱۰ – **یک:** روی سخن به «تو» بازگشت. سخن نیز نادرست است. هوا (= هوی) را بر خویش چیره مکن. **دو:** خرد را چشم نیست که بنگرد یا ننگرد! خرد با اندیشه و مغز همراه است.

۱۱ – آموزش آموزگار در آغاز زندگی‌ست، نه در پایان آن که رنج را به بر (آید).

۱۲ – لت دویم را گزارش نیست. ۱۳ – اگر کسی ناسزاوار باشد، خود ناسزا است، و به (بخت) و تخت نمی‌رسد.

۱۴ – آلت دبیر چه باشد؟ دبیر را تنها یک خامه (=قلم) در کار است. رای نیز آهنگ کاری کردن است، و چون آلت، بهمراه‌کس نتواند بود.

۱۵ – **یک:** از رنج چگونه تن را آژیر (= هشیار) توان داشتن؟ هوشیاری بتن نیست با مغز و روان است. **دو:** لت دویم را نیز پیوند درست با *لت نخست نیست.*

بلاغت چو با خطّ فراز آیدش؛ بگفتار و معنی نیاز آیدش؛
به لفظ آن گزیند که کوتاه‌تر به خط آن نویسد که دلخواه‌تر
خردمند باید که باشد دبیر همان بردبار و سخن یادگیر[1]
هشیوار و سازندهٔ پادشا زبان خامش از بد، به تن پارسا[2]
شکیبا و بادانش و راستگوی وفادار و پاکیزه و تازه روی[3]
چو با این هنرها شود نزد شاه نشاید نشستن مگر پیش گاه»[4]
سخن‌ها چو بشنید ازو شهریار دلش تازه شد چون گل اندر بهار[5]
چنین گفت کسری به موبد که: «رو ورا پایگاهی بیارای نو[6]
درم خواه و خلعت سزاوار اوی که در دل نشسته‌ست گفتار اوی»[7]

*

دگر هفته چون هور بفراخت تاج بیامد نشست از بر تخت آج[8]
ابا نامور موبدان و ردان جهاندار و بیداردل بخردان[9]
همی خواست زشان جهاندار شاه همان نیز فرخ دبیر سپاه[10]
هم از فیلسوفان و زِ مهتران ز هر کشوری کاردیده سران
همان ساوه و یزدگرد دبیر به پیش اندرون بهمن تیزویر[11]
به بوزرجمهر آن زمان گفت شاه که: «دل را بیارای و بنمای راه
ز من راستی، هر چه دانی، بگوی بکژّی مجو از جهان آبروی
پرستش چگونه است و، فرمان من نگه‌داشتن رای و پیمان من

*

ز گیتی چو آگه شوند این مهان شنیده بگویند با همرهان[12]
چنین گفت با شاه، بیدار مرد که: «ای برتر از گنبد لاژورد

---

۱ – گفتار درهم‌ریخته است: «دبیر را باید خردمند بودن».
۲ – از انبوه دبیران کشور تنها یک تن بدبیری پادشاه برگزیده می‌شده است.
۳ – «سخن‌ها» نادرخور است چون چنین یا این سخنان را بشنید...
۴ – «کسری» در این رج با «شهریار» در رج پیشین ناهمخوان است.
۵ – لت دویم نادرخور است: «که سخنان وی بر دل می‌نشیند». چنین گفتار نابسامان که از سوی افزایندگان مزدور بشاهنامه افزوده شده است، در پاسخ آن بود که: راه رسیدن به آرزو کدامست؟
٦ – چه‌کس بیامد و نشست؟
۷ – **یک:** جهاندار با موبدان و ردان و بخردان همخوان نیست. **دو:** جهاندار خود شاه بود...
۸ – **یک:** که در این رج از وی یاد می‌شود. **دو:** همی خواست نادرست است، و لت دویم نیز بی‌گزارش است.
۹ – ایران را فیلسوف نبود، و آیا در یکروز می‌توانست که از کشورها نماینده خواستن؟
۱۰ – دو رج بی‌گزارش و پیوند.
۱۱ – **یک:** «ساوه» نام پادشاه ترک بود که بگونه شابه نیز آمده است، و در زمان هرمز برای نبرد بایران آمد. **دو:** پیش را اندرون نیست.
۱۲ – «این مهان» را نشاید از گیتی شنیدن که همه نزدیک بزرگمهراند و از وی می‌شنوند و آگه می‌شوند.

پرستیدن شهریار زمین / نجوید خردمند، جز راه دین[1]
نباید بفرمان شاهان، درنگ! / نباید که باشد دل شاه، تنگ
هر آنکس که بر پادشا، دشمن است / روانش پرستار اهریمن است
دلی کاو ندارد تن شاه دوست / نباید که باشد ورا مغز و پوست[2]
چنان دان که آرام گیتی است، شاه / چو نیکی کنیم او دهد دستگاه
بنیک و بد، او را بود دسترس / نیازد بکین و به آزرم کس[3]
تو مپسند فرزند را جای اوی / چو جان دار در دل همه رای اوی[4]
به شهری که هست اندرو، مهرِ شاه / نیابد نیاز اندران بوم راه[5]
بدی بر تو از فرّ او نگذرد / که بختش همه نیکوی پرورد[6]
جهان را دل از شاه خندان بود / که بر چهر او فرّ یزدان بود
چو از نعمتش بهره‌یابی، بکوش / که داری همیشه بفرمانْش گوش[7]
به اندیشه، گر سر بپیچی از اوی / نبیند به نیکی ترا بخت، روی[8]
چو نزدیک دارد، مشو، بَرمَنِش / اُگر دور گردی، مکن سرزنش
پرستنده گر یابد، از شاه، رنج / نگه کن که با رنج، نام است و گنج
نباید که سیر آید از کارکرد / همان تیز گردد، ز گفتار سرد
اگر گشْنْ شد بنده را، دستگاه / بفرّ و بنامِ جهاندار شاه[9]
گر از ده، یکی، باژ خواهد روا است / چنان رفت باید، که او را هوا است[10]
گرامی‌تر آن کس بود نزد شاه / که چون گشن بیند ورا دستگاه[11]
ز بهری که او را سراید ز گنج / نماند که باشد بدو درد و رنج[12]
ز یزدان بود آنکه ماند سپاس / کند آفرین مرد یزدان‌شناس[13]
اُ دیگر که اندر دلش راز شاه / بدارد، نگوید بخورشید و ماه!

---

۱ - سخن را پیوند درست نیست.

۲ - **یک:** لت نخست را پیوند «را» باید «تن شاه را». **دو:** چنین سخن گزافه است و بسا کسان که در جهان هستند و شاه را ندیده‌اند و نمی‌شناسند. **سه:** دل را مغز نیست.

۳ - **یک:** به نیک بد دسترس بودن نادرست است به نیکی و بدی کردن توانا است. **دو:** «کین» همیستار «آزرم» (=احترام) نیست.

۴ - **یک:** افزاینده را، رای بر آن بوده است که شاه را از فرزند خویش بیشتر دوست بدار... **دو:** رای پادشاه را بایستی انجام دادن، نه در دل و جان جای دادن!

۵ - «شهر» در لت نخست با «آن بوم» در لت دویم همخوان نیست.

۶ - سخن را روی به «تو» بازگشت، و سخن نیز درهمریخته است.

۷ - در لت دویم کنش داری نادرست است: «همواره گوش بفرمانش داشته باشی» و سخن از (نعمت) در رج سیوم پس از این می‌آید.

۸ - لت دویم درهم است.

۹ - لت دویم نادرست است، زیرا که دستگاه بنده بنام شاه گشن نمی‌شود.

۱۰ - باژ را در کشور، تنها کشاورزان و دست‌ورزان و بازرگانان می‌دادند.

۱۱ - سخن دوباره

۱۲ - همچنین...

۱۳ - سخن پریشان... افزاینده خواسته است که بگوید آن نُه دهم برجای مانده نیز از آن خداوند است، و مرد یزدانشناس، سپاس و آفرین (بر خدای) کند(؟)

بفرمان شاه آنکه سستی کند / همی از تن خویش مُستی کند[1]
نکوهیده باشد گل آن درخت / که نپراکند بار، بر تاج و تخت[2]
ز کس‌های او پیش او بد مگوی / که کمتر کنی نزد او آبروی[3]
اُگر پرسدت هرچه دانی مگوی / به بسیار گفتن مبر آبروی
هر آن کس که بسیار گوید دروغ / بنزدیک شاهان نگیرد فروغ
سخن، کان نه اندر خورد با خرد / بکوشد که بر پادشا، نشمرد
فزون است زان دانش اندر جهان / که بشنید گوش آشکار و نهان[4]
کسی را که شاه جهان خوار کرد / بماند همیشه روان پر ز درد
همان در جهان، ارجمند؛ آن بود / که با او، لبِ شاه خندان بود
چو بنوازدت شاه، کشّی مکن / اگرچه پرستنده باشی کَهُن
که هر چند گردد پرستش دراز / چنان دان، که هست او ز تو، بی‌نیاز
اگر با تو گردد ز چیزی دژم / بپوزش گرای و مزن هیچ دم
اگر پرورد دیگری را همان / پرستار باشد چو تو بی‌گمان[5]
اُگر نیستت آگهی زان گناه / برهنه دلت را ببر نزد شاه
اُگر هیچ تاب اندر آری به دل / بدو روی منمای و پی بر گسل
به فرّش ببیند نهان ترا / دل کژّ و تیره‌روان ترا
ازآنپس نیابی تو زو نیکوی / همان گرم گفتار او نشنوی
درِ پادشا همچو دریا شمَر / پرستنده ملاّح و کشتی هنر[6]
سخن لنگر و بادبانش خرد / به دریا خردمند چون بگذرد
همان بادبان را کند سایه‌دار / که هم سایه‌دار است و هم مایه‌دار
کسی کاو، ندارد روانش، خرد / سزد گر درِ پادشا نسپرد[7]
اگر پادشا کوه آتش بدی / پرستنده را زیستن خوش بدی[8]
چو آتش گهِ خشم سوزان بود / چو خشنود باشد فروزان بود[9]
ازو یک زمان شیر و شهدست بهر / به دیگر زمان چون گزاینده زهر[10]

۱ - **یک:** سخن از راز شاه رفت نه فرمان شاه. **دو:** از تنِ خویش مُستی (= مویه کردن) چگونه باشد؟
۲ - باز سخن از فرمانبری به بازدهی بازگشت. **۳** - کس‌ها، بجای خویشان نادرخور است.
۴ - سخن پریشان و بی‌پیوند. **۵** - دیگری را همان گزارش ندارد.
۶ - سخن در سه رج، برگرفته از گفتار سعدی است: «صحبت پادشاهان به آب و آتش ماند که عاقبت الامر از غرق و حرق در آن‌گزیری نیست.» **۷** - خرد، از آن روان نیست خرد با اندیشه و مغز است.
۸ - سخنِ سبک که در کوه آتش چگونه توان خوش زیستن؟ **۹** - دنبالهٔ همان گفتار
۱۰ - خرد نمی‌پذیرد که کسی در دربار شاه از زهر گزاینده‌ای که از وی می‌رسد سخن گفتن.

بکردار دریا بود کار شاه ‌ ‌ ‌ بفرمان او تابد از چرخ، ماه[1]
ز دریا، یکی ریگ دارد بکف ‌ ‌ ‌ دگر دُر بیابد میان صدف[2]
جهان زنده بادا به نوشین‌روان ‌ ‌ ‌ همیشه به فرمانش کیوان روان»[3]
نگه کرد کسری بگفتار اوی ‌ ‌ ‌ دلش گشت خرّم بدیدار اوی[4]
چو گفتی که زه، بدره بودی چهار ‌ ‌ ‌ بدین‌گونه بُد بخشش شهریار[5]
چو با زه بگفتی زهازه بهم ‌ ‌ ‌ چهل بدره بودی ز گنجش درم[6]
چو گنجور با شاه کردی شمار ‌ ‌ ‌ به هر بدره بودی درم ده هزار[7]
شهنشاه با، زه، زهازه بگفت ‌ ‌ ‌ که گفتار او با درم بود جفت ده هزار[8]
بیاورد گنجور خورشید چهر ‌ ‌ ‌ درم بدره‌ها پیش بوزرجمهر[9]
برین داستان‌بر سخن ساختم ‌ ‌ ‌ به مهبود دستور پرداختم[10]
میاسای ز آموختن یک زمان ‌ ‌ ‌ ز دانش میفکن دل اندر گمان
چو گویی که فام خرد توختم ‌ ‌ ‌ همه هر چه بایستم، آموختم؛
یکی نغزبازی کند روزگار ‌ ‌ ‌ که بنشاندت، پیشِ آموزگار
ز دهقان کنون بشنو این داستان ‌ ‌ ‌ که برخواند از گفتهٔ باستان[11]

داستان مهبود با زروان
وکشتن انوشیروان
مهبود و پسرانش را

چنین گفت موبد که بر تخت آج ‌ ‌ ‌ چو کسری کسی نیز ننهاد تاج
به بزم و به رزم و به پرهیز و داد ‌ ‌ ‌ چنو کس ندارد ز شاهان به یاد

---

۱ - ماه، بفرمان شاه نمی‌تابد، اما افزاینده را پساوای «شاه» بایسته بود وگرنه خورشید و ستاره را نیز توانستی گفتن.
۲ - از دریا ریگ بدست نمی‌آید.
۳ - **یک:** کیوان را ستاره‌ای بدشگون می‌دانستند، و چرا از میان همهٔ ستارگان نام آن می‌آید؟ **دو:** گفتار بزرگمهر هنوز بپایان نرسیده است که با این سخن پایان را نشان دهند.
۴ - دلش از دیدار وی خرم شد؟ یا از گفتار وی؟
۵ - **یک:** «بدره» کیسه است و بدرهٔ زر یا بدرهٔ سیم باید گفتن. **دو:** بدره بودی چهار، نیز نادرخور است. چهار بدره... آنگاه چهار بدره بود را چه گزارش است؟
۶ - «با» و «بهم» (= با هم) نادرخور است.
۷ - ده هزار سکهٔ سیم در یک کیسه؟!
۸ - لت دویم سخت سست است.
۹ - «خورشیدچهر» برای پساوای بوزرجمهر در کار بود، وگرنه کس بگنجور خورشیدچهر نمی‌گوید.
۱۰ - هنوز سخن بزرگمهر بپایان نرسیده است، و افزاینده خویش را بجای فردوسی در میانهٔ گفتار می‌افکند.
۱۱ - پیشتر از داستان پرداختنِ افزاینده سخن رفته بود و در این رج به دهقان بازگشت.

کشتن کسری وزیران را ۵۲۳

ز دانندگان دانش آموختی   دلش را به دانش برافروختی
خور و خواب با موبدان داشتی   همی سر، بدانش برافراشتی [1]
بر او چون روا شد به چیزی سخن   تو ز آموختن هیچ سستی مکن [2]
نباید که گویی که دانا شدم   به هر آرزو بر توانا شدم [3]
چو این داستان بشنوی یاد گیر   ز گفتار گوینده دهقان پیر [4]

*

بپرسیدم از روزگار کهن   ز نوشیروان یاد کرد این سخن [5]
که او را* یکی پاک دستور بود   که بیداردل بود و گنجور بود
دلی پر خرد داشت، رای درست   ز گیتی بجز نیکنامی نجست [6]
که مهبود بُد نام آن پاک‌مغز   روان و دلش پر ز گفتار نغز
دو فرزند بودش چو خرّم بهار   همیشه پرستندهٔ شهریار
شهنشاه چون بزم آراستی   اُگر، بَرسَم موبدی خواستی●
نخوردی جز از دست مهبود، چیز   هم ایمن بُدی زان دو فرزند، نیز
خورشخانه در خانِ او داشتی   تن خویش مهمانِ او داشتی
دو فرزند آن نامور پارسا   خورش تاختندی برِ پادشا

*

بزرگان ز مهبود بردند رشک   همی ریختندی به رخ بر سرشک [7]
یکی نامور بود، زروان بنام   که او را بُدی بر درِ شاه، کام
کهن بود و هم حاجب شاه بود   فروزندهٔ رسم درگاه بود [8]
ز مهبود و فرّخ دو فرزند اوی   همه ساله بودی پر از آب، روی
همی ساختی؛ تا سرِ پادشا   کند تیز، بر کارِ آن پارسا
به بد گفت از ایشان ندید ایچ راه   که کردی پرآزار زان جان شاه [9]
خردمند زان بَد، نه آگاه بود   که او را بدرگاه بدخواه بود

---

۱ - **یک:** خواب نوشیروان را چگونه با موبدان توان اندیشیدن؟ **دو:** پس آن انبوه دخترکان چرا در مشکوی وی می‌زیستند؟
۲ - سخن سخت بی‌پیوند و درهمریخته است.   ۳ - این رج از آن گفتار بلند پیشین «میاسای ز آموختن» برگرفته شده است.
۴ - دوباره سخن از دهقان می‌رود!   ۵ - سه باره...
* - چون پنج رج پیشین را افزوده در شمار آوریم، این سخن می‌باید چنین آغاز گردد: **«مر او را»**، و چون چنین باشد «که» در لت دویُم درست است، وگرنه در یک سخن دوبار «که» پیوند دهنده (موصول) آوردن، درست نیست.
۶ - **یک:** سخن از بیداردلی او در رج پیشین گذشت، و خرد از آن دل نیست. **دو:** «نجست» پایان رج نیز نادرست است: **«نمی‌جُست»**.
● - «برسم موبدی» درست نیست و **«برسم از موبدی خواستی»** درست است.
۷ - **یک:** «بردند» در لت نخست با «همی ریختند» لت دویم همخوان نیست. **دو:** رَشگ با سرِشک پساوا ندارد.
۸ - رسم در گفتار فردوسی نیاید.   ۹ - بدگفت را کمبود است «بد گفتن» یا «بدگویی».

ز گفتار و کردار آن شوخ مرد / نشد هیچ مهبود را روی زرد [1]

*

چنان بُد که یک روز مردی جهود / ز زروان درم خواست از بهر سود
شد آمد، بیفزود نزدیک اوی / برآمیخت با جانِ تاریک اوی
چو با حاجب شاه گستاخ شد / پرستندهٔ خسروی کاخ شد [2]
ز افسون سخن رفت روزی، نهان / ز درگاه و از شهریار جهان
ز نیرنگ و از تُنبل و جادوی / ز کردار کژّی و از بدخوی!

*

چو زروان بگفتار مرد جهود / نگه کرد و زانسان سخن‌ها شنود؛
بر او، راز بگشاد و گفت: «این سخن / بجز پیش جان، آشکارا مکن؛
یکی چاره باید ترا ساختن / زمانه، ز مهبود پرداختن!
که او را بزرگی بجایی رسید / که پای زمانه نخواهد کشید [3]
ز گیتی ندارد، کسی را بکس / تو گویی که نوشیروان است و بس!
جز از دست فرزند مهبود، چیز / خورش‌ها نخواهد، جهاندار، نیز [4]

*

شده‌ست از نوازش چنان بَرمنش / که هزمان ببوسد فلک دامنش» [5]
چنین داد پاسخ به زروان، جهود / که: «زین داوری غم نباید فزود
چو بَرسَم بخواهد جهاندار شاه / خورش را ببین تا چه آید براه
نگر تا بود هیچ، شیر، اندروی / پذیره شو و خوردنی‌ها ببوی
همان بس که من شیر بینم ز دور / نه مهبود بینی تو، زنده، نه پور

*

که گر، زو خورد بیگمان روی و سنگ / بریزد هم اندر زمان بی‌درنگ» [6]
نگه کرد زروان بگفتار اوی / دلش تازه‌تر شد بدیدار اوی
نرفتی به درگاه بی‌آن جهود / خور و شادی و کام بی او نبود [7]

*

چنین، تا برآمد برین، چند گاه / بدآموز، پویان؛ بدرگاه شاه

---

۱ – او هنوز سخنی نگفته بود، و نشاید از گفتار وی یاد کردن.
۲ – چنین نشد... زیرا که در رج پسین از سخن گفتن پنهانی دربارهٔ درگاه یاد می‌شود.
۳ – **یک:** دو بار «که» در یک سخن روان نمی‌شود. **دو:** پای زمانه را کشیدن نیز گزارش نیست.
۴ – چیز نخواهد؟ یا خورش(ها) نخواهد؟
۵ – «مَنِش» را با «دامَنَش» پساوا نیست.
۶ – روی و سنگ را پایگاه خوردن نیست!
۷ – لت دویم را نیز کمبود است: «کامش» بی‌رو نبود.

دو فرزند مهبود، هر بامداد / خرامان شدندی برِ شاه، شاد
پس پردهٔ نامور کدخدای / زنی بود پاکیزه و پاکرای[1]
که چون شاه کسری خورش خواستی / یکی خوان زرّین بیاراستی[2]
سه کاسه نهادی بر او از گهر / به دستارِ زربفت پوشیده سر[3]
ز دست دو فرزند آن ارجمند / رسیدی بنزدیک شاه بلند[4]
خورش‌ها ز شهد و ز شیر و گلاب / بخوردی و آراستی جای خواب[5]
چنان بُد که یک روز هر دو جوان / ببردند خوان، نزد نوشیروان
بسر بر، نهاده یکی پیشکار / که بودی خورش نزد او استوار[6]
چو خوان اندر آمد، به ایوان شاه / بدو کرد زروان حاجب نگاه
چنین گفت خندان: بهر دو جوان / که: «ای کهترِ شاه نوشیروان
یکی، روی بنمای، تا زین* خورش / که باشد همی شاه را پرورش؛
چه؟ رنگ است کآید همی بوی خوَش / یکی، چادرِ پرنیان، زو بکَش»
جوان زان خورش زود بگشاد روی / نگه کرد زروان ز دور، اندروی
همیدون جهود اندرو بنگرید / پس آمد، چو رنگ خورش را بدید
چنین گفت زان پس بسالار بار / که: «آمد درختی که کِشتی، ببار»
ببردند خوان نزد نوشیروان / خردمند و بیدار، هر دو جوان
پسِ خوان همی رفت زروان چو گرد / چنین گفت با شاهِ آزادمرد
که: «ای شاه نیک‌اختر و دادگر / تو بی‌چاشنی● دستِ خوردن مبر
که روی فلک، بخت خندان تست / جهان؛ روشن از تخت و میدان تست
خورشگر بیامیخت، با شیر، زهر / بداندیش را باد، زین زهر، بهر!»

*

چو بشنید زو شاه نوشیروان / نگه کرد روشن، بهر دو جوان
که خوالیگرش مام ایشان بُدی / خردمند و با کام ایشان بُدی[7]
جوانان ز پاکیّ و از راستی / نوشتند بر پشت دست آستی○

---

۱ – وابسته به رج‌های پسین است.
۲ – شاه را هر روز بگاه خود خورش بایسته بود و نمی‌بایستی که بزبان خود بگوید.
۳ – کاسه را نمی‌توان از گوهر بر آوردن. ۴ – سخن سست می‌نماید.
۵ – **یک:** خورش پادشاهان چنین درویشانه نبوده است. **دو:** جای خواب نوشروان در مشکوی بود.
۶ – افزاینده پیشتر از بردن خورش‌ها بر دست فرزندان مهبود یاد کرده بود، و خورش را چگونه استوار بودن شاید؟
* – نمونه‌ها همه چنین است، درست چنین می‌نماید: **«این خورش»** (=یکبار، روی این خوراک (را بنمای ما ببینیم چه رنگ است که بوی خوش دارد). ● – کسی پیش از تو خورش را بچشد، تا زهر در آن نیامیخته باشند.
۷ – لت دویم راگزارش نیست. ○ – آستین برنوشتند، آستین را بخوردن بالا زدند.

[همان چون بخوردند از کاسه شیر　　تو گویی بخَستند هر دو، بتیر□]
[بخفتند بر جای هر دو جوان　　بدادند جان، پیش نوشیروان]

*

چو شاه جهان، اندران بنگرید　　برآشفت و شد چون گل شنبلید
بفرمود کـ :«ـز خان مهبود، خاک　　برآرید و، از کس مدارید باک!
بر آن خاک، باید بریدن سرش!　　مه مهبود بادا، مه خوالیگرش!
به ایوان مهبود در، کس نماند　　ز خویشان او در جهان، بس نماند
بتاراج داد آن همه خواسته　　زن و کودک و گنج آراسته
رسیده از آن کار، زروان بکام　　گهی کام دید اندر آن، گاه؛ نام
بنزدیک او، شد، جهود؛ ارجمند　　بر افراخت سر، تا به ابر بلند

*

بگشت اندرین، نیز، چندی سپهر　　درستی، نهان کرده از شاه، چهر
چنان بُد که شاه جهان کدخدای　　به نخچیر گوران همی کرد رای[1]
بفرمود تا اسپ نخچیرگاه　　بسی بگذرانند در پیشِ شاه
ز اسپان که کسری همی بنگرید　　یکی را بران، داغ مهبود دید
ازان تازی اسپان رخش برفروخت　　به مهبود بر جایِ مهرش بسوخت[2]
فرو ریخت آب، از دو دیده، بدرد　　بسی داغدل، یادِ مهبود کرد
چنین گفت کـ :«ـان مردِ با آب و جاه　　ببردش چنان، دیوِ ریمن؛ ز راه
بدان دوستداری و آن راستی　　چرا؟ زد روانش درِ کاستی!
نداند جز از کردگار جهان　　ازآن آشکارا، درستی نهان»

*

اُزان جایگه، سوی نخچیرگاه　　بیامد، چنان داغدل، با سپاه
ز هر کس به ره بر، سخن خواستی　　ز گفتارها، دل بیاراستی[3]
سراینده بسیار همراه کرد　　به افسانه‌ها راه کوتاه کرد
دبیران و زروان و دستور شاه　　برفتند یک روز پویان براه[4]
سخن رفت؛ چندی، ز افسون و بند　　ز جادوی و اهریمن پرگزند

□ - **یک:** در این رج «تو گویی»... **دو:** کسی که با تیر خسته (= مجروح) شود شاید که نمیرد! در اندیشهٔ من افزایندگان، یک رج را در این دو رج گسترده‌اند، و سخن فردوسی چنین بوده است:

«همان چون بخوردند،از کاسه؛ شیر　　بمردند و، خفتند؛ بر جای، دیر»

۱ - بایستی روشن شود که (روزی) آهنگ شکار کرد.
۲ - «جای مهر» را چه گزارش است؟
۳ - سخن درست در رج پسین می‌آید.
۴ - همرهان شاه همگان سوار بوده‌اند، و پویان براه نمی‌رفتند.

بـــموبد چـنین گــفت پس شــهریار — کــه: «دل را بــدین کــار، رنـجه مـدار
سخن جز ز یـزدان و از دیـن مگـوی — ز نـیرنگ و جـادو، شگـفتی مجوی»

*

بـدو گـفت زروان: «انـوشه بَـوی — خـرد را بگــفتار، تــوشه بَـوی
ز جادو؛ سخن، هر چه گویند هست — نـدانـد جز از مـردِ جادوپرست
اگـر خـوردنی دارد از شـیر بـهر — بـدیدار، گـردانـد از دور، زهـر»
چـو بشنید نـوشیروان ایـن سخن — بـر او تـازه شد روزگار کـهن
ز مـهبود و هـر دو پسـر یـاد کـرد — بـر آورد بـر لب، یکـی بـاد سـرد
بزروان نگـه کـرد و، خـامش بـماند — سـبک بـارهٔ گـامزن را بـراند
روانش از انـدیشه پـر دود بـود — کـه زروان بـداندیشِ مـهبود بـود
همی گفت که: «این مـردِ ناسازگار — نـدانم چه؟ کرد انـدران روزگار؛
که مهبود بر دست ما کشته شد! — چـنان دوده را روز بـرگشته شد![1]
مگر کردگار آشکارا کند — دل و مغز ما را مدارا کند[2]
که آلوده بینم همی، زو، سَخُن — پـر از دردم از روزگارِ کَهُن»

*

همی رفت با دل پر از درد و غم — پـر آژنگ رخ، دیدگان پر ز نم
بمنزل رسید آن زمان شهریار — سراپرده زد بر لب جویبار[3]
چو زروان بیامد به پرده‌سرای — ز بیگانه پردخت کردند جای
ز جادو سخن رفت و از شهد و شیر — بدو گفت: «شد این سخن، دلپذیر»
ز مهبود؛ زان پس، بپرسید شاه — ز فرزند او، تا چرا؟ شد تباه!
چو پاسخ ازو لرز لرزان شنید — ز زروان گنهکاری آمد پدید
بدو گفت کسری: «سخن، راست گوی — مکن کژّی و هیچ چاره مجوی

*

که کژّی نیارد مگر کار بد — دل نیک بد گردد از یار بد»[4]
سراسر، سخن؛ راست، زروان بگفت — نهفته پدید آورید، از نهفت
گنه یکسر افکند سوی جهود — تن خویش را کرد پردرد و دود!
چو بشنید ازو شهریار بلند — هم اندر زمان، پای، کردش ببند

*

۱ - مهبود بر (دست) نوشروان کشته نشده بود که فرمان بکشتن او داد.
۲ - دل و مغز را مدارا کردن، گزارش نیست.
۳ - آنان به نخچیرگاه می‌رفتند، نه بمنزل.
۴ - لت نخست سست است.

سواری فرستاد نزد جهود / کز او باز پرسد، گناه که*؟ بود
چو آمد بدان بارگاه بلند / بپرسید ازو نرم، شاه بلند[1]
که: «این کار چون بود، با من بگوی! / ز راهِ دروغ، ایچ منمای روی»[2]
جهود از جهاندار زنهار خواست / که پیدا کند رازِ نیرنگ، راست
بگفت آنچه زروان بدو گفته بود / سخن هرچه پنهان بدو گفته بود
جهاندار بشنید و خیره بماند / رد و موبد و مرزبان را بخواند
دگر باره، کرد آن سخن؛ خواستار / به پیش ردان، دادگر شهریار؛
بفرمود پس، تا دو دار بلند / فرو هشته از دار پیچان کمند
بزد مرد دژخیم پیش درش / نظاره بر او بر، همه کشورش[3]
بیک دار زروان و، دیگر جهود / کِشنده برآهخت و تندی نمود!
بباران سنگ و بباران تیر / بدادند سرها به نیرنگِ شیر[4]
جهان را نباید سپردن به بد / که بر بدگمان بی‌گمان بد رسد[5]

*

ز خویشان مهبود چندی بجُست / کزیشان بیابد کسی تندرست
یکی دختری یافت پوشیده‌روی / سه مرد گرانمایه و نیکخوی
همه گنجِ زروان بدیشان نمود / همه آنچه دیدند از آنِ جهود
روانش ز مهبود بریان بُدی / شب تیره تا روز، گریان بُدی
ز یزدان همی خواستی زینهار / همی ریختی خون دل بر کنار
به درویش بخشید بسیار چیز / زبانی پر از آفرین داشت نیز
که یزدان گناهش ببخشد مگر / ستمگر نخواند، ورا، دادگر[6]
کسی کاو بود پاک و یزدان‌پرست / نیازد به کردارِ بد هیچ دست[7]
که گر چند بد کردن آسان بود / بفرجام زو، جان هراسان بود[8]
اگر بدْ دل سنگ خارا شود / نماند نهان آشکارا شود[9]
اُگر چند نرم است آواز تو / گشاده شود زو همه راز تو[10]

* - نمونه‌ها چنین آورده‌اند، اما پیدا است که گفتار فردوسی چنین است:

کزو باز پرسد، گناه از که بود؟

1 - نوشروان در بارگاه نبود و در نخچیرگاه بسر می‌برد.
2 - لت دویم را پیوند و گزارش نیست.
3 - دار بلند را مرد دژخیم بر زمین نمی‌زد، که چنین کار؛ خویشکاریِ بود.
4 - سخن سست است و چون کسی را بر دار کشند، خود می‌میرد.
5 - سخن سست می‌نماید.
6 - «یزدان» در لت نخست با «دادگر» دویم همخوان نیست.
7 - سخن پندگونه از افزاینده.
8 - «زو» در لت دویم نادرخور است.
9 - **یک:** سخن بدآهنگ است. **دو:** لت دویم نیز پیوند بایسته ندارد.
10 - سخن به تو «بازگشت».

ندارد نگه راز مردم زبان — همان به که نیکی کنی در جهان[1]
چو بی‌رنج باشی و پاکیزه‌رای — ازو بهره یابی به هر دو سرای[2]
کنون کار زروان و مرد جهود — سرآمد خرد را بباید ستود[3]
اگر دادگر باشی و سرفراز — نمانیْ و نامت بماند دراز[4]
تن خویش را شاه بیدادگر — جز از گور و نفرین نیارد به سر[5]
اگر پیشه دارد دلت راستی — چنان دان که گیتی بیاراستی[6]
چو خواهی ستایش پس از مرگ تو — خرد باید این تاج و این ترگ تو[7]
چنان کز پسِ مرگ نوشیروان — ز گفتار من داد او شد جوان[8]

*

ازآنپس که گیتی بدو گشت راست — جز از آفرین، در بزرگی نخواست
بخفتند در دشت، خُرد و بزرگ — به آبشخور آمد همی میش و گرگ
مهان، کهتری را بیاراستند — به دیهیم بر، نام او خواستند
بیاسود گردن ز بند زره — ز جوشن گشادند، گُردان، گره

*

ز کوپال و خنجر بیاسود دوش — جز آواز رامش نیامد به گوش[9]
کسی را نبُد با جهاندار تاو — بپیوست با هرکسی باژ و ساو[10]
جهاندار دشواری آسان گرفت — همه سازِ نخچیر و میدان گرفت[11]
نشست اندر ایوان گوهرنگار — همی رای زد با می و میگسار[12]
یکی شارستان کرد بآیین روم — فزون از دو فرسنگ بالای بوم[13]
بدو اندرون کاخ و ایوان و باغ — به یک دست رود و به یک دست راغ[14]
چنان بُد به روم اندرون پادشهر — که کسری بپیمود و برداشت بهر[15]

---

۱ - لت نخست را هیچگونه گزارش کردن نتوان. ۲ - این سخن را با گفتار پیشین پیوند نیست.
۳ - **یک:** «سرآمد» را در آغاز لت دویم کمبود است: «بسر آمد». **دو:** و ستودن خرد را چه جای گفتن است.
۴ - دادگری را با سرفرازی پیوند نیست، بسا سربزیران که دادگرند، و بسا بیدادگران که سرفرازاند.
۵ - سخن درهم و بی‌گزارش. ۶ - راستی، پیشه نیست.
۷ - **یک:** سخن کودکانه: «اگر پس از مرگ خواهان ستایش مردمان هستی»... **دو:** با خرد تنها نشاید ستایش دیگران را برانگیختن. **سه:** تاج و ترگ را بجای خرد نهادن، چه روی باشد؟ ۸ - داد، را جوانی و پیری نیست.
۹ - خنجر را با دوش کار نیست، و گوپال را نیز بدست می‌گیرند. ۱۰ - بپیوست را: «از هر سویی باژ» باید نه با هر کسی.
۱۱ - **یک:** «دشواری» را با «آسان» همخوانی نیست: «آسانی». **دو:** همه کارش نخچیر بود؟...
۱۲ - **یک:** ...یا در ایوان گوهرنگار نشسته بود؟ **دو:** رای را با «می» نتوان زدن!
۱۳ - **یک:** سخن بدآهنگ است. **دو:** شارستان؟ یا بوم؟ ۱۴ - «کاخ» و «ایوان» یکی است.
۱۵ - «پادشهر» را هیچ گزارش نیست، و لت دویم بی‌پیوند و آشفته است.

برآورد زو کاخ‌های بلند نبُد نزد کس در جهان ناپسند[1]
یکی کاخ کرد اندران شهریار بدو اندر ایوان گوهرنگار[2]
همه شوشهٔ طاق‌ها سیم و زر به زر اندرون چندگونه گهر[3]
یکی گنبد از آبنوس و ز آج به پیکر ز پیلسته و شیر و ساج[4]
ز روم و ز هند آنکه استاد بود وز استاد خویشش هنر یاد بود[5]
ز ایران و ز کشور نیمروز همه کاردارانِ گیتی‌فروز[6]
همه گرد کرد اندران شارستان که هم شارستان بود و هم کارستان[7]
اسیران که از بربر آورده بود ز روم و ز هر جای کازرده بود[8]
وزین هر یکی را یکی خانه کرد همه شارستان جای بیگانه کرد[9]
چو از شهر یکسر بپرداختند به گرد اندرش روستا ساختند[10]
بیاراست بر هر سویی کشتزار زمین برومند و هم میوه‌دار[11]
ازین هر یکی را یکی کار داد چو تنها بُد از کارگر یار داد[12]
یکی پیشه کار و دگر کشت‌ورز یکی آنکه پیمود فرسنگ و مرز[13]
چه بازارگان و چه یزدان‌پرست یکی سرفراز و دگر زیردست[14]
بیاراست آن شارستان چون بهشت ندید اندرو چشم یک جای زشت[15]
ورا سورستان کرد کسری به نام که در سور یابد جهاندار کام[16]

---

۱ – دوباره از کاخ سخن می‌رود!... لت دویم سست است.

۲ – سه بار از کاخ یاد می‌شود... افزاینده نمی‌دانسته است که ایوان، همان کاخ است، و ایوان را بجای (بهارخواب) یا سر پوشیدهٔ کنونی گرفته است.

۳ – شوشه برای پارچهٔ زرباف بکار می‌رود، نه برای تاق... افزاینده روی تاق نیز چندگونه گوهر دوباره بکار گرفته شده است.

۴ – **یک:** در یک سخن «از» را دوبار بکار گرفتن نادرست است. **دو:** پیلسته همان آج پیل است که از سوی افزاینده همان آج است!... و چگونه شاید که گنبد را با «شیر» ساختن؟

۵ – «آنکه» نادرست است، زیرا که دست کم از روم یک استاد، و از هند یک استاد، پس «آنانکه» باید.

۶ – مگر نیمروز جدا از ایران است؟ ۷ – نشاید که شهرستان را کارستان (= میدان جنگ) نامید.

۸ – در گفتارهای پیشین، یاری از جنگ با «بربر» نشده بود. لت دویم سخت سست است.

۹ – «وزین» در لت نخست نادرخور است، و لت دویم سست می‌نماید.

۱۰ – روستا، ساختنی نیست، و هر جا که آب باشد پدید می‌آید.

۱۱ – در میان شهر، کشتزار نتوان آراستن. «برومند» و «میوه‌دار» هر دو یکی است، و زمین را نشاید «میوه‌دار» خواندن که آن درخت است که میوه دارد. ۱۲ – «از این هر یکی» را هیچ گزارش نیست... لت دویم بدتر از آن.

۱۳ – **یک:** پیشه و کار هر دو یکی است: «پیشه‌ور». **دو:** فرسنگ پیمایان را چه کار با روستا است؟

۱۴ – **یک:** مگر بازرگان را نشاید یزدانپرست بود؟ **دو:** لت دویم نیز سست است.

۱۵ – **یک:** شارستان را «را» باید. **دو:** چشم چه‌کس «ندید» افزاینده خواسته است بگوید که یک جای زشت در آن دیده نمی‌شد.

۱۶ – **یک:** لت نخست درهمریخته است: «کسری آنرا سورسان نامید». **دو:** لت دویم سخت نادرخور و بی‌گزارش است.

جز از داد و آباد کردن جهان | نبودش به دل آشکار و نهان[1]
زمانه چو او را ز شاهی ببرد | همان تاج دیگر کسی را سپرد[2]
چنان دان که یکسر فریب است و بس | بلندی و پستی نماند به کس[3]
کنون جنگ خاقان و هیتال گیر | چو رزم آیدت پیش گوپال گیر[4]
چه گوید سخنگوی با آفرین | ز شاه و ز هیتال و خاقان چین[5]

۱ - آبادکردن جهان باید.
۲ - **یک:** از شاهی بردن راگزارش نیست. **دو:** دیگر کسی نیز نادرست است: «دیگر کس».
۳ - بایستی روشن شود، که (کار زمانه) فریب است، اگرچه نزد خردمندان فریب نیست.
۴ - جنگ راگرفتن، چگونه است؟ مگر بنیاد بر اینست که خوانندگان همراه رزماوران بجنگند؟
۵ - دوباره نام هیتال و خاقان!

فهرست نام‌های این دفتر

فهرست نام‌های این دفتر

آبادان، ۲۲۲

آذرآبادگان (آذربایجان)، ۲۳۳، ۳۳۲، ۳۳۹، ۴۲۵، ۴۳۹، ۴۶۴

آذرگشسپ، ۷۹، ۲۲۲، ۲۳۳، ۲۳۴، ۳۱۵، ۳۳۴، ۳۸۲، ۴۴۷، ۴۶۴

آرزو، ۲۹۰، ۲۹۳، ۲۹۸، ۲۹۹، ۳۰۰، ۳۰۱، ۳۰۲، ۳۰۳، ۳۰۴، ۳۰۵

آرش، ۷۷، ۴۴۹

آرشی، ۹۷

آریایی، ۴۵۲

آزاده (کنیز بهرام‌گور)، ۲۲۴، ۲۲۵، ۲۲۶

آسورستان، ۱۹۲، ۲۲۰، ۲۳۹

آسیا، ۱۳۴، ۴۵۲

آفریدون، ۲۸۵، ۳۰۰، ۴۲۳، ۴۵۳

آمدن شاه بهرام ورجاوند (کتاب)، ۴۴۰

آمل، ۳۳۴، ۴۵۲

آموی، ۳۳۶، ۳۳۷

آهرمن، ۲۲، ۲۶، ۳۳۵، ۴۸۰، ۴۸۵

ابراهیم، ۲۵۶

ابرکوه (ابرقو)، ۳۱۵

ابوالقاسم (محمود غزنوی)، ۷۵

ابوریحان، ۲۳۴

اترک، ۳۹۹

ارجاسب، ۱۱۲

ارد (روز، ایزد)، ۱۵۳، ۲۳۳، ۳۵۴

اردبیل، ۳۳۴، ۳۹۸، ۴۳۹

اردشیر۱ (اردشیر بابکان)، ۷۷، ۸۰، ۸۱، ۸۲، ۸۳، ۸۴، ۸۵، ۸۶، ۸۷، ۸۸، ۸۹، ۹۰، ۹۱، ۹۲، ۹۳، ۹۴، ۹۵، ۹۶، ۹۷، ۹۸، ۹۹، ۱۰۰، ۱۰۱، ۱۰۵، ۱۰۶، ۱۰۷، ۱۰۸، ۱۰۹، ۱۱۰، ۱۱۱، ۱۱۲، ۱۱۳، ۱۱۴، ۱۱۵، ۱۱۶، ۱۱۷، ۱۱۸، ۱۱۹، ۱۲۱، ۱۲۲، ۱۲۳، ۱۲۴، ۱۲۵، ۱۲۶، ۱۲۷، ۱۲۸، ۱۲۹، ۱۳۰، ۱۳۱، ۱۳۳، ۱۳۴، ۱۳۵، ۱۳۶، ۱۳۷، ۱۳۸، ۱۳۹، ۱۴۰، ۱۴۲، ۱۴۵، ۱۴۶، ۱۴۷، ۱۵۰، ۱۵۱، ۱۵۲، ۱۵۳، ۱۵۴، ۱۵۶، ۲۴۸، ۳۱۵، ۳۵۱، ۴۱۰، ۴۵۱، ۴۵۷

اردشیر۲ (اردشیر نکوکار)، ۲۰۷، ۲۰۸، ۲۰۹

اردشیر۳ (موبدان موبدِ بلاش، پیروز و کسری)، ۴۱۰، ۴۱۱، ۴۱۲، ۵۱۲

اردن، ۴۷۸، ۴۷۹

اردوان، ۷۷، ۷۸، ۸۱، ۸۲، ۸۳، ۸۴، ۸۵، ۸۶، ۸۷، ۸۸، ۸۹، ۹۰، ۹۱، ۹۲، ۹۳، ۹۴، ۹۵، ۹۶، ۹۷، ۱۱۶، ۱۱۷، ۱۱۸، ۱۱۹، ۱۲۰، ۱۲۲، ۱۳۷، ۱۴۶

ارس، ۴۲۵، ۴۵۶

ارسطالیس (سطالیس)، ۶۷، ۷۱

ارمینیه، ۴۳۹

اروندرود، ۱۷۱

استخر (اصطخر)، ۷۸، ۸۴، ۹۲، ۹۳، ۹۵، ۹۸، ۱۷۲، ۲۰۳، ۲۲۸، ۳۱۹، ۳۳۹، ۴۱۴، ۴۳۰

اسفندیار، ۸۰، ۹۲، ۱۱۲، ۱۲۶، ۱۲۷، ۳۶۵

اسکندر، ۹، ۱۶، ۱۷، ۱۹، ۲۰، ۲۴، ۲۸، ۳۲، ۳۳، ۳۴، ۳۵، ۳۷، ۳۹، ۴۲، ۷۱، ۲۰۰

اسکندری، ۳۸

اسلام، ۱۶۲، ۱۶۹، ۲۹۰، ۴۴۰

اشاوهیشتا، اردیبهشت (روز، ماه، ایزد)، ۱۶۳، ۳۲۴، ۴۶۰، ۴۹۱

اشک، ۷۲، ۷۷

اشکانیان، ۷۵، ۷۷، ۷۸، ۹۷، ۴۲۵، ۴۴۱

اصفهان، ۱۰، ۱۲، ۷۸، ۳۱۹، ۴۳۹

افراسیاب، ۶۶، ۱۱۰، ۲۳۷، ۳۹۸

افغانستان، ۲۸۳

افلاتون، ۳۴۵

اقلید، ۳۱۲

الان شاه، ۲۳۷

البرز، ۴۰۹

التونیه، ۱۵۱، ۱۵۲، ۱۵۳

الله، ۵۵

امیربهادر (شاهنامه)، ۲۶۲، ۲۷۹

امیر منصور (امیرک منصور)، ۱۸۸، ۲۲۲

انتاکیه (انطاکیه)، ۴۷۳، ۴۷۴، ۴۷۵

اندلس، ۳۲، ۴۱

اندیان، ۳۳۱

انوشیروان، ۲۸۸، ۴۲۸، ۴۵۱، ۴۵۲، ۴۵۷، ۴۵۸، ۴۷۴، ۴۸۱، ۴۸۳، ۴۹۴، ۴۹۵، ۵۲۲

اورمزد۱ (پادشاه اشکانی)، ۷۷

اورمزد۲ (اورمزد شاپور)، ۱۲۷، ۱۲۸، ۱۵۴، ۱۵۵، ۱۶۰

اورمزد۳ (اورمزد نرسی)، ۱۶۶، ۱۶۸، ۱۸۷

اوستا (استا)، ۹۴، ۱۸۹، ۲۰۳، ۴۶۴، ۴۹۱

اوستایی، ۸۵، ۱۰۹، ۱۶۹، ۱۸۴، ۱۸۶، ۲۹۰، ۴۱۵، ۴۴۱

اهریمن (اهرمن)، ۱۱۱، ۱۳۸، ۱۴۶، ۱۵۳،

فهرست نام‌های این دفتر

۱۶۸، ۲۰۶، ۳۳۵، ۴۴۸، ۴۸۰، ۴۸۳، ۴۸۵، ۴۸۶، ۴۹۹، ۵۲۰، ۵۲۶

اهواز، ۱۵۳، ۲۰۴، ۴۲۱، ۴۲۲، ۴۲۳، ۴۲۵، ۴۳۹

ایران، ۱۰، ۱۲، ۱۴، ۱۷، ۲۷، ۳۶، ۵۱، ۶۷، ۶۹، ۷۵، ۸۵، ۸۷، ۹۹، ۱۰۰، ۱۰۴، ۱۱۰، ۱۱۷، ۱۱۸، ۱۲۴، ۱۲۶، ۱۲۷، ۱۳۰، ۱۳۴، ۱۳۶، ۱۴۱، ۱۵۳، ۱۶۲، ۱۶۳، ۱۶۵، ۱۶۹، ۱۷۳، ۱۷۶، ۱۷۹، ۱۸۰، ۱۸۲، ۱۸۷، ۱۸۸، ۱۹۰، ۱۹۱، ۱۹۵، ۱۹۶، ۱۹۷، ۱۹۸، ۱۹۹، ۲۰۰، ۲۰۱، ۲۰۲، ۲۰۸، ۲۱۲، ۲۱۷، ۲۲۰، ۲۲۹، ۲۳۳، ۲۳۶، ۲۳۷، ۲۳۸، ۲۴۰، ۲۴۲، ۲۴۳، ۲۴۴، ۲۴۶، ۲۴۸، ۲۴۹، ۲۵۱، ۲۵۳، ۲۵۴، ۲۵۷، ۲۵۹، ۲۶۱، ۲۶۴، ۲۶۸، ۲۶۹، ۲۷۷، ۲۸۳، ۲۸۶، ۲۸۹، ۲۹۰، ۲۹۲، ۲۹۳، ۲۹۵، ۳۰۲، ۳۰۵، ۳۰۶، ۳۱۰، ۳۱۲، ۳۱۴، ۳۱۵، ۳۱۶، ۳۱۹، ۳۲۰، ۳۲۳، ۳۲۵، ۳۳۰، ۳۳۱، ۳۳۲، ۳۳۳، ۳۳۴، ۳۳۵، ۳۳۷، ۳۳۸، ۳۴۰، ۳۴۱، ۳۴۸، ۳۵۰، ۳۵۲، ۳۵۳، ۳۵۴، ۳۵۶، ۳۵۷، ۳۵۹، ۳۶۰، ۳۶۱، ۳۶۳، ۳۶۶، ۳۶۷، ۳۶۸، ۳۶۹، ۳۷۰، ۳۷۱، ۳۷۳، ۳۷۴، ۳۷۵، ۳۷۶، ۳۷۷، ۳۷۸، ۳۷۹، ۳۸۰، ۳۸۲، ۳۸۴، ۳۸۶، ۳۹۱، ۳۹۷، ۳۹۸، ۳۹۹، ۴۰۲، ۴۰۳، ۴۰۷، ۴۰۹، ۴۱۰، ۴۱۱، ۴۱۲، ۴۱۵، ۴۱۶، ۴۱۷، ۴۱۸، ۴۱۹، ۴۲۰، ۴۲۳، ۴۲۴، ۴۲۵، ۴۲۶، ۴۲۹، ۴۳۱، ۴۳۹، ۴۴۰، ۴۴۴، ۴۴۵، ۴۴۷، ۴۵۰، ۴۵۱، ۴۵۲، ۴۵۳، ۴۵۴، ۴۵۵، ۴۵۹، ۴۶۱، ۴۶۲، ۴۶۳، ۴۶۴، ۴۶۵، ۴۷۱، ۴۷۲، ۴۷۳، ۴۷۵، ۴۷۶، ۴۷۷، ۴۷۹، ۴۸۰، ۴۸۶، ۴۸۸، ۵۰۵، ۵۱۹، ۵۳۰

ایرانزمین، ۳۳۷، ۳۹۴، ۴۱۱، ۴۵۴

ایرانیان، ۲۶، ۲۷، ۶۹، ۷۸، ۹۴، ۱۱۴، ۱۳۷، ۱۵۲، ۱۵۹، ۱۶۰، ۱۶۲، ۱۶۹، ۱۷۴، ۱۷۵، ۱۷۹، ۱۸۲، ۱۸۷، ۱۸۸، ۱۹۲، ۱۹۳، ۱۹۴، ۱۹۶، ۱۹۷، ۲۰۵، ۲۰۹، ۲۱۰، ۲۱۷، ۲۳۴، ۲۳۹، ۲۴۰، ۲۴۱، ۲۴۲، ۲۴۳، ۲۴۴، ۲۴۵، ۲۴۶، ۲۴۹، ۲۵۱، ۲۵۴، ۲۵۵، ۲۵۶، ۲۵۷، ۲۵۸، ۲۸۳، ۳۰۵، ۳۱۲، ۳۲۰، ۳۳۱، ۳۳۳، ۳۳۴، ۳۳۷، ۳۳۸، ۳۳۹، ۳۴۰، ۳۵۳، ۳۶۴، ۳۶۷، ۳۷۲، ۳۷۴، ۳۷۷، ۳۷۹، ۳۸۲، ۳۹۰، ۳۹۸، ۴۰۱، ۴۰۲، ۴۰۳، ۴۰۷، ۴۰۹، ۴۱۶، ۴۲۰، ۴۲۲، ۴۲۳، ۴۲۴، ۴۳۵، ۴۳۸، ۴۳۹، ۴۴۰، ۴۴۳، ۴۴۶، ۴۵۲، ۴۵۶، ۴۶۴، ۴۶۵، ۴۶۶، ۴۶۷، ۴۶۸، ۴۷۳، ۴۷۷، ۴۸۱، ۴۸۲، ۴۸۵، ۵۰۵، ۵۱۶، ۵۱۸

ایرج، ۲۰۰، ۳۱۰

بابک، ۷۸، ۷۹، ۸۰، ۸۱، ۸۲، ۸۴، ۸۶، ۹۲، ۴۴۶، ۴۴۷

بابل، ۶۶، ۶۷، ۶۸، ۷۰

باختر، ۵۷، ۶۲، ۱۷۶، ۱۸۵، ۴۳۹، ۴۴۲، ۴۷۹

بحرین، ۱۷۲

بخارا، ۳۳۶

بخاری، ۳۳۹

بخاریان، ۳۳۹

بختیاری، ۳۰۶

برانوش، ۱۵۲، ۱۵۳، ۱۵۴، ۱۹۹، ۲۰۰، ۲۰۱، ۲۰۲، ۲۰۳، ۲۰۴

براهام، ۲۶۱، ۲۶۴، ۲۶۵، ۲۶۶، ۲۶۷، ۲۶۸، ۳۰۶

براهیم، ۳۱، ۲۵۶

براهیم آذر، ۳۰

بربری، ۲۷، ۴۳، ۱۷۵

برخورستان، ۱۸۶

برزمهر، ۳۳۱، ۳۳۹

برزوی (بهرام‌گور)، ۳۶۳، ۳۷۶، ۳۷۷

برکهٔ اردشیر، ۱۴۷

بزرگمهر (بوزرجمهر)، ۱۳۱، ۱۶۸، ۳۹۳، ۴۹۰، ۴۹۱، ۴۹۲، ۴۹۳، ۴۹۵، ۴۹۶، ۴۹۸، ۴۹۹، ۵۰۲، ۵۰۳، ۵۰۴، ۵۰۷، ۵۰۹، ۵۱۰، ۵۱۲، ۵۱۳، ۵۱۴، ۵۱۵، ۵۱۶، ۵۱۹، ۵۲۲

بست، ۶۵، ۴۰۴

بصره، ۲۲۲، ۲۹۰

بغداد، ۱۱۶، ۲۹۰، ۳۱۹

بلاش، ۳۹۸، ۴۰۳، ۴۰۴، ۴۰۵، ۴۱۲، ۴۱۳

بلخی، ۳۳۹

بلخیان، ۳۳۹

بلوچ، ۴۵۶، ۴۵۷

بلوچان، ۴۵۷، ۴۵۸

بلوچستان، ۴۵۷، ۴۵۸

بلوچی، ۹۶، ۴۵۶، ۴۵۷

بناک، ۹۳، ۹۴، ۹۵، ۹۷

بنداری، ۱۰۷، ۱۸۰، ۲۲۰، ۲۳۷

بندام، ۶۵

بندوی، ۴۳۰

فهرست نام‌های این دفتر

بنیاد فرهنگ ایران، ۴۴۰
بوالمظفّر، ۷۵
بوموسا، ۱۷۲
بهرام۱ (اردوان اشکانی)، ۷۸
بهرام۲ (بهرام اورمزد)، ۱۵۶، ۱۵۹، ۱۶۰، ۱۶۱، ۱۶۲
بهرام۳ (بهرام بهرام)، ۷۶، ۱۶۱، ۱۶۲، ۱۶۴، ۳۳۱
بهرام۴ (بهرام بهرامیان)، ۱۶۴، ۱۶۵، ۱۶۶
بهرام۵ (بهرام شاپور)، ۲۱۰
بهرام۶ (بهرام گور)، ۱۷۶، ۲۱۵، ۲۱۶، ۲۱۷، ۲۱۸، ۲۱۹، ۲۲۰، ۲۲۱، ۲۲۲، ۲۲۳، ۲۲۴، ۲۲۵، ۲۲۶، ۲۲۷، ۲۲۸، ۲۲۹، ۲۳۰، ۲۳۱، ۲۳۲، ۲۳۷، ۲۳۸، ۲۳۹، ۲۴۱، ۲۴۲، ۲۴۳، ۲۴۴، ۲۴۵، ۲۴۶، ۲۴۷، ۲۴۹، ۲۵۱، ۲۵۲، ۲۵۳، ۲۵۴، ۲۵۶، ۲۵۷، ۲۵۸، ۲۵۹، ۲۶۱، ۲۶۲، ۲۶۳، ۲۶۴، ۲۶۵، ۲۶۶، ۲۶۷، ۲۶۸، ۲۶۹، ۲۷۰، ۲۷۱، ۲۷۲، ۲۷۴، ۲۷۵، ۲۷۶، ۲۷۸، ۲۷۹، ۲۸۰، ۲۸۱، ۲۸۲، ۲۸۴، ۲۸۵، ۲۸۶، ۲۸۷، ۲۸۸، ۲۸۹، ۲۹۰، ۲۹۱، ۲۹۲، ۲۹۳، ۲۹۴، ۲۹۵، ۲۹۶، ۲۹۷، ۲۹۸، ۲۹۹، ۳۰۰، ۳۰۱، ۳۰۲، ۳۰۵، ۳۰۶، ۳۰۸، ۳۰۹، ۳۱۰، ۳۱۲، ۳۱۳، ۳۱۴، ۳۱۵، ۳۱۶، ۳۱۷، ۳۱۸، ۳۱۹، ۳۲۰، ۳۲۱، ۳۲۲، ۳۲۳، ۳۲۴، ۳۲۵، ۳۲۶، ۳۲۷، ۳۲۸، ۳۲۹، ۳۳۰، ۳۳۱، ۳۳۲، ۳۳۳، ۳۳۴، ۳۳۵، ۳۳۶، ۳۳۷، ۳۳۸، ۳۳۹، ۳۴۰، ۳۴۱، ۳۴۳، ۳۴۵، ۳۴۶، ۳۴۷، ۳۴۹، ۳۵۱، ۳۵۴، ۳۵۵، ۳۵۶، ۳۵۷، ۳۵۸، ۳۵۹، ۳۶۰، ۳۶۱، ۳۶۲، ۳۶۳، ۳۶۴، ۳۶۵، ۳۶۶، ۳۶۷، ۳۶۸، ۳۶۹، ۳۷۰، ۳۷۱، ۳۷۲، ۳۷۳، ۳۷۴، ۳۷۵، ۳۷۶، ۳۷۷، ۳۷۸، ۳۷۹، ۳۸۰، ۳۸۳، ۳۸۴، ۳۸۵، ۳۸۶، ۳۸۷، ۳۸۸، ۳۸۹، ۳۹۰، ۳۹۱، ۳۹۲، ۳۹۳، ۳۹۵، ۳۹۸، ۳۹۹، ۴۰۰، ۴۰۱، ۴۰۵، ۴۰۶، ۴۱۰، ۴۴۶، ۴۶۶، ۴۷۷
بهرام۷ (بهرام سرباز بهرام گور)، ۳۰۹
بهرام۸ (بهرام هور)، ۳۰۹
بهرام (روز، ایزد)، ۲۱۵، ۴۴۱
بهرام گور انگلساریا، ۴۴۰
بهزاد، ۳۳۱، ۴۳۰
بهمن اردوان، ۹۳
بیت‌الحرام، ۳۰، ۳۱

بیذوی، ۱۱۹
بیژن، ۷۷، ۴۲۷
بیستون، ۲۹۹
بیطقون، ۳۴، ۳۵، ۳۷، ۳۸، ۳۹، ۴۳
بیورد، ۲۳۷
پارس، ۸۶، ۸۸، ۹۱، ۹۳، ۹۵، ۹۷، ۹۸، ۱۰۱، ۱۰۸، ۱۱۵، ۱۴۷، ۱۵۳، ۱۷۷، ۱۸۰، ۲۰۳، ۲۱۷، ۲۳۶، ۲۳۷، ۳۳۲، ۴۱۵، ۴۱۶، ۴۱۹، ۴۲۵، ۴۳۹
پارسی، ۲۸، ۳۰، ۴۷، ۷۰، ۷۱، ۹۸، ۱۷۲، ۱۸۰، ۲۱۶، ۲۱۸، ۲۳۳، ۲۳۶، ۲۴۶، ۲۸۶، ۳۴۰، ۳۷۱، ۳۷۸، ۳۹۸، ۴۳۰، ۴۸۰
پشین، ۲۵۱
پهلوی (زبان)، ۱۲، ۴۴، ۴۷، ۷۸، ۸۰، ۸۵، ۹۱، ۹۷، ۱۰۰، ۱۰۸، ۱۰۹، ۱۱۵، ۱۲۲، ۱۳۰، ۱۶۲، ۱۶۹، ۱۷۱، ۱۸۴، ۱۸۶، ۱۸۷، ۲۱۷، ۲۳۳، ۲۵۵، ۲۵۸، ۲۷۰، ۲۷۵، ۲۸۸، ۳۰۶، ۳۱۶، ۳۲۴، ۳۳۵، ۳۴۰، ۳۴۲، ۳۵۵، ۳۵۷، ۳۷۶، ۳۸۲، ۴۰۴، ۴۴۰، ۴۴۱، ۴۶۴، ۴۷۰، ۴۷۶، ۴۹۴، ۵۰۵
پیروز بهرام، ۳۵۵
پیروز (پیروز یزدگرد)، ۳۹۴
پیروزشاپور، ۲۰۴
تاجیکستان، ۲۸۳، ۳۲۶
تاریخ تبری (کتاب)، ۲۲۲
تازی، ۴۷، ۶۲، ۸۴، ۹۲، ۱۰۹، ۱۱۹، ۱۲۴، ۱۳۰، ۱۳۱، ۱۳۲، ۱۶۸، ۱۷۷، ۱۸۷، ۱۹۹، ۲۱۷، ۲۱۹، ۲۲۷، ۲۲۸، ۲۴۱، ۲۴۵، ۲۴۶، ۲۴۸، ۲۶۱، ۲۸۸، ۲۹۰، ۳۰۰، ۳۰۱، ۳۱۶، ۳۲۶، ۳۳۲، ۳۳۷، ۳۴۰، ۳۵۰، ۳۵۱، ۳۵۵، ۳۷۹، ۳۸۱، ۴۰۴، ۴۲۳، ۴۲۵، ۴۴۰، ۴۴۱، ۴۴۲، ۴۴۷، ۴۵۰، ۴۶۳، ۴۶۴، ۴۶۶، ۴۷۰، ۴۸۱، ۵۱۳، ۵۱۴
تازیان، ۲۲۱، ۲۲۷، ۲۳۱، ۲۳۸، ۲۴۰، ۲۴۳، ۲۵۱، ۲۵۸، ۴۶۰، ۴۶۲
تازیکستان، ۱۷۶، ۲۵۸، ۴۵۹، ۴۶۰
تباک، ۹۳
تـرک، ۶۷، ۱۳۶، ۲۴۰، ۲۸۶، ۳۳۰، ۳۳۶، ۳۳۷، ۳۶۱، ۳۸۵، ۳۹۸، ۳۹۹، ۴۱۰، ۴۵۲، ۴۵۳، ۵۱۹
تـرکان، ۱۳۴، ۳۳۳، ۳۳۶، ۳۴۲، ۳۸۵، ۳۹۸، ۳۹۹، ۴۰۲، ۴۰۹، ۴۱۰، ۴۵۲

فهرست نام‌های این دفتر

ترکی، ۴۷، ۱۳۴، ۳۰۶
ترمذ، ۳۹۵
ترمذی، ۲۲۲
تور، ۲۰۰، ۳۱۰، ۳۲۴
توران، ۱۲، ۶۹، ۳۱۲، ۳۲۴، ۳۳۳، ۳۳۷، ۳۷۸، ۴۰۲، ۴۱۹، ۴۱۲، ۴۲۴
تورانیان، ۱۷۴
توس، ۲۳۳، ۲۳۴، ۲۳۶
تهمورث (طهمورث)، ۲۵۶، ۴۸۷
تیسفون، ۸۴، ۱۱۵، ۱۱۶، ۱۱۷، ۱۷۱، ۱۷۲، ۱۷۳، ۱۷۷، ۱۹۲، ۱۹۳، ۱۹۵، ۱۹۶، ۲۰۳، ۲۱۷، ۲۲۸، ۲۳۹، ۲۴۳، ۲۵۷، ۲۹۵، ۳۱۹، ۳۳۲، ۳۳۹، ۳۴۱، ۳۴۴، ۴۰۵، ۴۱۰، ۴۱۴، ۴۱۷، ۴۱۹، ۴۲۳، ۴۲۵، ۴۳۰، ۴۵۹، ۴۶۱، ۴۷۴، ۴۸۱، ۴۹۳
تینوش، ۲۳۲، ۲۴۷
جاماسپ (جاماسب)، ۴۲۰، ۴۲۴
جانوشیار، ۱۱
جدّه، ۳۱
جرم، ۷۱
جز، ۱۸۰، ۳۱۲
جم، ۶۳، ۷۶، ۲۷۳، ۲۸۴، ۲۸۵، ۳۱۰، ۳۴۹
جمشید (جمَشید)، ۱۵۴، ۲۸۴، ۱۵۴، ۲۸۳، ۲۸۴، ۳۰۶، ۳۱۸، ۳۹۶، ۴۰۵
جمهوری آذربایجان، ۴۵۶
جندل، ۳۸۳
جوانوی (جوانو)، ۲۴۰، ۲۴۱، ۲۴۲، ۲۵۶، ۲۵۸
جهرم، ۳۰، ۹۳، ۱۰۷، ۱۱۱، ۱۲۵، ۲۴۳، ۲۴۴
جهود (براهام در داستان لنبک آبکش)، ۲۶۱، ۲۶۵، ۲۶۶، ۲۶۷، ۲۶۸
جیهون، ۳۳۷، ۳۹۸، ۳۹۹، ۴۰۰، ۴۱۱، ۴۱۲
چاج (چاچ)، ۷۷، ۴۰۱، ۴۹۴
چشمهٔ سو، ۲۳۳، ۲۳۴
چغانی، ۳۳۹، ۳۹۵، ۴۲۳
چغانیان، ۳۳۹
چگلی، ۳۳۹
چنگیز، ۲۱۰
چین، ۱۲، ۱۹، ۲۶، ۳۲، ۳۹، ۴۲، ۶۱، ۶۲، ۶۳، ۶۴، ۶۷، ۶۹، ۷۰، ۱۰۴، ۱۲۵، ۱۳۶، ۱۴۱، ۱۷۵، ۲۰۵، ۲۱۷، ۲۴۰، ۲۸۰، ۲۸۴، ۲۸۷، ۳۱۴، ۳۱۶، ۳۳۰، ۳۳۱، ۳۳۵، ۳۳۷، ۳۵۲، ۳۵۳، ۳۵۷، ۳۵۸، ۳۶۵، ۳۷۰، ۳۷۱، ۳۷۲، ۳۷۳، ۳۸۶، ۴۱۰، ۴۱۲، ۴۲۴، ۴۴۲، ۴۵۱، ۴۵۲، ۴۸۷
چینی، ۹، ۱۷، ۳۶، ۴۱، ۴۴، ۴۷، ۶۴، ۶۹، ۷۲، ۸۲، ۱۷۵، ۱۷۷، ۲۰۵، ۳۰۲، ۳۱۰، ۳۲۵، ۳۳۳، ۳۳۵، ۳۳۷، ۳۴۳، ۳۶۰، ۳۷۰، ۳۷۳، ۳۸۲
حبش، ۴۸
حجاز، ۳۱
حرم (بیت‌الحرام)، ۳۰، ۳۱
حسین قتیب، ۲۵۳
حلوان، ۶۴، ۶۵، ۴۲۵
حیره، ۲۲۲
خاقان چین، ۲۸۷، ۳۳۰، ۳۳۱، ۳۳۲، ۳۳۳، ۳۳۴، ۳۳۵، ۳۳۶، ۳۳۸، ۳۳۹، ۳۴۰، ۳۴۲، ۳۴۵، ۳۴۶، ۳۵۳، ۳۵۹، ۳۹۹، ۵۳۱
خالقی مطلق (جلال)، ۸۱، ۸۷، ۸۹، ۹۸، ۱۰۵، ۱۱۷، ۱۲۱، ۱۳۸، ۱۶۱، ۱۷۲، ۱۷۸، ۱۹۳، ۱۹۵، ۲۰۱، ۲۰۳، ۲۰۶، ۲۲۰، ۲۳۰، ۲۳۹، ۲۴۸، ۲۴۹، ۲۵۷، ۲۶۴، ۲۶۶، ۲۷۹، ۲۸۵، ۳۰۱، ۳۱۹، ۳۳۲
خاور، ۴۷، ۵۷، ۶۲، ۱۷۵، ۳۷۹، ۴۳۹، ۴۴۲، ۴۶۹
ختن، ۳۳۰، ۳۵۷
خرّاد (آذرفرنبغ)، ۷۹
خرّاد برزین، ۲۳۳، ۴۲۴
خرّاد۱ (سرباز اردشیر بابکان)، ۹۶
خرّاد۲ (مرد پیر در داستان اردشیر بابکان)، ۱۴۰
خرّاد۳ (گواه کسری در داستان مزدک)، ۴۳۰
خراسان، ۹۸، ۱۲۷، ۱۷۱، ۱۷۵، ۲۷۰، ۲۸۱، ۳۱۳، ۳۴۰، ۳۴۴، ۴۳۹، ۴۵۱
خرداد (روز، ماه، ایزد)، ۳۲۴، ۳۲۶، ۳۵۴، ۴۴۰، ۴۴۱، ۴۴۳
خرّم‌آباد، ۲۰۴
خزاعه، ۳۱
خزر، ۳۱۹، ۴۳۹
خزروان (خزوران)، ۳۳۱، ۳۳۵
خسروپرویز، ۱۹۸، ۲۸۴، ۲۸۷، ۲۹۵، ۳۱۶، ۳۲۴، ۴۱۵، ۴۳۵
خسروی (زبان)، ۴۷
خضر، ۵۵
خلج، ۳۹۸، ۳۹۹

فهرست نام‌های این دفتر

خوروران، ۹۸، ۱۷۵، ۱۷۶، ۱۸۵، ۴۳۹، ۴۴۲
خورهٔ اردشیر (اردشیر خوره)، ۹۷، ۹۹، ۱۱۱، ۱۱۵، ۱۴۷، ۴۳۰
خوزیان، ۱۴۷، ۱۵۳، ۲۰۴
خوشنواز، ۳۹۸، ۳۹۹، ۴۰۰، ۴۰۱، ۴۰۲، ۴۰۵، ۴۰۶، ۴۰۷، ۴۰۸، ۴۰۹، ۴۱۰، ۴۱۱، ۴۱۲، ۴۱۹، ۴۲۳
دادبرزین آژنگ‌چهر، ۳۳۱
دادبرزین رزم‌آزمای، ۳۳۱
دارا، ۱۰، ۱۱، ۲۵، ۲۶، ۲۷، ۳۳، ۶۲، ۷۸، ۸۰، ۹۲، ۲۰۰
داراب، ۱۸۶
دارای دارا، ۴۱، ۷۲
دارای داراب، ۱۰، ۳۸، ۶۳
دجله، ۱۷۱
دریای پارس، ۱۰۱، ۱۰۳، ۱۷۲، ۳۵۷
دریای چین، ۴۸، ۱۰۴، ۳۵۷
دریای شهد، ۲۳۴
دریای قنّوج، ۳۵۴
دریای مصر، ۳۱
دریای نیل، ۶۳، ۱۲۶، ۳۶۶، ۴۶۴
دستور جاماسپ جی، ۴۴۰
دشت جهرم، ۲۴۴، ۲۶۷
دشت (سواران) نیزه‌وران (نیزه‌گذار)، ۱۵، ۲۴۱، ۲۵۸، ۴۵۹، ۴۶۰، ۴۶۱، ۴۶۳
دل‌افروز۱ (کنیزک شاپور)، ۲۰۳
دل‌افروز۲ (خارزن)، ۳۰۹
دی (روز، ماه، ایزد)، ۱۵۹، ۲۰۸، ۳۴۵، ۴۳۵
دیلم، ۹۵، ۹۸، ۴۵۸
ذوالاکتاف (شاپور ذوالاکتاف)، ۱۷۷
رام اردشیر، ۱۴۷
راه شهد، ۲۳۴
رواقی (علی)، ۳۳۵
روح‌القدس، ۴۱
روزبه، ۳۱، ۱۶۵، ۲۷۳، ۲۷۵، ۲۷۶، ۲۷۷، ۲۸۱، ۲۹۲، ۲۹۳، ۲۹۵، ۲۹۶، ۳۰۴، ۳۰۵، ۳۱۹، ۳۲۳، ۳۲۹، ۳۳۱
روشنک، ۹، ۱۰، ۱۱، ۱۲، ۶۹، ۷۲
روم، ۱۴، ۲۰، ۲۱، ۲۶، ۲۷، ۲۹، ۳۶، ۳۷، ۴۲، ۵۱، ۵۲، ۶۰، ۶۱، ۶۲، ۶۳، ۶۶، ۶۷، ۶۸، ۶۹، ۷۰، ۷۷، ۷۸، ۱۲۵، ۱۳۴، ۱۳۶، ۱۳۷، ۱۵۱، ۱۵۲، ۱۵۳، ۱۷۸، ۱۷۹، ۱۸۰، ۱۸۱، ۱۸۲، ۱۸۴، ۱۸۵، ۱۸۸، ۱۹۲، ۱۹۵، ۱۹۶، ۱۹۷، ۱۹۸، ۱۹۹، ۲۰۰، ۲۰۱، ۲۰۲، ۲۰۴، ۲۱۷، ۲۱۸، ۲۳۲، ۲۴۰، ۲۸۴، ۲۹۵، ۳۰۵، ۳۱۵، ۳۱۹، ۳۳۰، ۳۴۴، ۳۴۵، ۳۵۴، ۴۲۴، ۴۳۹، ۴۴۲، ۴۵۰، ۴۵۳، ۴۵۹، ۴۶۰، ۴۶۱، ۴۶۲، ۴۶۳، ۴۶۵، ۴۶۶، ۴۶۷، ۴۶۸، ۴۶۹، ۴۷۰، ۴۷۳، ۴۷۴، ۴۷۵، ۴۷۶، ۴۷۷، ۴۷۹، ۴۸۶، ۴۸۷، ۴۸۸، ۵۲۹، ۵۳۰
رومی، ۹، ۱۱، ۱۹، ۲۶، ۲۷، ۲۸، ۲۹، ۳۵، ۴۳، ۴۴، ۴۵، ۴۷، ۵۱، ۵۵، ۷۰، ۷۱، ۷۲، ۸۲، ۱۲۴، ۱۳۴، ۱۳۶، ۱۳۷، ۱۵۳، ۱۷۲، ۱۹۵، ۱۹۷، ۱۹۸، ۲۰۲، ۲۱۶، ۲۱۸، ۲۲۳، ۲۲۴، ۲۳۲، ۲۴۶، ۲۸۶، ۲۹۱، ۲۹۵، ۳۱۰، ۳۳۴، ۳۴۸، ۳۴۹، ۳۵۰، ۴۰۱، ۴۴۷، ۴۵۰، ۴۵۹، ۴۶۰، ۴۶۳، ۴۶۹، ۴۷۰، ۴۷۱، ۴۷۲، ۴۷۳، ۴۷۶، ۴۸۷، ۴۸۹
رومیان، ۱۹، ۲۸، ۶۰، ۶۲، ۶۹، ۷۰، ۱۵۱، ۱۵۲، ۱۷۲، ۱۸۱، ۱۸۲، ۱۸۸، ۱۹۲، ۱۹۳، ۱۹۵، ۱۹۷، ۱۹۸، ۱۹۹، ۲۰۰، ۲۰۱، ۲۰۳، ۲۰۴، ۳۰۵، ۴۲۴، ۴۵۹، ۴۷۱، ۴۷۳، ۴۷۵، ۴۷۶، ۴۷۷
ری، ۸۲، ۸۷، ۹۱، ۹۷، ۳۱۹، ۳۳۱، ۳۹۸، ۴۱۷
ریگ فرب، ۳۳۶، ۳۳۷
زابل، ۲۲۳
زابلستان، ۴۱۵
زال، ۲۲۳
زال و رودابه، ۲۷۹، ۳۷۰
زاولستان، ۷۵، ۳۳۱، ۴۰۴، ۴۰۵، ۴۱۸
زرتشت (زردشت، زردهشت)، ۱۷۵، ۲۰۳، ۲۵۶، ۳۲۸، ۳۸۲، ۴۲۸، ۴۲۹، ۴۳۰، ۴۷۸
زرتشتیان، ۱۶۲
زرمهر، ۴۲۱، ۴۲۲، ۴۳۰
زروان، ۵۲۲، ۵۲۳، ۵۲۴، ۵۲۵، ۵۲۶، ۵۲۷، ۵۲۸، ۵۲۹
زره فراخ‌کرت (اقیانوس آرام)، ۳۵۷
زمین حبش، ۴۸
زند (کتاب)، ۹۴، ۱۸۹، ۲۰۳، ۴۲۴، ۴۳۰، ۴۶۴، ۴۷۹، ۴۹۱، ۵۱۰
زیب‌خسرو، ۴۷۴
ساری، ۴۵۲
ساسان۱ (پسر دارا)، ۷۸، ۸۰، ۹۲
ساسان۲ (پدر اردشیر بابکان)، ۷۸، ۷۹، ۸۰،

فهرست نام‌های این دفتر

۹۲، ۱۱۰، ۴۵۱
ساسانیان، ۷۶، ۹۲، ۹۴، ۹۷، ۱۲۳، ۱۳۰، ۱۶۵، ۱۶۹، ۱۷۲، ۱۷۴، ۱۷۷، ۲۰۳، ۲۰۵، ۲۱۷، ۲۲۸، ۲۳۸، ۲۴۵، ۲۸۷، ۳۳۲، ۴۲۹، ۴۴۱، ۴۵۲، ۴۷۱
سام، ۳۳۶، ۳۵۲
سامانیان، ۷۶
ساوه، ۵۱۹
سپاک، ۹۳
سپاهان، ۷۸، ۳۰۶
سپاهان (شاهنامه)، ۱۷۱، ۱۷۲، ۱۷۷، ۲۲۰، ۲۲۹، ۲۳۰، ۲۶۲، ۲۶۵، ۲۶۶، ۲۶۷، ۲۶۹، ۲۷۰، ۲۷۹، ۳۳۳، ۴۴۶، ۴۵۴، ۴۹۴، ۴۹۵، ۵۰۸
سپینود، ۳۷۰، ۳۷۳، ۳۷۴، ۳۷۵، ۳۷۶، ۳۷۷، ۳۷۹، ۳۸۲، ۳۸۵، ۳۸۶
ستخر (استخر)، ۷۸، ۹۵، ۹۹، ۱۰۰، ۳۱۹، ۳۳۹
سد اسکندری، ۵۹، ۷۳
سدّ سکندر، ۴۵۲
سرافیل، ۵۶
سروش (ایزد)، ۲۵۳
سروش (سرِ هندوان)، ۲۱۶
سعد، ۲۲۳
سعدی، ۱۴۴، ۱۷۱، ۱۹۰، ۲۹۶، ۳۰۱، ۳۰۲، ۳۷۴، ۵۲۱
سقلاب، ۶۷، ۳۵۴، ۳۵۷
سکندر، ۹، ۱۱، ۱۲، ۱۴، ۱۷، ۱۸، ۱۹، ۲۰، ۲۱، ۲۲، ۲۳، ۲۴، ۲۵، ۲۶، ۲۷، ۲۸، ۲۹، ۳۰، ۳۱، ۳۲، ۳۳، ۳۴، ۳۵، ۳۶، ۳۷، ۳۸، ۳۹، ۴۰، ۴۱، ۴۲، ۴۳، ۴۴، ۴۵، ۴۶، ۴۷، ۴۸، ۴۹، ۵۰، ۵۲، ۵۳، ۵۴، ۵۵، ۵۶، ۵۸، ۵۹، ۶۰، ۶۱، ۶۲، ۶۳، ۶۴، ۶۵، ۶۶، ۶۷، ۶۸، ۷۰، ۷۱، ۷۳، ۷۷، ۷۸، ۹۲، ۱۱۰، ۱۴۲، ۲۰۰، ۲۳۷، ۳۱۵
سلم، ۲۰۰، ۳۱۰، ۳۴۵
سماعیل، ۳۱
سماعیلیان، ۳۱
سند، ۲۵، ۲۶، ۳۳، ۳۸، ۴۱، ۶۵، ۷۲، ۲۱۰، ۳۵۲، ۳۵۴، ۵۰۴
سندل، ۳۸۳
سنگسر، ۳۰۶
سورستان، ۱۸۶، ۱۹۱، ۲۲۰، ۵۳۰

سوریا، ۲۲۰
سوریان، ۲۲۰
سوسنک، ۲۷۹
سوفزا(ی)، ۳۹۸، ۴۰۲، ۴۰۳، ۴۰۴، ۴۰۵، ۴۰۶، ۴۰۷، ۴۰۸، ۴۰۹، ۴۱۰، ۴۱۱، ۴۱۲، ۴۱۵، ۴۱۶، ۴۱۷، ۴۱۸، ۴۱۹، ۴۲۰، ۴۲۱
سیمرغ (شاهنامه)، ۲۶۷
سیندخت، ۳۳۶
شابه، ۵۱۹
شاپور۱ (شاه اشکانیان)، ۷۷
شاپور۲ (شاپور اردشیران)، ۱۱۹، ۱۲۰، ۱۲۱، ۱۲۲، ۱۲۳، ۱۲۵، ۱۲۶، ۱۲۷، ۱۲۸، ۱۲۹، ۱۴۲، ۱۴۶، ۱۴۷، ۱۴۸، ۱۵۰، ۱۵۱، ۱۵۲، ۱۵۳، ۱۵۴، ۱۵۶
شاپور۳ (شاپور اورمزد)، ۱۷۰، ۱۷۱، ۱۷۳، ۱۷۴، ۱۷۵، ۱۷۶، ۱۷۷، ۱۷۸، ۱۸۰، ۱۸۱، ۱۸۲، ۱۸۳، ۱۸۴، ۱۸۵، ۱۸۶، ۱۸۷، ۱۸۸، ۱۸۹، ۱۹۰، ۱۹۲، ۱۹۳، ۱۹۴، ۱۹۵، ۱۹۷، ۱۹۸، ۱۹۹، ۲۰۰، ۲۰۱، ۲۰۲، ۲۰۳، ۲۰۴، ۲۰۵، ۲۰۶، ۲۰۷، ۲۰۸، ۲۰۹، ۲۱۰، ۲۱۱، ۳۶۶، ۴۶۳
شاپور۴ (شاپور پسر شاپور دویم)، ۲۰۷، ۲۰۹، ۲۱۲
شاپور۵ (موبد و دبیر انوشیروان)، ۵۱۲
شاپور رازی (شاپور مِهرک‌نژاد)، ۴۱۶، ۴۱۷، ۴۱۸، ۴۱۹
شاپورکرد، ۱۵۳
شارستان اورمزد اردشیر، ۱۴۷
شام، ۲۰۴، ۴۷۷
شاه اردشیر (پدربزرگ ساسان۲)، ۸۰
شاهوی، ۱۰۶، ۱۱۵
شبدیز، ۲۸۴، ۳۱۶، ۳۲۴
ششتر، ۱۵۴
شگنان، ۲۳۷
شمّاس، ۴۱، ۱۸۳، ۴۸۶
شمر، ۳۳۷
شمیران‌شه، ۲۴۸
شنبلید، ۲۹۱
شنگل، ۳۵۲، ۳۵۴، ۳۵۵، ۳۵۶، ۳۵۷، ۳۵۹، ۳۶۰، ۳۶۱، ۳۶۲، ۳۶۳، ۳۶۴، ۳۶۵، ۳۶۶، ۳۶۷، ۳۶۸، ۳۶۹، ۳۷۰، ۳۷۱، ۳۷۲، ۳۷۳، ۳۷۶، ۳۷۷، ۳۷۸، ۳۷۹، ۳۸۲، ۳۸۴، ۳۸۶،

فهرست نام‌های این دفتر

شوراب، ۴۶۸

شورستان، ۲۲۰، ۲۳۹

شوشتر، ۱۵۳

شهر برهمن، ۴۴، ۴۷

شهر زنان، ۵۳

شهرزور، ۷۲

شهر فرب، ۳۳۷

شهر کجاران، ۱۰۱، ۱۰۳، ۱۰۴

شهر گور، ۹۸، ۱۱۵

شهرگیر۱ (داستان اسکندر)، ۳۳، ۳۴

شهرگیر۲ (داستان اردشیر بابکان)، ۱۱۲، ۱۱۴، ۱۱۵

شهروی، ۱۷۱

شهر هروم، ۵۱، ۵۳

شیبان، ۲۳۹

شیراز، ۷۸، ۳۰۶، ۳۰۹، ۴۰۴، ۴۱۵، ۴۱۶، ۴۱۸، ۴۱۹

صطخر (اصطخر)، ۹۲، ۹۳

صندل، ۳۷

ضحاک، ۶۳، ۷۶، ۱۱۰، ۲۳۷، ۴۲۳

طایر، ۱۷۲، ۱۷۳، ۱۷۴، ۱۷۶، ۱۷۷

طراز، ۴۱، ۱۲۵

طغری، ۲۸۷، ۲۸۸، ۲۸۹

طورگ، ۳۰

طینوش، ۳۹، ۴۰، ۴۱، ۴۳، ۴۴

عجم، ۷۶

عدن، ۲۲۸

عراق، ۴۳۹

عرب، ۷۶، ۱۷۷، ۲۱۷، ۲۲۲، ۲۳۱، ۲۴۱

عزیر، ۴۳۰

علی، ۱۴۸

عموریه، ۱۱

غرجگان (غرجگان)، ۳۳۹

غستانیان، ۱۷۲، ۱۷۳، ۱۷۶

فارس، ۱۰۰، ۱۸۰، ۲۳۳

فارسی، ۷۸، ۸۴، ۹۳، ۹۵، ۹۷، ۹۹، ۱۰۹، ۱۱۹، ۱۳۰، ۱۶۹، ۱۷۸، ۱۸۰، ۱۹۹، ۲۱۱، ۲۱۷، ۲۲۲، ۲۲۴، ۲۳۳، ۲۵۵، ۲۶۷، ۲۸۸، ۳۰۶، ۳۱۷، ۳۵۱، ۳۶۰، ۳۷۹، ۳۸۴، ۴۰۴، ۴۱۱، ۴۳۲، ۴۳۷، ۴۴۱، ۴۴۳، ۴۶۹، ۴۷۶، ۴۹۴، ۴۹۵، ۴۹۹، ۵۰۱، ۵۰۲، ۵۱۲، ۵۱۷

فارقین، ۴۲۴

فالینیوس، ۴۷۱، ۴۷۲، ۴۷۳، ۴۷۵

فرات، ۱۴۷

فرالاوی، ۱۲۴، ۳۰۱

فرانک، ۲۹۱

فرایین، ۴۳۰

فردوسی، ۷۷، ۷۸، ۷۹، ۸۰، ۸۷، ۹۰، ۹۱، ۹۲، ۹۶، ۹۷، ۱۰۳، ۱۰۹، ۱۱۷، ۱۱۸، ۱۲۰، ۱۲۱، ۱۳۲، ۱۳۳، ۱۳۶، ۱۴۱، ۱۴۳، ۱۴۴، ۱۴۷، ۱۵۱، ۱۵۲، ۱۵۶، ۱۵۷، ۱۶۰، ۱۶۲، ۱۶۳، ۱۷۱، ۱۷۲، ۱۷۷، ۱۷۸، ۱۸۴، ۱۸۶، ۱۸۸، ۱۹۳، ۱۹۴، ۱۹۶، ۲۰۲، ۲۰۵، ۲۰۶، ۲۰۸، ۲۱۲، ۲۱۳، ۲۱۵، ۲۲۲، ۲۲۷، ۲۴۰، ۲۴۴، ۲۴۷، ۲۴۹، ۲۵۵، ۲۶۲، ۲۶۳، ۲۷۰، ۲۷۲، ۲۷۴، ۲۷۶، ۲۸۰، ۲۸۲، ۲۸۷، ۲۹۴، ۲۹۷، ۳۰۰، ۳۰۳، ۳۰۵، ۳۱۱، ۳۱۴، ۳۲۵، ۳۲۷، ۳۲۸، ۳۳۲، ۳۴۱، ۳۵۲، ۳۵۹، ۳۶۰، ۳۶۱، ۳۶۲، ۳۸۰، ۳۸۴، ۳۸۵، ۳۹۳، ۳۹۴، ۳۹۷، ۳۹۸، ۳۹۹، ۴۰۲، ۴۱۰، ۴۱۱، ۴۱۵، ۴۱۸، ۴۱۹، ۴۲۳، ۴۳۰، ۴۳۲، ۴۳۳، ۴۳۴، ۴۳۵، ۴۴۶، ۴۴۹، ۴۵۱، ۴۵۲، ۴۵۵، ۴۶۱، ۴۶۳، ۴۶۵، ۴۶۷، ۴۷۴، ۴۸۰، ۴۸۸، ۴۹۱، ۴۹۳، ۴۹۵، ۴۹۸، ۴۹۹، ۵۰۰، ۵۰۶، ۵۰۷، ۵۰۹، ۵۱۰، ۵۱۸، ۵۲۲، ۵۲۳، ۵۲۶، ۵۲۸

فرشیدورد، ۳۰۵، ۳۰۶، ۳۰۸، ۳۰۹، ۳۱۱

فرفوریوس، ۴۷۰، ۴۷۱، ۴۷۵

فرهاد، ۴۶۶

فریدون، ۶۳، ۷۶، ۲۴۹، ۲۵۵، ۲۷۳، ۲۸۳، ۲۸۵، ۲۹۱، ۲۹۹، ۳۰۰، ۳۱۵، ۳۴۵، ۳۶۳، ۴۲۳، ۴۳۰، ۴۳۴، ۴۵۲، ۴۵۳، ۴۷۳

فغانیش، ۳۹۵، ۴۲۳

فغفور (فغفور چین)، ۲۶، ۶۲، ۶۳، ۶۴، ۳۵۸، ۳۷۰، ۳۷۱

فلاطون، ۳۴۵

فور (فور هندی)، ۲۴، ۲۵، ۲۶، ۲۷، ۲۸، ۲۹، ۳۰، ۳۳، ۳۸، ۳۹، ۴۰، ۴۱، ۴۳، ۵۲، ۵۹، ۶۲، ۶۳، ۶۴، ۶۵، ۶۹، ۷۰، ۷۲، ۹۷، ۱۲۰، ۱۵۶، ۲۱۵، ۲۳۶، ۲۹۹، ۳۰۱، ۳۱۱، ۳۱۴، ۳۵۷، ۳۷۰، ۴۳۳، ۴۳۴، ۴۸۹

فیلقوس، ۱۹، ۲۴، ۲۵، ۳۴، ۳۵، ۳۷، ۴۹، ۶۹

قادسی، ۳۰، ۱۷۲

فهرست نام‌های این دفتر

قادسیان، ۱۷۲
قارن، ۲۳۶، ۳۳۱
قارن برزمهر، ۳۳۱، ۳۳۵
قارن پارسی، ۳۳۵
قاهره، ۲۶۷
قباد۱ (پادشاهی اشکانیان)، ۷۷
قباد۲ (قباد پیروز)، ۷۶، ۳۹۸، ۴۰۲، ۴۱۰، ۴۱۱، ۴۱۲، ۴۱۳، ۴۱۴، ۴۱۵، ۴۱۶، ۴۱۸، ۴۱۹، ۴۲۰، ۴۲۱، ۴۲۲، ۴۲۳، ۴۲۴، ۴۲۵، ۴۲۶، ۴۲۷، ۴۲۸، ۴۲۹، ۴۳۰، ۴۳۱، ۴۳۲، ۴۳۳، ۴۳۴، ۴۳۶، ۴۴۰، ۴۴۱
قتیب، ۲۵۳
قحطان، ۳۱
قریب (مهدی)، ۲۶۷
قزوین، ۴۵۹
قم، ۴۳۹
قنوج (قنوچ)، ۲۴، ۷۵، ۱۹۹، ۳۵۷، ۳۶۲، ۳۶۶، ۳۷۰، ۳۷۱، ۳۷۴، ۳۷۶، ۳۷۷، ۳۷۹، ۳۸۲، ۳۸۶
قیدافه (کاپادوکیه)، ۳۲، ۳۳، ۳۴، ۳۵، ۳۶، ۳۷، ۳۸، ۳۹، ۴۱، ۴۲، ۴۳، ۴۴، ۱۵۱
قیدروش، ۳۳، ۳۴، ۳۵، ۳۹، ۴۴
قیران، ۳۳، ۳۴، ۳۵، ۶۲، ۶۳، ۷۲
قیسیان، ۲۳۹
قیصر، ۲۶، ۲۷، ۲۹، ۳۰، ۳۱، ۳۲، ۳۴، ۳۶، ۴۴، ۵۵، ۵۶، ۶۲، ۶۷، ۷۰، ۱۵۱، ۱۵۲، ۱۵۳، ۱۷۹، ۱۸۰، ۱۸۱، ۱۸۲، ۱۸۶، ۱۸۷، ۱۸۸، ۱۹۱، ۱۹۲، ۱۹۳، ۱۹۴، ۱۹۵، ۱۹۶، ۱۹۷، ۱۹۸، ۱۹۹، ۲۰۰، ۲۰۱، ۲۰۲، ۲۰۴، ۲۳۲، ۳۳۰، ۳۳۲، ۳۴۵، ۳۴۶، ۳۴۷، ۳۴۸، ۳۹۸، ۴۲۴، ۴۵۹، ۴۶۰، ۴۶۱، ۴۶۲، ۴۶۳، ۴۶۴، ۴۶۹، ۴۷۰، ۴۷۳، ۴۷۴، ۴۷۵، ۴۷۶، ۴۷۷، ۴۸۱، ۴۸۳، ۴۸۴، ۴۸۷
قیصران، ۲۶، ۳۳، ۱۵۲، ۱۹۹
قیطون، ۳۱، ۳۲
کابل، ۳۳۶، ۳۸۳
کابلی، ۱۶۹، ۳۷۸
کارنامهٔ اردشیر بابکان (کارنامکی ارتخشیری پاپکان) (کتاب)، ۷۸، ۸۲، ۸۶، ۸۹، ۹۲، ۹۳، ۹۷، ۱۰۰، ۱۰۴، ۱۰۸، ۱۰۹، ۱۱۷، ۱۴۶، ۴۵۷
کاموس کشانی، ۳۵۲، ۴۳۹
کاولستان، ۷۵، ۱۱۷، ۴۰۴
کاووس، ۳۱۰، ۳۴۹، ۳۵۸
کردان، ۹۸، ۹۹، ۱۰۰، ۱۷۲
کردانشاه مادی، ۹۸
کرمان، ۱۰۳، ۱۰۴، ۱۱۵، ۳۰۶
کرمانشان، ۴۵۹
کرمانشه، ۱۶۵
کرم (کرم هفتواد)، ۱۰۱، ۱۰۲، ۱۰۳، ۱۰۴، ۱۰۵، ۱۰۸، ۱۰۹، ۱۱۰، ۱۱۱، ۱۱۲، ۱۱۳، ۱۱۴، ۱۱۵
کسری، ۴۲۳، ۴۲۴، ۴۲۹، ۴۳۰، ۴۳۱، ۴۳۲، ۴۳۳، ۴۳۴، ۴۳۶، ۴۴۰، ۴۴۱، ۴۴۶، ۴۴۷، ۴۴۸، ۴۵۱، ۴۵۲، ۴۵۴، ۴۵۶، ۴۶۱، ۴۶۲، ۴۶۳، ۴۶۷، ۴۶۹، ۴۷۲، ۴۷۵، ۴۷۶، ۴۷۸، ۴۷۹، ۴۸۰، ۴۸۱، ۴۸۲، ۴۸۶، ۴۸۷، ۴۸۸، ۴۹۱، ۴۹۳، ۴۹۵، ۴۹۶، ۴۹۷، ۴۹۸، ۴۹۹، ۵۰۴، ۵۱۹
کشمیهن، ۳۳۵، ۴۰۷
کوفه، ۲۲۲
کیان، ۱۲، ۲۵، ۲۷، ۳۴، ۵۸، ۶۷، ۷۲، ۷۶، ۷۷، ۱۶۲، ۱۸۸، ۱۹۷، ۱۹۹، ۲۰۱، ۲۰۳، ۲۰۴، ۲۱۹، ۲۲۹، ۲۵۲، ۲۵۵، ۲۹۲، ۳۱۹، ۳۲۶، ۳۵۴، ۳۶۱، ۳۹۵، ۳۹۶، ۴۲۵، ۴۶۳، ۴۷۱، ۴۹۴
کیانی، ۴۳، ۱۶۱، ۱۶۴، ۳۴۹، ۳۶۰، ۳۶۵، ۳۸۱، ۳۹۸، ۴۷۸
کیخسرو، ۶۶، ۱۹۳، ۱۹۴، ۳۶۳، ۳۸۰، ۳۹۸، ۴۰۵
کید (کید هندی)، ۱۲، ۱۳، ۱۴، ۱۶، ۱۷، ۱۸، ۱۹، ۲۴، ۲۵، ۶۹، ۱۲۳، ۱۲۴، ۱۲۹
کیروی، ۲۷۰، ۲۷۱
کیقباد۱ (پادشاه کیانی)، ۱۶۱، ۲۵۱، ۲۸۵، ۳۱۰، ۳۴۴، ۳۵۸، ۳۶۳، ۴۰۵، ۵۰۹
کیقباد۲ (قباد پیروز)، ۴۰۲، ۴۱۰، ۴۱۱، ۴۱۲، ۴۱۶، ۴۱۷، ۴۲۴، ۴۲۵، ۴۳۱، ۴۶۱
کیومرث (گیومرث، کیومرس)، ۷۷، ۲۸۵، ۴۸۷
گازر، ۱۸۶
گران‌خوار، ۱۲۳
گردیه، ۴۱۵
گرزسپ، ۱۵۲
گرگان، ۳۳۴، ۴۵۱، ۴۵۲
گستهم، ۲۳۶، ۲۵۲، ۳۳۱

فهرست نام‌های این دفتر ۵۴۳

گشتاسپ، ۸۰، ۱۱۶
گشسپ سوار (بهرام گور)، ۲۹۸، ۳۰۰، ۳۰۱
گشسپ (گشسب) دبیر، ۲۳۷، ۲۵۸
گلنار، ۸۵، ۸۶، ۸۷، ۸۸، ۸۹، ۹۰، ۱۶۹، ۲۹۰، ۲۹۹
گندیشاپور (گندشاپور)، ۱۲۳، ۱۴۷، ۴۷۹، ۴۸۱، ۴۹۰
گودرز، ۷۷، ۲۸۵
گیل، ۹۵، ۴۳۹، ۴۵۸
گیلان، ۳۳۱، ۴۵۶، ۴۵۸، ۴۵۹، ۴۶۱
لغت فرس اسدی توسی (کتاب)، ۴۲۴
لنبک، ۲۶۱، ۲۶۲، ۲۶۳، ۲۶۴، ۲۶۷، ۲۶۸
لندن (شاهنامه)، ۱۸۱
مالکه، ۱۷۳، ۱۷۴، ۱۷۵
مانی، ۲۰۵، ۲۰۶
ماه‌آفرید، ۲۹۱
ماهیار ۱ (دستور دارا)، ۱۱
ماهیار ۲ (ماهیار گوهرفروش)، ۱۷۶، ۲۹۰، ۲۹۳، ۲۹۴، ۲۹۵، ۲۹۸، ۲۹۹، ۳۰۰، ۳۰۱، ۳۰۴، ۳۲۹، ۴۳۴
ماهیار ۳ (پیرمرد در داستان بهرام گور)، ۲۸۵
ماهیار نوبابی (یحیی)، ۴۴۰
محمّد، ۷۴، ۱۴۸
محمود (محمود سبکتکین)، ۷۵، ۱۳۶، ۱۴۸، ۲۱۳، ۲۲۲، ۲۹۷، ۳۵۳
مداین، ۴۲۵، ۴۵۹، ۴۷۴، ۴۸۱، ۴۸۶
مرو، ۲۹۴، ۳۳۳، ۳۳۴، ۳۳۵، ۳۳۶، ۴۰۲، ۴۰۵، ۴۰۶، ۴۰۷، ۴۹۱، ۴۹۲، ۴۹۳
مزدک، ۴۲۵، ۴۲۶، ۴۲۷، ۴۲۸، ۴۲۹، ۴۳۰، ۴۳۱، ۴۳۲
مزدکیان، ۴۳۱
مسعودی، ۱۹۵
مسکو (شاهنامه)، ۱۶۱، ۲۳۰، ۲۴۹، ۲۶۲، ۲۶۶، ۲۶۹، ۲۷۹، ۳۰۱، ۴۹۵، ۵۰۵، ۵۱۲
مسیح (مسیحا)، ۲۱، ۳۹، ۴۱، ۶۴، ۱۸۳، ۱۹۸، ۱۹۹، ۲۰۳، ۴۶۳، ۴۷۸، ۴۷۹، ۴۸۴، ۴۸۷، ۴۸۸، ۴۸۹
مشکناز، ۲۷۹
مُشکِنَک، ۲۷۹
مصر، ۲۷، ۳۱، ۳۲، ۶۹
مصری، ۲۷، ۲۸
مکران‌زمین، ۶۹، ۲۴۰

مکّه، ۳۰
مندل، ۳۸۳
مندیا، ۴۲۴
مـنذر، ۲۱۷، ۲۱۸، ۲۱۹، ۲۲۰، ۲۲۱، ۲۲۲، ۲۲۳، ۲۲۴، ۲۲۶، ۲۲۷، ۲۲۸، ۲۲۹، ۲۳۰، ۲۳۲، ۲۳۷، ۲۳۸، ۲۳۹، ۲۴۰، ۲۴۱، ۲۴۲، ۲۴۳، ۲۴۴، ۲۴۵، ۲۴۶، ۲۴۷، ۲۴۸، ۲۵۱، ۲۵۷، ۲۵۸، ۳۹۰، ۴۵۹، ۴۶۰، ۴۶۱، ۴۶۲، ۴۶۴
منوچهر، ۱۶۹، ۲۰۰، ۲۴۱، ۳۵۲، ۴۲۸
موسی، ۱۵
مـهبود، ۵۲۲، ۵۲۳، ۵۲۴، ۵۲۵، ۵۲۶، ۵۲۷، ۵۲۸
مهراس، ۴۷۶، ۴۷۷
مهران، ۱۳، ۱۴، ۱۶، ۴۶۶
مهربرزین خرّاد، ۳۳۱
مهربنداد، ۲۶۹، ۲۷۰
مهرک، ۱۰۷، ۱۰۸، ۱۱۱، ۱۲۵، ۱۲۸
مهرک نوشزاد، ۱۰۷، ۱۱۱، ۱۲۴، ۱۲۵، ۱۲۷، ۱۲۹، ۱۴۶، ۴۱۶
مهرنوش، ۴۸۴
میانرودان، ۱۹۲، ۲۲۰
میرنصر، ۷۵
میسان، ۱۴۷
میلاد، ۱۷، ۲۰، ۲۴، ۲۳۶
نازبابک، ۲۷۹
نرسی ۱ (پادشاه اشکانی)، ۷۷
نرسی ۲ (نرسی بهرام)، ۱۶۵، ۱۶۶، ۱۶۷، ۱۶۸، ۱۷۲، ۱۷۴، ۱۸۱
نرسی ۳ (برادر بهرام گور)، ۲۵۸، ۳۳۱، ۳۳۲، ۳۳۳، ۳۳۷، ۳۳۸، ۳۳۹، ۳۴۱، ۳۴۴، ۳۴۵، ۳۸۰
نرسی ۴ (برادر پیروز ساسانی)، ۴۰۲
نرم‌پایان، ۴۹
بژن، ۲۱۰
نصر قتیب، ۳۰
نصیبین، ۲۰۲، ۲۰۳
نعمان، ۲۱۷، ۲۲۲، ۲۲۶، ۲۲۸، ۲۲۹، ۲۳۰، ۲۳۲، ۲۳۸، ۲۳۹، ۲۴۵، ۲۵۸
نوذر، ۲۸۵، ۳۳۱، ۳۹۸
نوشزاد، ۴۷۸، ۴۷۹، ۴۸۰، ۴۸۱، ۴۸۲، ۴۸۳، ۴۸۴، ۴۸۵، ۴۸۶، ۴۸۷، ۴۸۸، ۴۸۹، ۴۹۰

فهرست نام‌های این دفتر

نوشه، ۱۷۲، ۱۷۴
نوشیروان (نوشین‌روان)، ۷۶، ۴۳۴، ۴۳۵، ۴۳۹، ۴۴۵، ۴۴۷، ۴۴۸، ۴۴۹، ۴۵۰، ۴۵۱، ۴۵۵، ۴۵۶، ۴۶۰، ۴۶۱، ۴۶۳، ۴۶۷، ۴۷۴، ۴۷۶، ۴۸۰، ۴۸۹، ۴۹۰، ۴۹۳، ۴۹۴، ۴۹۶، ۵۰۷، ۵۰۹، ۵۱۱، ۵۱۲، ۵۱۴، ۵۲۲، ۵۲۳، ۵۲۴، ۵۲۵، ۵۲۶، ۵۲۷، ۵۲۹
نیران، ۲۴۰
نیل، ۴۸، ۵۷، ۶۱، ۶۶، ۱۷۴، ۲۸۶، ۳۶۶، ۴۶۴، ۴۸۱
واتیکان (شاهنامه)، ۱۰۵
والریانوس، ۱۵۲، ۱۹۹، ۴۶۳
ویسه‌گرد، ۳۹۵
هیتال (هیتال)، ۳۹۵، ۳۹۹، ۴۱۰، ۴۱۲، ۴۲۱، ۴۲۲، ۵۳۱
هیتالیان (هیتالیان)، ۳۹۵، ۴۰۲، ۴۰۶، ۴۱۱، ۴۲۲، ۴۲۳، ۴۲۴، ۴۵۲
هرمزد پیر، ۴۳۰
هرمزد خرّاد، ۴۶۶
هرمزد (روز، اهورامزدا)، ۲۰۸، ۲۱۵، ۳۲۴
هرمز(د) (هرمز یزدگرد)، ۳۹۴، ۳۹۵
هرمز کدخدای، ۲۷۳
هروم، ۵۱، ۵۲
هشیار، ۲۱۶
هفتواد (کرم)، ۱۰۱، ۱۰۳، ۱۰۴، ۱۰۵، ۱۰۶، ۱۰۷، ۱۱۰، ۱۱۲، ۱۱۴، ۱۱۵
همای، ۳۱۷، ۳۳۳
همدان، ۴۵۹
هند، ۱۲، ۱۹، ۲۳، ۲۵، ۲۶، ۲۸، ۳۰، ۳۳، ۳۸، ۴۱، ۶۵، ۶۷، ۶۹، ۱۰۴، ۱۲۴، ۱۲۵، ۱۳۶، ۱۳۷، ۱۴۱، ۲۱۷، ۲۴۰، ۳۳۰، ۳۵۲، ۳۵۴، ۳۵۵، ۳۵۶، ۳۵۷، ۳۵۸، ۳۶۱، ۳۶۲، ۳۶۴، ۳۶۵، ۳۶۶، ۳۶۷، ۳۷۰، ۳۷۳، ۳۷۵، ۳۸۳، ۳۸۶، ۴۵۰، ۴۵۱، ۴۵۳، ۴۵۶، ۴۵۷، ۵۳۰
هندوان، ۱۲، ۲۰، ۲۹، ۳۰، ۱۸۵، ۲۱۶، ۳۵۲، ۳۶۰، ۳۶۴، ۳۷۶، ۳۷۸
هندوستان، ۱۳، ۲۰، ۲۳، ۲۷، ۲۹، ۳۰، ۶۹، ۷۸، ۹۷، ۱۱۶، ۱۱۷، ۱۹۹، ۳۵۲، ۳۵۳، ۳۵۴، ۳۵۵، ۳۵۶، ۳۵۷، ۳۵۸، ۳۵۹، ۳۶۱، ۳۶۲، ۳۶۳، ۳۶۵، ۳۶۶، ۳۶۷، ۳۶۸، ۳۶۹، ۳۷۰، ۳۷۱، ۳۷۲، ۳۷۳، ۳۷۶، ۳۷۷، ۳۷۸، ۳۷۹

هندی، ۱۲، ۱۷، ۳۴، ۴۳، ۶۵، ۷۹، ۹۰، ۹۴، ۹۵، ۱۱۱، ۱۱۷، ۱۲۴، ۱۵۲، ۱۹۳، ۲۱۶، ۲۱۸، ۳۵۷، ۳۶۰، ۳۶۱، ۳۷۶، ۳۸۲، ۳۸۳، ۳۸۲، ۳۸۵، ۳۸۶، ۴۴۲، ۴۵۶
هوشنگ، ۲۸۵، ۲۹۱، ۴۸۷
یانس، ۱۹۸
یأجوج و مأجوج، ۵۷، ۵۸
یزدگرد۱ (یزدگرد بزه‌گر)، ۲۱۴، ۲۱۶، ۲۱۷، ۲۱۸، ۲۲۸، ۲۳۰، ۲۳۱، ۲۳۳، ۲۳۴، ۲۳۵، ۲۳۶، ۲۳۷، ۲۴۶، ۲۵۷، ۲۵۹، ۳۲۰، ۳۵۱، ۳۵۴، ۳۶۱، ۳۸۰، ۳۹۳، ۳۹۵
یزدگرد۲ (یزدگرد بهرام)، ۳۹۳
یزدگرد۳ (یزدگرد دبیر)، ۵۱۲، ۵۱۳، ۵۱۴، ۵۱۵، ۵۱۹
یزدگرد سوم، ۹۷
یسنا (کتاب)، ۱۶۱
یمن، ۳۱، ۶۵، ۶۶، ۱۷۳، ۲۱۸، ۲۱۹، ۲۲۳، ۲۲۷، ۲۲۸، ۲۳۰، ۲۳۲، ۲۳۸، ۲۴۳
یونان، ۳۴۵
یونانی، ۱۵